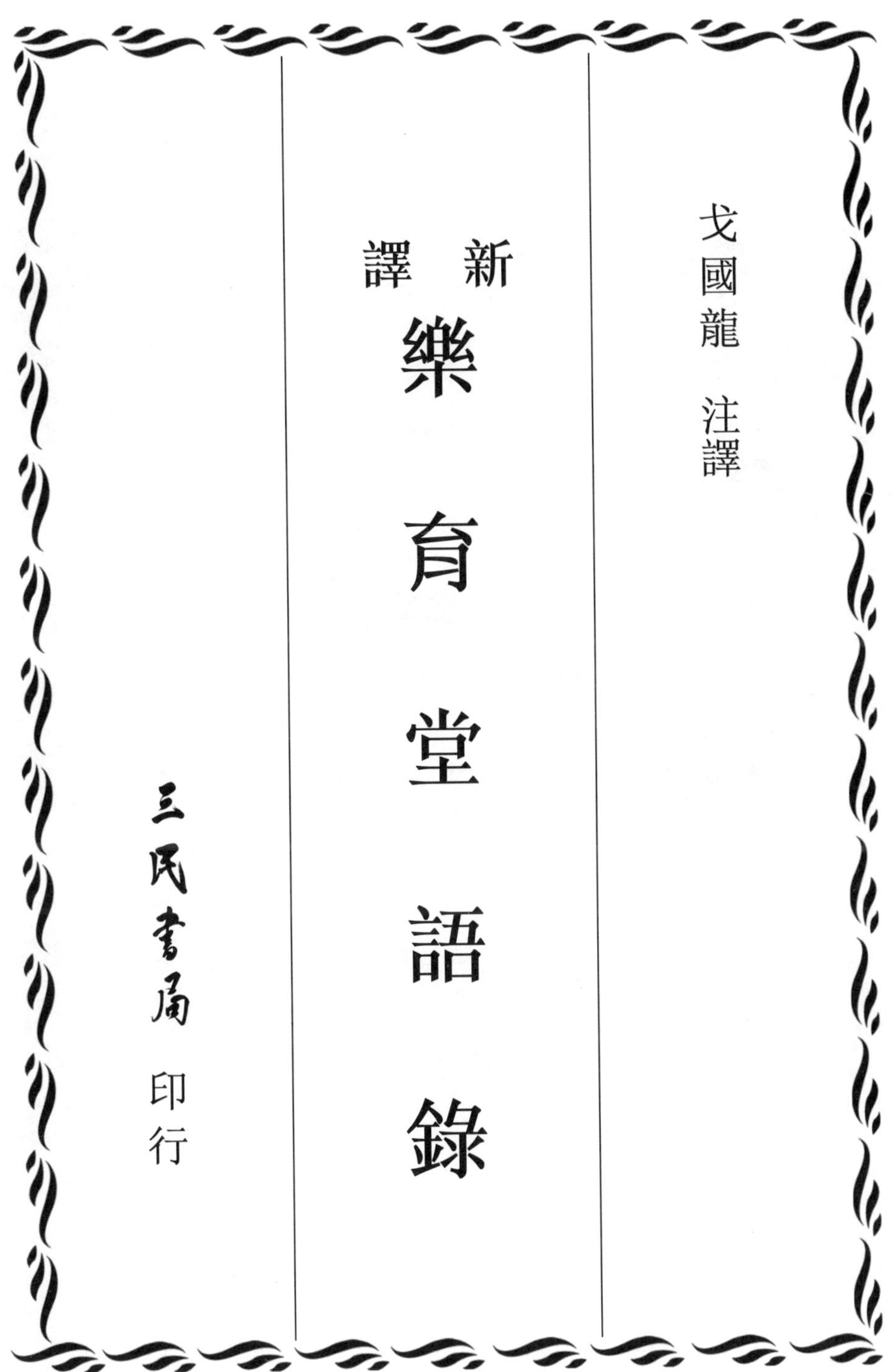

戈國龍 注譯

新譯樂育堂語錄

三民書局 印行

國家圖書館出版品預行編目資料

新譯樂育堂語錄／戈國龍注譯.－－初版六刷.－－臺北市：三民，2021
面； 公分.－－(古籍今注新譯叢書)

ISBN 978-957-14-4492-5 （平裝）
1.道教－修鍊

235 95019816

古籍今注新譯叢書

新譯樂育堂語錄

注譯者 戈國龍
發行人 劉振強
出版者 三民書局股份有限公司
地址 臺北市復興北路 386 號 (復北門市)
臺北市重慶南路一段 61 號 (重南門市)
電話 (02)25006600
網址 三民網路書店 https://www.sanmin.com.tw

出版日期 初版一刷 2007 年 1 月
初版六刷 2021 年 4 月
書籍編號 S032860
ISBN 978-957-14-4492-5

三民書局

刊印古籍今注新譯叢書緣起

劉振強

人類歷史發展，每至偏執一端，往而不返的關頭，總有一股新興的反本運動繼起，要求回顧過往的源頭，從中汲取新生的創造力量。孔子所謂的述而不作，溫故知新，以及西方文藝復興所強調的再生精神，都體現了創造源頭這股日新不竭的力量。古典之所以重要，古籍之所以不可不讀，正在這層尋本與啟示的意義上。處於現代世界而倡言讀古書，並不是迷信傳統，更不是故步自封；而是當我們愈懂得聆聽來自根源的聲音，我們就愈懂得如何向歷史追問，也就愈能夠清醒正對當世的苦厄。要擴大心量，冥契古今心靈，會通宇宙精神，不能不由學會讀古書這一層根本的工夫做起。

基於這樣的想法，本局自草創以來，即懷著注譯傳統重要典籍的理想，由第一部的四書做起，希望藉由文字障礙的掃除，幫助有心的讀者，打開禁錮於古老話語中的豐沛寶藏。我們工作的原則是「兼取諸家，直注明解」。一方面熔鑄眾說，擇善而從；一方面也力求明白可喻，達到學術普及化的要求。叢書自陸續出刊以來，頗受各界的喜愛，使我們得到很大的鼓勵，也有信心繼續推廣這項工作。隨著海峽兩岸的交流，我們注譯的成員，也由臺灣各大學的教授，擴及大陸各有專長的學者。陣容的充實，使我們有更多的資源，整理更多樣化的古籍。兼採經、史、子、集四部的要典，重拾對通才器識的重視，將是我們進一步工作的目標。

古籍的注譯，固然是一件繁難的工作，但其實也只是整個工作的開端而已，最後的完成與意義的賦予，全賴讀者的閱讀與自得自證。我們期望這項工作能有助於為世界文化的未來匯流，注入一股源頭活水；也希望各界博雅君子不吝指正，讓我們的步伐能夠更堅穩地走下去。

新譯樂育堂語錄 目次

卷二

卷三

卷 四

導讀

一、關於作者與成書

黃元吉，名裳，字元吉，為清代著名養生學家、傳統內丹功宗師，其生卒年不詳。黃氏係江西豐城人，乃博學鴻儒，深究經史，兼精佛乘，曾遍遊名山勝地，卒獲異人傳授道門心法真訣，終而入道。清道光、咸豐年間，於四川自貢、富順、榮縣等地，設館授徒十餘載，朝夕講解老子《道德經》，並傳授道門真法，門人有數千之多，親撰《道德經注釋》一書，門人又將其講道語錄集成《樂育堂語錄》，流傳於世。

據《樂育堂語錄》「原跋」記述，黃元吉先生是元代人，並言《張三丰集》中列舉師承中有黃元吉之名。又稱黃元吉遁形隱跡，直到清朝道咸之年「猶聚徒講學」，言黃元吉「歷時幾歷千載」。以此說，黃元吉在世之壽幾近千歲。然查《三丰全書》，其「隱鑒」中僅有王原吉、沈元吉之名，其事跡均與黃元吉不符，全書他處亦未見提及黃元吉。《樂育堂語錄》「原跋」所記或係訛傳，但此書著成於道咸年間，黃元吉當為清時人。

元代淨明道第三代宗師亦名黃元吉（一二七一～一三五五），字希文，號中黃子，江西豐城人，編有《淨明忠孝全書》。則此黃元吉與《樂育堂語錄》的作者黃元吉，姓名籍貫都相同，這也是一大奇案，難怪一般人容易將他們混淆。加上清代的黃元吉生平無記載，神龍見首不見尾，從神仙長生不老的角度上說，修道的人容易聯想他們可能實際上就是一個人，仙家成就金液大還丹，留形住世歷千年之久，在神仙的意義上說也並非難事。當然，這都是超出我們一般人的認識範圍的，是真是假，方外方內之人可有自己的看法。從學術的立場上說，則凡無有確切證據的事，都要存疑，也許兩人同名純屬巧合吧！

《樂育堂語錄》係黃元吉於清道、咸年間講學四川樂育堂時所授道門心法，由其門弟子記錄整理而成，為流傳於世的丹道巨著。成都二仙庵刻版原為五卷，鎮江道德分社版則為四卷，少後一卷。泰國贊化宮、復圓堂版亦均為四卷。香港正德公司版將最後一卷合刊於四卷末，成五卷本，其所據何版未敘明。可能此書原為四卷，書成後黃元吉續有講錄，又錄成一卷，後補入四卷本成五卷本。此書後經多次重印，有上海古籍出版社五卷本、《道藏精華》第六集之五、北京天華館四卷本（並收入《藏外道書》第二十五冊）等。以上諸版本以北京天華館所印四卷本最為完善，錯誤最少。今人蔣門馬先生《道德經講義・樂育堂語錄》（北京：宗教文化出版社，二〇〇三年九月版）校注的《樂育堂語錄》是現代人整理的最新的版本，也應是最完善的版本。

二、《樂育堂語錄》的丹道思想及其特色

學術界一般將李道純之《中和集》、尹真人高弟之《性命圭旨》和黃元吉之《樂育堂語錄》歸為內丹學中派的典籍，中派由李道純以「中」字概括三教心法而得名，其實在《樂育堂語錄》中「中」字並不完全能概括其丹法之要。將黃先生的《語錄》歸於中派，乃為一傳統說法，其實《語錄》應屬各派內丹學之綜合集成之作品，相當於一部內丹學的綜論。又，中派並不是嚴格意義上的「宗派」，其中也不一定有前後相繼的師承關係，其實是一個「學派」的概念。嚴格說來，丹道的派別很多是屬於個人化的

宗教，他們只是修煉丹道以成神仙，功成之後再傳授有緣的弟子，有的有自己鬆散的組織，有的就只是隱傳而已，與官方的或正統的組織化宗教有所不同。丹道思想的流派與正統道教教會、官方組織是不同的，丹道思想的分派更多地是作為道教一個修道思想的學派而存在的，這是我們首先要加以交代的。

綜觀各種講丹道的經典，我們可以將它們分為三種類型：一是通靈型丹經，是由扶乩、降神等特異狀態下所出的經典，皆是各類神仙降筆，間附玄理，偶有真知，但邏輯上常常有點紛亂，可以說是雜而多端。二是學者型丹經，是由道教學者、論師所創作出來的各類丹經及注疏，其文思理一貫，理論上較系統，但多思辨玄談與名詞術語，有時屬於紙上談兵，不切實用。一是悟道型丹經，是得道高真著述或由講道記錄所成的作品，其文義理深微，前後一貫，語語自心中流出，可為修道者之指南，最具理論與實踐價值，《樂育堂語錄》就是屬於上述第三類的丹經。

像《樂育堂語錄》這樣兼備通俗易懂與高深義理之道教作品，殊不多見。《樂育堂語錄》的丹法，從理論特點上說是性命雙全，理法並重；從所被根機上說是頓漸相資，普被三根；從語言風格上說是親切詳明，出語警策；從講道宗趣上說是三教貫通，直指大道。

內丹學南宗從命至性，其中丹禪之融通尚分成二段，較詳於命功，但其文多詩歌吟頌，不易了解。內丹學北宗由性攝命，偏重於性功而命功較略，禪之色彩濃厚而不顯丹家本色。而黃之《語錄》丹禪完全融合成有機的內在的系統，性功了悟與命功丹法俱詳並重，雖融通儒佛而不失丹道本色，是站在道教立場而融通三教的代表作，真正形成「性命雙修」的系統偉構。《語錄》中既有系統的丹道理論，又有切實詳明的丹道功夫與火候的描述，理論和實踐完全統一，這也是其難能可貴的地方。僅有系統理論而無具體的實踐功夫，則其理論是空的；僅有實踐功法而無系統理論，則其實踐是盲的。《語錄》是黃先生講述自己的切身體悟，不尚空談，但同時又昇華到理論的高度，義理系統精當，這樣的作品，當然就是內丹學文獻中的精品了。

丹道修煉有一個由淺入深的系統的修道過程，對於不同根器的弟子，對於修道到不同階段的修道者，相應地他們所需要的理論指導和實踐方法也都是有所不同的。由於《語錄》是針對不同的弟子和不同的修道階段應機所作的開示，因而其內容非常豐富，包含了從下根到上根、初級到高級等各種不同的人不同的階段所需要的丹法，能夠適應不同人的需要，因而可以說是普被三根的、適於廣傳的內丹心法。當然，這也造成閱讀《語錄》時的一個困難，因為此書並非黃先生自己親著的書，而是隨機講授、應機說法的記錄，雖然全書蘊含了系統的理論與方法，但內容的前後排列卻並不是由低到高系統組織的，有的內容是重複的，需要讀者認真反覆鑽研，從中找出一貫的系統來，並尋找到適合自己當前需要的口訣與心法。

一般內丹學作品多隱語譬詞，殊難了解其真義，而此書對內丹學的重要名詞術語都有直接、根源性的指示，通俗易懂但又深微精當。因為是講道的記錄，所以語言都是親切詳明的，句句指歸大道。這在當時是完全口語化的文本，但到今天有些也難於理解了，與現代的白話文還是有差距，可以說是比較淺近的文言文體。其中有很多的名詞概念，雖然黃先生已經用當時的淺白的語言加以解釋了，然而到現在也還需要進一步地用現代語言進行詮釋。

內丹學東西兩派都重男女陰陽雙修的丹法，其法難行而易生流弊，《語錄》的丹法清靜純正，既有詳細的下手功夫和中間過程，又指歸大道，入於無為道體，下學上達之理法俱備，可以適於普傳廣授，為丹道之正宗。《語錄》以丹道為中心，同時貫通儒釋，隨手引用儒釋兩家的經典加以解釋丹道的義理，體現了黃先生貫通三教、直指大道的講道宗趣。

從理論特色上言，《語錄》之於道教內丹學，猶《六祖壇經》之於佛教禪宗。然而在實際影響方面，《壇經》為佛門顯學，而《語錄》則沒有取得應有的影響，實為可惜。這可能是因為黃氏並未建立宗派傳法系統，沒有得大成就的後繼者來光大其學。現在是我們重新發掘其重要意義的時候了。

根據《樂育堂語錄》的上述特點，我們可以看出研究《樂育堂語錄》的重要意義：

(一)《樂育堂語錄》可視為一部內丹學的概論，是傳統各宗各派內丹學成果的融會貫通，通過對《語錄》的研究可以系統總結道教內丹學的理論成果和實踐意義。這對於道教思想史、中國思想史的研究都有很高的價值。

(二)明清以來三教融合成為中國思想史的一大特徵，其中有儒家立場的三教融合、佛家立場的三教融合和道家立場的三教融合三種類型。《樂育堂語錄》雖為道籍，但可視為三教真傳的要典。通過對《語錄》的研究，可以了解以道教立場融通三教的代表性成果，從而加深了解中國思想史上的三教融合特徵的一大類型。

(三)《語錄》對現代人的身心修養和探索人體生命的奧祕仍具有現代意義，從現代哲學、宗教學、精神分析學、超個人心理學和人體科學等多學科的角度重新詮釋其理論意義及實踐價值，乃是一富有生命力的研究方向。

這樣一部重要的道經，前道教協會會長陳攖寧先生非常看重，指為研究道教之必讀丹經，曾經構想依據《樂育堂語錄》撰寫一部《口訣鉤玄錄》，雖然只完成了初集，但可想見他對此書的重視。但到目前為止，國內外尚沒有對這部道經作系統的專門的研究，殊為遺憾。本書將全面整理《樂育堂語錄》的丹道思想，按照本叢書所要求的撰寫體例，對《樂育堂語錄》進行分章注釋、語譯和研析，這將是道教基礎研究和應用研究中一項具有重要學術意義的開拓性的研究工作。

三、撰稿說明

依叢書撰稿體例，本書以《樂育堂語錄》原文中的每一大段為單元，每一大段為一章，每卷分章從

「一」開始，以大寫數字標序。每章依「本文、章旨、注釋、語譯、研析」等五項為序進行注譯評析工作，其中撰稿體例中的「題解、作者」兩項只在全書「導讀」部分作統一的說明，不再另作。章旨則概括大意，注釋則解釋專有名詞或難解術語，語譯則加以白話翻譯，研析則申述奧義，附論己見。

由於《樂育堂語錄》的原文本就是近於白話的文言文，這使翻譯成現代文時很難把握那個詮釋的「度」。從其義理來說是很深奧的，如果要完全加以解釋那就不是簡單的語譯而是要加以新的注解；從其文字表達來說又是深入淺出的，如果不加一點解釋就似乎沒有翻譯的必要，所以語譯的過程或多或少總要加以某種程度的詮釋。《樂育堂語錄》本為講道的記錄，基本上是當時的白話，但時至今日，有些地方一般讀者仍會有一些隔膜。此次作現代語的翻譯，對文化基礎較好的讀者似無必要，但是翻譯成現代語本身也是一種重新詮釋的過程，也可作為一種對照原文的參考讀本，而且可以方便一些古文基礎薄弱的讀者。由於本書除了「語譯」另外還有「注釋」和「研析」的部分，所以「語譯」只能是對原文盡量進行直譯，而對其中的名詞術語及思想奧義另作注解。原文中有一些話近於白話而且很形象貼切，另加翻譯反而是畫蛇添足，實在不如不翻，所以只好照錄。

因為本書的體例是語譯與注解分開，為保留《樂育堂語錄》原文的語言特色及其表達的神韻，本書的翻譯採取直譯的方法，盡量保持與原文的對應。除非必要，不增加多餘的說明補充性的文字。因為語譯不是詳細的解釋，語譯只是用現代白話文翻譯原文。如原文需要附加補充說明或進行深入的解釋，一般在注釋中或在最後的研析中加以闡釋。這就是說，語譯部分主要就是對《樂育堂語錄》作文字轉換的工作，只是幫助讀者閱讀原文，減少文字障礙，盡量少摻入作者自己的見解，而注釋和研析部分則是作者對原文的疏通與闡釋，較多作者的理解。尤其是「研析」部分是對原文的進一步總結、引申和深化，包含了作者多年研究內丹學的心得，但不敢說盡合原意，僅提供一種理解的思路供讀者參考。

本書以一般大眾為閱讀對象，故譯注皆以簡便明晰為主，不作過分專業化的注釋，不討論純學術性的問題，一切皆以幫助讀者閱讀理解原典為宗旨。對書中引用的典故，則盡量在注釋中給出原典，與供讀者查閱經典的原文。《樂育堂語錄》雖然已經包含了系統的丹道理論，但其表達的形式並不是系統的理論建構，而是講道的語錄，為適應不同層次聽眾的需要，語錄前後多有重複之處。所以在前面的注釋中盡量詳盡一點，對首次出現的丹道術語和重點難點都加以注釋，但後面重複性的內容，除非確有必要，不再作重複性注釋。當然，同一個概念在前後不同的語境中意義不盡相同，故有時需根據不同的上下文作相應的解釋。

又原文每大段不再細分小段，而譯文則可根據文意再細分若干小段，以便閱讀。每章原文無標題，為醒目起見，本書依其中心思想加以標題，一般以四字為題，都是盡量採用原文中現成的語彙。本書以北京天華館四卷本為底本，參考蔣先生的最新校注本，對四卷本《樂育堂語錄》進行分章注釋、語譯和研析。蔣校本基本上解決了《樂育堂語錄》的點校問題，本書在此基礎上修訂了少量的錯誤，因重點在注譯和評析，故原文之校勘非是此書之重點，只根據已有各版本擇善而從，除非有特別意義的文本校勘加注標明外，一律不作校點說明。本書的分段和標題，則參考各本而最後由自己綜合裁定。又，天華館本原有少量眉批，但無關大旨，其意義不大，本書一律不加錄入，讀者如有興趣，可於其他諸本中參閱之。另外孔德先生曾內部出版過一部《樂育堂語錄注解》（十堰市氣功科學研究會編印，一九九五年），對四卷本《樂育堂語錄》進行過譯注，其譯與注混在一起，不是對原文的直譯，這使其譯文較生動詳盡，但也有不少誤解原文之處。

對經典進行注疏，本是中國古代學術思想發展的基本寫作形式，一代代的學者通過對原始經典的不斷的注解，推動了學術思想的發展，既詮釋了古人，也藉以表達了注疏者自己的思想見解。現代的學術研究，已經越來越注重系統體系的建構，而較少再作這種扎實的文獻整理的工作。對我個人來說，對道教經典進行注疏式的研究，這種研究方式也是我的第一次嘗試。我以前的兩本內丹學著作，偏重於宏觀的、整體的研究，這就使我考慮今後對內丹學的研究，要轉到一種微觀的具體的文本研究上來，於是決定接受三民書局的邀請，撰寫《新譯樂育堂語錄》，對《語錄》的文本進行全面的系統的梳理，採取近似於古人注疏的方式，對《語錄》進行分章注釋、語譯與研析。經歷了兩年的研究與寫作，終於完成了現在這部《新譯樂育堂語錄》。

本書通過對《樂育堂語錄》進行全面的注釋與疏解，把文獻的整理與思想的詮釋有機結合，一方面普及了內丹學的基本知識，對丹道的基本理論及其話語系統進行了詳盡的注釋；另一方面通過對《語錄》的丹道思想的闡釋，研究了《語錄》的內丹學理論及其思想特色，並結合作者多年的內丹學研究心得，對《語錄》所涉及的內丹學理論進行富有現代意義的詮釋。

古籍整理是一項嚴肅的工作，筆者雖然充分參考了已有的研究成果，但大部分工作仍是自己從頭開始做，限於自己的學力，書中難免還會有曲解古人的地方，不能充分傳達先賢的大道，這是筆者需要交代的，敬請讀者諒解。只希望此書的出版能引起讀者研究《樂育堂語錄》的興趣，由此進一步深入原典，直接探取原書中無盡的瑰寶。

戈國龍　記

二〇〇五年八月一日初稿

二〇〇六年九月十八日定稿

黃元吉先生語錄序

《語錄》一書，黃元吉先生於樂育堂傳授心法，原未敢輕泄之書也。今胡為而公之於世耶？蓋以運際下元❶，人心奸險已極，世道沉淪愈深，不有人焉出而講正本清源之學，大道之晦不知伊于胡底。先生自豐城應運而來，設帳於茲十有餘載，每於注《醒心經》、《求心經》、《道德經》之餘，輒與及門講究性命雙修之理、天人一貫之原，無一不闡發盡致，意欲造就人材，上為往聖承道統，下為後學肇心傳，又何憂至道之不明哉？雖孔孟諸書亦賅性命之學，然隱而不發，讀者無由會悟也。惟此《語錄》，理極精深，語卻明顯，步步引人入勝。修真之士，若得此以為梯航，不難直造上乘，以遂吾師普度之意。每篇再三告誡，反復叮嚀，足見苦口婆心。其有錄諸友之過者，非不諱也，蓋以人同此病，對勘而當思自新；其有錄諸友之善者，非自誇也，蓋以人皆可為，返觀而自懷精進。且此《語錄》無所不言，亦無所不賅。言命工者，見此而得其關竅；講性學者，見此而知所操存；談因果報應者，見此而知重內輕外，修德行仁；其有裨於人心風俗，非淺鮮也。但所教弟子多人，來學早遲不一，其間請問多同，所答遂不無重複之語。閱者須體會其意，勿拘執其詞，庶有得於身心；若在筆墨字句間講究，失之遠矣。或曰：「此書天機畢露，未可輕傳。」豈知剝極必復❷，窮極必反，斯亦氣運之常，無足怪也。況此時不急講明，將來運轉上元，又誰為聖賢扶道脈乎？予等纂集《語錄》，非好事也，不得已也。伏冀繼起有人，同闡三教大道，庶不負吾師金針盡度之意也。茲值書成，公諸天下後世，各宜珍重，勿以其易得而忽之也。是為序。

樂育堂弟子等頓首謹序

【章旨】這是黃元吉的弟子們在編輯《樂育堂語錄》時所寫的序言，介紹編印此書的緣起與意義。《語錄》是黃元吉在四川樂育堂講道時由弟子們筆錄整理而成的，由於黃的講述皆出自自己的實修經驗，傳授性命雙修的大道與心法，所以這本書有其特殊的價值，本來屬於道門中的祕笈，現在公開這一講道記錄，是希望以此來端正人心，共明大道。

【注釋】❶運際下元　北宋哲學家邵雍以「元、會、運、世」來概括世界歷史周而復始的演化歷程，他把世界從開始到消滅的一個週期叫做一元，一「元」有十二「會」，一「會」有三十「運」，一「運」有十二「世」，一「世」有三十年，因此一元共有十二萬九千六百年。本文中的「運際下元」表示世界已演化到一元的結束期，相當於「末世」的概念；而「運際上元」則表示世界進入到一個新的週期的開始，象徵著盛世的來臨。❷剝極必復　在《易經》中剝卦之後是復卦，其卦象正好相反，剝卦是一陽將盡之象，復卦是一陽復始之象。剝極必復，表示物極必反，〈序卦〉中說：「物不可以終盡，剝窮上反下，故受之以復。」

【語　譯】《樂育堂語錄》一書，是黃元吉先生講學於樂育堂時所傳授的道門心法，原本是不敢輕易公開洩露的道書。今天又為什麼把它公之於世呢？原因在於現在時世已近末法時代，人心奸險到了極點，世道沉淪加深，如果沒有人出來講述正本清源的學問，大道還不知要隱晦到什麼樣子了呢！先生從江西豐城應運而來，在這裡設置講席傳授道法已經十多年了，常常在注解《醒心經》、《求心經》、《道德經》之外，一有餘暇就和及門弟子講解討論性命雙修的道理、天人一貫的根源，無一不闡發得透徹盡致，目的是想以此造就修道的人才，上為過去的聖賢承繼道統，下為將來的後學開闢心傳，又哪裡用得著擔憂至道不明呢？

雖然《論語》、《孟子》等儒家經典也包含有性命之學在內，但是比較隱晦，沒有全盤展開來講，讀者難以從中體悟至道。只有這本《語錄》，雖道理博大精深，而語言表達卻明白易懂，深入淺出，步步引人入勝。有心修真學道的人，若得到這本書並以此為修道的指南、指路的明燈，就不難直造上乘，明悟大道，如此則可滿了我們師父普度眾生的心願。這本書每篇都再三告誡，警示我們以修道為念；反覆叮嚀，生怕我們輕易滑過，真是苦口婆心啊！書中有提到諸位同道過錯的地方，並不是專門針對他們，不替這些人隱諱，而是因為人同此病，大家容易犯類似的錯誤，所以舉出這類問題讓大家對照自己的情形加以反省，以便改過自新；書中有列舉諸位同道良善的地方，並不是不知道謙虛，讓他們自以為是，而是因為這類善行是人人都可以做到的，讓大家返觀自身，鼓勵我們精進向道。另外這本《語錄》內容豐富，無所不言，包含的範圍很廣。那些談命功修持的人，從這本書中可以得到命功修持的關鍵與訣竅；那些講究性功修學的人，讀了這本書就可以知道如何持守道德和涵養心性；喜歡談因果報應的人，讀了這本書就可以知道向內修心的重要而不去看重外在的名利，從而注重道德修養，行仁義之道。這些對於端正世道人心、改善社會風俗，都具有莫大的作用。不過由於講學期間所教的弟子很多，來學道的人有早有晚，弟子所問的問題多所相同，師父所答也就難免有重複的地方。閱讀此書的人貴在領會其微言大義，不要拘執於文字語言，這樣才會對身心修養有好處；若斤斤計較於筆墨字句的精巧工整，就離題太遠了。

有人說：「此書天機畢露，不可輕易流傳。」其實這只是一般性的原則，卻沒有了解到剝極必復、物極必反是天地間氣運的必然法則，因此才固守成見，也不算奇怪。況且此時若不急於講明道學，等將來社會演進到太平盛世，學道的人多了，誰來繼承聖賢的道脈心傳呢？我們這些人編輯整理這本《語錄》，並不是因為我們是好事之徒，實在是有不得已的苦衷啊！真誠地希望後繼有人，和我們一起共闡三教大道，這樣才不會辜負我們師父金針普度的心願。現在此書編成了，即將公之於天下後世，在此之際，大家都應該生珍重想，不要因為得來容易就生輕忽之心。以上就是我們的序言。

樂育堂弟子等頓首謹序

【研　析】《語錄》一書，不同的版本前前後後的序文有多篇，但多是後來重印時編者所加，本書只選錄了北京天華館四卷本（又刊於《藏外道書》第二十五冊）的序文。在多篇序文中，只有這一篇弟子所作的序是最原始的，也是最重要的序言。這篇序言交代了此書的成書背景，點出了本書的殊勝之處在於「理極精深，語卻明顯」、「無所不言，無所不賅」，因而具有廣泛的適應性，是傳承道統、指授心法的一部極其重要的道書，讓讀者珍惜機緣，由此而得道法真傳，修成大道。

果圓序

予笥中舊有《樂育堂語錄》節本，以為尋常勸世文，初不甚措意。有請印流通者，姑許俟異日考訂，猶淡漠置之也。壬申夏，柳君雲亭自蜀歸，得原本二冊，求予審定者再，亦因叢脞❶，未汲汲從事。已而至同德堂，見曲君月川案上有此書，且告予曰「甚善」。予信手翻閱，其首卷論陽生之道，甚愜予心。其言曰：「陽生之道，不外無思無慮而來。即如貞女烈婦，矢志靡他，一日偶遇不良，寧舍生而取義。又如忠臣烈士，唯義是從，設有禍起非常，願捐軀以殉難。此真正陽生也。不然，何以百折不回若是耶？由是推之，舉凡日用常行，一切善事義舉，做到恰好至當，不無歡欣鼓舞之情，此皆陽生之候。又或讀書誦詩，忽然私欲盡去，一靈獨存，此亦陽生之一端也。又或朋友聚談，相契天懷，忽然陽氣飛騰，真機勃發，此亦陽生之一道也。更於琴棋書畫，漁樵耕讀，果能順其自然，本乎天性，無所求亦無所欲，未有不優游自得，消遣忘情者，此皆陽生之象也。總要一動即覺，一覺即收，庶幾神無外慕，氣有餘妍，而丹藥不難於生長，胎嬰何愁不壯旺！尤要知人有陽則生，無陽則死。從此悟得，方知陽即道，道即虛無自然。子思謂『道也者，不可須臾離也』，其即此收斂陽光、不許一毫滲漏之說歟！諸子卓有見地，吾故以鋪天匝地、亙古歷今真正元陽無時無處而不有者示之。若以此示初學人，反使無路入門」❷云云。諸如所言，是誠洞見道源，不同小家之論與夫死於句下、人云亦云者可比，尤非未得師傳、妄加揣度者所能夢見。於是更覽其餘，頭頭是道，恨相見之晚。且聞孫海波言：「吾師述古老人謂此書談工太明顯，不可泛傳。」則其價值已可概見。爰為校勘終篇，晤柳君陳其內容。柳君乃醵金若干元付手民，屬鄙為序，特識其因緣如此。抑予聞古之大德訪道求師，往往盡棄家財，拋別妻子，負笈萬里，跋涉數十年，而不一遇。即遇又必服勞甚久，折磨備至，而所傳不過一二言，服膺久之，乃恍然有得。所謂得一萬畢❸者如此，一百十千愚明柔強❹者如此，訪道聞道行道之難又如此。乃或不然，不須摯敬，不須遠求，不須服勞，不須久待，不須北面稱弟子，而彼得道高人，將畢生心血無上天機和盤托出，筆之於書，付之剞劂❺。人贈一本，則或束之高閣；或計較毫毛之價值，不肯購求而失之交臂；或以所值甚廉而走馬觀花，當面錯過者，又比比也。是以易得則易失，久成乃久安。古云：「此事至玄至妙，憂君福薄難消。」，又云：「無因之果，事所必無。」以今人之認假不認真，見小而忘大也，予之所不能已於言者也。抑又聞之：雞之於食也，三五粒則抵隙盡啄而甘之，多則狼籍滿地；猿之攫粱也，空人之田，而腋下所懷者一二。學道者之不在多貪亦如是也。夫今人之聰明精力幾何？人事之奔波奚若？過隙百年，老將至而耄繼之。一訣一法，皆可成真。其速務其當務之急，擇一善而約守之，簡練以為揣摩。火始然，泉始達❻，擴而充之不可勝用也。其勿效彼雞與猴之多取而無當，是又予介紹此書於閱者之微意也。是為序。

癸酉夏四月西昌果圓居士敬撰

【章旨】果圓居士在這篇序言中，以自己的切身經歷，提醒讀者不要因為此書得來容易而忽視其價值，也不要因為貪多而忘卻切實用功。

【注釋】❶叢脞　細碎；煩瑣。❷陽生之道等句　此段引自卷一第二章，略有刪節，參看下文，不另注。❸得一萬畢　道書常說「能得一，萬事畢」，如果能守一不移，萬事都能成功。❹一百十千愚明柔強　人如果能以百倍的努力而為之，則愚可變明，柔可變強。《中庸》：「人一能之，己百之；人十能之，己千之。果能如此矣，雖愚必明，雖柔必強。」❺剞劂　雕刻用的彎刀，指刻書。❻火始然二句　星星之火，可以燎原；涓涓細流，積成江海。指學道功夫由漸修累積而成。

【語譯】我的書架上曾有《樂育堂語錄》一書的節選本，我以為只是通常的勸世向善的文章，起初對它並不注意。有人建議印刷流通此書，我就說等日後加以整理了再說吧，這其實也是推託之詞，並沒有引起我的重視。壬申年夏天，柳雲亭先生從四川回來，得到該書的原本二冊，再三請我審定此書，但也因為雜事多，沒有認真著手此書的審定工作。

後來到同德堂，見曲月川先生的書案上也放有此書，並且告訴我說：「此書甚好。」我便信手翻閱，看到該書的首卷論及陽生之道這一段，特別合我的心意。它是這樣論述的：「陽生之道雖然有種種表現，但都不外乎從無思無慮中得來。這就好像一個貞節烈女，一心忠貞於她的所愛，一旦遇到流氓調戲，寧死也不屈從，以保留氣節。又譬如忠臣烈士，只以忠義為重，假使遇到非常之禍，寧可捐軀殉難。這都是屬於真正的陽生的現象，不然為什麼能做到這樣百折不回呢？由此類推，倫常日用之中，只要是善良正義的行為，又能做到恰到好處，自己也會感到歡欣鼓舞，這都是陽生的徵候。又比如說，一個人讀書吟詩，忽然沒有一點私欲，靈明了知，不存他念，這也是陽生的一種表現。再比如說，朋友們在一起歡聚笑談，相互默契於心，觸動彼此的心靈深處，這時忽然感到陽氣飛騰，真機勃發，這也是陽生的一種情形。進一步說，琴棋書畫，漁樵耕讀，就在種種平常生活中，如果能順其自然，本乎天性，無所求也無所欲，這時自然會感到逍遙自在，塵勞頓消，這些也都屬於陽生的現象。陽生的時候，關鍵要能做到一動即覺，一覺即收，使精神不再外馳，真氣周流於身，這樣丹藥就不難生長，胎嬰何愁不能壯旺！尤其要懂得道家生命的法則是：人有陽則生，無陽則死。從這裡悟進去，才可能了知陽就是道，道就是虛無自然。子思在《中庸》裡說『真正的道，是一時一刻也不能離的』，這不就是指我們所說的陽生之時即收斂陽光，不能讓它有一絲一毫滲漏嗎！在座的都卓有見地，有一定的修道基礎，所以我才特意以蓋天蓋地、萬古長存且無時無處不有的真正元陽告訴大家。但如果把這個道理告訴一個初學者，反而會使他感到沒有下手入門的地方，對陽生之道無所適從。」這樣的論述，確實是洞見了道的本源，不同於小家之論。決非那些死啃書本、人云亦云的人可比，更不是那些未得明師真傳而胡亂揣測的人所能夢想得到的。

所以我便一路讀下去，書中說的頭頭是道，真有相見恨晚之感。我曾聽孫海波說過：「我的老師述古老人說，《樂育堂語錄》這部書，講丹功講的太露了，不宜什麼人都給他讀，以免洩露天機。」從這話就可以顯示此書的價值非同一般。因此機緣，這才開始將此書仔細校勘一遍，並與柳雲亭先生見面陳述我的意見。柳先生即籌集經費，出資印行此書，並囑我寫一篇序，於是將以上這段因緣記在這裡。

我常聽人說，古代的大修行家，在訪道求師的過程中，往往不惜傾家蕩產，離開家鄉親人，背著行囊，踏上萬里征程，跋山涉水數十年，也難得一遇良師。即使尋訪到師父，又要長時間地在師父身邊服侍操勞，歷盡折磨，老師才肯傳他一二，如此按照師父的話用功，久而久之，才突然明白，有所領悟。這就是所謂的「但得一，萬事畢」的道理，同時也說明了《中庸》裡所說的：「如果能付以百倍千倍的努力，則雖愚笨之人也必變得聰明，雖柔弱之人也必變得剛強」，古人訪道、聞道、行道就有如此之難啊！現在《樂育堂語錄》給我們提供了截然不同的機會，它不要求人恭敬頂禮，不要求人萬里訪求，不要求人服侍勞苦，不要求人久久等待，不要求人磕頭拜師，而那些得道高人就將畢生心血、無上天機為你和盤托出，寫進書中，加以印行流通，而那些得到它的人反而不知珍惜。

如果人贈一本，那麼那些得到此書的人很可能會束之高閣；如果標價出售，有些人會因為計較那微不足道的一點錢財而不肯購買，失之交臂；或者又因為書價很便宜，買回後走馬觀花隨便翻翻，不肯深究而當面錯過，這樣的人到處都是啊。所以說容易得到的也往往容易失去，歷久成就的才能夠長久安定。古人說：「此事是最玄妙的，只怕你福薄難以消受。」又說：「沒有耕耘的收穫，這種事是肯定沒有的。」因為當今之世，人們普遍地認假不認真，見小而忘大，這就是我忍不住要在這裡特別強調的。

另外我們也可觀察到這樣的現象：雞在啄食時，若地上僅有三五粒糧食，牠會把這幾粒糧啄得乾乾淨淨，如果糧食太多，牠則會亂啄，啄得滿地都是；猴子到地裡偷包穀，牠能將滿地長的包穀都扳倒，結果牠腋下也只夾了一二穗而去。學道者不在於多貪，也是這個道理。今生今世之人，智能和精力又有多少呢？人事奔波的情形又如何呢？百年時光，眨眼過去，一下子就到了老耄之年。若能專心致志，一訣一法，皆可成真。最要緊的就是在當下就用功，找到一適當的方法專一地去修煉，從簡單明白的地方開始參究，就能逐步深入堂奧。就像星星之火，可以燎原；涓涓細流，積成江海，從一點一滴做起，擴而充之，推而廣之，就有不可估量的功用。切不可像雞啄食猴偷粱一樣，貪多反而無益。這是我將此書介紹給讀者所要特別強調的又一層深意。這就是我的序言。

癸酉（一九三三年）夏四月西昌果圓居士敬撰

【研析】人的一般心理，普遍重視得來不易的東西，有人不惜千金去買所謂的祕訣，往往上當受騙。像《樂育堂語錄》這樣明示大道真傳的書，因為易得易求，人們往往不知珍惜。更有人貪多求全，一生到處求法，卻沒有定下心來，踏踏實實地選擇一種方法認真的實修，浪費了寶貴的光陰。閱讀此書的人，希望不要再犯這樣的錯誤，得到法就去鑽研，明白了道理就去實修，才不會一再錯過良機。

柳雲亭序

予素日好印善書，力之所及，或獨任，或襄助，必成之而後快。十年來，濫竽佛門，丁時多亂，恆自愧碌碌無所表見。重以師恩浩大，提挈有加，圖報之心，不能自已。鑒我同人用工多年，成效尚鮮，真善知識復不易得。間有質疑問難，輒弗克應病施藥，切理饜心❶。緣是望洋興嘆，趑趄❷中道者有之。譬如關心農事者，只知下種，不解耰耨❸，奚望苗而秀，秀而實？壬申歲，於無意中得《樂育堂語錄》一書，微窺為道言，莫決純疵。質之果圓居士，蒙審定曰正宗。爰付手民，以餉同道。至於書中內容，覽者自悉，且果圓居士序已微發之，茲不贅。

癸酉夏柳昌年雲亭氏序

【章　旨】柳雲亭的這篇序言簡單交代了自己捐印此書的因緣，是對果圓序的一個補充說明。

【注　釋】❶切理饜心　切中修道理論的要害，能夠解決心中的疑問。❷趑趄　行走困難，猶疑不前。❸耰耨　耕田鋤草。耰，古代用於碎土整田的一種農具。耨，鋤草的農具。

【語　譯】我平時喜歡捐印善書，只要是在力所能及的範圍，或是自己獨資印行，或是贊助別人印行，一定要讓有價值的好書流通才感到心滿意足。十多年來，我在佛門濫竽充數，所處的時代又多動亂，常常自愧自己碌碌無為，無所成績。只因為有感於師恩浩大，師父對我無微不至的關懷提挈，自己總情不自禁，想要報答師父的教導之恩。有鑑於同道們練功多年，而成效並不顯著，而真正的師父又難以遇到。用功的過程中如有疑難問題，又找不到對症下藥、切中要害的解決方案。因此導致不少人望洋興嘆，半途而廢。好比從事農業生產的人，只知道播下種子，卻不知道應該怎樣施肥除草，又哪能指望禾苗生長茂盛、碩果累累呢？去年，我於無意中得到《樂育堂語錄》一書，初步判斷它是有道的人寫的，但不能辨別此書究竟優劣如何。於是請果圓居士鑑定，蒙他審閱後說是正宗道書。於是我便籌資付印，以滿足同道們的需要。至於書中的內容，讀者看後便知，而且果圓居士在序言裡也已略加說明，我就不用多說了。

癸酉（一九三三年）夏柳昌年雲亭氏序

【研　析】修道途中會遇到各種問題，需要明師的指點。讀《樂育堂語錄》，可以看到黃元吉當年開示弟子的許多精彩語錄，就好像有師父在旁邊指點一般，對修道的人有很大的幫助。

卷一

立定腳根章第一

凡人欲學一事，必先見明道理，立定腳根，一眼看定，一手拿定，不做到極處不休。如此力量，方能了得一件事，縱不能造其巔，亦不至半途而廢，為不足輕重之人。凡事有然，又何況性命之學哉！言及神仙，世上人人俱愛，而教之學習此道，百中難得一二。嗚呼！紅塵滾滾，孽海茫茫，有何樂處？有何美處？獨奈何人不及察，反因此而喪厥良心，不惟不能超凡入聖，且宛轉生滅，愈趨愈下，其受盡諸苦，更不堪言。吾師是以代為之悲也。今又為爾生幸焉，歷年辛苦，一生真誠，故有今日之遇。如精神不振，淡漠相將，今日如故，明日依然，吾恐法收之後，緣了之餘，悔亦晚矣。論自古神仙，那一個是天生就的？都由匪伊朝夕❶，由少而多，自微而著，積而至於鋪天匝地❷、亙古及今❸得來。故曰：「釋迦不從地湧，太上不自天生。」即滿空真宰，無一不幾經折磨、幾遭屈辱，而始修成正等正覺如來金身者，又何況爾中等根器哉！又莫說年華已邁，歲月無多，恐有心學道而無成道之期，不如聽其自然，一任造化為轉移，隨其意之所之，全不收拾精神，整頓心力，則如無韁之馬、無索之猿，勢必狂奔妄躑而不已，是又自消前福，以貽後殃，奚可哉？吾想一失人身，萬劫難得，又況生居中國，有禮義文教之光華，又逢法會，得聞道德性命之真諦，此種因緣，即歷代仙師亦少有如此之便易者。何也？生等但盡其誠，不待出門一步，自獲真傳。試思古來仙子，雖今日成道，神任大羅天宮，而當日遨遊九州，受盡多般苦惱，歷盡無數風霜，至於貨財之糜費更無論焉，旁門之拐騙且不言矣。待至積誠久而結念深，居心苦而行道難，然後仙真深憐困窮，切念勞苦，然後感而下降，始將大道玄機一步一步傳出，俟功圓行滿，始為一洞真仙焉。生等較前賢之遇師聞道，其難易為何如也？且自古仙師，多有因時會不良，星辰不偶，深處艱難，無可如何，然後看破紅塵，出而訪道。如呂祖四十而遇鍾離，五十而得聞至道；張祖六十而始拋家訪道，七十而得火龍授訣❹。以此觀之，只怕不肯一心向道，那怕年紀之已老耶！吾道有云：「凡人不怕不年輕，只怕向道不心誠。」縱至九十、一百歲，果能如法修煉，無論男子婦人，都有移星轉斗之權，起死回生之妙也。自古學道最年輕者，除文佛觀音外不多聞。非少年入道之難也，由少年奉道多有遊移兩可，二意三心，更有仗恃時光，怠於從事，不甚迫切，是以學者多而成者少也。惟爾等中年老邁之人，凡塵色相已曾歷試其艱，世上名利都是屢經其苦，非但世界聲華視同嚼蠟，了無意味，且知諸般苦趣皆藏於其中，所以道心生而人心死，人心隱而道心彰，始可了悟前因、深徹命寶。雖曰苦盡甘來，而當其矢志靡他，杳不知有修煉之苦，是以一劫❺造成，不待另起爐灶焉。生等果能嘗得世味苦否？道味甘否？這邊重一分，那邊輕一分，切莫似少年人塵緣未了，凡心未空，且功修未積，孽障難消，是以徒思得道而不能成丹也。生等具挺挺志氣，浩浩天衷，自然丹成指顧❻，雲騰足下矣。

【章旨】此章勸勉弟子們確立修道的大志，珍惜這難得的學道機緣，放下各種塵世的牽掛，即使年紀大些，只要一心向道，百折不回，仍可成丹得道。

【注釋】❶匪伊朝夕　不是一朝一夕的事。❷鋪天匝地　鋪天蓋地，指得道的境界無邊無際，超越空間的限制。❸亙古及今　從古到今，指得道的境界無始無終，超越時間的局限。❹張祖二句　這裡的張祖應是指張伯端，他在六十以後才離開官場，拋家訪道，在七十歲左右遇真人傳授丹訣。但一般認為張伯端所遇真人為劉海蟾，而火龍真人則是張三丰的師父。如果此處張祖所指為張三丰，則張三丰離家訪道的時間甚早，事跡與此處所述不符。記為火龍真人，可能是黃元吉講述時的口誤或記錄者的筆誤。❺一劫 劫，梵語 Kalpa 音譯「劫波」的省稱，本謂極久遠的時節，佛經稱天地從形成到毀滅為一劫。一般認為成仙成佛，要經無數劫的長期修行。但這裡的一劫是借用，不是嚴格的時間意義，指不需經長久的時間就能成功。❻指顧 一指一瞥之間。形容時間的短暫、迅速。

【語譯】人不論想學任何一件事，必須要先清楚了解此事的道理，做到內心有主宰，能一眼看準，拿定主意不動搖，下決心不達到最高的境界，決不罷休。有這樣的精神力量，才能夠做成一件事，即使不能登峰造極，也不至於半途而廢，淪為凡事無成、無足輕重的人。一般的事尚且如此，又何況修真成仙的性命之學呢！

說起神仙，恐怕世人個個都羨慕，但要教他學習成仙之道，一百人中難有一二個願意的。真是可悲可嘆啊！在紅塵中打滾，在孽海中流浪，茫茫人世，苦海無邊，到哪裡可以找到快樂與美麗呢？遺憾的是人們並沒有警覺到這一點，反而在紅塵滾滾之中喪盡良心，不僅不能夠超凡入聖，而且不斷地在生死輪迴之中，每況愈下，其所要經歷的苦難更多，真是不堪設想。作為你們的老師，也為此替大家難過。但我也為你們這些學生感到幸運，因為你們經歷過多年的磨難，一生真誠地求道，才有今天這個難得的機緣。如果提不起精神，隨隨便便地應付，今天和過去一樣，明天也還是這個老樣子，恐怕這個法會結束後，再無緣聽我傳道，那時你們再後悔也來不及了。

試論自古以來的神仙，哪一個是天生成就的呢？他們都不是一朝一夕就輕易成就的，而是經歷了從少到多，從細微到顯著的積累過程，才最終到達鋪天蓋地、無始無終的超越境地。所以說：「釋迦牟尼佛不是從地裡面湧出來的，太上老君也不是從天上掉下來的。」就是盡虛空中的神仙真人，也無一不是經受各種折磨，遭遇種種屈辱，才最後修煉成為正等正覺的如來金身，更何況是你們這些只有中等根器的人呢！

另外，你們也別以為自己年紀大了，生存於世的時間不長了，就擔心自己即使有心學道也沒有成道的指望，還不如聽其自然，任由造化去安排生命的歸宿，因而隨心所欲，全不收拾自己的精神，集中心力於修道，這樣一來就好像無韁之馬、無索之猿一樣不受控制，勢必亂跑一氣，浪費光陰，如此則不但消耗自己以前所積的福德，而且還留下以後因為造業而受苦報的種子，這又是何苦呢？在我看來，一旦失卻人身，在輪迴大海中要再生為人是萬劫難遇的，更何況有幸生在中國，屬文明禮義之邦，道德教化隆盛，加上又有機會躬逢這次法會，能聽到修道養德性命雙修的真諦，這樣千載難逢的機會，就算是歷代以來的修道成仙的人，也少有這樣便宜的事。

為什麼這麼說呢？你們這些人只要誠心誠意地學，不需要出門一步，自然獲得丹道真傳。可是我們想一想古來學仙的人，雖現在成道以後元神住在大羅天宮逍遙自在，可是當年學道時走遍九州四海，受盡艱難困苦，歷盡無數風霜，更不用說耗費了大量的錢財，甚至還要受到旁門左道的坑蒙拐騙了。只有等到他們修道心誠經久不變，向道之志願不移，如此用心良苦艱難行道時，然後那些神仙真人，才深深地同情他們的窘迫處境，體諒起他們的辛勞艱苦，受感動而下降人間，才將大道玄機，一步一步地傳出，等到他們功行圓滿，才成為某一洞天福地的真仙。你們這些學生和前代聖賢訪師問道相比較，其難易的程度差別有多大呢？所以我說你們是何其幸運的啊！

況且，自古以來的仙師，多有因為所處的時代不好，整個大環境也不利，深處艱難之境，無可奈何，然後看破紅塵出家訪道。如呂洞賓祖師，四十歲才遇鍾離權祖師，五十歲才得聞大道。張伯端祖師六十歲而開始拋家訪道，七十歲才得遇真人傳授丹訣。以這些實例來看，怕就怕人不肯一心向道，倒不怕年紀已經老了。在我們道家有一句名言：「凡人不怕不年輕，只怕向道不心誠。」縱使人到九十、一百歲，如果能遵照正確的方法去修煉，不管男女，都有扭轉乾坤、起死回生的妙手。

自古以來，學道最年輕的，除釋迦牟尼佛和觀音菩薩之外，並不多見。這並不是說少年人道反而更難，而是因為少年人學道，往往游移不定、三心二意，還有一種情況就是年輕人自恃年少，來日方長，因而在學道中往往貪懶懈怠，沒有緊迫感，所以學道者多而成道者極少。只有像你們這些中年老邁的人，對於世上的名利聲色，都已經再三嘗過苦頭，不但對於世上的榮華富貴已味同嚼蠟，覺得一點意思也沒有，而且領悟到在聲色榮華的背後都包藏著種種苦難，所以生起向道之心，而不再生起人欲之心，人欲之心退卻道心才能彰顯，這樣才可能徹底了悟生命的前因後果，透徹明白生命本身的寶藏。雖說是吃盡苦頭才換來甘甜，但當你一心一意修道別無他想時，又根本感覺不到修煉是個苦差事，所以才能在一劫之內修成，不需要等到下一劫再另起爐灶。

你們果真能夠品得出人世生活的苦澀滋味和修道本身的快樂嗎?要知道此消彼長，在道心上重一分，在人心上就輕一分，千萬不要像那些少年人一樣，塵緣未了，凡心未空，既不能積功積德，又難以消除業障，所以只是空想得道，而根本不會結丹的。希望你們這批學生能具備挺拔的志氣，從本性裡面流出浩大的胸懷，自然就可以在彈指之間成就大丹，修成騰雲駕霧的神仙！

【研析】任何一個領域的成功者，都要靠立志，長期朝一個方向努力用功，才能有所成就。修道成仙更非世間的事業可比，一定要樹立堅定不移的志願，不達目標，誓不罷休。但要做到這一點，就必須深入體驗人世生活的悲歡，明瞭功名利祿都是過眼煙雲，本質上都是痛苦的，這樣才會一心一意地以修道為志。黃元吉指出，年輕人按理修道應該更易成就，但因為沒有深入地體驗過人世的生活，心智便不能成熟，容易留戀世樂，搖擺不定。而年齡大一點的人反而更易看破紅塵，如能下苦功夫，修道反而容易成就。光立志仍然不夠，要修道就要明理得法，只有見地通達，對修道的原理方法有清楚準確的認識，修道才能走上正路，才能立定腳跟。而明理得法的關鍵又在於求得明師的指點，古人求道訪師往往歷盡艱難，黃元吉再三告誡他的學生，千萬要珍惜這一法會機緣，不要錯過良機。

陽生之道章第二

諸子談及陽生[1]之道，已非一端，總不外無思無慮而來。即如貞女烈婦，矢志靡他，一旦偶遇不良，寧舍生而取義。又如忠臣烈士，惟義是從，設有禍起非常，願捐軀以殉難。此真正陽生也，不然，何以百折不回若是耶？由是推之，舉凡日用常行，或盡倫常孝友，或憐孤寡困窮，一切善事義舉，做到恰好至當，不無歡欣鼓舞之情，此皆陽生之候。只怕自家忽焉見得，忽焉又為氣阻。又怕自家知道，因而趾高氣揚，喜發於言，形動於色，洋洋詡詡，不知自收自斂，視有如無，因被氣習牽引而散矣。又或讀書誦詩，忽焉私欲盡去，一靈獨存，此亦陽生之一端也。又或朋友聚談，相契天懷，忽然陽氣飛騰，真機勃發，此亦陽生之一道也。更於琴棋書畫，漁樵耕讀，果能順其自然，本乎天性，無所求亦無所欲，未有不優游自得、消遣忘情者，此皆陽生之象也。總要一動即覺，一覺即收❷，庶幾神無外慕，氣有餘妍，而丹藥不難於生長，胎嬰何愁不壯旺？即或不至成仙，果能持守不失，神常返於穴中，氣時歸於爐內，久久真陽自發生矣。尤要知人有陽則生，無陽則死❸。以此思之，縱自家鮮有功德，不能上大羅而參太虛，亦可邁俗延齡，為世間地仙人仙❹焉。諸子從此悟得，方知陽即道，道即虛無自然。子思子謂「道也者，不可須臾離也」，其即此收斂陽光、不許一毫滲漏之說歟？諸子卓有見地，吾故以鋪天匝地、亙古歷今之真正元陽無時無處而不有者示之。若以此教初學人，反使無路入門，將他本來色相一片歡欣鼓舞之機亦窒塞焉。

【章　旨】此章透徹開示陽生的種種表現，使我們認識陽生不僅是在煉功時才特有的現象，而是隨時隨地都有可能發生的，無論我們做什麼，只要到達無思無慮的境地，都屬於陽生現象，關鍵在於陽生時不要錯過，要及時收斂精神，因而修道的人隨時隨地都要警覺用功。

【注　釋】❶陽生　道家煉內丹，是消陰成陽，陽生從命功方面是指陽氣發生，從性功方面是指元神顯現，陽生之時是煉功時要把握的火候關鍵。❷一動即覺二句　陽生的時候要能立即覺察到，把精神收斂，不起雜念，這樣方能陰消陽長。❸有陽則生二句　丹道中的陰陽有特殊的含義，與一般哲理上的陰陽不同。從哲理上說，陰陽相互依存，陰陽不能獨存，而丹道中的陰陽有其象徵的意義，陰代表生命中導致死亡的消極力量和無意識的成分，陽代表生命力，代表光明和有意識的成分。❹地仙人仙　神仙等級在不同道經中有不同的分類，在《鍾呂傳道集》中仙分為五等，即鬼仙、人仙、地仙、神仙和天仙。其中人仙不離於人，只可安樂延年；地仙不離於地，煉形住世而得長生不死。

【語　譯】各位談到陽生的現象，情況雖各不相同，都不外乎從無思無慮中得來。這就好像一個貞節烈女，一心忠貞於她的所愛，一旦遇到流氓調戲，寧死也不屈從，以保留氣節。又譬如忠臣烈士，只以忠義為重，假使遇到非常之禍，寧可捐軀殉難。這都是屬於真正的陽生的現象，不然為什麼能做到這樣百折不回呢？由此類推，但凡倫常日用之中，或者盡心盡力踐行人倫道德，或者是同情幫助孤寡老人和貧窮困苦的人，不管是什麼善良正義的行為，只要能做到恰到好處，自己也會感到歡欣鼓舞，這都是陽生的徵候。只怕當事人一會兒體會到了，一會兒又被自己的習氣阻擋住了，不能穩定地把握陽生的火候。再就是怕自己體會到陽生的情形，就趾高氣揚，沾沾自喜，在言談舉止之中，表現出洋洋得意的樣子，不知道在這個時候最重要的是自己收斂，雖有陽生之候卻能視有如無，因而被習氣牽引而能量發散了。又比如說，一個人讀書吟詩，忽然沒有一點私欲，靈明了知，不存他念，這也是陽生的一種表現。再比如說，朋友們在一起歡聚笑談，相互默契於心，觸動彼此的心靈深處，這時忽然感到陽氣飛騰，真機勃發，這也是陽生的一種情形。進一步說，琴棋書畫，漁樵耕讀，就在這種種日常生活中，如果能順其自然，本乎天性，無所求也無所欲，這時自然會感到逍遙自在，塵勞頓消，這些也都屬於陽生的現象。陽生的時候，關鍵要能做到一動即覺，一覺即收，使精神不再外馳，真氣周流於身，這樣丹藥就不難生長，仙胎種子何愁不能壯旺？即便不能成仙，如果能常常保持這種境界，精神返觀內照氣穴之中，真氣時時回歸到丹爐之內，時間一久就發生真正的陽生現象了。尤其要懂得道家生命的法則是：人有陽則生，無陽則死。從這個角度考慮，即便自己缺少修道的功德，不能上大羅仙境遨遊太虛，也可以超凡脫俗，延年益壽，成為世間的地仙或人仙。你們從這裡悟進去，才可能了知陽就是道，道就是虛無自然。子思在《中庸》裡說「真正的道，是一時一刻也不能離的」，這不就是指我們所說的陽生之時即收斂陽光，不能讓它有一絲一毫滲漏嗎？在座的都卓有見地，有一定的修道基礎，所以我才特意以鋪天匝地、亙古長存且隨時隨地都有的真正元陽告訴大家。但如果把這個道理告訴一個初學者，反而會使他感到沒有下手入門的地方，對陽生之道無所適從，反而將他生命中本來狀態所含有的一片歡欣鼓舞的生機也窒塞了。

【研　析】悟大道的人，要有迥異於常人的高遠見識，凡事要做到透徹透頂才行。比如說道家注重陽生時的火候，要及時採取，但一般修道者多認為只有在煉功時到一定程度才會有陽生的現象，從而忽略了日常生活中的修行。其實，真正的大道不離日常生活，只有隨時隨地用功，將整個生活融入修道之中，才能修到高境界。不然，你專門打坐修道的時間有多少呢？道不遠人，我們本來就生活在道中，只是我們一味向外馳求，而沒有覺察到道的顯現，而道的顯現就是陽生，也就是一種虛無自然、無思無慮的狀態。一般人也都可能經歷陽生的現象，但不能把握採取，為習氣所牽，當面錯過，實在可惜。這裡黃仙師指示隨時隨地一直都有的真正的陽生現象，這是從道的高度來理解陽生的現象，就是要我們在生活中隨時體認，及時返照，使神不外馳，真氣內充，事事合道自然，如是成仙有望了。

無上因緣章第三

人生天地之間，除卻金丹❶大道、返還❷工夫以外，形形色色享不盡之榮華富貴，無非一幻化之具。在不知道之凡夫，第以聲色貨利為務，謂家有贏餘，皆前世修積得好，今生受用甚隆。誰知享用多則精神消散，到頭來，不惟空手歸去，而且天地與我之真亦消歸無有。此即太上謂「天地萬物盜我之元氣」者是。是知榮華美景，即到帝王將相，不知修性立命❸，還不是日積日深，惟耗散其真元而已，而真身毫無益焉。故富貴之勞人，不如貧賤之適志者，此也。古云：「在世若不修道德，如入寶山空手回。」斯言洵不誣矣。吾師往來蜀郡，見世人非役志於富貴功名，即馳情於酒色財氣，吾心甚是憐憫。獨奈何有心拔度，而彼竟不知返也。且不惟不肯受度，反嘖有煩言，謂吾道為奇怪。噫！如此其人，吾雖有十分哀憐之意，而亦未如之何也矣！諸子思之，當今之世，人心汩沒，不大抵如斯耶？獨不思一劫人身，能有幾何？轉眼光陰，就是遲暮。焉知今日富貴，轉世不貧賤乎？又焉知今日為人，轉世不畜類乎？古云：「人身難得，中國難生，大道難逢。」❹既得人身，幸生中國，又聞正法，此即無上因緣也，較諸帝王將相忽焉而享、忽焉而滅、轉世即不堪零落者，此其境遇不高出萬萬倍耶？苟能由此潛修，即使不成仙作聖，而轉世再生猶為有根之人，斯亦幸矣。況乎今茲法會，天上格外加恩，直准一劫修成。諸子際此良緣，一個個努力前進，不怕難，不辭苦，惟有矢志於道德之場，潛心於功行之地，難道天上神仙盡屬痴聾而不見不聞者乎？只怕人不肯用心耳，莫患天神之不默護提攜也。諸子當此世道紛紛、人心昏憒，在凡人以為時處其艱，而在有道高人則又以為大幸。何也？若使境遇平常，不經磨折，不歷坎坷，還不是平平度去，又孰肯回心向道，著意求玄？惟此千磨萬難，事不遂意，人不我與，方知塵世境況都是勞人草草，無有一件好處，於是淡於名利而潛心為我，厭於人世而矢志清修。縱今日不得為仙，然仙道已歷其階；若使轉世為人，難道天神豈肯舍爾而他求哉？所以古人云「神仙還是神仙種，哪有凡夫能作仙」者，此也。吾再論今日之遇。如今學道人不下千萬，能得真常妙道全體大用無一不與之講明者，誰乎？惟諸子從吾講學，無有一絲半點遺漏而墮於一邊之學者，此其遇為何如也！足見神天之愛道，獨於生不吝焉。且生自入道來，屢遭磨勵，歷受風波。在旁觀看來，學道人還不荷天之休❺，反遭許多驚恐。殊不知遭一番讒謗，即進一分道德；經一番磨煉，即長一分精神。且也夙根習氣為之一消，前冤後孽由此一除。此正如人之染汙泥，經一番洗滌，而身軀爽泰矣；又如金玉藏於石中，經一番煅煉，而光華始出矣。此福慧雙臻之道，不在於安常處順，而在於歷險經艱。生莫因人言肆起，而稍有退縮之志也。吾觀諸子，的是神仙真品，不似拖泥帶水者，又想神仙，又思富貴，兩念交雜於一心者比。

【章　旨】此章是勉勵大家珍惜能有機會修學金丹大道的無上因緣，不要貪戀塵世的種種榮華富貴，因為一時的享樂只是種下未來的苦果，與永恆的大道相比不值一文。也不要因為人生經歷艱險磨難而生退縮之心，因為磨難正是修道的人借境煉心消除業障的良機。

【注　釋】❶金丹　古代道士煉製出來的追求長生不死的藥物稱為金丹，內丹學借指精氣神修煉的成果，金丹大道則指通過內丹修煉而成仙的原理與方法。❷返還　丹道修煉的基本原理是從後天返還先天，回歸到人所從生的源頭即道中去，與道合一而成仙。❸修性立命　從精神意識和身體氣脈兩方面修煉即性命雙修，是丹道修煉的基本原則。❹人身難得三句　此三句出自佛教「人身難得，中國難生，佛法難聞」，「中國」是指佛陀誕生之地印度，為世界的中央。但在本句中，可能就是指中國這個有道有法的國度。這三句意為：「能得到人身是極為難得的，即使生而為人要生到有聖人有大道的地方又極為難得，就算生在有聖人傳道的中國，能有學習修煉大道的機會又極為難得。」❺荷天之休　指天下之美集於一身。荷，擔負。休，美德。《詩經・商頌・長發》：「為下國綴旒，何天之休。」

【語　譯】人生在這個天地之間，除了金丹大道與返本還源的工夫以外，其他形形色色享不盡的榮華富貴，無非都是些暫時的現象，如夢如幻。那些看不透、沒有領悟大道的凡夫俗子，一心只想追求世間的榮華富貴，以為家道富足，都是前世修積得好，於是今生就盡情享受。他們哪裡知道，物質享受越多，精神消耗得也越多，到頭來，什麼也帶不走，仍然是兩手空空歸於塵土，而且連天地賦予人的那點本真元陽，也消散得一無所有。這也是老子曾說的：「天地萬物，都能耗損我的元氣」。

因此可以知道，一切榮華富貴、韶華美景，即使到帝王將相那樣的地位，如不知道修性立命，那些享樂只不過將禍患日積日深而已，因為這樣的享樂只能是耗散他們的本元真氣，而對於永恆的生命毫無益處。所以說，為富貴去奔波辛勞，倒不如雖清貧一些但可以實現自己的修道志向。古人說：「在世若不修道德，如入寶山空手回。」這話真是一點也不假啊。

為師經常往來於四川境內，見世上人不是傾心於功名富貴之場，就是縱情於酒色財氣之中，我心裡很是憐憫。但無可奈何的是，有心教化超度這些人，而他們卻迷而不返。這些人不但不肯受教，還要說三道四，說我們的金丹大道是奇奇怪怪的東西。唉！像這些愚頑之人，我就是有滿腔的同情愛憐之心，也拿他們沒有辦法啊！

你們大家想一想，當今之世，人們的良心泯滅的狀況，不是大體都像這樣的嗎？為什麼不能想想，在宇宙成住壞空的一個週期內，我們生身為人的機會能有多少呢？而一生中光陰似箭，轉眼就到了遲暮之年。你怎麼知道今天的富貴，到來世不會轉為貧賤呢？又怎知你今生是人，下次輪迴轉世不會轉入畜生道呢？古人說：「人身難得，中國難生，大道難逢。」現在你們這三個條件都具足了，既得到人身，又有幸生在中國，又有機會聽聞到正法，這真是人生的無上因緣，和那些一會兒享受榮華富貴、一會兒又灰飛煙滅、轉世即不知到何處去的帝王將相比較起來，你們的境遇不是要比他們高出萬萬倍麼？如果大家都能利用這個機會默默自修，即使不能成仙作聖，就是轉世再來，也成為有修道根器的人，這也是一大幸事啊！

更何況今天這個法會，天上的神仙格外加恩，特意准許大家能在一劫中修成大道。大家有幸碰上這樣難得的機緣，一個個努力前進，不畏艱難，不辭辛苦，全部的心思就是立志於道德領域的修煉，潛心積功累行，如果能做到這些，難道天上的神仙都是聾子瞎子，對此不聞不見嗎？只怕你不肯用心修煉，而不用操心天上的神仙不會默默護佑和提攜。

大家處在這個世道紛亂、人心昏睡的時代，對於凡俗之人，他們會感到處境艱難，而對有道的高人來說，反而會認為這對自己也是一大幸事。為什麼呢？如果人生的境遇平平常常，不經歷艱辛折磨，不經歷坎坷悲歡，生活中一帆風順，又有誰肯回心向道，執意尋求人生的超越境界？唯有人生經歷千磨萬難，事事不稱心如意，到處遭受挫折，他才有可能深深體會到塵世的生活經歷都是勞人心神無足輕重，一點好處也沒有，這樣才能夠淡泊於名利，而一心一意追求修煉性命的真諦，對人世間那些庸俗不堪的人事感到厭倦，而下定決心清心寡欲潛心修道。就算今生今世不能成仙，也已走上了攀登仙道高峰的臺階；如果轉世還作人，因為你有以前積累的修道基礎，難道天上神仙會不管你而另外再找別人？所以古人說「神仙還是神仙種，哪有凡夫能作仙」，講的就是這個道理。

我再說一說今日的機緣。如今學道之人有千千萬萬，可有誰能有機會遇到一位師父，能夠把真而不假恆常不變的妙道，從它的根源到它的具體的作用都一一給他們講得明明白白呢？只有你們這些人聽我講學，把大道具體展開來詳細闡明，一點也不遺漏，展示大道的全體大用，而不流於片面的認識，這是多麼難得！這充分說明，天界神仙看重修道的人，唯獨對你們這些學生是最不吝嗇的。

有的學生自入道以來，多次經受風波磨難的考驗。在旁觀者看來也許會覺得，學道的人為何不能得到天地的加持眾美從之，反遭受這麼多驚恐曲折？卻不知道遭一番迫害打擊，就能增進一分道德；經過一番磨練，就能成長一分精神。而且經過這番磨練，會轉化以前形成的不良習氣，前冤後孽的因果報應也得以消除。這好比人身上沾染了汙泥，經過一番清洗之後，身體就感到舒服暢快；又好比金子玉器，原來藏於山石之中，經過一番開採冶煉，閃閃的光華才開始顯示出來。要更好地福慧雙修，並不需要安於常情處於順境，而更要借助於經歷艱險與磨難。你們這些學生不要因為有各種各樣的議論誹謗，就生出一絲想要退縮的念頭。我看諸位的確都是神仙種子，不像有些拖泥帶水藕斷絲連的人，又想當神仙，又想貪富貴，兩種念頭交雜在一起，他們無法和你們相比。

【研析】追求世間的榮華富貴是人的本能欲望，但是每一個欲望都不能令我們得到真正的滿足。滿足了一個欲望，我們也就厭倦了，發現它並不能給我們帶來持久的幸福，它只是一個短暫的刺激，我們於是又開始追求新的欲望；如果欲望得不到滿足，我們也會為此受苦，那是「求不得」苦，我們一再遭受挫折。追求欲望的滿足是一個惡性循環，一時的快樂導致無盡的苦果，這就是「業」的法則。看穿世間的幻象，覺悟到人世的短暫無常，我們才能去尋找新的維度，從道的高度來看待人生，回歸道的永恆與圓滿，這就是修道的過程。

當一個人開始求道，最重要的是能得到一位明師的教導，因為人有執著於自己原有生活的慣性，沒有過來人的指點很難從中解脫出來。從生死輪迴的角度看，能生為一個人已經萬難了，還要能生在有道有法的地方，還要能遇到傳道弘法的師父，這種無上的因緣實在難得。如果有這樣的機會，一定要好好把握，一心一意地修煉大道。即便在修道的過程中遇到這樣那樣的風險磨難，那也是一種提高自己心性、轉化自己的習氣的大好機緣，千萬別因此生退縮之念。

黃元吉在此再次強調機緣難得，一個優秀的宗教導師在傳道時都會經常提醒弟子不要錯過聞法的機會，不要為各種塵世境遇影響修道之志，否則師父苦口婆心所傳授的無上心法，弟子們當作耳邊風，豈不可惜？

先天水火章第四

吾再諭，修煉之道，莫要於水火❶，須要水清火白❷，方為先天水火❸。火何在？心中之性，性即火也。然性有二：有氣性❹，有真性❺。氣性不除，則真性不見，仍不免事物之應酬，一時煩惱心起，化為凡火，爇灼一身，而真性為之消滅焉。故煉丹者，第一在凝神。凝神無他，只是除卻凡火，純是一團無思無慮、安然自在之火，方可化凡氣而為真氣也。諸子打坐，務將那凡火一一消停下去，然後慢慢的凝神。如此神為真神，火為真火，然後神有方所。不知其地，漫無歸宿；不知其法，何以下手？此氣穴一處，所以為歸根復命❻之竅也。其間一開一合，順其自然，我之神只有主宰之而已，絕不隨其長短消息，此即凝神之法也。凝神於此，息自然調，日變月化，仙胎成就，猶赤子初得父精母血，有此一團胎息，不疾不徐，不寒不熱，而十月出胎成人矣。至於水何在？腎中之情，情即水也。然有妄情❼、有真情❽，二者不明，丹必不就。苟妄情不除，則水經濫行，勢必流蕩而為淫欲。學者欲制妄情，離不得元神❾返觀內照，時時檢點，自然淫心邪念一絲不起，始是真情。倘有動時，即為真氣之累，我於此攝念歸真，採取而上升下降，收回中宮土釜，煅煉一番，則大藥易得，大丹必成。此水火二者，為人生身之本，成仙作聖之根，切勿混淆而用，不分清濁也。諸子勉之，此近時急務也。

【章旨】此章闡明丹道中先天水火的重要性及其在煉丹中作用。

【注釋】❶水火　丹道術語，內丹學借用外丹爐火燒煉的語言來描述體內精氣神的變化過程，以意識運用喻為火，以體內的精氣能量喻為水。常人之精神外馳，如火之易上炎；常人之精氣易順人道下洩，如水之易下流。煉內丹就是與常人相反，使精神之火內返，與精水相交，故丹法稱為顛倒水火，又叫做陰陽交媾。❷水清火白　水清是指沒有欲念思慮時的能量發動狀態，此時才能作為結丹的材料，若有欲望邪念，此時的精氣狀態為濁水。火白是指意識的純白無雜質，喻真火。後天的雜念妄想，是為凡火，先天的清淨意識，才是真火。❸先天水火　丹道講究用先天運化後天，從後天返回先天，內丹學要煉就超越性的神仙，就必須煉先天的精氣神，因為後天之物是生滅無常的，不能作為結丹的材料。先天水火是指未經後天意識汙染的純粹意識和純淨的能量。❹氣性　又叫氣質之性，受後天個體生命活動影響所形成的分別意識，帶有執著的慣性。❺真性　又叫本元之性、先天之性，指生命本來具有的無分別執著的光明覺性，是人的真正主人翁。❻歸根復命　回到生命的根元，恢復生命的本來。《老子》：「致虛極，守靜篤，萬物并作，吾以觀其復。夫物芸芸，各復歸其根。歸根曰靜，是謂復命，復命曰常，知常曰明。」❼妄情　水一般是指腎中之精水，這裡從其對應的心理狀態指情為水，指帶有淫欲雜念的性能量。❽真情　在沒有一點情欲妄想時的性能量。❾元神　與「識神」相對，識神是思慮分別的精神作用，元神是無欲無念時的意識覺性。

【語　譯】我再開示大家，修煉之道最首要的是水火，水要清，火要白，方為先天水火。煉丹時的火是指什麼呢？火是比喻性，性就是火。然而，性有兩種，一種是氣質之性，一種是本元真性。後天氣質之性不消除，那麼先天本元之性就不能顯露，那麼在日常事務的應酬中，人就仍舊不免煩惱，煩惱之心一旦生起，便化為後天凡火，燒灼一身，而先天真性便隨著凡火的燃燒而逐漸消耗殆盡。

所以，煉丹之人，第一重要的是凝神。所謂凝神，不是別的，只是消除思慮雜念，保持一種純粹的無思無慮、安然自在的精神狀態，方可以化凡氣而為真氣。你們在打坐的時候，務必將那種雜七雜八的妄想一一讓它消停下去，這樣慢慢地凝神，使意識安定下來。這樣神即為真神，火即為真火，然後神才有安頓之地。如不知道將神安頓到什麼地方，神就漫無歸宿，不能定於一處；如不知道具體的凝神方法，從哪裡可以下手用功呢？作為凝神所在地的氣穴，因此才成為人歸根復命的孔竅。在煉功中隨著呼吸的往來，相應地在氣穴之中也一開一合，這時只要順其自然，只讓元神默默主宰於其中，絕不能隨其開合運動呼吸長短而產生意念的游移不定，這就是凝神之法。把精神返照於氣穴，就不用調息而息自調，如此下去，一日有一日之新變化，一月有一月的新變化，到時仙胎自然成就，這就好像嬰兒在母胎中成長的情形，最初由父精母血所構成，通過一團胎息，與母體渾然一體，不快不慢，不寒不熱，經過十月胎圓便生下來成人了。

那麼在煉丹時水又是指什麼呢？它是指腎中之情，情就是水。然而情也有妄情和真情之分，二者如果不能明辨，一定煉不成丹。如果妄情不除，就會導致腎水向不良的方向流洩，一定會導致心神搖蕩，發而為淫欲。學丹功的人要想控制妄情，就離不開元神的返觀內照，時時檢點提防，這樣自然就不會生起一點淫心邪念，這時才算得上是真情。如果有欲望的衝動，就會影響真氣的運行，這時候就要把衝動之念收回來，回歸一念不起時的本真狀態，行採取的功夫，意念之火往下降，腎中精水往上升，水火相交於中央結丹的地方，如此將精氣神鍛煉一番，則容易發生昇華作用而形成高能量的物質，作為結丹的大藥，這樣就一定能成大丹。

以上所談的水火兩個方面，是人體生命的根本機制，是成仙作聖的基礎，千萬不要將先後天的水火搞混了而胡亂用功，分不清是清是濁。你們要好好用功，這是目前最急迫的事。

【研析】這一章開始講具體的功夫，也是煉丹功最緊要的地方。雖然煉功要達到一種雜念不生真性顯現的狀態，但這並不意味著一開始就去壓制雜念，與雜念作鬥爭，如果急於消除妄念氣性，反而會使雜念更多。開始只是提起精神，凝神返照氣穴之中，對待雜念只是靜靜地觀照，提起正念，不跟著它跑，這樣順其自然地用功，慢慢地就達到無思無慮的覺照狀態，此時才是真火的作用。真火照久了就會發生氣機的衝動，性能量開始轉化，這就是腎水的作用。此時容易生起淫欲之念，產生妄情，這是先後天的關口，必須立即收回念頭，回到元神作主的狀態，此時才是真水的作用。真火下降，真水上升，水火相交，才能產大藥，結大丹。修道最困難的地方，就在於普通人已經在社會生活中染上了種種執著的習氣，心裡牽掛的東西太多，一刻也靜不下來，一直是氣性、妄情在作主，尤其對欲望看不開，沉迷其中不能自拔，這樣精神耗散，無法達到精神與真氣能量的交合，產生水火既濟的和諧，自然就談不上產藥結丹了。如果夾雜著後天的欲念，水源不清，性火不純，即使煉功也達不到好的效果，所以一定要明辨先天水火。

明心見性章第五

吾示明心見性❶之真諦。夫先天之心即性，先天之性即虛無元氣❷，要之，一虛而已矣。人自有生後，氣質之拘，情欲之蔽，恩愛之纏，此心之不虛者久矣。氣為心使，精為神役，馳逐妄遊，消耗殆盡。此學人下手興工，所以貴凝神調息也。蓋神不凝則散，散則遊思妄想迭出，安能團聚一區，以為煉丹之主帥？惟能凝則一，一則虛。我心之虛，即本來天賦之性；外來太空之虛，即未生虛無之性❸。息不調則放，放則內而臟腑、外而肌膚，無非一團躁急之氣運行，欲其凝聚一團而為我造命之本，蓋亦難矣。惟能調則平，平則和。我身之和，即我生以後受天地之命；太和一氣，即未生以前懸於天地之命❹。此即真性真命，與天地人物合而不分之性命，亦即神仙造而為神仙之性命也❺。生等欲復命歸根，以臻神化之域，亦無他修，只是凝神令靜，調息令勻，勿忘勿助，不疾不徐，使心神氣息皆入於虛極靜篤而已矣。但非造作之虛，乃自然之虛❻。故天地鬼神人物，同一源也。然亦非虛而無實也。惟我之神既虛，則天地清和之氣自然相投❼。人之所以參天地，贊化育，變化無窮，神妙莫測者，即此神息之虛得感清空之氣入來。此虛中所以有實也。久久凝聚，自然身心內外，有剛健中正、純粹以精之景。如此見性，方是真性發現。心何以明？惟虛則靈，靈則明，明則眾理俱備，萬事兼賅。未動則浩浩蕩蕩，無識無知，所謂內想不出，外想不入，但覺光明洞達，一理中涵，萬象咸包，斯得之矣。及觸物而動，隨感而通，遇圓則圓，隨方則方，活潑不拘，似遊龍之莫測。又云：「靜則為元神，動則為真意。」❽神與意一也，不過動靜之分焉耳。又聞古云：「心無性無主，性無心無依。」❾心所以載性，性所以統心，是知心之高明廣大、神妙無窮者，即性之量也。明得這個真心，即明性矣。但此性未在人身，盤旋清空為元氣，既落人身為元神，要皆虛而不有。學者下手之初，必要先將此心放得活活潑潑，托諸於穆之天❿，遊於太虛之表，始能內伏一身之鉛汞⓫，外盜天地之元陽。久之神自凝而息自調，只覺丹田一點神息，渾浩流轉，似有如無。我於此守之照之，猶如貓之捕鼠，兔之逢鷹，一心顧諟，不許外遊，自然內感外應，覺天地之元氣流行於一身內外，而無有休息也。性功到此，命功自易焉。彼世之山精水怪，能化人形，命功亦云極矣，但出而觀玩，見可欲則貪，見可畏則懼，甚至做出不仁不義、無廉無恥事來，所以終遭誅戮而莫能逃者，皆由少煉性之工耳。吾師教人必以明心見性為先務者，正謂此也。諸子知之否乎？

【章旨】本章闡述明心見性的理論與方法，以還虛為宗，以凝神調息為下手方法。

【注釋】❶明心見性　佛教禪宗「不立文字，見性成佛」，以明心見性為宗，以覺悟自己本有的佛性為成佛之根本。用現代語言勉強解釋，心是主體意識及其活動，性是主體意識的本來狀態，明心就是覺察自己的意識活動的實質，從而見到自己的真心；見性就是體悟到意識活動的無限背景與動力根源，從而見到自己的本性。宋元以來的內丹學在一定程度上是與禪學相交融的結果，在性命雙修的內丹學理論框架內，其性功主要就是明心見性。❷先天之性即虛無元氣　先天之性即是性未有具體的載體時的先天狀態，按理應是本源性的「虛體」或「道體」，其中是「理氣合一」的，是包含有「神」和「氣」在內的渾然一體狀態。在道教，則特別強調「元氣」的作用，因為先天之性還沒有顯現意識的分別性，而元氣是形容本元狀態的能量之海，是屬於本體層面的概念，並不是說裡面只有「氣」而沒有「神」。「元氣」與「虛無」連用，形容無形無象、渾然一體的宇宙本體。❸我心之虛四句　性體本身是一，但有主客之分、內外之別。性體也即是虛體，當心處於虛明的狀態，意識沒有具體的活動，一念不生時的靈明自性，就是虛體顯現而為生命本來就有的天賦之性；而虛體本身在沒有顯現為具體的生命形態時，就像太空之虛，此即未生虛無之性。❹我身之和四句　丹道家喜歡性命對談，性是心之虛，命是氣之和。和性一樣，命也有主客之別、內外之分。人自身氣血的平衡和諧，是生命誕生以後從天地之命那裡所領受來的「命」；而生命未誕生以前的太和一氣，是懸於天地之間未具體化的「命」。這裡講的是經過凝神調息後身體處於平和的狀態，從而顯現從天地之命那裡被賦予的先天之命。❺真性真命三句　先天虛無之性是真性，先天調和之命是真命，在先天狀態中沒有思慮分別，性命與天地人物渾然一體，這就是能夠修成神仙的性命。「神仙造而為神仙之性命」中的「神仙造」，語意未明，如解為「神仙所造」，則不合丹道理論，且與後文成循環論證。此句應是「造神仙」，因為先天的性命並不是神仙所造，而是造就神仙的先天依據。❻非造作之虛二句　虛是無為法，它不是一種有為的修煉，不是一種人為的目標，而是一種自然的顯現。當你想要通過一種造作達到虛的狀態時，本身已經不虛了；只有當所有的造作停止時，才能進入自然之虛。❼惟我之神既虛二句　人本來就在道中，與天地萬物為一體，但人的私欲雜念把人與道隔離開來，只有當精神處於虛無的狀態，沒有執著心分別心，這時就恢復了人與天地萬物的貫通，從而接通到宇宙的能量之海。❽靜則為元神二句　意念靜下來，沒有思想念頭而又靈明不昧，這就是元神的顯現；元神發動自然有了知的妙用，這就是真意的作用。在沒有覺悟到元神時的意念思維，是識神的作用，而認得元神之後的意念思維就成了元神的妙用，所以稱為真意。❾心無性無主二句　如果沒有認識性體，意識活動就沒有主宰，而成為散亂之心；如果只有孤立的性體而沒有能夠起思維作用的心，性就沒有依託，不能顯現能動的意識功能。❿於穆之天　天，指道體。於穆，形容道體的莊嚴靜穆和生生不已。《詩經．周頌．清廟之什》：「維天之命，於穆不已。於乎不顯！文王之德之純。」⓫鉛汞　丹道術語，原是外丹中的藥材，內丹借用以表示人體中的真陰真陽，與性命、神氣、坎離、水火等內丹名詞相通，本書最後有解釋丹道名詞隱語的一章（卷四第二十四章），對此有專門的解釋。

【語　譯】我向你們指示明心見性的真諦。什麼是性？思慮未萌時的先天之心就是性，性沒有具體載體時的先天存在形式就是虛無元氣，不管是心還是性，最重要的關鍵就是一個虛而已。人自從有了肉體的生命以後，通常是被後天氣質拘束，為情欲蒙蔽，糾纏於恩愛情愁之中，如此一來，人心充滿了各種物欲，早就已經不虛了。心不能虛，所以氣就為之所擾；神不能安，精就為神所役。心神不能安靜，一味地向外追逐物欲，迷戀於聲色之中，精與氣就會消耗殆盡。

這就是學習丹功的人，下手煉功的時候，非常重視凝神調息的緣故。因為精神不專一就發散，一散亂就不斷有種種妄想雜念，這樣怎能集中心力於一處，以成為煉丹的主導因素？惟有精神能凝聚才能進入天人合一的狀態，能進入天人合一的狀態心才能虛靜。我心的虛靈不昧，這是本來的天賦之性；我們身外自然太空的虛廓無垠，那是未生萬物之前的虛無之性。而如果息不能調好就放縱，放縱則導致在內的臟腑，在外的肌膚，都是一團由不規則的口鼻呼吸形成的急躁之氣運行。想讓它凝聚起來，成為重造我們生命的根本，那就很難了。只有能調好呼吸才能平靜下來，平靜下來身體才能達到平衡和諧。我們人身的平和狀態，是我們人身開始產生以後從天地那裡領受而來的命；而原始的太和一氣，就是未形成生命以前的虛懸於天地之間的命。以上所論述的就是真性真命，是與天地人物合而不分、渾然一體的性命，也是使自己能得以修煉成為神仙的真性真命。

諸位要想將生命返歸到本源之處，以達到陰陽不測的神化境界，並不一定要尋求其他方法，只是凝神使其安靜，調息使其均勻，不要忘記觀照，也不要人為地去干擾，要自自然然，不急也不慢，無非是使心神氣息一起進入到完全虛無完全寧靜的境界。但這種虛不是意念造作的虛，而是無念時自然現出來的虛。進入自然之虛，天地人物鬼神，也就相互貫通，同歸萬化的根源。虛只是說明其中無掛礙、無造作、無形象，並非指絕對的一無所有，虛中有實，其中也有真實的能量與妙用。只有當我們的精神處於虛靜無為的狀態，那麼天地清和之氣自然就進入到體中。人之所以能通過修煉的成功，而參同天地的功能，扶助萬物的化育，變化無窮、神妙莫測，就在於調神調息達到虛元寧靜時，感應到宇宙本體的虛空能量進來，這就是所謂的虛中有實。如此久久凝聚，自然身心內外會形成剛健中正、至純至精的光景，進入到高能量的狀態。達到這樣的效果談見性，才可以說是真性真正顯現出來了。

那麼如何才能明心呢？心只有在虛靜的狀態下才能靈知不昧，靈知不昧就能了了分明，了了分明則一切的道理都能通達，萬事萬物的運化情形也都了然於心。妙明真心有體有用，當其寂然不動的時候則浩浩蕩蕩，渾渾沌沌，無知無識，也就是所謂的內想不出，外想不入，在寂然不動的心體中，只覺得一片光明，無邊無際，既包含有宇宙的統一的真理，又蘊藏了萬事萬物的奧妙，這樣才可以說體會到了心的本體。當心體起用，接觸具體事物的時候，又能感而遂通，隨著事物的不同感應而顯現其應物的妙用，遇圓則圓，隨方則方，活潑自由，好像遊龍一樣神妙不測。

古人有「靜則為元神，動則為真意」的說法，元神和真意所指的是同一個意識主體，不過從心之體用動靜的關係而分罷了，元神是心未發時的寂然不動之體，真意心已發時的變化不測之用。古人也有這樣的說法：「心無性無主，性無心無依」，可見心是性表現其作用的載體，性是心發揮功能時的主宰力量。由此可知，心的作用之所以高明廣大，神妙無窮，其實就是性體中所蘊含的無限妙用。心性是統一的，明悟了這個真心，也就是明悟了真性。只不過這裡所說的性有兩層意思，當性未落實到具體的人身時，只是以元氣的形式盤旋於宇宙茫茫太空；當落實到具體的人身之後便是我們生命的元神，但在這兩種形式中性都具有虛而不有的重要特徵。

學功者下手行功的時候，一定要先把這個心調整到活活潑潑，沒有拘執滯礙，把心寄託在靜穆莊嚴的道體，神遊於廣闊無垠的太虛，這樣才能達到體內的陰陽平衡，並從外界吸收到天地間純正的能量。這樣久而久之，精神自然凝定，氣息自然調勻，只覺得丹田中一股心氣合一的能量流，渾然一體，周流一身，雖有氣機的流動，但又若有若無，並不是有一個固定的所在。當這個時候，我們就要精神內守，靜靜觀照，就像貓盯住老鼠，鷹認準了兔兒，一心一意照顧，一點也不向外遊移，這樣自然就內外感應，感覺到天地宇宙間的本源性的能量流行於一身內外，絲毫也不停留。性功做到這個地步，命功就自然容易做了。

那些另類世界中的山精水怪之類，它們能化為人形，它們的命功修為不能不說已達到極高的境界。但它們修成人形後到處遊玩，遇見可以滿足欲望的地方就產生貪欲，遇見可怕的地方則有畏懼，甚至做出不仁不義、不顧廉恥的事來，所以最終總是要再遭到殺身之禍，逃不脫宇宙間因果報應的法則，原因也就在於它們雖然命功做到一定的程度，但缺少修心煉性的功夫。為師教化學生，一定要以明心見性為首要的基礎功夫，道理正在於此。你們大家明白嗎？

【研　析】明心見性是一切修道體系的共同的核心，因為無論什麼方法，都是要通過心性的明悟來達到一種虛靜無為的功能狀態。丹道雖然強調性命雙修，但不管是性功還是命功，都要以明心見性為主導。我們的心念總是逐物而動，隨外境而轉，一刻也靜不下來，在這種心態中，念念流轉，沒有一個中心，沒有主人公，這就是散亂的妄心。明心就是要明瞭自己的真心，真心是不隨外境所轉的了了分明的覺照心，而在明覺中起心動念就成為真心的妙用，空寂靈知之心是心之體，隨感應物之心是心之用。見到虛靈之心體也就是見性，心是從主觀性一面言之，從意識主體的能動性一面講；性是從客觀性一面言之，從道體所賦予人的生命而使生命所具有的先天本性一面講。沒有心，性就無從顯現；沒有性，心就無從規範。人能以心證性，以性合道，性是超越性的根源，心是能覺的主體。明心見性的關鍵就是一個「虛」字，在虛中無障礙，無限制，心、性、道都相通為一，人的有限的生命就融入了無限的道體之中，道體的能量也就貫注到人的生命之中，這其中就有命功的作用。不過道家內丹學的特點是不光從心性上講，而以凝神調息為入手功夫，注重人體能量的轉化和內外一體的能量交融，所以講性功和講命功是分不開的，講明心見性時也要談到命功方面的能量昇華，講命功時也要談到心性的修持。

玄關一竅章第六

煉心二字，是千真萬聖總總一個法門。除此而外，皆非大道。須知生生死死輪迴❶種子，皆由一念之不自持、妄情幻想，做出百般怪誕出來。所以古人用工，必先牢拴意馬，緊鎖心猿。何也？蓋一念之動，即一念之生死所關；一念之息，即一念之涅槃❷所在。是則道之成也，豈在多乎？只須一念把持，自可造於渾渾淪淪、無思無慮之天。縱有時念起心動，亦是物感而動，非無故自動。如此動心，心無其心，雖日應萬端，亦真心也。否則，心有其心，雖靜坐寂照，亦妄心也。學人造到此境，夫豈易易？要不過由一念之操存，以至於如如❸自如，了了自了，神通造化，德配乾坤而已矣。只怕玄關一動，而漫不經心耳。果能常操常存，毋稍放逸，遇魔不退，受辱不辭，惟一心一德，將此虛靈妙體涵養久久，自然日充月盛，而玄關現矣。夫玄關一竅❹，是吾人煉道丹頭，勿區區於大定大靜中求。孔子曰：「我欲仁，斯仁至矣。」若必待大定大靜然後才有，孔子又不如是便易指點。可見學人修養之時，忽然靜定，一無所知所覺，突起知覺之心，前無所思，後無所憶，乾乾淨淨，即乾元一氣❺之本來面目也。從此一念修持，採取烹煉，封固溫養，久久自成不測之仙。然而小定小靜，亦見天心之來復。若人事匆匆，思慮萬端，事為煩擾，如葛之緣蔓，樹之引藤，愈起愈紛，愈紛愈亂，無有止息，為之奈何？但能一念回光，一心了照，如酒醉之夫迷睡路旁，忽地一碗涼水從頭面噴去，猛然一驚而醒，始知昏昏迷迷一場空夢，此即玄關竅也。昔南極仙翁示鶴臞子，真元心體實自玄關一竅尋來，動靜與俱，隨時皆有，但非感動，無以覺耳。試有人呼子之名，子必應之曰：「有。」此一應是誰？雖曰是口，然主宰其應者，是真元心體也。是一應間，直將真元心體憑空提出與人看，真善於指點者也。是知知覺不起時，萬境皆滅，即呼即應，真元顯露，方知此心不與境俱滅；知覺紛起時，萬境皆生，一呼一應，真元剖露，方知此心不與境俱生。以此思之，知覺不起時，心自若也，知覺紛起時，心亦自若也，以其為虛而靈也，虛則有何生滅哉？只怕雜妄縈擾，恩愛牽纏，看之不空，割之不斷，斯無以為造道之本耳。

總之，此竅只此息之頃，以前不是，以後不是。如人當悶寂之時，忽有人呼其名，猛然一應，即玄關矣。一應之後，陰陽判為兩儀，又非玄關也。玄關者，太極將分、兩儀將判之時也。動不是，靜亦不是，其在靜極而動、動極而靜之間乎！所謂動靜無端，玄關亦無端，學者須善會之。

【章旨】本章指明煉心是千真萬聖成道的根本，進一步指示煉心的關鍵在於把握玄關一竅，從一念之修持中認得真元心體，以為修道之總持。

【注釋】❶輪迴　按：後期丹道大多數主張三教合一，尤其融攝了佛學，《樂育堂語錄》中有許多佛學概念，本書一般在佛學概念第一次出現時加以注釋，多參考《佛光大辭典》，但主要是作通俗的解釋。輪迴，梵語Samsāra，音譯僧娑洛。這是說眾生由惑業之因（貪、瞋、痴三毒）而招感三界、六道的生死輪轉，恰如車輪之迴轉，永無止盡，故稱輪迴。又作生死、生死輪迴、生死相續、輪迴轉生、淪迴、流轉、輪轉。本為古印度婆羅門教主要教義之一，佛教沿襲之並加以發展，注入了自己的教義。蓋欲滅六道輪迴之苦，則必先斷其苦因（三毒），謂三毒猶如種子之能生芽，故眾生流轉三有（即欲界、色界、無色界）不得出離，若斷滅我執及貪、瞋、痴，則諸苦亦斷。❷涅槃　梵語nirvāna。意譯作滅、寂滅、滅度、寂、無生、圓寂，指覺悟宇宙人生的真相而超越生死輪迴的解脫境界。原來指吹滅，或表吹滅之狀態；其後轉指燃燒煩惱之火滅盡，達到覺悟的境地。這種超越生死（迷界）之覺悟，也是佛教實踐的終極目的，被列為佛教三法印之一，稱為「涅槃寂靜」。❸如如　像萬法本來的樣子那樣，是如於真如，是不動、寂默、平等不二、不起顛倒分別的自性境界。因是如理智所證得的真如，故說如如。道家用如如這個詞，其意義與自然、無為略近。❹玄關一竅　在本章中玄關一竅是指一念之間明心見性的契機，在念起念落之間忽然返觀一覺，呈現出妙明心體，此即玄關出現。但內丹學中玄關一竅的說法很多，所指難解，在本章的「研析」部分將詳加說明。❺乾元一氣　即內丹學中常說的先天一氣，是指作為能量之源的宇宙本元之氣。乾元，萬化未生時的宇宙原始狀態。

【語　譯】煉心二字，是所有真人聖人修道能得成就的總持法門。離開了煉心而心外求法，都不是大道。要知道人之所以陷入生生死死的無盡輪迴之中，其種子都是由於一念之間不能自己把持，生出種種虛妄之情夢幻之想，做出種種千奇百怪的荒誕事來。所以古人修持用功，一定要先把像烈馬一樣奔馳的意念牢牢地拴住，把像猿猴一樣變幻的心緊緊鎖住，使心能定下來。為什麼呢？因為動一個念頭，就關係到一念的生死；一個念頭停息下來，就是這一念的涅槃所在。無盡的生死輪迴，最終都緣於一念之輪迴，而解脫輪迴的涅槃，也取決於能否證得一念之涅槃。所以要成道，並不在於學得多，只須能夠把持一念，自然可達到渾渾淪淪、無思無慮的天人合一境界。如果能覺悟心體，即使有時起心動念，也是隨緣應物感而遂動，不是自己無緣無故地胡思亂想。如果能這樣用心，動而無動，隨感而化，雖用心而無心可用，即使是每天應接的事物千頭萬緒，也是真心的妙用。否則，如果在用心之中不能用過即化而產生滯著心，這樣即使在靜坐觀心，也是妄心。

學道的人要達到這樣動靜無礙的境界，豈是容易的嗎？但關鍵不過在於從一念中的體察涵養開始，逐漸到達自然無為，任運解脫，神通妙合天地造化，具備與宇宙本體相應的功德這樣的境界罷了。只怕在一念萌動之際玄關顯現之時，漫不經心而錯過了。要是真能恆常地保存這一念未生時的心體，把握住起心動念時的心性妙用，一點也不放逸，遇到磨難也不退卻，經受屈辱也不推辭，只管一心一意地修道養德，將這個虛靈不昧妙用無窮的心體久久地涵養，自然可以一天一天地充實，一月一月地盛大，而使明心見性的玄關契機出現。

玄關一竅，是我們修煉丹道的源頭活水，不能僅僅局限於從大定大靜中去尋求。孔子說過：「我一想到要行仁道，仁道就已當下呈現了。」這說明道在尋常日用之中，若一定要等到大定大靜後才有道，孔子也不會這樣簡便易曉地為學生指點。由此可見學道的人在作修養功夫的時候，忽然靜定下來，沒有任何的所知所覺的對象，只是突然間生起了靈明的知覺之心，前念不起思量分別，後念不起記憶回想，前後際斷，一念不生，乾乾淨淨，沒有一絲雜念，此時即是乾元一氣的本來面目。從這個一念不生的本來面目上修持用功，根據體內精氣運行的變化，適時地行採取烹煉，封固溫養的火候功夫，久久堅持下去自然可以成就神妙不測的神仙。

不僅在大定大靜中可見本來面目，就是在小定小靜之中，也可見合道之心不時地顯現。好比說平常生活中人事匆匆，思慮萬端，諸事煩擾於心，就像山間葛藤攀緣著枝蔓，就像老樹上的絲藤纏繞，你越引弄它就越紛亂，一點也停息不下來，這時該如何辦呢？其實只要一念回光，一心觀照，這頓然一覺，也是玄關顯象。這個狀態就像一個醉漢昏睡在路旁，忽然被一碗涼水從頭面噴去，猛然一驚而醒，這時才意識到剛才酒醉時的昏昏迷迷，實為一場夢幻，這也是玄關竅開的情形。從前，南極仙翁告訴鶴臞子，人的真元心體實從玄關一竅中尋找出來的，真元心體不拘動靜一直都存在，隨時都有，不過真心如不感應外境而動，人就難以覺知到。假使有人呼喚你的名字，你就會立即答應說：「有。」這能立即應答的是誰？雖說發聲是通過嘴巴，然而嘴巴本身並不會說話，主宰嘴巴而能使其應答的正是真元心體。在這應答之間，簡直就將真元心體憑空提出來給人看到，這種方法真是善於直指人心，讓人明心見性。

由此可以知道，知覺不起時，意識沒有任何對象，而一有人呼叫當即能應答，真元心體顯露出來，這才知道真心不會因為沒有意識到任何對象就不存在。如果知覺紛紛生起，意識攀緣於各種對象，但只要有猛然一呼，仍會有猛然一應，真元心體仍然顯露了出來，這才知道真心並不是隨各種意識對象的生起而隨之產生。由此我們可以認識到，知覺不起時，真心是安定自若的；而知覺紛亂時，真心仍然是安定自若的。因為真元心體是虛而靈的，好像廣闊的天空；念頭來來去去，好像天邊的浮雲。雲彩有去有來，但虛空有何生滅可言呢？怕只怕人有雜念糾擾，恩愛牽纏，看不到這些雜念的本質也是空的，因而割捨不斷，這樣就不能透過妄念的浮雲而見到本性的天空，失去了修道成道的根本。

總而言之，這個真心顯露的玄關一竅只是在一念不生的那一瞬間，前一念不是，後一念也不是，只在這前後際斷而又了了分明的瞬間可以見到心體。例如人在昏悶寂靜的時候，忽然有人喊他一聲，他猛然一應，就在那一瞬間，沒有第二念，即是真心顯露的玄關。一應之後，分別念就起來了，於是從太極分為陰陽兩儀，這就不是玄關了。玄關就是太極將分而未分，兩儀將判而未判那一刻。所以說，動也不是，靜也不是，它就在靜極而動、動極而靜之間。所謂的動靜無端，玄關也沒有始與終，煉功人須在實踐中認真把握體會。

【研　析】本章所述的玄關一竅是偏在明心見性的作用方面，但在內丹學中，通過陰陽交媾而入於虛無本體之境界，被稱為「玄關一竅」。玄關一竅不是一種人體中具體的部位，而是一種後天返先天的臨界狀態。由於內丹學文獻中對玄關一竅雖非常強調但卻未予以明確的定義，指為內丹學成仙之祕而語多隱喻，眾說紛紜，使人難識廬山真面目，在這裡綜觀各家內丹學文獻對玄關一竅的說明，從對內丹學的整體詮釋的高度，對玄關一竅的意義予以明確的解釋，即玄關一竅是陰陽交媾從後天到先天的臨界狀態，是進入本體性的超越境界而採取先天一氣的契機。一方面玄關一竅不是任何人體具體的部位，它不是純生理性的穴位；另一方面又在人體內有某種特殊性的功能效應，進入這種臨界狀態時好像體內的「玄竅」被打開了，它又不是純心理性的狀態，所以稱為「玄關一竅」。除本章中黃元吉所指出的玄關是在太極與兩儀之間、動靜之間的臨界狀態外，茲再略舉內丹學文獻中關於「玄關一竅」的代表性的說法如下：《金丹大成集》云：「要須知夫身中一竅，名曰玄牝。此竅者，非心、非腎、非口、非鼻，非穀道、非膀胱、非丹田、非泥丸。能知此一竅，則冬至在此矣，藥物在此矣，火候亦在此矣，沐浴亦在此矣，結胎亦在此矣，脫體亦在此矣。」李涵虛《道竅談》稱：「玄關一竅，自虛無中生。不居於五臟六腑，肢體間無論也。……玄關者，神氣交媾之靈光。」閔一得在《金華宗旨》按語中云：「無形之竅，玄竅是也。玄竅無處，三才盡在玄竅之中……活時無候，萬古總在活時之中。」《性命圭旨》云：「這個竅原是廓然無際、神妙莫測的，原是混然大中、不偏倚的，原是粹然至善、純一不雜的。昭昭乎本是圓明洞徹而無礙。以為有，不睹不聞，奚所有也？以為無，至靈至神，未嘗無也。本無方所亦無始終。」從這些關於玄關一竅的論述可以看出：

一、玄關一竅不是人體內一個具體的穴位，是無形無象、大而無外的一種功能性狀態。但它又是「身中一竅」，不能說與身體完全無關，與「先天一氣」或「虛」等本體性概念又不能等同。

二、玄關一竅與「虛無」、「先天一氣」等有密切的關聯，它本身就是「自虛無中生」，又是採先天一氣的契機、玄關，是後天人體陰陽與先天本體相應的臨界狀態。

三、玄關一竅在「有」和「無」之間，是貫穿內丹學修煉始終的關鍵所在，是「神氣交媾之靈光」，是生理和心理相互作用的一種中間狀態。

這三點的要害在於玄關一竅既是人體中之一「竅」又不是人體中某一特定的部位，既是廓然無際、至靈至神又不是指客觀的太虛本體，玄關一竅是介於身心之間、主客之間、有無之間的一種臨界狀態，正好說明此處對玄關一竅的解釋是合理的，如果把玄關一竅理解為陰陽交媾而現出先天本體性境界的臨界態，是採取先天一氣的契機，就能合理地解釋上述三點。因為玄關一竅是一種身體內陰陽交媾出現的功能狀態，故可喻為人體之一「竅」；因為此狀態是進入虛無本體的臨界態，故極具「玄妙」之機，故稱「玄關」。進入這一臨界狀態，是內丹學修煉後天轉入先天的標誌，是和宇宙負熵源溝通的契機，是返本還源目標的初步實現，故玄關一竅極其重要。

虛中得實章第七

近來所傳者，都是上上乘法。生須從靜定中細心體貼，方有會悟。不然，恐信手翻閱，無大滋味。不知吾單詞隻字，都從心坎中抉出，無半句誑汝也。下工之始，神遊太虛，洞觀本竅[1]，則以虛合虛，而心明性見，隨時俱在，不待真陽生也。可惜人只知養虛，不知去間虛之物。亦第知心馳於欲為不虛，不知力絕夫欲亦為不虛。夫以多欲令人神傷，絕欲亦令人心勞，二者雖有不同，其為心之障則一而已。顧不曰虛而曰陽生，蓋以虛言，則恐人墮於無一邊；曰陽者，即示人虛中得實，含有圓明洞達、無限神通在內。惟能虛之極，陽乃從中而生，我即以真意採取之，烹煉之，沐浴溫養之，一如天地初開，煙雲障蔽，真陽一到，而融融春意，無非是一團太和，醞之釀之，以外悉化為烏有矣。有者既化，而無者又從此生。蓋實者虛而虛者實，要皆一陽之氣自然造化於其中，而初無容心焉。《定觀經》云，得道之驗，第一宿疾齊消，身心爽快，行步如飛，顏色光耀❷，皆一陽之化化生生者也。但願生其一堅固耐苦心，不造其極不止。平日用工，亦要識虛字之妙，方有進步。此處得力，才算真得力，真實受用。他如一切榮顯，皆春花在目，浮雲障天，毫無意趣也。若不得此般至樂，斷無有不傾於勢利場者。學人造到此境，才不枉一番心志。再示生煉心之道。夫人之心，本自虛靈洞達，只因有心無心二字著之，所以不明而昏，不虛而窒也。人能存誠以立其體，隨緣以應其機，即程子所謂「心普萬物而無心，情順萬物而無情」❸是也。生能如此，即一刻中萬事應酬，俱如山中習靜一般。若不如此，即閉門靜坐，亦如萬馬營中擾攘不休。故莊子云，不制其心，心不得其正；強制其心，心亦不得其正❹。惟有存其心而不使之縱，寬其心而不使之忘，如此動靜惟一，隱顯無分矣。是豈易得者哉？生須從此審定玄關一竅，常常採取，不失其時；進退火符，不違其制；沐浴封固，不愆於度，則神氣打成一片，真機常在目前，自然天然，一任外緣紛集，此心直與太虛同體，毫不動心焉。

【章　旨】此章重點在講述虛與實、動與靜、有與無的辯證關係，要掌握煉功中的微妙的平衡關係，不偏一邊，才能真正進入丹功的高境界。

【注　釋】❶神遊太虛二句　將神遊於廣闊無垠的太虛，再返觀元神的本來面目，以達到神與氣融、天人合一的境界。既向外擴展到無窮，又向內會歸到一點，這樣才能會法界於色身，融色身於法界。本竅，這裡指神氣合一的竅穴。❷定觀經云六句　按：由於《樂育堂語錄》是黃元吉講道時的記錄，不是作學問，所以書中的引用大都不是原文，而是口述其大意，特提醒讀者注意。《洞玄靈寶定觀經》：「夫得道之人凡有七候：一者心得定易，覺諸塵漏。二者宿疾普銷，身心輕爽。三者填補夭損，還年復命。四者延數萬歲，名曰仙人。五者練形為氣，名曰真人。六者練氣成神，名曰神人。七者練神合道，名曰至人。」❸心普萬物而無心二句　這裡的程子是指北宋理學家程顥（一〇三二～一〇八五），其《定性書》有云：「夫天地之常，以其心普萬物而無心；聖人之常，以其情順萬物而無情。」❹莊子云五句　此段所引，《莊子》書中無對應的原文，乃是黃元吉自己憑印象轉述的大意。

【語　譯】近來我給大家講授的，都是上上乘丹法。你們須要從靜定的功態中去細心體悟，方能有真實的領悟。要不是這樣，恐怕信手翻翻我的講稿，是體會不到什麼滋味的。殊不知我講的一字一句，都是透過經驗的抉擇從心底流露出來的，沒有半句是騙人的話。

初步開始煉功的時候，要將神遊於太虛之中，同時深入觀照生命的本來的微妙之處，如此就是以心性之虛合本體之虛，從而真心發明本性顯現，虛體隨時隨地一直就在，並不需要等到真陽產生的時候才可以明心見性。可惜的是，一般煉功者只知道養虛的重要，而不知道去除那些能夠阻礙我們進入虛靜狀態的各種因素。

他們也大多知道心追逐於物欲就是不虛，卻不知道極力去斷絕欲念也是一種不虛。這是因為一方面欲念強烈令人傷神，而如果極力去斷絕欲念也令人心勞，逐欲和絕欲這二者雖有不同，但它們造成真心的阻礙的結果卻是一樣的。

但是丹經中常不說虛而說陽生，因為如果只一味地說「虛」，恐怕有人會偏執於無的一邊；而用「陽」來表達，即可讓人明白虛中能得實，在虛的境界中即含有圓明洞達的景象和無限的神通妙用在內。只有虛到極點，陽才會從中而生，此時我即以若有若無的真意，根據不同的功態分別運用不同的火候功夫，以武火行採取、烹煉之功，以文火行沐浴、溫養之功，這好像天空剛剛開始陰雨轉晴，煙雲障蔽了天空，太陽一出來，就春意融融充滿溫暖，無非是一團太和之氣醞釀氤氳於其間，使煙雲全部化為烏有。那些已有的障蔽天空的雲霧既然被化除，而先前所沒有的真陽又從此而生，因為看似實有的雜念烏雲其實是虛無的，而在虛無的境界中又呈現出真實的能量變化，其實都是一陽之氣在其中自然地起造化的妙用，並不要人心去有意為之。《定觀經》裡面說，得道的效驗，首先就是身中不管陳年舊病，都能統統消除，身心爽快，行步如飛，肌膚潤澤光滑，這些效驗都是一陽之氣所產生的能量變化的現象。

但願你們這些學生能樹立毫不動搖的意志和決心，能經受苦難的考驗，不達到丹道修煉的極致決不罷休。平日煉功時，要領會虛字的妙處，方有進步。從虛處用功得力，才算真得力，才算是真實的受用。除此之外，一切榮華富貴，不過都像眼中的春花、遮天的浮雲，轉眼即逝，一點趣味也沒有。人們如果不能領略修道境界的無上的法喜，就斷沒有不傾心於名利場上的。我們煉功人達到上面所說的這種境界，才不枉費一番心力。

這裡我再講一講煉心之道。其實人心本來就是虛靈洞達的，但只因人們要麼執著於有心而不能立虛寂之體，要麼執著於無心而不能顯應機之用，所以才不能顯現真心的明覺而昏昧，不能顯現本性的虛空而滯礙。如果人們能保持真實無妄而自然呈現心體，隨著日常生活中外緣的變動而把握本心的生發之機，這就是程子在《定性書》中所說的「心像陽光普照萬物而沒有一點刻意地用心，感情自然地順應萬物的變化而沒有任何的私情」。大家能做到這樣，即使一刻中應酬萬事，也都會像在山中靜坐一樣不動心。如果不能這樣，就是閉門靜坐，也像在千軍萬馬中廝殺，心裡半點不得安寧。

所以莊子說，不控制自己的心，心就亂動不能平正；而強行控制自己欲使其心靜，心也得不到平正。惟有涵養此心之體不使它放縱，把心自然放鬆又不使它迷失，這樣心就是動靜一如、隱顯不分的。這種境界豈是那麼容易就能達到嗎？你們要從這些道理上搞清楚玄關一竅的微妙之處，常常採取，不要錯過時機；進陽火退陰符，不要違背原則；沐浴封固的火候，要合於節度，這樣神氣就能打成一片，大道顯現的真機常常在目前，完全是自然而然一派天然的境界，任隨眾多的外緣一起出現，此心也一直與太虛同為一體，一點都不為外緣所動。

【研析】本章所述，實為煉丹修道的訣竅和關鍵。第一，必須明白本體之虛是一直就在的，隨時可以悟入，而心性的本來面目原本就是虛而靈的，既空寂而又靈知不昧，與本體之虛相通為一，所以明心見性的境界是隨時都可能的，並不需要等到煉功有了陽生的景象才能證悟，只要去掉妄想雜念的烏雲，就能顯現本性的天空。以本性之虛融入本體之虛，這就是以虛合道，內外合一，天人合一。第二，如何才能進入心如虛空的境界？追逐妄想雜念的心固然不虛，而如果與妄想雜念作鬥爭，此心仍然不虛，因為兩者都不是真心。真心是超越有念無念的，以空寂無為為其體，以隨緣應物為其用。雖有念而不住，只是隨感而應，沒有人為的分別心；雖無念而不頑空，而能起觀照應物之妙用。第三，真正的虛境，本身就包含著能量的充實與昇華，越進入虛境，就越與宇宙的本體能量相貫通，身心就會起微妙的變化，這種昇華的純淨的能量就是陽能，陽能作用於身心就能產生「陽生」的功能態。所以「虛」與「陽生」，實是一體之兩面，虛是從心體無滯無礙，廣大無垠的一面講，陽生是從人與道相統一相貫通所產生的功能妙用上講。

一空所有章第八

吾言玄關一竅，是虛而靈者之一物，才能了生死、脫輪迴，為億萬年不朽之法身❶。從此體會出來，務令乾乾淨淨，精瑩如玉，不使纖芥微塵染而壞之，即是仙家。若有一毫染著，算不得自在無為、逍遙快樂仙子。自此一想，不但酒色財氣與一切富貴驕淫，一毫染著不得，即功滿人寰、德周沙界，亦須一空所有，名立而退，功成不居，才得「靈光獨耀，迥脫根塵」。❷夫以本來物事❸無形無影，不可捉摸，是色是空，難於擬議，惟養以虛無之氣，宰以虛無之神，斯虛與虛合，而大丹可成矣。他如才知聰明，所為一切文章技藝，極奇盡變，皆是身外之物，擋不得生死，抵不倒輪迴。不惟於我無干，且心繫於此物之中，神牽於此物之內，適為我害道種子。就是立功立德立言，功參造化，德并乾坤，只算一點仁心慈悲濟世，可以為民父母，若欲卓越成仙，則猶未也。蓋以德事在外，而非關乎己之修煉、盡性立命、堪為後世規模也。爾等得聞此訣，亦是人間第一希有之緣。孔子曰：「朝聞道，夕死可矣。」明道之得聞，亦大幸事，大快事也。何況爾等得聞訣後，吾師更加十分提撕，十分校正，其成真作聖有可必者。總之，此訣均由天授，必其人功德有加，心性不改，遇魔不退，受謗不辭，一任處之維艱，總是心心在道，方許傳訣，使之聞正法眼藏❹。否則，且卻且前，私心自用，莫說神天不許、吾師不傳，即使傳授親切，有時不免魔鬼阻滯心靈。故古仙云：「此道至神至妙，憂君分薄難消。」足見能消受得此訣者，皆是有道德仙根者也。爾等既聞此訣，莫看容易，皆由十餘年辛苦，歷試諸艱，在在無辭，然後得聞；且以其為載道法器，異日可成，然後得語。爾等要想十餘年日夜繫懷，都為此道，今日幸聞正法，不加工，不前進，不惟無以對我，捫心自問，其何心哉？為山九仞，功虧一簣❺，豈不可惜！爾等從此加工，不過百日之久即可築基，而我命由我，不由神與天也。否則，難矣。就說陰騭可以延年，然亦主之在天，非我可必。又況自古神聖斷無不死，以氣數之命尚且難傲，何況凡民哉！爾等既聞此訣，莫大宏福，趕緊將基築成，長生可必矣。

【章　旨】本章說明修道的聞法機緣難得稀有，要不染纖塵，看破一切世間的功名利祿，用功修道，才能有望成仙，做自己生命的主人。

【注　釋】❶法身　原為佛教用語，指證悟了法的真理與法性相應的佛身，丹道用以表示與道合一的得道之身。❷靈光獨耀

二句　人的本性本來就是自在解脫的，具備佛一樣的功德，只因染汙執著於虛妄的塵緣而不能證得。一旦脫離開這些妄緣執著，就顯示出自性本來的光輝。百丈懷海禪師法語：「靈光獨耀，迴脫根塵，體露真常，不拘文字。心性無染，本自圓成，但離妄緣，即如如佛。」❸本來物事　萬事萬物的原本的狀態，也即是指道體、虛體。❹正法眼藏　《聯燈會要》卷一載，世尊在靈山會上，拈花示眾，眾皆默然，唯迦葉破顏微笑。世尊道：「吾有正法眼藏，涅槃妙心，實相無相，微妙法門，不立文字，教外別傳，付囑摩訶迦葉。」相傳這即是禪宗的由來。正法眼藏，指佛祖嫡傳的根本心法，在這裡是指道門真傳、丹法訣竅。❺為山九仞二句　言堆九仞高的山，只差一筐土而未成功。比喻做一件事只差最後一點努力未能完成，多含惋惜意。《書·旅獒》：「為山九仞，功虧一簣。」

【語譯】我所講的玄關一竅，是指既虛又靈的一種存在，悟到了這個境界才能了脫生死輪迴，成為億萬年不朽的法身。體會到這個境界，將心田打掃得乾乾淨淨，像美玉一樣純潔放光，不讓心性受到一點的汙垢塵埃的粘染，以免破壞了這個虛靈不昧的法身，這樣就可成為神仙家。若粘染有一絲一毫的塵垢，那就算不上自在無為逍遙快樂的仙子。這麼一想，不但說酒色財氣與一切富貴榮華這些世俗的追求一絲一毫也沾染不得，就算是功業蓋世，為整個世界造福了，也要把這些統統放下、空掉，功成名就之後要能不戀位不居功，這樣就只有真心自性的靈光在閃耀，徹底從感官物質世界裡超脫出來。

萬事萬物的本來面目猶如虛空，無影無形，不可捉摸。說它是有形的物質，但有形可以化為無形，其本質卻是空的；說它是空的，但無形可化為有形，空中蘊含有萬物的種子。到底是色還是空，這裡很難用語言來描述。因此，惟有以虛無之氣作滋養，以虛無之神為主導，這樣，神與氣合，內外同虛，那麼大丹就可煉成。其他比如人的才智聰明，能寫一手漂亮的文章，掌握各種高超的技藝，儘管千變萬化，極盡奇妙，說到底都是身外之物，既不能解決生死問題，也不能解脫於生命的輪迴。就修道而言，它不但與我們毫不相干，而且把心寄託在這些身外之物上，精神為之牽掛，反而是損害我們修道的因素。就算是古人所稱道的立德立功立言這「三不朽」，功業可與造化相通，德行可與宇宙相應，也只能算是一點慈悲濟世的福德事功，可以成為百姓的衣食父母。但要想成為卓越超群的神仙，光憑這些功德卻是達不到的。原因就在於，立功立德立言之類畢竟是外在於人的生命的，並不是直接相關於自己生命本身的修煉，而只有從明心見性開始，到達性命雙修的神仙境界，才能成為後世人類的真正楷模。

你們大家能夠聽聞到這些丹道法訣，也是人間最難得稀有的緣分。孔子曾經說過：「我早上能夠聽到道的真理，晚上就是死去也不在乎。」這是說，能聽到大道真理，是人生最大的幸運之事、快樂之事。何況大家得到真訣後，我作為老師的會更加盡十分之力提醒你們，認真地對你們的問題加以指導，這樣使你們有把握成真作聖。總之，修道的祕訣是上天傳授的，必須修道的人積功累德，修道的心性不改，遇到魔境不退縮，受到誹謗不休止，不管處境再艱難，總要一心一意矢志向道，這樣上天才允許傳授，使他們得聞最上一乘根本法要。否則，三天打魚兩天曬網，時進時退，自作聰明，這種情況下莫說上天不會允許，師父也不會傳授祕訣，就算我真切地傳授給你們，也由於你們功德欠缺，有時不免遭受魔障，妨礙了心靈的進步。所以古代仙家說：「丹道法訣是最神奇莫測奧妙無窮的，就是擔心那些福緣淺薄的人消受不起。」由此可見，那些能夠聽聞且理解丹訣的人，都是道德深厚具有成仙根機的人。

你們既然有幸聽聞到我傳授這些無上的法訣，可不要把這看成是一件容易得來的事啊！都是由於經過十幾年的辛苦求道，歷經幾番艱難，絲毫不退志，然後才有機會聽到我傳道；並且要確認某些學生是學道修仙的好材料，預計今後可以成就，然後才能聽到我對他面授機宜。你們大家想一想，十幾年來日夜掛在心上的，不都是為了修道嗎？今天好不容易才聽聞到正法，如不加緊修煉，有所進展，不要說愧對老師，就是捫心自問，又如何向自己交代呢？大家修道已久，現在不加緊用功，就好像「為山九仞，功虧一簣」，不是太可惜了麼？從現在起加緊煉功，不過一百天的時間就可完成築基階段，從此生命就掌握在自己手裡，不再由天命鬼神所決定。否則就很難，縱然說人多積陰德也可以延年益壽，然而這種壽命的延長也須服從天道的安排，不是我想要就一定能達到。更何況自古以來立功立德的聖賢們，也斷沒有不死的道理，抵不過氣數之命的必然性安排，何況一般凡夫俗子呢！你們既然有幸聽聞到這仙道祕訣，真是莫大的宏福，趕緊修完築基階段，長生就定然可以做到了。

【研析】仙道貴生，丹道以成就神形俱妙的神仙境界為最高目標，因而視立德立功立名這些常人所看重的人生價值為第二位，只有內在的性命修煉才是人生的終極意義之所在。但丹道修煉也注重積功累德，這兩者並不矛盾。因為前者是在作最高的價值的區分，不以功名富貴為人生追求的目標，而後者則是作為修道的必要條件，以積功德為消除業障轉化心行的方法，最終還是為成仙的性命修煉服務。又，早期道教以外丹為成仙的主要方法，特重肉體的長生不死；但後期內丹學大都放棄了肉體成仙的幻想，而是試圖將形化為氣，氣化為神，以神氣合一的陽神成就為成仙的目標。本章所說的「自古神聖斷無不死」，可作兩種理解：一是這裡的「神聖」只是指一般的世間聖賢，未修丹道，故不能不死；二是即使包括丹道的神仙在內，也只是成就「不朽之法身」，其肉體也不能不死。所以黃元吉只講到「長生可必」，未講肉體不死，因為長生與不死有本質的區別。肉體有生就有滅，但可在一定範圍內長生；無生者才無死，只有元神、法身才能不死。講築基可以「我命在我」，也只是說生命有更大的自由度，不是說可以永遠不死。當然，丹道的目標還是「長生不死」，只不過能夠修成長生不死的主體不是肉體，而是昇華了肉體以後的陽神。

太空之空章第九

太空❶之所以生生不已，直至億萬年而不滅者，非果空而不實也，中有至誠之神主宰其中，復有流行之氣運用於外，而太空渾渾淪淪，初不知有神，亦不知有氣，並不知為空，只自順其氣化流行、盈虛消長、與時偕行之常。故曰：「其為物不貳，則其生物不測。」❷夫所謂物者何？無極而太極❸，太極本無極也。

惟其如此，所以生化不測，變化無窮，悠久無疆也。又曰：一個太空，浩浩蕩蕩，團團欒欒，分之無可分，合之無可合。寂然不動之神，具感而遂通之妙；感而遂通之際，寓寂然不動之神。故無物無感，覺性不滅；有物有感，覺性不生。夫以其生滅在物，而太空無生滅也。若太空有生滅，亦太空有斷續時也。且太空之為空，無聲無臭，又從何而生滅哉？人亦太空之所生，何以獨有生死，而不得上同於太空乎？蓋受生之初，其主宰之神、流行之氣，原自渾淪磅礴，不識不知，嬰孩之所以日長也。迨至成人而後，知識日開，私欲日起，又以物欲之乘，情偽之感，憧憧往來，朋從爾思，是以人心之空直為物欲所塞，而與太空之空不相似焉。人欲成不生不滅之神，與太空同無終始，可不虛其心、恬其神，而仍恃血氣流行之氣可乎？吾前云玄關一竅，實在神冥氣合，恍恍乎入於無何有之鄉❹、清虛玄朗之境。此時心空似水，意冷於冰，神靜如嶽，氣行如泉，而初不自知也。惟其不知有神，不知有氣，並不知有空，所以與太空之空同。功修至此，動靜同夫造化，呼吸本夫氣機，皆由吾身真陰真陽合而為一之氣，所以與天地靈陽之氣，一出一入，往來不停，以彼此混合，團成一區，空而不有，實而不著也。若使沾滯昏憒，烏能感之而通，如此靈妙哉？諸子必須神凝氣中，氣包神外，兩者混融，了無分合，忽焉混混沌沌，入於杳冥之地。斯真虛真靈兩相和合，不啻人呼而谷傳聲，風鳴而竅作響，自然之理也。此正靜合地體之凝，動合天行之健。其呼也，我之氣通乎天之氣，其吸也，天之氣入於我之氣。致中和，天地位，萬物育❺，豈有他妙？亦求諸己而已。

【章　旨】本章描述太空本體的至空至實，真空妙有，人能同化於太空，則能神氣相融，超出生滅，與太空同無終始。

【注　釋】❶太空　太空是一種隱喻詞，喻指本體如虛空。它並不是指物理學意義上的「空間」或「真空」，也不是指天文學意義上的「太空」，而是指萬有現象的「本體」。當然，這裡所謂的本體，也並非外在於一切實有現象的孤懸的本體，而是內在於一切實有現象的無限背景和源泉，整個宇宙即是一個「虛實互化」的大化流行。虛空之中深遠無盡，它本身沒有任何具體形象，故可說是「非有」；但虛空之中又涵括萬有，具一切可能性，故可說「非無」。虛空不是指絕對的一無所有，而是隱含萬象的無限可能性，是各種具體的實物的無限背景和相互溝通的源泉；實有也不是一成不變的固定之物，而是因緣蘊集、與時俱化的變化之流，返虛則隱。實則有形，有形則有障礙；虛則無形，無形則無障礙。虛能化實，無礙中而生有礙；實能化虛，則萬物有礙而可無礙。由虛化實，是自然的造化；由實化虛，是生命的創造，也是內丹學的根本功夫所在。❷其為物不貳二句　前一個「物」字，是指本源之物，後一個「物」字，是指萬物之物。太空本體至誠無息，渾淪一體，所以說「為物不貳」；萬化流行，極盡其變化之妙，所以說「生物不測」。《中庸》：「天地之道，可一言而盡也，其為物不貳，則其生物不測。」❸無極而太極　語出周敦頤《太極圖說》首句，無極，語本《老子》二十八章：「常德不忒，復歸於無極。」太極，語本《周易・繫辭》：「易有太極，是生兩儀。」這裡無極是表示太空本體無形象、無分別、無邊無際、無始無終的渾沌狀態，太極是從無極分化出陰陽的臨界狀態，即指混然不分的元氣。《悟真篇》：「道自虛無生一氣，便從一氣產陰陽。」無極而太極，即是從虛無生一氣的意思。❹無何有之鄉　什麼也沒有的地方，指萬物未形成時的宇宙本源狀態，也喻指沒有思慮分別時的與道合一的精神境界。《莊子・列禦寇》：「彼至人者，歸精神乎無始，而甘冥乎無何有之鄉。」❺致中和三句中是寂然不動之體，和是感而遂通之用，明體達用，則天地各安其位，萬物得以滋養生長。《中庸》：「喜怒哀樂之未發，謂之中；發而皆中節，謂之和；中也者，天下之大本也；和也者，天下之達道也。致中和，天地位焉，萬物育焉。」

【語　譯】宇宙萬物的本體猶如無際的太空，它之所以生生不息，直到經歷億萬年也不會滅亡，並非它真的是什麼也沒有，而是有其不空的真實存在。太空中既有至誠不息的精神作用主宰其中，又有流行之氣作為物質基礎運用於外物。但太空本體只是渾渾沌沌的狀態，最初並不知有神的存在，也不知有氣的存在，甚至也不知有空的存在，本身只是自然地順應萬物的氣機演化，讓萬物自己去成長壯大而又消亡，隨順萬物在時空中演化的自然規律。所以《中庸》才說「道體至誠無妄，以一個統一的整體存在，因此從道體中生化萬物，就有變化莫測的神妙作用。」

我們所謂的「太空之物」是什麼樣子呢？它就是由無極狀態演化到太極狀態，太極以無極為本。正因為萬物都以無極為本，所以生生化化，神妙不測，變化無窮，永遠沒有盡頭。也可以說一個太空，浩浩蕩蕩無邊際，圓圓融融無始終，分之無可分，合之無可合。精神本體寂然不動，又具有感而遂通之妙用；而在感而遂通之際，又蘊含著寂然不動之神。所以說，神在未接觸事物不起感應的時候，它的能起感應的覺知性並非消失不存在；接觸事物時起相應的感通作用時，能感的覺性卻不是因此感應才生發出來的。這是因為生滅只是作為具體的事物感應現象的變化，而作為萬物生滅於其中的本體太空則無生滅。如果說太空有生滅，那麼太空就是有斷有續的。況且太空既然是空的，它就不是任何具體的事物，並無一點形象可得，又怎麼可能有生有滅呢？

人的生命也是從太空所化生的，但為什麼人卻有生有死，而不能與太空同無生滅呢？這是因為，人在從虛空中剛剛受生的時候，其中起主宰作用的神識，和構成生命物質基礎的流行之氣，原本是渾渾沌沌，一氣周流，沒有分別沒有知識，神氣混融，同於太空，所以嬰兒就日漸成長發育。等到長大成人以後，知識見聞越來越豐富，個人的私欲一天天地增長，加上各種物質欲望的吸引，各種人生情感的衝擊，起伏動蕩，相互影響，以致本來空無所有的人心被各種私心雜念塞滿了，故而就不再與太空那種空虛無物的情形相似了。人欲修成不生不滅的神仙，能夠與太空一樣無始無終，如果不虛靜其心，恬淡其神，而是由追逐物欲的血氣任意流行，這怎麼行呢？

我前面所說的玄關一竅，其實就是指精神冥會神氣合一，恍恍然進入虛無縹緲、一無所有而又清淨明覺的境界。這時，心空如水而透明，意冷似冰而不動，神如山嶽般寂靜，氣如泉水般流淌，而處於這種境界時並沒有對這種境界的分別心。正因為沒有分別有神、有氣，並且連空也不分別，所以就與太空之空一樣。功夫修到這個地步，一動一靜都是順應自然造化，呼吸出入也完全由自然的氣機作主，而這都是由於我們身中的真陰真陽相互交媾合為一氣，所以才能與宇宙天地的靈陽之氣相感應，兩者一出一入，往來不停，以達到彼此混合，融成一體，雖然是空而又不執空為有，雖然是實卻又毫不滯著。反之，如果一空就昏昏欲睡，一實就滯礙不通，怎能與太空相感應相溝通，而有如此靈妙的境界呢？

所以，大家修煉丹道，必須將神凝合於氣中，氣包裹神外，使神氣混融，兩者融為一體，無分彼此，然後忽然間不知不覺，混混沌沌，一念不起，進入到杳杳冥冥的境界。這樣才算太空之真虛與元神之真靈兩相和合，這種情形簡直就如人在山谷中呼喊，山谷立即回應；山風颳起來，洞孔中會立即發出回響一般，都是自然而然就有的感應之理。這種功態正是靜則合於大地的凝定，動則順乎天道運行的生生不息。當呼氣的時候，人體之氣相通於天道之氣；當吸氣的時候，天道之氣又進入到人體之氣中。這就是《中庸》所說的：達到了中和的狀態，天地各安其位，萬物和諧發展。除了這體用一源、真空妙有的大道外，豈別有玄妙？也不過在自己的身心性命中去體悟這個道理罷了。

【研　析】丹道修煉所追求的最高境界，已不是一般的養生延年，而是要成為永恆超越的神仙。要達成永恆，就必須有本體論上的根源，而不能依據於時空中的生滅變化之物。這個根源就是道，也稱為虛空、太空等，道是永恆的宇宙場有，不生不滅，無始無終，雖空而有至誠之神、真一之氣運化其中，神從其精神主宰言，氣從其物質載體言，實則是神氣合一而不可分。其體則寂，其用則感，空而不空，有而不有。人從道中化生，人的先天狀態本來就與道融為一體，但後天的智識分別、自我欲望把人與道分離開來，修煉的目標，就是從後天返先天，重新回到與道合一的狀態，與道合一是真正的無知無欲、渾然無我的境界，不知有我，不知有道，恍然入於無何有之鄉，然而又具覺性妙用，非枯寂頑空的境界。

進火採藥章第十

生問進火採藥❶，在後天原是兩項，不是一事，吾今細細言之。夫進火者，凝神壹志不分也。採藥是用外呼吸之氣，一升一降，一出一入，順其自然是也。若陽動藥生❷之時，即將內之精神，一意凝於丹鼎，即是進火；將外之呼吸出入升降以包裹之，即是採藥。進火是進火，採藥是採藥，不可混而為一也。若但用外呼吸升降往還，而神不凝於丹鼎，則雖真機勃發，必散漫一身，而無歸宿之處。若但見陽氣勃發，以意凝注，而不用後天呼吸以包裹之，則藥氣止於其所，惟以壯旺下元，沖舉腎氣而已。生等若未了然，吾再喻之：夫進火猶鐵匠之爐而加以柴炭也，採藥猶鐵匠之風箱而抽動之也。若但抽其風箱，而爐中不加以炭火，則火不雄而金不化。若但加以炭火，而手中不抽動其風箱，縱有柴有炭，亦只溫溫爐內而已，安望煉成有用之物哉？生等思之，火是火，藥是藥，進是進，採是採，後天法工原是如此。他如採大藥於無為之內，行火候於不動之中❸，此是火藥合一，進採無分。生等此時工夫，尚未到此。以後陽生之時，還要自家審得歸真地步，方是有為無為、有作無作的實際。吾教生等用數息之法，以收斂其心志。平居無陽之時，有此法工，可以把持自家的心，不至亂走。一到陽生藥產，須採之歸爐，神火溫養，尤須要用火無火，採藥無藥，方合天地氤氳元氣，可以生生不已，化化無窮者焉。至於一陽初動，用提攝之法，此是生等邇時之工。亦不外內之神思，聚而不散；外之氣息，調其自然而已耳。生等打坐時，覺有躁氣沖動不安之意，此不是意思打緊，即是自己色身上陰氣凝滯，法當用呼吸之凡火、真人之元火以溫養之，使之自化而後可。何謂真人元火？古云：「耳目口三寶，閉塞勿發通。真人潛深淵，浮游守規中。」❹此即真人元火，用而不用、不用而用者也。生等其向自家身心上，體認到恰好處，行持到極當時，自無此躁氣焉。不然，或陽氣大旺，將用河車❺之際，亦有此氣息沖沖之狀，然其神氣自若，而心無他也。若是心安氣和，又當運用河車，行小周天之法工，生其自審度可也。

【章旨】此章明進火與採藥的異同關係，在不同的煉功階段要用不同的火候功夫。

【注　釋】❶進火採藥　內丹學採用外丹燒煉的語言來象徵人體修煉的原理和功夫，以人體為鼎爐，以精氣神為藥物，以意識運用為火候，鼎爐、藥物、火候稱為煉丹三要素。進火、採藥也是以煉丹的術語來象徵性地表示人體內部修煉中的意識運用和呼吸控制。❷陽動藥生　指煉功中人體精氣神發生變化的效應，前面講的「陽生之道」是廣義的陽動現象，狹義的陽動是指腎水中真陽之氣發動，一般伴隨外腎無欲而自舉的徵候，這時人體精氣能量有明顯的變化，故稱藥產。❸採大藥於無為之內二句　丹道講究從有為到無為，在開始時用有為功夫，這時進火、採藥有具體的功夫，且兩者是不同的；到高級階段純是無為法，這時進火、採藥是統一的，且都是無相可尋的，在身心都無為中自然完成進火採藥的功夫。❹耳目口三寶四句　內丹學以精、氣、神為人體內三寶，精發竅於耳，氣發竅於口，神發竅於目，耳、目、口稱外三寶。通常精氣神容易從耳目口中發散出去，耳聞則傷精，口言則傷氣，目視則傷神，故煉功須閉塞耳目口，以保持精氣神不發散。後兩句意為精神回歸於真人狀態，使元神潛存於杳冥靜極之地，而真氣運行自然有主宰，回歸於丹田之中。真人，指元神。規，畫圓的工具。規中，這裡指真氣運行有中心點，另外也可指人體中的穴竅所在。語出《周易參同契》。❺河車　丹道術語，陽生採藥時配合呼吸讓真氣後升前降周而復始循環運轉，稱為轉河車。

【語　譯】有學生問到進火採藥的事，其實進火與採藥，在後天原是兩種功夫，兩者不是一回事，現在我再詳細地講給你們聽。

所謂進火，就是精神凝聚一團專心致志一點也不分神，這種通過運用意識的功夫轉化人體能量的方式比喻為進火。所謂採藥，就是運用口鼻呼吸之氣，一升一降，一出一入，順其自然，這種通過調整呼吸的功夫而昇華人體能量的方式比喻為採藥。如果陽動藥產的時候，即將人體內的精神一心一意凝聚到丹田的部位，這種調意的功夫就是進火；繼而將口鼻之呼吸，出入升降，循環運轉，從外面將精神包裹在其中，這種調息的功夫就是採藥。二者有分別，進火是進火，採藥是採藥，不可混為一談。進火採藥兩者須配合起來，如果單用口鼻外呼吸升降往還，而不能凝神於丹鼎部位，那麼儘管人體的真氣發動，能量洋溢，結果必然散漫一身，而無歸宿之處。反之，如果一出現陽氣勃發的功候，就凝神意守於丹田，而不用後天呼吸之氣去包裹，那麼產生的精氣能量局限在丹田一個地方，結果只能起到性能量旺盛、沖舉腎氣的功用而已。

如果大家對此還不能了然於胸，我再比方給你們聽：進火就像往鐵匠的爐子裡面加上煤炭，採藥猶如抽動鐵匠用的風箱。如果光抽動風箱鼓風，而不往爐中添加炭火，那麼火焰就不雄旺，金屬則不能煉化。如果煤炭加了很多，而不鼓動風箱吹風，縱然有柴有炭，爐火也只能溫溫而已，這樣的溫度怎麼指望將金屬煉成有用的東西？你們想想，火是火，藥是藥，進是進，採是採，都各有其意義，後天的做功夫的方法，原本就是如此。至於說到用無為之法採大藥，心神不動而自然行火候，這是屬於火與藥合一，進與採無分別的上乘功夫。按你們目前的功夫，還未達到這個地步。以後修煉中出現陽生之景，還須自家去審辨自己修道歸真的層次地步，以適當採用或有為或無為的功法，這樣才算得上將丹道中講的有為與無為，有作與無作真正運用到煉功實踐中去。

作為起手入門的功法，我教你們用數息的方法，把散亂的心收回來。平時生活中沒有陽生的時候，有數息這種方法可以幫助把持自己的心，不至於亂走。一到陽生藥產的時候，就必須採藥歸爐，用神火溫養。在這個時候尤其要懂得用神火而不著於神火，採丹藥而不著於丹藥，自自然然沒有痕跡，才能將自身元氣相合於天地氤氳元氣，才可以生生化化，以至於無窮。

至於我說的一陽初動時要運用提攝之法，這是你們近來要做的功夫。雖然說是提攝，也不外是在內的神思聚而不散，在外的呼吸調其自然而已。你們有些學生打坐時，覺得有一種躁氣衝動身心不安的感覺，這要麼是因為用功的意念太緊，要麼就是肉體上陰氣凝滯不通所致，解決這個問題的辦法，應當採用調整呼吸的凡火和調整意識如真人一樣的元火來慢慢養護，直到使這些身心的障礙自然化解才行。什麼叫做真人元火呢？古人說過：「耳目口這三寶，要閉塞起來，不能向外發散，以免損耗精氣神。讓元神潛存於杳冥靜極之地，而真氣運行自然有主宰。」這虛靜無為的元神狀態就是真人元火，在這種狀態下並沒有特別地用什麼意念，但也不是浮躁妄動的狀態，其實是用而不用，不用而用的。大家要在自家的身心上認真體認這個道理，體認到恰到好處，功夫又做到極為妥當，躁氣自然就沒有了。不然的話，真正到陽生旺盛，要用轉河車的功夫採藥的時候，也有此躁氣妄動如河車的情況，如此則無法正常地轉河車，仍要保護心神鎮定自若，心無他顧。

等躁氣消失，心安氣和，又應當用轉河車的辦法，作運轉小周天的功法，這些細微的火候功夫很難說清楚，還要靠你們自己在實踐中去審思把握。

【研　析】人體生命好像一個加工廠，要將吸收進來的各種原料進行加工，讓其轉化昇華變成高能量的物質。為此，首先是要保存生命能量不耗散，精氣不外洩，精神不外馳，這樣才會有足夠的原材料來進行加工。其次要使原材料發生轉化昇華的作用，就要如煉丹一樣加以爐火，抽以風箱，這就是進火和採藥的工夫。進火就是凝神返照氣穴之中，意識的照射作用就起到煉丹時爐火一般的功效，能使人體能量凝聚和昇華；採藥就是配合呼吸與真氣作周天運轉的功夫，呼吸和真氣的調控就起到煉丹時風箱一般的作用。呼吸是聯繫神與氣的橋梁，通過數息、聽息、觀息等功夫可以入靜入定，可以轉化氣脈。進火到一定時候，陽生藥產，就要配合呼吸作採藥的功夫，否則精氣旺盛而不能轉化，將轉為淫欲而發散掉，此是煉功的關鍵處。在初級階段，是針對不同的功能狀態，採取相應的有為功法。到功夫純熟，則念念歸宗，一志無分，打成一片，此時無功夫相，無進火採藥相，進火即是採藥，而無所謂進火採藥，純是無為法。

真火凡火章第十一

人生天地間，不將自家性命修成，終為陰陽鼓鑄、天地陶熔。莫說旋轉乾坤、挽回造化，勢有不能，即此一身一心俱被鬼神拘滯，無以瀟洒自如。夫人得天地之氣，為萬物之靈，堂堂七尺軀，不能做一主張，常為氣化所移，豈不大可慟哉！吾是以大聲疾呼，喚斯人夢中之夢，俾之自修性命，獨辟乾坤，以立天外之天，不受苦中之苦，豈不樂乎？無如世道日非，人心日下，各皆安於塵垢之汙，以苦為樂，以死為生，而不肯打破愁城、跳出孽海者，隨在皆然，真可憂也。更有以吾提撕之言、喚醒之意，為惑世誣民之說。噫！是誠愚也。夫天地古今，只此身心性命一理氣❶之所維持耳，獨奈何迷而不悟者多也，良可慨矣！近日諸子用工修煉，第一要調得外呼吸❷均勻，無過不及，一任出玄入牝❸，如如自如，可開則開，可閉則閉，為粗為細，略加收斂調協之意足矣。切勿氣粗而按之至細，氣浮而按之使斂，致令有形凡火燒灼一身精血可也。生須認真此火，或文或武，或沐浴，或溫養，雖火有不同，要無不是先天神火，斷無有後天凡息一出一入、往來迭運而可以成丹也。故曰：「調息要調真息息，煉神須煉不神神。」無息之息，方為真息，不神之神，斯為至神。學者調息凝神之際，務要尋得真息，認得真神❹，斯可混合為一。否則，有形之息，皆凡火也。真火生神，凡火傷身；真神可作主張，凡神騷擾不寧。何謂真息？即丹田中悠悠揚揚、旋轉不已者是。何謂真神？即無思無慮之中，忽焉而有知覺，此為真神。修煉家欲採元氣以化凡精，欲升真鉛❺以制陰汞❻，使之返還乾性❼，仍成不思不慮之元神，非採先天元息不能。夫元息在丹田，若有若無，不寒不暖，如火種者然，外不見有焰，內不知有火，只覺暖氣融融，薰蒸在抱，斯無形之神火，自能變化無窮，神妙莫測。否則，有形之火氣勢炎炎，未有不忽焉而起，忽焉而滅，其為身心性命之害，不可勝言。修行人以無形之真火為用，而外面呼吸有形之火非謂全然不用，不過如鐵匠之風扇吹噓於外，周遭包裹，以衛中間神息而已。吾恐諸子未明用火之道，故將呼吸有形之凡火，與先天無形之真火，相提並論，以免妄採妄煉。然外邊呼吸凡火，與丹田中悠揚活潑神火，未必劃然二物。猶燭照之火，無非成形後天之火，丹田外之呼吸是也。燭未燃之時，油中亦自有火，此即先天之神火，未經燃點者。採此神火，可以千萬年不朽；若採凡火，頃刻而即消滅。此可觀其微矣。願諸子閒時打坐，用此有形之火袪逐一身之風寒暑濕，復用此無形之火煅煉此身之渣滓陰霾，而金丹可成矣。

【章旨】本章再次強調修煉性命大道的意義，並闡明修煉中的凡火與真火的辯證關係。

【注釋】❶身心性命一理氣　內丹學以性命雙修為宗，性是人的精神生命，命是人的物質生命，性命雙修也就是從身心兩方面提升生命的品質。身心性命從哲學上來說，就歸結到理氣，理氣是宋明以來的理學家說明宇宙萬物哲學根源的最基本的概念，萬事萬物都是由理與氣兩者構成，理是構成事物的原理、形式，氣是構成事物的物質、材料。後期丹道受理學的影響，也用理氣來解釋性命。理氣是普遍地講萬事萬物的存在根源，而落實到人的生命上來說就是性命。❷外呼吸　指口鼻呼吸，是比較粗重的外層的呼吸。更深層的呼吸是回復嬰兒在母胎時的呼吸方式，通過肚臍呼吸稱為內呼吸，一般指胎息。❸出玄

入牝　口鼻為溝通天地的門戶，又稱玄牝之門。出玄入牝，指呼吸往來。但「玄牝」、「玄牝門」等，在本書中經常出現，其意義有所不同，多數情況下是指玄竅，與「玄關一竅」意義略同。《老子》：「谷神不死，是謂玄牝。玄牝之門，是謂天地根。綿綿若存，用之不勤。」河上公注：「玄，天也，在人為鼻；牝，地也，在人為口。」❹真神　即上面說的「不神之神」，也即元神。思慮分別之神是識神，無思無慮時的意識覺知是元神。❺真鉛　鉛汞原是外丹中的藥材，真鉛在內丹中喻指元精。❻陰汞　汞與鉛相對，鉛指精，汞指神，陰汞即真陰之神。❼返還乾性　以真鉛制陰汞，也叫做「取坎填離」，鉛與坎相對應，汞與離相對應。取坎卦中間一陽爻以填離卦中間的一陰爻，使離卦復返為純陽的乾卦。這是以卦象隱喻煉丹中的神氣交媾，使神回復到純陽之體即陽神。

【語　譯】人生天地之間，如果不修成自己的真性命，那自己的性命便不能自作主宰，而被天地陰陽的自然法則所控制。這樣莫說超出一般的生生死死的法則而扭轉乾坤、挽回造化勢必作不到，就是這個現實的身心，也都被鬼神所限制，無法做到瀟灑自如，自由自在。人稟受天地之間的靈氣，號稱是萬物之靈，而堂堂七尺之軀，不能自己成為自己生命的主人，而受宇宙的氣化流行規律所擺布，這豈不是太可悲了嗎！所以我才要大聲疾呼，以喚醒人們的夢中之夢，使他們能夠自修性命，重新走出一條超常的大道，以超越自然的演化法則，創造生命的新境界，不受人生苦海的種種苦，這不是人生的一大樂事嗎？無奈現在的世道每況愈下，人心越來越趨於下劣，一個個沾滿了心靈的汙垢而還能心安理得。人生種種的聲色享受其實都是製造痛苦的根源，順其物欲則傷精耗神，促人早死，而世人對此反引以為樂，以死為生，一點也不願打破這苦難深重的愁城，跳出這紅塵滾滾的孽海。這樣的人到處都是，真令人憂心啊！甚至還有人將我指點迷津、喚醒世人的金玉良言，竟視為惑世誣民的歪理邪說。唉，這種人實在是愚昧！要知道放眼天地宇宙古往今來，無非就是這個身心性命，歸結起來也就是理氣在維持，怎奈何對此迷而不悟的人如此之多，真是叫人感慨萬分啊！

你們近日修煉做功夫，首先要把外呼吸調理均勻，使其緩慢自然，不急不躁，任其氣息進出，輕鬆自如，雖說要調勻呼吸，但又不能有意念的執著，呼吸的開合與粗細都順其自然，只略加意識觀照進行稍微的調整就夠了，到一定的火候，就根本無需調整，而一切自如。千萬不能在調息的過程中用勉強的功夫，強行讓粗重的呼吸變為極細，按伏浮躁之氣以使其收斂，致使這種有形有相的呼吸凡火燒灼一身精血，傷害身體。

大家必須對這個用火的功夫認識得清楚明白，或用文火，或用武火，該沐浴則沐浴，該溫養則溫養。雖然用火的方式有不同，但其核心無不是用先天神火，後天的呼吸凡火只是為引出先天神火服務，僅僅依靠後天凡息升降出入、往來運化，那是決不可能成丹的。所以說：「調息要調的是真息之息，煉神要煉的是不神之神。」不依賴口鼻呼吸的內呼吸才是真息，沒有思慮識神作用時的元神才是至神。煉功者調息凝神的時候，務必要找出真息，認得真神，只有真息真神才可渾然為一體。否則，有形之息都是凡火，真火生神，凡火傷身。真神是清明自在的意識，可以自己作主；而凡神是胡思亂想，騷擾生命使之不得安寧。

什麼是真息？它就是丹田中一股悠悠揚揚、旋轉不已的胎呼吸，也就是人在母腹中尚未動口鼻呼吸時的先天呼吸。什麼是真神？它就是在無思無慮、萬念俱寂的境界中忽然而生的靈明知覺，這種無念而有意識的狀態即是真神。修煉家想要採元氣用以煉化凡精，並以元精制伏陰神，取坎填離，使代表後天識神的離卦返還為代表先天元神的乾卦，使之仍成為無思無慮的元神，非採先天真息不可。真息在丹田中，若有若無，不寒不暖，就像火種一樣，你從外在看不見火焰，從內在也不知道裡面有火，只覺得其中有暖氣融融，蘊藏著一股內在的能量，這種無形的神火，自然有變化無窮、神妙莫測的功用。否則，外呼吸之凡火就像有形的火焰一樣氣勢炎炎，這種火沒有不是忽然而起，又忽然而滅的，它對身心性命造成的損害是不可勝言的。修行人要用無形無象的真火作為煉丹的根本，而外面口鼻呼吸的有形凡火，也並不是全然不用，不過使用凡火就像鐵匠在外面扇動風箱所吹的風，在周圍起到包裹的作用，以護衛中間的元神元息而已。

我擔心大家沒有明白用火之道，所以在前面特將外呼吸這種有形凡火與先天無形之真火相提並論，加以分辨比較，以免你們混淆兩者妄採妄煉。不過話又說回來，外面呼吸的凡火，與丹田中悠悠揚揚、活活潑潑的神火真火，未必就是截然而分的兩碼事。這就好像蠟燭點燃時的照明之火，無非是已成形的後天之火，可比作丹田外的口鼻呼吸這種後天凡火；而蠟燭未點燃的蠟燭油本身，雖未燃燒但也蘊藏有火，這可比作還未經點燃的先天神火。兩者之間雖有先天後天之不同，但也存在著相互作用相互聯繫。只有採取這個神火，才可以千萬年不朽；若採取凡火，只能燃燒於一時，頃刻間就熄滅了。由這個比喻，大家對於真火凡火兩者的關係就可研究它們的微妙之處了。建議大家在平常打坐的時候，可用呼吸這種有形凡火祛除一身風寒暑濕，恢復健康；再用這種先天的無形真火鍛煉肉身上的一切渣滓、陰邪之氣，使陰盡陽純，而金丹便可煉成了。

【研析】大道從來悟者稀，祖師聖賢悲天憫人，恨不得人間個個成仙作聖，因為在他們的慧眼看來，這世間的一切無非夢幻生死，無可留戀，而永恆、超越的仙佛境界，為什麼不去嚮往追求呢？無奈這宇宙間就是一場多彩的遊戲，每一個生命都在作著自己的美妙之夢，誰也不願意醒來。當他們睡得正香的時候，你要去喚醒他，他一定大為惱怒，這不知是算慈悲還是多事？黃仙師感嘆有人把他的教化之言當作惑世誣民之說，其實這種情況古今中外都屬常見，因為那些執著自己塵世生活之夢的人，對打擾他們的美夢的人是必定看不慣的。雖然仙佛皆有大慈大悲、普度眾生之願，在他們的法位上也是自然的真情流露；而從宇宙整體的法位上看，則萬有不齊，眾生的因緣業力也無量無邊，所以客觀上要做到人皆從己，都以修道為志實屬不可能。所以《金剛經》中說誓願度盡無邊眾生而實無眾生可度，若以為真有眾生可度，則又墮入執著一邊，不能悲智雙運也。

本章前面說：「雖火有不同，要無不是先天神火，斷無有後天凡息一出一入、往來迭運而可以成丹也。」在後文又說：「修行人以無形之真火為用，而外面呼吸有形之火非謂全然不用，不過如鐵匠之風扇吹噓於外，周遭包裹，以衛中間神息而已。」這兩句話是不是前後矛盾呢？其實不然，它們恰恰是相互補充的，構成黃元吉丹道思想中的凡火與真火、後天與先天的辯證統一的關係。因為前一句是強調只有先天真火才能成丹，內丹修煉的核心是靠先天的神火、真火，而後一句是說明後天凡火所起的輔助性作用，雖不能成丹，但在開始的時候對於色身的調整有幫助，且可以為中間神息的衛護，起到一定的配合的作用。在內丹學的義理系統中，一方面，內丹學修煉是煉元精、元氣和元神，先後天一定要嚴格地區分開來，只有先天的元精、元氣和元神才是煉丹的材料，但同時先後天又有密切的關聯，後天之精氣神的調節又是煉先天精氣神的基礎，而先天精氣神的修煉又反過來使後天精氣神達到理想的境地。培植後天乃所以養先天，固先天乃所以保後天，所以作為後天的呼吸氣的凡火與先天的真息神火之間也是相互作用相互影響的。

耐心久坐章第十二

諸子近日靜養，無非從色身上尋出真身出來。第一要做一次見一次之功效，長一番之精神。法身涵養久久，始足昭高明廣大之天。若真機初到，遽行下榻，則真氣未充，真神未壯，安能蕩開雲霧，獨見青天？從今後不坐則已，一坐必要將真神元氣收得十分完足，自然真機在抱，不須守而自存，不費力而自在。俗云：「久坐必有禪。」洵不誣也。又三丰云：「大凡打坐，去欲存理，務令一槍下馬，免得另來打戰。」❶此等語非過來人不能知也。吾師教諸子靜坐，始雖有思有為，終歸大靜大定。如此打坐，可以三五日不散。否則，忽焉而得，忽焉又失，如此行持，一任千百次坐，有何益哉？望諸子耐心久坐，不起一煩惱心，庶幾深造以道。此為近日切要，不似初入門時但教之尋真機焉。顧人不肯耐煩就榻者，其故有二：一由於未坐之時，未曾將日間所當應酬之事如何區處，如何分付後人，一一想透，故上榻時，此心即為塵情牽掛，坐不終局也。非惟不能終局，且一段真機反為思慮識神牽引而去者多矣。諸子打坐之初，務於當行之事，一一想過，安頓妥貼，然後就坐，庶一心一德，不致於中攪擾焉。一則由於知升而不知降，知進而不知退，知存而不知亡，知得而不知失，是以攝提坎宮真氣上沖泥丸，神因之而外越。不知低頭下盼，收斂神光於丹鼎，是以忙了又忙，慌了又慌，未到如如自如、了了自了，而即欲下榻也。且道本無物，修原無為。忽見真氣沖沖，元神躍躍，不知此氣機自然運動，於本來物事無相關涉，卻死死執著這個消息，常存不放，因之惹動後天凡息不能平靜，擾亂先天元神無以主持，是以坐未十分如意，而遽行下榻也。究之未下榻時，覺得吾身事忙猶如救火追亡，一刻難緩，及至下榻，卻又無一急切之事，皆由識神為主，而元神不能坐鎮故耳。吾勸諸子，須於不關緊要之事一概丟開，先行自勸自勉，看這些塵情都是虛假文章，不堪留戀，惟此先天大道乃是我終身所依靠者，生與之來，死與之俱，真有不容一刻稍寬者。況桑榆已晚，日月無多，若再因循，後悔其何及乎？趁茲法會宏開，心傳有自，敢不爭著祖鞭，寸陰是惜？如此看破，無掛無慮，於是安心就坐，向水府求玄❷，升提陽氣，將眼耳口鼻一切神光會萃中宮，不令一絲內入外出，蘊蓄久久，自煥發焉。尤要知道本無物，至此躍躍欲出，皆是氣機發洩於外，吾道貴收斂，不貴發洩，此處尤須防閑，毋許後天識神擾動，庶可安坐榻上。切記，切記。

【章　旨】此章闡明耐心久坐的重要性，指示不能久坐的原因及相應的解決辦法。

【注　釋】❶大凡打坐四句　此段引文不見於《張三丰集》，與此相關的原文是這樣一段話：「大凡打坐，須將神抱住氣，意系住息，在丹田中宛轉悠揚，聚而不散，則內藏之氣與外來之氣，交結於丹田。日充月盛，達乎四肢，流乎百脉，撞開夾脊雙關而上游於泥丸，旋復降下絳宮而下丹田。神氣相守，息息相依，河車之路通矣。功夫到此，築基之效已得一半了，總是要勤虛煉耳。」去欲存理，理學家講「去人欲，存天理」，這裡指去除欲望雜念，而保持先天的本性清明、無知無欲的元神狀態。❷水府求玄　指神凝氣穴，神氣交媾而生丹，為丹功之玄要。水府，指藏精煉精之所，一般指下丹田。《張三丰集・太極行功歌》：「腎為水府是生門，保命藏精養蒂根。」《呂祖全集・七言律詩》：「始知青帝離宮住，方信金精水府藏。」

【語　譯】大家這段時間靜坐修養，目的無非是要從可見的肉身上尋找出無形的真身出來。最重要的是，做一次功夫要獲得一次顯著的功效，長一番精神。真身也叫法身，法身經過久久涵養，才足以顯示出生命高明廣大的本體境界。如果在打坐時真機剛剛顯露就收功下座，那麼，真氣尚未充實，真神也未壯旺，又怎麼能掃蕩一身的陰邪濁氣，撥開生命的雲霧而呈現明淨的本性的天空呢？你們從今以後不坐則已，一靜坐必須要將真神、元氣涵養得十分充足完滿，這樣自然就可以一身充滿真機，不用再著力持守而能夠讓真機自然地存在，不用費力勉強而達於自由自在。俗話說：「久坐必有禪。」靜坐的時間久了，自然就會進入禪定，呈現禪機，這話一點不假。張三丰也說過：「大凡在打坐中，作去除欲念而保存天理的功夫，要像在戰場殺敵時，務必將敵人一槍刺於馬下，免得來來回回一次次地作戰。」這樣的話若不是有切身體驗的過來人是說不出來的。

為師教大家靜坐，雖然開始為調伏身心的躁動不安，需要有針對性地採取有思有為的對治方法，但這只是一個過程，最終必須歸於無思無為的大靜大定才行。能到大靜大定的境界，可以三五天保持這種狀態而不散失，這樣用功方有大成效。否則，功夫不能保任，一會兒有了靜定的境界，一會兒又沒有了，這樣修下去，就是坐上千百次，又有什麼益處呢？希望大家要耐心久坐，不起一點煩惱心，這樣修道才能深入堂奧。這是你們近期修行要切實做到的關鍵之處，它不像你們以前剛入門時，只是教你們如何認識修道的真機，嘗到了一點道的滋味就算了。

研究一般煉功者不能耐心久坐的原因，不外有兩方面：其一，還未打坐之前，沒有將日常生活中應該應酬的各種事務如何處理，如何交代給有關的人等，一一想清楚，安排妥當，所以一打坐，思想就被這些世間的事務牽掛著，安定不下來，還未等到一坐結束就下座了。不但這一坐不能堅持下來，就連靜坐中發生的一點真機，也因為思慮識神的牽引，基本上留不住了。所以你們在打坐之前，一定要先把該處理的日常事務一一想過一遍，處理妥當，不留下一點牽掛，然後才開始打坐，這樣才能一心一意致力修道，不至於在坐中被這些俗事打擾。其二，不能把握修煉的火候，進入功態後，知升而不知降，知進而不知退，知存而不知亡，知得而不知失，所以才在陽生之後，只知用有為功夫，攝提丹田中的真氣逆而後升，上沖泥丸穴，因為注意這些感覺狀態而導致神光外馳。不知這時宜用文火溫養，低頭向下返照，收斂神光於丹鼎中，所以在練功中不能從容靈活地用功，而是忙了又忙，慌了又慌，未等達到輕鬆自如、神氣歸元的大定之境，就想要收功下座。還有一種情況是，道的本體是無形無象的，修道原是無為法，但在坐中忽然感到真氣衝動，元神活躍，不知這些本來是人體氣機的自然變化，與先天本性並不相干，卻死死執著於這個消息，抓住這個感覺境界不放，由此識神用事，使得後天呼吸不能平靜，也影響到先天元神不能鎮定作主，所以坐中沒有達到十分理想的境地，就匆匆下座了。

研究大家打坐的經驗，很多人還未下坐時總覺得自己是忙人，有很多事要做，都是像救火追亡那樣的急事，一刻也不能遲緩。等到真下了座，卻又沒有一件真正急切要做的事，這都是由於識神用事，頭腦作主人，而真正的主人元神卻不能坐鎮指揮。我奉勸大家，必須把那些無關緊要的事一概丟開，在打坐之前先自己提醒自己勸導自己，把名利財色種種世間的牽掛都看作是夢幻不實的虛假文章，根本不值得留戀，只有這個先天大道才是我們終身依靠的生命歸宿，我們從道中生，死了又回歸道中，這個先天大道真是一刻也離不開的。

況且你們這些學道的，大多年事已高，在世的歲月已經不多了，如果再這樣因循度日，將來恐怕後悔也來不及了。趁著這個法會為師公開傳道，給你們傳授心法，當面指導，這麼好的機會你們敢不快馬加鞭，趕緊用功，一分一秒都不放過麼？能如此看破，無牽無掛，無思無慮，於是安心上座，凝神返照丹田氣穴之中，讓陽氣升起，將眼耳口鼻等感官都收回來，所有的神光會聚於人體的中心，不讓一絲一毫的意念進出而寂然大定，如此含蘊積蓄，時間一久，自然能量充溢，精神煥發，產生異常的功效。尤其要懂得，本體之道原本是無形無象、自然無為的，在煉功中出現的真氣踴躍能量煥發現象，都是由於氣機開始往外發散展露，而修煉丹道貴在收斂而不貴發洩，才能凝聚能量而成丹。所以在這個時候尤其須要防止一靜下來就雜念紛至，不允許後天的識神意念妄動，這樣才可能安然靜坐。切記，切記。

【研　析】煉功要產生成效，就是要使靜定的功能保持相續，才能徹底轉化原有的生命程序而躍遷到新的生命程序。一般的人之所以多年煉功而不見成效，就是因為偶然靜一下子，不能耐心久坐而深入大定，而且生活中又回到原來的雜念紛飛的狀態，這樣斷斷續續，不能成片，修道永遠不會成功。問題在於，人在原有的生活中已經養成了根深蒂固的慣性，頭腦根本靜不下來，對世間生活中的種種功名利祿看不開，心中有無數的牽掛，這樣怎麼能入定呢？所以在打坐之前，先要將自己的意識倉庫清理一番，看自己還牽掛哪些事情放心不下，把這些事情一一處理妥當，然後再徹底放下，一心安坐。除了牽掛世事以外，煉功中缺乏正確的方法，有了錯誤的認識，也都會影響到打坐的質量。比如說過分注重有為法，打起坐來像開運動會、研討會，忙忙碌碌，不知從有入無，在適當的時機將一切放下，以至於煉功的方法本身成了一種意念的擾動，使打坐無法真正靜定下來。另外，煉功中出現各種氣機反應，雖然說是煉功中的好現象，但也不能執著其中，要知道真正的大道是無形無象的，超越一切分別對待，任何感覺狀態都不是道，如果老是在感覺狀態上打轉，就成了識神用事，離開了元神的本來無為的狀態，這樣也就不能入大靜大定。

上上妙諦章第十三

今之稱道學先生❶者，莫不記得先賢語錄，古聖經文，遂高談性命，群推理學之儒❷。而問性命之在身心究是如何光景，如何模樣，未有不咋舌而不能道者。又況既無下學，則基址無本，到頭來，書是書，人是人，所述皆其唾餘，而微言大義一毫不能有於身心。雖高談闊論，一若博大通儒，而施之於日用事為，無有半點如人意者。此無本之學，不足道也。吾師望諸子為吾傳道，最深切矣。至於命工雖不一等，顧其要領，總不外一雙眼目。夫人一身之中，雖是神氣為之運用，要不若兩目之神光❸，炯炯不昧，惺惺長存。故昔人謂：「一身皆是陰，惟有目光獨屬陽。」❹須常常收攝，微微下照，則精氣神自會合一家。到得丹田氣壯，直上泥丸，遍九宮，注黃庭，自然陰氣消盡，而陽氣常存，猶之太空日照，雲霧自消歸無有。諸子近時用工，不可專顧下田。雖下田氣壯，自能升至泥丸，銷鑠上田渣滓；若神氣猶懦，未至圓明，須久久顧諟，不妨以真心發真意❺，回顧上田，則泥丸陰氣被陽氣一照，自當悉化，而頭目不至昏暈也。故古人謂「頂上圓光」者，此也。又觀繪畫之工，塑一泥木神像，必畫一圓光於上者，就是此神光也。所謂「毫光照徹世界，照開地獄」者，就是此元神之光。若單守下田，則神光一時不能自整，未免多昏沉散亂。其昏沉散亂者，即真陽不上升，真陰不下降之故。今欲升降得宜，不可過急，亦不可太緩。比如半夜忽然陽生，此是一派寒冬，忽有陽氣生於地下深深之處，若不知提攝神氣，轉眼之間又昏睡不知矣。爾等此時起，即依吾前法修持，尤要知稍用意思將神氣攝之至上，庶幾天清地朗，霎時間即三陽開泰❻，樂不可及矣。不但此也，平日守中，若神氣沉於海底，頭目昏暈，亦不妨提攝而上。夫玄工別無妙法，只在升降上下、往來運度而已❼。亦非教諸子專將神氣升散於外，而不收斂也。夫以神氣不運於周身，則周身陰氣不化，無非死肉一團，終是無用，且日積一日，不免疾病糾纏。故吾教修命，是教人以水火❽周身運動，使血肉之軀化為活活潑潑，隨人所用，無有阻礙，到得一身毛竅晶瑩，肌膚細膩，得矣。又不可貪神氣之周於一身，蘇軟快樂，流蕩忘返，還要收之回宮，不准外洩。卻不要死死執著一個穴道，認為黃庭。須知收之至極處，無非與太虛同體，渾不知其所在。時而動也，亦與電光同用，一動即覺，一覺即滅，前無所來，後無所去，仍是一杳冥光景，還於無極焉耳。工夫至此，身外有身；若未到此，不過有相之靈神，不可以云仙也。吾喜生自幼至老，皆知從日用事積功累行修起，但以前省察存養，似稍疏虞，未能十分著緊。今茲工用已深，吾師特來指點，自下等初迹尋出上上妙諦出來，庶幾近道矣。

【章　旨】此章表明性命之學不能光會高談闊論，而要有切實的功夫。在命功來講，就要善於靈活調節神氣，使神氣周轉一身上下，而不宜死守下丹田。但又不可貪戀神氣周轉一身的快樂，而應收斂回歸於無極。

【注　釋】❶道學先生　廣義上指研究大道之學的學者，但宋明以來的儒家知識分子，習稱理學家、道學家。根據後文，這裡有批評一般俗儒只會空談大道理而不知身心性命的修煉方法的意思。不過，黃元吉對儒家聖人推崇有加，基本上是認為三教合一，所以這裡並非對儒聖的批判，而只是針對某些空談性命之學者。❷群推理學之儒　大家推崇為儒門中的理學家。群推，得到大家的推崇。理學，北宋以來儒家復興，對原始的孔孟儒學加以新的闡釋，特別注重於「天理」作為道德修養的基礎，宋明以來的新儒學又稱為理學。❸兩目之神光　人的一雙眼睛，是心靈的窗戶，一方面人的內在的精神狀態可以從目光中體現出來，同時對目光加以調整，也可以反作用於身心。不過，眼睛只是人的一種感覺器官，目本身並無光可言，因神開竅於目而通過眼睛體現出來，故目光稱為神光。故所謂運用兩目之神光，實質是調神而非調眼睛。❹一身皆是陰二句　內丹學中對人體的陰陽有多種劃分方式，因為陰陽本身是有無數的層面的。在這裡，是突出人的目光能溝通內外，具有獨到的作用。❺以真心發真意　無心之心，是謂真心，真心是無思無慮的元神所對應的意識狀態；無意之意，是謂真意，真意是從真心所發的觀照作用，雖有意而不著意。❻三陽開泰　《易》十月為坤卦，純陰之象。十一月為復卦，一陽生於下；十二月為臨卦，二陽生於下；正月為泰卦，三陽生於下，冬去春來，陰消陽長，有吉亨之象。故舊時以「三陽開泰」為歲首稱頌之語。泰卦是陰消陽長的一個臨界點，此時陰陽平衡，陽氣漸長。三陽開泰，象徵著丹功火候已到協調平衡的和諧狀態，再進一步就是陽大於陰並逐漸轉成純陽之仙了。❼玄工別無妙法二句　此句的意思是說丹功有為法的奧妙，在於如何將神氣作適當的調配，這主要是從命功有為法的角度上講，是接著上文而順著說下來。其實，從性功無為法來講，丹功的玄妙之處不過是如何將神氣歸還於太虛，進入自然無為的虛靜狀態，而不是去上下升降、往來運度神氣。詳看下文可知此理。❽水火　水火是內丹學的重要範疇，內丹學重視水火既濟，因人之意識容易向外馳奔，如火之上炎；人之精氣容易向下流失，如水之下流。煉內丹就是要逆轉這一常規的過程，而使心火下降與腎水相會，水火既濟，而結成內丹。本章中的水火，指運用神氣的功夫。《道樞卷之七・水火篇》：「學者於是當明水火既濟之法。夫火在心，為性者也；水在腎，為命者也，二者實相須以濟焉。腎之水非心之火養之則不能上升矣，心之火非腎之水藏之則不能下降矣。」《道樞卷之三十一・九仙篇》：「水火者，古先聖人之大藥也，不在於外而在吾身焉。心火也，應於離；腎水也，應於坎，故造金丹者，須憑龍虎水火者也。」《道樞卷之三十五・眾妙篇》：「心之火下降，腎之水上升，水火既濟，則內丹成矣。」

【語譯】現今那些所謂的道學先生，都只不過是記得些古代聖賢們的語錄經文，就開始高談性命之學，大家也都推崇，認為是深通理學的大儒。但要問這些人性命之學在自己身心上到底是個什麼光景，什麼模樣，卻又沒有一個人不瞠目結舌，不知如何回答。更何況他們既然沒有具體的入門下手的功夫，則學問沒有基礎，只是無本之學。到頭來，書本是書本，人還是原來的人，自己一點受用也沒有，所講的都是人家講過的話，卻一點也不能在自己的身心上體會到書本中的微言大義。雖然可以高談闊論，頭頭是道，儼然是一個博大精深、無所不通的大儒，而一旦落實到平常的生活實踐中，又沒有半點可以讓人覺得滿意的。像這種無本無根之學，實在不值得一談。為師寄希望於諸位弟子，能夠為我傳承大道之學，可不要學這般只會高談闊論的先生，這是我最殷切的期望。

談到丹道修煉的命功，雖然其中有許多不同層次的方法，但總結命功的要領，總離不開一雙眼睛。在人的一身之中，雖然主要是靠神和氣在其中起作用，但還比不上人的兩隻眼睛的神光，炯炯有神，常常警醒而不昏昧。所以以前有人說過：「人的一身都屬陰，唯獨只有目光是屬陽。」必須常常把兩目之神光收攝起來，微微向下返照，這樣精氣神自然就會凝成一團，混然一家。等到丹田真氣充足，就直接往上運行到腦部泥丸宮，乃至打通全身的氣穴，而匯歸中宮黃庭，這樣自然消盡人體的陰氣，而陽氣常存，這種神光照射使人身陰氣消盡的情形，就好像在天空中太陽出來照耀四方，雲霧自然就消散了。

大家這段時間打坐用功，不能只凝神返照下丹田。這個道理是這樣的，雖然說下丹田中真氣壯旺了，自然可以上升到泥丸穴，從而把上丹田中的渣滓化除掉；但這種境界不易達到，如果神氣還比較弱，未能達到真實圓滿的狀態，還必須要鍛煉很久才行，這時不妨以真心發真意，神光回照上丹田，則泥丸部位的陰氣被陽氣一照射，自當完全化除，從而使頭目不至於昏昏沉沉。所以古人所說的「頂上圓光」，就是指這個回照上丹田的神光而言。另外我們觀察繪畫雕刻的工人，在雕塑一尊泥木神像時，一定要在頭上畫一道圓光，這也是指此神光。在經書上說的「毫光照徹世界，照開地獄」，其所謂的「毫光」也就是指上面所說的元神之光。如果單單意守下丹田，則神光一時不能自己返照調整自己，往往易導致昏沉散亂。之所以會昏沉散亂，就是因為真陽不能上升，真陰不能下降的緣故。現在要使得陰陽升降恰到好處，就要把握好火候，既不能太急，又不能太慢。比如半夜裡忽然陽生，這種情況可比喻成在一派寒冬季節，忽然有一股陽氣從地下深處生起，如果此時不及時提起精神，收攝真氣，轉眼之間又昏睡過去，錯過陽生採藥的好時機。

你們大家從現在開始，就用我前面講過的方法進行修持，尤其要知道在適當的時候稍微用真意將神氣提攝到上丹田，這樣可以有一種天地清明、神氣清爽之感，一剎那間即三陽開泰，身心平衡，有世間生活所不及的妙樂。不僅在煉功中是如此，就是平常生活中用守中的功夫，如果神氣沉於下面海底，產生頭目昏沉的感覺，也不妨將神氣提攝到上面來。其實丹道的用功別無妙法，其奧妙不過就在神氣的升降上下、往來運度而已。當然，這也並不是教你們一味地將神氣升降發散於外，而不知道收斂。

如果神氣不能運轉於全身，則全身的陰氣不化，陰氣不化就無非是死肉一團，終歸是無用，而且陰氣一天天地累積下去，最後不免疾病纏身。所以我們道教修命的方法，是教人用水火運轉全身，使血肉之軀化為活活潑潑的真氣，可以隨人所用，沒有阻礙，使得一身的毛髮穴竅晶瑩發亮，全身的肌膚光滑細膩，這樣才算修命功有所成就。但是要注意，又不能貪圖神氣布滿全身的酥軟快樂，流連忘返追逐其中，還要收斂神氣回歸中宮，不准往外發洩。在收斂神氣的時候，卻又不要死死執著於一個穴道，認為要收到黃庭才對。要知道收斂神氣到了最極的地步，並不是專在某一個穴道，而無非是與太虛同體，渾然不知其所在何處。此時偶有所動，也和電光石火一般，一動即覺，一覺即滅，不知它從哪裡來，也不知它到哪裡去，仍然是一派杳杳冥冥的光景，回復到無極狀態。工夫到了這個地步，就可以身外有身，從這個肉身裡生出無象的法身；如果沒有到這個境界，就不過是有相的靈明之神，還說不上是成仙。

我很讚賞某某學生從小到老，一直知道修行是從日常生活的積功累德做起，不過以前的反省檢討、存心養性方面的工夫，還是稍微顯得空疏散漫，用功不夠十分的緊湊精進。鑑於目前的功夫境界已達到較高的程度，為師特來指點你，要能夠從較低層次的初步煉功跡象中尋找出高層境界的微妙道理，這樣才可說離道不遠了。

【研析】道教修煉的特色，是有較具體的命功修煉方法，尤其重視神與氣的協調，這與一般佛教偏重心性覺悟的修煉方法有所區別。丹道命功修煉的原理，不過是神氣交媾身心合一，人的精神意識好比是陽光，身體氣穴好比是土壤，以精神意識返照身體氣穴之中，在意識之光的昇華作用下，就能消除一身陰氣，開出燦爛的生命之花來。命功從凝神調息入手，凝神返照丹田氣穴之中，可以靜極生動，一陽來復，由此再行採藥溫養之法。本章特別強調不要一味地持守下丹田，而應適時地以真意回顧上丹田，這樣有助於神氣周流運轉於全身，不至於能量集中於身之一處，而使頭目昏沉，且有漏丹之險。故神氣運用之妙，靈活多端，奧祕無窮，不可偏執一邊。又當知神氣運轉只是在命功有為法的修煉過程中使用，不能貪圖其中的快樂而不知適時收斂，化入於虛無之境。任何身體的感覺狀態只是途中化城，只有還虛入道才是煉功的歸家寶所。

積功累行章第十四

諸子聞吾道之真，須切切提撕，時時喚醒，俾此心常在，此性常存，於以造之深深，習之熟熟，以幾乎天然自然之境，然後無歉於為人，亦隨在可對乎天，才算大丈夫功成道立之候。不然，一念不持，遂成墮落，不知不覺墮入六道三途❶，欲出苦海頹波，斯亦難矣。吾示諸子，欲求色身久固，離不得保精裕氣，築固基址，然後可得人世天年❷；欲求法身悠遠，又離不得煉神還虛，煉虛合道❸，然後可證神仙之果，二者不容或缺也。若未能了道，須固色身以明道；既已明道，須煉法身以承道。近時吾不責以煉虛合道之工，但責以保精裕氣之學，果能久久積累，而法身自可成焉。諸子起初，吾每教之積功累行者，非謂功自功而道自道也，蓋以功行廣積，陰騭❹多修，無非保其固有天良，仁慈本面，不使有絲毫塵垢夾雜於中，庶雜念邪私消溶盡淨，而一元清淨之氣常在我矣。不然，雜妄未除，即使成仙，亦是頑仙，參不得大羅天闕，上不得逍遙宮中。孔子曰：「修身以道，修道以仁。」❺子思子曰：「苟不至德，至道不凝。」❻是知人有一分德，即有一分道，有十分德，即有十分道。若無其德，至道不凝也。是煉道者，煉此仁慈而已矣。至於貨財，實屬身外之物，毫無補於性天。然而當今之世，因有其身，不可無財，因為其財，遂壞其心，於此而能割得愛，則凡事之能割得愛可知矣。人果能割得一切愛，此心已寂然無聲，渾然無物，於此煉之，則基可以築，道可以成，而不至另起爐灶也。又況人生曠劫，誰無怨尤？能積功行，則斷障消魔，怨尤自化，而大丹可成矣。且財也者，不但庸眾藉以肥身家，即鬼神亦藉以定賞罰。我能廣布金錢，大施拯濟，或為超度，或為拯提，又或扶持大道，救正人心，則天地鬼神亦必愛之慕之，竊羨其心之至仁，而於是助之成仙，以為鬼神之羽翼、天地之參贊❼焉。由是觀之，天地鬼神亦賴有我矣，寧不百般保護者乎？若塵根未除，私恩難割，在世只知名利，不能拔俗超群，及其為仙，享不盡清閒之福，受不盡明禋之享，一旦大劫瀕臨，還肯捨身以救世，下界以為民哉？無是理也。此神天鑒察，所以必於貨財上驗操修、分真偽耳。語云：「寶道德如金玉，視錢財若糞土。」斯難其人矣。要之，天無心，以人之心為心，神無念，以人之念為念。人能事事在公道上做，則神天亦必以公道報之。否則，私心必無好報也，生等切勿厭聽焉。

【章旨】本章說明，修仙之道包括兩個方面，一是保精裕氣以養色身，二是煉神還虛以固法身。但是這兩者都以積功累行作為修道的基礎，只有多行善積德，才能化除心性中的塵垢，使修道具備良好的心理基礎，同時才能得到各種善緣的幫助和神天的護佑。

【注釋】❶六道三途　佛教世界觀用語，這裡用以指生命墮入到悲慘的生死輪迴之中。六道，指凡俗眾生因善惡業因而流轉輪迴的六種世界。又稱六趣。即地獄、餓鬼、畜生、阿修羅、人、天。其中，地獄、畜生、餓鬼稱三惡道，或三塗。阿修羅、人、天稱三善道。六道中若不含阿修羅，則為五道，或五趣。(1)地獄道：即地獄受苦之處。有八寒、八熱、無間等名。

眾生若造上品十惡及五逆罪，則墮地獄。⑵餓鬼道：即孤貧潦倒受苦之鬼。經常處於飢餓中，到處遊行，求食不得。相傳有歷千百年不聞漿水食物之聲音，而常受餓渴痛苦者，故名餓鬼。眾生若造中品十惡業，則墮餓鬼道。⑶畜生道：即牛、羊、豬、馬及一切蟲、魚、禽、獸等動物。眾生若造下品十惡業，則墮畜生道。⑷阿修羅道：屬於非天道的一種大力鬼神。具有神通和威力而無德，性多瞋恚，統率夜叉、羅剎等，以阿修羅為首，故稱阿修羅道。眾生作下品十善即可生阿修羅道。⑸人道：即人類。因人道苦樂參半，善於分辨事物的前因後果，易於知苦斷集，明理去惑，轉凡成聖，故《大智度論》卷四說，佛之三十二相要在人道中培植。眾生修五戒及中品十善即可生於人道。⑹天道：即天界。天道分布在欲界、色界、無色界三界之中。欲界因有男女情欲，故名欲界。色界，沒有男女情欲，唯色相莊嚴，故名色界。無色界，無有形相，唯精神心識存在，故稱無色界。眾生行上品十善、修四禪定、四空定，即可生於天界。此六道，若加聲聞、緣覺、菩薩、佛等四界，即天台宗所說之十界。十界之中，六道是迷界凡夫所住，故又稱六凡。聲聞等四界是聖者所住，故稱四聖。三途，《大明三藏法數》卷一二謂，火、刀、血三途配瞋、貪、癡三毒。即：⑴火途對瞋忿，眾生若無慈悲心，常懷瞋忿，則將感生地獄道，常為鑊湯爐炭等熱苦所逼。⑵刀途對慳貪，眾生若無惠施心，常懷慳貪，則將感生餓鬼道，常受刀杖驅逼等苦。⑶血途對愚癡，眾生若無智慧，愚癡不了，則將感生畜生道，強者伏弱，互相吞啖，飲血食肉。以上參見《佛光大辭典》。❷天年　指人本來可以獲得的自然壽命，一般都在百歲以上。但一般人由於逐欲妄作，常過早去世，已很難活到這個壽命。《黃帝內經．素問》：「上古之人，其知道者，法於陰陽，和於術數，食飲有節，起居有常，不妄作勞，故能形與神俱，而盡終其天年，度百歲乃去。」❸煉神還虛二句　丹道功夫，分為築基、煉精化氣、煉氣化神、煉神還虛、煉虛合道等階段，亦有將後兩階段合併以煉神還虛為丹成者，煉虛合道有時只是虛指而無實義，丹經中論述不多。如《性命圭旨》云：「道生一、一生二、二生三、三生萬物，此所謂順去生人、生物。今則形化精、精化氣、氣化神、神化虛，此所謂逆來成仙、成佛。初關煉精化氣者，要識天癸生時，急急採之。採時須以徘徊之意，引火逼金行，顛倒轉自然，鼎內大丹凝。中關煉氣化神者，乘此火力熾盛，駕動河車，自太玄關逆流，至天谷穴，氣與神合，然後下降黃房。所謂乾坤交媾罷，一點落黃庭。上關煉神還虛者，守一抱元，以神歸於毗盧性海。蓋三關自有為入無為者，漸法也。修上一關，兼下二關者，頓法也。若徑作煉神還虛者，工夫列虛極靜篤時，精自化氣，氣自化神。即關尹子忘精神而超生之上旨也。」❹陰騭　暗中做好事，不留名，這樣可積陰德。騭，安排。❺修身以道二句　修身要靠修道，修道要靠行仁。《中庸》：「故為政在人，取人以身，修身以道，修道以仁。」❻苟不至德二句　如果沒有至上的德行，就不配有至上之道。《中庸》：「大哉聖人之道！洋洋乎發育萬物，峻極於天。優優大哉！禮儀三百，威儀三千，待其人然後行。故曰：苟不至德，至道不凝焉。」❼天地之參贊　人可參與天地化育萬物，與天地並列為三。《中庸》：「唯天下至誠，為能盡其性；能盡其性，則能盡人之性；能盡人之性，則能盡物之性；能盡物之性，則可以贊天地之化育；可以贊天地之化育，則可以與天地參矣。」

【語　譯】諸位弟子得以聽到我們丹道的真諦，必須要切切實實地提起精神，時時喚醒自已精進向道，以使自己道心常在，本性常存，如此不斷深入地體會、練習，使修道境界爛熟於心，以便達到那種近乎毫不費力而完全天然自然的境界，然後才可既無愧於為人，也隨時可在上天面前坦然以對，這樣才算得上大丈夫煉功修道已有成就的徵候。不然，一念之間把持不住，就會墮落凡塵，不知不覺墮入六道三途的輪迴苦海中，想要跨出這苦海頹波，將是十分困難的。

我告訴你們，要想求得色身的健康長壽，離不開保精節欲和培植元氣，精氣為生命的能量基礎，只有把這個基礎修築牢固，然後才得以達到人所本有的自然壽命。而要想求得法身的悠遠無疆，卻又離不開煉神還虛，煉虛合道，而後方可證成神仙之果位，色身與法身的修持，這二者要相互配合，一個都不能少。如果還不能徹悟大道，那就必須先把色身鍛煉堅固，以保存了悟大道的機緣。如果已經明悟大道，就要注重修煉法身以承載大道。近一時期我不責成你們做煉虛合道的功夫，只是要督促你們加強保精裕氣的修煉，果真能堅持下去，久久積累，到時法身自可修成。

你們最初開始修煉的時候，我每每教導大家要從行為上積累功德做起，這並不是說功德是功德道是道，實際上積功累德與修道關係重大。這是因為廣積功行，多修陰德，這類行為能使人心淨化，使人保持固有的天良、仁慈的本來面目，不讓絲毫的汙垢夾雜其中，等到人的私心雜念都清除得乾乾淨淨，先天清淨純正的元氣就能常存於身。不然的話，妄想雜念未消除乾淨，即使成仙了，也是頑劣之仙，不是上道正仙，沒有資格進入逍遙自在的神仙境界。孔子說：「修身要靠修道來實現，而修道是通過行仁來落實。」子思子說：「如果不能達到最高的道德修養，那麼最高境界的大道就不會體現出來。」由此可知，人能有一分德，便有一分道；能有十分德，便有十分道，若沒有具備相應的德行修養，道就不會凝聚在他身上。這樣看來，煉道是煉什麼呢？不過就是煉此仁慈之心而已。

至於說物質財富，實屬人的身外之物，對於人的天賦本性絲毫無補。然而在現在這個世界上，因為有這個物質的身體，就不能不需要一定的物質財富，又因為對物質財富的貪戀，於是就破壞了原本天真的人心，如果一個人能在錢財上放得下、割得愛，那麼就可以預知他凡事都能放得下、割得愛。人果然能割捨一切貪愛，心無牽掛，則此心已經是寂然無聲，渾然無物，靜定的境界自然容易達成，在這樣的心境上修煉，就可以完成築基階段，乃至一修到底，修道可得成就，不需要再採取別的方法另起爐灶。更何況人在無始以來多生多劫的生死輪迴中，誰能夠沒有業債宿怨？如果能夠多做善事廣積功德，那麼就能消除業障和魔難，自然化解各種恩恩怨怨，然後大丹就容易煉成。

說起錢財這個東西，不但平常百姓要借助它以求榮華富貴，就是鬼神之類，也要憑藉它來決定賞罰。如果我們能廣泛地布施錢財，多做救危濟困之事，或為亡靈作超度的法事，或舉辦公共福利事業，或維護公道，弘揚道德，改善社會風氣，那麼天地鬼神也都會對你歡喜讚嘆，暗暗地稱揚你的仁心善舉，因此便盡力助你成仙，以輔助鬼神並參與天地化育萬物。從這個角度來看，天地鬼神也要靠這種具有仁心善舉的人，又怎麼不會對這種人百般保護助其成仙呢？如果心靈中塵世汙垢的種子沒有消除，恩愛私情難以割捨，生在世上只知爭名奪利，不能超凡脫俗，迥異眾人，這種人就是成了仙，難免貪圖享不盡的清閒之福，受不盡的人間香火，一旦人間有了大劫大難，怎麼還肯捨身救世，從仙界下來救度百姓呢？沒有這個道理呀。這就是為什麼神靈上天觀察評鑑一個人，一定會從他對物質錢財的態度上，考驗其道德品行的修養，區分他是真修行人還是假修行人。有句話說：「寶道德如金玉，視錢財若糞土。」這樣的人確是難得。要而言之，上天本無心對人加以判斷選擇，完全是根據一個人自己的人心來決定賞罰；神靈本沒有對某個人有特別的觀念，完全是根據一個人的心念的表現看這個人的善惡。人能事事在公道上做，那麼上天神靈也必然會以公道回報。否則，如以私心行不善，就一定沒有好報。這個道理很重要，你們這些弟子切莫以為這是老生常談，而聽得不耐煩啊！

【研　析】此章闡述了學仙修道要以積功累德為基礎的道理。雖然修道最終是保精裕氣的命功和煉神還虛的性功修煉，但是這並不意味著只要自己打坐修道就可以成仙，其實行善積德與修道成仙之間有十分密切的關係。因為修道要去除妄想雜念，進入靜定之境，這就要求修道的人要有良好的道德修養，對於世間的功名利祿要能看破放下，行善積德就是放下自我，消除私心雜念，保持仁慈的本心，這樣自然容易入於清淨無為。而且在積功累德的過程中可以廣結善緣，消除以前的業障，得到天地鬼神的護佑，自然修道容易成功。如果不在平時的生活中加強修養，通過廣泛地行善積德鍛煉心性，修道就很難進入高深的境界。

打掃心地章第十五

生學玄道已經數十餘年，然而基猶未築者，其故何也？良由修煉無序，作為不真，以行火採藥不得實實把柄耳。若知吾道之真，採取有時，配合有候，烹煉溫養如法，何遲至於今而不成耶？今雖年華已老，而精神還健，堪為吾門嗣道之人。第一念生家務零落，不能以財作善。須知自古仙師收取人才，第一以財字試他，看他能把這迷途打得破否？於此能看得穿，則嗜好之私不難一一掃除。且人非聖賢，孰無冤怨？能於財上施捨，廣積勤修，則天魔地魔人魔鬼魔，亦不難回嗔作喜，釋怨成祥。此財上消魔斷障之一法。若以責之於生，勢有不能。夫視聽言動、日用百端之感，其為善事尤多，只怕不細心檢點，真實奉行。苟能一心皈命，則在在處處善舉之大而且久者，較此人天小果❶高出萬萬倍也。學道人要知，不用財、不費力之善舉，無論行住坐臥，到處俱有。總要時時省察，不許一念遊移，不令一事輕過，如此善事多而良心現，大道斯有其基矣。否則，徒修命寶，不先從心地上打掃，是猶炊沙而欲成飯，其可得耶？所以古仙云：「玉液煉己以了性，然後金液煉形以了命。」❷何謂玉煉？即修性是也。學道人必先從事事物物細微上做工夫，由此外身既修，然後言意誠心正之學❸。到得私欲盡淨，天理流行❹，則煉己熟而丹基可成。不然，煉丹無本，其將何以為藥耶？《悟真》云：「鼎內若無真種子，猶將水火煮空鐺。」❺生屬知道之士，吾言然耶否耶？既將心地養得圓明自在，然後行一時半刻之工、臨爐採藥之事，於是抽鉛則鉛有可抽，添汞則汞實可添❻，行周天火候，用沐浴溫養，則基可築成，永作人仙。再加面壁之工，而天仙神仙不難從此漸造矣。吾看生學道有年，其所以丹基未固，一由心地上未能掃卻塵氛，不免和沙拌土，難成一道金光❼；一由只知採取外丹❽，不知烹煉神丹，故一日一夜間斷時多，不能常常封固爐鼎，是以有散失之患。吾今示生一步。古云：「凝神於虛，合氣於漠。」❾此個虛無窟子，古人謂「不在身中，卻又離不得身中」，此即太上所謂「谷神不死，是謂玄牝」。此個玄牝門，不先修煉則不見象，必要呼吸息斷，元息始行。久久溫養，則玄牝出入，外接天根，內接地軸，綿綿密密於臍腹之間，一竅開時，而周身毛竅無處不開，此即所謂胎息，如赤子未離母腹，與母同呼吸之氣一般。生能會得此竅，較從前煉口鼻之氣大有不同。生自今後，須從口鼻之氣微微收斂，斂而至於氣息若無，然後玄牝門開，元息見焉。此點元息，即人生身之本，能從此採取，庶得真精真氣真神。生年華已老，得聞妙諦，須日夜行工，如佛祖之不見如來不肯起身，直於座下立見青天，斯用工猛烈，而功可成矣。非生有一片誠心，吾亦不敢私授，尚其改圖焉可。

【章　旨】前一章重點在告誡弟子通過布施錢財來行善積德的重要，這一章則重在闡明生活中隨時隨地都可以做的心地功夫，在為人處事的事事物物之中都可以行善，打掃心地，並不一定要通過錢財來行善。而且這種日常生活中心性修養的功夫尤其重要，是煉丹的基礎。由此進一步指示凝神調息的奧妙，玄關胎息的真義。

【注　釋】❶人天小果　佛教中有人天乘，人道和天道都還在六道輪迴之中，不是究竟的解脫，因此把只能得到人天果報的修行稱為小果。❷玉液煉己以了性二句　玉液，指離中真陰之神，或比喻心性修養的純一。金液，指坎中真陽之氣，或比喻命功中精氣煉養的堅固不壞。在陸西星《玄膚論》中有一段話對此有清楚的解釋：「夫道者，性命兼修，形神俱妙者也。金液煉形者，了命之謂也。玉液煉己者，了性之謂也。何謂玉液？玉者，溫潤貞純之喻。金者，堅剛不壞之稱。夫煉性者，損之又損，克去己私，務使溫潤貞純，與玉比德，則己之內煉熟矣。內煉既熟，然後可以臨爐採藥，而行一時半刻之功。及夫時至機動，則取坎填離，採鉛伏汞。而坎中一畫之陽，乃先天乾金也，謂之金液。以之煉形，則體化純陽，而形骸為之永固，一如金之堅剛而不壞矣。故曰金煉玉煉。性命兼修，而形神俱妙者也。玉煉，則無為之道也；金煉，則有為之術也。自無為而有為，有為之後，而復返於無為，則性命之理得，而聖修之能事畢矣。」❸外身既修二句　正心、誠意、修身的說法借用儒家經典《大學》中的說法，在這裡是講從外在的待人處事的行為開始修行，然後進入內心的正心誠意的修養。❹私欲盡淨二句　這是理學家的修養觀點，原意主要指把個人的私欲完全去除乾淨，只由純粹的道德理性作主宰，一切行為都合乎儒家道德的標準。在《樂育堂語錄》引用儒家經典甚多，由此可見黃元吉會通儒道的思想。不過，其意義未必與理學家的觀點相同。比如說，「天理流行」在這裡不是僅指道德境界的充分實現，更多地包含有丹道思想中的元神清淨無為的意境。❺鼎內若無真種子二句　真種子，指煉丹的真正的藥材元精、元氣和元神。水火，這裡不是內丹學的比喻精與神的水火，而是指實物的水火。鐺，鐵鍋。這句話是強調煉丹要有真正的藥材才行，否則就像用水火煮空鍋一樣，不會有什麼結果。本句出《悟真篇》卷中六十四首七絕之一：「咽津納氣是人行，有藥方能造化生。鼎內若無真種子，猶將水火煮空鐺。」❻抽鉛則鉛有可抽二句　鉛喻指元精，汞喻指元神，抽鉛指採取元精之水，添汞指添加元神之火。抽鉛添汞，取腎中之真陽與補心中之真陰，指神氣交媾，又稱取坎填離。只有元精充實，元神健旺，抽鉛添汞才有意義。❼一道金光　喻指心性修養純一不移而顯現的元神之光，光明一方面是指精神意識的照察功能，另外也有修煉過程中的實存體驗的意味，修道者在一定的階段會有光明顯現。各大宗教傳統都有精神之「光明」的描述。❽外丹　在這裡不是指身體以外的丹藥，而是指身體中可以感覺到的精氣能量，在一定程度上精氣是人的意識可以感覺到的意識的對象，似乎是在意識之外，故稱外丹，而把意識本身稱為神丹。❾凝神於虛二句　此二句應是從《莊子》中化出，但不是《莊子》的原文，《莊子．應帝王》：「汝游心於淡，合氣於漠，順物自然而無容私焉，而天下治矣。」凝神於虛，李涵虛《圓嶠內篇》：「凝神者，是收已清之心而入其內也。心未清時，眼勿內閉。先要自勸自勉，收他回來，清涼恬淡，始行收入氣穴，乃曰凝神。坐虛無中，不偏不倚，即是凝神於虛。」合氣於漠，與「凝神於虛」相對，指調息的功夫，讓呼吸自然入於從容寧靜的地步。漠，沙漠，指沉寂廣大的樣子。

【語譯】某某學生修學玄門丹道已經幾十年了，然而到現在還沒有完成築基的階段，這是什麼緣故呢？這都是由於平時修煉不得法，所作所為皆不真實，以至於行火採藥流於表面，沒有得到切切實實的把柄。如果了知我們所傳丹道的真諦，在適當的時候採取，配以最恰當的火候，烹煉溫養都符合法度，何至於遲遲到今天還修不成功呢？不過這位學生雖年華已老，然而精神仍然健旺，還有資格作為我們這一門派的傳承道業的人。

只是考慮到這位弟子家道中落，已不能用錢財行善積德。要知道自古以來的仙師在收學生選人才的時候，首先要從錢財上考驗他，看他能否把這個迷途打破。如果對於錢財能看得穿，那麼其他的個人嗜好方面的私心雜念不難一一掃除乾淨。況且一個人的修養並沒有達到聖賢的境界，誰沒有在生活中結下冤家仇怨呢？如能夠在財上施捨，廣積功德，勤修善行，那麼本來是妨礙你修道的天魔地魔人魔鬼魔等種種魔障，通過你的積德行善，也不難把本來是對你的瞋恨轉變為欣喜，使災怨化解轉變為吉祥。這是一種通過以財行善來消除化解魔障的修道方法。如果用這個標準來要求這個弟子，在現實上他做不到。

但是行善積德並不是只有通過錢財布施這個方法，在錢財之外，一個人的日常生活中的所見所聞所言所行和每天所面對的萬般事務之中，能夠有機會作為行善的事情其實更多，就怕自己不細心去檢點，並真實奉行。如果能一心一意地將整個生命投入到行善積德的修養中去，那麼由時時處處所行的善舉積累起來，其功德之大與長久，比起僅靠布施錢財所得的人天小果，要高出萬萬倍。

學道人要知道，不用錢財，不費氣力的好事善舉，無論行住坐臥到處都有。關鍵在於人要時時警醒覺察，不讓一念之間游移不定，不讓任何一件小事輕易放過，如此一來善事到處都是，善事一多，人的本來就有的良心就會呈現，這樣修道就有真正的基礎了。否則，只知道一味地修煉命寶，不先從心地上打掃乾淨，這樣修道就好比要把鍋中沙煮成飯一樣，如何可能呢？

所以古代得道的仙家說：「先用玉液煉己以了性，然後以金液煉形以了命。」什麼叫玉液煉己？其實就是指修性。學道人必先要從事事物物的細微之處做好修心養性的功夫，由此外一層的修身工夫做好了，才能進一步談正心誠意之學。一直到達私欲都消除乾淨了，只有天理流行，如此則煉己的功夫已經成熟，煉丹的基礎也就可以完成了。要不然的話，煉丹沒有基礎，又拿什麼作為煉丹的藥材呢？正如《悟真篇》所說：「煉丹時爐鼎內若沒有真正的種子，就好像用水火煮空鍋一樣。」某生也屬已經了知大道的人了，你看我說的話是對還是錯呢？

通過修性煉己的功夫，將心地涵養得圓明自在，然後開始命功的修煉，行一時半刻的功夫，進行臨爐採藥等煉丹步驟，由於有堅實的心性修養的基礎，這時作抽鉛的功夫時就真是有鉛可抽，作添汞的功夫時就實實在在地有汞可添，經過行周天火候，用沐浴溫養等煉丹過程，就可以完成築基階段，永遠作一個人仙了。在此基礎上再加面壁之工，則天仙神仙的境界也不難由此而逐漸造就了。

據我看來，某生學道多年，之所以丹基未能牢固地建立，一是由於心性修養的功夫不夠，心地上未能掃除塵垢，心性中不免夾雜一些不純的雜念妄想，難以成就精純的元神之光；一是由於只知採取有相的精氣成丹，不知從虛空元神上煉就神丹，所以一日一夜間斷的時候多，不能常常封固丹爐，因此有丹藥散失的毛病。

根據上面所說，針對某生煉功的程度，我現在指示你一個用功的步驟。古語有云：「將精神凝聚於虛無之中，將精氣統一到混沌的境界。」這個虛無的玄竅，古人說「不在身中，卻也離不得身中」，這也就是老子所說的「谷神不死，是謂玄牝」。這個玄牝之門，不先修煉則無象可見，一定要等到口鼻呼吸停止了，裡面的元息才開始起作用，在這個狀態裡久久溫養，則可見玄牝的出入，外與宇宙造化的源頭相聯接，內與生命的核心相貫通，綿綿密密往來運行於臍腹之間的丹田中，玄關竅一開時，周身的毛竅無處不開，這就是所謂的胎息，就像嬰兒在沒有脫離母腹以前與母體共同呼吸的情形。

如果你能體會到這個玄關竅，就和以前所煉的口鼻之氣大有不同。你從今以後，必須從口鼻之氣微微收斂，收斂以至於呼吸氣若有若無，然後才能玄牝門開啟，元息顯現。這一點元息，就是人的生身之本，能從元息著手採取，才可能得到真精真氣真神。某生年華已老，有幸聽到煉丹的妙諦，須日夜用功，綿綿不斷，要有佛教祖師不見如來不肯起身，直到在座下頓悟如青天一樣廣大的佛性那樣的決心與毅力，如此地猛烈用功，則丹功可成。要不是你有一片誠心，我也不敢私自把這丹道的祕訣傳授給你，如果你還有其他的念頭，怎麼可以呢。

【研　析】常言說：「功夫在詩外。」要寫出好詩並不是只要精通格律、熟悉文字就可勝任，關鍵在於生活中要能體會到詩情詩意。煉丹也是如此，並不是只有一味打坐就能成功，必須在生活中磨煉心性、打掃心地，從一點一滴的小事做起，時時處處利他行善，把自己的私欲偏執一一掃除乾淨，使心地純淨光明，這樣才有煉丹的堅實的基礎。否則，一味注重身體上有為的氣脈變化，這種精氣的感覺境界時有時無，並不能保持恆久，不是先天的功夫，無法煉成大丹。只有從先天虛無的本性上下功夫，才能打開玄關竅，成就胎息，煉丹才能成功。佛教常批評道教煉身不煉心，其實真正的成熟的內丹學非常注重煉心，因為身心一體，心氣無二，不煉心是無法進入高境界的，煉身也要通過煉心才能實現，修行說到底還是以煉心為本。《樂育堂語錄》講的是上乘丹法，融合了儒釋修道思想的精華，再三強調修心養性、明心見性的重要性，指示心性修養的關鍵所在，直指心性的本來面目。此點特提請讀者注意。

玄牝之門章第十六

此時秋氣初到，而炎陽天氣仍無殊於三伏之期，其故何也？良由陽氣未能盡泄，至於夏秋交際，不得不泄其餘烈，而後秋涼可入矣。至人有傲天之學❶，於殘暑將退時，一心收斂，毫無一物介於胸懷，任他燒天灼地之烈氣，我自為我，彼焉能入而動我之心哉！蓋靜陰也，動陽也，人能靜如止水、如澄潭，又何畏暑氣之侵也？其侵之者，非暑之能侵也，亦由我心之動，因之氣動神隨，而與造化為轉移焉。以是思之，則知人之生死，非天之能生死乎人，由人之自生自死於其間也。諸子知得此理，惟一心內守，獨觀虛無之竅，靜聽於穆之天，則心常存，氣常定，猶如太虛之虛，自不與萬物同腐朽焉。總之，此個工夫無非一個玄牝❷而已。古云：「玄牝之門世罕知，休將口鼻妄施為。饒君吐納經千載，爭得金烏搦兔兒？」❸是知玄牝之門，非如今之時師傳人以出氣為玄、入氣為牝之謂也，又非在離宮、在坎宮、水火二氣之謂也❹，蓋在有無之間，不內不外之地，父母媾精時一點靈光墮入胞胎內，是為玄牝之的旨，爾學人細心自辨。若說是出玄入牝，是渾渾淪淪，毫無蹤跡，又墮於頑空。在他初學之徒，吾亦不過於形色間指出一個實跡。若諸子工夫已有進步，可以抉破其微。吾聞昔人云：「念有一毫之不止，息不能定；息有一毫之未定，命不我有。」是知玄牝者，從有息以煉至無息，至於大定大靜之候，然後見其真也。近日用工，雖氣息能調，究未歸於虛極靜篤，則玄牝之門猶不能現象。惟於日夜之際，不論有事無事，處變處常，時時以神光直注下田，將神氣二者收斂於玄玄一竅之中。始則一呼一吸，猶覺粗壯；久則覺其微細，則少靜矣；又久則覺其若有若無，則更定矣。迨至氣息純返於神，全無氣息之可窺，斯時方為大定大靜，煉丹則有藥可採。此可悟玄牝之門，此可見生身受氣之初，是即真正玄牝之消息。以之修煉，可以得藥成丹也。不然，有一息之未止，則神隨氣動，氣與神遷，有何玄牝之可言哉！不知定息靜神，徒於有息有慮之神氣上用工，莫說丹不能成，即藥亦不可得；莫說命不我立，即病亦有難除。此玄牝所以為煉丹之本也。知此，道不遠矣。

【章　旨】人能超乎自然造化全憑玄牝的工夫，而玄牝非指有形呼吸之氣，乃指先天後天交媾時的靈光，必於念止息定之大靜大定中方可玄牝顯象。

【注　釋】❶傲天之學　指不為自然規律所控制而能自作主宰的學問。傲，傲視。天，天道自然。❷玄牝　玄牝是本書中經常出現的重要範疇，大體是與玄關一竅同義，玄關一竅的意義見本卷第六章「玄關一竅」的研析部分。但在第六章中，玄關一竅是偏重在心性意義上的玄關，是明心見性的機關所在，不偏在大靜大定中求；本章中的玄牝，則偏重在生理意義上的玄關，重在大靜大定中顯現出來的身心本元一竅。❸玄牝之門世罕知四句　此四句出自《悟真篇》卷中六十四首七絕之一。玄牝之門，玄牝出入的門戶，是動靜陰陽出入轉換的通路與關竅。口鼻，《老子河上公注》謂玄牝即指口鼻，但此句表明玄牝並非指外在的口鼻呼吸，而是外在呼吸停止時的玄關顯象。吐納，指呼吸導引的功夫。金烏，日之象，指元神。兔兒，月之象，指元精。❹又非在離宮句　離宮，腦部泥丸穴部位，乃藏神之所。坎宮，臍中丹田部位，乃藏精之所。水火二氣，水指腎氣，火指心氣。

【語　譯】現在剛剛入秋，但天氣仍然炎熱，與三伏天的暑熱沒有兩樣，這是什麼緣故呢？這全是因為夏天的陽氣還沒有全部散發掉，到了夏秋交接的時候，不得不先要把這股餘熱散發掉，然後才能進入涼爽的秋天。精通修養之道的至人有轉化自然規律而超越於自然變化之外的大學問，在這股殘餘的暑熱即將退去的時候，完全把心收回來，心中空空如也，一點牽掛也沒有，任它這股熱氣燒天灼地，我卻不為所動，熱氣是熱氣，我是我，這樣超然物外，那麼熱氣又怎麼能進入而打擾我的心呢？

因為靜屬陰，動屬陽，人如果能靜如止水一樣心念不動，如澄潭一樣心無牽掛，由這股靜的力量，又何懼暑氣入侵呢？其實暑氣侵入人體，不光是暑氣本身就能侵入的，還要由我們的心隨之而動，外面的暑氣一動，我們的心神就跟著一起動，這樣就隨著自然造化而轉移，不能保持自己的獨立。從這個角度來思考，就知道人的生死並不是由外面的自然力量來主宰，而是由人自己的所作所為來決定其中的生死。自然造化的力量要起作用，也要靠人自身與之相配合；人如果能一心不動，就可以自己作主，不隨外物而變化。大家明白了這個道理，就只一心內守，專心致志返觀虛無的玄竅，靜靜地體察道體的廣大莊嚴，如此則心常常有主宰，氣一直很鎮定，身心像太虛一樣的無有障礙，自然就不與有形的萬物一起腐朽生滅了。

總而言之，這個超然物外的工夫無非是一個玄牝而已。《悟真篇》有云：「玄牝之門世上很少有人知道，不要從口鼻呼吸上妄加作為。縱使你呼吸吐納經歷千年，又怎能得到神氣交媾、水火既濟的效果呢？」由此可知，玄牝之門並非如現在社會上活躍的一些教師所傳的那樣，以呼出之氣為玄，以吸入之氣為牝，也不是指離宮和坎宮中的水火二氣，而是在有無之間不內不外的地方，由父母交媾時的一點靈光墮入到胞胎裡面，這才是玄牝的確切意旨，你們這些學生要細心去自己辨別清楚。

前面說有形的呼吸等不是玄牝，但如果說出玄入牝的工夫，完全是渾渾淪淪的，沒有一點蹤跡可尋，則又墮在頑空一邊，也是錯誤的。對一般初學者，我也不過是從形色之間指點出一個實在的跡象好讓他們理解。如果諸位工夫已有進步，就可以進一步揭開其中的微妙之處。我曾聽前人說：「稍微有一點念頭不能停止，人的呼吸就不能真正的定下來；呼吸有一點點沒有定下來，生命就不能完全為我所有。」由此可知所謂的玄牝，是從有息煉到無息，以至於大定大靜的境地，然後才能體會玄牝的真實意義。

各位最近幾天用功，雖然氣息已能初步調勻，但終究未能進入到至虛至靜的地步，這樣一來玄牝之門就還不能顯現出跡象。這時只有在日日夜夜之間，不管有事無事，也不管是處在變動還是平常之中，要時時以神光返照下丹田，將神氣二者都收斂到這玄妙的竅穴之中。開始時一呼一吸還覺得粗重，時間一久則覺得呼吸越來越微細，這就稍微入靜了。再繼續下去，覺得呼吸若有若無，這時就入定更深了。一直到氣息完全返回到心神之中，一點氣息也觀察不到了，此時才算是大靜大定了，此時煉丹則有藥可採。由此才可領悟玄牝之門，由此才可體會到生命最初形成時的那種微妙狀態，這才是真正的玄牝顯現的消息。以這個境界為基礎進行修煉，才能得藥成丹。

要不然的話，還有一點呼吸沒有停止，則神隨著氣一起發動，氣又隨著神一起運作，這種神氣擾動不安的狀態，又有什麼玄牝可談呢！不知在定息靜神上用功，只徒然地從有息有慮的神氣上下功夫，這樣不要說是丹不能煉成，就連丹藥也不可得；不要說由自己主宰自己的生命，就連身體上的疾病也難以除去。這就是為什麼我們說玄牝是煉丹之根本，能領悟到這一點，離修煉大道就不遠了。

【研析】道教有一句名言：「我命由我不由天。」這是道教獨特的生命觀，要與造化爭權，自己自主地控制自己的生命。雖然要徹底地擺脫自然規律的束縛也許做不到，但道教的實踐表明，人確實可以在一定程度上做自己生命的主人。這其中主要的奧祕就是：「念有一毫之不止，息不能定；息有一毫之未定，命不我有。」人首先要做自己心性的主人，心念不為外境所動，常在靜定之中，則由轉心到轉息，心止息定，就能逐漸做自己身體的主人，再進一步同於虛無大道，返歸宇宙的本源，最終成為自由的生命。在這個逆轉造化的偉大工程中，有一個核心的關鍵，就是通過凝神調息神氣交媾，由後天呼吸轉入先天胎息，打開玄牝之門。本章雖強調玄牝不能從後天呼吸上去尋覓，但玄牝的顯象也不能說與呼吸無關。一開始還是要從後天的呼吸上下功夫，只有在後天的呼吸調整好了以後，慢慢進入到先天的胎息狀態，這時才能找到生命的源頭，這樣就能轉化身體，昇華人體內的精氣神，由此得藥結丹，完成新的生命再造工程。

真陽之動章第十七

道家以虛無之神養虛無之丹，不是無形而有象，亦不是有象而無形。此中真竅，非可以語言文字解得。學道人須從蒲團上，自家一步一步的依法行持，細細向自家身上勘驗，方識得其中消息。吾前言玄牝之門，其實玄即離門❶，牝即坎戶❷。惟將離中真陰❸下降，坎宮真陽❹上升，兩兩相會於中黃正位❺，久久凝成一氣，則離之中自噴玉蕊❻，坎之中自吐金英❼。玉蕊金英亦非實有其物，不過言坎離交媾❽，身心兩泰，眼中有智珠之光，心內有無窮之趣，如金玉之清潤縝密，無可測其罅漏者。然非以外之呼吸時時調停，周遍溫養，則內之神氣難以交合。古云：「玄黃若也無交媾，怎得陽從坎下飛？」❾是知天地無功，以日月為功；人身無用，以水火為用。天地無日月，天地一死物而已。人身無水火，人身一屍殼而已。日月者，天地之精神；水火者，人身之元氣❿。惟能交會於中，則內之元氣假外之呼吸以為收斂，始而覺其各別，久則會萃一團，而真陽自此生矣。倘陰陽不交，則氤氳元氣不合，而欲陽之生也，其可得乎？可笑世之凡夫，以全未煅煉之神氣，突然打坐，忽見外陽勃舉，便以為陽生藥產。豈知此是後天之知覺為之、凡火激之而動者，何可入藥？生須知真陽之動，不止一個精生，氣與神皆有焉。必先澄神汰慮，寡欲清心，將口鼻之呼吸一齊屏息，然後真息見焉，胎息生焉，元神出焉，元氣融焉。由此再加進火退符、沐浴溫養之工法，自有先天一點真陽發生，靈光現象。以之為藥，可以驅除一身之邪私；以之為丹，可以成就如來之法相。古云：「勿忘勿助妙呼吸，須從此處用工夫。調停二氣生胎息，始向中間設鼎爐。」是知安爐立鼎以煆煉真藥，未到凡息停而胎息見之時，則空安爐鼎，枉用火符，終不能成丹。即說有丹，亦幻丹耳，不但無以通靈，以之卻病延年亦有不能者。總之，玄牝相交，玄黃相會，無非掃盡陰氣，獨露陽光，猶如青天白日，方是坎離交，真陽現。有一毫昏怠之心，則陰氣未消；有一點散亂之心，則陽神未老，猶不可謂為純陽。吾聞古云：「人有一分陰未化，則不可以成仙。」故呂祖道號純陽也。足見陰陽相半者，凡夫也；陰氣充盛者，惡鬼也；陽氣壯滿者，天仙也。《易》所以抑陰扶陽，去陰存陽也。然此步工夫，豈易得哉？必由平日積精累氣，去欲存誠，煉而至於無思無慮之候，惺惺不昧，了了常明，天然一念現前，為我一身主宰，內不見有物，外不隨物轉，即是金液大還之景象。稍有一念未除，尚不免有凡塵之累。生等要知修成大覺金仙，離不得慢慢的去欲存誠，學君子慎獨之工可矣。

【章旨】此章明坎離交媾真陽發動的景象及其功夫。

【注釋】❶離門　神生發作用的門戶。離，即是離卦，代表神的作用以及神發生作用的穴竅。門，門戶。❷坎戶　精氣昇華轉換的樞紐。與離門相對。坎即是坎卦，代表精氣的作用以及精氣發生作用的人體中心。❸離中真陰　離是先天陽而後天陰，由乾卦中間一陽爻變為陰爻而成，離卦中間的一陰爻，代表真陰。離代表神，神是先天陽而後天陰，一般的思慮作用屬陰神、識神的功能，但煉丹時的寧靜的精神觀照作用不是一般的後天陰神，故稱為真陰，實際上是指元神的凝聚觀照功能。離中，上丹田部位，藏神之處。❹坎宮真陽　坎是先天陰而後天陽，由坤卦中間的一陰爻變為陽爻而成，坎卦中間的一陽爻，代表真陽。坎代表氣，氣是後天陽而先天陰，煉丹時的真氣不是一般的後天浮躁之氣故稱為真陽。坎宮，下丹田部位，生精之所。❺中黃正位　在五行中土為黃，居中央之位。中黃正位，即是指人體中的中央的脈輪，是神氣交媾融會之所，又是指神與氣都從後天返先天，回歸到它們的純正無邪的狀態。神不外馳而下顧，氣不下洩而上提，兩者相交相融於中間之位。❻玉蕊　以玉之清純溫潤喻元神的純一明淨。❼金英　以金之堅固縝密喻元氣的充實煥發。❽坎離交媾　內丹學以「乾坤」兩卦代表「先天陰陽」、「先天性命」的「純陽」和「純陰」，以「坎離」兩卦代表「後天陰陽」，由先天「乾」卦轉為後天「離」卦，「離」是先天陽而後天陰，是「性」、「神」等的代表；由先天「坤」卦轉為後天「坎」卦，「坎」是先天陰而後天陽，是「命」、「氣」等的代表。由「乾坤」到「坎離」，代表從先天生命轉為後天生命，是生命的順行方向；由「坎離」到「乾坤」，代表內丹學的逆向修煉，由後天生命返還先天生命。先天蘊後天之化，後天藏先天之機，離是外陽內陰，坎是內陰外陽，由後天之坎離經陰陽交媾，取坎中之真陽填離中之真陰，則離復返為純陽之乾。坎離、鉛汞、水火等都是相關聯的一組內丹學範疇，故坎離交媾也稱取坎填離、抽鉛添汞、陰陽交、水火交等，其實質都是神氣兩者的相互作用和相互統一。❾玄黃若也無交媾二句　玄黃，玄代表天，黃代表地。對應人體來說，則代表人體陰陽，與坎離為相類的概念。《性命圭旨》謂：「《玉芝書》云：『玄黃若也無交媾，爭得陽從坎下飛。』是乃作丹之大端，修仙之第一義也。若天地之氣不氤氳，則甘露不降，坎離之體不交并，則黃芽不生。龍虎二弦之氣不會合，則真一種子不產。真一種子不產，則將何者為把柄而凝成金液大丹耶？」則此句可能是出自《玉芝書》。❿水火者二句　本來水火代表人體中的神氣兩者，但依據心氣合一的原理，神與氣的本體是合一的，並不是分開的兩個東西。氣是其物質性的載體，神是其精神性的作用，故也都可歸為元氣的作用。

【語　譯】我們道家是以虛無的元神養就虛無的大丹，這種大丹既不是無形而有象的，也不是有象而無形的。這其中真正的訣竅，不是通過語言文字就可以了解得到的。學道的人必須從打坐的蒲團上，自己一步一步地依照正確的方法去煉功實踐，仔細從自家身上去對照實驗，才可認識到這其中的消息。

我前面講到玄牝之門，其實玄即是離門，牝即是坎戶。惟有將離宮中的真陰下降，坎宮中的真陽上升，使兩者相會於人體的中心正位，並長久地凝結成一團混元之氣，那麼離中之神自然像玉蕊一樣清純溫潤，坎中之氣自然像金英一樣堅固煥發。其實說玉蕊、金英也只是個比喻，並非實有其物，不過是表達坎離交媾時身心兩者平衡和諧的景象，眼神中智慧光明煥發，心內有無窮的妙趣，就像金玉一樣清純溫潤，堅固縝密，根本找不到一點缺漏。

不過，如果不把在外的口鼻呼吸時時調慢調勻，仔細地周密養護，那麼在內的神氣也難以相交融合。古人說：「玄黃如果沒有發生交媾的作用，又怎麼能使坎宮中的陽氣升騰呢？」由此可知天地本身沒有起什麼作用，靠的是日月的運轉推移來起作用；人的身體本身也不會產生功用，靠的是身中的水火上下升降來起作用。天地沒有日月在其中運行，天地就不過是一個死物而已；人身中沒有水火二者的作用，人身就只不過是一個屍殼而已。日月，是天地的精神；水火，是人身的元氣。只有人身的水火能在中間相會，則人體內的元氣借助外在的呼吸調理得到收斂，在開始的時候覺得外在呼吸與內在元氣兩者是分開的，修煉久了則兩者會聚成一團而無分別，如此則真陽從此發生了。如果陰陽沒有交媾，則人體內的周流的元氣不能合一歸元，在這種狀態下要想真陽發生，怎麼可能得到呢？可笑的是世上未得丹道真諦的凡夫，在神氣還完全沒有得到充分鍛煉的情況下，偶然一打坐，看到外腎忽然勃起，便以為是陽生藥產了。豈不知這是由後天的意識知覺有意為之而經有相凡火刺激而導致的外陽發動，如何可以作為煉丹的藥材呢？

大家要知道，真陽發動的時候，並不只是一個精生陽舉的現象，必須配合著神與氣一起都有跡象才行。一定要先使心神澄明，排除思慮雜念，清心寡欲，一念不生，將口鼻呼吸隨著雜念一起屏息，然後真息才能顯現，胎息才能發生，元神於是出現，元氣也由此交融。有了這步功夫，再進一步加以進火退符、沐浴溫養的工夫，自然會有先天一點真陽發生，顯現出神氣相融的靈光。以此真陽為藥物，可以驅除一身的陰邪渣滓之病氣；以此真陽煉丹，可以成就與道合一的神仙境界。古人說：「用勿忘勿助的方法把呼吸調理到微妙的狀態，煉功時必須從這裡開始下功夫。等到呼吸二氣得到調理停息以後就可以進入胎息的狀態，這時才可以從外轉到內，從胎息中間安立鼎爐採藥結丹。」這就告訴我們，安爐立鼎鍛煉真正的丹藥時要注意，如果沒有到後天凡息停止而顯現胎息的境界，則所謂的安爐立鼎只是一句空話，作進火退符的功夫也是枉然，終究不能成丹。即使說有丹，也是意念造作空想而成的幻丹，不但不能通靈顯妙，就是拿它卻病延年也不一定能做到。

總之，玄牝相交也好，玄黃相會也罷，無非都是通過陰陽相交來掃盡陰氣，使陽光獨露，猶如青天白日一樣，這才是坎離交、真陽現的景象。只要還有一絲一毫的昏睡懈怠之心，就說明陰氣還沒有消除；有一點點的散亂之心，就說明陽神還沒有到火候，更不能說是純陽了。我聽古人說：「人只要還有一分一點的陰氣未化，就不可以成仙。」所以成道的呂祖才號為純陽祖師。這就充分說明，陰陽相雜各占一半的，就是普通的人；陰氣充盛的，就是惡鬼；陽氣壯滿的，就是天仙。這也就是為什麼《周易》要抑陰扶陽、去陰存陽了。

然而要做到這步功夫，豈是那麼容易得到的嗎？一定要在平時保存積累生命的能量，去除欲望保持真實無妄的精神狀態，一直修煉到無思無慮的時候，這時意識常常保持覺醒的狀態，對什麼都了了分明，一點昏沉散亂都沒有，顯現出那天然的未經後天汙染的靈明一念，作為我們一身的主宰，意識內沒有任何牽掛的對象，也不跟著外面的世界而失去觀照，這就是金液大還丹的景象。如果稍微有一念未掃除乾淨，就還不能免除凡塵的牽累。你們要知道，修成大覺金仙，離不開慢慢地去除欲念，保持誠明，能像儒家所說的君子那樣做慎獨的功夫就可以了。

【研　析】內丹學的核心是在虛無狀態中凝神入氣穴，使精神能量與生理能量相互作用，凝聚成一團，這樣神光不外洩，精氣不下流，從而變化氣質，達到性命雙修的目的。所謂陰陽、玄牝、鉛汞、坎離、水火、龍虎等種種異名，無非是表示神氣兩者的各種狀態。而丹田、玄關等則是神氣交媾的相會之所，但又不能死執一處，要在靜極虛無的作用中始能把握神氣交媾的奧妙，從有象中入於無象的先天境界。由精氣神相作用、相貫通和相統一，形成神氣合一的陽神，並返還於虛無大道，成就神仙境界。丹經千言萬語，不外乎此理。擴而言之，一切生命修煉的奧妙也都不外此，如密宗的拙火瑜珈、紅白菩提，也都是依據心氣無二的原理，修煉心氣合一的能量。由心氣合一到生命融入於法界，進入精神物質無分別、生命與法界本源無分別的實相境界。

真正的陽生是在精氣神都得到鍛煉存養，在定靜的境界中，後天呼吸停息轉入先天胎息，然後坎離交媾，陰氣化盡而出現陽生藥產的景象。此時一點雜念昏沉都沒有，只有靈明的意識觀照，周身充溢著能量，精神煥發。而外陽升舉只不過是其中的一個證候而已，未煉功的凡夫也會偶然出現，但大都夾雜後天的意念造作，不足為陽生之象。

內丹學的「消陰成陽」之說有其獨特的意義，「陽」代表先天，代表生命的光明面，是生命力的象徵；「陰」代表後天，代表生命的消極面，是衰老死亡的象徵，故內丹學要消去群陰而煉成純陽之仙。內丹學修煉是從後天陰陽相雜的生命狀態中通過「先天」之「陽」轉化「後天」之「陰」而返還為純陽之仙，這可以說是內丹學的根本原理，常人的順向演化是生命之陽逐漸衰減而陰的力量逐漸增長，最後趨於死亡；內丹學要逆反這一常規的生命方向而消去群陰返還純陽之仙。

但這只是一種修道現象學意義上的象徵性說法，若從純粹哲理而論，則陰陽無時無刻不相對待而存在，生命只能講陰陽調和、陰陽合一。所以在內丹學中「陰」和「陽」並不是具有哲理平等性的一對概念，往往是包含有內丹學特有的價值判斷在裡面，這種「崇陽抑陰」的觀念並不是從純粹的陰陽哲理而得出的，按哲理說陰陽本是不可分的統一體，它們具有哲理上的對稱性、平等性，只有陰陽的相互配合相互作用才能有事物的妙用和功能。

「陽」最直接地與「光明」關聯在一起，它是某種力量、能量的象徵，內丹學家在修煉時常常發生身體氣脈的變化而產生一種超常的生命能量流，內丹學很直觀地稱之為「陽生」，而身體內部的後天不良氣質則稱為「陰氣」，內丹學修煉試圖不斷地消除身體的「陰氣」而增加代表生命力的「陽能」，猶如陽光普照而萬物獲致生機勃勃一樣，人的身體在意識之光的返觀內照中也將生機洋溢。從這個意義上說，我們可以把代表生命力、代表宇宙本體能源的功能稱為「陽」，而把代表衰老死亡、代表生滅無常的力量稱為「陰」，故內丹學又有「陽為先天，陰為後天」的說法，「陽」是先天超越性的根源，「陰」是後天生滅之物的根源。

另外，陰與陽也體現出不同的精神狀態，因為身與心、神與氣是相對應的。從意識狀態上說，陰代表思慮雜念的意識狀態，陽代表無思無慮的澄明狀態。所以說：「有一毫昏怠之心，則陰氣未消；有一點散亂之心，則陽神未老，猶不可謂為純陽。」這句話特別重要，純陽並不只是一種能量狀態，不只是煉身煉氣一邊的事，它更是一種意識的境界，是一種毫無昏沉散亂的明覺。

調其火候章第十八

修煉之術，別無他妙，但調其火候❶而已。夫煉丹有文火，有武火，有沐浴溫養之火，有歸爐封固之火，此其大較也。夫武火何以用、何時用哉？當其初下手時，神未凝，息未調，神氣二者不交，此當稍著意念略打緊些，即數息以起刻漏者，是即武火也。迨至神稍凝，氣稍調，神氣二者略略相交，但未至於純熟，此當有文火以固濟之。意念略略放輕，不似前此之死死執著數息，是即文火也。古云：「野戰用武火，守城用文火。」野戰者何？如兵戈擾攘之秋，賊氛四起，不可不用兵以戰退魔寇，即是武火之謂。迨至干戈寧靜，烽煙無警，又當安置人民，各理職業，雖不用兵威，然亦不可不提防之耳，此為文火，有意無意者也。若民安物阜，雨順風調，野無雞犬之驚，人鮮雀鼠之訟，斯可以文武火不用，而專用溫養沐浴之火。至於沐浴有二。卯沐浴❷，是進火進之至極，恐其升而再升，為害不小，因之停符不用，稍為溫養足矣。此時雖然停工，而氣機之上行者，猶然如故。上至泥丸，煅煉泥丸之陰氣，此其時也。況陽氣上升，正生氣至盛，故卯為生之門也。酉沐浴，是退符退之至極，恐其著意於退，反將陰氣收於中宮，使陽丹不就。學人至此，又當停工不用，專氣致柔，溫之養之，以俟天然自然。此即為酉沐浴也，昔人謂之死之門是，是即吾所謂收斂神光，落於絳宮，不似卯門之斂神於泥丸也。然此不過言其象耳，學者切勿泥象執文，徒為兀坐死守之工夫焉。至歸爐封固，此時用火無火，採藥無藥，全然出於無心無意，其實心意無不在也，此即玄牝之門現其真景。然而此個工夫，非造到火候純熟之境，不能見其微也。爾等從此勤修不怠，不過一月之久，可以息凡氣而見胎息，到得真意生時，胎息見時，自然陰陽紐成一團，氣暢神融，藥熟火化，有不期然而然者。生等勉之，勿謂吾師之訣易得聞也。若非爾等有此真心，又知行善為寶，亦不輕易道及。還望生等一肩大任，不稍推諉，不辭勞瘁，冥冥中自不負汝也，爾生亦不虛此志願矣。

【章　旨】本章明煉丹中的四種火候即文火、武火、沐浴溫養之火和歸爐封固之火。

【注　釋】❶火候　內丹術語多是從外丹術語中移植借用，火候本是指煉外丹時的爐火溫度的控制，在內丹中指意念與呼吸的調配使用。火候也泛指做任何事都要掌握的量度與善巧。在練功的各個階段都有火候的運用問題。❷卯沐浴　舊曆法以十二地支：子、丑、寅、卯、辰、巳、午、未、申、酉、戌、亥，來表示陰陽轉換的時間週期，前六支代表陽氣漸生至盛而衰的週期，後六支代表陰氣漸生至盛而衰的週期。此週期可分別對應於年、月、日，比如對應於一天之內，則此十二地支可表示一日一夜二十四小時，子時約相當於晚上十一時至凌晨一時，依次類推，則卯時代表晨五時至七時，為陽氣至盛而轉衰之時。酉時代表下午五時至七時，為陰氣至盛而衰之時。但丹道的子、午等並非確指日常生活中的週期性時間，而是指煉丹時的陰陽轉換的時間，故丹道以卯沐浴表示子進陽火到卯時，此時陽氣生發壯旺，已達到陰陽平衡，必須開始停止進陽火而休息，否則就使陽氣過盛。陽氣生長的餘勢自然會使陽氣繼續增加，到午時陽到極盛而陽極陰生，故午時開始退陰符，即靜以養陰。酉沐浴則指退陰符到酉時，此時陰已經由陰長陽消而達至陰陽平衡，必須停止退陰的功夫，以免陰生過盛。餘陰的力量將使陰氣繼續增長至子時陰極而一陽生，而完成一個週期循環。

【語　譯】修煉的方法，沒有什麼別的奧妙，只是要善於調配其中的火候而已。根據意念與呼吸運用的強弱輕重、大小有無，煉丹的火候可分為多種，其中有文火，有武火，有沐浴溫養的火候，有歸爐封固的火候，還可作進一步的細分，這些只是其大概的分類。

那麼武火如何運用，又什麼時候要用呢？當初步下手煉功的時候，精神還不能集中，呼吸也沒有調勻，神和氣兩者沒有交融統一，這時就應該稍微提起精神，略微加緊意念，比如用數息的方法到一定的時間，逐漸進入功態，就是一種武火的運用。等到凝神調息的功夫已做到一定的程度，神氣二者已略微交合，但還沒有到完全成熟的地步，這時就應當用文火來穩固和加強它。將意念略微放輕，不再像前面那樣把意念死死地執定在數息上，這就是文火。

古人說：「野戰用武火，守城用文火。」什麼是野戰呢？就像國家遇到了戰亂頻繁的亂世之秋，各路盜賊四起，兵荒馬亂，此時不能不用精兵強將戰退賊寇，這種情形就用來比喻武火。等到戰火平息，天下恢復平靜，又應當安置百姓，讓各行各業的人恢復他們的職業，此時雖然不再用軍隊打仗，但社會初定，也不能不保持警惕小心提防，這種情形就用來比喻文火，象徵那種若有意若無意的情形。如果百姓安居樂業，社會物產豐富，又遇風調雨順，天下太平，出門在外也沒有一點驚險，人們之間也沒有打利害官司，此時連警察都可以不要了，這種情形就用來比喻文武火都不用，而專用溫養沐浴之火。

至於說到沐浴之火，要知道沐浴分為兩種，一是卯沐浴，一是酉沐浴。卯沐浴，是指煉丹時進火進到極盛的時候，唯恐陽氣一升再升，為害不小，所以停止進火用功，只要稍微溫養就夠了，此時雖然停止用功，但那股上升的陽氣由於其慣性的力量還依然繼續上升。上升到泥丸，鍛煉泥丸的陰氣，就是這個時候。何況陽氣上升，正是生氣最盛的時候，所以稱卯為生之門。酉沐浴，是陽氣漸退陰氣漸升到極點的時候，唯恐一味著意在退上，反而造成將陰氣收斂在中宮的後果，致使無法煉成陽丹。學功的人到這個地步，又應當停止用功，將呼吸氣調致柔和，意念似有似無以溫養之，逐漸到達完全天然自然的境地。這就是酉沐浴，過去人稱酉沐浴為死之門，也即是我說的把神光收斂起來，降落在中宮，這與卯沐浴時收斂意識靜守泥丸不同。不過這都是勉強談論火候的跡象，其中的真義還要靈活掌握，學道的人千萬不要拘泥於這些表面現象，執著於語言文字，不去體會火候的微妙，卻徒然去做那種枯坐死守的工夫。

到歸爐封固的階段，則此時說用火，其實用的是無火之火；說採藥，其實採的是無藥之藥。因為這時用的是無心無意的功夫，完全沒有任何意念的造作，而其實觀照的意識又無處不在，這就是玄牝之門顯現出它的真正的景象。然而這種工夫，如果不是火候工夫造詣精深，到達純粹完善的地步，就不能體會到其中深微的旨趣。

你們從此精勤修持，毫不懈怠，用不了一個月的時間，就可以使外呼吸信息下來而現出胎息，等到真意發生，胎息出現，自然就會使陰陽交媾凝成一團，真氣舒暢元神融合，丹藥成熟火候變化，有許多不期而遇的妙景。大家要勤於自勉，不要說師父的丹訣很容易就聽聞得到，而忽視它的價值。要不是你們真心修道，又知道重視行善積德，我也不會輕易就談到這些煉丹的口訣。還希望各位肩挑大任，一點也不推託，也不要怕修煉的艱苦，一分耕耘一分收穫，老天自然不會辜負你們的，大家也可不辜負自己一生的志願啊。

【研　析】外丹術中藥物的變化關鍵取決於爐火中溫度的控制，因為化學變化與溫度的高低有直接的關係。另外在煉丹中爐鼎中的空氣環境也很重要，因為很多反應取決於氧氣的含量，如氧化汞的製備就需要換新鮮空氣，存在著類似於「呼吸吐納」的過程。與此類似，煉內丹能否成功，也取決於意念和呼吸的正確調配，意念如火，呼吸如風，意念太緊則太燥，容易「燒丹」；意念太鬆則太濫，容易「冷丹」。丹經常言：「聖人傳藥不傳火，從來火候少人知。」火候的掌握是一種實踐的技藝，非常微妙，不是通過理論研究所能掌握的。火候因為丹家之祕，然火候亦不是一個現成的對象化的東西，可以擺出來，可以由某人所占有或傳授，其實還是要靠自己在實踐中體悟，師父也只能在旁邊憑其經驗有所幫助，但不能神化師父的作用。因火候問題本來就很難講，而外丹燒煉中的火候正好可以拿來類比，作一種象徵性的描述，火候問題對內外丹都是一個很重要的問題。本章所述的火候工夫，也只是大略的陳述其跡象，還需要靈活運用，不可拘執。

火候的實質就是針對不同的身心狀態，採取相應的意念和呼吸的工夫，以完成煉丹的目標。正如火候一詞的原意所表達的那樣，我們煮飯燒菜都需要根據鍋裡的飯菜生熟程度不斷調整火的大小，才能做出適當的美味佳肴。煉丹也是如此，隨著我們身心狀態的改變，用功的方法也要相應的調整。其大致的原則是，從武火到文火，從有火到無火，從勉強到自然，從有為到無為。如果是剛開始用功，私心雜念很多，身心神氣都不寧，此時如果一任自然，就無法達到轉化身心狀態的效果，故必用武火，提起精神，專心致志，採取有效的觀心調息的方法，使身心逐漸寧靜平和下來。等到身心趨於寧靜，神氣漸漸相融，雜念漸少至於無念，此時如果還一味用武火的工夫，反而是一種掛礙和干擾，此時就須用文火溫養。等到身心大定，趨入無為，此時應當全部放下，一切火候都不用，只是安於其中，純任自然，但也不是無意識的狀態，而是惺惺不昧，意識觀照而又無所用心。

擴而言之，所有的煉功訣竅與奧祕都在火候之中，觀心入定有其火候，氣脈轉化有其火候，修煉的成敗實繫於火候的運用。

採取烹煉章第十九

吾示生一活法❶。論丹書所云：「初三一痕新月，是一點陽精發生之始，是為新嫩之藥，急宜採取。」然以吾思之，不必拘也。如生等打坐興工，略用一點神光下照丹田氣穴之中，使神氣兩兩相依，乃是一陽初動之始，切不可加以猛烹急煉，惟以微微外呼吸招攝之足矣。古人謂「二分新嫩之水，配以二分新嫩之火」，庶水不泛溢，火不燒灼，慢慢的溫養沐浴，漸抽漸添❷，水火自然調和，身心自然爽泰，而有藥生❸之兆焉。然氣機尚微，藥物未壯，不可遽用河車，以分散其神氣也，此即初八月上弦一點丁火之象。若要搬運升降，往來無窮，必待藥氣充盈，勃然滃然。上而眉目之間，朗朗然如星光點點，其氣機開朗無比，非謂果有星光點點紛飛而可見也；下而丹田之中，浩浩然如潮水漫漫，其真氣流動充盈有如此，非謂果有潮水泛流也。此是比喻之法，切不可著跡以求。有此景到，始如十五一團明月，遍滿大千，普照恆河，即是大藥初生。可以興工採取，搬運河車，升之降之，進之退之，由是而溫養烹煉之，日復一日，自然智慧日開，精神大長。

否則，水尚初潮，金生❹未兆，而遽以神火猛烹急煉，不惟金氣不生，反因凡火熾熱，燒竭一身元精元氣也。若藥氣已長，而猶以二分之火應之，則金氣旺而火不稱，猶之爐火煉鐵，礦多炭少而火不宏，火反為礦所埋，安望融化成金而為有用之物哉？此等細密工夫，在生等自家在坐上較量，為增為減，以柔以剛，定其分數銖兩可也。故曰：「臨爐定銖兩，二分水有餘，其三遂不入，火二與之俱。」❺是其義也。大凡用工採取烹煉，總要知得何者是真陽之氣，何者是假陽之氣，辨別了然，始不枉用工夫。如子進陽火❻，以採取真陽之物也；午退陰符❼，以退卻至陰之物也；卯酉二時沐浴，以存真陽者也。要知陽不宜太剛，太剛則折，當以柔道濟之；陰不宜太柔，太柔則懦，須以剛德主之。卯門沐浴者，所以防陽之過剛也；酉門沐浴者，所以防陰之過柔也。若陽氣過剛，必將凡火引而至上，以為患於上焦。陰氣過柔，必將真陽退卻，而陰氣反來作主，私欲憧憧，往來無息，身亦因之懦弱不振。此又將何以處之哉？法在以神了照之，提攝之，不使陰氣潛滋暗長於其中，自然陽長而陰消，可以煉睡魔矣。

【章　旨】本章主要講採取烹煉的火候，煉丹時水火要相配，一定要到大藥發生的時候才用運轉河車的方法採取烹煉。

【注　釋】❶活法　靈活變動的辦法。上一章談到火候的微妙，難以掌握，故本章再具體地指示一個靈活變動的辦法。❷漸抽漸添　慢慢地抽鉛添汞，調和神氣。汞，喻神。鉛，喻氣。❸藥生　神氣相互作用以後，產生身心的能量變化效應，稱為藥生。藥，真氣能量。❹金生　金氣產生。五行之中，金生水，木生火，坎為水，坎中真陽為金；離為火，離中真陰為木。故坎離、水火、金木都是相對應的概念。金，指坎宮中的精氣。❺臨爐定銖兩四句　此四句是講水火兩者要搭配好。銖兩，計量單位，二十四銖為一兩。分，表水之量，一百分為一兩。火二，與二分水相配合的二分火。語出《周易參同契》：「臨爐定銖兩，五分水有餘。二者以為真，金重如本初。其三遂不入，火二與之俱。」但黃元吉引用經典常常是不嚴格的引用原文，其意義也不一定與原典相同，只是引其大意，重在說明自己的意思，本句與前文「二分新嫩之水，配以二分新嫩之火」的意義相當。❻子進陽火　子時添加陽火。十二地支中，子、午、卯、酉四時在煉丹中有特殊的意義。子是陽生之時，午是陰生之時，卯是進陽的功夫已到火候而陰陽平衡之時，酉是退陰的功夫已到火候而陰陽平衡之時，故丹經中說子進陽火，午退陰符，卯酉沐浴。要注意子午卯酉都只是表示陰陽轉換的週期，並非確指其對應的一天中的某段時間。比如日常生活中的子時是死的，而煉丹時的子時是活的，是代表一陽初生之時，丹法稱為活子時。活子時又有大小之別，一般小周天的活子時為外陽無欲自舉之時，而大周天的活子時為六根震動之時，即所謂丹田火熾，兩腎湯煎，眼吐金光，耳後風生，腦後鷲鳴，身湧鼻搐等景象。❼午退陰符　與子進陽火相反，指午時一陰初生，開始退陰的功夫。陰，靜，代表性。符，默契相應。退陰符，就是由動而煉陽轉為虛靜養性，以使性命歸一，陰陽調和。

【語　譯】火候微妙難明，我再告訴你們一個靈活變通的方法。論述煉丹的書上常說：「就像初三時一彎新月，剛露出一點點，這可比喻煉丹時一點陽精剛開始發生的情形，這是又新又嫩的丹藥，應該馬上採取。」但據我觀察看來，可以不必拘泥這種說法。比如說你們打坐開始用功，略用一點神光往下返照丹田氣穴之中，使神氣兩者相依相融，這只是一陽初動的開始，千萬不要用猛火加強烹煉，只以微微的外呼吸把神氣收回來吸引住就夠了。正如古人所說的：「二分新嫩之水，配以二分新嫩之火」，這樣水火均衡，可以使水不至於泛滿溢出，使火不至於過熱燒灼，慢慢地溫養沐浴，一點點地抽鉛添汞，這樣自然水火調和，神氣交融，身心自然爽快舒適，而漸有藥生的跡象了。但此時氣機只是初步發動，藥物還沒有旺盛，不可急忙採用搬運河車的方法，以免在時機還不成熟的情況下就使神氣分散。這種藥生的景象，只能相當於初八上弦月，已經有一點明亮，但還不足以搬運升降。

若要做搬運升降，循環周轉而至於往來無窮的採藥功夫，一定要等到作為煉丹之藥物的精氣充盈了，有蓬蓬勃勃煥然一新的氣象。上而至於眉目之間神清氣朗，猶如星光點點，就是說這種氣機無比開朗，並不是說真有星光點點紛飛在眼前；下而及於丹田之中，真氣浩浩蕩蕩，猶如潮水漫漫，就是說這種真氣流動的景象無比充盈，並不是說真有潮水漫流。這些都是用比喻的方法大致說明，切不可死死抓住這些用作比喻的象徵不放而去追求表面的跡象。有上面說的這種景象出現，才像十五之夜的一輪明月，明亮的月光照遍整個山河大地，這才是大藥初生的情景。此時可以用採取的功夫，搬運河車，進退升降，循環不已，由此再進一步溫養烹煉，日復一日，自然可以一天天地增長智慧，精神大長。

否則，真氣剛剛發生，藥物還很稚嫩，就匆忙以神火加以猛烈的烹煉，不但真陽不生，大藥不產，反而因為用這種識神和後天呼吸的凡火功夫過度，把一身的元精元氣燒枯竭了。但如果作為丹藥的真氣已經增長，還仍然用二分之火與之對應，那麼金氣壯旺而採取的火候不相稱，就好像用爐火煉鐵時，爐子裡的鐵礦很多可是相應的炭火很少，爐火不大，致使爐火反而被鐵礦所掩沒了，怎麼能期望將鐵礦熔化鍛煉成金屬而成為有用的產物呢？像這等細密的火候工夫，需要你們在打坐時自己審察把握，是增還是減，用柔還是用剛，自己要掌握好輕重的分量。所以古人說：「臨爐煉丹要掌握好藥物火候的分量，即使已略微過了二分的水，也不要輕易就用三分的火，還是用二分的火與之搭配均勻。」指的就是上面這個意思。

大凡開始做採取烹煉的功夫，總要知道什麼是真陽之氣，什麼是假陽之氣，把這兩者辨別得清清楚楚，才不至於枉用功夫。比如子進陽火，是為了採取真陽之物；午退陰符，是為了退卻至陰之物；卯酉二時沐浴，也是為了存養真陽。要知道陽不宜太過於剛強，過剛則容易折斷，應當用柔的方法調劑；陰也不宜太過於柔弱，太柔則缺乏力量，必須以剛健之德主導。卯時的沐浴，在陽盛之時及時停工，是為了防止陽氣過於剛強；酉時沐浴，在陰盛之時及時停工，是為了防止陰氣過於柔弱。如果陽氣過剛，一定會將呼吸意念的凡火引到上面，對上焦產生毛病。陰氣過柔，就一定會使真陽退卻，而使陰氣反過來作主，私心雜念紛起，平息不下來，這樣身體也因此而懦弱，顯得精神不振。出現這種情況又該如何應對呢？方法是用神光觀照它，就像陽光照射大地，使濕氣提升起來而消散一樣，不讓陰氣在那裡暗暗地滋長，這樣自然使陽長陰消，慢慢就可煉去睡魔，晝夜都有精神了。

【研析】平常人的神光是外馳的，精水是下洩的，這樣神氣不能相交，水火不能相融。煉丹時神光下照，精水上升，神氣相互作用，就好像往丹爐裡添火使爐中的藥物發生變化一樣，神火與人體的精氣之水相交後也會發生能量的轉化。這種能量變化的效應是一步一步的，隨著丹藥變化的不同程度，就應該採取相應的意識和呼吸的火候。一開始只要神光微微返照丹田，調整呼吸使神氣相抱相融，等候陽生藥產。但最初這股陽氣能量還很微弱，不需要讓人體的陽能周流一身上下，作後升前降的河車運轉的功夫。必須等到陽能充足，神完氣滿，有大藥發生之象時，才作這種採取烹煉的功夫，使陽能循環周轉，化除一身陰氣，以至純陽之體。當陽氣上升到極盛時，又要防止陽氣過剛而走向反面，所以要停止進陽，即卯時沐浴，以其餘下的慣性力量，自然可以上升腦部泥丸。當降陰到極至時，又要防止陰氣過柔，故而要停止用功，即酉時沐浴，餘陰的力量自然可以下降而保持平衡，不至於陰氣過盛而無法控制。總之，是通過調節意識和呼吸的輕重緩急，來防止陰陽過度而失調，達到陰陽調和並進而煉陰成陽的目的。這些還都是有為法的運用，偏重在命功的轉化方面。至於性功的究極境界，則純是無為自然，與道為一，不必有如此的繁瑣講究，這是一點補充說明。

進火退符章第二十

修養之道，的是返自家故物，還已失本來。無論老少賢愚，皆可學得。無奈世人不明這個消息，不以老自推[1]，便以愚自畫。豈知這個天機原在太虛中渾渾淪淪，不因老愚而有增減乎！只怕人不立志以求，是以先天一點至陽之精❷落於後天塵垢之汙者，愈加陷溺而不返也。諸子亦知之乎？即如陽生藥產，總以端莊正坐盤膝為主。呼之至上，上則無形，吸之至下，下則無象，以眼微微向上而觀，即採取也。若藥氣已壯，用吸舐撮閉❸之法，緊閉六門，存神定慮，此正法也。

吾再進而言之，神要不動不搖，心要能虛能謙，身如泰山，心似寒潭，專心一志，自然真氣沖沖直上，不似旁門純以意思牽引。要知此氣不是外來之氣，是吾人受生之初，先天一點氤氳元氣入於胞胎之中者是。只為後天氣息用事，先天氣息蔽而不見。一朝凡息已停，真息自露。尤要知真氣既生，我家主人翁❹正正當當坐鎮中庭，方有主宰。故丹法云：「內伏天罡，外推斗柄。」❺是其訣也。若藥氣已生而行周天法工，內不伏天罡，則氣機無主，必有差度妄行之弊；若藥氣已行，外不推斗柄，仍然死守中庭，則無生發之機。猶天地以日月為功用，日月以天地為主宰❻，斯為體用俱備，本末不違也。至於進火於子，是鴻濛未判之初，混沌初分之始，其時恍惚杳冥，方是法眼正藏❼。退符於午，又如春生萬物，至午而極，其時生機勃發，陽氣極盛，的是正傳。若卯時沐浴者，是從子時進火起以後，陰而生陽，至此陽不多而陰不少，丹經所謂「上弦金八兩，得水中之金半斤」❽

者，正是陰陽調和，兩不相爭也，故宜停符不運。然而陽氣猶未至於純，陰氣尚未幾乎息，不得不再運二時之火，升之直上，斯為卯沐浴。從望六❾之候，漸漸陽消陰長，謂之陰符者，蓋以命係於坎，上半月為進為陽；性寄於離，下半月為退為陰。此殆謂潛心於淵，合氣於漠，動以煉命，靜以養性，使性之虛無者，至此而入於定靜，故曰退陰符，即「卷之則退藏於密」者，是其旨矣。若如時師口訣，直謂陽之生十五而極，陰之長又自十六而生，謂為凡陰猶然昏昏罔罔，斯亦何必退符為哉？無是理也。吾師不為抉破，恐諸子不明升降進退之道皆是扶陽抑陰，彼以退符為昏默寂靜，斯大錯矣。吾師所傳，萬兩黃金買不得，十字街前送至人，斷無有徇情者也。諸子總要聽吾之教，一心向上做去，吾不負汝。切莫似他將信將疑，欲修不修，而以財為命也可。

【章　旨】本章主要講進陽火退陰符的火候問題，從性與命、動與靜的關係來分析陰陽的配合，糾正一般流行的錯誤觀念。

【注　釋】❶自推　自己推託；自找藉口。❷至陽之精　這裡指人生命的先天之本，是元神元氣的合一，不同於精氣神並列的精。❸吸舐撮閉　人體精氣能量充溢，陽生藥產之時用功的方法。吸，吸提向上。舐，舌舐上齶。撮，收攝肛門。閉，關閉感官，凝神內守。❹主人翁　指真意、元神，是生命的主人。❺內伏天罡二句　一方面保持內心的主宰，同時保持真氣的周天運轉。天罡，北斗星。內伏天罡，喻指中心不動，自有主宰。斗柄，指十二時辰的周天運轉。❻天地以日月為功用二句這是古代煉丹學的一種常用的理論模式，是在直觀的基礎上而以天地不動為主宰，以日月運行為作用。站在現代天文學的觀點來看，古人的這種認識是有局限的，因為天地日月都在運行之中，它們的動靜關係是相對的。但因為古人的目標不在於研究天地日月的運行規律，而是借用來表示一種動靜體用的直觀模型，所以我們只要取其象徵的意義就可以了。❼法眼正藏　由「正法眼藏」轉用，指正確的修法與火候。❽上弦金八兩二句　陰陽的金氣各占半斤，正好平衡。上弦，上弦月，缺圓各半。八兩，古度量單位一斤為十六兩，八兩即半斤。❾望六　十五的圓月，稱望。六，指十五過後十六，月亮由圓而缺。

【語　譯】修養之道，其實是返回到自己原本就有的真性之中，恢復自己已經失去的本來面目。不管是年老還是年少，不論是賢良還是愚笨的人，都可以學得此道。無奈世人不明白這其中的微妙道理，不是推託說自己年紀大了，就是以為自己愚笨，給自己劃個圈子把自己限定起來。他們怎麼知道真元一氣的本然天機，渾渾沌沌，彌淪太虛之中，並不因年老愚笨而有所增減啊！道無增減，一直就在，只怕人不能下定決心去求道，以至於先天一點純陽之精，被後天的塵垢所汙染，越陷越深，不能返歸生命的源頭。你們是否也知道這一點呢？

再談談陽生藥產時的煉功方法，首先要以端正身形盤腿打坐為主要的用功姿勢。呼氣的時候氣機上升，一直上到無形之地；吸氣的時候氣機下降，一直下到無象之所。在這樣的深呼吸中以眼光微微向上觀照，就是採取的方法。如果作為丹藥的真氣已經很壯實了，就該用吸舐撮閉的口訣，緊閉眼耳鼻口等感覺器官及肛門等人體可能漏洩能量的通道，排除思慮雜念，凝神專一，這才是用功的正法。

我再進一步給你們講解。神要不動不搖，心要虛靜謙下，身如泰山一樣沉穩，心似寒潭一樣澄明，專心一致，這樣自然可使真氣直往上沖，不像旁門左道那樣全憑後天的意念去牽引真氣上沖。大家要曉得這個真氣可不是從外面來的氣，而是我們生命最初受生的時候，進入胞胎之中而為生命所稟受的一點先天氤氳元氣。只是因為平常都是後天的氣息在起作用，致使先天的氣息被遮蔽而不能顯現。一旦後天的凡息已經停下來了，先天的真息自然能夠顯露。尤其要知道，真氣產生之後，要讓我們生命的主人翁正正當當地在中庭坐鎮，真氣方有主宰。所以丹書上說：「內伏天罡，外推斗柄。」講的就是這個時候用功的口訣。如果真氣充溢大藥已生而開始作周天運轉的採藥功夫，此時如果不能內心降伏雜念而讓元神作主，則氣機發動時就沒有主宰的力量，必然會有氣機運行產生偏差而亂動的弊端。如果真氣已開始升降運轉，而沒有真意隨之推動配合，仍然像先前一樣凝神不動死守中庭，就會失去這股生機流行的大好時機。這種元神不動與真意起用的關係，就好像天地與日月的關係，天地不動，以日月運行為其作用，日月運行，以天地不動為其主宰，這樣才體用兼備，本末不相違背。

至於在子時進火，又是什麼情形呢？這就好像天地萬物還沒有形成時，從一片混沌之中開始萬物的萌動，這個時候神氣未分，恍恍惚惚，杳杳冥冥，才是子進陽火的正法正候。而午退陰符，就像是春生萬物，到午時萬物生長已到極點，此時生機勃發，陽氣到了極盛之時，這才是午退陰符的真正的時候。那麼什麼是卯時沐浴呢？就是說從子時進火以後，由陰而生陽，到卯時正好陽不多而陰不少，就像丹經所說的：「上弦金八兩，得水中之金半斤」，正是陰陽調和，兩不相爭，所以應該停止進火。但此時陽氣還沒有達到全盛純陽，陰氣還沒有消退到幾近於無，所以神氣暫停之後不得不再次用一點進火的功夫，以使陰盡陽純，這就稱為卯沐浴。

正如十五的滿月之後十六開始，漸漸地陽消陰長，煉丹至午時也是這樣，所以要午退陰符。為什麼稱為「陰符」呢？因為命用坎卦代表，上半月為進為陽；性用離卦代表，下半月為退為陰。所以，退陰符的意思就是把沉潛到至虛至靜的深淵之中，把氣混合於廣漠的虛空之中，這樣進陽火是動以煉命，退陰符是靜以養性，使虛無之性從此入於定靜之境，所以說是退陰符，也就是把展現的一切都收藏起來，退歸到一無所有的奧祕境界，這是退陰符的宗旨所在。

若像時下裡有些師父所傳的口訣那樣，直接說陽氣生長到十五就到極限了，從十六開始陰氣生長，這種說法局限於陰陽二氣的生長，把陰理解為普通的陰氣，既然陰氣長了，人就要昏昏沉沉，這又何必再退陰符呢？越退不就越昏沉嗎？這個道理說不過去。他們不知道這個陰陽進退只是象徵的表示，退陰是靜以養性，並不是說讓陰氣增長。為師要是不為大家把這個祕密揭開，恐怕大家不明白升降進退之道都是扶陽而抑陰，並不是一會兒扶助陽，一會兒又扶助陰，那些以為退陰符就是昏昏然地沉默靜守，是大錯特錯了。

我們師父傳下來這些口訣，是萬兩黃金也買不到的，而對於那些真正能夠領悟而修行的人，就是在十字街口免費送人也決不吝惜，丹道口訣不能以世俗的金錢來衡量，決沒有拿它徇私情的道理。大家總要聽我的教化，一心一意向更高的境界去做功夫，我是不會辜負你們的。切莫像有些人那樣，將信將疑，想修又不修，不以修道為重而是把錢財視為生命。

【研　析】內丹學的宗旨是返本還源，重返我們生命的源頭，回到道體之中與道合一。我們一直生活在道中，就像魚兒生活在水中，所以回到道之中就是回到我們原本所在的地方。道內化於我們的生命，就是我們的本性，本性是我們生命所固有的本來狀態。只是因為我們的自我分別與執著，我們才與道分離開來，才不能顯現自己的本性，這就好像遊子離開了家鄉。現在我們修行，不過是一個回家的旅程，從後天的有欲有念的狀態返回先天的無我無私的境界。所以說修養之道，是「返自家故物，還已失本來」。

性是本有，是無為法。但內丹學要性命雙修，就要注重命功有為法的修持。所以後面接著講進火退符的火候問題。煉丹自始至終，都要由元神作主，去除後天的雜念分別，這樣才能使藥產後的真氣有主宰。但是當氣機發動，人體真氣開始作後升前降的周天運轉時，又不能一味地讓元神死守不動，而要微微地用一點真意配合真氣的運行，這就是採藥的功夫。真意是若有意若無意，不是用後天的意念強行帶動氣機運行，而是順其自然地略加照顧，依然保持元神作主的虛靜狀態。若死守不動，會扼殺人體真氣的生機；若元神無主而落入後天的造作，就會使氣機無主而亂竄。既有中心主宰，又能隨機起用，才能體用兼備。

進陽火退陰符只是相對的說法，其目的都是保持陰陽的平衡，增加人體正氣陽能，而化除人體的陰氣渣滓。但內丹學的概念需要經過分疏，才不至於讓人誤解。要注意陰陽的概念有兩層，一層是在陰陽對待的哲理意義上來講，則陰陽並沒有好壞的價值判斷，而且也不能去掉陰保留陽，只能講陰陽調和。二是在內丹學特定的意義上的陰陽概念，以煉功中的正面的代表生命力的能量為陽，以人體負面的代表破壞人體的消極力量為陰。由於沒有把這兩層不同的意思分別清楚，所以丹經中往往出現看似矛盾的說法。就如本書中，黃元吉也在不同的意義上使用陰的概念，而有看起來前後互相矛盾的說法。

在本章中，黃元吉批判了一般把退陰符當作是午時以後開始陰長陽消的說法，這正是把陰當作是上述第二種意義上來說的，而不是從陰陽對等的純粹哲理上來說的。黃元吉把退陰符解釋為「靜以養性」，以性為陰，前面進陽火是「動以煉命」，以命為陽。這樣進陽退陰都是性命修煉的過程，其目的是一樣的，都是「扶陽抑陰」，而不存在陽長後又陰長的過程。

金丹始終章第二十一

諸子工夫愈進，火候愈老，滿腔之中，無非真意。蓋先天神火❶既長，則後天凡火❷自盛，倘念不自持，或生怒心，或生恚念，或起淫心，或生貪念，種種嫉妒嗔恨，要無非後天凡火之起。此火一起，即有邪火焚身之患。吾見幾多修士，平日修煉，只在深山靜養，不與人事，及至出而和光，竟自一爐火起，而萬斛靈砂❸立地傾矣。此吾所以教人不專在靜處修，而必於市塵人物匆匆之地煉也。夫未經收養之火，還不見大害。若收之至極，藏之愈深，自與火微之日大不相同。或一身抽搐，或六腑動移，或五官發見有象有聲，只要真氣遊行，此神能定足矣，切不可因其有動遂行驚訝。我總是一個不動心，不理他，愈加十分持養，十分謹慎，務期煉而至於死地可也。吾師從此抉破，生等須學曾子一生戰兢，自無百般之病。所以學道人終身俱在無底船中坐，朽木橋上行也。即此日火雖新生，藥亦稚嫩，然猶要提防火起，以耗散吾之元神。不然，養之數年，敗之一旦，良可惜矣。他如接人應物，一切事為，當行則行，當止則止，已經定意，不必三心。即錢財之出，不允則已，允則一諾千金，無有移易，以免外侮之來而心不寧，內念之起而心亦怍，此亦除煩惱之一法。蓋煩惱即火❹，火起丹傷，勢不能兩立也。諸子能體吾言，在在提防，時時保護，夫焉有不成丹者哉？總之，丹道千言萬語，不過神氣二字。始而神與氣離，我即以神調氣，以氣凝神，終則神氣融化於虛空，結成一團大如黍米之珠，懸於四大五行不著之處，一片虛無境象。是即「打破太虛空，獨立法王身」是也。而其工總不外性情❺二字，始而以性和情，繼則以情歸性，到性情合一，現出本來法身，即返本還原，復吾生身受氣之初是。雖然，還未到無上上乘之妙境也。夫人未生之初，一點靈光渾然藏於太虛，視之不見，聽之不聞，摶之不得，此時有何性，又有何情？以此思之，連性情二字都是有形有質，只算得後天中之先天，以其猶有依傍也。到此絕頂一步，不著於有性，亦不著於無情，連性情之有無亦且不立，此即跳出性情，獨煉一點虛無元氣。所謂空空忘忘，其實忘無所忘，空無所空，還於太虛，連天地都不為我作用。是即可以化子生孫，現出百千萬億法身❻，變化無窮者矣。若不離一個虛無，還是二乘❼。連此虛無亦無，所以神妙莫測也。要之，此金丹始終之工法也。諸子體之慎之。

【章　旨】本章主要講兩點，一是防止後天凡火傷丹，修養不僅要在定靜中修，更要在日常生活中修心養性；二是講神氣合一、性情合一是煉丹的核心工夫，到最後這個合一的境界也要超越，完全回歸到先天中去，才能有神妙莫測的功用。

【注　釋】❶先天神火　指先天元神的作用，即在無思無慮時的意識功能。內丹學把意識的觀照作用比喻為外丹修煉時的爐火，而意識的輕重有無等運用分寸為火候。❷後天凡火　與先天神火相對，是後天識神的作用，帶有後天的塵垢雜念。❸萬斛靈砂　比喻修煉得到的成果，是精氣神轉化後的結晶。斛，舊量器，容量本為十斗，後改為五斗。❹煩惱即火　所有的意識狀態在內丹學中都可以看作是火，所以煩惱雜念也是一種火，但不是煉丹所需要的先天神火，而是能燒灼一身的有害之火。不同的意識狀態對人體有不同的作用，所以修煉總以修心為本。所謂的修命功，也還是要靠修心來實現對人體功能的調節。❺性情　性是心之體，性是清淨無為的，與元神為同一層次的概念；情是心之用，意識的各種發動起用的狀態就是情，情是有為造作的，與識神為同一層次的概念。❻法身　這裡的法身，照佛學來說應是化身。法身是無相之體，只能說一，只有化身才能說多。❼二乘　指較低級的教法。原是佛教用語，指聲聞與緣覺二乘，此二乘是小乘，菩薩乘才是大乘。乘，運載義，指運載眾生從此岸到彼岸的教法。

【語　譯】隨著大家工夫的進步，火候越來越老到，整個身心之中，無非是一腔真意。但是要注意，先天神火增長以後，意識越來越深入裡面，很多潛意識中的煩惱種子可能翻出來，所以後天凡火也隨之一起滋長興盛。

這時如果不能把持自己的意念，而是生起了嗔怒之心，或起了憤憤不平之念，或是起了貪欲淫心，這種種嫉妒嗔恨等煩惱心，說到底無非就是起了後天凡火。這種後天凡火一起來，就有邪火焚身的危險。我見過很多修行人，平日修煉時只在深山無人處靜坐修煉，不參與人世的各種事務。等到從山裡面出來，與紅塵世界一接觸，由於沒有經過塵世的考驗，竟然經受不住世間生活的誘惑，起了種種的煩惱妄想，這樣就像整個爐子裡燒起了熊熊大火，把丹爐裡的許多寶貴的丹藥全部傾倒出來了。正是由於這個原因，我教導弟子不要只在寂靜無人的地方修煉，而一定要到市井塵世之中那人事紛擾的地方去煉心。

要知道沒有經過修煉培養的煩惱妄念之火，還顯示不出什麼大的妨礙。如果是修煉有素的人，精神已經收斂到了極點，那些平常的思慮雜念已經隱藏得很深，這時如果起了煩惱妄想，這種意念之火自然和平時修養不深時微小之火大不相同。這種火起來有各種表現，比如一身抽動，或者感覺裡面的五臟六腑都在翻動，或者五官感覺到各種現象，聞聲見色等等。一旦有了這些現象發生，只要讓真氣自然地運行，而自己的心神能夠定下來，不為所動就可以了，千萬不要因為身體上有這些變化就起了驚慌之心。無論出現什麼情況，我總是一個態度，就是不動心，任它什麼情況出現都不理它，我只是更加用心地修行，加以十分的修持涵養，十分的謹慎，一定要達到此心大定，就當我已死去，什麼也影響不了我了。

為師把這個關鍵的地方給你們指出來，希望你們學習儒家聖賢曾子，一生嚴格要求自己，總是保持戰戰兢兢、如履薄冰的謹慎和警覺的心態，這樣自然就沒有各種各樣的毛病了。所以學道的人終身都像是坐在無底的船上航行，在朽木橋上行走，步步都要謹慎。就算在今日火還是新生的小火，丹藥也還稚嫩，但也要提防雜念火起，以免耗散我們的元神。要不然的話，修養了幾年的功夫，在一瞬間就敗壞了，實在可惜了。其他的如待人接物等一切做人做事的各個方面，要當行則行，當止則止，已經定下來的事情，不要三心二意。即使是錢財方面的付出，要麼就不輕易允諾，一旦允諾了就要一諾千金，不再改變，以免受到外人的指責而使自己的心不安寧，再說自己改變了念頭不守信用，也會產生慚愧之心。這種為人處事堅守信用，一心不二，也是除煩惱的一種方法。因為煩惱就是一種火，這種火一起就能把煉功修道的成果給燒壞了，煩惱與內丹兩者勢不兩立，所以我們要防止煩惱火起。大家若能體會我說的話，時時處處加以提防，保護自己的清淨本心，又怎麼會煉不成丹呢？

總之，丹道千言萬語，不過就是神氣二字。開始時神與氣沒有交融統一，我就以神調氣，以氣凝神，這樣使神氣漸漸統一，最終則使神氣融為一體，一起化入虛空境界，結成一團像黍米那樣大的像寶珠那樣放光的生命體，存在於超越四大五行等物質現象的地方，純是一片虛無的境界。這也就是一般經書說的「打破太虛空，獨立法王身」的境界。要達到這個境界，其工夫過程總不出性情二字之外，開始是用性來調和情，然後是把情回歸到性中去，直到性和情相融合一，顯現出我們的本來法身，也就是返本還源，回復到我們生命最初形成時的原本的狀態。

性情合一雖然是很高的境界，但還沒有到無上上乘的最高妙境。人的後天有形生命還沒有形成時，先天的一點靈光渾然藏於太虛本體之中，視之不見其色，聽之不聞其聲，觸之不得其形，這個時候又有什麼性？又有什麼情？從這個角度來考慮，就連性情兩個字都是有形有質的，性情合一的境界只能算是後天中的先天，不能算是純粹的先天中的先天，因為既然有性有情，說明它還有所依傍。到了絕頂的一步，既不著於有性，也不著於無情，連性情的有無也不立，這就是超出性與情的對立，跳出性與情的分別，只是修煉性與情還沒有分別以前的先天一點虛無元氣。這也就是所謂的連空也空了，連忘也忘了，其實是忘得一乾二淨，空得一無所有，回到太虛之中，超越於天地的作用之外。到這裡就可以生子生孫，變化無窮，現出百千萬億化身的妙用。如果只是不離一個虛無，死死抓住一個虛無不放，那還是二乘的境界。要連這個虛無也沒有了，才能神妙莫測。這一點很關鍵，是煉金丹自始至終都離不開的核心工夫。大家要好好體味，認真對待。

【研析】煉丹以修心煉己為本，平常我們的心是隨著外境而動的，在佛學上稱為「攀緣心」，也就是說我們的心不能自己作主，只是隨著不同的外緣變動而起心動念。如果這樣的攀緣心不能轉化，即使我們打坐的工夫很高，但工夫越高起心動念的作用力也越大，一旦起了煩惱妄想，其危害也更大，能把平日辛苦修煉的成果毀於一旦。所以，一定要在平常生活中修養自己，使自己遇到任何事都能平靜從容，保持自己的內心自作主宰，不隨外境而動。即使在修煉過程中出現各種身心的反應，也要能不動心而淡然置之，自然沒有妨礙。

人的身心是相互作用的統一體，心理上起一煩惱，生理上的氣脈也起一糾纏；心上有一掛礙，身上也就有一疾病。先天元神之火可以成丹，後天煩惱之火可以燒丹，此皆身心相應合一之理。煉丹千言萬語，都是指神氣兩者的相互作用和相互統一。平常人的身心不統一，神氣不統一，這時就要凝神調息，使神不外馳而返照，氣不下流而與神相融合，使神氣相融合一，融化於虛空無限之境。

人本有虛靈不昧了了覺知的本性，只是後天的自私物欲一起，人就開始追逐外面的名利聲色，而起了無數的雜念妄想，產生喜怒哀樂等種種計較分別的意識狀態，這就是情。破除這種種的分別意識而回到意識的純粹自然的天真狀態，就是以情歸性；覺知到自己本有的天真本性，就能平息種種思慮分別之情，這就是以性和情。修養深入下去，直到性和情完全統一，這時思慮分別成為由性而起的妙用，它是當下消融而沒有執著的，性好像是一面鏡子，情好像是照見的萬物的影像，物來則現，物去則空，無滯無留，這時就是性情合一的境界，生命回歸到它原初的本來的法身境界。

當然，說到性情合一，仍然有功夫相，有合一相，而最高的境界連性與情的名相都不可得，連不可得也不可得，完全是純然的先天虛無境界，到這絕頂一步，就無法再以語言來描述了，說它是空，其實連空也空了；說它是忘，其實連忘也忘了，這是超越言說、不可思議的境界。

先後二氣章第二十二

煉丹之道，雖曰先天元氣❶醞釀而成，其實非後天有形之氣❷不能瞥見先天元氣，是知先後二氣，兩不可無者也。若無後天滓質之氣，則先天一氣無自而生；

若非先天清空一氣，則後天尸氣概屬幻化之具，終不足以結成胎仙。吾觀諸子於先天真一之氣不能實實在在認得真、修得足者，皆由後天色身太弱，無以蓬蓬勃勃而洞見本來虛無妙相也。今為諸子再言後天之氣。夫人之身所以健爽者，無非此後天之氣足也。氣何在？即身間一呼一吸，出入往來，氤氳內蘊者是。此氣即腎間動氣，肺主之而出，腎迎之而入，一出一入，往還於中黃宮內，則內而臟腑，外而肢體，無處不運，即無處不充，所謂身心兩泰、毛髮肌膚皆精瑩矣。顧自後天言，肺之出氣，腎之納氣，兩相調和勻稱，無或長或短之弊，自然無病，可以長生不老。然先天則金生水❸，即天一生水是，而後天則必自土而生金，金而生水，金水調勻，生生不息。故必節飲食、薄滋味、慎言語以養肺氣，少思慮以養脾氣，與夫一舉一動節其勞逸，戒其昏睡，則土旺自能生金，金旺自能生水，水氣一運，則脾土滋潤，而金清水白，可以光華四達，無有違礙焉。諸子欲收先天元氣蘊於中宮，吹噓不已，化化無窮，離不得一出一入之呼吸息息歸根，神氣兩相融結，和合不解，然後後天氣足，先天之氣之生始有自也。若不於後天呼吸之息息向中宮吹噓，則金無所生，水不能足，一身內外多是一團燥灼之氣，猶之天氣亢陽，而土無潤澤之氣，萬物之枯焦不待言，此一呼一吸所以為人生生之本也。諸子於今用工，不必別尋奧妙，但於行住坐臥之時，常常調其呼吸，順其自然，任其天然，毫無加損於其間，亦不縱放於其際。一切日用云為，總總一個不動心，不動氣，不過勞過逸。自然後天氣旺，先天元氣自回還於五官之地，不必問先天何在，而先天之氣自在是矣。若不知保養後天，徒尋先天元氣，勢如炊沙求飯，萬不可得。到得後天尸氣一聚於中，先天之氣自在於內，氤氤氳氳，兀兀騰騰，莫可名狀，而亦無可名狀者。若曰可名，皆是後天之氣，不足以還原返本而成神仙骨格焉。諸子知否？若先天元氣到時，只有一點可驗之處：心如活潑之泉，體似峻峋之石，自然一身內外無處不爽快，無處不圓融，非可意想作為而得者也。故先天一氣名曰虛無元氣，以此思之，足見先天一氣無可名，無可指。後人強名之曰先天一氣，既屬強名，實無所有。學者於此元和內蘊之時，而猶欲於身心內實實摸擬一個色相出來，錯矣錯矣！且此摸擬之心即是後天之意，有此一意，而先天淳樸之氣必為後天之氣打散，雖曰先天，猶是後天也。諸子近於吾道已窺其淵源，諒於吾師今日之言實能知其底蘊，不復以後天識神作為主翁也。在修道之始，恐其不明真諦，必要尋師訪友，求其實在下落，步步都有踏實處。及大道已明，修之於身，煉而為藥，又要將從前一切知見概行泯卻，不許一絲半點參錯於中，反將玄黃混合者打破，不能凝聚為一團也。古人謂「打破虛空為了當」❹，諸子思之，虛空二字猶著不得，何物可以添上？只似孩提之童，嘻笑怒罵皆是天然自然，前不思，後不想，當前一任其行止，而己毫無與焉。然此言雖容易，而欲真真實實會悟其妙，非數十年苦工，不能識其微也。

【章　旨】本章闡明先天之氣與後天之氣的關係，先天是不可名不可見的，只有從後天入手才能覓得先天。

【注　釋】❶先天元氣　在丹道學中，先天元氣、先天一氣等並不是僅指與神相對的氣一邊事，而是在本體層次上所講的煉丹所以可能的根本依據，它實際上包涵了能量與信息在其中，是神與氣未分化時的本元。❷後天有形之氣　這一概念的含義很微妙，包含很廣，指與先天元氣相對的後天氣，包括呼吸的空氣和與呼吸氣相關的人體種種能量流，如中醫學上講的各種臟腑之氣、營衛之氣等。有形，並非確指有具體有形狀，而是說有所形跡，能感覺到它存在的某種跡象。❸金生水　金、水為五行中的二元素，五行有相生相剋之義，金生水是其中之一種相生關係。五行，五元運行之意，即指水、火、木、金、土，以此五數於天地間運行不息，故稱為五行。五行為萬物化育生成的五大要素，是我國傳統文化中的基本思想模式之一，廣泛運用於儒、墨、道、法、兵、醫諸家之間。漢代以後此說漸盛，更將五行配於人生百般事象，成為哲學、人體科學、中醫學、天文學等各學科的一種共用的哲理語言。五行有所謂相生、相剋之兩義，其中相生關係有金生水、水生木、木生火、火生土、土生金；相剋關係有金剋木、木剋土、土剋水、水剋火、火剋金。五臟中，肺配金，腎配水，脾配土，肝配木，心配火。❹打破虛空為了當　連虛空的境界也打破了，不停留在虛空境界中。這句話丹經中常見，如王重陽祖師的《五篇靈文》言最上一乘丹法云：「夫最上者，以太虛為鼎，太極為爐，清淨為妙用，無為為丹基，性命為鉛汞，定慧為水火，以自然造化為真種子，以勿忘勿助為火候，洗心滌慮為沐浴，存神定息為固濟，戒定慧為三要，先天之中為玄關，明心為應驗，見性為凝結，三無混合為聖胎，打成一片為丹成，身外有身為脫胎，打破虛空為了當。」錄此供參考。

【語譯】煉丹之道，雖然說是由先天元氣才能醞釀成丹，但其實不通過後天有形之氣的調節鍛煉也無法體驗到先天元氣的存在，所以說先天之氣和後天之氣，兩者都不可少。如果沒有具形質不純粹的後天之氣，我們就不知從何處下手來修煉先天一氣；如果沒有純粹空靈的先天一氣，則後天人體之氣都屬時間中的變化之物，終不足以修煉成永恆超越的神仙。我看你們之所以對先天真一之氣不能實實在在地真切體認並修煉充足，都是因為你們的後天身體太虛弱，不能達到那種蓬蓬勃勃能量充溢的狀態，從而可以洞見到本來就有的未加造作的虛無微妙的先天境界。

現在我再為大家講解一下後天之氣。要知道我們人的身體能夠保持健康，無非就是靠後天之氣充足。後天之氣何在呢？就是我們通過人體的一呼一吸，在人身中出入往來，周流一身為我們生命動力源泉的那股氣流。這個後天之氣也就是腎間運動的氣，通過肺的呼吸而出去，通過腎的接納而進入，一出一入，往還運轉於人體中心，則從裡面的臟腑器官到外面的肢體，這股氣流無處不運送到，也就使全身無處不充實，達到所謂的身心兩泰的健康狀態，連毛髮肌膚都晶瑩潤澤了。因為從後天來說，肺之出氣和腎之納氣兩方面能調和勻稱，沒有一個長一個短的弊病，人身自然就沒有疾病，可以長生不老了。但從先天來說，是屬於金生水，也就是所謂天一生水，金代表肺氣，水代表腎氣。在先天金水相生是天然相應的，而後天則必須先從土生金，再由金而生水，才能金水調勻，生生不息。因為脾為土，要使土生金，就必須節制飲食，淡薄滋味，警慎言語，以滋養肺氣，減少思慮以滋養脾氣，進一步說要在一舉一動之間都要盡量減少操勞，戒除無精打采昏昏欲睡的習氣，這樣脾土旺盛了自然能生肺金，肺金旺盛了自然能生腎水，腎水之氣一旺盛就能運化周身，又使脾土得到滋潤，如此金水純清無染，相配和諧，就可以使全身都充滿光華，不再有任何不順與阻礙了。

大家要想收攝先天元氣使之蘊含於中宮，並在裡面發生氤氳吹噓、變化無窮的作用，就離不開後天一出一入的呼吸息息歸根，使神與氣兩者相融合相統一，然後在後天氣足的基礎上，先天之氣才有產生的契機。如果不從後天呼吸之氣上息息向中宮吹噓，則金氣無從產生，腎水不能充足，一身內外多是一團煩燥不安之氣，就好像燥熱亢陽的天氣，泥土裡面沒有水分潤澤之氣，萬物不用說自然就容易枯焦了，這就是為什麼一呼一吸是人的生命生生不已的根本。

你們現在用功的時候，不需要別尋奧妙，只要在行住坐臥之時，常常調整自己的呼吸，順其自然，任其天然，一點也不添加什麼，一點也不減損什麼，但也不是放任不管。一切日常生活中的所作所為，總要保持一種不動心，不動氣的心態，既不過於勞累，也不過於放逸。這樣自然後天之氣旺盛，先天元氣自然迴還到各個臟腑器官之中，不必問先天在什麼地方，而先天之氣自然就在這裡了。如果不知保養後天，只知道找尋先天元氣，勢必如用沙子煮飯一樣，那是萬萬煮不成飯的。只要修到後天之氣都凝聚在一片虛無之中，先天之氣自然在裡面活活潑潑，氤氳流行，那種狀態無法用語言概念去描述，也沒有什麼東西要用語言去描述。只要是可以用語言說出來的，都是後天之氣，後天之氣不能夠返本還源而成為修成神仙的依據。

大家知道嗎？在先天元氣呈現出來的時候，只有這一點是可以驗證的：內心清澈明淨如活潑的流泉，身體安穩舒適如峻峋的岩石，自自然然地一身內外無處不爽快，無處不圓融，這不是通過後天的意念造作所能得到的。這也就是為什麼先天一氣又被稱為虛無元氣，從這個角度看，足見先天一氣無法作為一個看得見摸得著的對象而用語言文字去描述，也沒有一個實實在在的東西讓我們去指出來。後人勉強用先天一氣這個名詞去指代它，既然是勉強名之，實際上並沒有一個可以抓住的東西，可以說是一無所有。學道的人在後天氣息充足身心調暢先天將現的時候，如果想要在自己的身心內用意念模擬造作出一個先天境界的色相來，就大錯特錯了！況且這個模擬造作之心就是後天的意念干擾，有了這個後天的意念，則先天淳樸之氣一定會被後天之氣打散，這時雖然說是先天，實際上還是在後天。

你們大家最近對於我所講的丹道淵源已經有所認識和體會了，估計對於我今天所講的應該確實能夠知道它的根本原理和精神實質了，不會再以後天識神來作為煉丹的主體意識了。在修道剛開始的時候，唯恐修道的人不明白如何修道的真諦，一定要尋師訪友，尋求修道的真實用功方法，步步都要做到胸中有數。等到大道已經洞然明白了，開始在身上實踐，煉丹採藥，這時又要將以前的一切關於修道的知識見解統統放下，不允許有一絲半點後天的計較分別存留於心中，以免反將渾然一體的狀態打破，使神氣不能凝成一團而回歸先天的境界。古人說「打破虛空為了當」，你們想想看虛空二字尚且不能執著，還有什麼東西可以掛在心上呢？這種境界只像是天真的孩童，嘻笑怒罵都完全是出於天然自然，既不會回憶過去，也不會去思考將來，他是完全生活在當下的，無論做什麼都很全然，一點也沒有摻雜自己的雜念。然而這說起來容易，要想真真切切實實在在地領會體驗到其中的奧妙，沒有幾十年的苦功夫，是不能識得其中的精微之處的。

【研　析】先天與後天的關係，在內丹學中非常重要。先天是超越性的根源，是煉丹成仙所以可能的根據，一切後天的經驗之物都是生滅變化的，不可能成就永恆無限的仙道，所以煉丹都是以先天的精氣神為大藥。但是先天本身是不可見不可得的，必須從後天入手才能覓得先天之機，只有在後天之氣養得充足，身心平衡健康的基礎上才能呈現先天的妙用。

後天之氣以人體的呼吸為樞紐，人的呼吸是維持生命存在的先決條件，也是溝通人的身心的橋梁。煉功是意識和人體的相互作用與相互統一，命功主要就是意識通過呼吸的媒介來作用於身體，使身心平衡，神氣相融。每個人都離不開呼吸，但平常人不會覺知到自己的呼吸，不會有意識地去調整自己的呼吸。人的意識通過呼吸的配合就可以作用到身體的每一個部位每一個細胞，使身體發生能量的轉化與昇華，在完全和諧充沛的身心狀態下，就可以返本還源，進入先天虛無境界，而與先天一氣的本體能量相溝通相統一。

先天是那個本來的狀態，是完全自然而然的，而不是人的後天造作的結果。我們無法去尋求先天，因為任何的尋求其實就已經落入到後天之中了。任何意念的造作與干擾，包括對虛無的先天境界的模擬與想像，都是一種後天的識神作用。我們只能深入地觀照後天，準備好先天可以呈現的契機。在一呼一吸之間，完全順其自然，但也不是放任，而是不起雜念，不動心，不動氣，這樣就能保養後天。真正的先天境界顯現的時候，身心都顯現出清明洋溢、爽快圓融的美妙境界。但這種境界無法捉摸，超出言說，不能用後天的意念去想像。這些不通過多年的功夫和體驗，是無法真切地體認到的。

虛無之氣章第二十三

為師念生辛苦多年，未了然於此一氣，不妨預為抉破。此個虛無一氣，又謂真一之氣，又曰真一之精，又曰天然元氣，又曰清空一氣[1]，種種名色，不一而足。要無非無聲無臭、無思無慮之真，卻不在內，不在外，隱在色身之中，謂之法身。然如此難思量，難揣度，卻遠在天邊，近在咫尺。孔子所謂「我欲仁，斯仁至矣」，足見此個元氣天然自然，未嘗一息偶離，離此即不得生，又何以成人耶？然必如何而後可覓哉？雖然，著一覓字，又千差萬錯，增數十重障蔽。惟有如生等所說，一切放下，一絲不掛，萬緣不染，此個虛無之氣即在個中。生積久功深，諒已明白無疑。要知此個虛無一氣，天地人物同是一般，富貴貧賤均是一理，極之生死患難，亦不為之改移。氣息有盈虛消長，而此個元氣無有盈虛消長。第後學淺見，不知人有清濁明暗皆是氣機運行，而專以氣之清明尋虛無一氣，而於昏濁之際則以為不在也。詎知此個元氣，不因清明而有，亦不為昏濁而無，只怕不知去欲存理，閑邪歸正。於氣清時，有一流連顧盼之意；於氣濁時，又加一憂鬱煩惱之心。明明元氣當前，如日月之照臨，無不光明洞達，反因此障礙心起，遂如浮雲遮蔽，而日月無光矣。尤要明得此個元氣，本無朕兆，亦無形色，實為後天精氣神之根本，先天精氣神之主宰。故虛無一氣，在先天而生乎陰陽，落後天而藏於陰陽。總之，人能打掃得閒思雜慮、一切起心動念的障礙，乾乾淨淨，不染纖塵，足矣。然在後生小子，氣息壯旺，易得會其真際，而在年華已邁者，猶難調和氣血，保養靈光，採此一點至陽之精❷，此又將奈之何哉？吾再示生一個採煉法程。《易》曰：「寂然不動，感而遂通。」生等於元氣未見時，不妨以神光下照，將此神火去感動水府所陷之金，久久自然水中火發，而真金出礦矣。此感而彼應，其幾有捷於影響者。故古人教後學，於寂然不動中無可採取，教以神光下照之法，而於通處下手，以採取先天一味至真之氣出來，以為丹本者，此也。亦非此個動氣即元氣也，要知此個元氣，方其未形之時，未嘗不在，然而清空之氣不可見也。及其既形之際，又非此個有形者即是真一之氣，而要不過此真一之氣之所發皇也。當其發時，恍惚杳冥，略有可以認識者在，此亦猶見影知形之意，其實仍無所見耳。到此發見昭著，「放之則彌六合」，即天地亦不能載，所謂生天生地生人生物之本者，即此是也。然雖無量無邊，而仍不離於方寸，所謂

「卷之則退藏於密」者，是其義也。由此以思，氤氳者仍是陰陽真氣，而主宰此真氣者，始是至真之元氣也。知否？故自古仙真採斯之賾❸而知源，窮斯之神而知化，煉形復歸於一氣，煉氣復還於虛無，要無非借假以形真也。又聞古人云：「真一之氣，視無形，聽無聲。」如之何而能凝結以成黍米之珠哉？聖人以法追攝，採取於一時辰內，法即回光返照❹，以我去感，彼自相應者是也。及其既現真一之氣，猶不可見，此又何以捉摸之而後採而服之，以成虛無之仙耶？聖人以有而形無❺，以實而形虛。實而有者，冥昏真陽也；虛而無者，龍虎二八初弦之氣也。要不過以此有形而煉出那無形之元氣出來，才可為丹。生等今聞吾真一之氣，諒不復以後天陰陽、先天陰陽，認為真一之氣，庶幾近道矣。

【章　旨】本章指示虛無一氣的真義，指出虛無一氣無時無處不在，氣機有消長，而此虛無一氣無消長。雖要通過有形的氣機去覓得先天一氣呈現的契機，但氣機本身並非此真一之氣，而真一之氣是氣機所以發生的依據。

【注　釋】❶虛無一氣等句　在這裡，虛無一氣、真一之氣、真一之精、天然元氣和清空一氣等名詞，都是先天本體層次上的概念，實際上是蘊含精氣神在其中的宇宙本元，與「道」、「本性」等屬同一層次，只不過是從能量方面來指示道體罷了。所以「虛無一氣」等名詞中的「氣」不是「精氣神」意義上的「氣」，「真一之精」中的「精」也不是「精氣神」意義上的「精」。所以後文中說虛無一氣「為後天精氣神之根本，先天精氣神之主宰」。❷至陽之精　同前文的「真一之精」。至陽，即純陽，表示純粹的先天。❸賾　繁雜。❹回光返照　平常人的意識都是向外看，關注外在的事物而遺忘了自身，這樣意識就不能自覺且與神氣分離，回光返照就是把意識的目光從向外收回來而向內觀照，使意識自覺，神氣相融合一。❺以有而形無　這裡的「形」是動詞，是「形塑」義，「無」本來是「無形」的，以有形無即是說通過有形者去模擬、形構那個無形者，透過有去找到那個無。

【語　譯】為師念及你們有些學生雖多年辛苦煉功求道，仍沒有對先天一氣了然於心，在這裡不妨在你們真實地體驗到先天一氣之前預先為你們揭開其中的奧妙。先天一氣也叫虛無一氣，這個虛無一氣又有多種名稱，如真一之氣，真一之精，天然元氣，清空一氣等，種種名字，不一而足。雖名稱眾多，但是其核心無非是無形無象、無聲無臭而又無思無慮時的真境界，既不在內，也不在外，是渾然一體的道，隱在人的色身之中，就叫做法身。雖然這個虛無一氣如此難以思量，難以揣度，卻又遠在天邊，近在咫尺。就是孔子所說的：「我起了一念行仁之心，這當下仁就體現出來了」，足見這個元氣是天然就有自然存在的，一刻也沒有離開過我們，離開了它人就不能生存，又何談成為一個人呢？

既然這個虛無元氣一直就在，那麼又如何才能尋覓到呢？雖然說是尋覓，其實只是言說的方便，如果執著於這個覓字，以為真要起心動念去造作地尋覓，卻又千差萬錯，反又增加了幾十層的障礙與遮蔽，離道更遠了。唯有像有些學生所說的，一切放下，一絲不掛，萬緣不染，如能做到這樣就不用去求了，那個虛無元氣自然就在其中。某生長期修道，已經積累了深厚的功力，想必已經對此明白無疑了。

要知道這個虛無一氣，對天地人物都是一樣的，不管富貴貧賤都是同此一理，就是經歷生死患難，也不會因此而有所改變。氣息有盈滿有不足，有消有長，而這個元氣沒有滿沒有虧，沒有消沒有長。只是一些學道者自己見識淺陋，不知道人的氣機有清濁明暗的變化的現象都是因為不同的後天氣機運行的緣故，而與先天元氣無關，他們專門在氣機清明之處去尋覓虛無一氣，而對於氣機昏濁的時候則以為虛無一氣不在了。這就等於說虛無元氣有在有不在，隨氣機而變化，豈不知這個虛無元氣，是不隨氣機之清明而有，也不隨氣機之昏濁而無，它是一直就有的，只怕你不知道去除後天的私欲存養大道之理，消除邪念歸於正念，而使它不能顯現。比如說，在氣清的時候，你有一種留戀貪圖的意思；在氣濁的時候，又添加一種憂鬱煩惱的心理。這樣明明元氣就在我們的眼前，如日月一樣照臨天下，無處不是充滿光明，可是因為你起了這種障礙之心，就好像因為天上的浮雲遮蔽，而使日月無光了。大家尤其要明白這個先天元氣，本來就沒有一點痕跡徵兆可尋，也沒有形色可見，實在是後天精氣神的根本，也是先天精氣神的主宰。所以虛無一氣，在先天是能生陰陽的本源，在後天則藏於陰陽之中。總之，學道人只要能把心頭的胡思亂想私心雜念，一切的起心動念種種障礙，全都打掃得乾乾淨淨，不染纖塵，就足夠了。

不過對年輕小伙子，後天的氣息充足旺盛，較易顯現先天一氣的真實境地，而對於年紀已經老邁的人，要想調和氣血，保養靈光，採取這一點至陽之精，就更困難了。那麼這種情況下又該怎麼辦呢？我再指示你們一個採煉的功法過程。《易經》上說：「寂然不動，感而遂通。」從這裡就可以說明我們煉功的方法。你們在元氣沒有顯現，處於寂然不動的情況下，不妨以神光下照丹田，將這個神火與腎水中所藏的金氣相互作用，使之感而遂通，時間一久自然腎水與神火發生反應，而從後天的神氣之礦物中煉出了真金了。這種此感而彼應的現象，其契機有時比事物的影子山谷的回響都要迅捷。所以古人教導後學者，在寂然不動無可採取的時候，就教他們用神光下照的方法，而在感而遂通的地方下手，以便能採取先天一味至真之氣出來，作為成丹的根本，就是這個道理。

神火下照產生了感通，但也不是說這個感動之氣就是元氣，要知道這個元氣，即使在寂然不動沒有形成感動的時候，也未嘗不在，只是這沒有形跡的清空之氣不可見而已。等到已經形成了感通之氣的時候，又不是這個有所形跡的動氣就是真一之氣，只不過這個動氣是從真一之氣所發出來的。當真一之氣顯發之時，在恍恍惚惚杳杳冥冥之中，略微有個可以被認識的東西在，這也不過是見到影子就可推知事物形狀的意思，其實對事物本身仍無所見。

等到真一之氣充分地顯發出來的時候，「一放開來就充滿於整個時空」，就是天地也不能容納得下，所謂生天生地生人生物的根本，就是這個東西。然而雖說是無量無邊，而仍然不離於人心方寸之間，這就是所謂的「一收起來就退藏到一無所有的隱密之處」，指的就是這個意思。由此可以知道，那氤氳流行的仍然是陰陽層次上的真氣，而主宰這個陰陽層次的真氣的，才可以說是至真的元氣。大家知道嗎？自古以來的神仙真人探索這先天元氣的奧祕，從繁雜的現象中了知它的源頭，窮盡它的神妙之處而了知它的變化規律，鍛煉形體使之復歸於一氣，又通過煉氣使之復還於虛無，其核心要點無非是借助後天的幻化之假以造就先天的不變之真罷了。

我又聽聞古仙真人這樣說：「真一之氣，視無形，聽無聲。」既然先天真一之氣是無形無象的，又如何能將它凝結成像黍米之珠一樣的金丹呢？修道的聖人以特定的方法去將先天一氣追回收攝起來，在一個時辰內進行採取而成丹。這個方法就是把神光收回來而返照下丹田，以我的神氣去發生感通，然後先天一氣自然就可以與我相應和。等到真一之氣已經顯現，但它又是無形而不可見到的，那麼這又如何去捉摸到它然後採取吞服，以修成虛無之仙呢？聖人是從有形的地方去捉摸那個無形的，從實在的現象去體察那個虛無的本體。實而有的，就是煉功過程中昏冥狀態下生發的真陽，可以真實地感覺到它的存在；虛而無的，就是龍虎陰陽交媾所形成的像二八初弦月那樣無跡可尋的真氣。其關鍵都是要從人體中有形的氣機變化中煉出那個無形的元氣出來，才可以成丹。

你們今天聽我講解了真一之氣的真諦，我想你們不會再把後天陰陽、先天陰陽當作是真一之氣了。了悟了真一之氣的奧妙，才算接近大道了。

【研　析】本章所說的虛無一氣，可以說是宇宙的一種統一能場，它是萬事萬物最根源的創造力，也是永恆而無限的整體場有，是人所以誕生又所以回歸的超越性的依據，其實也就是道。不說道而說為虛無一氣、真一之氣等，是從丹道修煉的更直觀更形象的角度，也就是從道作用於人體所顯發的功能性的妙用上講，它是一種無形的能量，是人體後天精氣神的統一的本源。氣是一種能量的作用，而貫以虛無、真一、天然等限定詞，就是說這不是一般的氣而是道一層面上的氣。道中寓神寓氣，為什麼又只說為氣呢？這正是道教也是內丹學的一個特質，即從氣從能量的角度來詮釋道。一般儒家偏重在從道德的創造性上來詮釋道，道是人的道德行為所以可能的先天依據，人依其道德自律實踐道德行為而與道相通相感，成為體道的聖人。佛家則偏重從心性的覺悟上來詮釋道，道是緣起性空的中道義，人通過其心性的覺悟破除對萬法實有的執著回歸道本性空的實相，而成為覺悟的佛。在丹道學中，修道雖也包含心性的覺悟和道德的修養等義，但更突出人體能量的轉化與昇華作用，故特重從氣一方面來詮釋道體。人通過精氣神的修煉與道的能量場相溝通相統一，從而使人的身心都發生變化的作用，成就一種心與物、神與氣相統一的更高的生命形態。

虛無一氣既是道一層面的能量場，則它無時不在，無處不在，一切萬物生化的作用都離不開它。它無形無象，不可捉摸，卻又非離開人的生命而存在於一個別的地方，它就在我們的生命中體現。問題不是我們要去創造它，而是我們要去發現它。但發現它不是通過有為的方式去起心動念尋覓，因為你越尋覓就越離開了那個自然的本來的狀態，而與道分離了。正是人的妄念分別使人自己離開了虛無的境界，只要萬緣放下，一念不生，回到那個虛靜無為的狀態，虛無之氣就自然呈現出來並發生作用。既然虛無一氣隨時都在，就不需要等待某個特定的氣機狀態下才能與之相通，不要認為氣機清明時就有道，氣機一昏濁時道就離開了，那個元氣不隨氣機的清明與否而或有或無，你只要不動心，去掉妄念的浮雲，就能顯現元氣的作用，如日月一樣光明洞達。

但是光從心性上講無思無慮、清淨無為，直接從性功入手而與道為一，這是從最高一層的功法上來講的，對於一般的人尤其是年紀大的人，往往要從後天的精氣神的修煉入手。其方法是神光返照，神與氣交媾合一，產生身體的真氣發動，以此來感召先天一氣。人體氣機的發動雖不等於是先天元氣，但也離不開它的作用，通過有形的後天氣機的發動，可以找到先天元氣顯發的契機，從有為到無為，從有形到無形，精化氣，氣化神，神還虛，這是從後天返先天的漸修之路。

真靈之知章第二十四

修煉之道，人只知兩重天地❶、四個陰陽❷，豈知先天後天陰陽之外，還離不得真靈之知❸，才是天地之根，造化之本也。夫後天陰陽者何？即人身受胎之始，借父精母血而生者。到子時坎中有一陽之氣運行於一身內外，午時離中有一陰之氣周流於六腑官骸，二氣迭運，無有窒機，故日見其長。及至成人，多思慮以傷神，好淫蕩以損精，精神衰敗❹，此一身內外陰陽不復運行矣。至人以順行之常道，為逆修之丹道，始而垂簾塞兌，息慮忘機，默默回光返照於丹田一竅之中，以採取真陽之氣，烹煉至陰之精。此即先天陰陽生於虛無之際，不區區在色身上尋討者也。如此凝神調息，調息凝神，陰陽交會，神息相依，而坎中之真陽生於活子時，由是動以採之，上升下降；活午時到，離中真陰生於其際，由是靜以養之，收於玄玄一竅。世人只知靜養，而不知動採，何以回宮？又或但知動採，而不知靜養，何以結丹？此處切不可胡混。尤要知活子時到，所謂「恍恍惚惚，其中有物，杳杳冥冥，其中有精」。有物有精等景象，猶是先天陰陽比象❺，還不是太極之體❻。太極之體，彼感此應，一動即覺，所謂時至神知，即先天之真知。學道人須於此認得清，方得先天一氣。活午時到，離中雖有至陰之精兆而為象，如圓陀陀，光灼灼，猶非先天真精、太極立基之本也。要知此時惺惺不昧，天然一念現前，能為萬變主宰，此即古人所謂心中之靈知，先天至真之精發見也。斯時也，在無知之學人，偶然朕兆當前，心神歡悅，即存一了照之心，或欲其長存不去，如此先天雖本無物，因此一心去了照他、留戀他，又添一重障蔽，先天頓為後天所蒙，天心頓為人心所汩。學者於此天然真宰現前，惟有不即不離，勿忘勿助，得矣。但初行持，須要知腎中一陽生，而有真知現象；心中一陰生，而有靈知兆形。到得工深學久，腎中之真知亦化為靈，心中之靈知亦化為真，真靈合而為一，真靈化而無有，所謂陀羅尼諦真靈乾諦薩婆訶❼者是。吾觀諸子打坐，未嘗不是，但未得藥生之時，可數息以調息，至於藥氣已歸，切不可再用刻漏武火❽，須任其天然自然，元神始不為識神打散。知否？諸子行工雖久，不能大生陽氣者，由於此處少理會也。孔子稱顏子得一善，拳拳服膺而弗失。蓋未得而求得，不容不用武火；既求而已得，又不可再行武火，須以天然神火溫養還丹，主人翁坐照當中足矣。此方合一動一靜、一武一文修養之道。吾師今日所傳，自古丹經不肯輕泄者，吾已一口吐出。諸子切勿謂為偶然事也。

【章　旨】在先天後天陰陽之外，還有真知靈知，才是煉丹時的主宰。本章闡明真知靈知的意義以及如何在修煉中正確把握真靈之知。

【注　釋】❶兩重天地　指先天和後天兩個世界。在內丹學中，先天後天兩重天地的區分，是內丹學理論的核心。從後天返先天，是內丹學逆修返本的成仙原理。❷四個陰陽　指先天一陰一陽和後天一陰一陽，加起來稱為四個陰陽。❸真靈之知　指本章所講的真知和靈知。在內丹學中，神與氣是分不開的，氣是從其能量載體上來說的，神是從其意識之知上來說的。如果只有氣而無知，就不能構成生命的功能。所以，本章把煉丹時的對應於陰生和陽生時的意識狀態稱為真知和靈知，真知是活子時陽生時的先天覺知，靈知是活午時一陰生時的靈明一念。這樣就把意識的功能作用對應於人體陰陽而分別出對立的陰陽之知，通過陰陽的交媾統一而回歸到陰陽無分的太極之體。❹精神衰敗　指耗精和傷神，這裡的精神不是現在一般意義上的精神意識，精與神是分開的，精是精，神是神。❺比象　類比的現象。❻太極之體　指陰陽未分化以前的本體狀態，在內丹學的宇宙論中，宇宙的順向演化是從混沌的太極生陰陽生萬物，逆向修煉是從萬物返陰陽返太極。❼陀羅尼諦真靈乾諦薩婆訶　此句出處不明，大概是在當時道場中講用的一種內部經典上的術語。❽刻漏武火　指有嚴格的用功程序的武火。刻漏，古代計時的一種方法。

【語　譯】對於修煉之道，很多人只知道先天後天兩重天地、四個陰陽，卻不知在先天後天陰陽之外，還離不開真靈之知，真知靈知才是天地宇宙的源頭，造化萬物的根本。

　　什麼是後天陰陽呢？就是人的生命從受胎開始，借助父精母血而出生的人體生命的陰陽元素。到子時一陽生，坎宮中的一陽之氣周流運行於一身內外，午時一陰生，離宮中的一陰之氣周流運行於五臟六腑和四肢百骸，陰陽二氣循環周流，沒有停息，所以生命一天天地成長。等到長大成人以後，多有思慮雜念從而使心神受到損傷，又因為放縱欲望貪淫好色而損耗了精氣，這樣人的精和神都衰敗了，使得一身內外的陰陽不再能夠順利地運行了。

修道的至人把一般人精耗神散的順行常道，轉變成精不外洩神不外馳的逆向修煉的丹道。開始時即雙目垂簾，關閉感官，停息思慮分別，不再牽掛於外緣，只是默默收回意識之光返照於丹田竅穴之中，以便能採取真陽之氣，烹煉至陰之精。這種真陽之氣和至陰之精出現的情形，就是先天陰陽從虛無的境界中產生，並不是局限於從人的色身上去尋覓。就這樣凝神調息，調息凝神，使陰陽相交融會，神息相依相融，就使坎中真陽在活子時產生，由此而用動的方法採取，使真陽之氣上升下降；活午時到了的時候，離中的真陰就在此時產生，這時就用靜的方法涵養，使真陰收斂到玄玄一竅中。世人只知道用靜的方法涵養，而不知用動的方法採取，這樣怎麼能使一陽之氣回歸到虛無的本竅之中呢？另外有些則只知道用動的方法採取，卻不知用靜的方法涵養，這樣怎麼能結丹呢？這個地方千萬不能胡亂地混為一談。

大家尤其要知道，活子時到時，就是老子所謂的「恍恍惚惚之中，似乎有個無物之物；杳杳冥冥之中，包含了某種能量之精在內。」說其中有物有精，這還是比喻先天陰陽的現象，還不是指太極之體。太極之體的境界，是無思無慮的純淨心體中，那裡有一點發動，這裡就有一點感應，一有所動就有一覺，也就是所謂的時至神知，稱為先天的真知。學道的人必須對這個先天真知認得清楚，才能得先天一氣。活午時到時，離宮中雖有至陰之精產生徵兆而顯現景象，如圓陀陀，光灼灼等，但這還不是先天真精，不是太極作為萬法之基的根本。要知道這個時候心中清清楚楚，警醒不昏沉，那天然的不加人為造作的靈明一念現前，能作為變化無窮的中心主宰，這就是古人所說的心中的靈知，是先天至真之精的顯現。這個時候，對於有些無知的學道的人，偶然出現了靈知顯現的跡象，心神歡快喜悅，於是就起了一種對這個狀態的照察保護之心，或者想讓它一直保存不再失去，這樣一來那個先天的境界本來是虛靜無為毫無牽掛的，而因為起了念頭要一心去了照它、留戀它，反而又增加了一層障礙，先天頓時被後天的心念所蒙蔽，那種天然無為之心頓時被後天的人為造作之心所汩沒。學道的人在這個天然真宰即靈知顯現出來的時候，只有既不認同執著它又不離開不管它，既不是沒有意識到它又不是採取有為的意念去干擾它，才算是得到了用功的正確方法。

但是還要了解，只是在初步行持用功的時候，必須要知道腎中一陽生時，有真知顯現的跡象；心中一陰生，而有靈知顯現的徵兆。等到功夫深入，學道日久，陰陽交媾而走向融合統一，這時腎中的真知也化為靈知，心中的靈知也化為真知，真知靈知合而為一，那個分開講的真知和靈知已經不再存在了，就是經文中所說的「陀羅尼諦真靈乾諦薩婆訶」。

我看你們打坐用功，也未嘗不對，但是要注意在沒有得到陽生藥產的時候，可以通過數息的方法來調息，如果丹藥真氣已經發動，就切不可再用呆板的武火功夫，必須完全任其天然，順其自然，元神才不會被識神所打擾而發散了。你們知道嗎？大家雖然修行用功的時間也不短了，為什麼不能達到陽氣大生的功效呢？就是因為對這個方面缺少理解和把握啊。孔子稱讚顏回說他一旦懂得了一個行善之道，就老老實實認認真真地去實踐它，一點也不忘失。因為在還沒有達到那個境界的時候，就必須去尋求那個境界，這時不得不用有為的武火；尋求以後而已經得到了那個境界，這時就不能再用武火，必須用天然的無為的神火去保養滋長它以完成還丹，只需以那個無念而能作主的元神在其中靜靜地觀照就足夠了。這樣用功，才符合一動一靜、一文一武的修養之道。

我今天給你們所講的，已經把自古以來丹經中不肯輕易洩露的法訣一口吐出。希望你們要珍惜，千萬不要把這些講道當成是無足輕重的偶然之舉。

【研　析】內丹學有時從氣一邊說，而煉氣離不開煉心；有時從心一邊說，而煉心離不開煉氣。有時則統括心氣兩者而對應地說。比如前文中以虛無一氣來說修煉的根本，本章則說真靈之知為造化根源。這在表面上似乎矛盾，但道是混然的整體，其實是無法言說的，因為一說出來就只是從某一特定的方面去表達，而不是道之全體。我們看到在丹經中，經常強調氣，又常常強調心，有時說命功為本，有時說性功為本，這些都是為了說明的方便，都有其特定的意義。強調氣，是因為氣是意識的能量載體，氣的狀態影響心的狀態，所以煉心必煉氣；強調心，是因為心是氣的信息主導，只有心是能動的修煉的主體。但說到底，煉氣也是通過心去煉氣，氣本身是沒有覺知性的，從這個角度上說，離開了人的意識之「知」，修煉便沒有可能，也沒有意義。

所以，本章著力闡發「真知」、「靈知」的作用，讓我們在先天後天的陰陽作用中，要把握陽生和陰生時的相應的意識狀態，把握那個微妙的靈明覺知。其實，我們平常因為過於注重後天的分別意識，一直是識神主事，一天到晚總是在想個不停，而體會不到那個先天的無分別的純粹的覺知性，也就是元神的覺知功能。煉功就是要讓元神顯現，讓那個本來的覺知顯現。這個神妙之知，本是不能再分為兩個的，只是從某種特定的意義上方便地分為真知靈知，真知是無分別的意識之體，靈知是無分別而又能起靈妙作用的天然一念。到了最高境界，真知就是靈知，體中有用；靈知就是真知，用中歸體。開始的時候從通過有為的功夫去尋找真知靈知顯現的契機，而一旦真知靈知顯現，便要止火不用，自然無為，更不用頭上安頭，另起一念要去抓住那個境界，保護那個境界，留戀那個境界，一起心動念就是後天，就打破了先天。此時只是不即不離，不忘不助，有意識而無念頭，讓元神作主，自然地觀照。

性命雙修章第二十五

性命雙修之學，非獨吾道為然，即三教聖人亦莫能外❶。始以性立命❷，繼以命了性❸，終則性命合一❹，以還虛無之體，盡矣。夫性本虛無，渾無物事，然必至虛而含至實，至無而含至有，始不墮於頑空❺一流。學者下手興工，萬緣放下，纖塵不染，虛極靜篤之時，恍惚杳冥，而有靈光昭著，普照大千世界，此即靈臺湛寂，佛所謂大覺如來，道所謂靈知真知是。但人自有身後，一點真靈面目久為塵垢所汙，大修行人所以必除思慮、袪塵緣，而於靜中養出端倪也，此即明心見性也。諸子探出這個消息，始知我生本性無時不在，非因靜而後有，不過由靜以養之耳。至人心一靜，又如冰雪融化於不知不覺中，忽然現出一線靈光，非但人不及知，而己亦不自覺，斯時萬境澄徹，片念不生，覺得天地萬物無不自我包羅，古今萬年無不自我貫注。此即孟子「養浩然之氣，至大至剛，以充塞乎兩大之間」❻者是。如此見性，方為真見，如此養性，始成直養。斯時也，神遊於穆之表，氣貫太和之天，寂然湛然，渾然融然，而後不入於杳冥❼，使聖學等諸奇怪，亦不至逐於事物，使聖學流於紛馳，斯道得矣。雖日用云為，萬端交感，亦惟任天而動，率性以行。如大禹之治水，行所無事，卒之功滿天下而不知功，名滿天下而不知名，渾如赤子之知能愛敬，一出於天真。雖無所不知，無所不能，實則不自覺其知，不自覺其能，有與物俱化者焉。諸子果明此道，以一貫萬，以萬歸一，自然煉精得元精，煉氣得元氣，煉神得元神，而長生可得，神仙可幾矣。不論童真破體，不論老少賢愚，不論富貴貧賤，只要有功有德，自成上聖高真。雖曰虛無妙道，其實如如自在，了了長明。昔人謂「針鋒上打得筋斗，電光中立得住腳」，才是虛中實、無中有，而不等旁門之依稀彷彿也。諸子由此修持，始焉心無生滅，則性可長存矣，繼焉息無出入，則命可長保矣。古云「心在丹田身有主，氣歸元海壽無窮」，不誠然乎？無奈今之修士不知清淨為本、真實為宗。或但務於虛靜，而不知下學上達之原一致；或但事乎奔馳，而不知天德王道之本一貫。即有究心性之源，明造化之妙，又不知性為氣體，氣為性用，無性則命無由生，無命則性無所立。漫說盡性即可至命，須知立命乃可了性，彼徒存性，不能立命。每見氣動而神隨，究不能斷夫情欲；神遊而氣散，更不能逃夫生死。由此言之，修性大矣，而煉命尤急焉。雖然，今之煉命者，但閉目靜坐，冥心寂照，徒守離中陰神，不採坎中陽氣。倘念動而神馳，長生且不可得，安望不入輪迴？又況徒事空靜，死守陰神，全無一點陽氣，眼前即無生機，安望死後為神？雖有神境通、宿命通、他心通、天眼通、天耳通之五靈，究皆陰神，而神未入氣，氣未歸神，陰陽未合，神氣不交。息有出入，神亦變遷，心雖有入定之時，只是強定之陰神，終未煉成不動之陽神，而生死難保，輪迴種子尚在。如此修煉，又與凡夫何異哉？

【章　旨】本章強調性命雙修既是丹道的根本原理同時也是三教的共法，真正的明心見性一定會與真實的能量狀態相應，那些偏於陰神而沒有神氣合一的性功和命功都是不究竟的。

【注　釋】❶三教聖人亦莫能外　儒釋道三教的聖人也都是性命雙修的。聖人，狹義的聖人多指儒家，這裡是廣義的聖人，就是各教的作為人所可能成就的最高的理想人格，包括道教的神仙和佛教的佛、菩薩等。其實儒佛二家並未主張性命雙修，但是後期道教常常從三教合一的立場，站在某種詮釋的視野上，認為各教在實質上都講性命雙修的，只不過用的是不同的語言來表示。❷以性立命　性功的煉己實為命功的基礎，要將精氣神都培養充足，就要使心不妄動，減少損耗，以性功的靜養為命功立基。❸以命了性　命功的修煉又為性功的了脫創造了條件，只有將身體一步步地轉化昇華到更精微的狀態，使神氣合一，才能使如虛空般的性體徹底彰顯。❹性命合一　到了純粹的先天境界，就完全回歸虛無的道體，沒有性命的分別，性命完全統一。❺頑空　指那種完全否定的消極意義上的一無所有的空。真空是不執著於任何的有但又能無礙地顯現其功能與妙用。❻養浩然之氣三句　兩大，即指天大、地大，《老子》以道大，天大，地大，王大為域中四大，故以兩大指天地。《孟子》：「我知言，我善養吾浩然之氣。」「其為氣也至大至剛，以直養而無害，則塞於天地之間。」❼杳冥　有時內丹學文獻中也用杳杳冥冥來表示入於道體時的虛無之境，但這裡的杳冥是偏指一種異端外道所追求的特殊的不可捉摸的神祕境界。

【語　譯】性命雙修的學問，並不僅僅是我們丹道才講究，就是三教的聖人也沒有一個不是性命雙修的。開始修煉時是以性立命，接下來是以命了性，最後是性命合一，以回歸虛無的道體之中，這就是性命雙修的全部過程。

我們的性體是虛無的，裡面找不到任何有形有象的東西，但是一定要在這最虛無的地方包含了最充實的能量，最空無的地方顯現最真實的存在，而不是絕對的什麼也沒有，這樣理解性體的空才不至於落入頑空之類。學道的人在著手用功時，當萬緣放下，心中一塵不染，虛靜到了極點，進入到恍恍惚惚杳杳冥冥的狀態，這時在完全寧靜的心境中朗然顯現出了純粹意識的靈光，普照整個世界，這就是湛然寂靜的靈心妙性，也就是佛家所說的大覺如來，丹道所說的靈知真知。但人自從有了這個後天的肉身以後，這一點真知靈知的本來面目早已被雜念妄想的塵垢所汙染，所以大修行人一定要除去思慮雜念，遠離塵緣的汙染，而在寧靜的心境中培養出本性的端倪來，這個過程就是明心見性。

大家在靜寂中探出這個本來心性的消息，然後才知道我們生命的本性無時不在，並不是因為人靜了才有，不過是通過靜來涵養它而已。平時人的雜念妄想將人的本性遮蔽了，等到人的心一靜下來，所有的雜念妄想就像冰雪融化於不知不覺中，忽然顯現出本性的靈光，不但別人來不及知道，就是自己也無法期待，此時整個世界都徹底通透澄明，一個念頭也沒有，只覺得天地萬物都在自己的本性中包舉無遺，無限的時空都一起貫穿。這就是孟子所說的「善養浩然之氣，浩然之氣至大至剛，充滿了天地宇宙」。這樣見性，才是真見性，這樣養性，才是孟子所說的直養。

在本性顯現的時候，神遊於無垠的太虛，氣貫於和諧的宇宙，既寂然不動又清明湛然，既渾渾沌沌又融合萬象。這種境界既不是某種神祕的杳冥狀態，好像我們丹道成聖之學與那些奇奇怪怪的異端邪說相似；也不是追逐外在的事物而不知返歸本源，使我們的丹道成聖之學流於各種枝末瑣碎的偏見，這樣就能與道相應了。雖然日常生活中有種種作為，與形形色色的事物打交道，但也只是聽任整體的安排，遵照自己的本性而行事，並不夾雜後天的人為的計較。就好像大禹治水，做了也像沒有做什麼一樣，最終功滿天下而自己並沒有以為有什麼功，名滿天下而自己並不知道自己有什麼名，完全像嬰孩知道愛敬他的父母一樣，純粹是出於天真自然。雖在清明的本性中無所不知，無所不能，其實自己並沒有覺得自己能夠無所不知無所不能，這種無所不知無所不能並不是出於自己的作為，而是在與天地萬物同體感應中自然所顯現的妙用。

大家如果對我上面講的道理能夠真正地明瞭，把這個本性顯現的境界貫穿到萬事萬物之中去，在所有的事物中都回歸這個本性的境界，自然能夠煉精就煉得元精，煉氣就煉得元氣，煉神就煉得元神，這樣也就可以實現長生的願望，也就有機會成為神仙了。不管是童真之身，還是已破之體，也不論是老少賢愚，還是富貴貧賤，因為這個本性是人人都有的，只要修行的功德到了，自然可以成為第一流的聖人真人。這個本性的境界雖然說是虛無妙道，無形色可見，但其實那個境界本身是真實的如如不動自由自在的，意識的覺知是清清楚楚了了分明的。過去有人說要能「針鋒上打得筋斗，電光中立得住腳」，在虛無寂靜之中自有主宰，才是虛中有實，無中妙有，而不像旁門左道那樣只學得表面的現象，依稀彷彿有那麼點意境，但卻不知真正的中心點何在。大家根據上面所說的修持下去，第一步修到心無生滅，思慮分別心已斷，就能使本性長存；進一步修到息無出入，沒有後天的呼吸往來而證到胎息的境界，就可使肉體生命長生不老。古人說的「心在丹田身有主，氣歸元海壽無窮」，難道不是確實如此嗎？

無奈當今的修行人，不能掌握性命雙修的真諦，不知性功的清靜無為是根本，命功的真實效驗是目標，兩者缺一不可。有的人一味地追求虛靜，而不知基礎的下學功夫與本性的上達境界是統一不可分的；有的人只知道從事人世的奔波操勞，而不知道世間的王道事功與我們的本性的天德原是一貫的。即使有人能窮究心性的根源，明悟造化的妙用，卻又不知性是氣的本體，氣是性的妙用，沒有性則命沒有出生成長的主導，沒有命則性沒有依託安立的載體。空洞地唱盡性即可至命的高調是不行的，要知道立命才可了性。那些只知存心養性的人，並不能立命。常常發現這些人氣一動神就跟著氣轉，終究不能除情欲；神一馳走氣也就跟著耗散了，更不能逃出生死之外。從這個角度來說，修性固然是根本大事，而煉命更是用功的急務。

雖然如此，現在那些煉命功的人，又走向另外一個極端，只知道閉目靜坐，讓心進入空洞洞的境界默默地死守著它，光是默守離宮中的陰神，不知採取坎宮中的陽氣。這樣修煉，倘若念頭一動起了妄想，精神外馳，這樣就連長生都做不到，又怎能期望做到不入輪迴超越生死呢？更何況專門注重空寂的靜修，死守陰神，一點陽氣都沒有，這樣眼前就沒有生機與活力，還談什麼死後成為神仙呢？就算你有神境通、宿命通、他心通、天眼通、天耳通等五種神通，終究是陰神的功能。神沒有入氣，氣也沒有歸神，人體的陰陽沒有融合，神氣沒有相交。外呼吸沒有停息，心神也沒有專一不移，心雖然有時也能入定，只是勉強入定的陰神，終未煉成神氣合一的不動的陽神，生死沒有把握，輪迴的種子還在。像這樣的修煉，又與一般的凡夫有什麼兩樣呢？

【研　析】講三教聖人都是性命雙修，這是總持地說，從其根源處說。實際上佛教不講性命雙修，還批判道教修身不修心；儒家也不講性命雙修，只講道德心性的修養。但是，表面上講不講是一回事，其真正的狀況又是一回事。從內丹學來看，性命是統一的，身心是統一的，神氣是統一的，這個統一是一個客觀的原理，不管你主觀上認為如何，承認不承認，實際上都受這個客觀原理所支配。你只講修心修性，但是到了最後的本源，這個性一定是包含了命的性，最虛的性中包含了最實的存在，也就是本性中一定有氣的能量作用，否則這個性是沒有力量的，也不能生起妙用，這就是道教所批判的陰神境界。在功夫上，你可以不講命專講性，但到了果位上，包括在實際的修道過程中，都離不開氣的調節，都離不開性命雙修的原理在起作用。反過來你專講命功的修持，如果最後不能歸結到性體的覺悟上去，那你這個命功就是後天的有為造作，它是有生有滅的，不能實現超越的神仙境界。內丹學是自覺地走性命雙修的路，而佛儒二家雖然也是性命雙修，但他們並不自覺地走這一條路，他們有他們各自的理論系統，他們以另外的方式去體現這個必然的規律。比如佛家雖重萬法唯心，但這個心卻是含攝萬法的，實際上就是把萬法作為阿賴耶識的種子也即是作為意識的對象物而歸於心內，這個轉化一切意識種子的修持，雖是唯心的卻也是包含整個萬法的。在佛教的實際修持中，深層的定境必然包含身體氣脈的轉化，這在佛教文獻中關於止觀、禪定的論述裡有充分的體現，所以到了後期佛教密宗，就大談氣脈之學，與道教的身體觀相映成趣。又如本章所引的孟子養浩然之氣，也相當於是性命雙修的說法，因為孟子和儒家的理論歸趣在從道德的修養而入於與天道合一的境界，而這個道德修養就與養氣密不可分，這在《孟子》中有很詳細的論述，在後期儒家中也有進一步的發揮。在道教文獻中，一方面將性命雙修作為自己的獨特的旗幟，以示道教的獨特性和高於佛儒二家的地方；另一方面也在三教合一的大範圍內，將儒釋道都歸入到性命雙修的理論視野中。但不管怎麼說，重視對身體的精氣神的修持與轉化，探究性命、身心、神氣的辯證而統一的關係，並在具體的煉功實踐中積累了豐富的經驗與訣竅，這畢竟是道教尤其是內丹學的鮮明的特色。

　　性命是一對矛盾，凡是矛盾的東西在其本源處是統一的，在道體性體的層次上，一切矛盾都消解了，性與命也都是暫時的勉強的劃分。丹道學對先天與後天，有陰陽對立與超陰陽對立這兩重世界有清楚的認識。如果站在性體一如的高度，批判道教執著於性與命的分別，這是不相應的批評。反過來，從性與命的分立與雙修的角度，去批評從道體性體上講無性命對立的整體覺悟，也是不相應的。爭論與批判的雙方，如果都站在自己的立場上講話而無視雙方的語境不同，這種理論的交鋒就無法使對方屈服，而流於意氣之爭。從性命的辯證統一關係，去消解佛道之爭的誤解而融通佛道，是一很有意義的理論視角。

另外，在內丹學的傳統理論中，有一個修性修命的先後關係問題，一般認為張伯端所開創的內丹學南宗主張先命後性，王重陽開創的內丹學北宗主張先性後命。其實先命後性和先性後命都各有所指，並不是對立的而是統一的。比如黃元吉在本章中就已經對性命先後的問題作了一個綜合的說明，「始以性立命，繼以命了性，終則性命合一」，這是一個性命雙修的全過程，在這個過程中既有先性後命，也有先命後性，而最終是性命合一。由於「修命」「修性」都離不開「煉心」，「心」或「神」的修煉始終是占主導的一方面，從這個角度上說是「修性」為重；但是「心」是受制於「氣」的，人心好動紛擾不堪，「命功」的修煉又是「修性」的必要的前提，從這個角度上說是「修命」更急。性命先後的問題，有「輕重」和「緩急」之別，從「輕重」的一面說是「先性後命」，從「緩急」的一面說是「先命後性」。由此我們可以理解內丹學中關於性命先後問題的不同說法各有其意義，有時表面看起來同一本書同一個作者都會有相互矛盾的說法，其實正是由於性命先後的不同層面的意義不同，這也反映了性命先後問題從理論上說本就有很深刻的辯證哲理。比如《青華祕文》既說：「先性固難，先命則有下手處。」又說：「精氣神三者孰為重？曰：神為重。金丹之道，始然以神而用精氣也，故曰神為重。神者，性之別名也。」《仙道正傳・道鄉集》中既說：「殊不知性乃命基，入手煉己，即立基也。基不立，命非我有。是以古聖先賢，均以無為為體，有為為用，此所謂盡性至命之學也。」又說：「要知先命後性，三教一理，不將此命還歸本源，更無修性之必要。」《樂育堂語錄》中既說：「修性大矣，而煉命尤急焉。」又說：「雖曰性命雙修，其實煉心為要。」從能動的、主導的一面講，應該先性後命，以「性」為「重」；從基礎的、有形的一面講，應該先命後性，以「命」為「急」。

抽鉛添汞章第二十六

自乾坤破為坎離❶，已非舊物矣。離外陽而內陰，坎外陰而內陽，外者為假，內者為真。且離中所有者精神，坎宮所有者氣血，坎虛而成實❷，離有而成無❸。學者先採坎中真陽，補離中真陰，復還乾坤本來真面，即返本還原也。法在以汞投鉛，以鉛制汞，復用天然神火久久溫養。以鉛雖先天之物，在人身氣血中夾帶有陰氣在內，故曰運符火包固己汞，必將鉛氣抽盡，化為明窗塵埃片片飛浮而去，只存得一味靈妙丹藥。再加九年面壁❹工夫，始能無形生形，成就一位真仙。若但離宮修定，不向水府求玄，則離宮陰神猶是無而不有，虛而不實。縱靜中尋靜，深入杳冥之境，只得一個恍惚陰神樣子，終不能聚則成形，散則成氣，欲有則有，欲無則無，實實在在有個真跡也，故曰：「修性不修命，萬劫陰靈難入聖。」❺又有只知煉命者，但固守下田，保養元精，前此未聞盡性之工，後此但求伏氣之術，惟煉離宮陰精使之化氣，復守腎間動氣使之不漏，不知移爐換鼎向上做煉氣化神工夫。雖胎田氣滿，可為長生不老人仙，然氣未歸神，神未伏氣，有時念慮一起，神行氣動，仍不免動淫生欲，故曰：「修命不修性，猶如鑒容無寶鏡。」必也性命雙修，務令一身內外無處不是元精，無處不是元氣。到得精已化氣，無復有生精之時，然後精竅可閉❻。於此急尋聖師口訣，用上上乘法，行五龍捧聖❼之工，自虛危穴❽起，上至泥丸，降下丹田，所謂「四象攢來會中宮❾，何愁金丹不自結」者，此也。斯時凡息停而胎息見，日夜運起神火，胎息綿綿，不內不外，若有若無，煉為不二元神。如此煉氣化神，適為大周天火候。張祖云：「終日綿綿如醉漢，悠悠只守洞中春。」❿又謂「綿綿密密，不貳不息，上合於穆之天」，又謂「無去來，無進退」，是也。如此抽鉛添汞，以汞養鉛，待得鉛氣盡乾，汞性圓明，外息盡絕，內息俱無，只有一點神光了照當空，是即氣化神矣。學人初入定時，未至大定，猶為少陽，未煉到老陽之候，尤必惺惺不昧，寂寂無聞，不著有相，不著無相，庶元神才得超脫。不然，神有依傍則不脫，神有方所則不超，安能跳出天地陰陽之外，而不為天地陰陽鼓鑄者？此煉虛一著，所以無作無為，無思無慮，純乎天然自然之極。前此煉氣化神，雖無為而猶有跡。到得煉神還虛，不似前此溫養之工猶有朕兆可尋也。此為最上上乘之道。

【章　旨】本章從取坎填離、抽鉛添汞的功法上，從煉氣化神的大周天火候方面，繼續講性命雙修的道理。

【注　釋】❶乾坤破為坎離　見本卷第十七章注❽。❷坎虛而成實　從先天坤卦的中間一陰爻變為陽爻而成後天的坎卦，坎是先天屬陰而後天屬陽，稱為虛而成實。❸離有而成無　從先天乾卦的中間一陽爻變為陰爻而成後天離卦，離是先天陽而後天陰，稱為有而成無。❹九年面壁　丹藥初成，陽神初顯後，還像初生的嬰兒，不能起大作用，需要精深的養護，九年面壁只是表示一段長養聖胎的功夫過程，不必是定指九年的時間，各人造詣不同，所需時間也不等。❺修性不修命二句　光修性不修命，修煉一萬劫也只是個陰靈，難入聖流。呂祖《敲爻歌》：「只修性，不修命，此是修行第一病。只修祖性不修丹，萬劫陰靈難入聖。達命宗，迷祖性，恰似鑒容無寶鏡。壽同天地一愚夫，權握家財無主柄。」❻精竅可閉　煉丹功到精已全部化氣之後，外腎回收如嬰兒，不再作為洩精之通道，故說精竅可閉。❼五龍捧聖　即先天五行真氣之大藥已到尾閭，即化五歸三，化三為一，攢簇於一氣，方能上達而打通各關，所以稱為「五龍捧聖」。五，又表示中央之土，表真意，五即代表中，中即代表空。完全是空，即是真空，此時身心兩靜，以自然神覺與太虛同體，大藥方能上行。若不十分空，或有意，或著相，即不能上行。龍，為變化不測之物，表元神。聖，指真氣大藥。如真意能到真空境界，氣自上行，故稱五龍捧聖。❽虛危穴即會陰穴，為任督二脈交會之所。❾四象攢來會中宮　將眼耳鼻舌四象凝聚於一意之中。四象，本為易學名詞，指少陽、老陽、少陰、老陰四象，內丹學借用以表示眼耳鼻舌，《金丹四百字》說：「以含眼光、凝耳韵、調鼻息、減舌氣，是為和合四象。」中宮，意為土，在五行中屬中央之位，故稱中宮。❿終日綿綿如醉漢二句　整天酥軟綿綿像個醉漢，不生起雜念，只是悠悠地以一點真意守護著採取大藥、神氣相融時的無限春光。張三丰《玄譚全集》：「待他一陽歸洞府，身中化作四時春。一片白雲看一陣，一番雨過一番新。終日綿綿如醉漢，悠悠只守洞中春。遍體陰精都剝盡，化作純陽一塊金。」

【語　譯】自從以乾坤兩卦代表的先天陰陽轉為以坎離兩卦代表的後天陰陽以後，生命就已不是原本的先天圓滿的狀態了。離卦在外的兩爻屬陽而在內的中間一爻屬陰，坎卦在外的兩爻屬陰而在內的中間一爻屬陽，因為離卦的中間一陰爻是從先天坤卦而來的，坎卦的中間一陽爻是從先天乾卦而來的，所以坎離兩卦在內的陰陽屬於先天的真陰真陽，而在外的陰陽屬於後天的假陰假陽。況且離卦所代表的是精神，坎卦所代表的是氣血，坎中一陽爻是虛而成實，離中一陰爻是有而成無。煉丹要逆轉陰陽，從後天返先天，所以學道的人先要採坎中的真陽，補離中的真陰，這樣離復返為先天乾卦，坎復返為先天坤卦，坎離恢復乾坤的本來真面目，就是返本還源。

在內丹學中，神氣兩者從卦象上是以坎離兩卦為代表，從藥材的角度說又稱為鉛汞，總括而言則稱為陰陽，所以神氣的交媾與合一又稱為陰陽交媾、取坎填離、抽鉛添汞等。取坎填離以恢復先天乾坤的方法是以汞投鉛，以鉛制汞，也即是以神合氣，以氣凝神，再加天然的神火久久溫養。因為以鉛所代表的真氣雖屬先天之物，但在人身氣血之中就夾帶有陰氣在內，所以要不斷地運用符火將元氣與元神相交相融，一定要使鉛中的陰氣化盡，就像明窗上的塵埃片片飛浮而去，只剩下先天元氣與元神相融合，消除後天識神而恢復先天純陽，這樣留下來的就是一味靈妙的丹藥了。在此基礎上再加上九年面壁的工夫，才能從無形中生真形，成就一位真仙。

如果只是在離宮求精神上入於定靜之境，不從坎宮水府中求精氣能量的轉化，則離宮中的陰神還是無的一邊、虛的一邊，不能有真實的能量與效用。縱使靜中求靜，深入杳杳冥冥的境界，也只得一個恍恍惚惚的陰神的樣子，因為沒有結合氣到神中，這個陰神終歸不能聚則成形散則成氣，想要有形就有形，想要無形就無形，有這樣實實在在的真實體現，所以說：「修性不修命，萬劫陰靈難入聖。」另外又有一種人只知道煉命不知煉性，只是固守下丹田，保養元精，在煉命功之前不懂得如何明心見性，煉命功後也只講究如何伏氣的法門，只是把離宮中的陰精煉化成氣，再守住腎間的氣機發動使精不漏，這樣只知道在下丹田做煉精化氣的功夫，卻不知從下往上移爐換鼎做煉氣化神的功夫。雖然丹田氣滿，也有助於健康長壽，做人中之仙，但氣未歸神，神也沒有使氣調順，神氣兩者沒有有機地統一，有時後天的識神雜念一起，神一外馳氣就隨之而動，仍不免生起淫欲，精氣也不免洩漏，所以說：「修命不修性，猶如鑒容無寶鏡。」

一定要性命雙修，務必使一身內外無處不是元精，無處不是元氣。到了精已化氣，那股形成精的能量已全部轉為氣了，於是再也沒有生精的時候了，這樣洩精之竅就可以關閉了。精氣不洩，大藥發生，這個時候就要馬上找到聖真仙師的口訣，用最上一乘功法，運用五龍捧聖的工夫，大藥從虛危穴起，沿督脈從後上升至泥丸，再沿任脈從前降至下丹田，所謂的「四象攢來會中宮，何愁金丹不自結」，指的就是這個。此時外面的口鼻呼吸已停止，胎息已開始顯現，日夜運起元神之火，伴隨著胎息綿綿，不內不外，若有若無，神氣相融而煉成不二的元神。這樣煉氣化神，才算是大周天的火候。張三丰祖師說：「終日綿綿如醉漢，悠悠只守洞中春」，又說：「綿綿密密，不貳不息，上合於穆之天」，「無去來，無進退」，這都是描述此時的景象。這樣不斷地以坎中真氣充實陰神，又以元神之火滋養真氣，等到真氣都被採取而融合於元神之中，陽神圓滿朗照，外呼吸全部停止，內呼吸也沒有了，只有一點神光了然朗照在一片空明之境中，這就是氣化神的境界了。

修道的人開始入定時，在沒有進入大定的時候，火候還是屬於少陽，沒有煉到老陽的火候，還必須惺惺不昧，保持警覺，寂寂無聞，不生分別，不著有相，不著無相，如此才可使元神得以超脫。要不然的話，神未入空，有所依傍就不能超脫，有位置所在就不能超脫，這怎麼能跳出天地陰陽之外，不再受天地陰陽的束縛呢？這就是為什麼在煉虛這一步，要無作無為，無思無慮，完完全全是純粹的天然自然狀態。前面講的煉氣化神，雖也是無為但還有點跡象，到了煉神還虛的階段，就不像前面階段作溫養的工夫時還有點徵兆可尋，而純是無為自然，無跡可尋了。這就是最上上乘的修煉之道。

【研　析】在內丹學中，陰陽交媾又叫做「陰陽顛倒」、「坎離交媾」、「坎離顛倒」、「抽鉛添汞」、「龍虎交」、「水火交」等。由於內丹學是運用外丹燒煉的一套術語來說明內丹的修煉的，故有龍虎鉛汞等陰陽之異名；又因內丹學採用了易學象數的語言，故有乾坤坎離之法象。所以內丹學對陰陽交媾有種種不同的說法，其中雖有種種比喻的名稱，但並不能據為實有，不過是一種象徵而已。內丹學的名詞術語都具有某種象徵性的意義，既不是實指某種具體的事物本身，又不是一種純抽象的哲學範疇，而是用於喻指煉功時的神氣變化。

內丹學以「乾坤」兩卦代表「先天陰陽」、「先天性命」的「純陽」和「純陰」，以「坎離」兩卦代表「後天陰陽」，由先天「乾」卦轉為後天「離」卦，「離」是先天陽而後天陰，是「性」、「神」等的代表；由先天

「坤」卦轉為後天「坎」卦，「坎」是先天陰而後天陽，是「命」、「氣」等的代表。由「乾坤」到「坎離」，代表從先天生命轉為後天生命，是生命的順行方向；由「坎離」到「乾坤」，代表內丹學的逆向修煉，由後天生命返還先天生命。先天蘊後天之化，後天藏先天之機，離是外陽內陰，坎是外陰內陽，由後天之坎離經陰陽交媾，取坎中之真陽填離中之真陰，則離復返為純陽之乾；從陰陽哲理的對稱性上亦可說取離中之真陰填坎中之真陽則坎復返為純陰之坤，如是則後天坎離能返先天乾坤也。張伯端《悟真篇》說：「取將坎位中心實，點化離宮腹內陰。從此變成乾健體，潛藏飛躍總由心。」故內丹學的陰陽交媾又稱坎離交媾，而常人是坎離不能相交而落入後天，內丹學修煉是坎離相交而返還先天，故又稱為坎離顛倒，《悟真篇》說：「此法真中妙更真，都緣我獨異於人。自知顛倒由離坎，誰識浮沉定主賓。」由乾坤坎離四卦可得到內丹學修煉的一套嚴密的哲理，是內丹學家最通用的一套理論論證方式。

內丹學的核心是在虛無狀態中凝神入氣穴，使精神能量與生理能量相互作用，凝聚成一團，這樣神光不外洩，精氣不下流，以神馭氣，以氣凝神，從而變化氣質，達到性命雙修的目的。所謂陰陽、鉛汞、坎離、水火、龍虎等種種異名，無非是表示神氣兩者的各種狀態。而丹田、玄關等則是神氣交媾的相會之所，但又不能死執一處，要在靜極虛無的作用中始能把握神氣交媾的奧妙，從有象中入於無象的先天境界。由精氣神相作用、相貫通和相統一，形成神氣合一的陽神，並返還於虛無大道，成就神仙境界。丹經千言萬語，不外乎此理。擴而言之，一切生命修煉的奧妙也都不外此，如密宗的拙火瑜珈、紅白菩提，也都是依據心氣無二的原理，修煉心氣合一的能量。由心氣合一到生命融入於法界，進入精神物質無分別、生命與法界本源無分別的實相境界。

元精元神章第二十七

精非交感之精，乃先天元精也。何謂元精？此精自受生之初，陰陽二氣凝結一團，如露如珠，藏於心中為陰精，即天一生水是也。其未感而動也，只一氣耳。及乎有觸而通，在肝則化為淚，在脾則化為唾，在肺則化為涕，在心則化為脈，在腎則化為精❶，寒則為涕，熱則為汗，聞香生津，嘗味垂涎，所謂「涕唾精津氣血液，七般靈物總皆陰。」惟一念不起，一心內照，則七竅俱閉，元精無滲漏之區，久久凝煉，則精生有日，如春暖天氣熟睡方醒，一團溫和熱氣常發於陰腎之中。斯時也，急以真意❷攝回丹田土釜，烹之煉之，溫之養之，則元精常住，元氣可生矣。但藥有老嫩，火有文武，運有升降，歸爐溫養，皆有法度，學者須虛心求師，抉破真機得矣。否則，一有不明，妄採妄煉，鮮不為害也。此中危險，不可不知。所以煉精者必凝神於中，調息於外，到得精神團聚，氣息和平，則精自生而氣自化❸矣。所謂氣者，即此元精所煆煉而成也，但伏陰腎中，恍惚杳冥，凝結一區，靜則為氣，動則為精。氣存則人存，氣亡則人亡。氣之所關，非細故也。氣之衰旺，人之老幼強弱因之。事為之舉廢，功業之成否，鮮不於氣是賴。當其靜時，無形無象，只有一團溫和之意，薰蒸四體，流貫一身。及有感而動，成孝悌之德，通乎神明，為忠義之舉，參乎天地。浩然沛然，至大至剛，有包羅宇宙之概。孟子謂「集義生氣，集氣成勇，貫金石，格豚魚」者，皆此正氣為之也。志以帥氣，氣以成義，無是氣，則頹靡不振矣。世上凡金凡玉可以買得，惟有此氣，生死與俱，性命與共，非由積累功深，無以得其充裕也。生須知氣未動，靜以養之，氣偶露，動以煉之。古云：「忽然夜半一聲雷，萬戶千門次第開。」❹此即一陽來復之候，眼有金光發見，口有甘露來朝，此即大藥發生之驗也。急忙採取過關，服食溫養。此時淫具縮盡，陽關固閉，絕外吸呼，用內神息，不許一點滲漏，務令息息歸真，神神齊聽命，使此氣入神中，神包氣外，久之渾然無氣息往來，惟覺一點靈光隱約在靈臺之上，則元氣已化元神矣。自此氣合於漠，神凝於虛，似有似無，不內不外，以煉至虛至靈之神。再行向上工夫，遷神於上田，以無為神火，煉七日過關服食之工，則玉液功成。自此不飢不寒，四時皆春，別有一重天地在我主持，而我有真我❺矣。再接煉神還虛一步工夫，重置琴劍❻，再安爐鼎❼，現神則靈光普照，斂神則元氣渾然。倘若神有動時，急忙收拾，攝回中宮，務令定定相續，如如自如，由少陽而養至老陽。然後有感而動，念慮一起，可以跨鶴登雲，升天入地，做一切祛邪補正救人利物之事，且化百千萬億化身，到處現形救世，而不見其有損。即寂寂無跡，收斂至於無聲無臭，亦不見其少益。蓋神之動也，以物之感而通，非神之無故自動也；其靜也，以物之無感而斂，亦非神之惡動常靜，其感其應，概因乎物，全不在己，所謂「常應常靜，常靜常應」，「寂寂而惺惺，惺惺而寂寂」者是，是即還虛之真諦。否則，神❽未養老，出之太早，不免見物而遷，墮入魔道而散。即養得老壯，而思慮未絕，則志有所向，意有所圖，縱行為得當，亦覺有為而為，殊非虛無之本體。何也？有為而為者，識神也；無為而為者，元神也。識神用事，元神退聽；元神作主，識神悉化為元神。此理欲之關，不容並立者也。若識神未化，猶難割斷塵情，一念不謹，即墮入於生死輪迴也而不自知，所謂「無量劫來生死種，痴人喚作本來人」是也。尤要知元神無跡，元氣中之至靈處，即元神也，然必如谷之應聲，影之隨形，自然而覺，自然而知，不假一毫安排，無容一絲擬議，如孟子謂「乍見孺子將入於井，皆有怵惕惻隱之心」，是元神也。由此推之，視聽言動，日用事為，無在不有元神作用，但有意者屬識神，無心者屬元神。元神識神，所爭只在些子，學者須自審之。能以元神作主，返入虛無境地，欲一則一，欲萬則萬，神通無外，法力無邊，豈但入水不溺、入火不焚已哉！

【章旨】本章闡明元精、元氣與元神的意義，並說明煉精化氣、煉氣化神和煉神還虛的整個煉丹過程。

【注釋】❶精　此處的精，即指交感之精、生殖之精。❷真意　煉功時的意識狀態，若有意若無意，在寧靜中微微以意識觀照。❸氣自化　這裡指精自然化為氣，而不是氣自然化神。因為這裡講的是煉精化氣的過程，由下文「所謂氣者，即此元精所煆煉而成也」可以證明。但是，如果純從文句上解釋，「氣自化」與「精自生」並列，則此處之「氣」不是「精化氣」的「氣」，而是指元精無形而為一種氣狀物，故其意為「元精自生，並自化」。❹忽然夜半一聲雷二句　這是形容煉功到一定的程度而子時陽生的情景，就像是半夜裡響起了一聲驚雷，全身的氣脈關竅都一一被震開。❺真我　平常所說的「我」只是「自我」，這個自我不能作主，隨外緣而變化，並無一個統一的中心，所以是假我。煉功到神氣合一的陽神，能時時作主，超越外境的變化，故稱真我。❻重置琴劍　重新調整神與氣的關係。琴，代表心。劍，代表氣。❼再安爐鼎　重新設立煉丹的人體部位。爐鼎，包括上、中、下丹田，以及無形之中等。❽神　此處的神應指陽神。據內丹學的說法，陽神可以自由出入肉體，具有廣大的神通功能。

【語　譯】我們煉丹所說的精並非是指後天的夫妻交媾所出的精液，而是指先天的元精。什麼是元精呢？這個元精自從生命開始形成的時候，由陰陽二氣凝結成一團，像露珠一樣晶瑩，作為陰精藏於人的心中，就是所謂的「天一生水」。這個先天元精在沒有與外物發生感應作用而起變化時，就只是一種無形質的氣狀。等到與外界相接觸而發生感應的作用時，這個元精就從先天無形之氣化為具體的人體分泌物了，如在肝則化為淚，在脾則化為唾，在肺則化為涕，在心則化為脈，在腎則化為精，天冷了就化為鼻涕，天熱了就化為汗液，聞香味時就生津液，嘗美味時就流口水，這些都是先天元精在後天的體現，也就是丹經中所說的：「涕唾精津氣血液，七般靈物總皆陰。」

只有一念不起，一心向內返照，則人體的七竅全部關閉，元精沒有可以滲漏的通道，這樣久久地凝聚修煉，則元精一天一天地生發，就如同春暖花開的季節，萬物從沉睡中開始蘇醒，感覺到一團溫和的熱氣常常在陰腎中生發。這個時候，要趕緊以真意將這股生發的元精收攝回丹田這個煉丹的爐內，先以有為的武火烹之煉之，再以無為的文火溫之養之，則元精不漏，而元氣可生了。

但是元精生發的程度不一樣，丹藥有老有嫩，而煉丹的火候有文火有武火，烹煉採取時有升有降，乃至於歸爐溫養，每一步都有講究有法度，修道的人必須虛心地尋求師父，把這其中真正的機關訣竅給你指明，才能懂得。否則，有一點不明白的地方，而胡亂地採取烹煉一番，很少有不出問題為害身心的。這裡面的危險，你們不可不知。所以在煉精的時候，一定要從裡面凝神於丹田，從外面調整呼吸相配合，等到精與神相融團聚，氣息平靜緩和，則元精自生而化為元氣了。

所謂的氣，也就是煉精化氣的氣，是由元精所鍛煉而成的，不過它隱藏於陰腎之中，恍惚杳冥，不可得見，只是在那裡凝結成一團，當它沒有和外物交感的時候，就是人體無形的真氣，一交感發動，就成為後天有形之精。氣是維持生命的能量，有氣就有人的生命，氣沒有了生命也就沒有了，可見氣與人的生命關係重大，不是小事。人的老幼強弱，就是取決於人體之氣的衰旺程度。推而廣之，小到一件事情是順利展開還是中途廢止，大到人的建功立業能否有成，沒有不依賴於這個氣的。

當氣處於靜態時，無形無象，只有一團溫和的能量可以意會到，滋養薰蒸四體，流通貫注到全身。等到有所感應而發生作用，這股大能量就可以發而為正氣，能成就孝悌的德行，達到與神明相通的感人境界；從事忠義的行為，可以與天地相參。這股正氣浩然廣大，沛然不可擋，至大至剛，有包羅整個宇宙的氣概。孟子所說的「通過道德修養的積累可以生發正氣，正氣積累多了可以形成一往無前的勇氣，這股勇氣可以穿透金石，馴服海陸動物」，這都是正氣的作用。人的精神狀態是氣的主導因素，而氣又是成就義舉德行的力量基礎，沒有這個氣，就萎靡不振了。世上的作為身外之物的金玉珠寶都是凡物，可以通過金錢買到，只有這個生命之真氣，與人的生死相伴，與人的性命同在，除了通過修行積累到很深的功夫，是沒有辦法使氣充裕的。

各位學生必須知道，在氣沒有發動的時候，要用靜的方法來涵養它，氣一旦呈露出來，就要用動的方法來烹煉它。古人說：「忽然夜半一聲雷，萬戶千門次第開」，這就是煉功時元氣初步顯現，是一陽來復的時候。如果眼睛裡似有金光發現，口裡有甘露一樣的津液源源不斷而來，這就是大藥已經發生的證驗。大藥發生時要急忙用武火採取，使大藥升降過關，再歸於丹田，用文火服食溫養。此時陽具已完全收縮，陽關牢牢關閉，外吸呼也已停止，只用內在的神息，不允許有一點滲漏，一定要使息息都歸於真息，所有的精神活動都統一到煉功的意念上來，使這個元氣化入元神之中，元神包裹於元氣之外，時間一久，神氣完全相融合一，渾然感覺不到氣息的往來進出，只感覺一點靈光隱約顯現於空明的心境中，這就表示元氣已經化為元神了。從此以後讓元氣混合於廣漠之境，元神統一到虛空之中，似有似無，不內不外，用這樣的方法來煉那最虛無最靈妙的元神。從這裡再接著做向上的功夫，讓元神升遷到上丹田中，以無為的神火，煉七日過關服食的功夫，就可以完成玉液還丹的功夫了。從此以後就可以不飢不寒，一年四季都像是春天，超越了外在的變化，自己身中別有一重天地，可以自己作主，這時我們的生命才可說有一個真我了。

由此再接著做煉神還虛這一步的功夫，這時煉丹的方式和部位都要重新調整，就是所謂的「重置琴劍，再安爐鼎」，當元神呈現時則一片靈光普照，元神收斂時則只有浩浩的元氣渾然一體。倘若識神還有動念時，就要急忙把念頭收回來，把神收攝回虛無的本來狀態，務必要使元神大定的境界保持相續，直到這種境界可以毫不費力、自然而然地達到，使火候逐漸地老到，由少陽的狀態一直煉養到老陽的狀態，陽神就成熟了。這個時候的陽神如果有一個外在的境界相感召而起心動念，念慮一起，陽神可以騎上仙鶴登上彩雲，升天入地，做一切揚善懲惡救人利物的功德事，而且能夠化現出百千萬億的化身，現身到各個世界去救人救世，而陽神也沒有一點減損。如果沒有外緣的感召，陽神就虛寂無為，無跡可尋，收斂於虛無之中，到無聲無臭不可見聞的地步，這時陽神也不見有一點增益。這就是說，陽神發動起念，是因為有一個外緣與它相感應而與物相通，並不是陽神無緣無故自己發動；陽神寂靜無為，是因為沒有外物與它相感應才收斂起來，也不是因為陽神自己有一個取捨之心，厭動而喜歡常靜，這中間的動靜感應，完全是隨著外物而反應，一點也沒有自己的主觀意志。雖有感應之動其實還是不動心，雖不動心而又能隨物而應，就是所謂的「常應常靜，常靜常應」；雖寂靜無念而明覺不昧，雖明覺不昧而又寂靜無念，就是所謂的「寂寂而惺惺，惺惺而寂寂」，這就是煉神還虛的真諦。

如果不是像上面所說的那樣，而是在陽神還沒有煉養成熟到老陽的程度以前，就過早地出去，就難免隨著外面的境界而把持不住自己，終歸於墮入魔道而消散了。即便是陽神已煉養得老壯，但如果後天的思慮沒有斷絕，則還是存有某種志向，還帶有某種意圖，有了這些後天的分別心，縱使行為得當，也覺得是有所為而為，完全不是那虛無的本體了。為什麼呢？因為有人為的意念而去作為，這就是識神在起作用；沒有一點意念的造作而純粹是無為而為的，就是元神的功能。當識神在起作用的時候，元神就隱退而聽從識神主事了；當元神出來作主時，識神就全部化為元神的妙用了。到底是聽從識神作主，還是讓元神來作主，這是天理與人欲區分的關卡，兩者只能存其一，而不可能並立。如果後天的識神沒有全部轉化成元神，就很難割斷世間的塵情妄想，一念不慎，就墮落進生死輪迴之中，自己還不知道，這個識神就是所謂的「無量劫以來生死輪迴的種子，而一般的無智痴人卻錯把它當作是自己生命的真正的主人」。

尤其要知道元神是沒有跡象可尋的，元氣中最靈明的覺知作用，就是元神，但這個元神的覺知一定要像山谷的回響或隨形而現的影子一樣，是自然而覺、自然而知的，不需要一絲一毫的意念安排，不允許一絲一毫的思慮斟酌，就像孟子所說的「突然看見小孩子將要掉入到井裡去，這時每個人都自然就會有一顆擔憂憐惜的心」，這就是元神的作用。由此再推而廣之，凡是目視耳聞，言談行動，在日常生活中的為人處事，實際上到處都有元神在起作用，只不過加以人為的意念分別的是屬於識神，自然而然沒有分別心的則屬於元神。元神與識神的分別，也就只有這一點點，學道者必須自己去體會明白。若能以元神作主，返本還源到虛無的境地，就可以想要一就能聚為一體，想要萬就能分身百萬，神通法力無邊無際，並不只是擁有入水不溺，入火不焚這些小功能而已。

【研　析】內丹學所講的「精」，有「精華」、「精微」的含義，元精是組成生命的物質的精華，是最精微的能量。元精是最原始的能量，是無形的流動的氣態物，當它落入後天的作用時就變成各種具體的有形的人體分泌物，如精夜、津液等。從先天元精化為後天有形之精，這是生命的順向演化，是普通的生命運轉的模式，而阻斷後天的能量發散通道，讓元精不向後天之精轉化而是讓元精煉化為元氣，成為一種更高級的能量流，進一步使之與元神合一而化為陽神，這就是逆煉成丹的過程，這是內丹學的基本思想。這裡要澄清一個普通人對煉精化氣的誤解，就是有些人認為煉精化氣是把人體的後天的精液轉化為人體真氣，這樣死死地關閉住精液使之不洩，以為這樣就能成丹。而生理學家就會質疑這種煉精化氣，因為找不到把有形之精煉化為氣的動力和途徑。實際上，一旦已經落入後天的有形之精，就已經不能再化為氣了，煉精化氣的精是指無形的元精。那麼為什麼煉丹功又要強調除欲以保持後天精不洩呢？原因是先天元精與後天精液之精存在著密切的關係，為了保存足夠的元精來作為煉精化氣的原料，就必須中斷那個由元精順行化為後天精的常規通道，如果後天精不斷地流失，就會使先天精源源不斷地向後天精轉化以補充供應那流失的後天精。所以，煉精化氣的精雖然不是指後天的精液，但依然與之有密切的關係。當元精得以充分的煉化為氣時，反過來也就會使從元精到後天精的這條常規通道被切斷，從而可以更好地除欲斷情，減少後天精的損耗。也就是說，必須減少性能量的消耗，才能積累足夠的煉精化氣的原料；而只有使得原始的生命能量向更高級的形態轉化，才能使之不向性能量轉化而漏失。

人的元精充足了，通過烹煉溫養，凝神調息，就不斷地化為元氣，這元氣不是呼吸之氣，而是營養一身、運化一身的更精微的能量流，這股能量的興衰強弱，直接關係到生命體的健康素質及其智能程度，是大仁大義、大智大勇得以實現的物質基礎。煉丹時將元氣進一步與元神會合，使生命的神與氣兩者完全統一起來，就能進入更高的生命狀態。這個神氣統一的狀態又稱為陽神，從其能量狀態而言是元氣，從其靈明覺知而言是元神，其實是混一不分的。

整個煉丹的過程，其實都是要讓元神作主，而讓識神化為元神。識神是變化的自我意識，隨外在環境和內在感覺的變化而不斷地起心動念，分別不休，這種分別的意識沒有一個中心，就好像生命的舞臺上全是客串的演員，他們只是臨時扮演某一個角色，而不會對全體的生命負責，這種意識狀態是分散的，不統一的，人的生命能量也就隨之而耗散。元神是那個無分別的意識覺知，就好像鏡子一樣能照物現像但本身卻沒有分別心，讓事物如其本來的樣子而顯現。當元神作主的時候，生命就有統一的中心，人的精氣神就能有機地統一，所有精化氣、氣化神、神還虛的煉丹過程，都是要靠這個元神的意識觀照而起作用，沒有頭腦的分別，只是一種純粹意識的觀照，在這個觀照中，突然就像是有一道光照亮了整個生命，意識就回光返照而有了自覺，而重新回到如虛空一般的源頭中去。

在本章中沒有用到陽神這個概念，而是一律都用元神，實際上元神有兩個層次：一是因位上的元神，不因修煉而後有，是每個人本來就有的無分別心的明覺意識；二是果位上的元神，是經修煉後元氣融入元神後所形成的神氣合一體，一般稱為陽神。黃元吉認為，陽神要完全煉養成熟才能出去，發揮它的神通妙用。這時陽神能隨感而應，而自身如如不動。當無物相感時，其收斂而歸於靜寂不動，當有外物相感時則應機而動，完全是以無心而應化，不起絲毫的執著分別。如果陽神未養得成熟老到，識神未完全化盡，留下了妄想分別的種子，那麼這時如果過早地出去，就會見物起心，流入後天，於是有可能前功盡棄，陷入魔道之中。陽神出殼，既達到無心而應化的無為境界，又具有廣大的神通妙能而無不為，這也是老子「無為而無不為」的原理的充分展現，是內丹學修煉的一個終極目標。

煉劍鑄鏡章第二十八

火候之事，別無機密，只是一個勉強自然、分文分武而已。藥未生時，必須猛烹急煉以煅真金，如打戰然，務要振頓精神，奮力爭先，切不可輸與他。故丹經云：「降魔杵，斬妖劍。」❶字字皆金針也。藥既生後，當行河車工法，若精神不振，亦難使清升而濁降。古云「專氣致柔」，亦不過言一心一德之專致，極其和順，非教之放弱也。總要將後天凡息停止，不可絲毫運用。蓋後天之息，凡火也，凡火傷人，不可用他，必須以先天神息無形無象者為主❷。縱有後天之息未止，我亦不理他，只心心念念融會先天神息，而後天凡息一聽上下往來，我不採他張他、與他作一個主，即得先天神息之用。於是身心內外自如水晶塔子，琉璃寶瓶，通天通地，亙古亙今，覺得天地人物無不與我一體，兩相關切。迨至三元❸混合，返乎太古之天，此時用火無火，幾於大化流行，上下與天地一也。學道人第一要煉劍，劍即先天元氣也。第二要鑄鏡，鏡即先天元神也。神無雜妄，常常喚醒，不許走作，即明鏡高懸，物來畢照矣。氣由積累，時時提攝，不放他弱，即慧劍排空，能斬三尸❹矣。尤要有繩繩不絕、堅固忍耐之心，方能久道而化成。否則，時作時輟，不能到左右逢源之候。此即《中庸》云：「智、仁、勇三者，天下之大德。」是慧即智也，慧劍即勇也，恆久不已、日夜無間，即仁而守之也。爾等須向身心上實實討出憑據，方有把握。吾觀諸子用火有傷，不是用力之過，是動後天三焦火之過。而今又近柔懦，故陽陷溺，不經神火猛烹急煉，斷不能飛騰而上泥丸，以補腦而還精，為長生不死之仙，所以清氣不升，濁氣日重也。此須勇往為之，必一心一德，毋許走作❺，方得神氣歸還。知否？

【章　旨】此章還是講火候的問題，強調煉功要從勉強到自然，用功之初要振奮精神，用武火急煉，到最後返於虛無，與道合一，才能用火無火，純任自然。要常常保持警醒，使修煉的功能態保持相續，保養元氣，鍛煉元神。

【注　釋】❶降魔杵斬妖劍　指凝神觀照的正念，能降伏妄想雜念。❷總要將後天凡息停止等句　這裡語義上有點問題，既說凡火一點都不能用，又說以先天神息為主。根據上下文考察，後天凡火雖不可用，但也可以順其自然，在先天神息的主導作用下讓它成為先天神息的妙用，故說以先天神息為主。❸三元　三元有時指天、地、人，但這裡指元精、元氣和元神。❹三尸　傳統道教認為人身上有三尸神作祟，又名三彭，分別居於人體上中下三處，每到庚申之日就會到天上向掌管人生死命運的天神告狀，說人的壞話。但在內丹學中，三尸之說不必有此神話色彩，而是代表人體中的陰邪之氣。❺走作　指離開一心一德的煉功狀態。

【語　譯】關於煉丹的火候問題，其實也沒有什麼別的機密，也就是根據煉功的不同程度，在意念和呼吸的運用上，一個用勉強的辦法，要努力用功，一個用自然的辦法，完全不用力，由此而將煉功的火候分為文火和武火。

在丹藥沒有產生的時候，必須用武火猛烹急煉，只有用猛火才能鍛煉出真金來，這就如同兩軍作戰一樣，一定要振作精神，奮力爭先，切不可被自己的妄想雜念給打敗了。所以丹經中說要運用正念，稱為「降魔杵，斬妖劍」，這字字都是金玉良言。大藥產生以後，就應當用運轉河車的功法採取，這時如果精神不振作起來，也難以使清氣上升而濁氣下降。古人所說的「專氣致柔」，也不過是說要一心一意專心致志，使氣息極其和順，並不是教人精神懈怠而放心不管。煉丹總要將後天的口鼻呼吸完全停止，不可絲毫運用。因為後天的呼吸屬於凡火，凡火對人有傷害，所以不可用它，煉丹必須以無形無象的先天神息為主。即使後天呼息還沒有停止，我們也不要去管它，只是全力將每一個心念都融會到先天神息中去，而對於後天凡息則完全聽任它上下往來，我既不理睬它也不張揚它，不去對它自作主張，這樣後天呼吸自然就歸附到先天神息上去，成為先天神息的妙用。於是身心內外自然像水晶塔子和琉璃寶瓶一樣晶瑩透明，通天通地，無始無終，無邊無際，超越了時空的界限，覺得天地萬物無不與我融為一體，密切相關。等到功夫深入，元精元氣元神混合為一，返回到萬物還沒有形成時的本源中去，到了這個境界就是用火而無火，完全是自然無為，契合於整個的大化流行，人雖身在天地之中，但卻與天和地沒有分別，整個是一體的。

學道的人第一要煉劍，劍就是指先天元氣；第二要鑄鏡，鏡就是指先天元神。當神沒有雜念妄想，常常保持警覺，喚醒那個本來的好像鏡子一樣的空明的元神，不讓元神顯現的狀態丟失，這時先天元神就如明鏡高懸，可以沒有選擇地照出萬物的樣子，這個過程就是鑄鏡。元氣逐漸積累，時時刻刻要提煉收攝，不放任它使它減弱，這時元氣就如同慧劍，能排空汙濁之氣，能斬身體裡的三尸了。尤其要有綿綿不絕、堅固忍耐之心，使功態相續成片，才能恆久處於道中而修煉成功。否則，一時用功修道，一時又停止不前，這樣就不能修到左右逢源得心應手的功候。這也就是《中庸》裡所說的：「智、仁、勇三者，天下之大德。」上面所說的慧就是智，慧劍就是勇，而恆久不已、日夜無間的行持，就是仁德在保任持守它。

以上所說的火候功夫，你們必須向自己身心上實實在在地尋討出真憑實據，得到真實的體驗，才有把握。據我看來，大家對火候的運用出了問題，這不是說你們過於用力，而是說你們錯誤地運用後天三焦之火。而現在又走向另外一極端，近於懦弱不敢用力，所以陽氣陷於衰微不振。這種情況下若不經過神火猛烹急煉，斷不能使元氣飛騰而上升到泥丸以還精補腦，成為長生不死的仙人。也正因為這個原因，才導致清氣不升，濁氣日重的後果。為此必須提起精神，勇往直前，必須一心一德，集中精力專心修煉，不讓自己心念游移不定，離開功態，如此才能使得神氣歸還先天境界。大家是否明白這個道理呢？

【研　析】整個內丹修煉的過程，是從努力到不努力，從有為到無為，從勉強到自然。修道是重返道體，回到那個本來的先天境界，在那個境界中是完全自然無為的。你一有所造作，有意念的分別，你就離開了道的境界。但是，人在後天的生活中已經習慣於有為，人已經充滿了種種的造作分別，已經是與道分離了。如果一開始就講無為，那麼人就什麼也成就不了，而只能保持原來的與道分離的狀態。無為是從道的境界來講的，而不是從人的境界來講的，針對人現有的狀況，有為是必要的。就像一個人已經離開了家，他必須起身回家，否則他永遠回不了家；但當他已經回家了，他就不需要再有為，他只需要無為。如果回家以後還不放下有為，他就又離開了已經回歸的家園。所以，一開始必須打起精神，一心一意，把散亂的心統一起來，把思慮的識神作主的狀態轉變為無分別的元神作主的狀態。如果一開始就精神不振，順其自然，只能讓已經習慣的雜念妄想占據主動，而無法進入定靜的功能態。只有在功夫成熟，神氣合一，「通天通地，亙古亙今，覺得天地人物無不與我一體」，這時就要放下用功的念頭，完全的無為，不要干擾這個與道合一的境界。

人與天地萬物同為一體，是在什麼意義上來講的呢?實際上人與天地萬物本來就在一體之中，只是由於我們的思慮分別，我們才把自己與天地萬物隔離開來，把自我當作一個主體，而把萬物當作一個客體。當一切分別念都停止，並沒有一個能分別的主體，也沒有一個所分別的客體，一切都是一個整體的存在，這時所有的概念都消失，根本就沒有「我」的念頭，也沒有「天地萬物」的念頭，這個整體的存在本身，就是一切，這就是人與天地萬物同為一體。這個一體是一種境界，同時也是一種能量的交融與相通，人在這個境界中會得到能量的昇華。同時，由於心靈沒有雜念的干擾，恢復了元神的本來面目，就如同一面純淨的鏡子，能如實地照見萬物的本來樣子。當然，這個一體並不是人與萬物絕對的同一，實際上人不可能變成物，那樣修道也就沒有什麼意義。這個一體是全息的統一，是人的覺悟，覺悟到一種無分別的境界。雖然說是無分別，但並不是沒有意識，那個意識的鏡子還是存在，它能如實地反映，但它本身沒有分別。如果沒有意識，那就落入到昏沉的無知，而不是覺醒的無知。

雖說當一念放下的時候，那個與天地萬物為一體的境界就可能當下呈現，但由於人的習慣性的分別念，人很難保持這個境界。偶然地呈現雖也很有意義，但畢竟沒有力量。所以保持功態的相續至關重要。要「恆久不已、日夜無間」，「常常喚醒，不許走作」，讓舊有的識神分別的習慣被元神觀照的習慣所取代，讓煉功得到的境界保持恆久相續，這樣才能轉化舊有的身心狀態，而讓與道合一的境界成為永恆，這就是得道，就是成仙。

太極陰陽章第二十九

天地生生之道，不過一陰一陽，往來迭運、氤氳無間而已。然此皆後起之物也，若論其原，只是無極太極❶，渾渾淪淪，浩浩淵淵，無可測識，無可名狀焉。惟靜極而動，陰陽兆象，造化分形，而陽之升於上者為天，陰之降於下者為地❷，天地定位，人物得其理者成性，得其氣者成命❸，而太極不因之有損焉。即天地未兆、人物未生以前，而太極渾淪無際，亦不因之有增焉。夫太極，理也，無可端倪者也，而實為天地萬物之主宰。「《易》有太極，是生兩儀」，此言兩儀之發端，無不自太極而來。當其動而為陰陽，是氣機之蓄極必泄，非太極之有動也，其動也，其氣之屈而伸也；及靜而為太極，是氣機之歸根返本，非太極之有靜也，其靜也，亦其氣之伸而屈也。要之，氣機有動靜，而太極無動靜。爾學人務須明得這個源頭，始不墮於形氣之私。其在人身，父母未生以前，則虛無而已，此時有何動靜？即太極也。然雖無動無靜，而動靜之機無不包孕於虛無之內，故先儒謂「理可統氣」者，此也。及氣機一動，落在人身，而太極判矣，陰陽分矣，五官百骸從此始矣。一陰一陽，往來升降，皆離太極之理不得，若無此理，則亦塊然蠢物耳。生等既明修煉要採陰陽之氣機，以為長生之藥物，尤要得太極之渾淪，才是神仙之根本，二者不容偏廢也。如打坐時，一心凝神，除卻思慮，滅去幻緣，惟以無心為心，出於有意無意，渾渾淪淪，是得天地之始氣以為氣者也。於是外調口鼻之凡息，內蘊呼吸之神息，一上一下，往來不息，氤氳不窮，而天地萬古不磨❹，即人物發生不息矣。爾等行工，務令百無存想，萬慮全消，即得太極之理也。調其神氣，運行周天，即是陰陽之氣也。夫天地之所以萬古不磨者，由此理氣之運行耳。我能效天地之無為而行，生生不已，即盜天地之元氣也。其實有何盜哉！人與天地同一理氣，顧何以天地長存，而人物則有生死耶？只因人物之生，雖抱一而居，涵養而處，無如氣自為氣，不得無思無慮之真，於是紛紛紜紜，糾纏寤寐❺，氣雖猶是，而理則無存矣，且理既無存，氣亦因之餒矣。惟以無思無慮、無作無為為本，其氣機之流行一聽諸天道之自然，雖無採煉工夫，無作為意想，而總出之以自然，運之以無跡，如此即虛合道，道合自然矣。雖然，初下手時，人心起滅不常，氣息往來不定，不得不勉強以息思慮，調氣息，但不可太為著意。如太著意，皆屬後天之物，非先天之道，縱云有得於身心，亦不過健旺凡體而已，不可以生法身也。知之否？

【章　旨】本章闡述太極陰陽的道理，說明修煉要注重陰陽氣機，但更要以太極為本。

【注　釋】❶無極太極　在本章中，無極與太極似乎並無分別，都是指陰陽未生成以前的原初統一體，因為後文中就只講太極而沒有講無極，可見無極在這裡並無獨立的意義。有時候兩者所指略有區別，無極是更本源的狀態，是一切二分性完全消失的萬化的本源，而太極是在無極的基礎上已演化到混元一氣的階段，其中的陰陽二分性已經開始隱含於其中了，故又稱「自無極而太極」。❷陽之升於上者為天二句　這是中國傳統文化中的一種哲學式的宇宙論，它的意義是象徵性的，並不是天文學意義的科學理論。在宇宙的演化過程中，從渾沌不分的太極狀態開始形成陰和陽兩種對立的力量，並進而展開為天地，這裡的天與地並不是具體的天文學或物理學的概念，而是指宇宙生成時所最初展開的萬物滋生於其中的場景。古人因為視界的限制，不知地球是圓的，且只是宇宙中的一顆星球而已，他們直覺地把我們所站立所生存於其上的大地稱為地，把頭上蒼蒼茫茫的天空稱為天，其實並沒有一個與地球相對稱的叫做「天」的星球。所以，古人所謂的天地，有一種直觀意義上的象徵性，指代我們所得以生存於其間的時空環境，包括地球和整個的天體在內。天地雖然並無嚴格的科學意義上的所指，但在古人的宇宙觀中又是很重要的一種理論分析的模型。❸人物得其理者成性二句　理和氣是宋明儒家思想中的核心範疇，氣是組成萬事萬物的物質材料，理是萬事萬物成其為某一事物的形式依據。明清以來的內丹學家常常引用理和氣來解釋丹道裡的性與命，理與氣是普遍地講，落實到具體的生命體來講就是性與命了。❹萬古不磨　長存不壞的意思。磨，磨滅；毀壞。❺寤寐　醒著和睡著。寤，睡醒。寐，睡著。

【語　譯】天地萬物之所以能夠生生不已變化無窮，其根本原理不過是一陰一陽，兩種力量你來我往矛盾運動，不間斷地起伏消長罷了。但是陰陽的變化消長矛盾運動，都是屬於萬物生成以後的事物變化，如果要追究陰陽變化的根源，則只是陰陽還沒有分立時的無極太極，無極太極是渾渾淪淪的狀態，無窮廣大，無限深遠，無法用儀器去測量，無法用感官去辨識，無法用語言文字去描述。

只有在太極靜極而動，陰陽開始有分化的跡象，萬物開始從造化中分出形狀，然後陽氣上升成為天，陰氣下降成為地，天地開始定位，人與萬物得到太極所賦予的理而成為性，得到太極所賦予的氣而成為命，然而太極本身並不因此而有所減損。就是天地沒有開始形成、人和萬物還沒有生成以前，太極處於渾渾淪淪無邊無際的原始狀態時，也並不因此而有所增益。太極是萬物所以生之理，雖是無形無象不可捉摸的，但實在是天地萬物的主宰。《易經》上說：「《易》有太極，是生兩儀」，這就是說陰陽兩儀的形成，無不是從太極發展而來的。

當太極發動而成為陰陽，這是因為其中的氣機積蓄到極點時必然要展開來，並不是太極本身有所謂的動，我們說太極發動，是指其中的氣機的由屈到伸的展開過程；等到太極靜下來陰陽又返歸於太極，這也是因為氣機要回歸根源返回本初，並不是太極本身有所謂的靜，我們說太極靜下來，也是指其中氣機由伸到屈的收縮過程。要而言之，氣機有動靜可言，但太極無所謂動靜。

你們學道的人務必要明瞭太極這個源頭，才不至於墮入到後天夾雜人欲之私的形體和氣機中。這個太極在我們人身來講，就是在父母未生這個人身以前，則只是一片虛無而已，這個時候有什麼動靜可言？這個先天虛無的境界就是太極。但是雖然太極之中無動無靜，可是所有的動靜的契機與可能性無不蘊含在這個虛無之內，所以以前的儒家所講的「理可統氣」，就是指這個。等到氣機一動，落實到具體的人身上，從此太極就判為兩儀，而分出了陰陽，人身的五官百骸從此開始形成。這其中的一陰一陽之間，所有往來升降的矛盾運動，統統不能離開太極之理，如果沒有太極之理的主導，則人身也只不過是一塊沒有生命靈性的肉體物質而已。

你們這些學生既然懂得，修煉要採取陰陽變化的氣機，以作為長生的藥物，但尤其要知道，只有進入太極的渾然不分狀態，才是修煉成為神仙的根本，這陰陽的氣機與太極的渾淪，二者不允許有所偏廢。比如在打坐的時候，一心一意凝神靜心，把雜念思慮去除，放下塵世幻緣，只是以無心為心，從那種有意無意之間，感受到一種渾渾沌沌純一不移的境界，這就是得到了天地原始的氣機而成為人身的元氣。於是從外面調整口鼻呼吸這個凡息，而內在則蘊含著天然呼吸這個神息，一上一下，往來不停，這種呼吸氤氳的作用沒有窮盡，這樣一來，那使得天地永存萬古不滅的太極陰陽的作用，就體現為這種人與萬物生生不息的變化運轉了。你們在修行用功的時候，一定要達到什麼也不想，一念也不生的境界，這樣就可得太極之理了。而調節神氣，運行周天，這就是修陰陽之氣。我們說天地之所以能萬古不滅，正是因為有這個太極之理和陰陽之氣的運行，但天地本身是無為的。我們能效法天地這樣無為而行，而又生生不已，就可以盜得天地的元氣了。

說是盜天地的元氣，其實又哪裡有什麼盜不盜呢！人與天地同屬於一個理與氣，但為什麼天地可以長存不滅，而人物則有生有死呢？這只是因為人的生命形成以後，即使能夠過一種簡單的生活，並在生活中注意涵養，但無奈氣只是氣，沒有得到無思無慮的真神主宰，於是紛紛紜紜，在醒夢之間糾纏不休，氣雖然還是陰陽之氣，但卻沒有太極之理的主導，況且太極之理既然沒有保存，則陰陽氣機也因此而衰弱不振。只有以無思無慮、無作無為的太極狀態為本，讓陰陽氣機的流行完全聽任於天道的自然無為，這樣雖然沒有有作有為的採煉功夫，沒有主動的作為和練功意念，而總是一切出於自然，沒有一點後天運行的痕跡，但這正是最高一層的用功方法，這樣就能在虛靜無為中與道合一，而道本身則是合於自然。不過話又說回來，剛開始下手用功時，人的心念起滅不定，氣息的往來也不調和，在這樣的情況下不得不用勉強的辦法來平息思慮雜念，調和氣息，但又不可過分地著意。如果太著意了，都是屬於後天之物，不是先天之道，即使對身心有好處，也不過是使後天的身體健康而已，這是不能夠修煉成永恆的法身的。大家對這一點體會到了嗎？

【研　析】這一章從太極陰陽的角度論述了內丹學的重要原理，以下我們對此略加闡釋。在內丹學的理論框架中，一般以「煉精化氣」、「煉氣化神」和「煉神還虛」作為其基本的理論模式，而本章中的太極相當於「虛」一層次，「神與氣」則相當於「陰陽」的層次。「精、氣、神、虛」可以看成一個「從實到虛」的無限相續性的系列，它們之間互相含蘊而互有顯隱。「虛」（太極）是無形無相的本源，萬機潛蘊其中，具有無限的可能性，從無形的「虛」到有形的萬物的順向演化，是一個從「無」到「有」、由「虛」到「實」的信息顯化歷程，同時又是一個萬能性逐漸縮減的過程，因為越是「有形」的層次，事物就越具體，就形成了顯著的差別，有了事物之間的差別就有了相互矛盾，就不能相互融通為一體，所以是一個「由實生礙」的過程。它們之間既然可以互相轉化，說明它們存在內在的統一性，它們來自於同一的本源（虛或太極）；但處於不同的演化階段有不同的功能效果，只有達到「還虛」的層次才能虛靈無礙而達成超越。從太極到陰陽到萬物的順向演化是「從先天到後天」的「由虛化實、由實生礙」的過程，而從萬物到陰陽到太極的逆向演化則是「從後天返先天」的「由實返虛、由虛而通」的修煉過程。通過逆向修煉而重返本源，重返無形無相的太極本體，人就從有限而回到無限，就獲得了永恆與超越。內丹學「煉精化氣、煉氣化神、煉神還虛」的修煉過程，正是從萬物到陰陽到太極的逆向演化過程。

因此，回歸太極本體狀態才是修煉成仙的根本，而陰陽氣機的修煉則是回歸太極的方法與過程，兩者相互配合，是內丹學修煉的根本原則。在陰陽未生以前的太極，雖也蘊含有理有氣，但氣沒有顯現，顯現只是無形之「理」，「理」可以理解為相當於包含萬物運化程序的全息的信息元。等到由太極而分化出陰陽二氣，則陰陽氣機的運化是顯現的，而陰陽二氣之所以能如此運化的程序規律即理則是隱含於氣機運化之中。陰陽的氣機有動有靜，有增有減，但其所以能動能靜、可增可減之「太極之理」則本無動靜，並無增減，因為動靜增減只是陰陽氣機不同信息的顯現與隱藏的差別，從那個太極之理來說，它只是一個全息元，從信息的全體來說並無動靜增減。對修煉來說，陰陽氣機有變化有增減，但我們的心要無變化無增減，即所謂的「無思無慮、無作無為」，這樣我們就能從陰陽的部分的運化狀態，上契於無動靜無增減的太極整體的狀態，這樣就能超越有形事物的生滅變化的層次，而回歸於太極本體的無限與和諧。如果我們局限於後天陰陽的變化，那麼修煉最多只能影響到後天肉身的健康，而不能返本還源，進入永恆的道境。這就是本章所要論述的內丹學修煉的一個最重要的原理。

卷二

一肩斯道章第一

夫人為學之始，總要先明各人分際。如禍福死生，榮辱休戚，是非成敗，美惡好醜，皆天為之也，而毫不操諸己；惟進德修業是我事功，修性煉命是我學問，我可以主張得。且德業為我之本，性命是我之根，可以隨我生死，去來自如，極之億萬年而不變。苟不自盡，而徒求之於天，不唯越俎代庖❶，了無所益，且將我全副精神困在裡許，我之真實色相❷湛然常寂者，且因之而汩沒❸矣。能見及此，舉凡外感之來，無端之擾，全憑眼有智珠，胸藏慧劍，不難照破妖魔，斬斷牽絆。無奈人於一念之持不能恆久，故孔子曰：「知及之，仁不能守之，雖得之，必失之。」❹觀此尤貴久於其道，不以有物累無物❺，方能以無物照有物，綿綿密密，不貳不息，上下與天地合德，方是仁守之功。雖然，其理如此，其工匪易。

當下手之初，未必能知，即知未必能守，不妨凝神於虛，調息於漠，使氣有所歸，神有所主，氣不妄動，神不外遊，久久神入氣中而不知，氣包神外而不覺。如此涵養日久，蘊蓄功深，即協天載於無聲無臭，此即吾教之真混沌，不墮旁門之寂滅也。吾甚怪今之儒者，以此欲淨理還❻，為大道之究竟，不肯於百尺竿頭再求虛而能實之真際，不免理欲迭見，終不能成大覺如來，而且挾井蛙之見，毀謗交加，意欲傾滅吾道而後已。其間非無哲士力辯其誣，無奈一齊之傅難敵眾楚之咻❼，唯有搔首問天，付之無可如何而已。此大道之所以無傳，世道之所以愈壞也。於此有獨立不移、遇魔不退、見難不辭而一肩斯道者，其功詎不偉哉！吾為諸子幸矣，且更為諸子勉焉。玄關一竅，是修士第一要務，然不得太極無極之真，焉得玄牝現象？如曰有之，亦幻而不實。夫修丹之要在玄牝，玄牝乃真陰真陽混合而為太極者也，但未動則渾淪無跡耳，故曰無極。由無極而忽然偶動，即太極動而生陽，靜而生陰，一動一靜互為其根。此陰陽氣機之動靜，即萬物之生成肇焉。大修行人將神氣打成一片，於此而動，是太極之動，神與氣兩不相離也；於此而靜，是太極之靜，神與氣自成一致也。其曰「坎離交而生藥，乾坤交而結丹」，亦無非此真陰真陽之動靜為之，亦無非此太極圓成之物致之。雖曰藥曰丹，亦非二也，不過陰陽初交，始見靈氣之發皇；迨至丹成有象，是採外來之靈陽以增吾固有之元氣，故曰「以外藥配內藥」。及收歸鼎爐，封固溫養，焉有不神超無極耶？但恐克念作聖，罔念作狂[8]，一息之不檢，或接人而為人所牽，應物而為物所繞，於是神為氣動，氣因神遷，神氣之歸一者而今又分為二矣。神氣既分，心志愈弛，而天地生我之靈、父母予我之德，其所存者亦幾希。古云「氣息奄奄，朝不及夕」，未嘗不自神氣分而為二所致也。吾今叮嚀告曰：夫人神氣未交，必求其交。慎毋一念之不持，而自即於危殆；一事之不謹，而自陷於沉淪。物欲是幻化之端，性命乃固有之德，與其貪物欲一時之樂，何若求吾千萬年性命之真？又況得之與不得，有命存焉，非等良貴[9]，可以由我自主，一得永得之為愈也。吾更為呼曰：所求無他，只是胸懸明鏡，手握寶刀，照破妖魔之膽，拔除物欲之根，不使一有所繞焉足矣。此即古人云：「應事接物時，須把靜中所修所得光景，時常玩味可也。」總在學者振頓精神，常將真我安止虛無竅中，不許神氣偶離。即孟子平旦之氣由此常操常存，以直養而無害，則塞乎天地之間是[10]。但恐事物紛投，不得不用心力。然須事了事，心了心，斷不令外事之牽我心，客氣之動我主。如此用不著於用，物不著於物，四大皆空，萬緣盡滅。然而此境未易到也。

其初不妨以心光目光直照丹田，久則神歸氣伏，自返還太極之天。古云：「入定工夫在止念，念頭不止亦徒然。」必妄念克除，而後真息乃生。真氣既生，則元神自活。夫以氣之精爽為心，心之充塞為氣，氣與心是二而一者也。吾今所示，實為切務。藥在此，丹在此，神仙之成亦無不在此。道豈多乎哉！

【章　旨】此章旨在說明一個人修道要先明確自己的生命方向，不為世俗的物欲虛榮所誤，而能煉就一顆不為外物所擾之心，獨立不移之志，而一肩斯道。真心不動，則神氣相交，玄牝現象，丹道可成。

【注　釋】❶越俎代庖　意思是廚子即便沒有做飯，掌管祭祀的人也不能越過自己的職守，放下祭器去代替廚子做飯。比喻一個人越過自己的本分，去從事自己不該做的工作。《莊子．逍遙遊》：「庖人雖不治庖，尸祝不越樽俎而代之矣。」❷真實色相　指一個人的真正的生命實相，與外在的色相相對，實際上是無相的性命。❸汩沒　埋沒。汩，水流的樣子。❹知及之四句　在知見是能達到，但在德行上不能保持住，即使得到了也會失去。語見《論語．衛靈公》。❺無物　指一個人無形的心性。在這裡，「有物」指外在的客體，「無物」指內在的主體。❻欲淨理還　宋儒理學主張存天理，去人欲，「欲淨理還」意即人欲淨盡，天理流行。❼一齊之傅難敵眾楚之咻　一個人的教導無法抵得上眾多人的擾亂。傅，教導。咻，喧鬧。語出《孟子．滕文公下》：「一齊人傅之，眾楚人咻之，雖日撻而求其齊也，不可得矣。」❽克念作聖二句　能制伏欲念即可成為聖人，被欲念所蒙蔽就會成為瘋狂之人。罔，蒙蔽。《尚書．多方》：「惟聖罔念作狂，惟狂克念作聖。」❾良貴　這裡指性命之真。❿以直養而無害二句　由於能夠徑直涵養它而不加以損害，則能使這個浩然之氣充塞於天地之間。《孟子．公孫丑上》：「『我知言，我善養吾浩然之氣。』『敢問何謂浩然之氣？』曰：『難言也。其為氣也至大至剛，以直養而無害，則塞於天地之間。』」

【語　譯】一個人研究學問追求真理，一開始就要先把握住各人自己的生命大方向。比如一個人的禍福死生，榮辱休戚，是非成敗，美惡好醜等等，都需依賴於外在的客觀環境與條件，一點也不能只靠個人的努力就能取得成功；只有品德的涵養、道業的增長才是人生大事業，性命的修煉才是生命的大學問，這是我們可以憑個人努力就可以追求得到的。更何況道德事業是我們生命的根本，性命是我們生命的本元，可以隨著我們一同生死，到達去來自如的境地，修到極點時可以億萬年不變，成為永恆的生命存在。如果不充分發揮自己的能動性，而是徒然地企求上天的庇護，這樣不但屬於越俎代庖，一點益處也沒有，而且將一個人的全副精神都困在裡面，使我們那靈明虛寂的真實生命也因此而被埋沒了。

能夠認清這個道理，對所有的來自外面的遭遇，無端的干擾，就全憑智慧的眼光與胸襟，能夠看穿這些外在的不利因素，斬斷對這些外在干擾的牽掛。無可奈何的是，一般人對於這一念之間的把握不能恆久地保持下去，所以孔子才說：「在認識上能夠意識到，而在仁德上不能保持下去，雖然得到了，最後也一定會失去的。」由此看來，恆久地念念在道上尤其重要，不因為各種具體的生活遭遇而牽累我們本來是空無一物的真性，才能以空靈的真性觀照各種塵勞事物，如此綿綿密密，一心不二，相續不斷，上下與天地同流合德，才是持續地保持仁德的功夫。

雖然道理如此，但這個功夫做起來實在不容易。一個人剛開始著手下功夫的時候，未必就能知道什麼是真心，即使知道了，也未必能夠時時守得住。因此，有效的方式就是先把精力集中到專門的練功上來，在功中凝神於虛無之地，調息於渺漠之鄉，使氣有所歸，神有所主，氣不妄動，神不外遊。久而久之，神入氣中而不知，氣包神外也不覺。這樣神氣相守合一，涵養時間一久，積蓄多了，功夫自然深厚，功夫打成一片，這樣就與無聲無臭的大道和諧統一。這就是我們教派倡導的虛中有實的真混沌，它不會誤入旁門那種看似無為虛無，最終卻落入寂滅頑空的可悲境地。

我很奇怪現在一些儒家知識分子，把這個人欲淨盡天理流行的境界，以為是大道的究竟，卻不肯從這個百尺竿頭上更進一步，從虛靜之理中取得神氣妙用的真實境地，這就不免局限在以理除欲、除欲歸理的循環中，最終不能成為徹底覺悟，與道合一的大覺如來。而且這些人以其如同井底之蛙的狹隘見解，對我們丹道修煉肆意進行誹謗攻擊，欲置我們大道於死地而後快。這期間並不是沒有修道大哲出來，辯駁他們的誣衊，無奈就像《孟子》裡所說的，如同楚國人學齊國語，一個齊國人教導，又怎能敵得過楚國那麼多人的喧鬧聲呢？對這種局勢，我們也只能仰首問天，無可奈何而已。這也就是大道失傳，而世道越來越壞的原因。在這種形勢下，如有人能不隨流俗，立定修道志向，堅定不移，遇惡魔而不退卻，見危難而不迴避，而挺起肩膀承當起弘揚大道的責任，這功業豈不是很偉大麼！你們這些弟子都是堅心向道的人，所以我為你們慶幸，也更要勉勵你們。

識得玄關一竅，這是修道之士的第一要務。然而，如果得不到太極無極的真實道理，又怎麼能得到玄牝顯現的境界呢？誰要說不通過這個途徑能夠得到，那必定是幻而不實的假象。修丹道的關鍵在於顯現玄牝，玄牝就是真陰真陽混合為一而成的太極境界，當其氣機未動時則渾然無跡，所以叫做無極。由這個無極的狀態忽然發動，就是太極動而生陽，靜而生陰，一動一靜，互為其根，有了這個陰陽氣機的動靜變化，就開始了萬物的生成。大修行人能將神氣打成一片，神即氣，氣即神，在這個狀態下產生的動，是太極之動，神與氣兩者並不脫離；在這個狀態下產生的靜，是太極之靜，神與氣仍自保持一致。丹經中所說的「坎離交而生藥，乾坤交而結丹」，也無非就是這真陰真陽的動靜而造成的現象，也無非就是這陰陽合一的太極圓融境界所導致。雖然說藥說丹，也不是指藥與丹是兩回事，不過是陰陽初交，剛剛見到靈氣顯露，才稱它為藥；等到它壯旺圓滿，就像用藥物製丹完成，故稱它為丹。等到身內丹藥成功，有了實在的跡象，這是屬於採取身外宇宙的靈陽之氣，增補自己固有的元氣，故稱為「以外藥配內藥」。內外藥相配，收歸上下丹田封固溫養，怎麼會不使元神超脫而入於無極呢！

但只怕能制伏自己的妄念才能成聖，而一念懈怠就會胡思亂想，只要一息之間稍微不檢點，或者待人接物被人和事物牽纏而心受打擾，於是神因氣而動，氣因神而散，原本是神氣已經歸一的狀態如今又分裂為二了。神氣既然已分散，精神意志會更加紛馳，從而使天地生我的那一點靈氣，和父母所給予我的先天之德，能夠留存下來的也就所剩無幾了。古人所說的「氣息奄奄，朝不及夕」，這種生命垂危的狀況，又何嘗不是神氣分裂為二所導致的呢！

我今天要特別叮囑你們，如果一個人的神與氣沒有相交，一定要使它們交融。千萬要警惕，不要因為一念之間不能把持，而使自己處於危險之境；或者在一件事上不謹慎，而使自己墮落沉淪。追求物欲只是一時的虛幻不實的享受，而內在的性命才是一個人真正的財富，與其貪圖一時的物質享受，又怎麼比得上尋求我們那千萬年永存的真實性命？更何況那些物欲的追求能不能實現，還要取決於一個人的命運等現實條件，這遠比不上我們內在的固有的財富，可以由我們自己作主，一旦修道成功就可一得永得。

我更要對你們大聲疾呼：修道所求無他，只是心胸之中保持如明鏡般的覺察力，手握斬斷妄念的寶刀，用智慧之鏡照破妖魔之膽，用斷妄之刀拔除物欲之根，一點也不受它們打擾就足夠了。這也就是古人所說的：「應事接物時，必須把在靜修中所體驗到的境界，能運用到生活中去，時時在日常生活中玩味就可以了。」總之在於學功者振奮精神，常將能作主的真我安靜地定在虛無竅中，不允許神氣有一刻分離。這也就是孟子所說的養氣之道：時常操存清晨時的浩然之氣，直養下去，不要破壞這個清明祥和的境界，則此浩然之氣不但充滿周身，而且遍布天地之間。

只怕應酬的事物太多，不得不耗費心力。但是在這種情況下，必須做一件事了一件事，事過無痕；用一番心了一番心，心心無住。千萬不要讓外在事物牽纏住自己的心，也不讓應接外物之氣擾動自己靈臺的主人。這樣，用心也不住著於用心，接物也不住著於接物，四大皆空，萬緣盡滅，一切的經驗都當下消融而無牽無掛。然而這種境界不容易達到。起初不妨以心光目光直照丹田，時間長了自然神歸氣伏，也自然就能達到神氣合一的太極境界。古人說：「入定工夫在止念，念頭不止亦徒然。」一定要妄念消除了，然後真息才能產生。以真息帶動真氣，真氣既生，元神也就能顯現作用了，其實氣之能動的作用就是心，心之物質的載體就是氣，氣與心雖說是二，但其實是統一的。我今天所講的，都是實實在在要做的功夫。藥也在此，丹也在此，要修成神仙也在於此，道也就在此，又哪裡有更多的祕密呢！

【研　析】本章的重點在於明示一個人的分際，確立修道的世界觀。一個矢志修道的人是一個活在自己內在的境界裡的人、一個生活在空無而又充滿喜悅的境界中的人。他做什麼並不重要，他不一定要做「偉大」的事情，他不一定在這個世界上聲名顯赫、留芳千古；他自身就是「偉大」的，無論他做什麼，都是「偉大」的事情，他賦予每一平凡的事情以偉大的意義。從修道的超越境界看來，那些在這個世界裡顯得很「成功」的人無一例外都「失敗」了，因為最後他發現他什麼也沒有，所有那些外在的名聲、地位、金錢、權勢都無法使他的生活免於身心的疾病，都無法使他獲得生活的真正的喜悅，他終將「一事無成」地孤獨地離開這個世界。不要為別人的眼光而生活，不要做永載史冊的「英雄」，而要做默默無聞的寂寞的「聖賢」。一個生活在內在境界裡的人活在內在的真實裡，而把外在世界當作一個舞臺，在外在世界裡作一個演員，他從不把外在的功名利祿當成真實。而一個生活在外在世界裡的人，卻把自己真實的生活當成演戲，把外在的功名利祿當成真實，用自己的生命作代價去獲取無用的虛名。修道是永恆的追求，那些在時間之流中短暫的事物存在是不值一提的，更何況一個人的富貴榮華，成敗禍福等並不是我們能夠僅憑自己個人的努力就能追求得到的，在很大的程度上這些外在的功名利祿取決於一個人生存的先天環境和客觀條件。只有修道是修煉我們固有的性命，它是我們本身就有的內在的財富，是完全可以操之在我的，而且它是我們的真正的生命存在，可以成為一種永恆的超越性境界。一個人要想在修道上有所成就，就先要把握自己生命的大方向。

當然說修道可以操之在我，是指修道不需要依賴於任何外在的對象，而是修煉自己的本有的真性命，是在我們自己的心上用功。但是，這並不是說修道就很容易，因為心是最難控制的，我們不能作自己心的主人，尤其是作為一個現實的人生存於世，總還要應對各種各樣的世事塵緣，我們的心就總是隨著外緣而變動，心總會受打擾，有種種牽掛。如此一來，我們的身心是分離的，我們的神氣是不能相交的。黃元吉在本章中告誡我們，要「眼有智珠，胸藏慧劍」，時時警覺，不被外物所牽，讓每一件事都在當下了斷，讓每一個心念都在當下消融，不留痕跡，無牽無掛。

從認識上明白這個道理不難，偶而能有警覺心也不難，難的是把這種正念、這種警覺心時時處處都能保持下去，貫穿到事事物物之中去，這是最困難的修道功夫。一開始的時候，還是要有具體的功法，全神貫注地凝神調氣，使氣不妄動，神不外馳，慢慢地使神氣合一，進入真陰真陽相交而玄牝顯現的太極境界。最後使坎離交而身心一體，乾坤交而天人合一，則煉丹可成，神仙可致了。

另外，本章還批評了一般的俗儒之見，認為一般理學家所講的「人欲盡，天理還」還只是修養的初步境界，必須進一步深入下去，從虛靜的境界中顯現出真實的神氣妙用。可是，一般的理學家並無深入的修道體驗，卻坐井觀天，反而批評丹道為異端邪說，眾口一詞，使丹道的弘傳受到限制。其實黃元吉本人對儒家並無偏見，反而是相當推崇的，認為儒家聖人與丹道是一致的，但他反對一般的自以為是貶斥丹道的理學家。

心性空明章第二

下手採取精氣，必要心息相依，神氣不違，真陽真藥即從此發生出來。行工至此，又要知以定為水，以慧為火，日夜修持，隨動隨靜，總要心性空明，定而不亂，然後此個元氣真陽才暢發得起來。若慧覺花開，此是真慧，不可無也。今之思慮不息，智謀日多，此是知覺之心，在人謂之智能，而吾道家則目為邪火。何也？有思慮靈巧，即有營營逐逐之私心，有此私心，得之則喜，失之則怒，怒為邪火，為身心之害者大矣。故曰：「瞋恚之火一燃，胎息去如奔馬，直待火滅煙消，方才歸於廬舍。」所以修行人最忌者，莫如瞋恚之火。而去瞋恚之火，莫如守拙守愚，那聰明才智半點不用，不唯不用，且必忘焉，然後真氣始育。古來得道之士，所以多愚樸也。昔子貢見一丈人提甕灌園，曰：「何不為桔槔之便？」其人答曰：「此機械也。從來有機事者必有機心，吾不為也。」❶此非仙人不能見及此。吾今日不願生多智能，但願生等如顏子墮聰黜明❷，耳目之用一概不事❸，斯得一心不貳，道庶幾矣。且嗔怒之發，最為真氣之累，又安能使之無哉？而要不外一覺。心未生嗔時，我唯靜定為宗，既動嗔時，我唯以覺照之，務令隨起隨滅，庶無傷丹之患。由此思之，動為陽為火，靜為陰為水，大凡身心一動，必須慎以察之。古人慎獨之工，職是故也。總之，動靜之時，在在處處俱要無煩惱之念。須知欲無煩惱，必先除思慮，塞兌垂簾❹，動亦定，靜亦定，如此動而神氣一，靜而神氣一，自然日充月盛，學成金仙矣。吾見生各有家務，有妻室兒女，不能如方士出遊在外毫無一點事情，必有人倫之應，庶物之酬，稍不及防，思慮糾纏，即屬凡火傷丹。吾今特將上品煉法示之：爾生務須隨事應酬，不可全不經心，亦不宜太為計較，唯從容靜鎮，思一過即置之，行一念即忘之。如此酬應，雖日夜千頭萬緒，無傷矣。如此用心，用而不用，不用而用，益生聰明智能❺，益見安閒恬淡，此即大道常存，而真氣日充矣。吾見生行工數年，疾病難捐，只緣動念起火而傷元氣。如依法行持，元氣一壯，百病潛消，長生可得矣。

【章　旨】此章明煉丹總要心性空明，定而不亂，元氣才能暢發。黃元吉從正反兩方面來論述達到心性空明的必備的條件。在後天經驗層面，必須摒除人為的聰明智能，才能不起私心，不因得失而起瞋恚之心，而瞋恚之心是傷丹的邪火；在先天的超驗層面，就是要開發真智慧，能隨事觀照，隨念覺知，從而心常合道。

【注　釋】❶昔子貢見一丈人等句　《莊子・天地》：「子貢南游於楚，反於晉，過漢陰，見一丈人方將為圃畦，鑿隧而入井，抱甕而出灌，滑滑然用力甚多而見功寡。子貢曰：『有械於此，一日浸百畦，用力甚寡而見功多，夫子不欲乎？』為圃者仰而視之曰：『奈何？』曰：『鑿木為機，後重前輕，挈水若抽；數如泆湯，其名為槔。』為圃者忿然作色而笑曰：『吾聞之吾師，有機械者必有機事，有機事者必有機心。機心存於胸中，則純白不備；純白不備，則神生不定，神生不定者，道之所不載也。吾非不知，羞而不為也。』」❷顏子墮聰黜明　顏回廢除自己的耳聰目明而不用。黜，免除。聰明，原指耳能聽，目能視，引申為一個人的聰明才智。《論語》中孔子多次稱讚顏回，說他修養的功夫很高，如說：「回也其庶乎！屢空」，「賢哉！回也。一簞食，一瓢飲，在陋巷。人不堪其憂，回也不改其樂。」但說顏回「墮聰黜明」，則是出自《莊子》中記敘的孔子和顏回關於「坐忘」的一段對話，其實是莊子自己的思想。《莊子・大宗師》：「顏回曰：『墮肢體，黜聰明，離形去知，同於大通，此謂坐忘。』」❸耳目之用一概不事　在靜坐練功的過程中，要耳無所聞，目無所視，不被外面的聲色所迷惑。但是，人在生活中不可能一點耳目都不用，實際上只要用而不著於用，時時返聞返觀於能見能聞的自性，而不被境所轉即可。❹塞兌垂簾　閉塞耳目等感官。兌，通「穴」。指耳、目、口、鼻之類。簾，指眼簾。❺益生聰明智能　按：前面說「不願生多智能，但願生等如顏子墮聰黜明」，為什麼這裡又說「益生聰明智能」呢？因為前文是說世俗的聰明智能會使人產生私心雜念，影響修道的入定，而此處則是指修道的人一旦能夠由定開慧，在日常處事中能念念歸真，用心而不滯於用心，則自然會使聰明智慧增長。這是一種自然的結果，而不是人為的追求，是在清明的心態下所產生的清晰與明覺，與前面所講的後天的聰明習氣不屬同一個層次。也就是前面所講的「慧覺花開，此是真慧，不可無也」。

【語　譯】當下手採取精氣時，必須心念和呼吸相配合，使神氣兩者不相違背，真陽之氣煉丹之藥就是從這種狀態下生發出來。功夫達到這個境界時，又要懂得以定靜為水，以慧照為火，使水火相濟，日夜修持，無論是在動中還是在靜中，總要保持心性空明，定而不亂。如此綿密用功，這個作為真陽的元氣才能暢發得起來。

如果在定靜之中心性明覺，智慧花開，這就是定中生慧，是修道過程中不可缺少的好現象。這種智慧與人們通常那種思慮不斷，智謀一天天地增長是完全不同的，那是後天知覺之心。在普通人稱它為智能，而在我們道家卻將它視為邪火。為什麼呢？因為有計較分別等看起來靈巧的思慮，就會有鑽營逐利的私心。人有了這種私心，一旦欲望滿足了他就高興，得不到滿足他便惱怒。惱怒就是邪火，它對身心造成的危害非常大。因此說：「瞋怒之火一燃燒，胎息的功夫就如快馬奔馳一樣馬上就消失了。只有等你把惱怒之心完全平息之後，才能使元氣慢慢收回丹爐之中。」這就使元氣耗損，前功盡棄，所以修行人最忌諱的就是瞋怒之火。

而要消滅瞋怒之邪火，最好的辦法就是保持簡單老實的純樸之心，將後天的聰明才智半點都不用；不但是不用，而且要將它忘掉，然後真陽之氣才能得到培育。正因為如此，所以古來的得道之士，大多是簡單樸實的。比如以前孔子的弟子子貢，見有個老人提著瓦罐澆水灌園，子貢便問他說：「你怎麼不造個水車，灌溉起來多方便呀！」老人回答：「水車是機械。從來製造機械的人，必然有機巧之心。我不願用機械。」這個老人家要不是神仙中人，不能有這種遠見卓識。我現在不希望你們這些弟子多有智謀機巧之能，但願你們能像顏子那樣，把世俗的聰明才智都廢除，耳目這些感覺器官都要盡量少用，這樣才能一心不二，可近於道了。

況且人一生氣發怒，最容易傷害真氣，那麼又怎樣才能不產生瞋怒的危害呢？根本的辦法不外乎一個警覺心。心裡還沒有生起惱怒時，我就一心一意保持靜定的狀態；已經生起惱怒之心時，自己就要立即以警覺之心觀照，務必使它隨生隨滅，讓它當下消融於空無之中，這樣才不會有傷丹的危險。由此思考，動為陽為火，靜為陰為水，只要身心一動，就容易火起，必須謹慎地覺察自己的心，心靜則能以水濟火。古人所說的「慎獨」之功，也就是這個道理。總之，不管是在動中還是在靜中，隨時隨地都要無絲毫煩惱之念。還須知道，要想無煩惱就必須先除思慮，耳無所聞，目無所視，動也是定的，靜也是定的，在動中在靜中神氣都能合一。這樣下去神氣日積月累，自然一天天地充實盈滿，可以修成金仙了。

我看你們這些弟子每個人都有自己的家務，有妻室兒女，不能像遊方道士那樣雲遊在外，毫無一點事情，你們必然有家庭人倫上的應對，社會上待人接物的應酬，稍不小心提防，陷入思慮糾纏之中，這就屬於凡火傷丹的情形。我今天特將上品的修煉方法明示給你們：你們務必在應酬一切事物中，不可全然地漫不經心，也不宜過於用心計較。唯有從容鎮靜，當事情來了就用心去處理，心一用過馬上放下；起了一個念頭，不要跟隨它，要立即把它忘了。如此應酬事物，縱然日夜千頭萬緒，也事過無痕，心無掛礙，不會耗傷神氣。如此用心，就是用而不用，不用而用，一個人的聰明智慧還會長進，而越發顯得安閒恬淡。能做到這樣的境地，就是大道長存心中，而真氣也會日日充實了。我見某弟子煉功已有數年經歷，到現在疾病都還難以消除，這原因就在於日常思慮太多，動念而生邪火，損傷了元氣。若依我說的方法堅持修下去，元氣一壯，百病都會不知不覺地消除，可以健身延年了。

【研　析】修道關鍵在於進入靜定之境，保持心性空明。心空，就是心中了無牽掛，空空如也；性明，就是覺性常在，隨時隨地保持覺知。可是，我們世俗所謂的聰明才智，卻是為了追逐自我的欲望滿足而費盡心機，終日裡分別算計，為一己之得失而喜而悲，一旦事不如願，則瞋怒心起，抱怨周圍的人和事。這樣的心態，又怎能入修道之門呢？即使辛苦用功，得到的一點成果也會被這把無明火燒光。所以，修道的人不貴聰明多能，反而要去掉自己的智能，保持純樸自然，讓心收回來，不去關注外在的客體，而沉潛於自己的內在的廣大的性體之中。當我們時常能記起自己的本性，就能隨緣應對外在的事務，而真心不動。事情來了，我們就用心去處理，但我們並不為這些事情所打擾，心在用處消融，不留痕跡。我們全然地活在當下，讓每一件事情都當下解決，每一個經驗都是完整的，一點也不留給將來。當然，在功夫未到家的時候，還難免會起煩惱，難免會有時起瞋怒之心，這時我們也要處之泰然，只是保持靜靜地觀照，當你觀照時，你就與它們分開了，你不是這些煩惱，不是這些憤怒，它們只是天邊的浮雲，來了又去，隨起隨滅。那個能觀照的中心，就是你的本性，它是超越於這些經驗之心的，它本來就是空明的，只是你把意識的重心落在各種意念上而沒有記起它。你把這些雜念煩惱之心當成了真實而認同它們，卻忘了真實的自己。但其實，一切的事也好，念也好，都是不停留的，只要你不執著於它們，不認同它們，它們就會自己當下消失，而本性就逐漸顯現出來。等到修道的功夫日深，由這種念念覺照而產生的鎮定與清晰中，你會越來越具備一種直覺的智慧，不用思考卻能明察秋毫，在這種意識的光亮之中，你會產生靈活的應變能力和透視事物本質的洞察力，這種智慧不同於世俗的聰明才智，它是出於無心的，是一種修道的自然結果，是毫不費力而具有的一種覺察力，所以不會造成得失增減的計較心。一個修道有成就的人，是大智若愚的，從世俗的眼光看，他是不圓滑的，不善算計的，他沒有分別心，像小孩一樣天真自然；但他並不是真的愚笨，在他空無一物的心性中，卻能直覺萬事萬物的緣起因果，映現出事物的本來面目。

煉心伏氣章第三

人之煉丹，雖曰性命雙修，其實煉心為要❶。心地清淨，那太和一氣自在於此❷。認得此氣真，採得此氣實，只須百日可以築基，十月可以結胎，三年可以超脫❸。所以古云：「辛苦兩三載，快樂幾千年。」不然，只徒煉丹，不先煉心，吾未見有成也。由是以思，人之煉心，第一難事。試觀古聖仙真有二三十年而未得入門者，蓋以此心未曾煉得乾淨，縱有玄關祕訣，何由行得？此煉心所以為第一步工夫。然煉心工夫又不區區在端坐習靜間也。昔邱祖云：「吾在鬧場學道，勝於靜處百倍。」又呂祖見開元寺僧法珍坐禪二十餘年，頗有戒行，未知真道，因化一道者入寺，見僧法珍問曰：「爾何學？」曰：「端坐靜養。」呂曰：「坐可成道乎？」曰：「然。」呂曰：「大凡學道，先須煉心；既煉其心，尤須伏氣；既伏其氣，無論睡眠，而道俱在其中。道豈在坐乎？」法珍不悟。因與上堂觀一僧坐禪良久，頂上出一小蛇，由左床足而下，入尿器，上花臺，過陽溝。呂以刀插其前，蛇畏，由右床足上，而復入僧頂。此見心地不清，化為毒蛇，百般幻妄，焉能成得道哉！又馬祖兀坐長林，有磨磚作鏡❹之譏。總之，學道人必於行住坐臥四威儀中，俱要不離此道。子思子曰：「道也者，不可須臾離也。可離非道也。」❺然此道精微，非舉足可企，倒不如吾師所示：性是慈愛的物事，命是身中氤氳之元氣。卻將此心安意順之念、活潑蓬勃之氣，常常玩味，不許一息偶離，不令一念參雜，此即古人云：「行住坐臥，不離這個。」「這個」即性命，性命即太極也。此為頭腦工夫，根本學問。再者，學始於不欺暗室，又曰慎獨。凡視聽言動，自家時時了照，稍違天理，即刻滅除。如此煉心，無在不是道矣。尤必加一調息工夫，方是煉命之學。然調息非閉氣之謂也，必要慢慢操持，始而有息，久則息微，再久則息無，始是命學之真。故曰：「伏氣不服氣，服氣不長生，長生須伏氣。」此個伏字，須要認清，不可徒然閉氣數息為也。須心無出入，息亦無出入，方是性命兼修之學。然猶未也。人生之初，始於一念。我必從混沌中認取一念之真以為丹本，又於真氣發生、沖突有象以為丹頭，於是行河車工法，即長生之道得矣。如此修煉，始不似僧法珍坐禪二十年，不遇祖師，了無以得也。爾等既知此法，必要用個了照心，恆久不已心，如此三年，大道必成。總之，煉心伏氣，二者必兼而修之。若但煉心，身命必難保固；若但伏氣，縱壽亦是愚夫。生須以兩者為法，時刻不離可也。

【章　旨】本章強調煉心的重要性，要在動中靜中都保持心地清淨，同時煉心要配合伏氣，性命兼修。

【注　釋】❶煉心為要　關於修性和修命的先後關係問題，請參看本書卷一第二十五章中的研析部分。❷心地清淨二句　按：此二句已經顯示了性與命相統一最高原理，在究竟的意義上，性與命是分不開的，心與氣是不二的，心地徹底清淨了，自然就會元氣充沛。太和，終極的和諧，太和一氣也就是先天一氣。❸只須百日可以築基三句　按：百日築基，十月結胎，三年超脫之說，乃是內丹學對於修煉過程的一個傳統的說法，其意義是象徵性的，並不是每一個人都是嚴格地遵守這個時間表。因為具體到每個不同的人，其體質不同，修煉的用功程度和悟性等也都不同，達到各個階段所需要的時間也就不同。❹磨磚作鏡　修道要在心性的主體上用功，如果光是在心外的客體上用功，就好比是磨磚作鏡。磨磚作鏡是指南嶽懷讓禪師啟示馬祖道一禪師悟道的一段公案。《古尊宿語錄》卷一：「馬祖居南嶽傳法院，獨處一庵，唯習坐禪，凡有來訪者都不顧。師往，彼亦不顧。師觀其神宇有異，遂憶六祖讖，乃多方而誘導之。一日將磚於庵前磨，馬祖亦不顧。時既久，乃問曰：『作什麼？』師云：『磨作鏡。』馬祖云：『磨磚豈得成鏡？』師云：『磨磚既不成鏡，坐禪豈能成佛？』」❺子思子曰四句　這是《禮記・中庸》裡的話，《中庸》是儒家四書之一，傳統上被認為是子思子的作品。

【語　譯】一個人煉丹，雖然說是性命雙修，其實還是以煉心為核心。只要心地清靜了，那個太和一氣也就自然來到身上。能夠真正認得這太和一氣，能真實地採煉到這太和一氣，只要一百天就可完成築基功夫，十個月就可以結胎，三年可以超脫。所以前人說：「辛苦兩三載，快樂幾千年。」不然，只盲目地去煉丹法，而不先煉心，我從未見過有成功的。由此也可想見，人之煉心實是第一大難事。試看古代那些仙真聖人們，他們當中也曾有人二三十年還未入門的。這都是因為心性不能煉得乾淨無塵，縱然知道了煉丹的玄關祕訣，又怎麼能由此而煉出名堂來呢？這就是為什麼說煉心是修道的第一步功夫的原因了。

然而，煉心的功夫又不僅僅局限在打坐時的習靜入定上面。昔日邱處機祖師說：「我在人多熱鬧的場合煉心學道，要比一個人獨自靜修時勝過千百倍。」又比如當年呂洞賓祖師，見開元寺的法珍和尚坐禪二十餘年，持戒精嚴，頗有道行，但沒有悟得真道。於是呂祖假扮成一般道人進了開元寺，見了法珍和尚便問他：「你是如何學道的？」回答說：「我的方法是端坐靜養。」呂祖又問「端坐靜養可以成道麼？」回答說：「當然可以。」呂祖說：「大凡學道是要先煉心的。能夠煉心後，更要懂得伏氣。能夠做到伏氣，你就是睡覺，大道也自在其中。道又怎麼能局限在靜坐時才有呢？」法珍還不明白。呂祖於是和他走上禪堂，見有一位和尚坐禪已經很久了，頭頂內爬出一條小蛇，由和尚坐的左床腿爬下地，進入尿盆後，又上花臺，過陽溝。呂祖就抽出一把刀，插在蛇的面前，蛇就害怕而轉回，又從右床腿爬上床，回到和尚的頭頂上進去了。由此可見這和尚就是因為心地不清淨，這些幻覺雜念化為毒蛇，有這種種虛幻與妄想，怎麼能修煉成道呢？又有一個禪門的故事，也說明這個道理。禪門一代宗師馬祖道一當初學道時，獨自一人山中枯坐，被他後來的老師南嶽懷讓禪師譏笑為「磨磚作鏡」。總而言之，學道之人必須要於行住坐臥這四種狀態中，都要不離這個心性之道。儒家子思子說：「道這個東西，一刻也不能離開它。凡是可以離開的就不是道。」

不過，悟道之境精微奧妙，並非舉手投足之間就可以達到，倒不如按我們師父所指示的：性就是那一腔慈愛之心，命是身中流布的元氣。一個充滿慈愛之心的人，就會心平氣和，只有將這個心安意順的念頭，和身中活潑蓬勃的元氣，常常加以體察玩味，不許它們一時一刻離開，不許任何雜念參雜其間，這種功夫就是古人所說的：「行住坐臥，不離這個。」「這個」就是指性命，性命也就是太極。這就是做功夫的中心要領，做學問的根本要旨所在。

從另一方面說，一個人學功夫，要從不欺暗室開始做起，就是說即使一個人獨處一室，也要管好自己的心，不能有一點壞的心念，這又稱為「愼獨」。不管是看還是聽，說話也好，做事也好，自己要時時謹慎觀照自己的心，稍有一點違背天理良心的意念和行為，都要即刻滅除。能如此煉心，則無處不是道了。然而，在煉心的同時尤其有必要加上調息的功夫，方才是煉命的學問。但調息並不是說要閉氣，一定要一步一步地慢慢加以調節，先讓呼吸自然放慢，再轉微弱，久久歸於停止口鼻呼吸，這才是煉命之學的真諦。所以說：「伏氣不服氣，服氣不長生，長生須伏氣。」對這個「伏氣」的「伏」字要把握準確，不可以徒然地以為是閉氣或數息就是伏氣。煉心與伏氣是相輔相成的，要做到心沒有任何意念活動，外呼吸也沒有出入，這才算是性命兼修之學。

說到這裡仍未算徹底，還要知道，人生之初，是從投胎時的一念而來。所以我們修道也必然要從混沌的狀態中認取先天的靈明一念，以這個真性來作為煉丹之本。又於真氣發生之後，有了陰陽交媾的鼓蕩之象，以此來作為煉丹的功候。有此丹本與丹頭，於是運行河車周天之法，就可得到長生之道了。按照這種程序來修煉，才不至於像法珍和尚那樣坐禪二十餘年，要不是遇到呂洞賓祖師，他還一無所得呢。你們現在既然方法都已知道了，就必須要用心時時了照，恆久不懈地用心下去，如此修煉三年，大道必成。

總之煉心修性與伏氣修命，二者必須兼顧起來修持。如果只是煉心，肉體生命必難保固；如果只是伏氣，縱然能長壽也只是個不明本性的愚夫。你們必須以這二者為修道之法，時刻都不要相離才行。

【研　析】通常有一種較為流行的說法，認為佛教修心，道教修身，但這是不準確的片面之詞。其實，在丹道的修煉中，煉心占有核心的地位。只不過丹道的煉心通常和煉氣配合起來講，講究性命雙修，從而使丹道的煉心有更實際的背景，有更切實的方便。佛教則更直接地以心性為本，不注重對身體的調節。這使丹道的煉心與佛教的修心有所不同，但在以煉心為本這一點上，則並無區別。本章中，黃元吉強調煉心的重要性，尤其是不但要在靜中，更要在鬧中煉心，做到行住坐臥之間，處處不離心性的觀照。即使一個人獨處一室，也要嚴格要求自己，一有不良之念，立即消除乾淨，做慎獨的功夫。這是一切修煉最重要的關鍵，因為如果不能在生活中保持坐中修行所得來的境界，一曝十寒，則修道不可能有真正的成就。有些人以為修煉丹道，只要得到玄關的祕訣，懂得煉丹的修法，就可以得道成仙，但如果忽略心性的修養，是根本不可能成功的。因為一切修行最後都是要靠我們的修心成就，能夠清淨無為，不為外境所動，不為物欲所擾，才能真性顯現，與道合一。但是，念念在道的境界，是很高的修行境界，不是一般初學者所能達到的，所以黃元吉主張開始還是要煉心與伏氣相結合。伏氣不是閉氣，而是調節外呼吸，慢慢做到心無出入，氣無來往。心與氣兩者是相統一的，心清淨了，氣機就會發動，元氣也就會充實；而氣調好了，元氣充實了，心也就更易得清淨了。有時候心靜不下來，是因為氣沒有調伏；有時氣機亂動，是因為心有浮動。在丹道中，在《樂育堂語錄》中，修性與修命總是相聯在一起來談的，性命雙修可以說是內丹學修道的總原則、總方向。

煉己事大章第四

夫道曰煉己❶，不是孤修兀坐、清淨自好者，可能煉得本性光明，故呂祖煉道於酒肆淫房，邱祖養丹於麗春院。夫以上等根器猶必如此，磨煉性情，一歸渾樸，何況爾初學人，可不磨而又磨，以去此氣質之私、物欲之蔽者乎？不說成功之候，即今欲行河車，還玉丹以延命，不經幾番挫折，焉能看破紅塵？既未看破，雖然修煉，而一腔聲色貨利、恩愛牽纏，必至到老不放，死亦猶然。生等席豐履厚❷，習慣安常，從來少有折磨，是以置之波靡中，喧譁擾攘不堪，一到靜處，始嘗樂趣，方知妻室兒女概屬塵緣，即血肉身軀亦是幻化之具，除道而外，皆與我無干涉也。由是塵垢一清，煉藥有藥，採陽有陽，燒丹有丹。不然，以私欲滿腔之身，安得有鉛花❸之發？縱云有水有火，神氣不敗，此心一走，坎離何交？陰陽難合，而先天一氣又從何而來哉？孔子三戒❹，顏子四勿❺，實入聖之至理，煉己之要言也。雖然，猶未也。修煉以精氣神為主，如不寶精裕氣，則神不入氣，氣不伏神，不能打成一片，猶男精女血各居其所，兩不相合，安有生男育女之時？學道人欲求一元真氣，始也水火不交，安有真鉛之產？及真陽一動，不行河車工法交媾乾坤，安得成丹？如此神了神，氣了氣，不相凝聚，焉得無息之息以成先天法身、不神之神以配兩大乾坤❻乎？生等須認取先天之精氣神，於是加以煆煉，對美景而依然不動，任紛華而不稍改移，只有進火行符❼。水中金生，進火有度；火裡木發❽，退符有功；日運己汞，包固陽精。此煉己之要學，亦變化氣質之實工也。吾願生初行煉己，不辭勞瘁，庶入室之時六根大定、一念不生，自能到混混沌沌之候，有恍惚杳冥之機。此即先天一氣從虛無中來，亦即玄關一竅從無生有，庶與我當日生身受氣之初一般無二。何也？先年投胎奪舍，從恍惚中一念而來，與父母精血吻合。今不順而逆，乃合陰陽坎離團聚一區，以尋我先天真意真氣。夫真意即我投生之主宰，真氣即我投生之廬舍；真意即我得天之理以成性，真氣即我得天之命以成形者。煉己純熟，方有真神真氣，得與天地清空靈陽之氣，渾合為一。於是進退溫養，日夜不怠，久則化形而仙道成矣。如今學人不知煉己事大，妄行一時半刻之工，希圖得藥成丹，不唯無益，且意馬心猿，妄動妄走，後天火起，必傷丹而焚身。不唯不能卻病延年，而反增病促命也，生等勉之。總要苦行忍辱，推遣自家內魔；積功累德，消除歷劫外障。自然天神護佑，大丹可成矣。

【章　旨】本章進一步講煉己修心的重要性，只有看破紅塵，心無牽掛，才能具備煉丹的基礎。同時要保精裕氣，煉先天的精氣神，於混沌境界中尋得先天真意真氣而返本還源。

【注　釋】❶煉己　磨練自己的性情，是貫穿於整個煉丹過程中的修心功夫。❷席豐履厚　吃得豐盛，穿得厚實。席，飯桌。履，穿著。❸鉛花　指真氣盈滿。❹孔子三戒　《論語》：「孔子曰：『君子有三戒：少之時，血氣未定，戒之在色；及其壯也，血氣方剛，戒之在鬥；及其老也，血氣既衰，戒之在得。』」❺顏子四勿　《論語》：「子曰：『非禮勿視，非禮勿聽，非禮勿言，非禮勿動。』顏淵曰：『回雖不敏，請事斯語矣！』」❻兩大乾坤　即指乾坤為兩大。兩大，指天大和地大，此處即指乾坤為兩大，因乾為天，坤為地。參見卷一第二十五章注釋❻。❼只有進火行符　按：此處斷句，諸本皆有誤，進火行符句，是總指用功，然後分論「進火有度」和「退符有功」，故本書斷為前句。❽火裡木發　底本作「火裡不發」，蔣門馬先生校注本據義改為「火裡木發」。按：此改為是，「不」當為「木」之誤，與前文「水中金生」相應。金，喻指元精。木，喻指元神。

【語　譯】修道所說的煉己，不是一個人獨修枯坐，在那裡自己圖個清靜舒服，就可以煉得出本性的光明。所以呂洞賓祖師當年就曾在聲色場所修道，邱長春祖師也選在妓院中養丹。他們都是上等根器的人，還要這樣艱苦地磨煉性情，歷經考驗才最後回歸到天真純樸的合道之境。何況你們這些初學之人，又豈能不在塵勞中反復磨煉，以去掉後天的氣質之私和物欲塵垢的蒙蔽？且不說修道成功時的那種功夫，就是現在準備行小周天的功法，以達到玉液還丹的延命效果，不經過幾番挫折的磨煉，焉能看破紅塵？既然沒有看破紅塵，雖然是修煉，而你滿肚子聲色名利的欲望和種種恩愛牽纏，必然到老都放捨不下，到死的時候也還是如此，像這樣煉丹又有什麼效果呢！

你們這些人都是家境優厚之人，吃得好穿得暖，已經習慣於安逸自在的生活，從來很少經受過折磨。所以要把你們放到煩雜的社會風浪中去，體驗那喧鬧的世界，紛紛擾擾，不堪忍受。有了這樣的經歷，再回到清靜的世界，就會真正嘗到清靜的樂趣。於是才會知道，連妻子兒女都不過是人生的暫時的際遇，就是自己的血肉之軀，也不過是一種無常變化的存在形式，這些都不可依賴。除了修道之外，一切外在的東西都與我們的真正的生命沒有關係。有了這樣的認識，身心的塵垢清理乾淨了，然後煉藥時才有藥可煉，採陽時才有陽可採，燒丹時才有丹可燒。要不然的話，以滿腔私欲之身，怎會有元氣生發的時候？縱然說丹爐中有水有火，神氣沒有衰敗，但你的心老在向外走，神氣怎麼會相交？陰陽不能交媾合一，先天一氣又從何而來？孔子有所謂的三戒，顏回也有四勿，這都是超凡入聖的至理，是煉己的要言啊。

就算你做到了這一點，也還不夠。要知道修煉是以精氣神為主，如果不珍惜並積累精氣，那麼，神不足就不能入氣，氣不足就不能使神調伏，兩者不能打成一片，合為一團。這猶如男子的精女子的卵，兩者分別在它自己的位置上，不發生交會，又怎會有生兒育女的時候呢？學道的人想要求取先天一元真氣，開始時水火不能相交，怎麼會有真精產生的情形呢？等到真陽生發的時候，又不運行河車功法來使乾坤交媾，又怎麼能夠成丹呢？如此神只管神自己，氣只管氣自己，二者不相凝聚，怎麼能得到無息的胎息而成就先天法身？又怎麼會練成不神之神的元神，以相配於天地乾坤呢？

所以，你們必須要認取先天的精氣神，然後加以鍛煉。無論出現什麼美妙的感受都不為所動，即使景象萬千，也一點不改移自己的注意力，只是一心用功進陽火退陰符。當腎水中元精產生，就開始適當地進陽火以煉精化氣；等到心火中元神顯現，便要開始有意識地退陰符；不斷地用自己的元神，包裹鞏固自己的元精。這才是煉己的要緊學問，也是轉化後天氣質的實實在在的功夫。

我願看到你們這些學生在開始做煉己功夫的時候，能夠不怕勞累，這樣等正式入室煉丹時，就容易六根大定，一念不生，自然能達到混混沌沌的徵候，有那種恍恍惚惚杳杳冥冥的真機出現。這個狀態就是先天一氣從虛無中來，也就是玄關一竅從無中生有，這種情形才可與我們當初受氣而孕育出生命的那種狀態一般無二。為什麼這麼說呢？我們當初投胎而找到生命孕育之所，是從原本虛無恍惚的真性中動了一念投胎之心，而與父母的精血相吻合，才形成最初的生命。現在我們煉丹不是順著這個生命形成的方向發展，而是與此相反而逆向修煉，把後天分離了的陰陽、坎離合而為一，團聚在一塊，以追尋我們先天的真意真氣。所謂真意，就是我們當初一念投胎時的主宰；所謂真氣，就是我們投胎時的物質載體，也即是真意的居所。真意，是我們人得天賦之理所成的真性；真氣，是我們人得天賦之命而形成的構成生命形體的物質基礎。煉己的功夫純熟了，也就是說，後天的主觀偏執的氣質完全消除了，才會顯現出真神真氣，從而得與天地清空靈陽之氣渾合為一體。在此基礎上進火退符，歸爐溫養，日夜不懈怠，久而久之，形氣之私化除乾淨，仙道便可成了。

而今一些學道煉丹之人，不知道煉己一步事關重大，妄圖靠他一時半刻的煉丹功夫，就希望能得藥成丹，這種修煉不但無益，且由於心猿意馬，氣機妄動亂走，這種後天識神所生的邪火一起，必傷丹而有傷身體。這種情況不但不能卻病延年，反而會增加疾病，促人短命，大家要注意這一點。總之要苦行忍辱之功，摧毀遣除自己身心之內的一切魔障；同時要積功累德，消除多生多世以來的外來孽障。這樣，自然就會有天神來護佑你，大丹便可修成了。

【研析】人是一個可能性，他還在旅途上。一方面，他已離開了道之家園，他已不同於原始的自然，他開始有了意識。樹木在寂靜中歡舞，鳥兒在陽光下歌唱，它們與大自然融為一體，它們沒有問題，沒有人的煩惱。但是它們沒有意識，它們對存在的一切都沒有覺知，它們只是處於混沌之中。然而人是不一樣的，他已開始了對存在的覺醒，他已意識到他自己而與大自然相分離，他已經有了自我，這是自然的有意識的演化，但同時也造成了人的麻煩和問題，他失去了存在的家園！他只有繼續往前走，他不能停留在旅途上，他必須進化到更高的狀態而超越他的自我，修道就是在更高的層面上超越自我而重新回歸家園的努力，就是從與大自然的分離中重新與大自然融為一體，就是回歸到道這個生命的源頭中。但這種回歸，是一種更高級的演化，它不同於原始的自然，而是有意識地進入道之中。

這種回歸是經歷了生命的滄桑與沉浮，他已經體驗到處於旅途上的艱辛，他已嘗過失去家園的痛苦。如果沒有經歷這一切，那麼就不會有回歸家園的衝動，也無法體會回歸家園的幸福。如果你從來沒有離開過家，那麼你就不會體會到失去家園的痛苦，反而會有離家出走的衝動。所以，人世的艱辛磨練對於修道者來說是十分必要的，只有全然地經歷世間生活的喜怒哀樂、悲歡離合，你才能對這一切深深的厭倦，你才能在回歸家園的修道過程中毫不回頭。你知道塵世的種種恩愛情仇、榮辱沉浮，都只是過眼雲煙罷了，它無法安頓我們的心靈，無法成為我們生命的依歸之所。這種知道，不是透過經典，不是透過導師，而是透過自己的親身的體驗。只有在這時，修道的心理基礎才能穩固地建立。

然後，當我們著手煉己的時候，才能心不外馳，心無牽掛，一心一意地採藥煉丹。也只有斬斷萬縷情絲，我們才能積累精氣神，才能神氣歸元，坎離交媾。在清淨無為、寂然大定的混沌境界之中，覓得先天真意真氣，回歸我們當初形成生命時的那一點靈性本元，重返與道合一的先天境界。如果沒有經歷塵世的艱難考驗，沒有深厚的心性修養的基礎，沒有那種看破紅塵的大智慧，只想通過一時的努力煉丹，就想獲得修道的成就，那只不過是痴心妄想而已！

有無之義章第五

煉丹之道，始以離中之無❶求坎中之有❷，到得陽氣萌動，然後以坎中之有會離中之無。有有無之名，必有有無之義。諸子須知陽生有象，一經採取煅煉，渾化為無，如此之無，即虛無清淨之藥，結虛無清淨之丹是，是即未生身處一輪明月❸也。果能悟徹本原，不落凡夫窠臼，當其有也，是無中之有；當其無也，是有中之無。雖一陽初動，活子時到，氣機似有可象，而究之心無所有，仍是先天之有，斯為真有。及藥氣來歸，汞與鉛混合為一，雖謂之無，其實氣機之流動又何嘗全似於無？如此之無，乃是有中之無，方為真無。是則有也無也，特氣機之起伏耳，而其真元❹則不在有無中，卻不出有無外。總之，流通活潑者氣也，虛明洞達者神也。唯於氣機之中，有此了靈之景，斯得之矣。再示諸子神氣之要。氣產運行，而心神不大爽快者，斯神未與氣交也，所謂鉛至而汞不應❺。若心神已快，而氣機不甚充滿洋溢者，斯氣未與神合也，所謂汞投而鉛不來❻。到得鉛汞融會為一，然後以如來空空之心，合真人深深之息，相吞相啖於黃房❼。如靜極而動，即忙起火，動極而靜，又須停符。任其一升一降，往來自如，合天地之造化，與日月為盈虧，是為小周工法。古人謂一日十二時皆可為，如覺照則用，不覺照則不用。若行大周工法，則不似小周有間斷，所謂無來無去，無進無退，不增減，不抽添，一日一夜，唯有綿綿密密，不貳不息，動如斯，靜如斯，行住坐臥亦無不如斯，而要唯以一個了照，心常常覺照，不稍間斷而已，若稍有間斷，即與走丹❽無異，所以為大周天煉神還虛之大造化也。吾教諸子，第一以煉心為要。而今修士，多有不從此下手，後來傾倒者多也。尚其鑒之。

【章旨】本章闡述煉丹中的有無之義以及在小周天和大周天兩種功法中神氣修煉之要。

【注釋】❶離中之無　心中虛無之神。離，指心。無，虛無之神。一方面，與氣相比，氣是有，神是無；同時，無也指寧靜虛無的狀態，沒有氣機之流動。❷坎中之有　腎中之精。坎，指腎。有，這裡指精，有時也指氣機發動之功景。❸一輪明月　指元神，是生命的真正的主人。❹真元　生命的真正本元。❺鉛至而汞不應　氣已經到了而神沒有及時與它相融。鉛，指氣。汞，指神。❻汞投而鉛不來　神已經凝聚而氣還沒有與它相交。❼黃房　神氣相交相會之所，煉精化氣時在下丹田，煉氣化神時在中丹田，煉神還虛時在上丹田。黃，中央之色，代表中。❽走丹　在煉丹的時候精氣神走漏的現象。這裡強調在大周天時，功夫一點都不能間斷，一間斷就相當於走丹。

【語譯】煉丹之道，開始是以心中之神入於虛無之境，從而達到腎中之精有氣機發動的現象。等到陽氣從精中生發出來，然後就以這個腎中有象可感的真陽之氣，去和那心中無象可得的虛無之神相會合。我們丹道中既然用到「有」與「無」這兩個名詞，就一定有「有」與「無」的具體的含義。你們要知道，身中陽生時會有相應的徵候景象，此可謂之「有」；但是經過採取鍛煉之後，它又渾化為無相無跡的「無」了。但這個由有而化來的無，就是虛無清靜的丹藥，可以結成虛無清靜的大丹，也就是那人身尚未形成時像一輪明月一樣的明空之體。

如果真能徹底了悟這個生命的本源，不落一般凡夫俗子的窠臼，那麼當煉丹時顯現出氣機發動之「有」時，心仍然是虛無清靜的，所以是無中之有；當顯現虛無寂靜、無形無象的境界時，並沒有落入頑空，實際上是有中之無。當一陽初動活子時到時，氣機生發似乎有形有象，而觀察心態情況，它仍是空無所有，所以這種有仍舊是先天之有，這就是真有。等到作為丹藥的真陽之氣經過周天運化之後，神與氣混合為一，又還歸於無。雖說是無，但其實已經蘊含有氣機的流動，又何嘗完全像無一樣呢？如此的無，乃是有中之無，方是真無。所以說，無論是有也罷，無也罷，都不過是指氣機的起伏動靜狀態而已，而生命的真元之體，則不在這有無之中，可也不出這有無之外。總之，流通活潑的現象，是氣；虛明洞達的境界，是神。唯有在氣機活潑的流行中，有此虛靈明不昧了了常知的元神作為主宰，丹道的真諦也就得到了。

我再向你們諸位明示神氣的要妙。如果真氣已產生並且開始運行，而心神還不大爽快，這種情形是神還沒有與氣相交融，也就是所謂的「鉛至而汞不應」。如果是心神已經爽快，而氣機不是那麼充滿洋溢，這種情況就屬於氣沒有與神相交融，也就是所謂的「汞投而鉛不來」。要等到神與氣完全融合為一，然後以如來那樣的一切皆空的意識狀態，配合真人一樣的深沉細微的呼吸，讓神和氣在黃房部位相依相融。保持這個狀態，如果靜極而生動，這是藥產的時候了，就急忙起火運轉周天採藥煉丹；動到極點又轉入寂靜的狀態，這時又需要停止進火退符的功夫。讓氣機順乎自然地一升一降，往來自如，合於天地自然的造化，就像日月盈虧一樣，周流循環，這就是小周天功法。古人說一天二十四個小時，都可以做這個功夫，只要一起了覺照的意識，就可以用功；但沒有覺照時則談不上用功。

如果是到了行大周天功法的階段，那就不像小周天功法那樣有間斷，而是一點造作的功夫也不用，是所謂的無來無去，無進無退，不升不降，沒有增減，也沒有抽添，只是日日夜夜一點都不間斷，綿綿密密地用功，一心不二，毫不停息。動也是如此，靜也是如此，行住坐臥也無不是如此，關鍵只不過是用一個了照心常常覺照，不絲毫間斷就行了。如果稍有間斷，就與走丹沒有什麼兩樣了，這才稱得上是大周天煉神還虛的大造化。我教諸位弟子，第一以煉心為最主要的功夫。現在許多修道的人，多有不從煉心下手的，以至於到後來很多人有真元耗散煉丹失敗的下場。你們要吸收這個教訓啊！

【研析】本章論述了內丹學中「有」與「無」的辯證統一。在「取坎填離」「有無互入」的功態中，從心之入於虛無清靜狀態而言之，可謂之「無」；就其虛靜之中氣機發動，似有可象而言之，則可謂之「有」。心之虛無使陽生有象，此乃有中之無，即真無也；氣機有象而不離虛無清靜之境，此乃無中之有，即真有也。從內在的「無為」的境界而言是「無」，從「無為」境界的功能妙用而言又是「有」，「無」從「神」之靈明言，「有」從「氣」之活動言。從「氣機之起伏」來看「有無」，還是在有無相對待的層面上來談有無，而「真元」是本源性的「道」一層次，它是超「有無」之對待的，而「有無」皆潛蘊其中，既「不在有無中」，又「不出有無外」。

這裡論述的「真有」、「真無」，體現的正是內丹學「性命雙修」的修煉宗旨。如果僅僅是心入於虛無清靜的境界而沒有身體氣機方面的變化與昇華，這就是屬於僅修性而沒有修命的表現，就是「假無」或「頑空」；反過來，身體氣機方面有變化，可是心卻不能對境不動，這就是僅修命而沒有修性的表現，就是「假有」或「幻有」。內丹學強調，一方面精神境界要過關，能對境不動，心無增減，同時要神氣交媾，使精氣神得到實實在在的轉化，不能光談精神境界而沒有能量的轉化。

在神氣交媾的具體功法方面，是從有為進入無為，從小周天功法到大周天功法。有為法就是對神與氣的調整有相應的方法，在陽生藥產時要起火運符，採藥煉丹；等到動極而靜，又要停符息火，沐浴溫養。無為法則是一心了照，綿綿不息，晝夜用功，相續不斷。雖說是用功，卻又無功可用，只是一念不起，道心朗照，渾化於虛空。這是最高、最難也是最徹底的功夫，要行住坐臥，不離這個道心，這是丹法的極致。欲達此境，總是要從煉心做起，這不是一時半刻的用功能達成的境界。

元神為主章第六

元神者，修丹之總機括也。藥生無此元神，是為凡精無用，不能結胎；還丹無此元神，是為幻相，不能成嬰。吾竊怪世之修士徒知精氣為寶，不知元神為主，縱說成藥，亦不過保固色身而已，烏能成聖胎哉！吾今為生道破。夫所謂烹煉陽神者，即此元神採而服之，日積月累，日充月盛而成之者也。不然，何不曰「陽精陽氣」，而必曰「陽神」哉？可知煉丹者，即煉此元神一味為之主也❶。然此是上上乘法，以成金液大還之丹者。若中下兩品，雖不全用陽神，卻亦離不得陽神，若無陽神，凡精凡氣亦不能凝結於身心，以成長生不老人仙。若最上乘法，純是陽神一件❷，雖不離精氣二者，然不過為之輔助而已。生須要認得元神清楚，以後才有作用。夫元神即無極而太極也。當其虛靜無事，渾渾淪淪，無可名狀；及氣機偶觸，忽焉感孚，躍然而動。此躍然一動之際，即是真正元神。《易》曰「寂然不動，感而遂通天下之故」是也。若未動時，先存逆料，是未來心；若已動後，猶懷追憶，是過去心；忽感忽應，忽應忽止，是即元神作用，其中稍有計較，不能隨應隨忘，是謂現在心。皆不名元神。由此採取，即帶濁穢，縱使養成，難以飛騰變化，去來自如。吾今略為抉破，生好好用工以行採取焉。然微乎微乎！妙哉妙哉！非上根法器，加之以學問優、見識到，則不可語此也。又云玄關一竅即此偶然感動之陽神，又云玄牝之門亦此陽神之觸發，然有分別。玄牝之門，是陰陽交媾之後，一元之氣氤氤氳氳始有朕兆；若陽神，則是氤氳活潑之氣中靈而覺者是。雖然是二，究竟一也。故《太上》云：「谷神不死，是謂玄牝。」煉丹無此陽神，其所汩沒者大矣。雖然，此元神也，亦清清淨淨、無雜無染、一心一德之真意也❸。其靜也，元神主之；其動也，元神主之；及其採而為藥也，亦元神為之運用而轉旋也。元神之用，誠大矣哉，生善會之。切莫加一念，生一意，一日十二時中，常動常覺，常應常靜，不怕他萬感紛投，俱是此個元神作用。否則落於後天甲裡，那一點靈光反隱而不見矣。

【章　旨】此章明元神乃修丹之總機關、總訣竅，修丹自始至終須以元神作主，才可修成正果。

【注　釋】❶煉此元神一味為之主也　以煉元神一味大藥為主。這裡語意似有分疏之必要，因為元神本身即是煉丹之主導意識，而此處又作為所煉之大藥，能煉與所煉似乎混為一談。古人用詞往往本不嚴格，但其實同一語詞可有不同的意義。作為主導意識的元神，是意識的觀照功能，也即真意的妙用；作為大藥的元神，是指進入元神的意識狀態下能量的轉換即產藥結丹的功能變化。值得注意的是，在下一章中，黃元吉也意識到了這樣講可能會有誤解而對此加以解釋。❷純是陽神一件　在本章中，「元神」和「陽神」兩個概念是不加區分的，在多數的丹經道書中，這兩個概念也是混用的，基本上是同義。如果細加分別，那麼元神更偏重於人的先天的、固有的本元性體，而陽神則是後天返先天神氣合一時的煉丹成果。元神是本有的，陽神是返歸本有時的修道境界。❸此元神也二句　元神是先天性體，真意是元神的呈現與妙用。當元神呈現而有真意之妙用，則即體在用，即用顯體，故可說元神即此真意也。

【語譯】元神，它是修丹的總機關。產藥的時候沒有這個元神，那只是凡精而已，不起作用，不能結仙胎。還丹的時候沒有元神存在，那就是幻相，不能育仙嬰。我很奇怪世上一些修道者，只知道精氣是寶貴的，而不知在三寶之中元神才是最根本的。縱然說他們能將精氣修成丹藥，也不過能使肉體健康堅固而已，又怎麼結成聖胎呢！

我今天給你們道破其中的奧祕。所謂烹煉陽神，就是用這個元神採藥而融入自身，這樣日積月累、日充月盛，而成就為陽神。要不然為什麼不說「陽精陽氣」，而一定要說「陽神」呢？由此可知，煉丹就是以煉元神這一味大藥為主。但這是上上乘丹法，以成就金液大還丹的境界。如果是中下兩乘的功夫，雖不全用陽神，但也離不開陽神。若無陽神的作用，凡精凡氣也不能凝結於身心之內，不能成為長生不老的人仙。若是最上乘法，那就純粹是陽神的作用，雖然也離不開精和氣兩者，但只不過以精氣為輔助而已。

大家對於元神認得清楚，以後才有作用。什麼是元神呢？元神就是無極而太極。當處於虛靜無事的狀態，只是渾渾沌沌，無法用語言去形容；等到靜極而動，氣機偶然觸發，忽然間有了感發之意，心神躍然而動。這躍然一動的時候，就是真正的元神顯現。也就是《周易》所說的「寂然不動，感而遂通天下之故」。這元神顯現之機轉瞬即逝，很難把握住。如果無神還未動，就先存一個預料的念頭，這是未來心；元神已動之後，又存在一個追憶的念頭，這叫過去心。忽感忽應，忽應忽止，當下反應，這才是元神的作用，其中若稍有計較心分別心，不能隨應隨忘，這就叫現在心。過去心、現在心和未來心，這三心都不是元神。有這三種心採取煉養，那就帶有後天的汙濁。即便能修出成果，也難以達到飛騰變化、來去自如的境界。我今天已將其中的奧妙稍微給你們點破，大家要好好用功，以採取真正的元神。然而，元神的境界精微奧妙，要不是上等根器的修行人，再加上學問好，見識又到家，是無法讓他明白的。

也有人說玄牝一竅就是上面說的在偶然感動之際顯現的陽神，又說玄牝之門也就是這個陽神的觸發，然而其間還是有所區別。玄牝之門是陰陽交媾之後，一元之氣氤氳開始有所顯現徵兆；而陽神，則是在這氤氳活潑之氣中那一點靈明的覺性。雖然說兩者是二，但說到底還是一。故而老子《道德經》說：「虛無的元神，是永恆不死的，這就是玄牝。」煉丹如果沒有這個陽神，那被耽誤埋沒的就關係太大了。雖然說元神微妙難知，其實它也就是那清清淨淨，毫無雜念，一塵不染，只是一心一德時的這種本真的意識狀態。靜的時候，是由元神為之作主；動的時候，也是由元神作主；等到煉丹陽生時採而為藥，也還是元神在其間起作用而運轉周旋。

元神的妙用實在是太大了，大家要好好體會它，切莫在本來空靈的元神之中，加一個念頭，生一個意念，要在一天二十四小時中讓元神作主，一有意念發動就隨時覺察，一有外來感應就隨時歸於寧靜的中心，若能這樣就不怕他萬緣來侵擾，一切都是這個元神的妙用。否則落在後天的識神之內，那一點元神的靈光反而隱沒不現了。

【研析】元神與識神的區分，是內丹學和道教修養理論中一個非常重要的思想。內丹學講「逆返成仙」，這個「逆」最重要的就是從識神轉到元神。通常人的意識都是向外分別的，攀緣於各種意識的對象，而作種種的思慮、判斷與分別，並由此生出種種的計較、牽掛與煩惱，這種向外分別的意識狀態，就是識神。修煉則要與此相逆，要從向外執著於種種意識對象轉到向內反觀意識的自身，讓純粹的無分別的意識本元狀態顯現，這就是元神。因而也可以說，能否讓元神顯現，讓元神作主，乃是區別常人的意識狀態與修道的意識狀態的核心標誌。雖說修丹講究的是「精氣神」的修煉，但真正的主導性的因素卻只能是元神，精氣對神有影響，但精氣本身並沒有能動性，而是被動的一方面，是神的物質性的載體，元神則是其「靈而覺」的精神主體。因此，黃元吉說元神是貫穿修丹始終的「總機括」。

但丹書中常常又講「煉陽神」，陽神可以看作是在元神的主導作用下，神氣交媾而融合為一，從而使元神具有充實的能量基礎而稱為陽神。元神是從因位上說，是人本有的靈明意識；陽神則是從果位上說，是經後天的修煉而返歸於先天時的神氣融合的元神。但元神與陽神終究是一體的，很多時候兩者是不加區分的。

元神本來是地地道道的道教概念，但黃元吉卻能夠融通佛道，借用佛家的理論來說明元神的微妙。比如說在本章中，他用「未來心、過去心和現在心」來說明「三心」都不是元神，這有取於佛學的理論。《金剛經》中說「過去心不可得，現在心不可得，未來心不可得」，是站在般若性空的角度，強調這「三心」都不是實有的，都沒有固定的自性，讓人們不要執著於這「三心」。黃元吉則是在具體的功態中來指示元神的妙用，強調的是對過去、現在、未來心存念慮即不是元神的作用，元神是當下即感即應，隨應隨消的，是毫無造作、毫無粘滯的靈明意識。實際上，一切概念都可以為我所用，在真正的大道修煉上本來沒有宗教門派的限制與分別。所以，黃元吉用三心來解釋元神，是很自然的，也可以說是道理本來如此，不是完全從佛家那裡學來的。

三心是人的頭腦的分別才有的，過去的已經過去，對已經過去的還心存回憶，這是過去心；未來的還沒有來，對還沒有來的心存期待，這是未來心。過去心未來心是對過去和未來的分別與計較，這是修道的雜念，這點容易理解。但是對於現在心，則必須加以疏釋。現在並不是一個固定的時間段，它是隨時消失而隨時更新的，當我們試圖抓住一個「現在」，這就落入了「現在心」，這是與過去心、未來心相對待的執著心。但是，如果現在心指的不是對現在的一個抓取，而是如如不動的當下反應，是那「永恆的瞬間」而超越於時間相，則這個現在心就不是執著，而正是修道的人要把握的明覺妙心。因此黃元吉說：「忽感忽應，忽應忽止，是即元神作用，其中稍有計較，不能隨應隨忘，是謂現在心。」前面講的「忽感忽應，忽應忽止」，正是當下真實的反應，是永恆地面對現在，這正是元神的作用；但一旦稍有計較，不能隨應隨忘，那麼「現在」就已經成為了過去，就離開了真正的現在，這才是應該否定的「現在心」。

用心行持章第七

人生斯世，孰能跳出陰陽之外，不為氣數所拘？況風寒暑濕最易相侵，在虛弱之人，冒茲邪氣，多成病患。此何如之苦惱也哉！而且富貴貧賤、病老死生，以及是非榮辱、離合悲歡等等難免。嗚呼！人生天地，誠一牢籠也。諸子現居火宅❶場中，曾知人生之苦厄，不若為仙之快樂否耶？幸有大道留傳，諸子當用心行持，一劫造成，以免生生世世之煩惱焉。吾今為諸子幸，又為諸子危。幸者，幸聞其道，至此已有成仙之基。危者，危其修道不勤，終難超天地之外。吾示一法。其始恩愛牽纏，名利關鎖，不能割者，咬著牙關割去，不能舍者，忍著心頭舍去，始而勉強，久則洒然無欲，脫然無累，而金仙之階堪入矣。否則，半上半下，拖泥帶水，終不能超出三界外。又況有德者自有道，德修一分，即道凝一分，德修十分，即道凝十分。故太上三千功、八百行，為修仙之首務也。到得道果已成，回視人間富貴，真是汙穢不堪，有厭之而不忍聞見者。試思清空一氣，豈容渣滓相參？猶爾世人身著朝衣朝冠，肯與塗炭之人處乎？諸子勉之。吾師無一言半句誑汝也。前日教生，採陽是採取元神也，又云以元神斡運其間，豈不是以神役神乎？非也。採取之陽，元神也；採取之神，真意也。以真意採元神，由是聚精累氣，煅之煉之，則元神日壯，而金丹可成矣。又云水府之金，是鉛生癸後❷也，於是以鉛伏汞，然後煉出先天一點真氣出來，烹而餌之，煉成玄黃至寶，故曰金液大還。然吾猶有說焉。夫藥得矣，而猶必有火候，火候不明，終難結丹。古云：「藥物生玄竅，火候發陽爐。」❸斯時金已煉出，惟有略用一點真意，採而受之足矣。若藥未出時，不妨溫溫鉛鼎，故曰：「藥未出礦須猛火，藥已歸爐宜溫養。」足見藥生之火，武火也；藥還之火，文火也。火候文武，只有意無意之分焉耳。其餘周天火候，只一個溫溫神火，不即不離，斯無危殆焉。故曰：「凝其神，柔其意。」蓋神不凝，則丹不聚；意不柔，則火不純，火不純，而丹亦難成也。故升降之際有沐浴抽添者，此耳。到得藥氣已上泥丸，尤當一意不散，一念不起，凝聚精神團於一處，溫養片刻，然後腦中陰精化為甘露神水❹，滴入絳宮，治煉片時，而後化為金液，歸於丹田，溫養成珠。此處務須溫溫鉛鼎以行封固可也。然此封固，內想不出，外想不入，人則知之；若泥丸宮內凝聚一時，烹煉成藥，人少知也。夫以此個宮內極是清虛玄朗，落於後天，致有渣滓之窒塞，所以其神不清，其心不靈，常不免於昏憒❺。若能凝聚半晌，則濁氣自降，清氣自升，常與天地輕清之氣相通。苟能久久溫養，則清氣充而濁氣去，不但身體康強，顏色光耀，而金液大還，亦無非由此靜養之功積成也。

【章　旨】本章指出現實人生的苦難，強調要抓住修道的機遇而用心行持，斬斷名關利鎖，以求超脫。更要注意採藥煉丹的火候與訣竅，才能煉成大丹。

【注　釋】❶火宅　比喻三界之生死，猶如火宅。源出佛教《法華經・譬喻品》：「三界無安，猶如火宅。眾苦充滿，甚可怖畏。常有生老病死憂患，如是等火，熾然不息。」❷鉛生癸後　指活子時陽生而產出真鉛。癸，癸水，原指女人的月經，在丹書中指後天腎水，先天腎水則稱壬水。先天在後天中現，故鉛生癸後。鉛，指真陽。《悟真篇》：「要知產藥川源處，只在西南是本鄉。鉛遇癸生須急採，金逢望後不堪嘗。」❸藥物生玄竅二句　藥物是從玄竅中產出，而火候則來自於猛烹急煉之功。陽爐，指猛烹急煉，猶如火爐。《金丹四百字》：「藥物生玄竅，火候發陽爐。龍虎交會時，寶鼎產玄珠。」❹甘露神水　指煉丹到一定的時候，真氣周流，猶如甘露；舌下生津，好比神水。❺昏憒　昏沉糊塗。憒，糊塗；昏亂。

【語　譯】人生在這個世界上，如何才能跳出陰陽之外，不被形而下的物質世界的氣數所限制呢？況且自然界的風寒暑濕最容易侵襲人體，對於虛弱體質的人來說，經受這些邪氣的侵擾，多易造成病痛，這是何等苦惱的事啊！而且人生之中，富貴貧賤、生老病死，以及是非榮辱、悲歡離合等等總是難以避免的。哎！人生於天地之間，真好像是生活在一個牢籠之中啊！你們現在都生活在這個火宅場中，是否深深感受到人生的困苦不堪，遠不如作神仙那般逍遙快樂呢！所幸的是修仙的大道還有留傳，你們應當用心修持，在一劫之內修成正果，以免生生世世的煩惱痛苦。

我今天既為大家感到慶幸，也為大家感到一種危機。慶幸的是，你們有幸聽聞到大道的真傳，到現在已經具備了修道成仙的基礎。所謂危機，就是擔心你們如果不勤修苦煉，終究還是難以超脫這天地間陰陽氣數的制約。我告訴你們一個超脫的方法：起初修煉時，你們對恩愛牽纏，名利枷鎖，種種難以割斷的要咬著牙關堅決去割斷，不能捨去的要忍著心強行捨去。開始時會有些勉強吃力，時間一久，修養的功夫高了，就會自然灑脫，超越欲望的桎梏，逍遙自在，擺脫塵世的拖累。如此就可以步入金仙大道的階梯了。否則，半心半意，一邊修道一邊又不能擺脫塵世的恩愛名利，這樣拖泥帶水，最終還是不能超出三界之外。更何況有德者自然有道，德修一分，道就凝聚一分，德修十分，道就凝聚十分。所以太上老君等大道祖師，以三千功德、八百善行的積德行善為修道成仙的第一要務。等道果修成以後，再回過頭來看人間富貴，就會覺得真是汙穢不堪，有的甚至厭惡到不忍見聞的地步。試想大道之清空一氣，豈能容許任何的渣滓摻雜其間呢？這就好像你們那些身穿莊嚴華麗的朝衣朝冠的官員們，會願意與衣衫襤褸的流浪漢為伍嗎？大家要以此自勉，為師我沒有一言半語騙你們的話。

前幾天我告訴大家，採陽是指採取元神。又說在煉丹過程中要以元神作主來調整運轉，這樣說豈不是以元神役使元神嗎？我講的不是這個意思。用於所採取的真陽，那是元神的體性；而能進行採取的元神，那是元神的妙用即真意。以真意採取元神，由此聚精累氣，煉而又煉，則元神一天天地壯旺，金丹就可煉成了。

用另外一種話說，腎水中的丹藥，乃所謂的水府生金，這是屬於活子時後的陽生，即所謂的鉛生癸後。於是以鉛伏汞，然後煉出先天一點真氣出來，烹而服之，煉成大丹至寶，所以叫金液大還。然而我還要指出，煉丹已經得藥了，還必須掌握火候的運用，不懂火候，最終還是難以結丹。古人說：「藥物是從玄竅中生出來的，火候則發自陽爐。」玄關一竅已經現出而產出真藥，這時只要略微用一點真意，採取接受它就行了。如果是真藥還沒有生出的情況，則不妨對丹爐施以武火急煉。所以丹法講：「藥未出礦須猛火，藥已歸爐宜溫養。」可見用於產藥時的火候，是用武火；藥產後還丹時的用火，屬於文火。而所謂火候的文武，只是有意與無意的分別。其餘的周天火候只是溫溫天然神火，保持不即不離，這樣才沒有危險。所以說「凝其神，柔其意」。因為，神不凝一則丹不團聚，意不柔和則火候不純。火不純淨，則丹也難以煉成。所以，在調運真陽之氣升降的過程中，才講究沐浴抽添等不同的火候，就是這個道理。

等到真陽之藥氣已經升至泥丸的時候，更應當要一意不散，一念不起，把精和神凝聚成一團，溫養片刻，然後腦中陰精化為甘露神水，滴入中丹田，再治煉一會兒，而後化為「金液」而歸於下丹田，然後溫養成珠。這個時候，務必要用不即不離的文火，溫養丹爐而行所謂的封固之法。然而這個封固法，內想不出，外想不入，這一點煉丹的人一般都能知道；而像上面說的要在泥丸宮內凝聚一時，使它烹煉成藥，這一點人們卻很少知道。因為泥丸宮原本是極其清虛玄朗的，但落於後天的思慮分別，導致渣滓之氣而阻塞不通，所以造成神不清爽，心不虛靈，常常不免於昏沉糊塗。這時如果能凝聚片刻，則濁氣自然下降，清氣自然上升，而保持與天地輕清之氣相通。如果能久久溫養，那麼清氣就會不斷充實，而濁氣不斷消除，這不但可使人身體強健，肌膚的顏色潤澤光亮，而且金液大還丹的境界，也無非都是由此靜養之功累積而成的。

【研　析】在世俗的人看來，名利欲望的滿足才是他們的快樂，一個心無所求潛心修道的人是否定生活的人，是消極的人生態度。然而，對於一個真正求道的人，卻能看到世俗人生的苦難，名利恩愛等都是苦惱的根源，擺脫了名韁利鎖，回到自己最深的本性，開發生命的潛在智能，讓生命昇華到更高的境界，才是真正的快樂。從某種意義上說，修道成仙與世俗的人生是完全相逆反的，一個逆修成仙的人，要割斷恩愛牽纏、名利關鎖，才能清心寡欲，入於虛靜無為的功能態。不過，能夠完全捨棄世俗欲望而一心修道的人，畢竟只能是少數修道的專家，那麼修道對大多數人有沒有意義呢？這裡需要作出一種更廣義的詮釋。

對普通的煉功者，不是要在現實層面上捨棄你的原有的生活方式，而是要在心性的層面上改變你的生活態度。也就是說，照樣過你原來的生活，但是去掉執著與分別心，能從大道的觀點超越有限事物的得失增減，而達到心無得失增減的境界。這當然非常困難，人是很容易陷在現實生活中而無法解脫的。其實，修煉到最後也是要達到這個境界，只不過一開始從棄俗做起比較容易罷了。

黃元吉提出，一開始要咬著牙、忍著心，割斷恩愛牽纏、名利關鎖，然後才會由勉強達於自然。這是一個重要的經驗之談，因為你一開始不可能就達到很高的覺悟，只有勉強的辦法才能走出第一步。到你修道有所體驗的時候，大道的快樂會讓你越來越自然地超脫世俗的名利欲望。

在本章中，再次談到煉元神的問題，解釋了上一章語意上的混淆不清。所採取的是元神，能採取的是真意。實際上，說元神自己採取自己也未嘗不可，因為在那個元神呈現的境界，已經沒有能所之分，能觀即所觀，元神自己覺察它自己，也無所謂採取不採取，而採取自在其中矣。保持這個元神呈現的狀態，則精氣自然充實而與元神相融合，元神也就有了更飽滿的能量，而稱之為陽神了。

本章中所談的火候問題，是《樂育堂語錄》中不斷反復要強調的問題，從不同的角度提示不同的重點，這需要在煉功中認真去體會。其總的原則，還是從有為到無為，從有意到無意，從勉強到自然。總之，是從武火到文火。

真一之氣章第八

所謂真一之氣❶，乃鴻濛未判之元氣，混沌初開之始氣。生天生地生人生物，莫不由之；成仙成佛，亦豈外是？以故修道之士必於此氣認得清，以後才有作用。其在人身，雖貫乎精氣神之中，而實無跡可尋。非口鼻呼吸之凡氣，非虛靈知覺之靈氣，非坎離心腎之動氣。在先天而不見其先，居後天而不見其後；先天則生乎陰陽，後天則藏於陰陽。所謂「肫肫其仁」者，是氣之發育無疆也；「浩浩其天」者，是氣之充塞無間也；「淵淵其淵」者，是氣之歸藏無跡也❷。程子謂「放之則彌六合，卷之則退藏於密」，《中庸》云「語大，天下莫載，語小，天下莫破」者，言其昭著發見，無處不到，無微不入，並無有罅漏之所。噫，元氣之在天在人，均如此其極，不知生亦曾會及否耶？近來諸子氣機初動，其來無端，其緒尚微，未必即有此境。然由平日之夜氣，些些微微中，把持得牢固，確切不移，庶幾日積月累，無處不是此氣之流行。到此地位，才知真一之氣實可超三界而出六道，不入五行八卦❸中矣。其氣之神化為何如哉？雖非後天之精氣神，亦非先天之精氣神，實為後天精氣神之根本，先天精氣神之主宰。想像不得，擬議無從，此又如何得以煉成一黍之珠耶？無他，只以人身真陰真陽❹團聚一處，久久醞釀，庶得真一之氣於虛無窟子中。若不知真陰真陽以團先天元氣，而於凡陰凡陽❺中求之，一任經年累月，亦不得真一之氣。即略見恍惚影子，不免以真作偽，以幻為空，終與凡夫無異焉。雖修煉始基不離凡陰凡陽，而要不過假後天之氣以團先天元氣。若得先天元氣，那後天凡氣殆糞土耳，有何益哉？諸子得此元氣，當知終日終夜靜定涵養，不許外邪參入，亦不許真氣外出，積之久久，澄之淨淨，自由夜氣而養至浩然之氣，以超乎天地陰陽之外。斯時也，自然人欲潛消，天理渾全，那平日之七情八識❻不知消歸何有。是氣也，殆能化欲為理，轉殺為生。學人能認得此氣真，晝夜用工，方有長益。不然，難矣。若打坐時，不先將六根六塵❼一齊放下，大休大歇一場，以希此真一之氣，未有能得者也。唯能於大靜之後，真陰真陽方能兆象。吾然後以離宮之元神下照水府，則水府之金自蓬勃氤氳直從下田鼓蕩，所謂「地涌金蓮」是也。我於是收回中宮，再加神火溫養久之，此個元氣滃然而上升泥丸，所謂「天垂寶蓋」是也。我於此凝聚片刻，以藏於宥密之地，此即順天地造化之機，合盈虛消長之數，如是而不結丹成嬰者，未之有也。此即《易》之乾卦中已備露其機矣。何也？「初九潛龍」，即大休歇一場是也。「九二見龍」，即元氣初動於下田也。「九三朝乾夕惕」，即以此氣回於中宮，內想不出，外想不入，防危杜漸之義也。「九四躍淵」，即靜養久久，忽覺一縷真氣直從下田沖突而來，然非真有也，故曰「或」之。「九五飛龍」，即此氣升於泥丸，陽氣極盛之時也。「上九亢龍有悔」❽，即此元氣動極欲靜，我必引而歸之虛無一穴，斷不貪圖逸樂，致令此氣長放光明，庶無過亢之弊。諸子深知《易》道，亦曾悟及否耶？

【章　旨】本章再次描述真一之氣的性狀，指明真一之氣對於煉丹的重大意義以及體認涵養真一之氣的功夫與火候。

【注　釋】❶真一之氣　見本書卷一「虛無之氣章第二十三」注❶，本章與卷一的「虛無之氣」章可對照著看。❷肫肫其仁

等句　這是引用《中庸》裡的話來形容真一之氣充塞無間、廣大無垠、無形無跡。《中庸》：「肫肫其仁，淵淵其淵，浩浩其天。苟不固聰明聖知達天德者，其孰能知之？」朱熹注曰：「肫肫，懇至貌，以經綸而言也。淵淵，靜深貌，以立本而言也。浩浩，廣大貌，以知化而言也。」❸五行八卦　五行八卦是內丹學中常用的象徵性的概念，表示從道生萬物的順向演化過程中的後天的物質運化的層次，內丹學要從後天返先天，超越於五行八卦的後天層次而回歸於先天之道。五行，五元運行之意，即指水、火、木、金、土，為萬物化育生成之要素，以此五數於天地間運行不息，故稱為五行。五行有所謂相生、相剋之兩義。八卦，指《易經》中所講的八種象徵性的符號，由三個陰陽符號排列組合而成，每一卦都可象徵不同的自然現象和人事現象，包括乾、坤、坎、離、震、艮、巽、兌。五行八卦為我國固有的思想，是一種各家共用的一般知識，廣行於儒、墨、道、法、兵、醫諸家之間。漢代以後此說漸盛，更將之配於人生百般事象。內丹學也用五行八卦的觀念來建構其煉丹的理論。

❹真陰真陽　指人身中先天的元神元氣。真陰真陽所招攝的先天元氣，則是指宇宙本元的真一之氣。❺凡陰凡陽　指後天的識神的呼吸氣。❻七情八識　人的各種情緒欲望和分別意識。七情，或指喜、怒、哀、樂、愛、惡、欲；或指喜、怒、憂、思、悲、恐、驚；或指喜、怒、憂、懼、愛、憎、欲。八識，佛教名相，《佛光大辭典》解釋「八識」：「瑜伽行派與法相宗五位法中之心法。即眼、耳、鼻、舌、身、意、末那、阿賴耶，共八識。其中眼等六識隨所依根而立名；末那識即為意，依其自性而立名；阿賴耶識依攝持諸法因果之義，亦即從自性而立名。或稱眼等五識為前五識，意識為第六識，末那識為第七識，阿賴耶識為第八識。又眼至末那乃阿賴耶所生、轉易故，總稱為轉識或七轉識；對此，阿賴耶為七轉諸法之因，故稱根本識、種子識。又有分八識為三能變，阿賴耶識名為初能變，末那識為第二能變，前六識為第三能變。若就其性而言，眼等之前六識以了別為其性，緣色等六境，通善等三性；末那識以恆審思量為其性，乃有覆無記性，唯緣阿賴耶識之見分為自之內我；阿賴耶識為無覆無記性，以微細之行相緣自所變之器界、種子及有根身。地論家以阿陀那（末那識）為妄識，阿賴耶為真識；攝論家則以阿賴耶為妄識，別立第九無垢淨識；唯識家則謂識僅限八種，且此諸識皆為依他起性，即非真常淨識。」

❼六根六塵　指人的感覺器官及其相對應的感覺對象。六根，指眼、耳、鼻、舌、身、意。六塵，指色、聲、香、味、觸、法。❽初九潛龍等句　此數句是用《周易．乾》的爻辭來說明丹道中修煉真一之氣的火候功夫。《周易．乾》的卦辭和爻辭：「乾：元、亨、利、貞。初九，潛龍勿用。九二，見龍在田，利見大人。九三，君子終日乾乾，夕惕若，厲無咎。九四，或躍在淵，無咎。九五，飛龍在天，利見大人。上九，亢龍有悔。用九，見群龍無首，吉。」

【語　譯】 所謂的真一之氣，乃是天地萬物形成以前的本元之氣，也是天地萬物從混沌中開始形成時的原始之氣。宇宙中的天地萬物，莫不是由這真一之氣所生成；成仙成佛，又豈能離開這真一之氣呢？正由於此，修道之士必須對此真一之氣認得清楚，然後煉丹才能起到應有的作用。真一之氣體現到人身上，雖然貫穿於精氣神之中，實際上卻無形跡可尋。它既不是口鼻呼吸的凡氣，也不是思維知覺的靈氣，又不是坎離心腎間發動的氣機。它在先天而不見其先，居後天而不見其後；在先天，陰陽由它生出；在後天，則藏於陰陽之中。《中庸》所說的「肫肫其仁」，是指真一之氣生發化育無邊無際；「浩浩其天」，是指真一之氣充塞宇宙連綿無間；「淵淵其淵」，是指真一之氣歸根含藏無跡可尋。程子說：「放之則彌綸天地宇宙，收之退藏於無跡可尋的方寸之間」。《中庸》說：「要說大，則宇宙之中沒有能夠容納得下它的；要說小，則普天之下再也找不到能使它分割的東西了。」這都是說真一之氣很明顯地表現出它的存在，真是無處不到，無微不入，沒有任何地方可以遺漏它。啊，這元氣不論表現在天道還是人事上，都這樣深微到極點，不知你們是否也曾經對此有過體會呢？

近來大家氣機初步發動，但生發的情況尚不穩定，動勢也很微弱，未必就能體會到真一之氣的存在。不過大家由清晨時那種清爽純一之氣出發，由一點點的感受開始體會，把那個狀態牢牢地把握住，讓它體認真切而不游移，這樣慢慢日積月累，就能達到無處不是此氣在流行的地步。到這時才能知道，真一之氣可以超越三界的現象世界和眾生輪迴的六道，不陷入到五行八卦的束縛之中。那麼真一之氣的神妙運化到底是一種什麼樣的情況呢？它雖不是後天的精氣神，但也不是先天的精氣神，實在是後天精氣神的根本，又是先天精氣神的主宰。你無法憑想像來描繪它，任何的言辭議論都不可能真正的表達這個境界，那又如何能從這個不可捉摸的真一之氣得以煉成一粒金丹呢？這沒有別的辦法，只是以人身中的真陰真陽團聚在一處，久久的醞釀鍛煉，才能使得真一元氣在虛無境界中顯露。如果不知道以真陰真陽的交媾團聚來招攝這先天的真一之氣，而想要通過凡陰凡陽去求取，任你經年累月地去修煉，也無法獲得真一之氣。即使可能稍微發現它恍惚的影子，也難免把真的當假的，或者是以虛幻為真空，最終與一般凡夫仍無兩樣。

雖然在開始修煉打基礎的時候離不開凡陰凡陽，但其要點不過是借後天之氣以團聚先天元氣，如果獲得了先天元氣，那後天的凡氣就像糞土一樣一文不值，還有何益呢？大家能體驗到這個真一之氣，要知道日日夜夜靜定涵養，不許外面的邪氣滲入，也不許思慮有任何雜念而導致真氣外散，如此久久積累，提煉得純純淨淨，自然會由清晨時才呈現的那一點清爽之氣涵養成為浩然之氣，而超越於天地陰陽的限制之外。到了此時，自然而然地人的任何欲念就會不知不覺地消除了，而生命本具的天理良知也會整個地朗然全具，平時的七情六欲虛妄分別也都不知消失到什麼地方去了。這個真一之氣，可以說能把人的欲望轉化為天理，把導致人死亡的因素轉化為長生的因素啊！

學道的人要能夠把真一之氣認得真真切切，晝夜下功夫涵養，才能不斷地有收益。要不然的話，那就很困難了。若打坐時不先將內六根外六塵一齊放下，徹底地大休大歇一場，而是急忙地導引後天的呼吸上下往來，想要獲得這個真一之氣，這樣沒有一個人能得到的。只有在大靜大定之後，真陰真陽才能開始顯現作用。這時我們方才以離宮中的元神下照坎宮水府，那麼坎水中的真陽之氣自然能蓬勃氤氳從下丹田鼓蕩而上，這就是丹書上所謂的「地湧金蓮」。有此景象，我們再將它收回中丹田，用天然神火久久溫養，這個先天真一之氣就會沛然上升達於泥丸上丹田，這就是丹書上所謂「天垂寶蓋」。這時，我在泥丸宮內將它凝聚片刻，以歸藏於無跡可尋之地。這就是順乎天地自然的造化之機，合於盈虛消長的自然規律，修煉到這樣的程度，不結丹而成聖胎仙嬰，那是沒有的事啊。

上面所講的修煉過程，在《周易》的「乾」卦中已很清楚顯示出這個天機了。為什麼這樣說呢？我們從乾卦的爻辭就可以看出來。乾卦六爻從下往上解釋，第一爻初九的爻辭是「潛龍勿用」，即指大休歇一場。第二爻九二的爻辭是「見龍在田」，即指元氣初動於下丹田。第三爻九三的爻辭是「朝乾夕惕」，即指將此氣收回中宮，內想不出，外想不入，防危杜漸的意思。第四爻九四的爻辭是「或躍於淵」，即指涵養了很久，忽然覺得有一縷真氣直從下丹田沖騰而來，然而它還不是真正的元氣，故而用一個「或」字。第五爻九五的爻辭是「飛龍在天」，即指此真一之氣升上泥丸，陽氣達到了極盛。第六爻上九的爻辭是「亢龍有悔」，即指陽氣旺盛到極點就會動極而靜，我們必須引導它歸於虛無的境界中，不許貪圖真氣運行時那種快樂的感受，而是要讓它保持住光明的境界，這才沒有過亢而引起的弊病。你們對於《易經》的理論都是精通的，不知是否曾領悟到這一點呢？

【研　析】真一之氣又稱為先天一氣、虛無元氣等，是內丹學中煉丹成仙的超越性的依據，是宇宙間萬事萬物的本源同時又貫穿於萬事萬物之中，實際上它也就是道體、真性。之所以用真一之氣這個詞來表示丹道修仙的根本依據，是從煉丹的直觀性體驗的角度，把道的普遍廣義的本體轉化為更具經驗意味的能量本體。道是相通於任何宗教派別的通用的萬物本源，而真一之氣則是富有道教特色的本體性觀念。真一之氣中的「氣」當然不是與「神」相對或與「心」、「理」相對的那個「氣」，更不是唯物論上的物質材料之義，而是心與氣還未分時統一物質與精神的宇宙本元。所以，在中國思想中，「氣」之含義是極其豐富的，有時它是指一種彌散性的像「場」一樣的物質基元，有時又是構成一切事物的物質材料而與「理」相對，一事物有理有氣才成為一事物。所以，有的人一看到「氣」，就以為是唯物論，此則大錯。因為「氣」還有「心之靈氣」之義，心不離氣，心之妙用必賴氣之靈動，心與氣根本上是分不開的，所以對這個統一心與氣的本源性的存在，既可從心一面說，也可從氣一面說，還可從非心非氣而亦心亦氣方面說。從心一方面說本體，則是真性或元神；從氣一方面說本體，則是真一之氣或先天元氣。

真一之氣雖無處不在，無時不顯，但一般人卻無法體認它，更不能保任涵養它，這就需要借助於一種功法來幫助人們體認真一之氣。丹道中的各種功夫火候，無非就是使真一之氣顯露的方法。一切後天的精氣神都不是它，但後天的修煉卻又是先天境界顯現的契機。後天的精氣神就是凡陰凡陽，先天的精氣神才是真陰真陽，通過後天的精氣神的修煉使元神元氣相會，通過真陰真陽的交媾團聚，來招攝真一之氣。如果只在後天的精氣神上用功，就不可能得到真一之氣。要真正顯現真一之氣，就必須在大靜大定中徹底放下感性欲望與情緒思慮，才能在大靜之後體會到真一之氣的徵候。也只有真正認得真一之氣並加以涵養保持，日夜用功，才能使真一之氣由此微而充滿，直至沛然浩然之境。

當真一之氣在修煉者身上得以顯露並得到充實涵養，就會有一種不可思議的力量，能使人變化氣質，昇華人格，洗盡汙濁之氣與私心雜念。因為你體驗到那種充滿與洋溢、純淨與靈明的狀態，那種喜悅與滿足能使人別無所求，你找到了真理，你回到了家。一旦你嘗到了那個滋味，你就再也不會回頭，塵世間的一切榮華富貴與此相比都不值一提。相反，你會在道上更加深入，你想要探索更深的奧祕，你想要徹底地與真理相融為一。所以，一開始修煉是一個勉強的過程，因為已有的慣性使人沉迷於世俗的欲望與分別之中而不能自拔；但一旦你找到了生命的那個源頭活水，體驗到真一之氣，修煉就進入了一個自然自覺的過程，你就會毫不費力地主動地去尋找真理，並在真理的狀態中得到解脫與自在。

玄竅初開章第九

前示玄關一竅，的是千真萬聖傳授心法。學者下手興工，必將雙目微閉，了照內外二丹田❶之間，不即不離，勿忘勿助，久之一息去，一息來，息息相依，恍覺似有非有，似虛非虛，那口鼻之息渾若無出無入，此即凡息停而真息見，坐到息息歸元之候矣。學人到此，不知向上層做去，往往採得此個真息初動，遽行下榻，不肯耐心靜坐以煉氣而歸神，雖能保得後天色身，究不能見先天本來人也。修煉至此，又必再加煅煉，將那先天元息慢慢向爐中吹噓❷，久久調和，忽覺丹田中滾滾轆轆，不有如有，非真似真，恍若有一清明氣象，但不可起明覺心❸。

如起明覺心，又墮於後天知覺，而不可語先天玄妙矣。諸子務要斂盡明覺，一毫不用，即經書所謂「收斂光明，澄神靜坐」之義也。如此渾噩久之，自然精化為氣，氣化為神，而先天一點真元現象，即玄關一竅大開矣。然而玄竅雖開，未經神火猛烹急煉❹，猶不能隨遇而安，無入不得，往往一見可欲則愛生，一見可怖則懼生。夫以元氣未壯，元神未老，尚不能隨圓就圓，隨方則方，而與世浮沉、隨時升降焉。唯有調息綿綿，養氣深深，一任可驚可怒可樂可哀之事來前，我心自有主宰，毫不能入而亂我神明，非孟子所謂「居廣居，立正位，行大道，富貴不淫，貧賤不移，威武不屈」之大丈夫耶❺？諸子如今興工，未必即有此個氣象，然亦不可謂全無也。當玄竅初開，不過其機甚微，及養之久久，直覺平日之氣息不能收納者，至此自然收納，平日之心神不能靜定者，至此自然靜定。朱子所謂「昨夜江邊春水生，艨艟巨艦一毛輕，向來枉費推移力，此日中流自在行」❻是矣。如此之動，方是真動。否則，此氣尚粗，此神多走，猶未為真現也。諸子欲見真竅，唯此息調心靜、氣閑神安為真把柄。不然，有為而為，有思而得，亦不無玄竅之動，而究之一時而見，移時即非，不似此自然而然、由靜存動察而得者之能耐久也。諸子務於此處認定主腦，一力前進，何患不到天仙地位！

【章　旨】本章闡述如何從凝神調息入手而至於玄竅初開之境，如何由玄竅初開而進一步用功使玄竅大開，自然轉化氣質而達於大丈夫之境。

【注　釋】❶內外二丹田　內丹田指身內丹田，為採內藥之處；外丹田指身外丹田，為採外藥之處，即是虛空無相之地。內丹田為後天生命之根，外丹田為先天生命之根。煉丹時以神光了照丹田，但不可死守，須似守非守，而有虛空之量，故曰了照內外二丹田之間。❷將那先天元息句　內丹學借用外丹燒煉的語言來講人體內修煉的原理，人身之丹田好比是丹爐，元神之了照好比是爐中之火，元息之吹噓好比是爐中的風箱，風火配合即可煉出爐中之金，而產生能量之昇華。❸明覺心　這裡指對上文所說的清明氣象產生認同判別等分別心，而不是指元神之自明自覺那種「明覺」，元神之明覺不是一種分別心而只是一種本有的覺性。後文「斂盡明覺」之「明覺」亦是此處所指分別心之明覺。❹未經神火猛烹急煉　先天本有之境界無需烹煉，就玄竅顯現之本身而言並無烹煉之必要，所謂「猛烹急煉」是指以先天境界轉化後天之功，以先天神火昇華後天陰邪之氣，從而使後天返先天，身心合一而證得自在無礙。❺非孟子等句　《孟子．滕文公下》：「居天下之廣居，立天下之正位，行天下之大道；得志與民由之，不得志，獨行其道；富貴不能淫，貧賤不能移，威武不能屈——此之謂大丈夫。」❻朱子等句　朱子之詩所表示的，其實並非丹道修煉之功夫與境界，而是理學家心性修養的一種體會。黃元吉喜用儒家聖賢之格言警句來形容丹家之功夫，一方面說明他沒有門戶之見，主張三教融通，一方面也體現了各家修養雖精神取向有所不同，但在某種意境上也確可相通。當然，這並不表示丹道與儒家的修養功夫完全一致，而更多是一種寬泛意義上的借用。

【語　譯】前面講的玄關一竅，的的確確是千真萬聖所傳授的心法。學道者下手用功時，必須將雙目微閉，觀照於內外兩個丹田之間，不即不離，勿忘勿助，久而久之一息去一息來，息息相依，恍惚感覺到呼吸似有非有，似虛非虛，那口鼻間的呼吸渾然好像沒有出入，這種情形就是凡息停而真息顯現，已坐到了息息歸根的徵候。但有些煉功人，到了這個程度，不知繼續向更高層的功夫做去，往往是初步探到了這個真息發動的消息，就急忙下座停功，不肯耐心靜坐以練氣化神。這樣雖然也能保健身體，但終究無法見到先天的本來面目。

修煉到這個地步，又必須再加以進一步的鍛煉，將那個先天元息，慢慢地配合自身神火向丹爐中吹噓，這樣久久地調和神氣，忽然感覺到丹田中有一種真氣鼓蕩滾動之感，那種感覺找不到什麼東西，但又好像有點什麼，似乎只是一種感覺而已，但又像是真實的存在。恍然好像有一種讓人心曠神怡的清明氣象，但這時切不可生出認同或執著它的明覺之心。如果生起這種明覺之心，又墮落於後天識神的知覺上去，這就談不上先天境界的玄妙了。所以你們務必要收斂起全部的分辨判斷等念頭，這種後天的分別心絲毫不能用。這就是經書上所講的「收斂光明，澄神靜坐」的意思。像這樣保持無所分別的渾渾噩噩狀態，時間一久，自然能夠精化為氣，氣化為神，而先天那一點真元就可以顯現出來，這也就是玄關一竅完全打開的景象。

然而，玄關一竅雖然開了，但未能經過真意神火的猛烹急煉，還只是初步地證到一點先天的影子，身心未能完全淨化，還達不到隨遇而安，對於任何境界無入而不得的地步。往往一見到使人喜歡愛戀的現象就心生貪愛，而見到使人討厭害怕的現象就心生恐懼。這是由於元氣沒有壯盛，元神沒有培養成熟，還不能達到那種隨圓就圓，隨方就方這樣一種自由自在的境界，能夠沒有自我，在世間生活的河流中飄浮；不計得失，隨著不同的環境因緣而變換自己的角色。在這種情況下只有綿綿調息，使之進入似有似無的狀態；任它有什麼可驚、可怒、可樂、可悲的事來到面前，我心自有主宰，絲毫不為所動，不讓它們擾亂我的神明。這豈不是孟子所說的「居天下之廣居，立天下之正位，行天下之大道……富貴不能淫，貧賤不能移，威武不能屈」的大丈夫麼？

你們現在用功，未必就有以上所說的這種大氣象，當然也不能說就一點也體會不到。當玄竅初開時，只不過是有那麼一點微弱的氣機，等到長時間地涵養之後，會有一種真切的感受，覺得平日裡難以收納的氣息，到此時自然收納，平日裡無法靜定下來的心神，到此時自然靜定下來。這種情形就如大儒朱熹在一首詩中所比喻的：「昨天夜裡江邊春水漲潮了，那巨大的船隻漂流在水上就像鴻毛一樣輕，以前在水不足的時候枉費了許多氣力去推移它還推不動，到今天春水漲潮時它自己就自然地順利航行了。」煉丹也是一樣，只有像這樣地不費力而自然地氣機發動，才是玄竅真正地發動了。否則，後天呼吸之氣還在粗喘，後天識神還在妄動，這樣子玄關竅還沒有真正地顯現呢。

諸位弟子要想體驗到真正的玄竅，唯有這個息調心靜、氣閒神安的狀態才是真把柄，才是顯現玄關一竅的正確途徑。不然的話，雖然用有為的方式去用功，用人為的意念去求得，也不能說玄竅就一定不能發動，但歸根結底往往是一閃即逝，換個時間就消逝了。它不同於上面所說的在自然而然，由靜而動的過程中體察到的玄竅那樣，能夠長久地保持。大家務必於此明辨是非，認定主導的因素，全力地用功前進，這樣又何愁達不到天仙的地位呢！

【研析】 玄關一竅，也即是後天返先天之臨界狀態，是超凡入聖之關鍵。要使玄關現象，必由後天之凝神調息下手，使神不外馳而返照於丹田，但又不能用意死守，而要介於有意無意之間，在後天色身與先天法身之間。同時息息相依，由後天粗重的凡息調到先天細微的真息，由此息息歸根，神氣合一，才能獲得玄關一竅的消息。但一般學人在煉功的時候，往往剛剛有點真息的樣子，就因為種種原因而下座停功，不能趁熱打鐵，繼續深入，這樣雖然對健身也有益處，但終究不能完全呈現先天的境界。必須在真息的狀態下繼續用功，以先天元神之火配合真息之風，將身內渣滓之氣完全煉化，使精化氣而氣化神，這樣體內能量充溢，自有真氣發動，清明氣象現前。此時又不可為功境所轉，起貪戀之心，務必在此狀態下久久涵養，使元氣日盛，元神漸熟，自然能夠隨緣應物，妙用無窮。平時不能去除的毛病不知不覺自然就能去除，自然入於大靜大定之境。若玄竅初開而不能繼續深入用功，則無法轉化後天氣質，遇順逆之境則心為所擾，難成大器。總之要保持息調心靜、氣閒神安之境，則玄竅可開，真境能現，否則以有為之功即使能一時現出玄竅，也無法長存，不能起大用。

下手興工章第十

人生在世，竟不如草木之生生不已。或一世為人，轉世即墮畜道，或一生受福，轉生即遭慘刑。此豈天地之不仁哉？夫以無知之草木尚知歸根返本，以完乎生生之舊，而人則氣拘物蔽，日就銷沒，不能復其本來之天。是以天雖有生育之恩，雨露之潤，而無如生理❶之不存，生機之日殞，何也？吾師哀憫世人，特教人返本還原，永無生滅之患；即不然，亦可保厥本根❷，不至深淪於三途❸六道也。吾常言下手與工，莫如人之眼目，蓋目者，神之光也。學人每每好貪外光顯呈於雙眸之前，以為金光煥發即修真之效驗。豈知天道貴收而不貴發，人道又何獨不然？古仙云：「太陽流珠，常欲去人，逆而納之，則金華內蘊矣。」❹苟不知逆而喜順，常將神光發越在外，馳於視聽言動之妄，貪瞋癡愛之非，日殞日銷，即欲長有此身猶且不能，而況身外有身、為千萬年不朽者乎？惟有垂簾塞兌，常將我一點靈光收入虛無窟裡，不出不入，無慮無思，久之金光❺養足，自可化為陽神，而為我身主宰，且可以化數千百萬陽神，充滿於虛空上下，而為至玄至妙之神仙焉，豈特一靈炯炯、洞見如來已哉！但恐太陽流珠有欲去人之意，而我即隨其流而逐之，則元神日梏，元氣無存，生機遂絕矣。此件工法，渾無難事，只須稍有意思將目光收斂之足矣。昨言元神斡運其間，究竟元神在人身中，藏於何所，長於何地？有曰「方寸之地為元神之居」，有曰「玄關之內為元神之宅」，又曰「天谷元神，守之自真」，❻此三處，皆元神之所棲。但不知下手之初，何處為始？《易》云「洗心退藏於密」是。又聞古云：「方寸之地，吾身之堂也。玄竅之內，吾身之室也。眾人則守神於方寸之地，耳目得入而搖其精。修士集神於玄竅之間，耳目無門而窺其隙。」❼如此看來，下手之時，即當集神於玄關竅中，虛無圈內❽，庶幾混混沌沌，杳杳冥冥，無人無我，何地何天，方能養成不二元神。若不藏於隱幽之地，而常於方寸中了了靈靈，未有不馳於塵情俗慮，而日夜無休息也。何謂天谷❾？蓋人頭有九宮，中有一所，名曰天谷，清淨無塵，能將元神安置其中，毫不外馳，則成真證聖即在此矣。所以《黃庭經》云：「子欲不死修崑崙。」是可見守此天谷有無限妙蘊也。諸子知之否？

【章旨】本章由人與草木的對比說起，指出歸根返本的修真極端重要，而其入手處則在收斂神光。進而談到元神之處所，指示守玄關及天谷才是正確的守神之道。

【注釋】❶生理 指「生之理」，即生命得以保全得以發展的根本規律或原則，而不是現代語中與「心理」相對應的「生理」。❷保厥本根 保存他的生命本元。厥，其；他的。❸三途 指六道中的三惡道：地獄道、餓鬼道和畜生道。❹太陽流珠四句 因為是講道，黃元吉所引古人言句，一般都不是原文，而是引申大意，此點前面已說過。此句也不是經典的原文，《周易參同契》：「太陽流珠，常欲去人。卒得金華，轉而相因，化為白液，凝而至堅。」❺金光 指神氣充足而能量煥發的狀態。❻天谷元神二句 據《性命圭旨》：「《靈樞經》曰：天谷元神，守之自真。」則此句出《靈樞經》。❼方寸之地等句 這是把方寸之心比作前堂，把玄竅之內比作內室，古人的建築外面是堂，堂內有室，故有「登堂入室」的成語。若神居方寸之堂，則耳目等感官信息有門可入；若神居玄竅之室，則耳目等感官信息無門而入。按：「眾人」以下到「窺其隙」諸句，前人都標為講道的正文，這是錯誤的，它們其實和「方寸之地」等句同為引文。一般把《樂育堂語錄》的丹法和《性命圭旨》一樣歸為中派，確實《語錄》與《圭旨》有相通之處，且《語錄》本身即多引《圭旨》，此段即出《性命圭旨》：「蓋耳目之竅，吾身之門也。方寸之地，吾身之堂也。立命之竅，吾身之室也。故眾人心處於方寸之地，猶人之處於堂也，則聲色得以從門而搖其中。至人心藏於立命之竅，猶人之處於室也，則聲色無所從入而窺其際，故善事心者，潛室以頤晦而耳目為虛矣。御堂以聽政，而耳目為用矣。」但這並不表明《樂育堂語錄》的丹道思想與《性命圭旨》相同，其實《語錄》的丹道思想自成系統，不一定要歸入中派。❽虛無圈內　與「玄關竅中」所指是一，因玄關竅無所在而為虛空之境，故稱為「虛無圈內」。❾天谷　即泥丸穴。《上品丹法節次》：「泥丸為一身之天谷，猶斗之有北極，世之有天鎮，天之有玉清天也。」

【語譯】人生在世，有時還不如草木那樣生機盎然。一種情況是這一世成為人，轉世投胎就墮入六道中的畜生道；或者是這一生享受榮華富貴，下一世卻慘遭酷刑。這難道是天地不愛人而對人有所不公嗎？當然不是。實際上，無知無識的草木也知道歸根返本，以充分發展其固有的生機，而人則為氣質所礙，為物欲所蔽，本有的生機日漸消損，不能恢復其先天的本性。所以天地雖然對人有生長養育之恩澤，施以雨露滋潤萬物以供人所需，但無可奈何的是人不能遵循生命的根本原理，一天天地損耗掉生機活力，這又是何苦呢！為師對世人的這種處境極表同情，深覺悲哀，因而專門教導人們要返本還源，就永無生滅輪迴的痛苦。即使達不到徹底的超越境界，也不至於深深地沉淪到三途六道的業報輪迴之中。

我常說下手用功的時候，最重要的是人的一雙眼睛，因為眼睛體現的是人的神光。一些學道的人每每喜好貪戀有外部光色呈現於雙眼之前，以為眼前金光煥發就是修道煉丹所產生效驗。他們哪裡知道，大道是貴收斂而不貴發散的，人道又何嘗不是如此呢？古代的仙真說過：「太陽放射出光和熱，常常使人追隨外面的光而能量向外發散，因而將人由生推向死，如果採取逆行的方式，反過來將向外馳散的光向內採納，那我們就可積聚太陽的光和熱，從而提升生命的能量。」如果不知道逆行而喜歡順洩，常將二目神光發散在外，精神馳騁於視聽言行的虛妄境界，用心於貪瞋癡愛等不良情緒與煩惱之中，這樣精神氣血一天一天地損耗，即使想要長久的保留這個肉體生命都不可能，更何況還想奢望身外有身，達到千萬年不朽的生命呢？只有二目微閉，感官內收，常將自己的一點意識神光，收斂於虛靜無為的境界中，不出不入，無思無慮。久而久之，把這心靈的金光涵養充足了，自然可以化為陽神，成為我們生命的主宰，並且可以化成數千百萬的陽神，充滿於虛空之中，而成為至神至妙的神仙，又豈只是一點意識靈明清澈，洞見生命的本來面目就夠了呢！只恐怕太陽光芒四射，有一種使人神光外馳而催人老死的趨勢，而人們卻隨著這種趨勢而向外追逐，那麼元神一天天地被陷落其中，元氣蕩然無存，人的生機也就慢慢衰絕了。其實上面所說的這個功法，一點也不算難事，只須稍微有點意思將目光收斂於內，就足夠了。

昨天我講到，煉丹是靠元神在其中起作用，那麼究竟元神在人身之中，藏在什麼地方，又長於何處呢？對此一般有三種觀點，有一種說法認為：「人心這片方寸之地，就是元神的居所。」也有的說：「玄關竅內就是元神之宅。」還有的說：「腦中天谷所住的元神，若能存守不失，自可體道悟真。」其實這三個地方，都是元神所居之地，但不知最初下手用功時，應從哪裡入手呢？《易經》上所說的：「將心打掃乾淨一塵不染，退藏到幽隱妙密的地方。」這就是初步下手的功夫。我還聽前人有這種說法：「人心方寸之地，好比是我們身體中的元神所居的前堂；玄關竅內，好比是人身之中元神所居的內室。一般人都守神於方寸之地，這樣耳所聞目所視都能夠從門進入前堂之中而動搖生命的元精。修煉之士把精神集中到虛無玄竅之間，使耳目沒有門徑能夠窺見到內室中的一點縫隙。」由此看來，下手用功之時，就應當集中精神於玄關竅中那虛無的境地，這樣混混沌沌，杳杳冥冥，無人無我，恍然不知哪兒是天哪兒是地，才能養成萬物一體的不二元神。若不能將心神深藏於這種幽隱無相的境界，而只是常在方寸之心上靈明了知，這樣用功沒有不使心神散亂的，致使妄想奔馳於塵情俗慮之中而日夜得不到休息。

什麼是天谷呢？原來在人的頭上有九宮，中間有一個地方就叫天谷，那是清靜無塵的地方，如能將元神安置於其中，毫不外馳，那麼成就仙真，證得聖境就靠它了。所以《黃庭經》說：「你要想不死，就要在頭部天谷中下功夫守元神」由此可見，守這個天谷泥丸宮具有無限的妙用與意蘊，大家是否知道呢？

【研　析】人與草木實際上是無法相比較的。草木沒有意識，它們沒有問題，不會犯錯誤，也就談不上超越它們的問題。它們只是自然的存在，它們無法提升得更高。正因為它們是自然的存在，它們原本就是與整個大自然融合為一的，在這一點上，它們是「合道」的，它們沒有人的煩惱與自我，它們顯得生機盎然。人則不同，人因為有了自我，有了意識，也就製造了千千萬萬的妄想與問題，人看起來已經遠離了自然的境界，人生活在自己的頭腦的妄想之中。在這一點上，人似乎還不如草木，人比草木離「道」更遠。這種比較，還是人從某種角度所作出的一種意義式的觀照，而不是一種事實上的關於人與草木的存在價值的判斷。實際上，天地之間人為貴，人的意識是更高的存在，是大自然進化到更高階段的產物，正是因為人有可能離開道與自然，人才能有返本還源的可能性，人才能通過能動的修煉而超越他的局限性而成仙成聖。

返本還源當然是人的意識的一種自覺的轉向，是從常人的「順行」轉向修道者的「逆行」。這「逆行」的下手之處，就是從人的眼目開始的，因為人的意識發竅於目，目光所向也就是意識所向，所以稱為「神光」。一般人是順著外面的光線而目光向外追逐外在的客體，意識也就被外面的聲色所迷，從而產生貪瞋癡等煩惱與執著；而修煉者則要二目微閉，把眼光回轉來返照他自身，從而也就把意識收回來而存守人體的玄關一竅，讓意識不出不入，無思無慮，從而神光充足，煉成至寶。至於本章所述的「可以化數千百萬陽神」，則超出了我們正常的理解範圍，這是大成就的境界，不僅僅是一種意識的清明覺性，而是神氣完全融合的大自在、大解脫的境界，所以說「豈特一靈炯炯、洞見如來已哉」。這和佛家所講的「千百萬化身」是同一個道理，而「一靈炯炯、洞見如來」則最多是見到「法身」而已。

元神是人的真正主體性，它應該不在人身某一個固定的地方，它是無形的無處不在的。但元神有特別起作用的部位，修煉元神也有特別的方便法門。本章談到元神的三個處所：方寸之地即心輪中心、玄關竅內和頭部泥丸部位，但黃元吉採用《性命圭旨》裡的說法，認為不宜守心，容易為耳目聲色所干擾，而應將元神置於玄關竅中而入於幽隱之地，則聲色不得其門而入。我想，這種說法也是相對的，對於不同的煉功階段應該有所不同，靈活應變。要完全屏蔽外面的聲色影響是不可能的，重要的是怎樣涵養自己的心神，不受外在聲色的打擾，讓一切自然發生，而元神只是返照自身，不因為外面的聲色而起心動念，不被它們所吸引而忘記了觀照。從這個意義上說，把意識定在某個部位都是對意識的一種限制，應該完全放開來，讓意識回到它本有的無限制狀態，這就是「玄關竅」，它不是任何一種人體的部位，而是一種虛無寂靜的狀態。

但後文又強調要「守天谷」，但只是略微向上觀天谷，不可落於後天之執著心。這是講更高級的功法，前面講的守玄關是指下手用功的初步功法，等到元神漸漸成熟，內丹家認為又要移爐換鼎，將元神置於天谷中而涵養之，為養神之法要，中藏無限妙用與玄機。另外，本章所述下手功法，是指元神修煉的下手功法，並不是整個煉丹時的下手功法。因為煉丹包括煉精、煉氣和煉神，修煉精氣的下手功法又有所不同。此須參看下一章。

聽息胎息章第十一

學人欲歸根復命❶，唯將此心放下，輕輕微微，以聽氣息之往來。若氣太粗浮，則神亦耗散，而不得返還本竅❷，為我身之主宰。若聽其氣息似有似無，則凡息將停，胎息將現，而本心亦可得而見矣。古人謂「心易走作，以氣純之」是矣。苟不知聽息以收心翕氣，則神難凝，息難調，而心息亦終難相依。此聽息一法，正凝神調息之妙訣也。果能以神入氣，煉息歸神，則清氣自升，濁氣自降，而一身天地自然清寧。到得天清地寧之候，瞥見清空一氣日回環於一身上下內外之間，而非第胎息發現已也。尤要知此個胎息非等尋常，是父母未生前一點元氣，父母既生後一段真靈，性得之而有體，心得之而有用，在天為樞，在地為軸，在人為歸根復命之原。人欲希賢希聖希天，舍此胎息，無以為造作之地也。諸子近來用工，唯將心神了照不內不外之際，虛心以聽氣息之往來，庶幾神依息而立，氣得神而融，未生前一團胎息可得而識矣。由是言之，此個胎息誠修煉之要務也。夫豈易得者耶？古云：「入定工夫在止觀。」何以止？止於臍下丹田。何以觀？觀於虛無法竅❸。如此則心神自定，慧光日生，以之常常了照於不睹不聞無聲無臭之地，而胎息常在個中矣。若但粗定其息，未入大定，此個胎息尚非真也。吾恐諸子未到如如自如❹之候，而凡息暫有停止，即謂胎息自動，則失之遠矣。人到胎息真動，一身蘇軟如綿，美快無比，真息沖融，流行於一身上下，油然而上騰，勃然而下降，其氣息薰蒸，猶如春暖天氣熟睡方醒，其四肢之快暢，真有難以名言者。到此地位，清氣上升於泥丸宮內，恍覺一股清靈之氣直沖玄竅，耳目口鼻亦覺大放光明，迥不同於凡時也。他如凡息初停，胎息亦不無動機，總不若此大定大靜之為自得耳。吾昨教棲神泥丸，只須以一點神光默朝上宮❺，不可太為著意。著意則動後天濁氣，猶天本清明，忽然陰雲四塞，則清者不清矣。此中消息，說來爾諸子慢慢揣度。

【章　旨】本章以聽息之法為凝神調息之妙訣，並由此入胎息。胎息為修煉之要務，須於大定大靜之境中始可得而見。

【注　釋】❶歸根復命　回歸根元，恢復天所賦予的本性。命，天命，即「天命之謂性」之「命」，是「天」所「命」於我者，亦即人的先天本性。歸根復命出於老子的《道德經》，後為各派丹家所重，為丹道之基本原理。《道德經》：「致虛極、守靜篤。萬物并作，吾以觀復。夫物芸芸，各復歸其根。歸根曰靜，是謂復命；復命曰常，知常曰明。」❷本竅　元神本來所居之地。若氣息粗浮，神隨之而散，則為後天識神而不在元神本來所在之位。❸虛無法竅　即是虛無寂靜的無相之境，元神所在本無定所，而無所不在，故於虛無之境中顯現元神，能觀者元神，所觀者元神之竅，而能觀即所觀，元神自己顯現它自己。❹如如自如　完全回復到先天胎息的狀態而且自然而然，毫不費力。如如，就像它本來的那個樣子。在佛學指諸法實相，而實相無相，即是空相；在此處，指先天胎息的本來狀態。❺上宮　指泥丸宮。

【語　譯】學道的人要想回歸生命的根元，恢復生命的真性，唯有將這個妄動的心放下，靜下心來輕輕微微地，返聽自己呼吸之氣的進進出出。如果呼吸之氣太粗浮，那麼神也就隨之耗散，因而不能夠返歸虛無的本竅，成為我們生命的主宰。如果能感受到口鼻的氣息似有似無，那就是後天的粗重呼吸快要停息，而先天的胎息狀態將要呈現的時候，這種情形下先天本心也就可由此得以顯現了。這其中的道理也正如古人所說的：「人心容易紛馳走作，要通過氣息的調整來使心恢復平靜。」如果不知道用聽息的方法去把心收回來，把氣息調柔和，則神就難以靜定下來，呼吸也就難以調勻，而心與息，神與氣，最終也難以相依合一。這個聽息的方法，正是凝神調息的妙訣。

果真能做到以神入氣，煉息歸神，則清氣就會自然上升，濁氣就會自然下降，然後人身這個小天地就自然得以清爽寧靜。得到這個天清地寧的功候，就可以短暫地體驗到清空一氣，每天周流於一身上下內外之間，而並不是非要等到胎息發生之後才有這種現象。尤其要知道，這個胎息的狀態是非同尋常的，它是父母未生我們之前的一點元氣，又是父母既生我們之後的一段真靈，虛無的本性有了它就有了載體，意識之心有了它才發生作用。這個胎息狀態下的元氣，是天體宇宙運行的樞紐，是大地萬物生長的軸心，是人歸根復命的本源。一個人要想成為賢人、聖人，達到天人合一，離開了胎息就沒有了修煉成道的基礎。大家近來用功，唯有將心神了照於不內不外之間，以虛靜之心以返聽氣息的往來出入，這樣才能使神依憑著氣息而安住，氣息又得到神的觀照而融合，我們父母未生前的那一團胎息才能夠顯現出來而為我們所領悟。從這個意義上說，這個胎息實在是修煉的重要關鍵，又豈是那麼容易能得到的呢？

古人說：「入定的功夫在於止觀。」怎麼止？就是把心安止於臍下丹田。怎麼觀？就是用心觀想虛無混沌的玄關一竅。如此止觀，心神就會自然安定下來，智慧之光也就一天天地增長。以此意識之光觀照於不見不聞無聲無臭的虛靜之境，那麼胎息也就自然在其中了。如果只是初步使氣息定下來，而沒有進入大定，這就還不是真正的胎息。我擔心你們都沒有達到那種天然自然無心合道的程度，只是凡息暫時停止，就以為那就是胎息自然發動了，這就還差得遠了。修煉的人修到胎息真動的時候，全身酥軟如綿，那種舒暢喜悅之感真是無與倫比，真陽之氣飽滿融通，流行於一身上下，油然而上騰，勃然而下降，那個氣息對於血肉骨髓的薰蒸，就好像人在春暖花開的季節熟睡方醒，四肢百骸之爽快舒暢之感，真是難以用語言來形容。到了這個地步，清氣上升到泥丸宮內，恍然覺得一股清靈之氣直沖玄竅，耳目口鼻等感官也覺得光明煥發，與平時沒有修煉時情況完全不同。雖然說凡息初停之時，胎息也不是完全沒有一點發動的跡象，然而總比不上這種大定大靜之境所呈現的胎息那樣自然而且持久。

我昨天教大家守神於泥丸的方法，只要用一點神光默默地上照泥丸宮，不可過於著意。一著意就會引動後天濁氣，這時就好像天空本來是萬里晴空，忽然烏雲布滿天空，原來的清明就再也不清明了。這其中的一些消息與微妙，我只能說到這裡，你們要在實踐中去慢慢揣摩領會。

【研析】人的心容易散亂，頭腦一刻也沒有停止過妄想，修煉的種種法門，無非都是幫助我們擺脫頭腦，回歸本性。道教內丹學對於心與氣的關係有非常深刻的洞見，強調心氣無二，相依相成，心不定則氣不順，氣不調則心不安，因此特別強調從心息相依入手來凝神調息。後天的呼吸之氣雖非人體真氣，但呼吸之氣又是連接身與心的橋梁，同時也是接通先天胎息的契機。當人把心念繫在呼吸的出入往來上面，用心去感受呼吸的進出，這時就容易心息相依，而使心依氣而定，氣依心而寧，慢慢就容易入於神凝息調之境。這種方法方便地稱之為「聽息法」，寧靜地傾聽自己的呼吸之氣的出入往來，但並不僅是耳根的作用，實際上是用全部的感官和意識去全然地感受自己的呼吸。

由聽息而入於胎息，胎息是先天的呼吸狀態，也是人的整個身心都入於先天狀態，所以是修煉的核心關鍵。說胎息「是父母未生前一點元氣，父母既生後一段真靈，性得之而有體，心得之而有用」，這是說胎息狀態下所顯現的先天元氣而非胎息本身，因為胎息與先天元氣是不可分的，故兩者可連貫起來說。這個先天元氣從肉體生命上說是我們後天生命的物質根元，從精神生命上說則是我們後天生命的心靈本元。這個先天元氣並不僅是「氣」而是心氣合一的先天未分之體，所以說是「性得之而有體，心得之而有用」，它與性與心本就是二而一的，離開了這個先天元氣，心與性都沒有了依託，就只是空理而已。

胎息的境界與大定大靜之境是分不開的，由聽息而入於胎息，則是由心息相依而入於大定大靜之境；若由止觀而入於大定大靜之境，則胎息也可由之得而現。這就是說，心與氣是相通的，既可從修心一面而入於胎息之境，也可由修氣一面而入於大定之境，如一圓圈之兩往來，由心可通於氣，由氣可通於心。也可說，由修命可至於性，由修性可至於命，其歸於性命雙修則無二也。

胎息之候，大定之境，其身心融化，真氣周流，那種至樂至美之境，實非言語所能形容與表達。這個「蘇軟如綿，美快無比」的境界也許可以給道上的人一種鼓舞，但這個境界不是修煉者所應事先期盼的，它只是一種自然的結果，即使到了這個地步，亦不可貪戀美景而生執著，否則又落入後天境界，而前功棄矣！

主人常在章第十二

當夫靜坐之時，一心返照於虛無祖竅❶，務令無知識，無念慮。塵垢一空，清明當見，庶幾混混沌沌中落出一點真意❷，即是先天之意。從此有覺，即先天之覺；從此有動，即先天之動。此非難得之時也，隨時觀照，無不如是。但恐渾淪之候，無有渣滓，而卻以昏沉處之，毫不自主；或於混沌中忽有清明廣大之象，不勝歡欣鼓舞，而以好事喜功之心撓之。無怪玄關一竅，愈求而愈不見也。今教生於動靜之際，無論氣機動否，我唯以了照之心覺之守之❸，則主人常在❹，而大丹不難成焉。總之，清明之神由混沌而來，故古云修道之要：「不在塵勞不在山，直須求到杳冥端。」夫杳冥端，即虛極靜篤時也。虛之極，靜之篤，而真精真氣真神即從此而生。古人謂：「玄竅一開，即如太極一動，陰陽於此分。」又謂：「伏羲一畫，兩儀於此兆。」其間千變萬化，無窮無極，莫不由此混沌一刻立其基。足見玄關一竅隨時都在，只須一覺心了照之，主宰之，則玄關常在，而太極常凝矣。特患人不入於杳冥，無患玄關之不發見也。要知此個杳冥，不是空空可得，須從動極而靜，真意一到為之造化，才能入於杳冥。及靜極而動，此時陰陽交媾，將判未判，未判欲判，恍恍惚惚中，忽覺真鉛發生，此即玄關現象，全賴元神為之主持。吾師見生迷於此個消息久矣，今將妙理一口吐出，俾生等知得玄關一竅無時不有，無在不然，但以元神主之足矣。至於氣機之消長，且聽其盛衰，而主宰切不可因之有消長，此即是真正妙訣。吾師昨言胎息，此中亦要分明。夫胎息非口鼻之凡氣，非丹田之動氣，非知覺之靈氣。原人受生之初，父精母血媾成一團，此時是個渾淪物事，並無氣息往來，只是個中微有一縷熱意與母臍腹相聯。自脫胎而後，剪斷臍帶，即另起呼吸，直從口鼻出入，而天地一點靈陽之氣則落於中丹田。凡息一起，胎息即隔，一點元氣不能住於中者，自離母腹時已然矣。雖然，莫謂竟無也。人能一心靜定，屏除幻妄，回光返照於印堂鼻竅，自然漸漸凝定，從氣海而上至泥丸，旋復降至中田，何莫非此胎息為之哉？雖然，先天之胎息，非得後天之凡息，無以運行；後天之凡息，非得先天之胎息，無以主宰。人能凡息一停，真機一現，凡息都是胎息；若雜念未除，塵心未淨，縱胎息亦是凡息。學者識之。修煉之道，與天地開闢之道，同是一理。即如而今下元❺，世道澆漓❻，人心險詐，亦已甚矣，不將水火刀兵等劫❼以掃除之，則混亂之天下其何有底止哉？人身亦然。當此私欲正甚、血氣就衰之年，不先從極動之處漸而至於靜地，則人心不死，道心不生，凡息不除，真息不見。故必動極而靜之際，忽來真意以主持之，此意屬陰，謂之己土。少焉恍恍惚惚，似夢非夢，似醒非醒。於此定靜中，忽覺一縷熱氣，混混續續，兀兀騰騰，此即神融氣暢，兩兩交會於黃房❽之中，不由感觸，自然發生，此即玄關兆象、太極開基也。唯用一點真心發為真意以收攝之，此意屬陽，為戊土。其實一意，不過以動靜之機分為戊己二土❾而已。蓋以玄牝未開，混沌之中有此真意為主，即「無欲觀妙」之意。及玄牝開而真機現，即「有欲以觀竅」。一為「無名，天地之始」，一為「有名，萬物之母」❿。生天生地生人生物，皆此一點真意為之機括。我於此急以真意運行，庶不至感而有妄思，動而又他馳。所以天關在我，地軸由心，宇宙在身，萬物生心，皆此時之靈覺為之運用而主持也。故曰略先一意，則真機未現，採之無益；略後一意，則凡念已起，採之多雜。學人須於此間認得清楚，純以真意主持，毫不分散，久之氣機大有力量，一任隨其所至，我不加一意，參一見，唯了照之而主持之，得矣。但生等才初有象，必至靜處收持。到得氣機壯旺，一靜即天機發動，迅速如雷，雖一切喧嘩之地，鬧攘之鄉，其機亦不能禁止。總要有靈覺之心，庶無差忒。

【章　旨】本章指明杳冥之境即是玄關顯現之機，而元神所出的真意乃為貫穿修煉動靜始終之主導因素，強調要「主人常在」，「真意為主」，常保靈覺妙心。

【注　釋】❶祖竅　指與虛無本源相統一時的狀態，是無竅之竅而為後天人身之祖。❷真意　先天的意識主體是元神，由元神所發出的意識作用，是真意。❸以了照之心覺之守之　從元神發出的真意，是一種無意之意，即它不是一種具體的分別意識，而是無所分別的意向性自身，這就是一種「了照之心」，用這個了照之心覺知氣機動靜而不加干涉，這是「覺之」，保持這個真意的覺知性而不忘失，這是「守之」。❹主人常在　元神的觀照作用一直都在而不忘失。元神本來就是一直都在的，但人的意識卻趨向於向外分別客體而忘卻意識自身的本來面目，這時元神雖一直都在但卻不起作用。所以修道關鍵即是要返歸元神自己，讓元神顯現作用，這即是主人常在。❺下元　指世界運行週期的末期，見「黃元吉先生語錄序」注❶。❻澆漓　指世風不樸素，不敦厚。❼水火刀兵等劫　指各種自然災害和人為的災害。水劫，指水災。火劫，指火災。刀兵劫，指兇殺、戰爭等災難。❽黃房　真意所處稱黃房。人一身中，五臟配五行，心主神，屬火；肝主性，屬木；脾主意，屬土；肺主情，屬金；腎主精，屬水。火紅，木青、土黃、金白、水黑。❾戊己二土　靜中之真意屬陰，為己土；動中之真意屬陽，為戊土。因意在五行中屬土，而十天干中的戊屬陽，己屬陰，故名。❿無欲觀妙等句　這是用《老子》首章的話來說明真意在動靜之間的妙用。《老子》首章：「道可道，非常道。名可名，非常名。無名，天地之始，有名，萬物之母。故常無欲以觀其妙，常有欲以觀其徼。此兩者同出而異名，同謂之玄。玄之又玄，眾妙之門。」

【語　譯】當開始靜坐的時候，要一心返照於那種無形無相然而又是萬物本源的境界之中，務必使自己的心沒有知識沒有分別，沒有雜念沒有思慮。當這些心上的灰塵汙垢被掃除一空，就會現出那清明的意識天空，這樣才可能從混混沌沌的無分別境界中顯露出那一點真意。這就是先天之意。從這個境界中產生的覺知，即為先天之覺；從這個境界中出現的氣機發動，即為先天之動。這種狀態的出現也並不是很難的事，隨時隨地保持觀照，都可以達到這個境地。但令人擔心的是，已經達到了這種空明混沌狀態，沒有後天的分別雜念，這個時候卻落入昏昏沉沉的無意識之中，絲毫不能作主；或者在這種混混沌沌的境界中，忽然顯現出清明廣大的氣象，讓你不勝歡欣鼓舞，於是以為出現了好境界，修煉產生了好的效果，就以這種好事喜功之心干擾了這分寧靜。這就難怪對於玄關一竅，越是想要得到它就越難使它顯現了。我現在教大家於動靜之際，不論它氣機動了沒有，我只要以一個了照之心覺知它涵養它，這樣元神意識的主體性一直都在，而大丹也就不難煉成了。

總之，清明的精神是從無知無識的混沌中產生出來的，所以古人講修煉的要領是：「既不在於喧鬧的塵世，也不在於寧靜的山林，關鍵是要能達到杳杳冥冥的至極狀態。」所謂杳杳冥冥的至極狀態，就是虛無寂靜達到極點，也就是老子所說的：「致虛極，守靜篤。」到了虛極靜篤的狀態，則真精真氣真神便由此而生。古人說：「玄關竅一開，就好比太極一動，從此分出陰陽」，又說：「就好像上古時的伏羲氏畫出一畫，從一畫中也就開展出兩儀。」由兩儀生四象，由四象生八卦，這樣可以無窮無盡地演化下去。煉丹也是如此，這煉丹其間的千變萬化，無窮無極，但歸根結底都是由玄關竅開時混沌虛無的一刻為其根基。既然玄關一竅如同太極，而太極是一直就在的，這就充分表明玄關一竅也隨時都在。只需要以明覺之心了照它，並且能作主，那麼玄關就會經常顯現，這個太極狀態也就會常常得以凝煉。只怕煉功人不能入於杳冥之境，而不用擔心玄關一竅不能發現。

我們要知道，這個杳冥的境界，並不是光憑心境上空空如也就可以得到，必須要體內真氣發動，到動極而靜時，由真意在其中作主宰而產生造化妙用，才能入於杳冥之境。在這個杳冥的境界涵養久之，等到靜極而動，這時陰陽交媾合一，處於一種將判未判、未判欲判的臨界狀態，在恍恍惚惚中忽覺真鉛發生，這就是玄關顯現，全靠元神在其中主持。為師見你們這些弟子對於這個微妙的消息迷惑不解已經很久了，今天將這個玄妙道理一口吐出，毫無保留地告訴你們，以使你們知道玄關一竅無時無刻不存在，而其存在無不是這個樣子，只要以元神在其中作主就夠了。至於煉功過程中氣機的消長起伏，且聽任它盛衰變化，而其間起主宰作用的真意切不可隨它消長，這就是真正的煉丹妙訣。

為師昨天給你們講胎息，這其中的問題也要認識清楚。胎息不是口鼻呼吸之凡氣，不是丹田生發鼓蕩之動氣，也不是能知能覺的靈氣。追究我們人在最初受生的時候，由父精母血交媾合為一團，此時還是一團混沌的生命形態，並沒有後天呼吸那種氣息往來，只是胚胎內微微有一縷熱意與母親的臍腹相聯繫。後來經十月胎圓，脫離母胎，剪斷臍帶，從此即開始另起呼吸，直接從口鼻出入，而天地間的一點靈陽之氣，就落於中丹田中。後天凡息一開始，先天的胎息即被隔斷，先天那一點靈陽之氣不能安住於其中，這種情況是自從脫離母體時就已形成了。儘管如此，也不能說胎息就一直不能顯現了。只要人能一心靜定下來，屏除雜念妄想，把意識之光收回來返照於印堂鼻竅，自然漸漸凝神入定，一團靈陽之氣從氣海上升至泥丸，循環往復再下降到中丹田，這又何曾不是胎息的作用呢！雖然胎息與口鼻呼吸完全不同，然而也不是與凡息沒有關係。先天的胎息如果不借助於後天的凡息，就無法運行；後天的凡息，如果沒有先天的胎息，它就沒有主宰。凡息一停，真機一顯現，那麼凡息都成為胎息；若雜念未除，塵心沒有打掃乾淨，縱然是胎息也還是凡息。學道的人要把這個道理弄清楚。

生命修煉之道，與天地開闢宇宙演化之道，都是同一個原理。就拿現在這個末法時代來說，世道沉淪日下，人心險惡狡詐，已經到了很嚴重的地步了。如果不將亂世中這種種水火刀兵之禍患掃除乾淨，則混亂的天下什麼時候能有個盡頭呢？人身也是這個道理。當你正處於私欲旺盛而氣血漸衰的年紀，若不先從你現在這種強烈的人心躁動的狀況漸漸返歸於虛靜無欲的地步，則人欲的私心不死，而合道的真心不生；後天的凡息不除，先天的真息不現。所以，必須在動極而靜之際，忽然生出真意來作它的主持，這時的真意屬陰，稱為己土。過了一會兒，進入一種恍恍惚惚、似夢非夢、似醒非醒的混沌狀態。而就在這種定靜的境界中，忽然會覺得有一縷熱氣，混作一團，相續不斷，時而平和，時而沖騰，這就是神融氣暢，神氣兩者交會於中宮黃房之中。這種現象並不是由人為地去感應觸發才有的，而是自然發生，這就是玄關開始顯現，也即是太極開始顯露。在這個時候，須用一點真心發出真意去收攝它，這時的真意屬陽，為戊土。己土戊土，其實是同一個真意，不過是按動靜的不同契機而加以分別罷了。

這個真意分出動靜戊己，可以顯示出真意的不同層次的妙用。在玄牝之門未開時的混沌狀態中，有這個真意主導其間，就是老子所說的「常無欲以觀其妙」的意思；等到玄牝已開而真機顯露，有這個真意收攝採取，就是老子所說的「常有欲以觀其竅」的意思。一個是所謂的「無名，天地之始」；一個是所謂的「有名，萬物之母」。生天、生地、生人、生物，都是這一點真意作為它的中心機關。所以真機出現，就應當立即以真意運行，才不至於因為感觸而生出妄想，使這真機又散失了。所以天道運行，機關在我；大地含藏，樞紐由心；宇宙萬象，集於一身；萬物紛呈，生於一心。這些也都是真機顯現時真意靈覺在主宰其間而起作用。

這個真意的把握是很微妙的，所以說，用意略微早了一點，則真機未現，採之無益；而用意略微遲了一點，則凡念已起，採之就雜有後天凡念而不純了。修道的人必須在這中間辨認得清清楚楚，純粹地以真意來主持，毫不分散，不起絲毫雜念，時間一久，氣機就大有力量，完全聽任它自由運行，不管它到什麼地方，我都不加一個意念，不參雜一個思想，只是用真意了照它並作主持就行了。但我看你們真機顯現才剛剛有一點跡象，還必須從至靜處收斂把持。等到氣機壯旺時，一靜下來就會真機發動，迅速如雷，即使是處在各種喧譁鬧攘的場合，氣機的運行也不會停止。不管是動還是靜，也不管真機現與未現，總歸要有靈覺之心，才不至於有差錯。

【研　析】進入寧靜虛無、混沌杳冥的深層功態，是丹道修煉也是各家各派身心修煉的核心。常人的意識基本上只有兩種狀態，要麼是昏沉和無意識的狀態，要麼是散亂和意念紛雜的狀態。即使是在睡眠之中，頭腦也沒有停止，各種夢想就是白天散亂意識的繼續；而在深睡無夢的時候，就是昏沉而無意識的狀態。修煉的關鍵就是要進入一種既不昏沉也不散亂的意識狀態，一方面排除了所有的知識、記憶、牽掛和思想，沒有對各種客體的分別意識，同時在這種無念的狀態下又呈現出清明的意識覺知，也就是元神呈現出它的觀照作用，這種元神的意識觀照，就是真意。真意沒有特別地意識到什麼，它就是意識之光自返自照，沒有能觀與所觀之別，沒有主體與客體之分，所以稱為混混沌沌，杳杳冥冥的狀態。這個狀態，也就是從後天的分別意識態返還到先天的無分別意識的臨界狀態，是玄關一竅顯現的契機，一切煉功的神通妙用皆由此生，是一切修煉的根本和本質所在。

但是人的頭腦分別的慣性使人很難進入到這種純粹的意識觀照狀態，即使偶爾進入到這個境界之中，也容易失去意識的自主性而陷入到昏沉之中，或者對此沾沾自喜而起心動念，又破壞了這個寧靜的觀照。在煉功的過程中會自然地出現各種景象或不同的境界，像氣機的動靜，心境上的變化等，這時不論出現何種情況，都要不為所動，一直保持元神作主，使真意長存，相續不斷，這就是「主人常在」，由此而深入於大定大靜之境，何愁大丹不成！這個功夫是最重要的，但也是最困難的。一般人也會偶然出現這種先天的意識觀照狀態，但只是一閃而過，根本不能保任相續。

元神是每個人本來就有的意識本來面目，所以人隨時都可以進入那個杳冥的狀態。既然元神是本來就有的，那麼修與不修又有什麼區別？說「元神為之主持」又是什麼意思？為什麼有時說元神主持，有時又說真意主持？實際上，煉丹是從後天返先天，就先天的本來狀態而言，無所謂修與不修，修是針對後天的狀態而言的。在後天的狀態，是識神作主而元神不現，就是說起作用的是識神的分別心，而元神沒有呈現，沒有起作用。元神雖有而沒有呈現，故有所謂修，修就是讓元神呈現而起作用，故說煉功要以元神作主。元神能夠作主，這就從後天的識神返歸先天的元神，這就是修煉元神的意思，實際上並沒有另外一個意識主體來修它，就是讓它自己照亮自己，讓元神的意識之光返照它自身，這是一種自覺自明。元神能自覺自明，由此產生的意識作用，即是真意。真意即無意之意，它不是一種向外分別的對於某種意識對象的意識，而就是元神自身的意識觀照作用。這種觀照並不是特別地觀什麼，它一無所觀而又無所不觀，一切都可以在真意中顯現，但真意本身對任何出現在它意識中的對象都不加干涉，也不加以特別的關照、分析和判斷，它只是讓所有的對象如其所是，故雖有意識而無分別。這樣，真意與元神實際上是一而二、二而一的，元神乃真意之體，真意是元神之用。

依心氣無二之理，心能入於靜定杳冥之境，則氣必有相應之機。真意之觀照久之，則必有真機之顯現。

人能深入於先天杳冥之境，則凡息轉胎息，玄關竅開，而後天色身氣脈皆得以昇華，精氣神都得以轉化，真氣充滿則自動運行，觸發真機。若上上品丹法，則純是無為，自始至終皆是元神一味大藥，不管氣機如何變化，我只是一任真意主持，一念不生，直造道境，與道合一。本章中，則以真機出現前後分出戊己兩種真意，真機未動以前真意靜以守之，真機發動之後真意動而採之，這也只是方便之說。所謂的採，也是不採之採，不能過於用意，只是於真機出現後提高警覺性，不要走神生出雜念，以使氣機歸元。因為說一直保持元神作主的狀態實際上是一種理想的境界或者說是果位的境界，是修煉已經成就者的境界，故對於一般的修煉者而言，就要方便地說一些有為法，這個有為法實際上還是無為法，就是讓你記得那個觀照的意識，一直保持真意作主，讓主人常在。

觀天之道章第十三

修煉一事，不是別有妙法，無非觀天之道，執天之行❶而已。如春夏之際，果木暢茂，花草盈疇❷，何其蓬蓬勃勃之無涯若是耶！又誰知發洩中尚藏收斂之意。古人謂夏至陰生，猶後也。秋冬之時，物彙凋殘，霜雪凝結，何其氣象之慘淡若此哉！又誰知摧殘內自寓發皇之機。古人謂冬至陽生，猶未也。以此觀之，足見陽中生陰，陰裡含陽矣。學道人當其龍虎相鬥❸，水火相射❹，一似春夏之萬物滋榮，我於其中須如如自如，了了自了，不隨氣機之動而動，是即陽裡生陰也。及氣機一靜，龍降虎伏❺，水剛火柔❻，兩兩相合為一，此即秋冬歸藏之象也。我於此時必入恍惚杳冥之境，不令昏昏似睡，亦不使昭昭長明。卻於寂寂之中而有惺惺之意，在我不隨氣機之靜而靜，此即陰中含陽也。吾再進為告曰：修道人務將一切閑思雜慮掃除，粗息暴氣收攝，然後凡陰凡陽盡息於外，而真陰真陽始發生於內。古云「若要人不死，除非死過人」者，此也。人若不肯耐心靜坐以除凡思凡慮、凡息凡氣，縱說我心能靜，我神亦寧，亦是粗粗之神，不足以成道。唯能掃得乾乾淨淨，呼吸之息若有若無，思慮之神無出無入，我於此一任寂然杳然，唯以主人翁坐鎮中庭，不動不搖，如此溫養，自有真陽從虛無窟子出。若不由他自動，卻以心去推移斗柄，皆由我之造作存想而來，一任搬運不停，終年竟月，只是後天識神引起後天凡氣，不可以成丹也。諸子務於心息相依、陰陽交會之時，久久涵育薰陶，必使我真陰真陽凝成一黍之珠，然後有真種焉。有真種，猶不可欲速成功，以期玉液丹成，且必俟我這個黍珠水火淘汰、陰陽含養，果然老壯，如胎嬰在母腹中，臟腑肢節百體俱全，方可成個完人。吾觀諸子每每一入杳冥，即起個計較意，不然，亦多有隨其杳冥昏昏而睡，全不以主人翁安神靜坐，看守其中。所以學道人無不有丹，只為起大明覺❼，夾後天識神而散者有之；即不起明覺，或因神昏氣倦而沒者亦有之。所以丹之不結，道之難成也。從今後靜坐一次，管他杳冥不杳冥，總將我元神發為真意以為之主。其杳冥境到，陰陽交會一區，我以真意主之；即至杳冥久久，真陽發生，我亦以元神主宰之而變化之。此外不參一見，加一意，方是吾師上上乘修煉之道。

【章　旨】本章主要有三層意思：首先闡述修煉之道與天道運行是同一個法則，都是一陰一陽之道，修煉就是要效法天道，參悟陰陽之道；順著這個主題，進一步強調必凡陰凡陽盡然後真陰真陽生，由真陰真陽凝成真種，養成丹胎；而煉丹的整個過程必須始終以元神所發之真意為其間的主宰，防止昏沉失念和散亂動念兩種偏差。

【注　釋】❶觀天之道執天之行　觀察天地運行之道，按照天地運行的法則去實行。此句出《黃帝陰符經》，為該經的中心主旨。該經是道家道教的基本經典，篇幅雖短然而意蘊深厚，由天人同構而法天之道，由法天之道而天人合一，這是全部道家道教的核心思想，對內丹學理論影響巨大。❷盈疇　遍滿田地。疇，田地。❸龍虎相鬥　內丹術語，指神氣交媾時所發生的氣機之動。龍，指元神。虎，指元精。❹水火相射　與龍虎相鬥意義類似，水火、龍虎都是神與氣的代稱。❺龍降虎伏　與龍虎相鬥相對立，指神氣通過交媾相互作用而趨於陰陽平衡，氣機靜下來。❻水剛火柔　與水火相射相對立，而與龍降虎伏意義相近。❼起大明覺　明覺本來是好事，一般以明覺指元神的觀照作用；但起大明覺則是用意太過，而夾雜了後天的分別心。因為元神之照本無所謂大小，它是一純粹的如如自然之意。在此如如自然之意上再加一念，即為頭上安頭，而為大明覺。後文中的「即不起明覺」中的「明覺」，也是承上文「大明覺」之義。

【語　譯】修道煉丹這件事情，並不是另外有什麼祕密的妙法，無非是從觀察體會天道運行的根本法則著手，將生命的身心狀態按照天道的運行法則去調整修煉。例如我們可從自然季節的變換上來觀察，在由春天到夏天這個過渡時期，果樹林木生機蓬勃，枝葉繁茂，鮮花綠草漫山遍野，這樣的無邊無際的景象，是何等的蓬蓬勃勃無窮無盡啊！又有誰知道，就在它們生長得蓬勃旺盛的時候，還暗藏著收斂之意呢。古人說到了夏至這個節令，陰氣開始生出，只是還要過一段時間才能顯露出來。到了秋冬季節，花果凋零，草木枯殘，寒風凜冽，霜雪凝結，這是何等慘淡的景象！然而誰又知道，就是在這萬物遭受摧殘的時候，其中卻孕育著萬物生長復蘇之機。古人說到了冬至這個節令，陽氣開始生發，只是還沒有顯現出來。由這個自然現象來觀察，就可充分表明陰陽既是對立又是統一的，陰陽之間互相蘊含互相轉化，陽中可以生陰，陰中可以含陽。

修道煉丹也是這個道理，學道人在神氣交媾相互作用的時候，身中的精氣在意識之光的照射作用下，就會生出真陽元氣，在身體內蒸騰循環，這種蓬勃的氣機就好似春夏之際萬物茂盛繁榮的那種景象。我們在煉功中要用真意主持，平靜自如，自然而然，並不隨氣機的發動而起心動念，這就好像春夏之際的陽裡生陰。等到體內的氣機平靜下來，陰陽平衡，各就其位，神氣歸元，兩相合一，這就像是秋冬季節萬物歸藏的景象。我們在此時就必須進入恍惚杳冥的境界，既不使自己昏昏欲睡，失掉真意的主導，也不使自己非常清醒，防止產生後天的分別心。卻要於靜寂虛無之中，保持著一點真意的警覺性，對我們的真意來講是不隨氣機之靜而失去意識觀照，這種情形就像是秋冬之際的陰中含陽。

我再進一步告訴你們：修道的人，務必將一切的胡思亂想、私心雜念掃除乾淨，把粗重的氣息和暴躁的脾氣都收攝起來，然後外在後天識神和粗重氣息這個凡陰凡陽都停息了，而內在的元神元精這個真陰真陽才能生發。古人所說的：「要想人不死，除非死過人。」就是指我們所說的凡陰凡陽消除了然後真陰真陽才能生發。一個修道的人若不肯耐心靜坐以掃除他的凡思凡慮，凡息凡氣，即使說自己心能入靜，神能安寧，那也只不過是粗淺的靜心寧神的狀態，離真正的虛靜杳冥狀態還相差很遠，根本不足以修煉成道。唯有將凡陰凡陽打掃得乾乾淨淨，一塵不染，口鼻的呼吸之氣若有若無，思慮的識神一點也沒有出入，在這種狀態下自己完全聽任它保持寂靜杳冥的境界，只是元神所發的真意這個主人翁在中間觀照主持，不動不搖。這樣溫養下去，自然會有真陽之氣從虛無的境界中生出。如果不是由真陽之氣自然地發動，卻以人的意念推動氣機周天運行，像這樣的氣機發動都是通過人為造作的存想而產生的，即使是搬運不停，這樣經年累月地煉功，也不過是用後天識神的意念作用去引發後天凡氣的運行，都是在凡陰凡陽裡打轉，不能修煉成丹。如上所說，你們大家務必要在心息相依、陰陽交會的狀態中，長時間地以真意涵養薰陶，一定要使真陰真陽完全融合，凝成像黍米那樣大的一粒金丹，然後才具備了成仙的真種子。有了真種子，也還不能急著想要迅速修煉成功，指望達到玉液還丹的成就。必須要等到這一粒金丹在經過水火的淘汰鍛煉和真陰真陽的培育涵養之後，的的確確地老練成熟了才行，這個過程就如同母胎中的嬰兒要在母腹中養得五臟六腑四肢百體一切俱全之後，才能成為一個完整的生命。

據我的觀察，你們大家常常是一進入杳冥之境，就對此生起了計較心，要不然，也多半會隨著這個杳冥之境而昏昏欲睡，完全沒有以元神這個主人翁在那裡主持而安神靜坐，在其中靜靜地觀照而守之不失。所以說學道的人無人沒有丹，只是因為生起了大明覺之心，用意過度，這樣夾雜了識神而使這個可以成丹的境界散失了，這種情況常常有之。就算沒有生起這種過於用意的明覺心，又或者因為神昏氣倦而使這個本來可以結丹的境界消失了，這種情況也常常有之。這兩種情況都破壞了這個杳冥之境，所以不能結丹，難以成道。從今以後每靜坐一次，先不要管它是不是杳冥之境，總是將自己的元神發為真意來作整個煉功過程中的主導意識。那種杳冥之境出現了，陰陽交媾成一團，我以真意在其中作主；就是這個杳冥之境久久安住，而使真陽之氣發動了，我也還是以元神在其中作主並轉化它。除了這個元神的觀照之外，不摻雜一點思想，不增加一個意念，這才是為師所講的上上乘修煉之道。

【研　析】天道與人道是同一個法則，道教內丹學認為人是一個小宇宙，全息縮影著整體宇宙的信息。因此對真理的探索就可從兩條路線著手，一是研究天地宇宙的法則，以把它用之於人體的修煉之中；二是研究生命的法則，反過來也有助於領悟天地宇宙的法則。對內丹學來說，這兩者是一個整體，可以構成「生命—宇宙」的整體之學。因此，道教探索天道的目的並不是純粹地滿足一種知性的興趣，不是為了獲得關於宇宙自然的客觀知識系統，而是著眼於生命的修煉與達成超越的境界，來探索生命修煉的根本原理與客觀依據，並同時以自身的生命體悟和獲得的高層身心狀態，作為驗證和探索宇宙自然大道的方法手段與主觀證據。故內丹學是天人合一之學，生命系統和宇宙系統相互印證，相互發明。本章並沒有充分展開內丹學中的天人之學，只是以自然界中季節變換的現象作為說明陰陽法則的一個實例。陰陽原理當然是貫通天人的一個最基本的法則，陰中有陽，陽中有陰，陰陽對立而又統一，這個原理要求我們在煉丹的時候也要謀求從後天的陰陽對立與分裂的狀態轉化到先天的陰陽平衡與和諧的狀態。

在氣機發動之時，心不能隨之而動，而要在動中求靜，心態還是從容自如，這是符合「陽裡生陰」之理；氣機安靜下來了，心也不能隨之而寂，昏昏沉沉，當然也不能生起過度的用意，仍需保持寧靜的觀照，這是符合「陰中含陽」之理。總之，煉丹始終要以元神所發的真意作為主導意識，既不陷於昏沉無知的狀態，也不陷於散亂分別的狀態，要既保持有意識，又保持無分別，這個「真意」不管是在進入杳冥的功能態之前還是在已經進入杳冥的功能態之後，始終是修煉的主體意識。當然，這一點在前面的章節中已經反復申明過，因為這是煉丹的核心要點，不得不在講道的過程中再三提示。

陰陽之理在修道中的另一層含義是：後天的粗重呼吸與思慮識神都是凡陰凡陽，不能作為煉丹成仙的基礎，只有先天的胎息和元神，才是煉丹成仙的依據。所以本章強調以人為的意念去作升降搬運的功夫屬於在凡陰凡陽上下功夫，無法結丹成道。必須耐心靜坐，將凡陰凡陽徹底打掃乾淨，於靜定杳冥之境久久涵養，方能現出真陰真陽而交媾成丹。但真陰真陽交媾初步形成的丹，只是一種「種子」形態的丹，「種子」還要繼續養育，才能完全展現它的可能性而成為成熟意義上的大丹，就如同嬰兒在母腹中經過十月懷胎才能養育成為一個完整的人身一樣。超越境界的完全實現，要經過長時間的鍛煉和培養，可見修道要得到徹底的成就並不是那麼容易的事，決非一時一刻所能完成的。丹書上常說「一時辰內保管丹成」之類的話，這其實還只是說的「真種子」，這種真種子也可說為丹，但終究非完整成熟意義的大丹。

存神入聽章第十四

近時修養一事，坐下存神入聽❶。務將萬緣放下，然後垂簾塞兌，回光返照於玄玄一竅之中。始而神或不凝，息或有粗，不妨以數息之武火❷，微微的壹其志，定其神。如是片晌，神凝息定，然後將心神放開，不死死觀照虛無一竅，唯存心於聽息。此個聽字，大有法機。莊子云：「壹若志，無聽之以耳而聽之以心，無聽之以心而聽之以氣。」要知此氣，不是口鼻之氣，不是腎間動氣，更不是心中靈氣，此氣乃空中虛無元氣，生天生地生人生物者，此也。唯能存心於虛無一氣，此心此神即與太和元氣相往還，所謂神氣合一，烹煉而成丹也。若著凡息，還不是神與凡息相交，又何以成丹哉？經云：「不神之神，真神也。無息之息，真息也。」我須於混沌中落出先天一點真意，以之翕聚元氣，是元神與元氣相交，而大道可成。苟有粗息，我即輕輕微微將此凡氣收斂至靜。到凡息已停，不問他元氣動否，而元氣自在個中矣。我當凝神以正，抱意以聽，此亦陰陽交媾❸之一端也。況乎下手之時，口鼻眼目之竅皆能固閉，獨有這個耳竅尚未盡閉。我一心以聽，即耳竅常閉，而眾竅無音矣。此個聽法，第一修煉良法。如此久聽，自然真陽日生，而玄牝現象矣。

【章旨】本章講存神入聽的功法及其原理，由初步的數息到進一步的聽息，再到最後的聽氣，即是存心於虛無一氣，神與元氣合一，此乃煉丹之方便妙法。

【注釋】❶存神入聽　將心神融入到聽覺中去。本來，耳只是感覺器官之一種，而耳所聞到的信息只是人的意識內容的一個來源，人在聽的同時也可以通過其他感覺器官獲取信息。如果能把全部的意識集中在耳根之所聞上，就關閉了其他的感官信息，然後以能聞之意識主體融入於所聞的意識對象，而能聞與所聞合一，就可凝神入定了。❷數息之武火　用數息的方法來收攝心神，調緩粗息，這是一種有為法，屬於主動用意的武火。一般來說，雖然煉丹注重在先天的元神元氣上，但初步煉功時仍需要借助於後天的識神與呼吸的調節以激發先天之機，故用功之初多用武火。❸陰陽交媾　廣義的陰陽交媾包括所有的具有陰陽性質的對立面的相互作用與相互融合，這其中包含三個層面的陰陽交媾：人體之中的神與氣的陰陽交媾，男女雙修之中的陰陽交媾和天人之間的陰陽交媾。本處所說的陰陽交媾，是凝神於聽覺之中，使元神與元氣相交媾，基本上屬於天人陰陽交媾的範疇。但初步的凝神入聽，還未必能到達這個地步，也可能是識神與後天氣的交媾，所以此處說「亦陰陽交媾之一端」。

【語譯】最近一段時間對於丹道修養一事，大家可以用寧靜地傾聽這個方法來靜心存神。在修煉這個功法的時候，務必將所有的塵勞世事種種牽掛放下，然後雙目微閉，關閉感官，將意識的目光返回來觀照那虛靜無形的玄竅之中。開始的時候可能精神不能靜定下來，呼吸也可能粗重不調，這時不妨用數息這種武火，微微地把自己的意志統一起來，使精神安定下來。這樣過一會兒，等到心神靜定下來了，呼吸也平靜調勻了，就要將這種刻意用功的心神放開來，不再死死地觀照虛無一竅，只是把意識放在傾聽氣息上面。這個法門就是「聽息」法，這個「聽」字裡面大有修法的玄機奧妙。

莊子說過：「把你的心志統一起來，只是寧靜地傾聽，不是用耳朵去聽，而是用你全部的心去聽；再進一步來說也不是用你的個體的心去聽，而是用氣去聽，即在心境不分、能聞與所聞合一這種一氣貫通的狀態下來聽。」莊子這裡所說的「氣」，不是我們口鼻呼吸之氣，也不是腎間發動的氣機，更不是心中能夠思維知覺的那股靈氣，這些氣都是經驗層上的具體的氣，而莊子所說的「聽之以氣」的「氣」是超越層的本元之氣，是虛空中的虛無元氣，也即我們所說的生天生地生人生物的那個作為萬物本源的氣。所謂「聽之以氣」，就是在這個虛無一氣中來聽，聽這個虛無一氣，實際上就是把心神完全地投入到虛無一氣中，這樣此心此神就與這個體現了宇宙終極和諧統一的虛無元氣相互作用、相互溝通和相互統一，這也就是丹道修煉中所講的神氣合一，由此烹煉成丹。

如果還住著在普通的呼吸之氣上，那還不是屬於凡神與凡息相交，又怎麼能修煉成丹呢？丹經上說：「沒有後天思慮分別的元神才是先天真神，沒有後天呼吸的胎息才是先天真息。」我們必須在混沌杳冥的境界中顯現出先天的一點真意，用它來團聚元氣，這才是元神與元氣相交，才能修成大道。如果還有粗息，我們就要輕輕微微地將這個凡氣收斂到細微平靜的狀態。到了凡息已經停息的時候，不管它元氣是否有發動的跡象，其實這個凡息停止的狀態中元氣自然就已經孕育在其中了。此時我們應當凝神正念，一心一意地傾聽而融入這個狀態，這也是陰陽交媾的一個方面。

況且在下手用功的時候，口鼻眼目這幾個感官都能夠人為地關閉，不接受外界的信息，唯獨只有耳朵這個感官還不能完全關閉，仍可以聽到各種聲音。如果我能夠一心傾聽虛無一氣，也就相當於常常關閉了耳朵這個感官，因而人體的諸感覺器官都得以關閉而沒有雜音了。這個聽息之法，是修煉的第一良法，能這樣長時間的修聽息法，自然能夠使真陽之氣日漸增長，而玄關一竅也就能顯現跡象了。

【研　析】本章以聽息法為先天的「元神與元氣相交」的階段，而其準備階段則以「數息」的有為法為後天的武火修煉階段。數息是以一呼一息為一次呼吸，從一開始計數，一般是從一計到十，然後再回到一，這樣循環計數，因把思想都集中到數息上，這樣可使散亂的心漸漸歸於寧靜，此是初步煉功時的一個巧妙方法。開始時要集中全部注意力用之於計數，不可錯亂，這是比較強制性的用功方法，故屬於武火。等到心靜下來了，呼吸也歸於平靜，就可慢慢放棄計數，從武火歸於文火，因為到一定階段計數本身就變成了一個多餘的念頭，反而影響了進一步的入靜。這樣，數息法是基本功，高級功則是聽虛無一氣的「聽息法」，而沒有講到「聽呼吸」之法，反而批評了「神與凡息相交」，認為不能結丹。本章雖然是講聽息法，但卻迴避了聽息法本身的初級階段而直接講「元神與元氣相交」的高級階段，故我們必須對此加以說明。

若只是「元神與元氣相交」，存心於虛無一氣，這種狀態其實是任何一種內丹功法最後都要達到而以之為歸宿的境界，它可以從「聽覺」入手達到這個狀態，也可以從其他的感官入手來達到，甚至可以不用任何具體的功法而直接頓悟元神與元氣合一的終極性的功能態。那麼，聽息法之所以為聽息法，就沒有顯示出它作為「修煉第一良法」的獨特性。可能是因為《樂育堂語錄》作為講課的記錄，黃元吉在特定的時期對特定的聽眾要講特定的方法，在其他地方也已交代過了，所以這裡強調聽息不是聽呼吸之凡氣而是聽虛無元氣。但實際上，聽息法的基礎部分卻正是「聽呼吸之氣」，這也是「聽息」一詞的原本的含義。

這樣聽息法就與觀呼吸之法有相通之處，因為呼吸之氣是聯繫身心的橋梁，當把意識集中於傾聽或觀照自己的呼吸之氣的出入往來時，最容易達到凝神調息的效果，是入定的妙門。所以，聽息之初步階段正是要通過傾聽呼吸來澄神定氣，後天呼吸之氣本身當然不具有超越性，故聽息的目的不是要通過神與凡息相交來煉丹，而是把它作為一種凝神調息的方便法門。如果排除了聽呼吸這個修煉方向而著眼於聽虛無一氣，則這種方法可以說是聽息法的高級階段，也可以說這是直接從耳根出發而入於虛靜融通的境界，已經和呼吸之「息」沒有多大的關係了。這種聽息法即是聽氣法，而氣即虛無一氣，非呼吸之氣。

這種方法更類似於《楞嚴經》所述的「返聞聞自性」的「耳根圓通」法門。因為人體感官之中，耳根最利，沒有方向的限制，通過從耳根的聞性入手，傾聽虛空之聲，而以元神為能聞之性，以虛無一氣為所聞之境，但虛無一氣並不是一個具體的意識對象，它本身即是無形無相的空寂，這樣在一開始我們說以虛無一氣為所聞之境，實則虛無本身就打破了能所之相，能聞所聞同體貫通，而元神與元氣相交合一。《楞嚴經》所述之法重在把聽覺回轉來找到那個能聞的主體性，這樣能聞即是所聞，能所雙泯而統一於能聞之性；此章所述則重在把聽覺貫注於所聞的虛無一氣，這樣所聞即是能聞，能所雙泯而統一於所聞之氣。前者是攝客體於主體而主客統一，以明心見性為歸宿；後者則是融主體於客體而主客合一，以與道合一為歸宿。雖起步時方向不同，而結果則都是天人合一能所雙泯之境。

煉精化氣章第十五

天地雖寬，原有鬼神❶之靈主宰於其內，以為吉凶禍福者也。古云：「暗室屋漏之中，無時不有鬼神。質之在旁，臨之在上，不是仿佛之見，是的的確確有相在爾室者。」故人能清靜其心，無私無欲，所與共往來者，無非清明廣大之神。若昏蒙蔽塞，奸詐邪淫，所感召者，盡是魑魅魍魎❷之類。足見同聲相應，同氣相求，天下事無不如此。觀此而慎獨之工其可忽耶？吾傳授聽氣一法，亦是一個名目，要不過教諸子三寶閉塞，全無一點浮游之氣著於外，所謂「真氣半點不滲漏，而大丹可凝」者，此也。亦要知得聽而無聽法則，若一著於跡，著於意，即落邊際方向，不可以言本來之道矣，知否？而要不過凝神於虛，合氣於漠，常惺惺天，活潑潑地，一身無處不照，卻一身並無所照，斯道得矣。至於鼻竅，是從父母媾成一團之際，氤氤氳氳中，那個精血肉團有一線如絲包於周身，此時借母之氣漸吹漸長，竟成任督二脈，先生兩個鼻竅，故古人謂鼻為始祖是。自生身下地，另開門戶，別立乾坤，而呼吸從此起。此時先後二天之氣猶合為一也。迨知識開而私欲起，扞格❸於外純是一團躁急之氣，而天地清空之氣自此漸相違矣。所以年少日長，及壯則消者，職此故也。吾師悲憫世人，生死無常，輪迴不已，因示人返還之術，先教人視鼻端，其即仿天地生物之理，逆而修之於身，以成長生不老之仙歟？要知是法也，非理也。諸子須要有視無視、有心無心出之，斯得其宗旨矣。他如煉精化氣，雖是下手初基，要知人無精則無氣無神，亦猶燈之無油則無火無光也。但云煉精，而不知生精，又將何以為用哉？《黃帝》云：「精不足者，補之以味。」❹後人解釋，有節飲食薄滋味之說。又古人云：「精以靜而後生。」術家以搬運按摩動搖其精，誤矣。廣成子云：「毋搖爾精，毋勞爾形，毋俾爾思慮營營，乃可以長生。」❺此可見保精之道，又在乎身無搖動，心無雜妄矣。古人云：「精由情感而動，精欲動而窒其情。情由目見而生，情一生而瞑其目。」保精之道於此完矣。人果能凝神調息於方寸，一心不散，一息不出，猶天之氣下，地之氣上，上下相融，自然成雨。精之生也，又何異是？只怕心不靜而息不調，上下不相混合，斯精所以日消也。至如心中靈液下降，則無形色可見，而泥丸陰精化為甘露，此有可以窺者，但要勤修煉耳。否則，著有著無，皆耗精者也。至於精已化氣，則神氣混合，心息相依，其身體內外泰然融然，有蘇軟如綿之意，此即氣生之兆也。但此氣生時，即玄關竅開時。古云：「陽氣始生，此身自然壁立，如岩石之峙高山，此心自然凝定，如秋月之澄潭水。」泄泄融融，其妙有不可得而擬議者。故古云：「奇哉怪哉！玄關頓變了，似婦人受胎。呼吸偶然斷，身心樂容腮。神氣真混合，萬竅千脈開。」蓋此時有不知神之入氣、氣之入神者，然又非全無事也，不過杳冥之極，有如此光景耳。寂寂中自然惺惺，舉凡身內身外略有微動之機，無不及覺。以後煉氣化神，溫養泥丸之宮，化盡陰霾之垢，自見神而不見氣也。諸子了然於心，庶不誤入歧途矣。

【章旨】本章先從「同氣相求」的原理說明慎獨的重要，再接著上一章談到聽氣法的實質和要點，是本無實法而歸於本來之道。然後從先天後天的變化講解視鼻端的原理，最後歸結到補精、保精以及煉精化氣之道。

【注釋】❶鬼神　古人以為人死以後，其靈魂變為鬼，若生前積了大功德或修道有成就的人則化為神明，鬼為幽冥界的生靈，神為上界的神通廣大的高級生命。這是中國古代固有的一種觀念，是形而下的對鬼神的理解。從哲學形而上的觀點解釋鬼神，則鬼神為陰陽二氣的神妙功能，《易傳》所謂「陰陽不測之謂神」。這裡黃元吉不過是借用鬼神的說法來說明「同聲相應，同氣相求」的陰陽感應之理。佛教傳入中土以後，其六道輪迴之說對中國人的生死觀有很大的影響，內丹學也接受了輪迴的觀念，則「鬼」有時也指六道中的「餓鬼道」，「神」則可指六道中的「天道」。❷魑魅魍魎　皆是鬼神之名。一種說法是，山神為魑，虎形；宅神為魅，豬頭人形，身有尾；木石妖怪為魍魎。另一種說法是，魑是山神，獸形；魅為怪物；魍魎為水神。❸扞格　互相抵觸。❹精不足者二句　精氣不足的，可以飲食來滋補。此二句出《黃帝內經・素問》：「病之始起也，可刺而已；其盛，可待衰而已。故因其輕而揚之，因其重而減之，因其衰而彰之。形不足者，溫之以氣；精不足者，補之以味。」❺廣成子云五句　這是取自於《莊子・在宥》中「黃帝問道於廣成子」的一段話：「至道之精，窈窈冥冥；至道之極，昏昏默默。無視無聽，抱神以靜，形將自正。必靜必清，無勞汝形，無搖汝精，乃可以長生。目無所見，耳無所聞，心無所知，汝神將守形，形乃長生。」

【語譯】天地雖大而無邊，但原是有鬼神之類的神靈在其中起主宰作用，來決定人世間的吉凶禍福。古人說：「就是在那無人居住的角落，也無時沒有鬼神在其中監視著，更何況人的一舉一動，又哪裡會沒有鬼神知道呢？它就近在你的身旁，又似乎遠在天邊，這種感覺並不是一種彷彿的幻覺，而是的的確確有個東西在你的房間內。」所以說，人如果能使心清靜下來，無私無欲，那麼與這種人打交道共往來的，無非都是清明廣大的神靈。反之若是昏沉無知，真性蔽塞，為人奸詐，好色邪淫，這樣的人所感召到的則全都是些魑魅魍魎之鬼類。這就足以表明同聲相應同氣相求的陰陽感應之理，天下事無不如此。以這個道理來看，隨時隨地都要嚴格注意自己的修養，這種慎獨的功夫豈可忽視嗎？

我所傳授的聽氣法，也只不過是一個名詞代號而已，不要被這個名詞代號所騙了，其實它的實質不過是教你們閉塞耳目口三寶，完全沒有一點浮游之氣向外發散，所謂的「真氣半點不滲漏，則大丹可由此凝結而成」，就是這個意思。又要知道這個「聽」只是全然地傾聽，並沒有什麼具體的方法與講究，若一執著於具體的跡象，執著於某種特定的意念，就掉入到有邊際有方向的局限性之中，就不是那個無邊際無方所的本來之道了，你們是否領悟到這一點呢？這種無選擇的傾聽，其中心要點不過是把意識貫注於虛無之境，使神與氣在廣大的虛空中混合為一，元神的主體意識不忘失，真氣活潑潑地流行，一身內外無處不在元神之光的意識觀照之中，但又沒有特別地意識到什麼東西，能達到這樣的境地，就得到了聽氣法的真諦了。

我曾講過二目垂簾返視鼻端祖竅的方法，這個鼻竅，是從父母交媾形成一團胞胎之際，在母體氤氤氳氳的養育過程中，那個由父精母血構成的肉團中有一條線像絲一樣包裹全身，這時借著母體能量的滋養漸漸孕育成長，最後形成任督二脈，在任督二脈的連接處先生出兩個鼻孔，所以古人把鼻孔稱為始祖。從出生下地以後，就離開了母腹的滋養而由自己另行建立呼吸消化等生理系統的功能，獨立地完成一個新的生命世界，這樣後天的呼吸就開始形成了。不過在最初時期，雖有鼻孔的呼吸，但先天之氣和後天之氣兩者還是合而為一的。等到長大到一定的程度，知道各種事物的分別了，有了自己的知識與判斷，各種私欲也漸漸形成，這樣外面一層後天之氣只是一團不協調的躁急之氣，而先天境界的清爽空靈之氣從此就漸漸離開了。這也就是為什麼年紀小的時候，能一天天地成長，而壯年以後就一天天的走向消亡的緣故，因為年少時還與清空之氣相統一，而年紀大了以後就只有後天的渣滓躁急之氣了。為師對世人這種生死無常輪迴不已的處境深懷同情慈悲之心，因而傳授世人返本還源的方法，首先教人返觀鼻端，這不就是效法天地滋生萬物的原理，逆著生命誕生的方向用來修身悟道，以成長生不老的神仙嗎？要知道這個目視鼻端的方法只是修煉大道的方便法，而不是大道的根本原理。你們必須以似在看又似不在看、似有心又似無心去修這個法，這樣才能領悟到它的宗旨所在。

至於其他方面比如煉精化氣，雖然是下手的初步功夫，但是要知道精是氣和神的基礎，一個人如果沒有精也就沒有氣沒有神，就好像一盞燈如果沒有油也就沒有火沒有光一樣。但是說「煉精」，卻不知道如何生精，那麼又哪裡有精可煉呢？《黃帝內經》中說：「精不足的人，可以從相應的飲食中加以滋補。」後人對此的解釋，就有了節制飲食淡薄滋味的說法。從調節飲食方面生精是一個考慮，但同時古人也說：「精要在靜中才能產生。」這就要求從寧靜的修養中去生精。方術之士以搬運按摩來動搖一身之精，是一種錯誤的修煉方法。廣成子說：「不要動搖你的精血，不要勞累你的身體，也不要讓你的心想這想那思慮不斷，這樣就可以長生。」由此可見保精的方法，又在於身體不要勞累動搖，心神中不要有雜念妄想。古人這樣說過：「精是因為有情感欲望的觸發才動搖的，所以要在精要動的時候停止情感欲望；情感欲望是因為眼睛見到可欲的美色而引起的，所以當情欲一生起就馬上閉上你的眼睛。」綜上所述這幾點，生精保精的方法就比較完備了。

一個人要是真能凝神調息於方寸之中，一心不散，一息不出，就好像天上的雲氣下降，地下的熱氣上升，天氣地氣兩者相交合一，自然就變成雨露。我們身中精氣的產生，也是上下相融交媾的結果，與這種大自然的物質循環的現象，又有什麼不同呢？只怕心不能入於寧靜而呼吸又不能調勻，使上面心中之神不能與下面腎中的精氣相混合，從而使精氣日漸消損。至於心中那股至靈至妙的能量的下降，是一個無形無色的看不見的過程，而泥丸中陰精經過修煉化為口中像甘露般的津液，則是可以感受得到的現象，但也要經過勤苦修煉才會有這種現象發生。如果做不到這個程度，執著於有形可見的現象或是無形的境界，都是消耗精氣的行為。

至於精經過修煉已經化成氣的情形，則此時神與氣已經混合為一，心與息也相依相融，身體內外寧靜超然，似乎全身都要融化了，有一種蘇軟如綿的感覺，這就是精已化氣的徵兆。但這個氣生之時，也是玄關竅開之時。古人說過：「真陽之氣開始生發的時候，有一種力量自然能夠使身體堅實挺立，就如同岩石立於高山那樣不動不搖；這顆心也在真陽之氣的作用下自然而然地靜定下來，就如同一輪秋月映照一潭澄清的湖水那樣一塵不染。」那種全身能量充滿身心融通的景象，真有不可思議、難以用語言來形容它的妙處。所以古人又有這樣的說法：「真是奇怪啊！人體的玄關頓時就發生了轉變，就好似婦人受孕懷胎一樣。呼吸也突然之間停止了，身心喜悅洋溢在臉上。神與氣真正地混合為一，身上萬竅千脈似乎一齊打開了。」因為到這個境地，神氣兩者合而為一，簡直就意識不到神入氣、氣入神了，但也不是到此就全然無事了，這也不過就是杳杳冥冥到了極點，出現了這種光景罷了。要在這個靜寂杳冥之中自然地保持清醒的意識，不陷入昏沉之中，舉凡身內身外稍微有點變化的跡象，都要在元神意識的覺知之中。以後再經煉氣化神，在泥丸宮溫養，把陰霾渣滓之氣全部化除乾淨，到時自然就只有元神顯現而感覺不到氣了。大家對此要了然於心，才不至於誤入歧途了。

【研析】慎獨是一個修行人的本分事，修行本就是一個自覺地轉化自己的後天習氣而回歸先天自然無為境界的過程，這樣慎獨就不是為了外在的規範而要求自己，而是出於自己內在要求的自律行為。這樣看來，慎獨並不需要外在的約束機制，不必用鬼神尤其是比較落實為具體形象的鬼神來作為說明慎獨的必要性的理由。如果用鬼神無時不在且主宰吉凶禍福來說明人必須慎獨，此則陷於道德他律而非自律，這只能作為對一般人教化的一種方便，而修行本質上是自律而非他律。鬼神到底有沒有，能否主宰人的吉凶禍福，這是無法證實的，用這種方式來教化人也有其副作用。其實，不必借助鬼神的觀念，而「同聲相應、同氣相求」作為自然的法則本身就能夠說明不同的身心狀態與宇宙大環境有不同的感應，用內丹學本身的原理就可說明慎獨的重要性和必要性，慎獨本身即是丹道修煉的修心養性的功夫。

正如上一章的「研析」中所說的，前面講的「聽氣法」是一種凝神於虛的方便，實際上並不注重於具體的「聽」，而是不著於跡、無邊際、無方所的「本來之道」。所講的目視鼻端的方法也是如此，不能執著於具體的方法，其目的乃是從後天返先天，逆著生命形成時的演化方向而回歸生命的源頭。本章中關於「聽氣法」和「視鼻端」的說明，是對前面所講修法的補充解釋，使大家能從方法上領悟其深層的原理，從而不局限於具體的方法而能得其精髓。本章的重點是在「煉精化氣」的闡述。

煉精化氣的基礎在於保精和生精，如果不能保精和生精，則精不足而無精可煉，就談不上煉精化氣。精可以看成是人體的物質精華，包括先天元精和後天精液等精華，是人體一切能量的物質基礎，從而也是精神意識活力的物質基礎。先天精來自於生命本源，後天精來自於飲食營養和空氣，同時受精神活動的影響。所以，適當的飲食是補充後天精的一個重要方面，而靜的修養本身則是更好地吸收飲食所獲取的營養提高精的質量的重要因素，同時合理的呼吸與精神狀態，也是從虛空中汲取無形的營養物質的必要途徑。除了要生精有道，還要注重保精節欲，因為如果不能保精，則消耗太大，自然使精不足。保精之要，在於身無動搖而心無雜念，身心清淨自然精不外洩。一般的運動按摩，對於身體的氣血循環有促進作用，對普通人的保健可能有一定的好處，但是對於修行人來說，也容易動搖其精，所以本章認為是錯誤的。但要看具體什麼樣的人在什麼樣的狀態下來做這種搬運按摩的運動，也不可一概說為錯誤。若是像太極拳一類的柔和的動功，則應不在丹道修煉者的反對之列，而是一種很好的輔助性功法。

對於普通人來說，精氣容易向下發洩，而意識則容易向上發散，所以意識返照使神與精上下相交，既是煉精化氣的功法，在初步階段也是保精生精的方法。精與神相會相融，使精不容易向下發洩，同時精由於神的作用而充實而昇華，發生著有形無形的物質轉化過程。到一定的階段，精這種較粗糙的能量存在形式轉化為氣這種更高的能量存在形式，精屬於物質精華而傾向於物質性，氣則作為能量精華而傾向於純粹的能量存在形式。隨著真陽之氣的逐漸充實並發生作用，身心就會產生一些相應的變化與功候，身體會感到一種自然的力量把身體支撐起來，心態也自然寧靜，一念不起，身心融化，喜樂無比。當然，此時仍不可失掉正念，不能隨著身心狀態的變化而產生妄念。精已化氣後再與神混合為一，進一步做煉氣化神的功夫，氣最後消融於神之中，則這種氣機的發動自然消隱，而唯有神光普照了。

真鉛真陽章第十六

修煉工夫，進一步，更有一步，直到真空妙有❶，才算大丈夫功成名遂之候。莫說修煉一道至虛至細，不可以層次計也；即日用應酬之類，亦是由淺而深，要做到無人無我無壽者眾生諸相❷，才算與人無忤。又如人欲向善，必先語以因果報應，才肯出力舍財，及習之久久，然後語以仁義之行，不邀功，不計名，從此引入大道，亦是神聖苦心。昔莊子云：「名利者，天下之公器，只可以少取，而不可以多得。仁義者，天下之遽廬也，只可以一宿，而不可以久留。」❸莊子之言，誠見到語也。吾前云，積功累德，不必他求，唯勤修大道於己。以之自任，更將此道信受奉行，推之於人，此扶道衛教之功，天下無有出於此者。諸子既聞大道，應以大道自任，其德在是，其功在是，即成真證聖亦無不在是，只怕行有不力耳，又何事以外求功哉！然此一法，只可為造詣高深者說，若與初學人言之，又恐涉於自了，徒知潤身肥家而一毛不拔，又無以感神天之悅也。知否？至玄關一竅，前已屢為抉破，學人必須明這個消息，然後才有把柄，蓋所謂本來人是，是即人受氣成形之初一點靈陽之氣。人欲修成法身，豈外此靈陽之氣乎？古云：「藥出西南是坤位，欲尋坤位豈離人。分明說破君須記，只恐相逢認不真。」❹此人，非如外道以童男童女為侶伴也，乃是無極之極，太極一動，而有此一點靈陽正氣，為人受氣成形之本。若得此個本來人，大道自然有成。然非易得也，必須於假中尋真，然後此人始能現象。夫人有身後，日夜水火交會以生血肉之軀，全賴此心中之火、腎中之水以為之既濟❺。茲欲尋真，不仍於後天水火中尋出離中之一陰、坎中之一陽❻，又從何處下手？故曰：「真者，借假以施工也。」修行人知生死之關，明真假之故，欲窮生身受氣之初那一點虛無元陽，必先向色身中調和坎離水火。迨後天水火既調，然後坎中一陽自下而上，離中一陰自上而下，上下相會於虛危穴❼中，烹之煉之，而先天一氣來歸，玄牝之門兆象矣。此坎中一陽、離中一陰，即內財也。日夜神火溫養，不許一絲滲漏，即積內財也。能向自家身心尋出一個妙竅，即內法也。前言本來人，即內伴侶也。云虛危一穴，即內地也。欲煉神丹，四者豈可不備乎？內之法財侶地，吾已道破。外之法財侶地，諸子諒已知之，吾不再贅。有此坎離真陰真陽，一鼓而出，及至水剛火柔，鼎爐藥實，自然天地一點真陽之氣不自內不自外生出來，此即所謂真鉛❽也，又即所謂先天乾金也。夫以凡鉛而言，則坎中一陽、離中一陰，皆真鉛。以先天真鉛而論，則坎中一陽、離中一陰，皆屬後天有氣有質之物。從此想來，此個真鉛真陽不自坎生，不自離有，原從不內不外虛無窟裡，由坎離水火二物煅煉而來者也。吾今道破，以免學人誤認坎中陽氣為吾人煉丹之本，庶乎其不差矣。

【章旨】此章說明修煉功夫至為深細，應由淺而深，直到真空妙有。做功德不能停留在因果報應的層次，要引入大道；修煉則要明本來人，即先天靈陽之氣，此須借假修真，通過坎離陰陽交媾現出真鉛真陽。

【注釋】❶真空妙有　佛學中指緣起性空之實相。空而不是什麼都沒有的頑空，一切緣起法皆宛然存在，因果歷然，故為真空；有不是固定不變的實有，一切有都是自性本空的，故為妙有。在內丹學中，真空妙有指丹道修煉的最高境界，就心境而言是空靈虛寂的，但其中蘊含有真一之氣的能量與妙用，是至虛而又至實的。❷無人無我無壽者眾生諸相　即《金剛經》中所說的「無人相、無我相、無眾生相、無壽者相」，因為人相、我相、眾生相、壽者相都是眾緣所成的暫時的假象，本質上是空的，沒有智慧的人被這些假象所迷，而領悟了諸法實相的人就破除了人相、我相、眾生相、壽者相的執著。❸莊子云等句　名利是天下共用的，只能少取，不可以多得，多得則天下紛爭；仁義就像是途中的客舍，只能在其中住一宿，而不可以久留，久留則生出虛偽過患。遽廬，即客舍，暫留之地。莊子這段話指出，名利仁義是在社會關係中形成的，它也必然受社會關係的制約。要使社會保持和諧，個人的名與利就不能超過一定的限度，否則就會造成爭名奪利的紛亂局面；而仁義本是出於自然的天性，若執著於仁義就反而會破壞了人的自然天性，走向仁義的反面。對修道者來說，既要看破名利，也不能執著於仁義，擺脫了這些束縛，才能真正地回歸自然大道。此句出《莊子．天運》：「名，公器也，不可多取。仁義，先王之蘧廬也，止可以一宿，而不可久處，覯而多責。」❹藥出西南是坤位四句　《悟真篇》中所說的「藥出西南」就是說藥產是在坤位，想要尋找這個坤位豈能離開人生身之初，我這裡分明說破你們必須牢記，只恐怕與它相逢的時候你不能把它認清楚。西南，在方位上即是坤位。這是《紫陽真人悟真篇三注》中陸子野注《悟真篇》中「要知產藥川源處，只在西南是本鄉。鉛遇癸生須急採，金逢望遠不堪嘗」句時的話，但其中「不離人」的「人」原意未必是黃元吉這裡所說的「本來人」即生身之初的靈陽之氣。❺心中之火句　心中的神火下降與腎中的精水相交，這樣代表水的坎卦在上，代表火的離卦在下，坎上離下就是既濟卦，既濟卦象徵著水火相交形成和諧的相互作用。❻離中之一陰句　離卦是先天陽而後天陰，由乾卦中間一陽爻變為陰爻而成，離卦中間的一陰爻，代表真陰。離代表神，神是先天陽而後天陰，一般的思慮作用屬陰神、識神的功能，但離中一陰是指煉丹時的寧靜的精神觀照作用，它是來自於先天真陰，不是一般的後天陰神，故稱為真陰，實際上是指元神的凝聚觀照功能。坎卦是先天陰而後天陽，由坤卦中間的一陰爻變為陽爻而成，坎卦中間的一陽爻，代表真陽。坎代表氣，氣是後天陽而先天陰，坎中一陽指煉丹時的真氣，它不是一般的後天浮躁之氣而是來自於先天之陽，故稱為真陽。❼虛危穴　即會陰穴。《性命圭旨》云：「所謂虛危穴者，即地戶禁門是也。其穴在於任督二脈中間，上通天谷，下達涌泉。故先聖有言：天門當開，地戶永閉。蓋精氣聚散常在此處，水火發端也在此處，陰陽變化也在此處，有無交入也在此處，子母分胎也在此處。」

【語譯】修煉功夫是沒有止境的，每長進一步，前面還有一步，一直到你進入了真空妙有的境地，那才算是大丈夫功成名就的時候。不說修煉這件事是最虛無玄妙而又最細微莫測的，其間的過程有不可勝記的層次差別；就是在日常生活事務的處理和應酬方面，其修養的過程也是要由淺入深，同樣是有不可勝記的層次差別的，要一直做到沒有他人與自我的分別，沒有對壽命長短的執著，也沒有覺得眾生如何與我不同，到這個心空無我的地步才與人相處而毫無矛盾，才算達到了順通無礙的境界。

又比如拿行善積德這件事來說，也是有層次分別的。勸導一般人向善，一定要先告訴他們因果報應的道理，善有善報，行善積德會有神靈護佑，享受福報，這樣他們才肯出力捨財做好事。等這些人善行義舉做久了，然後就可以向他們講如何行仁義，發揮我們固有的仁心，不求功德，不計名利，這樣行善就由勉強到自覺，由功利境界引向修行大道，這些也都是仙真聖賢引導眾生的良苦用心。昔日道家宗師莊子曾說過：「名和利，是天下人所共同分享的東西，作為個人，只可以少取，而不可多得，多得則天下紛爭；仁和義，猶如天下人公共使用的客舍和旅店，作為個人，只可以短暫住宿，不可以長期居留下去，久留則反生過患。」莊子的話，可謂是對人生社會徹悟後的見道之語。

我前面說過，積功累德不必另外去求其他什麼方法，只要能勤修大道就行了。一方面自己要立志擔當起求道的大任，同時更要信仰接受大道的真理，認真實踐和弘揚大道，把大道推廣給更多的人。這種匡扶大道、捍衛真理的功德，天下沒有比這更大的了。大家既然已經聽聞到大道，就應當以大道為己任，那麼德也就在其中，功也在其中了，就是成就仙真證成聖果，也無不在其中了。就只怕你們在行大道上不肯用力，又何必從大道之外再去求什麼另外的功德呢！然而，這個修煉大道的法門，也只能說給那些修道已有高深造詣的人，如果開始就向初學者講這個道理，又怕他們會偏向自修自了的個人主義誤區，只知道養自己的身，肥自己的家，而對社會慈善公益事業一毛不拔，這樣又無法以善行功德的感應使神靈天道歡喜而護佑修道人，又如何能修成大道呢！對這個道理，大家明白了嗎？

至於玄關一竅，我在前面已經屢屢為大家點破其中的訣竅，學修的人必須領悟了這個玄關一竅的真消息，然後修道才有了真把柄。這個真消息，就是丹家所謂的「本來人」，也即是人生命形成的最初受氣而成形時的一點靈陽之氣。人要想修成法身，又怎麼能離開這個靈陽之氣呢？古代丹家指出：「《悟真篇》中所說的『藥出西南』就是說藥產是在坤位，想要尋找這個坤位豈能離開人生身之初那一點靈陽之氣，我這裡分明說破你們必須牢記，只恐怕與它相逢的時候你不能把它認清楚。」這裡所說的「不離人」中的「人」，可不是旁門外道所說的以童男童女所作的伴侶，而是身心達到虛靜狀態這種無極之境的頂點以後，由靜極而動無極到太極時，由此而有的一點先天靈陽之氣，是人受氣成形的本源。如果得到了這個「本來人」，修煉大道自然就會有所成就。

它也並不是輕易就能得到的，必須於後天陰陽之「假」中來尋這個先天太極之「真」，然後這個本來人才會顯現出來。當人從無中之真產生了有形之假的肉身後，日夜不斷地有陰陽水火的相互作用，從而維持後天血肉之軀的生長，這完全是依賴這心中代表精神能量的火與腎中代表物質能量的水這兩者的相互作用，來達到身心的平衡統一。現在我們要尋找靈陽之氣這個先天之真，不仍然要從後天水火的相互作用中尋出的代表元神作用的離中一陰，和代表元氣作用的坎中一陽，通過取坎填離、坎離交媾以恢復先天的真陰真陽，除此又能從何處下手呢？所以說：「先天之真，是借用後天之假來做功夫的。」修行的人他知道生死的機關在那裡，也明白真與假的奧祕，他知道要想追根窮源找到生身受氣之初那一點虛無的靈陽之氣，就必須先從後天的色身上調和坎離水火。等到後天水火調和好了，然後坎中一陽自下而上，離中一陰自上而下，二者上下相會於虛危穴中，在這個狀態下烹之煉之，到一定的火候先天一氣就會自然回來，玄牝之門也由此顯象了。

我們常說修煉有四大要素「法、財、侶、地」，法是修煉的法門訣竅，財是修煉的生活保障，侶是修煉的同道伴侶，地是修煉的地理環境。但其實這個法財侶地有內有外，在我們人體修煉的內部本身就有這四大要素。如上面所說的坎中一陽、離中一陰，就是內財，日夜間以神火溫養，不許一點真陰真陽滲漏，這就是積內財；能向自己的身心上探尋出一個虛無的玄竅，這就是內法；前面所說靈陽之氣那個本來人，就是內伴侶；真陰真陽相會的虛危穴，就是內地。要想煉就神丹，這四者豈可不一一具備麼？關於人體內在的「法財侶地」，我現在已向大家道明點破，而通常所說的外在的「法財侶地」，料想大家都容易知道，我就不再贅述了。

總而言之，有了這坎離中的真陰真陽，一鼓而出上下相會，等到坎水中的真陽壯旺，離火中的真陰柔和，作為爐鼎的身心虛靜空寂，而作為丹藥的真陰真陽充實完足了，那麼自然地天地間的一點真陽之氣，也就會從不內不外的虛無境界中產生出來，這個先天一點靈陽之氣就是所謂的真鉛，也就是所謂的先天乾金。如果相對於後天的凡鉛而言，那麼坎中真陽和離中真陰，就都可算是真鉛了；但如果相對於先天真鉛而言，則這個坎中真陽、離中真陰還都屬於後天有氣有質之物，就算不得真鉛。由此可見，這個先天真鉛、先天真陽，並不是從坎水中生出來的，也不是從離火中生出來的，原是從不內不外的虛無窟子裡生出來的，是通過後天坎離水火的真陰真陽兩者的鍛煉才得以顯現出來的。我今天將這個奧妙說破，以免後來的學道者誤將坎中發生的真陽之氣作為我們的煉丹之本，懂了這個道理，才不至於在修煉時產生偏差。

【研析】講修道是一個漸進的過程，一步一步的上升到更高的層次，這是從後天身心氣質的轉化方面來說的。因為每個人心理上的煩惱執著和生理上的氣質狀況都有深淺不同的層次區別，每轉化一點煩惱習氣，身心就有一層進境，直到身心完全淨化，達到真空妙有之境，才算是圓滿。又因為每個人已有的慣性不同，習氣有別，修持的進展也各不相同，所以針對不同根器不同境界的人，其修道的方法也就相應地有所不同。如果對根器小境界低的人直接講高層次的修法，就不能得到正確的理解和正確的實踐，從而誤入歧途。若修煉功夫未到，即預先講解後面的修道的效驗，則易使學道的人心存期待，而失正念。修道的知識是一種實踐性的知識，必須具備相應的素質才能理解。知識與素質、理論與實踐必須平衡發展，才能起到良好的效果。實踐發展了，理論跟不上，就容易走上盲目修煉的誤區；理論發展了，實踐跟不上，就容易走上空談妄想的弊端。所以，一開始沒有必要談論那個終極的真理，那樣對人並無幫助；關鍵是要應病以藥，能應機治病的就是良藥。

就本來之道而言，那是沒有層次的，道就是整體，要麼你進入了整體，要麼你就沒有進入，並沒有中間的狀態。在整體中，不可能有時間上的長短、空間上的大小等分別，一切都是。得道的境界是純粹的無為，而無為意味著沒有分別，只有有為才可能有分別。所以，只有有為的修煉才能有層次、有過程，終極的無為是沒有層次、沒有過程的，它就是那個原本的狀態，它一直就在那裡，只需要你去發現它、進入它和成為它。然而這個發現它、進入它和成為它本身又是有層次、有過程的，從後天的有為到先天的無為，從漸修到頓悟，這是修煉過程中的辯證進程。

本章中所說的「本來人」就是人的先天本性，是人的生命本體，從能量的角度上說是「靈陽之氣」、「虛無元陽」等，從知覺主體的一面說是「本來真性」、「先天元神」。返本還源的丹道修煉，就是要找到這個生命的源初的主人。「本來人」與「玄關一竅」是聯繫在一起的，但兩者還是有所區別。「玄關一竅」是「本來人」的「消息」，是後文中所說的「內法」，「本來人」是「玄關一竅」的「把柄」，是後文中所說的「內侶」。玄關一竅是「無極之極，太極一動」這個無極到太極的臨界狀態，本來人是這個狀態下的「一點靈陽之氣」。這就是說，玄關一竅是從後天到先天的臨界功能態，是顯現先天主人的契機與消息；而本來人是玄關一竅這個功能態的主導意識，是通過玄關一竅所顯現的先天意識主體。玄關一竅是方法，本來人是目的。

「無極之極，太極一動」是無極而太極的過程，是講從先天到後天的「受氣成形」的生命誕生的過程，而丹道的修煉則是通過後天的陰陽水火的交媾而形成太極狀態，再由太極而無極這個從後天返先天的逆修過程。先天的本來人是「真」，後天的陰陽水火是「假」，真是那個先天的本來面目，是真實不變的生命本體，而假是後天的身心作用，是變幻不實的生命現象。在人的後天生命中，本來就是通過神與氣、水與火、陰與陽的相互作用來維持生命的正常發育，只不過由於受後天識神的干擾，它們之間並沒有達到最佳的平衡狀態。修煉就是從後天的調節開始，從後天的水火陰陽的作用中找到真陰真陽，即元神和元氣，然後讓元神與元氣交媾合一，才能回復到太極狀態，也才能由太極狀態找到先天的靈陽之氣。真陰真陽是後天中的先天，相對於後天陰陽也可說為「真鉛」，但還夾雜著一點後天的氣質，相對於先天靈陽一氣還屬於後天。只有靈陽一氣才屬於先天中的先天，才算是「先天真鉛」。

兩重天地章第十七

天地之生人也，同是乾元一氣❶，此氣即太和之氣，在清空中渾淪無間者是。人受陰陽之陶鑄，而生此血肉之軀，雖由太極而陰陽，尚是真陰真陽，無有渣滓，其去太和元氣殆不遠也。自有生後，氣拘物蔽，那色身中陰陽盡化為思慮知覺之神、呼吸運動之氣、夫婦交感之精，有陰無陽，不堪入藥，又何能成丹？可知後天精氣概屬渣滓之物，修煉雖不得不借此入門，然而結丹則全不用此，夫以其有形有色，不能成就虛無一粒金丹也。若修性徒煉氣質之性，煉命只煉血肉之命，莫說不能成丹，即能成丹，亦是幻丹，墮於狐狸之窟、蛇鼠之群，及其究也，不免天神惱怒，雷霆誅殛❷，永不得為人身，豈不可哀也哉！至人明得金丹大道係清靈之氣結成，而清靈之氣又不自來歸，必假我身中真陰真陽然後可以招攝得來，古人謂「二八同類之物」是也。尤要知此個元氣，本無朕兆可尋，亦無方所可測，於何求之見之耶？唯即我身真陰真陽發生時節，即是元氣來入我身，以擒制我身中之靈汞陰精，自然凝結為丹。所以古仙云：「修道人須先曉兩重天地、兩個陰陽，方好興工。」所謂兩重天地者何？即先天後天是。所謂兩個陰陽者何？即如打坐時，必向後天色身上有可以為依傍者下手。夫一呼一吸，即陰陽也；陰陽原一氣，一氣散而為陰陽，此凡陰凡陽也。學人打坐，必先調外呼吸，以引起真人元息。調外呼吸，必先以意為主。孟子曰：「志，氣之帥也。」古仙云：「若要修成九轉，先須煉己持心。」可知正心誠意為修煉之本也。調此呼吸，以目了照於丹田中，以息下入陰蹺，提起陰蹺之氣上入黃庭，又以息引起絳宮之陰精下會丹田，此亦凡陰凡陽也。久之陰精與陽氣兩相交融，凝於丹田土釜之中，自然陰精化為真陽之精，凡氣化為真陰之氣，蓬蓬勃勃充周一身，此即真陰真陽，與元氣不相遠也。諸子要知元氣本無形狀，其蓬蓬勃勃者，亦是真陰真陽之氣，非天然元氣。若謂天然元氣，去道遠矣。要知此中安閒恬靜者，即是元氣來歸，不離陰陽，亦不雜陰陽。吾師示生每坐一次，務要有安然天然自得光景，方見本來面目，不可執著元氣竟如一物可也。吾師傳玄至此，可謂抉透精微，挖出心肝與諸子看，生須著實行持，如董子「正其誼[3]不謀其利，明其道不計其功」可矣。至於有效無效，毫不期必以為喜憂，庶幾近之。

【章　旨】此章闡明先天後天兩重天地，凡陰凡陽真陰真陽兩個陰陽，說明由凡陰凡陽到真陰真陽，由真陰真陽覓得先天天然元氣的道理。

【注　釋】❶乾元一氣　又稱清空一氣、太和元氣、先天一氣等，是先天本體層次上的概念，實際上是蘊含精氣神在其中的宇宙本元，故非神氣分立後的「氣」，而是神與氣還未分立時的本元之氣，與「道」、「本性」等屬同一層次，只不過是從能量方面來指示道體罷了。❷天神惱怒二句　這還是天人相應的道理，人自身的修煉到何田地，就會與宇宙中相應的存在力量相感應。誅殛，誅殺。❸誼　底本作「詣」，據引文原句改。

【語　譯】天地間生人生物的，最後都源於乾元一氣，這個乾元一氣也就是萬物終極統一的太和之氣，即是那充滿虛空渾淪無間的能量之海。人經過陰陽的相互作用而形成這個有血有肉的最初的身體，雖說已經是從太極演化到陰陽了，但這個陰陽還算是真陰真陽，沒有渣滓之氣，它離先天的太和元氣還不算遠。自從生下來以後，受到後天氣質的束縛和外面物欲的干擾，那色身中的真陰真陽全變成了思慮知覺的後天識神、呼吸運動的凡氣和男女夫婦交媾的濁精，只有後天之陰而無先天之陽，這些根本就不能作為煉丹的藥物，又怎麼能成丹呢？由此可知後天的精氣都是屬於不純淨的渣滓之物，修煉雖不得不憑藉後天的精氣作為入門下手的方便，然而真正的結丹成道則完全不是建立在後天精氣的基礎上的，因為後天的精氣都是有形有色的經驗中的生滅之物，憑藉它不能成就先天超越性的虛無的金丹。如果修性光煉後天的氣質之性，煉命只煉後天的血肉之命，那不要說不能煉成丹，就是煉成丹了，也是虛幻不實的丹，貪戀這種虛幻的境界，就會墮落到狐狸、蛇鼠一類的畜生道中，到最後不免天神惱怒，被雷霆所誅殺，永不得再為人身，那樣豈不太可悲了嗎？

真正修道的人清楚的認識到，金丹大道是由先天清靈之氣凝結而成的，而這個清靈之氣又不會自己回歸到人身上，一定要憑藉我們身中的真陰真陽才可以在陰陽合一的太極狀態中將先天一氣感召到人身上來，這個真陰真陽就好像十六歲的少男少女一樣，是古人所說的「二八同類之物」。尤其要知道這個先天元氣，本就是沒有絲毫的跡象可以追尋，也沒有大小方所可以窺測，為什麼還要把它當作一個有形象有方所的事物去追求呢？只有當我們身上的真陰真陽發生的那個時候，這就是先天元氣來到我們身上起作用，調節、轉化我們身上的識神陰精，而自然凝結為丹。

所以古仙說：「修道人必須先要曉得兩重天地、兩個陰陽，才好開始下功夫。」所謂的「兩重天地」是什麼呢？就是我們常說的先天、後天這兩重天地。那麼所謂的「兩個陰陽」又是指什麼呢？就是凡陰凡陽、真陰真陽這兩個陰陽。就拿打坐的時候來說，開始打坐用功一定要從後天的色身上找到可以依靠它來作為修煉入門功夫的地方來著手。這個一呼一吸，就是一對陰陽，這對陰陽原本就是一氣，由一氣而散為陰陽，這也就是我們可以著手用功的凡陰凡陽。學道的人打坐用功，必定要先調和外面的呼吸，以引發真人的先天胎息狀態。而要調外呼吸，又必先以意識作為其主導。孟子說：「精神意志，是氣的主宰。」古代的仙真說：「若要修成九轉還丹，首先必須鍛煉自己的心意識，保持心的清明覺性。」由此可知正心誠意是修煉的根本。調和這個外呼吸，以二目神光了照於丹田之中，通過呼吸的配合，引氣向下入於陰蹺穴，再把陰蹺之氣提起往上入於黃庭，又通過呼吸的配合，把絳宮的陰精引導向下與丹田的陽氣相會，這個陰精陽氣也是屬於凡陰凡陽。這樣修煉的時間久了，陰精與陽氣兩者相互作用相互融合，凝結在丹田土釜之中，自然使陰精化為真陽之精，凡氣化為真陰之氣，兩者蓬蓬勃勃地充滿全身，這就是真陰真陽，離先天元氣就不遠了。

大家要知道先天元氣本來就沒有什麼形狀，那種蓬蓬勃勃地顯現出來的，也只是真陰真陽之氣，並不是天然元氣。把它當成是天然元氣，那離道就差得遠了。要知道在這中間出現的那種安祥恬靜的狀態，就是元氣來歸的一種表現，它既不是離開陰陽的，但也不是與陰陽相離的。師父指示你們這些學生，每打坐一次，務必要有那種安祥自得、天然無為的光景，才能顯現本來面目，不能執著於元氣，而把它視為有形的具體之物，只有這樣才能認識元氣。師父傳授玄門大道到這個地步，可以說是已經把大道的精微全部透徹地指示、點破了，真是挖出心肝與你們看，大家要扎扎實實地修持實踐，就像西漢經學家董仲舒所說的：「端正前進的方向不謀求個人的私利，明白真正的大道而不去計較一時的得失」，這樣做就可以了。至於有沒有效果，一點都沒有一定要有所得的期待心，不為得失而或喜或憂，這樣扎實地用功下去，才算得上比較接近大道了。

【研　析】後天的精氣是人的自然生命在成長過程中物質與能量的體現，這是屬於經驗層面的材質，是有形有象、有生有滅的代謝過程，所以不能以之作為永恆超越之仙丹的材料。內丹學認為只有本源性的乾元一氣（又有清空一氣、太和元氣、先天一氣等種種異名），才是具有永恆超越性的煉丹的材料。內丹學嚴格區分先天後天兩個層次，後天屬於經驗層的生滅之物，先天屬於超越層的永恆之物。內丹學不同於一般的養生術，其目標不是要達到普通的健身延年，而是要達成超越與永恆的神仙境界。內丹學當然不反對健身延年，但其根本目標不在健身延年上面。後天的修煉最多只能有助於健身延年而決不能達成永恆與超越，所以內丹學必嚴格區分先天、後天這兩重天地，後天的凡陰凡陽與先天的真陰真陽這兩個陰陽，強調只有先天的元氣才是煉丹的根本。但是要得到這個先天元氣，又要從後天的修煉入手，煉丹的過程是從後天返先天。人的呼吸就是凡陰凡陽，通過呼吸的調節使身中的後天神氣這個凡陰凡陽相互作用相互融合，而使之化為真陰真陽，在真陰真陽的狀態下就可以感召先天元氣來歸。真陰真陽本身是相對於凡陰凡陽而說的，但它還不是真正的先天元氣，相對於先天元氣，它也還是屬於凡陰凡陽。先天元氣不是一種陰陽對待的具體的氣，它是無形可見的，它不能作為一種感覺的對象，它就是生命的源初的狀態。所以不能把充滿全身的那種氣機發生作為先天元氣，凡所感覺到的對象性的存在，都不是先天元氣。先天元氣不能直接地作為一種經驗被感覺到，它也不只是「氣」一邊的事，它是「神」與「氣」的本源，是生命的本來面目，所以它不是我們意識主體的感覺對象，而就是意識主體自身的呈現。一切特異的感覺都不是它，只有在安祥恬靜之際，一切平平，萬物都如其本來，這時才能使本來面目呈現。這是丹道的奧祕所在，平常人們都以奇特為高為勝，追求玄妙的境界，但一切可以追求到的玄妙經驗都是暫時的，有得就有失，真正的修道不是去追求那個時得時失的體驗，而是尋找一切體驗得以發生的源頭，即那個先天本有的狀態，這個狀態是超越一切變化的，沒有得失增減，當下即是，當下即如。說它是元氣也可，因為它彌淪一切，無限充滿；說它是本來面目也可，因為它是生命之源初的主體性，是你存在的核心。

自然之道章第十八

如今世人說他不愛身，看一切作為，事事俱向身上打算，究之愛其身者，皆害其身者也。他如嬌妻美妾，迷花戀柳，日日消耗精神，斫喪❶元氣，明知美色淫聲殺人利刃、毒人狂藥，及至死時，恬不知悔，亦何其多！夫名利場、恩愛鄉，誰不知大火坑？無奈明知之而明犯之。當其性情已亂，志向昏迷，雖有刀鋸鼎鑊在前，毒蛇猛獸在側，亦不遑顧焉。所以古之人多壽而康，今之人多夭而病也。

吾常言玄工無他，只是一個順其自然可以盡之。然雖順自然，其間亦有旋轉造化妙訣。即如下手之時，以坎下動氣收入黃宮，與離內陰精配合為一，此不是全無事事，如修性者之空空了照也，必觀諸陰蹺❷之下，絳宮❸之上，凝神於土釜❹，即是初步採取法程。及水火相激，龍虎交爭，忽焉真氣沖沖，一陽微動，此即真陰真陽用事。雖不可上下了照，然亦必視真陽上升，我以呼吸略為提之，真陰下降，亦以呼吸略為收之，是為河車工法。古又云：「外藥❺發生，在造化爐中，不出半個時辰立地成就；內藥❻發生，在自己身中，須待十月圓足。」何以半個時辰即生外藥？蓋言水火相交，玄關竅開，即是外藥生矣。此是最不易得者。但外藥發生，金木相吞，水火相射，分毫不可差忒。差忒則大藥不能成就。此非別有一道也，以此外藥之生，必心純意正，了無外馳，藥才能生。若有一毫念起，即落後天知識，元氣又被打散矣。故曰：「白虎❼為難制之物，倘用之而不得其法，必有噬人之患；首經❽為難得之端，倘求之而不失其時，必有天仙之分。」此時切忌念動意馳，他如邪淫等心，更不待言矣。人能靜定半時，了照氣機，自然藥歸爐鼎，而升降上下，為內藥矣。雖然名為內藥，其實皆一氣也，不過在外時，純是天然一氣，及引之入內，則有後天之精氣神在，稍不同耳。然以外藥來歸，無非欲化內之精神皆成先天一氣，故必須十月之久方才圓足。尤要知金水非火不能上升，故必需內呼吸之神息，神息，即火也。丹非土不凝，故必以我之真意為之佈置調停。其實皆一道也，不過氣機之初動再動略有所分，在下在中在上各有一樣，故丹經謂之「陽生採取，藥動河車」。皆自然之道，無非氣機之大小有不同，而河車之大小亦各別也。生等須以活法行之，得矣。若世人之概不言法者差，太沾沾於法者亦差。我今所傳，的是真正心法，非心誠好道，不得聞也。

【章　旨】本章首先談到一般人都知道愛身，但卻反而傷精耗神而損身，由此講到煉丹之道都是順其自然的功夫，而自然之中又有許多妙訣竅門，說明煉丹既不能太講究方法而違背自然之道，但又不是完全不講方法而墮入頑空，要得其中道。

【注　釋】❶斫喪　損傷。斫，用刀斧砍。❷陰蹺　虛危穴。❸絳宮　心房部位。❹土釜　一般指下丹田，有時也指真意所在。❺外藥　內藥外藥各派丹法所指不同，此處指虛空之中所蘊藏的元氣。❻內藥　此處指元氣入人身之內而轉化精氣神所形成的丹藥。❼白虎　原指男子之精，此處喻指先天元氣。❽首經　原指女子首次月經，此處喻指先天元氣回歸體內時形成外藥。

【語　譯】現在社會上的人啊，你要說他不愛護自己的身體吧，可看他的一切所作所為呢，又事事都是向身上打算，都是為滿足身心上的欲望，但歸根結底他這些表面看起來是愛護身心的作為，實際上都是有害於他的身心的。其他的如嬌妻美妾，迷花戀柳，縱情聲色之類，都使人日日傷精耗神，損傷元氣，明明知道美色淫聲就像是殺人的利刃、毒害人的狂藥，但人們執迷不悟，一直到臨死的時候都不知悔悟的人又何其多呢！對於名利場、恩愛鄉，誰不知道是大火坑呢？但無奈的是一般人沉迷於其中不能自拔，明知是個大火坑還是要往裡跳。當一個人性情已經迷亂，志向已經昏迷，就已經無法控制自己了，就是刀斧油鍋放在面前，毒蛇猛獸就在旁邊，即使這樣隨時都有危險，也顧不得了。這就是為什麼古時候人們多健康長壽，因為他們純樸寡欲，而現在的人大多壽短病多，因為他們縱情聲色。

我常常說丹道玄門的功夫沒有別的，只是一個順其自然就可以概括。但雖說是順其自然，這中間也還是有諸多像氣機調整、順應造化的巧妙訣竅。就拿初步下手入門的功夫來說，要想讓坎宮發動的氣機收入到黃庭宮，與離宮中的陰精相互作用融合為一，這個過程並不是一點用功方法都沒有，就像修性功那樣，只要無所事事地觀照就可以，必須以神光配合呼吸觀照於陰蹺之下，又上升到絳宮之上，讓上下神氣相交，然後凝神於丹田，這就是初步採取的方法程序。等到上下陰陽交媾，神氣相融，忽然間一股真氣沖騰，一陽初動，這就是真陰真陽開始起作用了。此時雖不可再上下了照，但也要在感覺到真陽之氣上升時，我以呼吸與之配合略微將它上提；當真陰之氣開始下降，也應配合呼吸隨之略微將它下收，這就是轉河車的功法。

古人又說：「當外藥發生的時候，外藥是出於虛空這個造化爐中，不出半個時辰就立即可以成就；內藥發生的時候，是在自己的身體之中，必須溫養十個月才能使其圓滿充足。」為什麼說半個時辰就可使外藥發生？這只是說當體內水火相交，陰陽合一之時，玄關竅打開了，與虛無元氣相通，這就是外藥發生了。這個狀態是最不容易得到的。但是當外藥發生時，神氣相互作用，水火相互融合，這中間的火候一點都不可有差錯，一有差錯大藥就不能成就。這其中的關鍵不是別的，只是因為外藥要發生，必須要心地純潔意念端正，一點散亂心都不能起，這樣丹藥才能產生。若有一絲一毫的雜念生起，就掉落到後天的識神分別之中，先天元氣又被它打散了。所以說：「先天元氣就像白虎一樣是難以掌握的東西，如果用它不得法，就會有被它咬傷的危險；外藥發生時真陽之氣就像首經一樣是難得的跡象，如果能不失時機地尋求到它，必有成就天仙的緣分。」這個時候最怕的就是起了雜念，意識外馳散亂，其他的像邪淫等心，就更不用說了。

在外藥發生的時候，人如果能靜定下來半個時辰，用元神了照氣機，自然使外藥歸於人身丹爐之中，而轉化成上下升降的真陽之氣，成為內藥了。雖然把它叫做內藥，其實都是真氣，只不過在外面時純粹是天然元氣，等到把它引到人身中來，則與後天的精氣神一起發生作用，這時呈現的狀態與那個純粹的天然元氣稍有不同。不過外藥引歸到身上，無非是要把體內的精氣神都化成先天一氣，這個過程不是一時半刻所能完成的，所以必須十個月這樣長的時間才能充分圓滿地完成。尤其要知道真氣如金水，沒有火的作用它不能上升，所以需要內呼吸的天然神息的作用，這個天然神息就是火。丹藥如同種子，沒有土的滋養就不會生長凝聚，所以一定要用我們的先天真意來對它進行布置調停，這個真意就是土。

火也好，土也好，其實都是一個道理，只不過氣機從初動到再動略微有所不同，在下面、在中間和在上面又各有不同的表現，所以採取調停的方式也有所不同，丹經把這個稱為：「陽生時採取，藥動時轉河車。」這都是自然之道，無非是隨著氣機大小的不同而河車也相應地有大小的差別。你們對此應該靈活地掌握，就可以了。像有些人一點都不講究功法火候，這是不行的，但如果太斤斤計較具體的功法，這也是一種偏差。我現在所傳授的，的的確確是真正的心法，不是修道心誠、立志向道的人，是沒有機會聽到的。

【研　析】世上的人誰不愛自己的身體？人們用各種各樣的方法來追求他們所嚮往的幸福生活，盡量吃精美的食物，穿華麗的衣裳，住高樓大廈，滿足自己的各種欲望。但是道家發現了生命的一個基本的法則，這個法則可以稱為「反效定律」：人越是看重自己的身體，執著於自己的身體欲望，人就越是傷害了這個身體；當人能忘記自己的形體，超越自己的感官欲望，人反而能保全身體，健康長壽。因為如果跟著身體的欲望走，縱情於聲色犬馬之中，就會使精氣外洩，精神外馳，而使身心神氣不能相交平衡，使人的生命能量耗散，從而使人多病早逝。但芸芸眾生被這些感官欲望牽著鼻子走，執著於一時的感官快樂，沉迷於恩愛名利之中不能自拔，明知其是個大火坑，還是要像飛蛾赴火一樣往裡跳。一般人無法做自己的主人，而是被一股不由自主的習慣性的力量所支配。人成了自己欲望習氣的奴隸，這真是件悲哀的事情。修道的人正是要從這種無奈的業力中跳出來，逆著常人的習慣性方向，清心寡欲，靜心養氣，而煉丹成仙。丹道修煉總的原則不過就是順其自然而已，當然這個順其自然不是順著常人追逐欲望的那個人欲的自然，而是要順著道的無為自然。前面講過煉丹始終是要以元神作主持，以真意為功夫，而元神、真意都不是後天造作的意識狀態，而是一種無為自然的意識狀態。一切身心氣質的轉化，都要在大靜大定中才能實現，而大靜大定的狀態就是要排除一切的後天分別意識，而回歸大道的自然。由此可見，丹道的全部功夫都是要「順其自然」。雖然丹道講「逆煉成仙」，但這個「逆」是指與常人之精馳神耗的方向相逆反，是逆著大道演化的常規方向而返回到大道源初的狀態，其目標正是要效法道之自然。當然，在丹道修煉的過程中也不是一點功夫程序都沒有，在不同的煉功階段還是有相應的修煉訣竅，但各種具體的修煉法門也都是順應身體氣機變化的自然而採取的相應的辦法，不是一味地用自己的主觀意志去作為。有為與無為，武火與文火在丹道中都要有機地配合，如果執著於具體的有為的功夫，就變成小法小術，與無為大道相違背；如果不懂得煉功的方便訣竅，一味地自然下去，有可能變成枯寂頑空。在外藥發生的時候，也就是你進入先天境界，玄關竅開，而先天元氣與你相感應相作用的時候，此時最重要的是要保持無念清靜的先天狀態，若起心動念，後天識神用事，則先天元氣又被打散。外藥發生可在短時間內完成，但元氣進入體內與後天的精氣神相互作用，轉化後天精氣神成為先天一氣，這個內藥產生的過程則相對要較長的時間。至於外藥發生只要半個時辰（即現在的一個小時），內藥完成要十個月的說法，則是正常情況下大致的時間，實際上不同的人其煉功狀況千差萬別，若不能真正合理合法地修煉，則不但半個時辰、十個月不能完成，就是一輩子都未必能完成。本章中所講的具體的煉丹採藥、運轉河車的功法，最好要依止有經驗有成就的師父學習修煉，很難通過文字傳達清楚，不可盲修瞎煉。

歸真返本章第十九

凡人未生以前，此個靈神[1]原在清空一氣之中，及神機一動，而天地之元氣即隨之而動。蓋元氣無有知覺，唯神有知覺，故此元氣即隨神之號令而合為一體，此尚未著人物時也。迨至神氣合一而投於父母胎中，人則十月形全始生，仙則十月氣完便出，同一般作用，無有二也。諸子明得此旨，日夜修煉，只以元神作主，務令一私不雜、一念不起、寂然不動、感而遂通之體常常在抱，猶如子父相依、夫婦相戀情形。此神氣交也，即真陰真陽在也，而天然一點元氣即在其中，不必他求矣。此真陰真陽會合成一，即是陰精[2]。外邊元氣，即是真陽。以此陰精真陽收羅於後天有形有色之中，即如前日神氣合一投於父母之懷一般。由是日運陽火陰符，抽添沐浴，又如前在母腹中，假母之呼吸日夜吹噓，借母之精氣以為長養，是一道也。諸子起初下手，陽未生，須虛以待之，陽既生，須勤以採之，收回中宮，久久溫養，以真意為媒妁❸，以呼吸元息為作用，而以精血為養育，大丹於是可成矣。切莫貪淫縱欲，喜動好言，以消散其元氣也。唯有溫溫鉛鼎，以養此真陽而已。養之工何在？在迴光返照，無一時一刻而或離，即無一時一刻而不養。果能動靜有常，朝夕無間，又何患真陽之不生哉！今日所言，確是歸真返本之學，生各勉之，勿負吾訓也。吾觀諸子各染塵緣，不能掃卻。吾再示之。夫人血肉之軀能有幾時，受用亦無多日，何必奔名場、走利藪以自苦哉！在世不過百年，何必作萬年之想耶？莫語以外物事，即如生死禍患，亦是各有來歷，不可著意憂慮。莫說他人一家，即自己一身，終成糞土，不過遲早各異耳。生等能看得生死事小❹，而後不為一切外緣所擾，庶幾一心一德專於修煉，自然千萬年而如故也。否則，忽而欣欣於內，忽而戚戚於懷，寸衷之地能有幾何？一生歲月，又有許多？精神氣血必消磨殆盡而死矣，那時才悔，遲了，奈何！

【章　旨】本章明修真之道與生命最初形成之道是同一原理，只不過一順一逆而已。煉丹就是歸真返本之學，人生短暫，生死無常，應掃卻塵緣，一心修煉，方可有成。

【注　釋】❶靈神　指人的先天元神，內丹學認為人未生時，先天元神與先天元氣同體，在父母交媾時，元神一動即乘此元氣投入母胎之中，與父精母血和合而生此後天之身。❷陰精　內丹學中的陰陽比較複雜，陰陽不是固定的屬性，而是相對性的表示，而此相對性又含有不同的層面。此處體內真陰真陽合一而成為陰精，以和外面的先天真陽相對，這樣體內的真陰真陽是一層陰陽，此體內真陰真陽合一之陰精與外面的先天真陽形成一對陰陽又是一層。❸真意為媒妁　無分別的意識觀照作用，是為真意，真意是溝通陰陽、神氣使兩者相交媾的牽引者，猶如男女婚配之媒妁。❹生死事小　佛家常講「生死事大，無常迅速」，此是讓人重視生死輪迴之過患，以及早出離生死苦海。此處講「生死事小」，則是講人生的一切外緣遭遇得失苦樂都是一時的幻化，轉瞬即逝，不必計較看重，以一心修道。這與講「生死事大」，實際上並無矛盾，都是要讓人看破紅塵，專心修道，以求超越。

【語　譯】在人的生命還沒有形成以前，這個先天的元神原本存在於清空一氣中，當元神的功能發生作用時，天地間的元氣就隨之而動，因為元氣本身沒有意識知覺，唯有神才有意識知覺，元氣是載體，元神是主宰，神動則氣動，元氣在元神的作用下隨神而動，與元神是合而為一的，分別地說有氣有神，實際上神不離氣，氣不離神，兩者是一體的，這是還沒有生人生物時元神與元氣的統一情形。當這個神氣合一的靈神投入於父母交媾時的母胎中，對人來說是經過十月懷胎而形成完整的嬰兒生下來，對於仙胎來說也與此類似，是在陰陽交媾時感得先天元氣入胎經過十月養胎真氣完足便產出仙嬰，同是一個原理在起作用，沒有什麼不同。

大家明白了這個根本原理，就可參照生命形成的過程領悟到丹道修煉的法則了。日夜修煉，只以元神作主，務必要不夾雜一點後天的私心，不生起一點雜念，在寂然不動中自然地感應而動，使這個真心本體常常呈現出來，這就好像父子相依、夫婦相戀的情形。這個狀態就是神氣交媾，也就是人身中的真陰之神與真陽之氣在相互作用，而天然一點元氣也就自然地蘊含在其中，不必另外再去求元氣了。這個真陰真陽經交媾作用而達成統一，這個統一體相對於外面的先天元氣則稱為陰精，而外面的元氣則稱為真陽。把這個陰精真陽收攝到後天有形有色的人體之中，這就像是生命形成時那個神氣合一的靈神投入到父母交媾時的母胎中一般。從此每天運用進陽火退陰符的功夫，進行河車運轉、沐浴溫養，這個過程又類似於生命形成時胎兒在母腹中的情形，借助於母親的呼吸日夜循環代謝，借助母體的精氣作為生命成長的養分，兩者的原理是一樣的。

大家起初著手用功，在真陽未生的時候，必須保持虛靜功態以等待陽生；陽已生時須不失時機地採取，把它收回到中宮，久久地溫養，以真意為媒妁使真陰真陽交媾合一，以調和外呼吸進而運用胎息作為陰陽和合的動力，而以人的精血等作為養育丹胎的養料，大丹於是就可以煉成了。千萬不要貪圖女色放縱欲望，喜好社會活動高談闊論，這都是會使人消散元氣的。要萬緣放下，就只是一心溫養丹爐，以培養這個真陽而已。那麼如何才是溫養的功夫呢？這個溫養的功夫就在於把意識之光收回來返照於丹田之中，沒有一時一刻失去這個觀照，這就等於無時無刻不在溫養。要是真能做到動靜之中觀照常在，從早到晚沒有間斷，又哪裡需要擔心真陽不生呢？我今天所講的，的確是歸真返本的大學問，你們大家都要自己勉勵自己好好用功，不要辜負了我的教導。

我平時觀察你們修道的情形，看到你們各個都沾染了世間的不良習氣，與世間的人和事有種種牽纏，不能放下這些塵緣牽掛，為此我再開導你們。其實人的血肉之軀能在世上存活多久呢，一切的生活享受也沒有幾天，又何必為此奔波於名利場中自討苦吃呢！人在世上也不過就是百年的光景，又何必像是要活千萬年那樣去謀劃呢？不要說身外之物，就是一個人的生死禍患，也是各有其因果來歷，不需要去特別地操心憂慮。不要說別人一家如何，好像別人的生死與你無關，其實你自己這個身體，也終歸要化為一堆糞土，只不過與別人有遲有早而有所不同罷了。大家能把世間的生死之事看破，然後才能不為一切的外緣所干擾，這樣一心一意專心致志地修煉，自然能夠經歷千萬年都道心不移。否則，一會兒內心裡歡欣喜悅，一會兒又滿肚子的不高興，這樣隨著外緣而動心，方寸之心能經得起多少這樣的折騰呢？一生的歲月，又有多少時間可供這樣浪費呢？這樣下去精神氣血必將消磨殆盡而至於死了，那個時候才開始後悔，可就來不及了，如之奈何！

【研　析】人的元神與清空一氣的關係實很微妙，以前我們說過清空一氣作為本體意義上的元氣，並不是與神對立的氣，而是神氣合一乃至神氣還未分時的本源。就其能動的知覺性而言則為元神，就其作為能量的載體而言則為元氣。但是，從本體性的神氣未分的狀態經無極而太極、太極而陰陽的演化，則神與氣又可從本體中分離而成為神氣對待，此時神與氣雖仍然密不可分，但只有神才有知覺性，而氣則是被動的，在神的主導下發生作用，這時氣隨神動，神氣仍然是合一的，但與無極時神氣未分時的合一已有不同。

元神一動，則元氣隨之，此神氣合一的先天生命在父母交媾時入胎，經十月懷胎而成為嬰兒，丹道修煉的過程與此原理相同，只是方向相反，一順一逆，一是從先天形成後天的生命，一是從後天返還先天的生命。修煉時元神作主，一念不生，入於靜定虛寂之境，這樣人身中的陰陽就能交媾，神氣相依合一，這就好似夫婦相戀的情形。神氣交而生真陰真陽，這個是後天中的先天，還不是先天中的先天，所以這個真陰真陽的統一相對於先天真陽又稱為陰精，陰精與先天真陽再相互融合，形成仙胎種子進入人體之中，這就像當初神氣合一的先天生命種子進入母胎一樣。此後的運火退符、抽添沐浴長養聖胎的過程，又與十月懷胎的過程類似。所以丹經常說：「順則成人，逆則成仙。」

煉丹始終的功夫，都離不開元神的觀照，要放下思慮牽掛，入於清靜無為之功態。若能日夜不間斷地保持元神的觀照，自然會真陽發生，長養聖胎的功夫也就在其中了。但人生世上，有無數的塵勞牽掛，時時會讓人分心，使精馳神散，煉丹難成。這就需要修道的人能夠擺脫世俗事務的干擾，放下對名利物欲的執著，所以本章最後勸誡學道的人，要勘破塵緣，放下外緣，才能一心一意地修煉。人世的一切都是短暫的，不要執著於一時的享樂，不要為名利這些外緣所打擾，否則逐欲縱情，或喜或憂，必然傷精耗神，虛度光陰，又怎麼能修成大道呢？

居塵出塵章第二十

今值下元，人心汩沒，不得不再三提撕，喚醒夢中之夢。即如修真養性，孰不知去欲存誠？無奈身家念切，妻子情長，終日言道言德，說修說煉，而塵心未斷，塵根未除，終不得其道之真諦。吾幸諸子雖未十分拋卻、一力潛修，然於此處亦嘗致意焉。總之，要丟得開，割得斷，懸崖撒手，才算決烈漢子，猛勇丈夫，以之煉丹，不難有成。否則，三心二意，其何有濟？吾非教諸子拋妻棄子，入山林而學道也，只要在欲無欲，居塵出塵❶足矣。古云「煉己於塵俗」，原不可絕人而逃世，須於人世中修之，方能淡得塵情，掃得垢穢。否則，未見性明心，即使深居崖谷，鮮不煉一腔躁氣也。至於玉液已成，再煉金液之丹❷，不得不尋僻靜之區，雞犬不聞、人跡不到之處以修之，古云「養氣於山林」是也。蓋以此時之工全在先天一氣，不得靜地以修之，則元氣不得充滿，故古云「入山採藥」是也。吾勸諸子，雖不能將恩愛一刀割斷，然亦當漸漸看破。要想人到死時，一切名利室家絲毫也拿不去，唯有平生所造之業盡帶身旁。如其善業，還有轉世之福；若是惡業，不待再世投生，即眼前冥王亦必追魂攝魄。從此一想，倒不如趁早修行，萬一道果有成，他日不入輪迴，豈不甚樂？即不然，投生人世，亦不受饑餓流離疲癃殘疾之苦，又豈不美乎？況有仙緣所結，上聖高真必不忍舍我而去，此身雖異，此性猶存，亦必再來拔度。如文昌帝君十七世而得元始之度，往事可徵矣。諸子若無仙根，必不自幼好善，切勿辜負前因，以自落於泥塗之中可矣。論近時修煉，不拘前根，只論眼前積功累行，好道求師，亦准一劫造成。這個大法會，千古難遇，遇之不煉，誠愚也已。生既逢此良會，不移一步，即有真師指引，較法會未開之時，又何如便易乎？待法會收後，要想學道，不知受幾多苦惱，無限奔波，才得門而入也。生等勉之，一力造成，不負平生之願，永脫人世牢籠。那天上清閒富貴，一任人間帝王將相，不能方其萬一也。能將仙家之樂一想，自不戀人間之福。苟能深得其妙，其快樂更不知為何如也！吾日望之，生勿負焉。

【章　旨】本章再三提醒學人要從世事塵緣中覺醒，但不是要拋妻棄子隱居山林，而是要身在塵世而心無牽掛，珍惜修道的機緣而一心修煉。

【注　釋】❶在欲無欲二句　修煉的理想境界是和光同塵，既有高深的精神境界，又能自在地生活在塵世之中。不需要改變外在的生活方式，而是要去掉內心執著。但這個境界不容易達到，在不同的階段有時候也需要暫時性地離開俗緣，一心修道，故對於出離世事專修的人，也無可非議。但從理論上來講，最後的圓滿境界是不執一法，又不離一法，即世間而又出世間。

❷至於玉液已成二句　玉液是煉己了性，這個心性的修養要在塵世中歷練，不經歷塵世生活的考驗，其修養功夫往往是靠不住的，故不必離塵而可「煉己於塵俗」；金液是煉氣了命，這需要在大靜大定中轉化色身氣脈，故不能有塵勞俗事的干擾，須隱於山林靜修，此是「養氣於山林」。

【語譯】現在正趕上末法時期，人心陷落於物欲之中，埋沒了自己的真性，所以不得不再三提醒、點化人們，喚醒他們的夢中之夢。就拿修真養性這件事來說，一般學道的人誰不知道要去除欲望保持我們本真之性呢？無奈對自己的生命及家庭生活顧慮太多，對妻子兒女懷有濃厚的情感，雖然一天到晚談論修道養德，修這個法煉那個功，然而世俗的牽掛不能放下，對世俗生活的根本執著沒有去除，終究不能體悟到修煉之道的真諦。我感到高興的是你們大家雖然沒有完全地拋開這些塵情俗慮，全心全意地潛心修道，但對於這個修道的關鍵之處也曾經給予高度的重視，作了很大的努力。總之，就是要丟得開，割得斷，如同懸崖撒手，一刀兩斷，才算是有大決心、大勇氣的男子漢、大丈夫，以這樣的心態去煉丹，就不難有成就了。否則的話，三心二意，怎麼能有望成功呢？

當然，我並不是教你們拋妻棄子，完全脫離社會生活，到山洞裡去學道煉丹，只是要你們能夠做到雖在欲中而心無欲，雖在塵中而心出塵，心不為之所擾，這就足夠了。正如古人所說的「煉己於塵俗」，在世俗的煩惱中鍛煉自己的心性，修道原本就不能離開人群與世隔絕，必須在人世中修心養性，經過世間生活的鍛煉與考驗，才能把世俗塵情看得平淡，把心上的穢垢打掃乾淨。否則，沒有體驗到自己的真心本性，明瞭一切心念的本質就是空的，即使你一個人深居於渺無人煙的山谷懸崖之中，也很少有不是在煉一腔躁氣的，因為你的心並未清淨。至於玉液煉己的功夫已經完成，轉入金液大還丹的修煉，因為要一心大定以煉氣化神轉化色身，這時不得不尋找偏僻安靜的地方，在聽不到雞犬之聲、人跡罕至的地方專心修持，這也就是古人所說的「養氣於山林」。原因是這個階段的功夫全在於先天一氣，如果得不到清靜之地來修煉，則元氣無法煉得充滿，所以古人講「入山採藥」，正是這個道理。

我勸你們這些學生，雖不能一下子做到將恩愛情欲一刀兩斷，但也應當漸漸將它看破放下。要想到人到死的時候，世間上一切的名利地位、妻室家人絲毫也帶不走，只有平生身心活動所造成的慣性力量會全部留在人的身邊，繼續發生作用。如果是善業，還能導致來生轉世時的福報；如果造的是惡業，不需要等到再世投生才會遭受惡報，就是在眼前冥冥中的主宰者也一定會來追魂攝魄，讓你償還孽債。從這個角度一想，倒不如趁早開始修行，萬一修道成功了，證到神仙的果位，以後不再墮入到輪迴之中，豈不是大喜的事？即使沒有修成功，但由於修行所積的功德，來生再投入人世，也不會遭受忍飢受凍、流離失所、多病殘疾等痛苦，不也是美事嗎？更何況由於修道所結下的仙緣，那些修道得大成就的上聖高真一定不忍心放下我不管，雖然轉世時我們的身體已經不同了，但生命的本性還是與原來的一樣，這些仙真們也一定會再來救度。比如文昌帝君經歷十七世的轉世而得到元始天尊的救度，這些已往的事跡就可以證明因果業報的真實存在。你們這些人如果沒有修仙的宿根，一定不會自幼好善積德，千萬不要辜負了前生所種下的善因，而使自己墮落到地獄的惡道中去，只有這樣才能繼續前世的善緣啊。

雖說修道是多生多世的因緣，但若論到眼下的修煉，也並不受前世根器的限制，只要看你眼前的修行，若能積功累行，好道求師，也可准許在一個生命週期內修成仙道。我們這個大法會，是千古難遇的，有機會接觸到這個大法會而不去修煉，實在是愚不可及了。你們既然有幸加入到這個難得的大法會中，不需要多走一步，就有真正的師父來指引你們修煉，與沒有這個法會的時候相比較，又是何等的占盡便宜啊！等這個法會結束時，再要想學道，那就不知要經受多少苦惱，受盡無限奔波之苦，才能得入修道之門。你們要勉勵自己，全身心地投入，全力修成大道，不辜負自己平生的理想，永遠脫離人世的牢籠。那天上的清閒富貴，無論你是人間的帝王將相也好，都不能比得上它的萬分之一。如果能經常地想一想神仙家的超越塵世的無窮快樂，自然就不會再迷戀人世間的所謂的幸福。如果能深入修道而得其妙處，其快樂更是無法想像，我每天都對你們寄以厚望，大家不要辜負啊！

【研析】第一，修道是一系統改造身心的大工程，除了要懂得正確的原理與方法，還要非常專門地用功，擺脫塵世間的各種牽掛。如果你的心老是為世俗的情欲或事務所打擾，你就無法真正地靜心。

第二，擺脫對世間名利、恩愛的執著，本身也是一個修道的過程。人不能一下子就徹底斬斷名關利鎖、恩愛情仇，因為這些執著是根深蒂固的。就算你離塵入山林，你也只是在形跡上暫時擺脫這些人世的牽纏，而你的心並不能真的就因此而徹底清靜下來。世界是我們心的顯現與反映，如果你的心不清靜，你的世界也就不清靜。並不會因為外在環境的改變，你的心就自動地得以改變；相反只有你的心得到淨化了，你所顯現的環境也就會隨之而變。心是否執著才是根本，而不僅僅是改變外在的生活形式。從那裡跌倒了，就要從那裡爬起來：你的執著是從塵世間的生活中逐漸養成的，因而也必須從塵世的生活中加以清理。帶著修道的心，清醒地、完全地經驗世間的生活，才能清除人世的執著。否則，你越是壓抑你的欲望，它就越是潛入你的深層意識中，你在寧靜的山林中修煉，可是你的內心卻翻騰著世間的欲念，這樣你的修煉只有在與自己戰鬥，又如何能成就真正的大定呢？

第三，在修道的某些階段，又確有必要進入遠離塵世的山林中靜修，在鬧市中可以修性修慧，鍛煉你的心性，但是進入專門修定修命的階段，等於是做高級的生命科學的實驗，為了要徹底進入虛靜的功能態，必須排除一切的外來干擾，讓自己沉入於無邊無際的身心法界。如果你正在修定，而旁邊不斷地有種種干擾甚至有可能直接觸及你的身體，你怎麼可能入定呢？那樣很可能會出危險。當然一般的修定，只要關上房間閉門靜坐就可以，但要長久地專心修定，就不能有人世的種種干擾。

第四，本章最後開導人的因果業報之說，現在人一般很難再相信了，三世因果、業報輪迴都是來自於佛教的影響，而中國本土的因果報應說則偏重於祖先的德行對其後代的影響，《太平經》稱為「承負」，後代要接受先祖的積德或造孽的影響。但是生命是一個奧祕，對於我們不能確知的未知世界，用現代的所謂科學觀念輕易加以否定，也是一種不負責任的迷信態度。尤其是對於有傳統宗教信仰的人，這種因果報應的觀念是有助於修道的教化的。黃元吉在這裡也是採取傳統的宗教觀念，對弟子們加以教導，目的是讓學生珍惜修道的緣分，擺脫塵世的貪戀，而一心致力於修道的大業。但是，以天上的神仙之福誘導人們看破塵世之福，這種教育方式也可有其弊端。這只能作為對初學者的低級教法，因為這是一種功利的觀念，還是有所求的，有求則有執有牽掛，就不是無為的大道。無論是仙境之樂還是塵世之樂，都是我們的玩具，真正的修道不是要去尋找更高級的快樂，而是對一切的苦與樂的超越。

神仙之道章第二十一

至若修煉要訣，不過以虛為君❶，以陰陽為臣❷，以意為使❸，識此三者而次第修之，神仙之道盡於此矣。然虛有幾等，不是空空之虛，乃實實在在之虛；不是死死之虛，乃活活潑潑之虛；亦不是有形有色、有方有所之虛，乃浩浩蕩蕩、渾渾淪淪、無量無邊之虛。人能知此真虛，向身心上求之，庶得煉丹主腦矣。然陰陽亦有真，不是天地間一晝一夜、一春一秋、寒暑溫涼、盈虛消長之機，乃人身中清空一氣、由一氣而散為陰陽者也。上身為陽，下體為陰；呼出為陽，吸入為陰；前升為陽，後降為陰；發散為陽，收藏為陰；動浮為陽，靜沉為陰。總之，陰陽無端，動靜無始，不可以方所拘者也。唯平其凡氣，納彼無聲無臭之氣，斯為真陰真陽，可以言藥矣。故學道人第一要明真虛，第二要知真陰真陽。蓋不得真虛則不靈，不得真陰真陽，則不能變化無窮、生育不測。然真虛得矣，真陰真陽得矣，若使無意以為之運用，則陰陽不能返而為太虛，太虛亦不能散而為陰陽，又將何以放之彌六合、卷之退藏於密哉？此煉丹之學，所以意為主也。但意有先天之意，有後天之意，必從後天有意之意下手，然後尋先天無意之意，庶戊己合而為刀圭❹焉。即如打坐時，先將雙目微閉，是誰閉？了照於有無內外丹田，又誰照？於是採陰蹺之元息，納心中之神氣，會於黃庭宮中，又是誰採誰納？殆後天有意之意，即己土也。至觀照久久，忽焉混沌片晌，不知不覺入於恍惚杳冥，從此無知之際，忽焉有知，無覺之時，忽焉而覺，此即先天之真意，戊土是也。古云：「真意之意，方能成丹。」尤須知真意之意，猶與後天之意同，不過意之前無意，意之後無意，從此一知，一知之後不復見，從此一覺，一覺之後無有焉，此為真意之意。如人呼而響入谷底，風鳴而應在井中，忽焉而感，感無不通。又如人呼子之名，不覺順口而答，不思議，不想像，此即真意為之也。此即真意之前後際斷也。雖然，真意從何而得哉？必將心地打掃乾乾淨淨，然後隨感而通，觸物而動，乃是先天之真，不與後天思慮紛紜雜遝者同。所謂有真心，斯有真意，有真意，然後陰陽得其真，太極得其理，庶幾剛健中正，煉成純粹以精之品。生等須將吾師今日所言，句句返之於身心，著實行將去，方不負吾所傳。

【章　旨】此章明煉丹之道，是以虛為君為主，以陰陽為臣為輔，以意為使為用，而虛須識得真虛，陰陽亦有真假，意則有先天後天之分。

【注　釋】❶以虛為君　煉丹以進入虛空之境為根本宗旨。虛，無形之場域，既指虛無的本源，也指虛靜的真心本性。君，一國之主，代表煉丹的主旨、主要的決定因素。❷以陰陽為臣　煉丹以陰陽作為輔助，以實現從後天到先天的轉換，真陰真陽是進入先天虛無境界的契機與媒介。陰陽，包括各種相對而統一的矛盾雙方，內丹以陰陽的交媾統一為實現還虛境界的方法。臣，輔助君的力量或因素。❸以意為使　煉丹以意識的運用為實現各種目標的具體途徑，是溝通陰陽之臣與虛體之君的差使。使，差使；傳信者。指煉丹起作用的方式。❹刀圭　原是古代的度量單位，刀指古代錢幣，形狀如刀，圭是指微細的重量單位，在古代十粟為一圭，十圭為一銖，二十四銖為一兩，十六兩為一斤。當然，刀圭實際上並不是嚴格的度量單位，它最先用於外丹用刀取藥，僅滿其上之圭，說明取藥之少。在內丹中，刀圭引申為珍貴稀少之藥物，指真陰真陽會合而成之一點先天之氣。

【語　譯】至於說到修煉的要訣，不過就是以虛為君為主，以陰陽為臣為輔，以意為使為用，能領悟這三個方面而按照一定的次第修煉下去，神仙之道就全部包含在其中了。

不過這個虛有不同層面的意義，要正確把握煉丹的虛，它不是絕對的空無所有的虛，而是實實在在的虛；不是枯寂不動的死死的虛，而是活活潑潑的虛；也不是有形有色、有大小方所的虛，而是浩浩蕩蕩、渾渾淪淪、無量無邊的虛。修道的人如果能識得這個真正的虛，向身心上去求證這個虛，才算是識得煉丹的核心旨趣。而且丹道所謂的陰陽也有真偽，它不是指外面自然界像一晝一夜、一春一秋、寒暑溫涼之類季節變換、冷熱交替、盈虛消長的現象，而是指人身之中的清空一氣，由這個清空一氣分化而成的陰陽。這個陰陽有種種表現，如上身為陽，下體為陰；呼出為陽，吸入為陰；前升為陽，後降為陰；發散為陽，收藏為陰；動浮為陽，靜沉為陰，等等。總之，陰陽是無時無刻不在起作用的，陰陽沒有發端之時，動靜也沒有停止的時候，這是不可以用固定的大小形式去拘泥地理解的。只有使人身之中普通的後天凡氣平靜下來，而吸納那無聲無臭的先天元氣，這才是真陰真陽，才可以談得上煉丹之藥。

所以學道的人第一要明悟真虛之義，第二要知道真陰真陽。因為如果沒有識得真虛就不會有仙丹之靈驗，得不到真陰真陽，則不能有變化無窮的功用和神妙不測的生育萬物的功能。但是即使識得了真虛和真陰真陽，如果沒有真意在其中起作用，則陰陽不能返還而為太虛，太虛也不能散開而為陰陽，這樣陰陽與太虛不能自在地轉換，又怎麼能做到放出去則彌淪於天地宇宙，收回來則退藏到一念未生時的心體這個奧祕之地呢？這就是為什麼煉丹之學，是以意識的運用為主導因素的。

但意有先天之意，有後天之意，一定要從後天的主動的有意之意開始下手，然後從其中找出先天的沒有具體意念的純粹意識這個無意之意，這樣代表後天之意的己土才與代表先天之意的戊土合二為一，而先天一點真元之氣就可以發生了。就拿打坐時來說，要求先將雙目微閉，這是誰讓雙目微閉呢？了照於內外丹田，又是誰在了照呢？由此進一步採陰蹺的先天元息，收納心中的神氣，使之相會於黃庭宮中，又是誰在採誰在納呢？這些都是主動的意識作用，是屬於後天的有意之意，也就是丹書所說的己土。直到這樣觀照的時間久了，忽然之間混混沌沌一會兒，在不知不覺間進入到恍恍惚惚、杳杳冥冥的境地，就在這一念不生沒有分別的時候，忽然顯示出意識之知，在一無所覺的時候，忽然產生出意識之覺，這個知覺就是先天之真意，也就是丹書上所說的戊土。

古人說：「真意之意，方能成丹。」也還要知道這個真意之意，與後天之意其實是同一個意，兩者其體是一，但作用不同。後天之意是前後牽纏不清的，而真意之意是全然的當下作用，在真意之意呈現之時，在它前面沒有意念的準備，在它後面也沒有意念的留戀，就是這個當下的覺知，在這個覺知之後不再有對此覺知的覺知，就只有這個純粹的意識覺知，再沒有其他的念頭，這才是真意之意。這就像人一呼喊，山谷中就有回響；風聲響起，在井中就有回應，這都是突然之間就自然地感應，而沒有不暢通無阻的。又如別人叫你的名字，你不自覺地順口就答應一聲，不需要經過思慮和想像，這也是一種真意起作用的表現，可以說明真意那種沒有前際沒有後際的當下作用的情形。

雖說真意就是上面所說的那種無意之意，但這個真意要怎麼才能得到呢？這一定要將心地打掃得乾乾淨淨，讓心中沒有煩惱牽掛，然後這個心才能隨著不同的感應機緣而自然地變通，根據不同的外在對象而自然地反應，這是先天的真意，與後天那種思慮紛紜雜念紛飛的情形是完全不同的。這也就是所謂的有真心才有真意，真意就是真心的作用，有了真意陰陽才能得到真陰真陽，太極才能得到實現太極之理的狀態，這樣才能達於剛健中正的先天純陽境界，煉成純粹無雜的上等大丹。你們這些學生須將我今天所講的，句句都落實到身心上去體驗，扎扎實實地按我所說的去實踐，才不會辜負我給你們所傳授的上品丹法口訣。

【研 析】第一，關於「虛」。由於虛中蘊含有無盡的能量與無限的可能，是一切運動變化之所以可能的無限場域，從這個意義上說它不是空無所有的虛而是實實在在的虛，不是一潭死水而是活活潑潑的虛。虛沒有具體的形象，沒有大小的範圍，它是廣大無邊的無限場有。「虛」的本義是指「虛空」，是相對於有形的實物而言的，「虛」與「實」相反。虛既是實的「不在場」，又是實的「所在地」。實是有形有象，故可謂「有」；虛是無形無象，故可謂「無」。虛空之中深遠無盡，它本身沒有任何具體形象，故可說是「非有」；但虛空之中又涵括萬有，具一切可能性，故可說「非無」。虛和實並非截然相反，而是「有無相生」，「虛實互化」。虛不是指絕對的一無所有，而是隱含萬象的無限可能性，是各種具體的「實」的無限背景和相互溝通的源泉；實也不是一成不變的固定之物，而是因緣蘊集、與時俱化的變化之流，返虛則隱。實則有形，有形則有障礙；虛則無形，無形則無障礙。虛能化實，無礙中而生有礙；實能化虛，則萬物有礙而可無礙。由虛化實，是自然的造化；由實化虛，是生命的創造，也是內丹學的根本工夫所在。人的生命本非一貫的現成之有，而是一個從虛化實的成長歷程。生命本源自於「太虛」，由太虛之「先天」生化出形體生命之「後天」；內丹學的目標，則是從有形之後天返無形之先天，從肉體生命之有礙有限返精神生命之無礙無限，即所謂的「煉神還虛」。

第二，關於「陰陽」。「陰陽」是中國哲學中最根本的範疇之一，它是具有中國特色的「辯證法」思想，被普遍用於解釋包括天文地理、社會人事在內的各個方面的現象，是中國古代自然科學、社會科學和生命科學普遍使用的一種理論模型。「陰陽」哲學是研究整個宇宙萬事萬物根本原理的博大精深的思想體系，它不僅是一種古老的理論思維方式，而且具有永恆的生命力，可與當代最前沿的哲學、科學思想接軌，甚至予現代哲學科學以深刻的啟迪。比如陰陽互補與波粒二象性、陰陽二儀的千變萬化與電子計算機的二進制等，都具有內在的哲理相通性。從哲學上看，陰陽哲學與場有哲學、與現象學和全息論等前沿哲學可以相通，「一陰一陽之謂道」，中國哲學以陰陽為宇宙生命之大道，它具有最高的普遍性和涵蓋性，故可歷時彌新，給思索宇宙人生之奧祕的人以無限的啟示！

在中國思想史上，陰陽觀念起源甚早，據對甲骨文的考證研究，早在商周時代就有關於陰陽的記載，而《詩經》、《山海經》等上古文獻中已有原始的陰陽概念的出現。最初陰陽並不是一種高度抽象的哲學概念，它是對一種景象的直觀、樸素、形象的描述，其意義與「陽光」直接相關，「向日」為陽，「背日」為陰；「日出」為陽，「日沒」為陰。這一原始的意義至今在人們的口語中仍有使用，我們常把有陽光的地方指為陽而把遮蔽了陽光的地方指為陰，由此可見陰陽觀念起源於人們對自然現象的觀察。但陰陽的概念經過不斷的發展，逐漸被引申和抽象化，陰陽成為宇宙間萬事萬物的一種相對待的屬性和兩種相對待的功能、動因，每一事物內部和事物之間都可以進行多層陰陽屬性的歸類，而陰陽之間的對立統一、相爭相蕩又被當作一切事物發展變化的根本原因：陰陽進退、陰陽隱顯、陰陽感應、陰陽消長，總之是「陰陽交媾」導致了萬事萬物的形成與代謝，大至天地形成生命誕生，小至花草蟲魚，無不是陰陽組合、作用的結果。《易經》產生以後，陰陽和太極、四象、五行、八卦等概念一起，形成了一套完整的哲學思想體系，被廣泛運用於自然科學、中醫、人體科學等古代科學之中，對古代科學、哲學思想的發展產生了巨大的影響。

本章中所說的陰陽，不是指自然界普遍的陰陽代謝的現象，而是具體地指人體中煉丹過程中的陰陽，更進一步是指經過後天的陰陽交媾而形成的真陰真陽，這個真陰真陽是回歸先天太極狀態的臨界狀態，是招攝先天元氣的契機。

第三，關於真意。本章開頭說知道了「真虛」才能得到煉丹的「主腦」，後面又說「煉丹之學，以意為主」，這是否有矛盾呢？其實這是沒有矛盾的，這兩種說法各有所指，不是同一個層面的意思。講以虛為主腦，是指煉丹的全部功夫與原理，都是緊緊圍繞著「虛」來談的，全部的煉丹功夫都是虛靜的功夫，而一切修煉都是要進入本體之虛，在本體之虛中才能溝通先天一氣，實現超越成仙的目標。可以說，虛本身包含煉丹要修的本體、功夫與境界，故可說煉丹以虛為君，以虛為主腦。然而，是誰在煉虛還虛？虛本身並不是煉丹的主體，煉丹自始自終靠的是元神、真意在起作用，無論是陰陽交媾還是還虛入道，其主觀的、能動的作用只有這個真意，區別修道不修道、修道修得怎麼樣，只是在真意的作用上。你不修道，虛也還是虛，虛本身並沒有區別。這就是說，以虛為主和以意為主皆可說，前者是從客觀意義上的方法原理來講的，後者是從主觀意義上的能修主體作用上來講的。

至於後天之意與先天真意的區別，簡單地說意識有主動的造作，人為地去產生某種具體的意識作用，這就是後天的有意之意；沒有主動的意識作用，完全是被動的意識觀照，就是先天的無意之意。真意是自然的當下的反應，沒有前念後念的聯繫，既不是前念的無意識的連續，也不造成繼續影響後念的餘勢作用；它不是一種具體的意念，而就是意識自身就本具的自己照亮自己的自覺意識。真意必是先天元神的作用，只有把心地打掃乾淨，在無思無慮之中才能顯現清明的無意之意，所以說有真心然後有真意。

陽火陰符章第二十二

邵子云：「乾遇巽時觀月窟，地逢雷處見天根。」二句即進陽火退陰符[1]之大要也。何謂地逢雷？即坤卦中含孕震卦，震下有一陽來復，即是純陰之下忽然有一陽生，即陽生活子時也。謂之天根者，以其混沌世界，黑暗無光，忽焉一畫開天，而陰陽動靜迭為升降，天地定位，日月運行，萬物生生不息，此即天之根也。學者須從地下雷動時採之煉之，方有踏實地步，可為仙聖階梯。到陽氣已極，重陽之下忽有一陰生，此即乾遇巽時也。乾，純陽也，巽為老陰。學道人行工而至於陽升已極，蓬蓬勃勃充周於頭目之上，其勢有不可遏者，我即靜定片刻，停火不行，不知不覺即有一陰來生。夫以上行之氣機至此而轉為下降，即陰生於巽也。到得陰生之時，即真正活午時，我即行退符之法，以目下觀丹扃，不似進火之凝神於泥丸，即順陰生之常矣，是謂之觀月窟。至若卯門沐浴，即陽氣上進於中正之位，是陰中陽生其半也。故酉沐浴者，即陰氣下退於中正之地，是陽中陰生其半也。苟陽氣太升，則陰氣必虧，陰氣太降，則陽氣必陷。唯進火而不過進，且於中行卯沐浴之法，退符而不過退，更於中行酉沐浴之方，自然陰陽爕理，性命雙完矣。諸子每日行工，到陽氣一生，務要順其上升之常，若稍有壯旺，即行卯沐浴法；到陰氣一起，即行下降之工，恐陰氣太盛，更行酉沐浴法。定靜片晌，不行火，不退符，如此暫休。到得純任自然，斯道得矣。若陰陽反復，兩兩歸於中黃宮內，當行溫養之法。總之，學道之要，唯以真意為主，所謂以真土擒真鉛，以真鉛制真汞，三家合一，兩姓交歡，斯道在是矣。然用意之法有二，一為動時之意，一為靜中之意。丹書所謂外黃婆❷者，通兩家之和好，故無位而動。若不知動以採藥，先天元氣如何招攝得回來？此動中之用意也。內黃婆❸者，傳一時之音信，故有位而靜。苟不知靜以煉丹，先天元氣又如何凝結成胎？此靜中之用意也。修行人時而陽生也，則動以採之；時而陰降也，則靜以煉之。且真陽即真胎嬰也，然亦有二焉。一為坎中之陽，收之歸於丹鼎，烹而煉之，可成不飢不渴之人仙。一為虛無中之陽，以之煉於爐中，吞而服之，可成出有入無之聖真。學者須從坎中之陽加以神火煅煉，復完純陽之體，再從天地中安爐立鼎，採取太虛一氣歸於虛無鼎爐之中，餌而服之，自成無上金仙。諸子須循序漸進，不凌節，不躐等❹，可矣。

【章旨】本章從解釋邵雍的煉丹詩入手，講解煉丹中的進陽火退陰符及卯酉沐浴的道理，由此闡明真意的動靜作用，內外黃婆與兩重真陽的區別。

【注釋】❶進陽火退陰符　十二地支中，子、午、卯、酉四時在煉丹中有特殊的意義。子是陽生之時，開始動而採陽；午是陰生之時，開始靜而養陰。卯是進陽的功夫已到火候而陰陽平衡之時，故停止進陽火而行卯沐浴；酉是退陰的功夫已到火候而陰陽平衡之時，故停止退陰符而行酉沐浴。故丹經中說子進陽火，午退陰符，卯酉沐浴。要注意子午卯酉都只是表示陰陽轉換的週期，並非確指其對應的一天中的某段時間。比如日常生活中的子時是死的，而煉丹時的子時是活的，是代表一陽初生之時，丹法稱為活子時。而午時也不是指固定時間段的午時，而是指一陰初生之時，故稱為活午時。進陽火，指陽生時凝神於上丹田以助陽氣上升，是動而採陽的功夫。退陰符，與進陽火相反，指凝神下觀中下丹田以助陰氣下降，是靜而煉陰的功夫。陰，靜，代表性。符，默契相應。退陰符，就是由動而煉陽轉為虛靜養性，以使性命歸一，陰陽調和。❷外黃婆即動時之真意，亦即真意發動而含有一種意念活動在內，以使陰陽交媾形成真陰真陽，從而招攝先天一氣。黃婆，指真意。❸內黃婆　指靜時之真意，亦即真意歸於它自己而沒有意念活動，是在陰陽已交時的靜定狀態，以凝結先天元氣而成丹。❹躐等　超越等級，不按次序。

【語　譯】北宋哲學家也是修道家的邵雍有兩句詩：「乾遇巽時觀月窟，地逢雷處見天根。」這兩句詩已經概括了煉丹進陽火退陰符的大要。

什麼叫做「地逢雷」？地代表坤卦，雷代表震卦，坤卦最下一爻由陰變陽，就成為震卦。震卦的最下面有一個陽爻，代表一陽來復，即是在坤卦的純陰之下忽然有一陽生，所以這個地逢雷就代表陽生的活子時。為什麼叫做「天根」呢？這是說在混沌的世界中，黑暗無光，忽然從這個混沌中畫出一筆，開始了天地，分出了陰陽，然後一陰一陽，一動一靜，循環往復上下升降，從此天地定位，日月運行，萬物生生不息，這個從混沌到光明時最初的臨界狀態，就是天之根。一陽初生之時，相當於從混沌世界中一畫開天的情形，故可從此現出天根。學道的人必須從坤卦下面生出一陽爻而形成震卦這個一陽初動之時採之煉之，才有踏實的煉丹功夫，可以作為成仙成聖的階梯。

等到陽氣上升到極點，陽而又陽而成重陽，陽極而一陰生，這個現象在卦象中就是全部由陽爻組成的乾卦在下面忽然生出一陰爻而轉成巽卦，此個由陽極而生陰的過程，就是邵子詩中所說的「乾遇巽時」。乾是純陽，巽是老陰。學道的人修煉丹功達到陽氣已提升至極點，蓬蓬勃勃充滿周流於頭目之上，它運行之勢有一種難以抑制的情形，此時我即靜定片刻，停止進陽火而不再運行，不知不覺即有一陰來生。這個上行的氣機此時開始轉為下降之勢，這個情形用卦象來表示就是乾卦的下面一陽爻轉為陰爻而成為巽卦。修到一陰生之時，就是真正的活午時，我們就要開始進行退陰符的功法，而以意識之神光下觀丹田，不再像進陽火時那樣凝神於泥丸，這就是順應陰生時的規律，這個退陰符的過程就叫做「觀月窟」。

至於說卯沐浴之法，就是在進陽火到一定的時候，陽氣升進到中間平衡的地步，也即是在陰中陽生已經完成一半，此時停止進陽火而行沐浴之法。而酉沐浴即是在陰氣下降退至於中間平衡的地步，是陽中陰生已經完成一半，此時停止退陰符而行沐浴之法。如果陽氣上升過度，則陰氣一定虧損；陰氣下降過度，則陽氣一定被陰氣所陷溺。只有進陽火但又不超過限度，並且在中間採用卯沐浴之法，退陰符而又不退過度，而且在中間採用酉沐浴之法，這樣自然陰陽周轉平衡，不失其理，而性命可以雙修雙全了。

大家每天煉功時，修到陽氣發生時，務必要順應陽氣上升的正常規律而進火適度，若陽氣稍有強壯旺盛之勢，就要行卯沐浴之法；修到陰氣一生，就要用退符下降的功法，到一定的時候為防止陰氣太盛，又要行酉沐浴之法。在沐浴時，就是靜定一會兒，不進火不退符，這樣暫時停功休息。修到功夫成熟，不必再有意去行火、退符和沐浴等，一切純是任其自然，而陰陽自然平衡，這就得到了進火退符的真諦了。如果陰陽經過週期性的升降反復，兩者相會而歸於中丹田內，這時就應當行溫養之法。

進火退符也好，沐浴溫養也好，都不是識神用事，而要以真意為之。總而言之，學道之要，只是以真意為主，丹道所謂的以真意擒真鉛，就是以真意採真氣；以真鉛制真汞，就是以真氣制伏真神，使真意、真氣和真神三者合一，身中的陰陽兩姓交歡，煉丹之道也就在其中了。

但是用意的方法有兩種，一為動時的用意，一為靜中的用意。丹書上所說的外黃婆，要溝通陰陽兩家使之相會和好，所以此時的用意是一種有意識的作用，沒有一定的位置而要有意識地活動。如果不知道隨陽氣發動而採藥，先天元氣如何招攝得回來？這個外黃婆，就是屬於動中的用意。而所謂的內黃婆，就是在一瞬間傳遞音信使真陰真陽相交，陰陽相交之後就不要有任何的意念而只有真意的觀照，所以這時用意有一定的狀態而不需要變動。如果不知道以靜的意識去煉丹，先天元氣又如何凝結成丹呢？這個內黃婆，就是屬於靜中的用意。修行人時而陽生了，則動以採之；時而陰生了，則靜以煉之。

另外要說明的是，真陽就是真仙胎，是成仙的種子，但真陽也有兩種層次。一種是坎卦中間的一陽，即腎宮中的真陽之氣，如果把它收到丹爐中，加以烹煉，可以修成不飢不渴的人仙。一種是虛無中的先天元氣，把它招攝到虛無丹爐中加以鍛煉，融入到人的身心之中，可以修成聚則成形散則為氣出有入無的聖人、仙真。學道者必須先從坎宮中的真陽開始加以鍛煉，通過取坎填離，完全恢復純陽之體，再與天地為一體，在天地中安爐立鼎，採取太虛一氣歸於身心兩忘同於虛空這樣一個虛無的鼎爐之中，以此為大藥而融入人的身心之中，自然可成無上的金仙。大家要循序漸進，按臺階一步一步地修煉，不超越等級次序，這樣就會有真實的功效。

【研　析】內丹學中的陰陽概念非常複雜，具有各種不同層次、不同意義下的陰陽，必須依據上下文不同的語境，加以適當的理解，而不能以一定的說法為絕對化的結論。比如內丹學講究「煉陰成陽」，返還先天純陽之體，在這個意義上「陰」是負面的，代表後天的濁氣渣滓之物，而「陽」是正面的，代表先天的純淨無染。但這個意義只是一種特定的說法，這時的陰與陽實際上並不處於同一個層次，而是一為後天，一為先天，以先天之陽轉化後天之陰。事實上並非所有的陰陽都是這樣代表不同的價值取向的，從普遍的陰陽哲理上說，陰陽是對立而統一的關係，有陰則有陽，不可能只保留其中的一個方面而消滅另一方面，因而所謂的「純陽」並不是有陽而無陰的「孤陽」，應該是先天陰陽合一或陰陽未分時本源性的狀態。也就是說消除的是後天的陰陽這一層次，成就的是先天的陰陽這一層次。在同一個層次上，只能講陰陽相交、陰陽調和，而不能講去陰成陽。本章中講進火退符時的陽氣陰氣，就不包含「消陰成陽」意義上的價值判斷，只是代表人體真氣運行時動與靜等不同的狀態。人體真氣到一定的階段會形成週期性的循環運轉，在不同的運行階段應該採取相應的意識運用模式與之相配合，這就形成了「進陽火、退陰符、卯酉沐浴」等丹法。真陽有兩個大的層次，一是人體內部陰陽交媾所形成的真陽之氣，一是虛空中的先天元氣，人體自身的陰陽相交合一可以健身延年，但還不能超越成仙；只有人與大宇宙相交合一，得先天真陽，才能成永恆之仙。

不管是進火也好退符也好，還是溫養沐浴也好，這一切都離不開人的意識的運用，而無論是人體的真陽之氣還是先天的元氣，都是人的主體意識所施加作用的對象，由此則使我想起了丹道成仙理論中的一個根本性的問題：到底是誰在成仙？佛教一直批判道教煉身不煉心，這當然不準確，丹道也時時離不開煉心，但這是否也涉及到丹道所講的種種方法，都還是在「所」上用功，而不是直接在「能」上下功夫？意識在真氣上用功，如何可能達成意識本身的超越？真氣雖是更加精微的存在層面，但凡是能被造成的，應該也就會消失，因為所有的造作都是經驗層面上的，況且意識對之起作用而形成的任何成果，又如何與意識本身統一起來？也就是說意識的對象（所）永遠不可能成為意識主體自身（能），那麼我們在所上用功又有什麼意義呢？然而丹道幾千年的實踐和系統的理論，決不是沒有其合理性的一場幻夢，我自己修煉的經驗和直覺也告訴我這裡面必有重大的奧秘與理論尚未被我們所發現、重視和理解，必須徹底解答這個問題，才可能回應佛教對道教修行的深刻批判。

這裡試提供一種解決此問題的可能思路。首先我們必須說以「能」、「所」二元對立的思維模式去分析修煉理論雖有其深刻性，但也有其語言自身的局限。我們預設了能與所是可以分開的，但這本身也許就是一個假象。世界是統一的，統一的世界雖可分開成能與所的兩個方面，並形成日常生活中多樣化的世界圖景，但就其根源來說，它們是統一的。在後天的世界，我們修行而想要返本還源，必然是或者從能從心上入手，或者從所從氣上入手，這就有修性修命的區分。但是能與所、心與氣、性與命都是統一而不可分的，在一開始可能有兩者間的對立，看起來好像是在修一個方面，到最後實際上都取消了二者的對立之相而歸於一本。能不是獨立的能，它離不開所；所不是獨立的所，它離不開能。心不離氣，氣不離心，心氣無二。以為有一個獨立於對象世界之外的主體意識，正是一種自我的執著，因而對能的覺悟無論如何高明，但如果最後意識之能不能與對象之所融合歸一，這個能就還是一種「大我」之境，而不是「無我」或「合道」之境。最高、最後的超越境界，超越了獨立的主體之我，因而是「無我」的，無我而與萬物同體，這是「合道」之境。在無我中，能無能相；在合道中，所無所相。最終能所之分失去了意義，我與道失去界限。因而我們可以設想，煉丹中對真氣、元氣的重視和修煉，雖然在開始顯其「所」象，都是在意識主體之「能」的作用下而起種種變化、種種結晶，但這個「所」不是與「能」毫無關係的，相反它一步步地與「能」靠近，與「能」統一，越是粗糙的「所」，它離「能」就越遠，就越難與「能」相互作用、相互統一，經過一步步的煉丹過程，這個「所」越來越精細化、微妙化，最終返還到能所不分、能所統一的先天源初的統一本體狀態。這樣，能所分立相即被打破，方便地說「能」得其「所」而使「能」具有了現實的、真實的能量、功能，元神融合元氣而煉成了陽神；「所」歸其「能」而使「所」有了知覺性主體性，「道成肉身」。這樣，丹道既煉「能」，也煉「所」，以「能」煉「所」，以「所」成「能」，能所並建，性命雙修。由此，道教內丹學可以批判佛教的修煉是修「能」而廢「所」，修性不修命。當然佛教修行自成體系，也不能僅僅歸為修性不修命，此是更大的話題，此處不再詳述。

當然，這一問題牽涉過深，無法詳盡地加以說明。上面的解釋也並不能完全回答我在此前所提出的疑問，即能所的統一如何可能這一問題並未得以徹底消解。我把這個問題留給讀者參究，這對於深入修行的核心是有意義的。

真覺真意章第二十三

吾常言玄關一竅乃天地人物發生之本，其故何也？蓋以天地人物，其始皆混混沌沌，一團太虛，杳無朕兆可尋，此即萬物之生於虛也。及氣機有觸，偶感而動，忽焉從空一躍，而有知覺之靈❶，即是天地人物之真主宰也。吾觀世之修士，有知虛無為本，一任天然自然，而漫不經心於其間，多有墮於頑空，無以成神靈變化之仙子；亦有知有為有作，而不知尋出先天虛無之氣，所以支離妄誕，造成一等妖幻邪術，而以自害害人者多。吾今將此兩般說出，生等欲求天仙，必先從杳杳冥冥、虛極靜篤之後，尋出我未生以前一點太虛之體❷以為丹頭，方不落邊際。若偶有方見，不能前後兩空，亦非我虛無妙相、真元心體也。果能認得這個無染無著、一空所有之物，又必以靈覺之神為之主宰，方能漸造漸凝，漸凝漸結，成就一個大覺金仙。是知虛者本也，而所以能團此虛以成不生不滅、出有入無、變化莫測之仙者，全在此一覺而已。雖然，此個一覺在何時尋？務於至陰之中，恍恍惚惚時，了無知覺，忽然有此知覺，不待穿鑿，無事安排，機會相觸❸，杳冥沖醒❹，方是清清淨淨、無知無識之真覺也。若稍有意想知識，夾雜後天之神，則非真覺，不可以為我千萬年之主宰矣。故曰：「靜時固非，動時亦非。其機在靜極而動之初，其間只一息耳。」學者須有拿雲捉霧手段，方能乘得此機，採歸爐內，以真意守之。須知覺與意，皆二而一者也。不過以無心無意，偶爾有知，謂之真覺。迨一覺而後，我必加意用心調停蘊蓄於其間，則為真意。然意發而心仍無有物，始為真意，與我先天一點真覺不甚相遠。所以無心忽覺為真覺，一心內守為真意，其實皆一覺而已，一意而已。學人欲採藥煉丹，除此一覺則無本，除此一意則無用。無用無本，而欲成無上金仙，難矣。故古人云：「遊思雜念，非真意也。」真意實從一覺之後，只一心無兩念，如走路人從此一條大路而行，並不旁趨別徑，即真意也。莫說此時離不得真意，即後來丹成道備，分身化氣，遊神太虛❺，與夫尋聲赴感，無求不應，有難必臨者，要皆此真意為之作用也。吾觀諸子近雖識得本體，然色身所有陰渣還未乾淨，而意之真偽尚未了然，吾詳細言之，敬體勿忽。

【章　旨】本章講述煉丹是以虛為本，以真覺真意為作用，並分析了真覺與真意的表現及其微妙含義。

【注　釋】❶及氣機有觸四句　所有的宗教修煉都要解釋人的生命來自於那裡，又回歸於何處。最初的靈覺從何而來？後天的汙染又是如何發生的？但是這些都是永恆的奧祕，各大宗教的理論也都無法加以圓滿的說明。本句認為從虛無混沌之中，通過氣機的偶然感動而從空無中忽然而有知覺之靈，這也是語焉未詳。❷太虛之體　生命源自於太虛，太虛中的虛無一氣即是生命的真元本體，稱為太虛之體。太虛之體是即太虛而為體，太虛即是體，不是說太虛之外另有本體。❸機會相觸　這裡指寂靜狀態下靈覺忽然一動，與氣機外緣相感應而又與之渾然一體。❹杳冥沖醒　在杳冥寂靜之中有了一種醒覺之意，一靈獨醒，而萬化皆空。❺分身化氣二句　指煉丹成就金仙之果，可以隨意變化，生出氣化之身，而陽神可自由往來於太虛之中。

【語　譯】我常說玄關一竅是天地人物發生形成的根本，為什麼這樣說呢？因為玄關一竅是虛無之竅，是從先天虛無中生出後天陰陽的臨界狀態。天地人物最初都是混混沌沌的一團太虛，沒有一點跡象可尋，這就是說萬物都是從太虛中產生的。從混沌的太虛之中，其自身的氣機有了觸動，偶然起了感應而發動，忽然從空寂境界中猛然起了震動，而有了意識的知覺靈明，這個靈明的意識就是天地人物的真正的主宰。

我看世上的修道之士，有一種人是知道了修煉是以虛無為本，於是完全聽任天然自然，因為不知道具體的方法訣竅而只是單純的自然而然，這樣容易漫不經心，大多墮入到枯寂頑空之中，不能修成神靈變化的神仙；也有一種人是知道了有為有作的功法訣竅，但不知道找出先天虛無之氣，執著於後天的有為功夫而未悟根本大道，所以支離破碎，虛妄怪誕，由此而造成了一種妖妖怪怪的虛幻邪術，這部分人中以自害害人者居多。我現在將這兩種偏差指出來，也就提醒你們要想求得天仙之果，一定要在達到杳杳冥冥極虛極靜的狀態之後，先要找出我們後天生命還沒有形成以前的那一點太虛之體來作為煉丹的丹頭，才不至於在修煉中落入到有邊際有方所那樣具體的有形有跡的局限之中。若偶有一點形跡方所的局限，不能做到前際已過不追思、後際未來不期待這樣前後兩空的地步，這也就不是我們生命本體那個虛無的無相之妙相，不是我們真正的元初心體。

要是真能認得這個無染無著空去所有的汙染執著的虛無妙體，也還一定要用靈明覺知的元神來作它的主宰，如此才能不斷地採取先天虛無元氣，逐漸凝結，成就一個大覺金仙。由此可知虛無之體是煉丹修道的根本，而之所以能夠把這個虛無元氣凝成一團而修成不生不滅、出有入無、變化莫測的仙真的能動作用，則全在這一個靈明之覺而已。雖說道理如此，但這一個靈明覺知在什麼樣的情形下才能尋見呢？這務必要在大靜大定的至陰之中，陰極陽生，在恍恍惚惚、無知無覺時，忽然生起了一種意識的知覺，一點都不需要勉強，一點都不需要人為地去事先安排，在寧靜之中心與境相感觸，從杳冥虛極狀態中生起了一種覺醒的力量，這個時候的靈明一覺才是清淨無染，沒有一點後天的思慮分別的真覺。若稍微有一點意念思慮，夾雜後天的識神，那就不是真覺，不可以把它作為我們千萬年永恆生命的主宰。所以丹經中說：「靜的時候固然不是這個真覺，動的時候也不是。真覺顯現之機是在靜極而動時最初的那一刻，這中間只有短短的一息而已。」學道的人要有拿雲捉霧的本領，才能抓住這一瞬間的契機，以真覺採取虛無元氣攝歸於丹爐之中，再以真意加以涵養守護以凝結成丹。

但必須知道真覺與真意，都是二而一的，其體是一，只要作用稍有不同。只不過是把那個在無心無意的虛靜狀態下突然生起的一種覺知，稱為真覺。待這一覺之後，本元心體顯現了，我一定要在其間有意識地用心護持保任這個狀態，這就是真意。但雖然發出了意識的作用而此心仍然不著相，不粘著在對象之物上面，這樣的用意才是真意，與我們純粹的先天一點真覺離得不遠。所以說無心之中忽然一覺為真覺，一心內守為真意，其實都是同一個覺、同一個意而已。學道的人想要採藥煉丹，離開了這個真覺就失去了煉丹的根本基礎，離開了這個真意就失去了煉丹的能動作用。沒有煉丹的根本與作用，而想要修成無上的金仙，恐怕是不可能的了。所以古人說：「漂浮的思想散亂的念頭，不是真意。」真意實際上是在真覺一覺之後，只有一個觀照之心而沒有第二個念頭，如同走路的人沿著這一條大路往前走，並不走旁邊的小路，這樣的心就是真意。不要說煉丹時離不得真意，就是後來丹成了證道了，可以分出化身隨氣聚散，陽神遨遊於太虛，乃至於追尋眾生的呼聲而隨感而赴，無求不應，有難必臨，這些神通妙用，說到底也都是真意在起作用。我留心觀察大家近來的修行進展，看到你們雖然已經對真元心體有所認識，但色身中所具有的陰渣之氣還未轉化乾淨，而對於用意的先天真意與後天假意的區分還沒有了然明白，所以再對此詳細地加以解說，希望你們用心去體會，不要把它忽略過去了。

【研　析】第一，關於虛與覺。虛是宇宙本體，是萬物生化之源與能量之海，是煉丹成仙之所以可能的無限本源，人修仙要超越後天身心的有限，就必須溝通先天虛體之無限，以無限之虛昇華有限之身，以有限之人融於無限之虛。人既源自於虛體，則虛體在人身上仍有體現，即是人的先天本性或稱元神，元神的先天意識作用即是真覺，真覺也即是人的先天心體，即一切後天意識的本體。虛體是客觀地講的道體、本體，而真覺是主觀地講的性體、心體，虛體提供了煉丹成仙的可能性，而真覺則提供了煉丹成仙的現實性。沒有真覺的作用，人就不能有意識地回歸於道體之中，採先天一氣而成丹，如此則虛體只是外面客觀地存在的本體，不能在現實的生命中得以體現。故落實為修道成仙的過程而言，還虛合道為達成永恆與超越之根本，而能不能還虛合道、如何還虛合道，則全在於真覺之顯現及其妙用。

第二，關於真覺與真意。前面我們曾分析過元神與真意的關係，真覺與真意的關係與此類似，但此章所講的真意與前面講的稍有不同。不管是元神、真覺還是真意，都是就同一個生命的主體意識而言之，故不成為外在的兩者之間的對待關係，而是二而一的對同一個意識主體的不同側面的描述。人因為後天的思慮分別，使先天元神隱沒不彰，雖然元神本身一直都是存在的，但在後天它雖存在而不顯現、不起作用。所謂真覺，就是在排除了一切的後天分別意識之後，在大定大靜之中識神死而元神活，忽然之間先天元神一震動而自己醒來，元神的意識之光自己照亮了自己，這一從不覺而覺的意識覺醒，就是真覺。真覺即是真元意識的自覺，由此一真覺而使先天元神呈現了它自身。元神是先天的意識主體，它可以說是來自於先天而存在於後天，不管修不修、覺不覺，元神總是存在的。但真覺不能說一直存在，它是在有意識的修煉過程中，使元神頓然一覺，而由迷成覺，它是一個突然間的跳躍，是頓悟。當然此頓然一覺也還是元神自己覺悟它自己，並不是另有一個獨立的真覺來覺醒元神，故元神與真覺是二而一的，只是表示先天主體意識的不同狀態。但元神本身就是先天純粹意識，故真覺之後元神本身並沒有什麼變化，只是去掉了後天的遮蔽而使其顯現而已，所以煉丹既可說以真覺為主，也可說以元神為主。真覺之後，元神開始作主而呈現作用，這個元神的純粹觀照的作用，即是真意，此點前面在講元神與真意時已明，此不贅敘。但本章中的真意與此稍有不同，它多了一個中間的層次，它不是直接指元神的作用，而是在真覺之後，由於後天的習氣作用，人並不能保證此一元神的自覺即能一直保持，此時要稍微加一點後天的意識，即是涵養、保護此一覺醒的意識不再隱沒，這種保護先天意識的警覺性，既不是完全的後天識神的作用，但也不再是純粹的先天意識本身，是介於先天真覺與後天意識的一種臨界狀態。

真意雖有意而沒有雜念，是在元神覺醒的狀態下有意識地使用識神的功能，也可以說化識神為神通妙用。所以本章最後說即使在成仙之後，一切的神通變化也離不開這個真意的作用。元神與識神本身也不是截然對立的兩種意識，也還是同一個意識的不同狀態與不同作用。在修煉之始，要去除識神而顯現元神；但元神顯現之後仍需使用識神的功能，只需要識神在元神的主導之下。元神的作用只是直接不加分別地普照一切，這個普照的意識可以與道合一而進入無分別的根本道境，但它沒有分別的功能，不能照察萬物的種種差別相，而修道成仙當然不是修成無智無能的混沌意識，而是要洞察一切，成就一切，這就是要化識神為真意，雖有意而不著相，雖用意而無掛礙。

一念之分章第二十四

煉丹之道，皆以一陽肇端。究竟陽何處尋？在生身受氣之初。又何時採？在息息歸元之候。吾言混沌中一覺，即人生身之始，所謂「一陽來復見天心」❶也。此時一知不起，一念不動，忽焉一覺而動，一驚而醒，猶「亥末子初交半夜」❷是。學者於此須凝神入氣穴❸。此個氣穴，非在有形有象肉團子上，是神氣合一之氣穴也，神氣聚則有形，神氣散則機息。學人坐到凡息停時，口鼻之息似有似無，然後胎息始從下元發起，兀兀騰騰，氤氤氳氳，所謂「一元兆象，大地回春，桃紅柳綠，遍滿山原」是。於此收回藥物，採入金鼎玉爐❹，煅之煉之，大丹可成矣。雖然，金鼎非真有鼎，玉爐非真有爐，亦無非神氣合一凝聚於人身氣海之旁，即男子媾精之所、女子繫胞之地是。然亦不可死死執著此處烹煉也，不過以人身元氣自一陽來復，神氣交會於此，歸根復命於此，烹煉神丹、採取歸來亦離不得此。除此而外，別無修煉之處。若執著此處，未可以成神胎也。須知神氣團聚一區，恍惚若在此，又若不在此，方與虛無之丹相合。爾生明得此理否？若論養丹之道、生神之理，實與凡父凡母生男生女無異，亦與凡夫之投胎奪舍相同。所分別者，凡人之生身受氣，成就一個有形有色之體，只因一念不持，及有感而動，渾身俱在裡許作活計，所以念頭一起，氣機一動，而無名火又按納不住，十月胎圓，遂成一個孩子，只有一體，無有二身。若有道高人借此一念投胎之象，返而修之於心，縱念有發時，不過因物而動，其實意發而心仍如故❺也。所以此念雖發，仍是虛無一氣，渾渾淪淪，不識不知。自此採入虛無一竅，又以虛無神火沐浴溫養，及至十月之久，神胎遂就，故生出虛無之神出來，能一能萬，能有能無。所以然者，何也？以其為虛也。虛而有覺，是自然天然之靈覺。若稍夾後天形色意相，則不能以虛無之神採虛無之氣，煉虛無之丹，成虛無之神❻也。總之是一虛而已。生悟得此旨，一陽生時蘊蓄而去，即是一念之持，與凡夫之意計想像、泛意遊思，大有分別。從此採之為藥，與凡夫之不能主宰、任其紛馳散漫，亦大不同。何也？只此一念之分焉耳！是知一念之持，即為真意，所以能成萬年不壞之身；一念不操，是為幻想，所以生又死，死又生，輾轉輪迴，竟為六道三途之鬼畜。於此思之，道庶幾矣。

【章　旨】本章論煉丹之道，從陽生處開始，而陽生即在生命形成之初的先天一覺。陽生時即凝神入氣穴，採藥煉丹，但又不執於氣穴，而與虛為本。此煉丹之理與生命形成之理相同，其所分別只在一念之持與不持之分。

【注　釋】❶一陽來復見天心　復卦是六十四卦中由六爻皆陰的坤卦最下面一爻變成陽爻而成，所以代表一陽初生，稱為一陽來復。由此一陽來復可以顯示天地萬物的生生不息之機，體現天地生物之心。《易・彖辭》：「復其見天地之心乎？」❷亥末子初交半夜　在十二時辰中，從亥時到子時的交替是在半夜，代表了一陽初生之時。❸凝神入氣穴　陽生時凝神合氣，神氣交媾之所稱為氣穴。這個氣穴不是指普通生理學中的某一個固定的生理部位或生理器官，而是在修道的生理學中所呈現的一種機理，與後天的生理部位相關但又不能執著於確定的位置。通常說的氣穴即指丹田而言，但丹田雖可大致指明其部位而並不是一個生理解剖學意義上的概念。❹金鼎玉爐　指煉丹採藥的場所，在內丹學中它只是借用煉丹的術語，實際上並非指某種有形的、固定的人體部位，而是先天之虛與後天人體相交媾的作用機制，在有形與無形之間。❺意發而心仍如故　雖發出了意識的作用而毫無滯礙，其心仍是真心。❻以虛無之神等句　前一個虛無之神是指沒有思慮掛礙的先天元神，後一個虛無之神是指元神與元氣合一後所成的虛靈無礙的陽神。

【語　譯】煉丹之道，都是從陽生時開始進入正式的修煉階段。那麼究竟這個真陽要從何處來尋找呢？就在生命最初形成時那個先天的源頭上來尋找。陽生之後又何時採藥呢？就在進入先天的呼吸狀態而息息歸元的時候。我前面說的在混沌杳冥之中的突然一覺，就是人的先天元神的顯現，那就是人最初投胎形成人的生命的那個先天的源頭，這種情形就是所謂的「一陽來復見天心」。這個時候，一點知覺分別都不起，一個念頭都不動，忽然間生起了這一覺，先天本來面目頓然現前，如同在睡夢中一驚而醒，又像是在半夜裡亥時到子時的交替，陰盡陽生，一陽初生時的情形。修道的人此時應該凝神入於氣穴之中。這個氣穴，並不是在普通生理學上有形有象的肉體之中，而是在神氣相交合一的過程中所呈現的一種氣穴，當神氣充足而聚合時則顯出它似乎是一種有形的存在，而當神氣不足而分散的時候它又如同不存在一樣無跡可尋。學道的人打坐用功，坐到普通的呼吸近乎停止，口鼻的呼吸若有若無，然後胎息從下部生命的根元處生發出來，兀兀騰騰，氤氳氤氤，其景象正如前人所形容的：「一元兆象，大地回春，桃紅柳綠，遍滿山原」，真是春意盎然。到這個胎息生發之時就應該收回真陽之氣這個煉丹之藥物，採歸到金鼎玉爐中，一步步地加以鍛煉，大丹就可以修煉成功了。

雖然說是金鼎玉爐，但這只是一種形容，金鼎並不是真有一個有形的鼎在，玉爐也不是真有一個可見的爐在，這個金鼎玉爐也只不過是神氣合一凝聚於人身中的氣海附近，也就是男子生精之所、女子育胎之地。但也不能死死地執著於這個地方去烹煉，只不過因為人身的元氣自一陽來復開始，神氣在這個地方相交會合，歸根復命，進一步烹煉神丹、採取歸來也離不開這個地方。除了這個地方，再也找不到別的修煉之處了。但是如果執著在這個地方，就會局限於形跡方所之中，不能與虛相應，也就不能夠結成仙胎。必須要知道神氣相交團聚在一起，恍惚好像是在這個地方，又好像不在這個地方，這樣才能與虛無元氣所成之丹相應。你們是否明白這個道理呢？

若論養育丹胎的方法、生出陽神的原理，其實與世間的凡父凡母生男生女沒有什麼不同，也與普通人投胎形成肉身作為元神之居所道理相同。這兩者之間所不同的是，凡人生身受氣，形成一個有形有色的身體時，只因父母產生性欲衝動時一念之間不能自己把持，並且隨著交媾時的快感而動，全部的身心都困在這裡頭活動，所以念頭一起，氣機一動，而識神亂動的無名火又控制不住，由此產胎經過十個月的養胎而成熟，於是生出一個小孩，神氣都局限於色身之中，只有一個身體，無有二身，不能有分身變化的妙用。若是有道的高人憑藉這個一念衝動之機作為顯現真陽的跡象，不是順著欲念走而是反過來在自己的心地上下功夫，縱使有意念產生的時候，也不過是因物隨緣而動，其實是雖然產生了意念的活動但本心依然保持不動。所以這個意念雖然已經產生，但當體消融不留痕跡，仍然是虛無一氣的狀態，渾渾淪淪，不識不知。從這個狀態出發，以真意將這個虛無一氣採入虛無一竅，又以虛無的天然神火沐浴溫養，直到經過十月之久，神仙之胎嬰於是成就，故生出虛無變化的陽神出來，能成一能成萬，能聚而有形散而無形。為什麼能做到這樣呢？就是因為它是虛的，所以能變化無礙。虛而有覺，才是自然天然的靈覺。如果夾雜後天的形色和意念執著之相，則不能以虛靜無念的元神採虛無之氣，煉虛無之丹，而成虛靈無礙的陽神。總之，煉丹之道就是一個虛而已。

諸位門生領悟了這個煉丹的要旨，在一陽生時不向外發散而是涵養蘊蓄下去，這就是一念之間的修養把持，這與凡夫的用意計較、謀劃想像與漂浮的意念、散亂的思想，是大有分別的。由此一念自持而採真陽之氣以為丹藥，又與凡夫那種不能自作主宰而只能任其紛馳散漫，也大不相同。為什麼會出現這兩種截然不同的結果呢？只不過就是從這一念中而有分別罷了。由此可知能把持住這一念，就是先天元神所生的真意，由真意的作用就能修成千萬年不壞的神仙之身；不能把持這一念，就是後天識神所成的幻想，這個幻想就導致了生而又死、死而又生，輾轉輪迴，竟成為六道三途的餓鬼畜生。在這一點上深入參究，道的真諦差不多就能領悟了。

【研　析】沒有修道體驗的人讀丹書，往往從常人的普通觀念出發，去理解修道的高層次的現象，於是誤解百出。比如說丹田氣穴之類，一般人便以為是指身體中某個固定的部位，甚至可以歸結為人體解剖學上的某一個具體的人體器官，這都是想當然的錯誤。其實煉丹是以虛為主，不但心要虛，無雜念無牽掛，就是採氣煉丹也都是在虛中進行。只不過既然有了這個後天的色身，無論我們怎麼虛，這個虛總要和我們現實的身心發生關聯，產生相互作用。而我們要修煉虛無之丹，也要從我們現實的身心狀態中來著手。丹田、氣穴等就是先天之虛與後天身體之間相互關聯、相互作用的場所，其本身也是神氣相互作用的結果，它們好像存在又好像不存在，隨著神氣相互作用、相互統一的狀態而有不同的顯現。因而丹田、氣穴等雖在後天身體上有大致的對應部位，但並不是實實在在的後天人體中的某個器官，如果死死地執著在某個地方，就不能與虛相應，違背了煉丹的基本宗旨。由此看來，煉丹學上所說的氣穴、經脈等，實際上都是修煉的過程中所呈現出來的身心現象，它們屬於「修道生理學」的範疇，而不是屬於「普通生理學」的範疇。通過人體解剖，我們找不到氣穴、脈輪這樣的東西，但它們又確確實實是修煉中所能體驗到的內景現象。

煉丹之道與常人之道其理相同，只是一順一逆，方向不同，其核心就在一念之持與不持、覺與不覺之分。

這個一念，在本章中特別強調的是陽生時的一念，由此一念不能自持而逐欲成凡，由此一念之自持自覺而涵養蘊蓄、採藥煉丹而成仙，故此一念為成聖成凡的樞紐。廣義而言，一念就是我們現前的一念心，這一念心蘊含了所有的心，一切的功德由此一念心的修持而來，一切的罪惡由此一念心的放縱所至。由此一念之不自持，不能當下作主，而順著欲念外馳，追逐情欲，墮入妄想，就能由凡父凡母而生男生女，流轉生死輪迴之中。由此一念之自持，而當下自覺，由元神作主，真意呈現，則雖有念而無執無住，仍歸於虛無。以虛無之真意採虛無之元氣，神氣合一而成虛無之陽神，由此即能成就聖胎仙真，妙用無窮。因此修道之關鍵即在此一念之自覺，不是順著欲念馳向外在對象，而是逆著對象化的方向返觀而覺，找回源初的本真心體，復我先天靈覺，如此一念覺而念念覺，大丹可成。

真心真性章第二十五

初步工夫，如嚼鐵饅頭，了無趣味。唯有耐之又耐，忍之又忍，於無滋味中不肯釋手，自有無窮的真味出來。但要萬緣放下，一心邁往，其成功也不難。吾見生事物纏繞，工夫不進，吾深憐之，吾又恨之。憐其修之不得其功，恨其迷之不知其脫。從此一日一夜，隨覺隨修，隨修隨忘，自有奇效。他如日用云為，皆是人生不可少者，且亦是煉心之境，不可事以無事為工也。第一要事來應之，事去已之，方見真心。若論本心，只如明鏡止水，物之照也光不分，物之去也光不滅。如此之心，乃是真心，心到此地，即明心矣。至於真性，又何以修之？又何處見之？論天之生人也，賦之以氣，即予之以理，理即性也。此性原在離宮，理宜離宮修定，始見本來性天，不知此特氣質之性❶，而未可言虛無之性❷也。學人欲見真性，求之離宮難矣。唯有坎宮，是我先天一點真正乾陽，下手興工，即從此處用神光了照，久久自見本來真面，然後運神火，起巽風，鼓出先天之金出來，以之收歸爐鼎，再加文武火煉之烹之，以還元元始氣，即可以飛騰變化，不可方所者矣。所謂子精，亦非區區色身物事，必要清心寡欲，方是真清藥物，可為大道之藉端。否則亦止充饑壯體，為凡間粗暴之夫，不足為先天藥物也。吾示一法。日間夜晚，第一要收斂身心，不動不搖，然後安爐立鼎，運火行符，橐籥慢吹，琴瑟細鼓，常將雌雄二劍❸手中不釋，以降伏我身中之魔，斬滅我心上之怪。至於天地一晝一夜，原自有個動靜，我亦要順天地之動靜以為作止進退，斯道得矣。尤須用水火既濟之工。水即鉛也，火即汞也。如炊飯下米之初，水不過多，火不過大，烹之煉之，自成有味粢盛。然抽鉛添汞，又何說焉？其初下米之時，水自水，火自火，猶未經神火煅煉、神息吹噓之候，神與氣不能合一。及用文武火，加以橐籥，風火力到時，揭開鼎蓋一看，水入米中而成飯，只見汞而不見鉛。抽他家鉛，化我家汞，久之鉛盡汞乾，亦猶微火薰蒸，則飯成鍋粑，現黃金色，丹道還不是一樣！生有大志，必學天地間第一等人物，第二第三都是下等。切不可先存一個期望，以障道心也。前言守中，是坎離交之事，故但觀氣息之上下往來，歸於中黃宮內，所謂神氣交而後性命見。至真陽一生，以坤爐之藥物引之上升於乾鼎，此為乾坤交，而未始性之性、未始命之命見。此為以水滅火。若非得真一之水，必不能伏後天陰神也。生知之否？

【章旨】本章主要講如何明心見性，而性又分氣質之性和虛無之性，必須用水火既濟的方法，由坎離交而乾坤交，才能見先天真性。

【注釋】❶氣質之性　在內丹學中，如果僅是凝神入定而顯現的本來面目，仍是屬於氣質之性，因未經坎離交而使神氣合一的功夫，這個氣質之性並沒有轉化氣質，只是單純是心性一邊事，不是性命雙修後的神氣合一的真性。❷虛無之性　經過神與氣、性與命的雙修，後天氣質完全得以轉化成為先天元氣，並且融入本來的心性中，同化於虛無，此時所顯現的性體稱為虛無之性，也即是真性、陽神的境界。❸雌雄二劍　指真陰真陽二氣，其力量如劍，可斬斷身心之障礙。

【語譯】修道的初步功夫，如同嚼一個鐵饅頭，絲毫感覺不到一點趣味。在這個時候唯有耐心堅持，忍著性子硬著頭皮煉下去，在開始覺得沒有什麼滋味的時候不肯停下來，到一定的時候自然會有無窮的真味出來。但要萬緣放下，一心一意地往前修下去，其實要修成功也不難。

我看到各位門生被各種事物所纏繞，功夫沒有長進，對此我既深深地感到同情你們，同時又感到很遺憾。同情的是你們這樣修行得不到應有的功效，遺憾的是大家為此所困迷於其中不知如何得到解脫。你們從此以後不分白天黑夜，隨時從這些塵緣牽掛中覺醒了就隨時開始修行用功，隨時修行用功就隨時放下，這樣修下去自然會有神奇的功效。其他像日常生活中的待人接物等，都是人生中所不可避免的，而且也是我們鍛煉心性的機會環境，不可單單以脫離現實生活而無所事事作為用功的時候。煉心第一要求做到的就是有事來時能當下應對，事情過去了心也就放下，這樣才能體會到真心的作用。若論我們的本元真心，它只是像明鏡止水一般，事物來到面前自然就照出其映像，但此時明鏡之光並不會因此而有所分別，事物離去時明鏡的光照作用也並不會因此而消失。像明鏡照物一樣的心，就是真心，修心能到這個地步，就可說是明心了。

至於說到真性，又如何修它呢？又在何處才能見到它呢？如果我們考慮作為萬物本體的「天」創生出人的情形，一方面是賦予人以作為物質材料的氣，同時也賦予人以作為存在方式的理，這個理即是上天所賦予我們人的本性。這個先天之性要透過後天的精神作用而顯現，後天心神以離卦代表，故人的真性原本是在離宮，理當通過離宮修定，通過後天識神的調整才能顯現出真性的本來面目，但是你們不知道僅僅通過離宮修定所顯現的本性只不過是氣質之性而已，還不能說是真正的虛無之性。學道的人要想見到這個先天真性，光是通過離宮的心性修養是很難做到的。真氣用坎卦代表，只有真氣所在的坎宮，是我們先天一點真正乾陽所在，下手用功時，即從這個地方用神光了照，久久坎離交媾，神氣相融，自然現出本來真面，然後運用元神之火，吹起胎息之風，鼓出先天一氣出來，把它收歸爐鼎，再加溫養沐浴的文火與配合神息的武火煉之烹之，以復還先天生命的神氣合一的原始狀態，如此就可以飛騰變化，不為時空範圍所束縛了。另外要注意，煉丹所說的作為藥物的元精，也並不是區區色身上的物質性材料，必須要在清心寡欲的清淨狀態中顯現出來的元精，才是真正純清的藥物，可用來作為領悟大道的一種憑藉。否則的話就是濁精，它只能補充身體能量的不足，使身體健康，雖可孔武有力，也只能成為凡間粗暴的勇夫，這個濁精是不足為煉丹的先天藥物的。

我再給你們指示一個用功的方法。不管在白天還是在夜晚，第一要做到收斂身心，不動不搖，精不外洩神不外馳，然後在身心中安爐立鼎，運火行符，調節神氣使之相交合一，通過調息的方法鼓起人體的風箱慢慢吹風，耐心地以真意調節身心神氣使之如琴瑟和鳴，常將真陰真陽調整好，就好像手中一直握有雌雄二劍，用來降伏我們身中的後天陰渣之氣，斬滅我們心上的識神妄想。至於天地間一晝一夜，原自有個動靜陰陽變化的道理，我們煉丹也要順應天地自然界的陰陽動靜的運轉週期，用以作為我們用功時的運火停功、升降進退的依據，這樣煉丹之道就可以掌握了。在這個過程中，尤其必須要用水火既濟的功夫。水代表我們身中的元精元氣，丹書中也稱為鉛；火代表元神的作用，丹書中也稱為汞。就如同做飯時剛開始放米下鍋的時候，水不能過多，火不能過大，水火搭配得當，這樣經過一段時間的烹之煉之，自然可燒成有滋有味的米飯。那麼煉丹中所說的抽鉛添汞，如果也要用煮飯來作類比又怎麼說呢？開始放米下鍋的時候，水是水，火是火，這時可比喻沒有經過神火鍛煉、神息吹噓時，神與氣還不能合一時的狀況。等到用文火武火，加上空氣的配合，風火力到一定的時候，打開鍋蓋一看，水已經進入米中而煮成飯了，這時的情景就像煉丹中經過抽鉛添汞的過程，煉到只能看見汞而不見鉛的階段。繼續煉下去，抽先天之鉛，化我後天之汞，時間一久鉛化盡了汞也完全抽乾了，鉛汞都融化於先天，只剩純粹的大丹了，這也如同飯熟後再以微火薰蒸，則飯成了鍋粑，現出金黃之色，丹道修煉的原理與此還不是一樣！

諸位門生都是胸有大志的人，一定要學天地間第一等人物，第二第三都是下等。在煉丹過程中切不可先存一個期望，想要如何如何，以免妨障道心。前面說的以真意守中宮，是屬於坎離交一層面上的事，故只需要凝神觀照氣息的上下往來，且歸於中黃宮內，這就是所謂的神氣交，然後相對於後天的先天性命得以顯現。經過坎離交煉至真陽一生，引導下面坤爐的真陽之藥物上升到上面的乾鼎，這屬於乾坤交一層面上的事，然後那個還沒有形成性與命之分時的先天之先天的性命才能顯現。這個方法的原理是以水滅火，以真陽之氣降伏後天識神。如果沒有得到真一之水，一定不能降伏後天陰神之火。大家懂了嗎？

【研　析】修煉在剛開始的時候，身心都不容易定下來；由於長期以來的習慣，那個心總是要向原有的方向外馳，對於打坐用功，不但感覺不到滋味，反而會覺得難以適應。如果這個時候停下來，就永遠不會真正地進入修煉的大門，享受不到修道的真味。此時唯有堅持用功，難耐而能耐，難忍而能忍，慢慢地心平氣和了，氣質轉化了，逐漸進入良好的功能態，那時會一步步地感覺到無窮的趣味，修道就從勉強到自然，就可以由入門而登堂入室了。不過修道的人，由於塵世生活中的種種牽掛，常使此心不清不淨，因而功夫難以進步。

此時須有煉心的方法，把整個生活作為修行的道場，隨時隨地要覺醒自己，不要墮入到執著與妄想中去，一覺醒就當下起修，一修行就忘掉所有的生活中的牽纏，這樣不停地用功下去，自然會有顯著的成效。修道的人也要生活，要生活就必然有需要處理的人和事，這是無法逃避的，也正是我們用以鍛煉心性的機會。關鍵是要能全然地活在當下，不受過去的經驗、記憶等的影響，每一件事都讓它在當下完整地去經歷它，不留下一點遺波。心如明鏡，它的意識之光一直就在那裡照耀，而事物的來來去去都被清楚地覺知，但又不被其所打擾。這樣的心就是真心，修出真心，才可以見到本性。不過內丹學認為，僅僅通過心理上的修養，只能修煉氣質之性，不能證到虛無之性，必須神氣合一，坎離交媾，現出先天虛無之氣，再修先後天合一的功夫，轉化一身之陰滓之氣與後天識神，使神氣完全統一並返還到先天的道體之中，才能證到陽神。坎離交是後天的神氣合一的功夫，可現出後天之先天；乾坤交是後天身心與先天一氣合一的功夫，可返還先天之先天。

真一之氣章第二十六

諸子靜坐，涵養本原，從寂然不動中驀地回光，忽見其大無內其小無外❶、入無積聚出無分散、氤氳蓬勃廣大宏通之狀，固是天機發動，可採可煉，可為服食❷長生之大藥。即使靜坐已久，不見有淵涵一切、包羅萬象之機，只要一片清氣，無思無慮，不出不入，亦是我真一之氣蘊蓄在中，只是我後天氣弱，不能沖舉他壯大耳，此亦是天真常在，亦可採之服食。切不可以無此蓬勃氤氳，而任其心之走作可也。此為要訣。又凡行為動作語默，雖極細極微至鄙至俚之時，我亦以此心了照虛無穴中。久之，如有氣機動處，我以一念收攝，不許他紛馳散亂；如無氣機之動，只要有一片清明在我無極宮❸中，氣不躁暴，神能收斂，亦是真氣主宰，我當一心不二，持之操之，亦是烹煉小法，不必再求真一之氣大發生可也。此亦修士多忽略者，吾今日並為指出。大凡天下事，無不由小而大，自粗而精，凡事皆然，何況大道乎哉！吾師金液已還，回想當年修道，還不是一步一步積累而上！若必要天花怒發，真氣溶溶，恐爾學人少採取之時矣。但此個採取，不是運行河車，只在一念回光，收歸鼎爐就是。若太為用力，恐動後天凡火，丹又傷矣。吾師前示元精化為先天真一之氣，再為細論。夫人身之精，不經火煆，概屬後天交感濁精，只可生人，不能成仙，且多夾雜欲火，稍有於中，刻不能容，所以昔人謂喪身傾命之物者此。此豈能成仙哉？修士必於打坐時，調其呼吸，順乎自然，一出一入，不疾不徐。如此調息，雖屬後天凡息，然亦是自在真火。似此烹煉一番，將那後天有形之精忽然化為元精❹。到得丹田有氤氳活動之氣現象，即是化精之候。試思凡精，有形也，元精，靈液也，猶人口中真津一般，不經真火一灼，萬不能化為元精。此時究何憑哉？呂師云：「曲江月現水澄清，沐浴須當定主賓。若到水溫身暖處，便宜進火辦前程。」呂師之言，水溫身暖，的是化精之驗。此時若不採取，必致元精為火所灼，化為血汗，從毛孔而傾矣。諸子必無思無慮，一任自然之火，精方是元精，氣方是元氣。從此元精一動，元氣即生。那元氣中忽有浩浩淵淵、剛健中正之象，與平日凡氣微有不同，即是真一之氣發生出來。且凡氣之動，但見其暖，不見有逍遙自在之處。唯真一之氣動，此身蘇軟如綿，美快無比，恍惚似有可見，又似無可象者，此即真一之氣生也。且真一之氣發象，只覺清涼恬淡一般趣味。養之純熟，此心亦化為烏有，了不知有天地人我，此真一之氣之明驗。諸子未得十分圓滿，不必有這幾般景象，只要有一點樂處，即是藥生消息。至真藥發生，必要真一元神以招之，方不走作。何也？即吾前示玄關竅開，元神發象，可為大藥之主宰，故古云：「以靈覺為煉丹之主，以沖和為大藥之用。」生即此以推，煉丹之工盡於此矣。

【章　旨】本章講真一之氣的不同表現，以及從濁精修煉成元精、從元精修煉成元氣的功法及其原理。

【注　釋】❶其大無內其小無外　一般都說「其大無外其小無內」，表示至大而又至小；此處用以表示先天真一之氣彌綸萬有，不可分割，超越大小時空的限制。❷服食　這是借用外丹的語言來形容內丹修煉，實際上並不是用口去服用什麼東西，而是指不斷地採取真一之氣使之在人體之中發生作用這樣一個過程。❸無極宮　不是某個具體的地方，而是無形無象的空寂之境。❹後天有形之精忽然化為元精　人體的精華物質在沒有經過修煉的正常情況下即化為後天濁精，可生男生女；經過適當的修煉則不向濁精轉化，而化為輕靈無形的元精，元精進一步化為真氣。我認為並不能將已經成為後天有形之精的濁精再化為無形之元精。

【語譯】諸位在靜坐的時候，深入到虛靜無為的狀態，涵養先天本源，從這種寂然不動的杳冥之境中剎那間元神意識返照回光，忽然感覺到有一種境界顯現出來，說它大卻並沒有和它相對的小在它裡面，說它小卻並沒有和它相對的大在它的外面，它是無邊無際，超越了大小的相對性；進入它裡面卻感覺不到有什麼東西被積聚起來，從其中出來也沒有覺得有什麼東西從其中分散開來；它氤氤氳氳蓬蓬勃勃，浩瀚廣大通天徹地。這種狀態的出現固然是先天元氣發動的跡象，此時可以採藥可以煉丹，可以作為服食長生的大藥。但並不是只有這種情況才需要採藥煉丹，即使在靜坐已久的情況下，不見有上面所說的那種深遠廣大、融通一切、包羅萬象的真機出現，但只要這時感覺到一片清爽之氣，而且無思無慮，不出不入，這也就是我們的先天真一之氣蘊蓄潛藏在其中，只不過是因為我們的後天氣虛弱不足，因而不能把這個先天真一之氣沖舉壯大而已。這種情形也是屬於先天真氣常常在抱，也可以採之服食。千萬不可因為沒有那種蓬勃氤氳的氣象，就不加注意而放任自己的心錯過機會，只有這樣才能掌握煉丹的火候，這是煉丹的要訣。

另外又有一個煉功的要點是，不管做什麼，也不管是沉默還是說話，即使是在面對最細微最不起眼的日常小事時，我們也要以此心靜靜地觀照於虛無玄竅之中。時間一長，如果有氣機發動的地方，我們就要以一念把它收攝起來，不讓這股氣機紛馳散亂；如果沒有氣機發動，只要在我們無形無象的寂靜境界中有一種清明鎮定，氣不躁動粗暴，而神又能收斂不外馳，這也是真氣在其中起主宰的作用，我們應當一心不二，繼續保持、涵養這個境界，這也是修煉丹道的一個小竅門，不必再去追求真一之氣大規模地發動就可以了。這一點也是修煉的人多容易忽略的地方，我今日一併為大家指出來。其實大凡天下事，無不是由小而大，從粗到精，所有的事情都是這樣，更何況修煉大道呢！你們的師父已經煉成金液大還丹，回想當年修道的過程，還不是一步一步地積累而一步步地提高！如果說一定要那種先天本體之花盛開煥發，真氣充滿溶溶的情形，那恐怕你們這些學道的人就很少有採取的時機了。但是這裡所說的採取，不是指運行河車那樣的武火採取，只需要一念回光返照，收歸到鼎爐就可以了。若此時太過於用力，恐怕會牽動後天的凡火，反而又會傷丹了。

師父我前面講過元精轉化為先天真一之氣的問題，現在我再對此加以詳細的論述。人身體中的精，在沒有經過神火的鍛煉之前，都是屬於後天的交感濁精，這種濁精只可生人，不能成仙，而且它多夾雜一般後天的情欲之火，只要稍微積累了一點在身體中，因為夾帶欲念的緣故使這個濁精一刻都不能保存，很快就隨著欲望而向外發洩了，這樣就會使人不斷地損耗能量，所以前人所說的使人損害健康喪失生命的就是指這個濁精。由此可見，這個濁精又怎麼能使人成仙呢？修道的人一定要在打坐的時候，調整他的呼吸，使之順其自然，一出一入，不快不慢。這樣的調息功夫，雖然還是屬於後天凡息的範圍，但也是一種由人自在控制的真火。用這樣的方法對人體加以鍛煉一番，將那後天有形的濁精忽然轉化成為元精。等到感覺丹田中有一股氤氳活動的真氣顯現出來，就是濁精已化為元精的徵候。大家想一想，凡精是屬於有形的物質性精液，而元精是屬於無形的靈液，就像人口中的經過修煉而產生的真津一般，如果不經過真火的鍛煉，也是萬萬不能化為元精的。那麼化成元精的時候究竟有什麼憑據呢？呂洞賓祖師說：「腎宮中真陽初現而此時心清無念，此時就要沐浴溫養讓真陽壯大，但沐浴必須要正確地知道主賓關係，這時真陽為主，而真意為賓，同時真意相對識神來說又是真意為主。若修到真陽之氣壯旺而周身有暖熱之感，這就是元精已產生的跡象，此時應開始方便採用進火退符的功法進一步煉精化氣。」呂祖師所談到的「水溫身暖」，的確是濁精已化為元精的效驗。這時若不採取，必然會導致元精被神火所灼傷，因而化為血汗，從人的毛孔而散失了。

你們一定要無思無慮，完全聽任自然無為的神火，這樣用功精才是元精，氣才是元氣。從此以後元精一動，元氣即相伴而生。在那元氣之中忽然有一種浩浩蕩蕩、深遠無盡而又剛健中正的氣象，與平日裡的所發生的一般的元氣稍微有所不同，這即是真一之氣發生出來。而且一般的元氣發動，只能感受到一種暖熱，而感受不到逍遙自在的地方。只有真一之氣發動之時，我們全身蘇軟如綿，無比美妙快樂，恍恍惚惚好像能感覺到什麼東西，又好像沒有什麼跡象可尋，這種情形就是真一之氣發生了。而且真一之氣發生的景象，最初那種強烈的快樂感受也會慢慢化去，只是覺得有一種清涼恬淡那樣的趣味。此真一之氣進一步涵養純熟時，我們的心也化為烏有找不到了，完全空寂下來，渾然不知有天地人我，這種境界就是真一之氣的明顯的效驗。大家修煉還沒有到十分圓滿的地步，不一定會出現上面所說的幾種景象，但只要有一點喜樂的感覺，也就是是大藥發生的消息。等到真藥發生，一定要以真一元神來招攝它，真一之氣才不會走作失散了。為什麼呢？這就是我前面所講的在玄關竅打開後，虛寂之中忽然一覺，元神顯現，這個元神才可作為採取大藥的主宰，所以古人說：「以靈明覺性作為煉丹的主宰，以平衡和諧的真意作為大藥發生時的作用。」各位學生根據這個道理以此類推，煉丹的功夫就全在其中了。

【研　析】本章說明真一之氣的顯現，並不局限於那種浩大蓬勃的氣象，氣機充沛廣大、包羅萬象時固然是真一之氣的表現，但有時只是氣清心安，一種平和之象，此時也是真一之氣蘊含在其中起作用，只不過因為沒有後天足夠的氣機相配合，而未顯現出浩蕩無邊的氣象。修煉並不是一定到那種浩蕩無邊、包羅萬象的宏通氣象時才能採藥煉丹，即平時一念回光，心靜氣和，無不是烹煉之時。也可以說，真一之氣無時不在無處不在，至於它顯現到何等程度，在人體上起何作用，則端看人的神與氣的狀態修持到何等程度，與真一之氣配合到何等程度。當後天神氣充足，則真一之氣發生時兩者相互促進，可以呈現那種無量無邊、氤氳蓬勃的大氣象，但此種大氣象不必是真一之氣顯現的唯一表徵。修持貴在隨時隨地皆用功，由一點一滴的功夫，逐漸積累成大海浩蕩之勢。不過上述真一之氣的兩種表現，雖都可採藥，但方法是不同的，在後一種狀態下只需以真意稍加關照，一念回光，收歸丹爐，不必用運行河車那樣的武火鍛煉。

內丹學所說的煉精化氣中的「精」是指「元精」，人體的後天濁精是不可能直接化為真氣的，故在煉精化氣之前應該還有一個煉濁精的過程，也即是修煉出元精的過程。但這裡需要分辨的是：修煉出元精的材料是什麼？是不是可以從已經成形的後天濁精再煉成無形的元精？元精的無形是指它沒有固定的形體大小，其實還是有一種流體性質的「形」存在，可說是介於有形與無形之間的狀態，而後天人體的濁精則是已經成形的液化狀態。我想指出的是，作為煉出元精的材料也是一種「精」，但這個精既不是已經成形的後天濁精（精液），也不是與後天濁精完全無關。這個精是人體物質精華，它在沒有適當的修煉與轉化的情形下，沿著常規的渠道轉變為後天濁精，隨著性交媾的活動而流失；煉丹時則以這個精為原料，把它加工成更精微的能量存在形式即元精。所以，元精並不是從濁精那裡轉化而成的，而是在濁精未形成以前讓它改變方向而成為元精。但是如果後天濁精得不到保持，這個作為人體精華物質的精就源源不斷地向著後天濁精的方向轉化，從而使元精失去了得以從中產生的原料。因此後天濁精雖不可直接轉化為元精，但也不能放縱而讓它耗散。保養後天才能修煉先天，而只有當元精產生的渠道暢通時，濁精的渠道才能自動地封閉，這就是說保養後天之精與轉化成先天元精，兩者是相輔相成、互為前提的。

不管是從人體之精修煉出元精，還是進一步地從元精修煉出元氣，這都是從所修煉的對象及其結果而言的，元精與元氣本身都沒有能動性，它們並不會自己修煉自己。整個修煉過程，其能動的主宰是元神，其能動的作用是真意，這一點以前曾多次說明，此處不贅敘。

真空妙有章第二十七

天地間至無之內至有存焉，至空之中至實寓焉。人能於虛無中尋出真實色相，所謂長生不老之藥在是，神仙不死之丹亦在是。彼不知真空妙有者，盍即「方諸❶之取水於月，陽燧❷之取火於日」而一觀之乎？當水火未有時，方諸則寂然耳，絕無水痕之可見，陽燧則冥然耳，了無火色之可言。及至方諸對月而水起矣，陽燧對日而火生矣，此豈水在月乎？火在日乎？如果水火在日月，當方諸陽燧未懸之時，何以不見月之有水、日之有火？詢之日月，而日月不知也。抑豈水在方諸乎？火在陽燧乎？如其水火在方諸陽燧，當未與日月相對之前，何以不見方諸有水、陽燧有火？問之方諸陽燧，而方諸陽燧仍茫然也。又豈水火在於空乎？當水火未有時，而太空固漠漠也。水火既有後，而太空仍漠漠也。果何故哉？《易》曰：「寂然不動，感而遂通。」其意昭然若揭矣。特非有人物以感之，則寂寞者仍寂寞矣。唯能善於感，自能妙於應。但感者非從無人無我無思無慮中出，則非妙於感也，又焉能妙於應哉？總之，人能虛極靜篤，始能會得本原，而後知形形色色皆後天有生有死之尸氣❸，虛虛無無乃先天不生不滅之元神。可見先天大道，殆一虛而靈、無而妙耳，豈區區在後天精氣神哉！然必斷交感之精，而後元精溶溶而來，馬陰藏象❹矣。必除呼吸之氣，而後元氣融融，浩氣流行，與太虛無二矣。必滅思慮之神，而後元神躍躍，保合太和，一氣充塞虛空界矣。又非全不用後天也，雖有先天為之主宰，亦賴後天為之運用。倘一概不用，此身又將安寄哉？古所謂：「皮之不存，毛將安附？」於此可恍然悟矣。學者借後天形色為煅煉之具，及至真人出現，而假者在所輕矣，所謂「借假修真」是也。雖然，三者之中，又元神為最。必要萬緣放下，一絲不掛，庶幾有真神，斯有真精，有真氣。若無真神，則藥為凡藥，火為凡火，不唯不能成丹，且反為之害也。生等欲聞道妙，即此是道妙，自古神仙不肯輕泄於人者。

【章旨】本章講述真空妙有之理，先天精氣神與後天精氣神的關係。

【注釋】❶方諸　古代一種月光下承露取水的特製器具。❷陽燧　古人在太陽下迎日取火的特製器具。❸尸氣　腐朽之氣。後天有形有色的事物都是經驗層面上的有生有滅的有限的存在物，與此相對應，組成後天生滅之物的物質材料就是尸氣。❹馬陰藏象　修煉有素的人，由於精已化氣，外腎向內收縮而近乎不見，稱為馬陰藏象。

【語譯】在天地宇宙之中，那最虛無的存在狀態中有一種最根本、最純粹的存在，在最空寂的境界中蘊含有一種最高的真實存在。一個人如果能夠從虛無之中尋找到那個真實的存在，那麼所謂的長生不老的大藥就在這個存在上面，那個神仙不死的大丹也在這個存在上面。

那些不能領會真空妙有這個道理的人，何不從古人「用方諸在月光下取水，用陽燧在日光中取火」這兩種現實生活中的實踐來作一個深入的觀察，以幫助他們領悟呢？在用方諸取水用陽燧取火這兩種情形之下我們可以觀察到，當水與火還沒有形成時，方諸就只是靜靜地存在著，絕對看不到一點水的痕跡；陽燧也只是它那個原本的樣子，一點也談不上有火焰之色。等到方諸在月光下生出水來，陽燧在日光中生出火來，這難道是水存在於月光中嗎？火存在於日光中嗎？如果水火存在於日月之中，那麼當方諸和陽燧沒有懸置於日月之中時，為什麼見不到月光中有水、日光中有火呢？追問日月，而日月也不能回答這個問題。如果不是這樣，那難道水是存在於方諸之中麼？火是存在於陽燧之中麼？如果說水火是在方諸陽燧中，那麼當它們還沒有與日月相對之前，為什麼見不到方諸中有水、陽燧中有火呢？拿這個問題去問方諸陽燧，而方諸陽燧也仍舊茫然不知如何應對。又難道水火存在於空中嗎？當水火還沒有形成時，而太空之中固然是廣漠無際的樣子；水火產生以後，而太空也還是廣漠無際的樣子。那麼這個水火到底是怎麼產生的呢？《易傳》中說：「寂然不動，感而遂通。」從這句話中就可清楚地體會到這其中的奧妙了，不過是一個此感彼應的道理。只不過如果沒有人和物去和太虛相感應，則那個寂然不動默默地存在的太虛仍舊只是默默地存在著。唯有能夠善於感通，自然能夠妙於應和。但是如果這個感通者不是從無人無我無思無慮中產生出來的，就不能算是妙於感通，又怎麼能妙於應和呢？

總之，人能夠虛靜到極點，才能體會到先天本源，然後才知道形形色色的現象世界都是源於後天有生有死的屍氣，只有虛虛無無的本體境界才是先天不生不滅的元神。由此可見要修持先天大道，不過就是一個極虛而又極靈明、極無而又極玄妙的境界，又怎麼會局限在後天精氣神的修煉呢！雖說修的是先天大道，但是必須斷除後天交感之精的外洩，然後元精才會源源不斷地生成，而出現馬陰藏象的外在特徵。必須斷除後天粗重的呼吸之氣，然後元氣才會充滿，周身融融，浩然之氣流行一身，與太虛沒有分別。必須滅除後天思慮的識神，然後元神才能充分顯現並發揮作用，與元氣相融為一達到一種普遍的和諧統一狀態，在這個狀態中一氣貫通充塞整個虛空界。這就是說修先天大道也並不是完全不用修後天的精氣神，雖有先天為整個煉丹過程作主宰，但也要依賴後天來幫助先天發揮功用。如果後天精氣神一概不用，則我們的生命又將寄託在什麼地方呢？古人所說的：「皮如果不存在了，毛又要附著在什麼地方呢？」結合上面所說的先天和後天的關係，我們對這個道理就可以恍然明白了。學道者借助後天這個有形有色的身體作為鍛煉先天大道的工具，等修煉到真人出現以後，那個假借的後天之身就不再是所看重的了，這就是內丹學所說「借假修真」。雖然修煉離不開精氣神三者，但三者之中，又以元神為最重要。必須要萬緣放下，一絲不掛，一點雜念都沒有，這樣才可說有了真神，有了真神才可有真精，有真氣。若沒有真神，則藥為凡藥，火為凡火，不但不能成丹，而且反而會有副作用。你們這些學生想要聽聞到大道的奧妙，這就是大道的奧妙，這是自古神仙不肯輕於洩露給人的祕密。

【研　析】真空妙有本是大乘佛學的核心義理，在佛學中萬事萬物都是緣起而性空，緣起的事物其本性就是空無自性的，故緣起即是性空，性空即是緣起，一切事物都是空有不二的，這就是真空妙有。若執著於事物的本性之空而這個空不能表現為緣起的事物現象，這樣的空就是頑空；若執著於事物的緣起之有而這個有成為獨立不變脫離空性的有，這個有就是死有。從菩薩的主體境界上說，真空妙有體現出一種心無任何執著、任何掛礙的體空的境界，但這個空並不是隔離出緣起的現象而獨自顯現出一個抽象的、獨立的空，這個空的境界本身並不排斥任何具體的現象事物的存在，而是能在一切緣起事物中都體現出空性的覺悟。因為緣起的事物本身即是空，所以問題只在於我們對於事物的執著，而不是要斷除與事物本身的關聯。這樣的即有而空的境界，就是真空妙有的境界。

在本章中，真空妙有主要是就著道體、虛體而言的，與佛學從緣起性空的角度來講的真空妙有不同。內丹學認為虛無的道體之中，一方面其本身是至虛至無的境界，沒有任何的有形有象的具體的存在物，但這個虛無的狀態之中蘊含著一切事物生成的潛力與可能性，包含有萬事萬物最根源性的存在，這個根源性的存在，就其能量一面說是元氣，就其靈覺一面說是元神，修煉就是要在虛無的境界中採虛無一氣，復先天元神。所以，在這個至虛至無的道體之中，同時包含有最實最妙的能量與存在、功能與作用，故說它是真空妙有。那麼這個真空妙有到底在修煉過程中是如何發生作用的呢？它是通過人在虛靜的狀態中與先天本體發生感通作用來實現的，即是「寂然不動，感而遂通」。為了說明這個此感彼應的道理，黃元吉用古人現實生活中的方諸取水、陽燧取火的現象來加以說明。在這兩個現象中，水火既非來自於方諸陽燧，也不存在於月光日光之中，而是眾多因緣條件共同作用、彼此感應的結果。

本章第二部分主要是講先天精氣神與後天精氣神的關係，這也是內丹學的基本原理。精氣神都有先天、後天之分，白玉蟾說：「人身只有三般物，精神與氣常保全。其精不是交感精，乃是玉皇口中涎，其氣即非呼吸氣，乃知卻是太素烟，其神即非思慮神，可與元始相比肩。……豈知此精此神氣，根於父母未生前。」「精氣神」都分先後天，這是內丹學共有的認識，成仙的最後依據乃是先天之精氣神，只有先天才能保證成仙的超越與永恆，先天和後天的區分，有非常重要的意義，它使內丹學的修煉明顯地分成兩大系統，使「人」

與「仙」有了客觀的分野。在佛學裡面有「無明」與「智慧」的明確區分，未經「空觀」淨化昇華之前屬於業力無明的系統，經過「空觀」淨化昇華之後屬於智慧明行系統，從而使凡夫的「空前假」、「生死假」與佛菩薩的「空後假」、「妙有假」的區分成為可能。「空前假」指凡夫在無明狀態裡對本是性空的假名法的執著，由此執著而有生死；「空後假」指菩薩經過修空後已了知萬法皆為空性，為了起救度眾生的慈悲事業而運用假名之法，此假名法為妙有也。與此相對應，在內丹學中以先天、後天的超越的區分來區別凡夫與神仙，從工夫上說先天對應著「無欲無念」的「虛靜」狀態，而後天則相應於有欲有念的「人欲」狀態，這與佛學以「空否」區分無明與智慧有內在相通之處，但內丹學是更直觀地簡捷地談，不像佛學那樣嚴密而系統。

先天與後天並不是截然兩分，而是有著密切的聯繫，從「順」的方面說是從先天演化為後天，從「逆」的方面說則是由後天返先天，所以一方面先天是修行的根據，另一方面後天是修行的起點，「保後天即所以固先天也」，內丹學的修行必須假後天而修先天。具體地說，雖然後天之「交感精」、「呼吸氣」和「思慮神」不是先天的「元精」、「元氣」和「元神」，但是只有通過後天精氣神的修煉，使交感精不漏，呼吸氣不亂，思慮神不動，先天的元精、元氣、元神才能顯現。也只有先天精氣神顯現了，後天精氣神才能徹底地被轉化。故《道書十二種》云：「修後天性命者順其造化，修先天性命者逆其造化，大修行人借後天而返先天，修先天而化後天，先後天混而為一，性命凝結，是謂丹成。」離開了後天的精氣神，修煉就沒有經驗存在的現實性基礎；離開了先天的精氣神，修煉就沒有超越的可能性依據。後天的修煉是有為，先天的修煉是無為，從後天返先天，就是從有為到無為。但在精氣神三者之中，還是以神為主，因為一切精氣的修煉都離不開神的作用，只有神才具有主導性和能動性，是修煉中最關鍵和最具有活力的因素。

吸舐撮閉章第二十八

生等行工至此，真火真藥兩般俱有。夫真藥，即先天真一之氣。其在後天，即元精元氣❶，所謂真陰真陽形而為真一之氣也。是即凡息停而胎息動，真津滿口，即驗元精之產也。周身踴躍，即見元氣之動也，此時清靜自然，美快無比，即真一之氣藏於個中矣。然真一之氣雖動，不明起火之法，尚不能升於泥丸，化為玉液瓊漿，吞入於腹，而結為長生之丹。夫以藥生不進火，止於沖舉下元、壯暖腎氣而已。藥即真一之氣，火即丹田神息❷。以神息運真氣，方能透徹一身上下中外。古云「抽鉛添汞」，又曰「還精補腦」，又曰「以虎嫁龍」。要之，此工自上而下，由逆而修。始而玄關初開，必須猛火急烹；既而藥苗新生，不用逆行倒施，則金丹不就。伍仙示河車工法，所以有吸舐撮閉之說也。吸者，行工時聚氣凝神於丹田，蘊蓄謹密，不許一絲外漏。舐者，舌抵上齶，使赤龍絞海❸，而真津始生，化為甘露神水，以伏離中之火，即古云「鉛龍升，汞虎降，驅二物，勿縱放」是，又即「以鉛制汞結成砂」是。若非舌之上舐，安得七般陰滓之物❹

化為神水，而成一粒黍珠哉？撮者，齒牙上下緊緊相黏，口唇上下緊緊相抱，務使內想不出，外想不入，神依於息，息依於神，神氣打成一片，兩兩不分也。閉者，下閉穀道，上閉口鼻，六門緊閉存神，即教真主坐黃庭，俗云「丹田有寶」是矣。古云：「上不閉，則火不凝而丹不結。下不閉，則火不聚而金不生。」是以金丹之要，凝神要矣，而聚氣添火之火，尤不可少焉。總之，四者之工，一半天然，一半人力。學者藥生之初，微微用一點力，久久則純乎天，而不假一毫人力為矣。再者下手之初，必要安爐立鼎，方可採取運用。夫爐鼎有幾般，一身上下亭亭直立，即安爐立鼎，天尊地卑，上下分明矣，此外爐鼎也。若內爐鼎，始以神為內鼎，以氣為外爐，繼以氣為內鼎，以神為外爐，總是身心挺立，獨立不搖而已。爐鼎安立，然後心火下降，腎水上升，久之則離火中有真水下降，腎水中有真火上升，從凡陰凡陽中煉出真陰真陽之物來，即是藥生，便當採取。生今年華已邁，氣血將枯，宜日夜行持，不可專務於動，竟少靜定之時。如此元精自生，元氣自壯，而先天真陽亦於此而現象，長生之果證矣。學道人只要能停後天凡息，則生死之路已絕。能停後天呼吸，即見真息。真息即真氣，同一氣也，發則為呼吸之氣，藏則為真一之氣。此氣一伏，即結丹矣。生等務要日夜凝神調息，久久自斷凡息而現真息，如此即仙矣。

【章　旨】本章繼續講真一之氣的修煉方法，以先天神火這個真火採取先天真一之氣這個真藥。在此過程中介紹了伍柳派小周天丹法中「吸舐撮閉」的四字口訣，以及開始煉丹時安爐立鼎的意義。

【注　釋】❶其在後天二句　先天真一之氣在後天人身的體現，就是元精元氣。這個元精元氣既有先天的存在依據，又是在後天的人體環境中起作用，是從後天的濁精凡氣中修煉顯現出來的，相對於濁精凡氣為先天，相對於先天真一之氣又可說是後天。❷火即丹田神息　在煉丹中起到火的作用的就是丹田中的神息。神息，指胎息，但這個胎息並不只是「息」一邊的事，同時也是「神」一邊的事，是神息相統一的作用，故稱為神息。❸赤龍絞海　在伍沖虛一派丹法中，較重小周天的有為功夫，不僅要舌抵上齶，還要用舌頭在口腔內作適度的攪動，稱為赤龍絞海。對此，有的丹家批評這種方法過於執象。❹七般陰滓之物　丹書中指涕、唾、精、津、氣、血、液等七種人體分泌物，因皆屬後天有形渣滓之物，先天為陽後天為陰，故稱為七般陰滓之物。

【語　譯】你們一些學生修煉功夫到現在這個地步，真火和真藥這兩個煉丹的要素都已經具備了。這個真藥，也就是先天真一之氣。先天真一之氣落入到後天人身中，就表現為元精元氣，元精元氣也就是人身的真陰真陽，這也就是通常所說的在真陰真陽的交媾中顯現為真一之氣。元精元氣在修煉中是如何表現出來的呢？就是當普通的口鼻呼吸停下來而先天的胎息狀態發生，此時口中有一種甘甜的津液產生，這種真津源源不斷滿口都是，這種現象就可以驗證元精已經產生了。全身真氣踴躍，就可以顯示出元氣發動的跡象了，這個時候心態清靜自然，身心無比的美妙快樂，這就顯示真一之氣已蘊藏在裡面起作用了。不過這時真一之氣雖然已經發動，但要是不懂得如何運用意識生起煉丹之火的方法，則這個真一之氣仍舊不能上升到泥丸，也就不能化為玉液瓊漿，無法做到把這個玉液瓊漿吞入於腹中，而結為長生之丹了。因為在真藥發生時不懂得進火採藥之道，則這個真一之氣只能起到使外腎沖舉、使腎氣旺盛發熱而已。煉丹之藥即是真一之氣，煉丹之火即丹田神息。以神息運化真氣，才能使真一之氣透徹周流於一身上下內外。這個以神火運化真氣的過程，古人把它叫做「抽鉛添汞」，又稱為「還精補腦」，也叫「以虎嫁龍」。

這裡的關鍵要點是，這個功法是要神火自上而下地觀照，使真氣逆而上升，從而使神不外馳氣不下洩，神氣相交合一。開始時溝通先天的玄關初開，必須要用猛烈的武火加緊烹煉；隨後藥苗從中新生出來，這時如果不用逆行倒施、運轉周天的河車功法，則金丹不能成就。這就是為什麼伍沖虛仙師在講到河車功法的時候，有「吸、舐、撮、閉」這四字的口訣。所謂的「吸」，就是在修行功法時聚氣凝神於丹田中，小心謹慎地含藏積蓄它們，不允許一絲一點神氣外漏。所謂的「舐」，指舌抵上齶，讓舌頭在口腔中攪動，這樣口中真津才開始發生，化為甘露神水，這個甘露神水下降到中丹田，就能調伏離宮中的神火，也就是古人所說的「鉛龍升，汞虎降，驅二物，勿縱放」，也是古人所說的「以鉛制汞結成砂」，以真氣調伏心神結成丹砂。如果不是舌舐上齶，怎麼能使涕、唾、精、津、氣、血、液等七種人體分泌的陰滓之物轉化為煉丹的神水，從而結成如一粒黍珠般的仙丹呢？所謂的「撮」，指牙齒上下緊緊相黏合，口唇上下緊緊相抱在一起，務必要使裡面的意識不往外馳散出去，外面的各種思想雜念不進入煉功的意識之中，神依於息，息依於神，神息相依相融，神氣打成一片，兩兩不分。所謂的「閉」，就是下面關閉穀道肛門，上面關閉口鼻感官，各種感官之門都牢牢地緊閉，使目不外視耳不外聞，感官內閉以使神不外散凝神內觀，也就是讓元神這個生命的真正的主人坐在黃庭裡作主，也即是俗話所說的「丹田有寶」。古人說：「上面六根不關閉，則神火不能凝聚專一，也就不能結丹。下面的通道不關閉，則因為腎水下洩不能與神火相會，從而使真氣不生。」所以說修煉金丹的要訣，凝神固然是重要的關鍵，而聚氣添火的意識火候功夫，更加不可缺少。總之，吸舐撮閉四個方面的功夫，一半屬於天然無為，一半屬於人力有為。學道者在真藥剛發生的時候，要微微用一點人力有為的功夫，修煉的時間久了則純屬於天然無為，而不需要再借助一絲一毫人力有為的功夫了。

另外還要注意，在下手用功之初，一定要先安爐立鼎，才可進一步作採取運用的功夫。說到爐鼎這有幾個方面的意思，一身上下亭亭直立，端正自然，這即是一種安爐立鼎，如同天尊地卑，上下分明，這是屬於外爐鼎。至於內爐鼎，開始是以神為內鼎，以氣為外爐，接著再以氣為內鼎，以神為外爐，總之不過是使身心挺立，獨立不搖而已。煉丹的爐鼎安立好了以後，然後心火下降，腎水上升，這樣時間久了則離火中有真津之水下降，腎水中有真陽之火上升，從凡陰凡陽中煉出真陰真陽之物來，這即是真藥發生了，此時便應當及時採取。

某某學生現在年紀已經大了，氣血即將枯竭，應當日夜不間斷地用功修持，不可一天到晚只致力於種種事務活動，而竟然很少有靜定的時候。能夠日夜不斷地用功，這樣元精自然能夠生發，元氣自然能夠旺盛，而先天真陽也會從中顯現出來，長生的果位就可證得了。學道的人只要能修到後天凡息停止的地步，則生死的通道已經斷絕。能夠停止後天呼吸，就可以顯現出先天的真息。真息即是真氣的呼吸，同是一氣，當它發生呼吸進出的作用時就顯現為呼吸之氣，當它蘊藏不發時就成為真一之氣。這個真氣一旦調伏，就能結丹了。諸位門生務必要日日夜夜凝神調息，堅持下去，時間一久自然可以使凡息停止而出現真息狀態，如此自然可以成仙了。

【研析】煉丹之道是通過凝神調息的功夫，日夜不間斷地用功修持，使心火下降腎水上升，水火既濟而生出真陰真陽，此時粗重的呼吸狀態沒有了，進入細微的胎息狀態，口中生出甘甜的津液，全身有通暢的能量流，這就是元精元氣已經發生了。元精元氣相融之中就有先天真一之氣的作用，真一之氣即是煉丹的大藥。藥生後即宜運用神火配合胎息採藥，使真氣上升到泥丸，化除後天陰滓之物，使人體後天的分泌物化成一股甘甜的玉液瓊漿吞入腹中，結為長生之丹。如果不能及時採取，則這個真一之氣將往下衝擊，使外腎沖舉，可形成性興奮與性衝動，容易形成後天濁精向外發洩了。這是順成人逆成仙的關鍵處，一放縱就會前功盡棄。在採取運轉真一之氣這個大藥的過程中，無非是運用神與息兩者的配合，但在具體的修煉功夫上，伍沖虛一派的丹法特別注重小周天運轉的採取之法，以神息配合真氣使之後升前降，稱為轉河車。中間又有「吸、舐、撮、閉」的四字口訣，總是一些方便法門、經驗訣竅，但要注意有為與無為的辯證關係，既不廢有為的功夫，但又不能忘記無為的宗旨，有為而不死執於有為，無為而不枯寂頑空。本章最後談的安爐立鼎的問題，其實也就是調身的問題，調身與調意、調息三者，是煉丹功夫的三個基本的要素，雖以調意為主要關鍵，但也仍然要與調息、調身密切配合，才能完成丹道從有為到無為、性命雙修的整體工程。

坎離水火章第二十九

生須體吾一片婆心，速速造成，好代為師行化，且趁此大道宏開，正好掙功立業。不然，過此一會，欲如今日之積功難矣。爾等務期成仙，要成金仙，若人仙地仙❶，猶小也；度人要普度世人，若度一二人登仙證聖，猶微也。如此志願，才算大豪傑，大力量，大知慧。否則，雖登上仙，亦庸庸碌碌，不足道也。然修煉之始，吾即以此為教，生等口雖能言，究竟心中惝惝恍恍，無有一個鐵石心腸。定要如此自修，如此度世，才算一個大丈夫，不負天地父母君王師尊之重託者。今日看來，爾等工雖不一，要皆各有所得，諒於吾師所示之志願，已能實力體行，一肩不辭也。試觀呂師初遇正陽，教以黃白之術，即不忍累及五百年後之人❷，繼後玉丹告成，誓願普度世人，自家方才飛升，此其志願為何如哉！真千古之卓卓者！生等能立此志願，不患不到金仙地位。趁茲經筵大展，趕緊修持，道不難成，德不難就矣。而今生等有得如此，塵垢諒已看得破，打得穿，但還要加工上進，拋棄塵緣之累，無掛欠自無拖拽，一心一德，功成易易。至於修煉之事，無非坎離水火❸。學道人欲得神水神火❹，先須清心淨意。此清淨二字，即求神水法也。到得意誠心正，自然神遊太虛，氣貫於穆，我於此始將神光照入虛無窟中，即求神火法也。真水真火兩兩配合，不寒不燥，即龍虎上弦之氣生矣。所謂「陰陽平衡，卯酉二八❺沐浴」者，此也。但初興工，清淨其神即為水，以真意主持即是火。此須神氣二者不相剋賊，水中神火生焉。至於下照，此為火也，然亦要不急不緩存於其中，此即火中有水。如此用火用水，出之以無思，將之以恬淡，只有溫溫液液一點氤氳之氣，此即真水真火中煅出真一之精❻來也。所謂「片晌虎龍頻鬥罷，奪得金精一點生」，此霎時間事耳。然得之雖易，守之實難。不行子午河車，不用逆施造化，是猶窯頭泥瓦，未經火煉，一遇雨來，仍化為泥。其必速採此一點陽氣，以之升上泥丸，配合陰精，然後飛者不飛，走者不走，合成一塊紫金霜，不怕歷遭磨折，且愈煉愈堅也。所以古人喻外來坎中真鉛名之為虎，以虎之性好傷人，難以馴伏，必得真汞以合之，則氣不下墮，血不外散；內裡離中真汞喻之為龍，以龍有奔逸之患，不能善善降伏，必得真鉛以制之，則神無妄思，精不外泄。此龍虎之所以名也。至名曰鉛，以其下沉而不起，喻人之真氣，自從破體而後，日夜動淫生欲，不能完固色身，必得汞火下入，然後水得火而化為一氣，所以無走漏也。爾等近已會上乘妙道，丹經比名喻象，要不外水火二物。到得水中火，火中水，水火不分，化成一氣，即金丹矣。要之，得丹不難，只須片晌之工，唯溫養此丹成聖為難。生須勉而行之。

【章旨】本章主要講兩層意思，前面是勉勵學生立大志願，證金仙果；後面是講煉丹中的水火的修煉功法與作用及其種種異名。

【注釋】❶人仙地仙　在內丹學文獻中，對成仙的等級有不同的劃分，如《鍾呂傳道集》分成鬼仙、人仙、地仙、天仙和神仙五等。人仙可以延年益壽，地仙長生不老但還不能飛升，神仙天仙才能神形俱妙，自由於天地之間。此處黃先生是勉勵弟子們取法乎上，樹立最大的志向。❷黃白之術二句　黃白術指外丹煉製黃金白銀的法術。外丹煉製的黃金白銀只是一種外觀上類似金銀的合金，稱為藥金藥銀，並不是純金純銀。外丹術相傳這種藥金藥銀五百年後即將脫去黃金白銀的外形，而暴露出其並非真金真銀的實質。所以說呂祖不願學此等法術，恐怕連累到五百年後的人。❸無非坎離水火　這是總說煉丹不外乎陰陽神氣的作用，坎離、水火、龍虎、鉛汞等都是陰陽神氣的種種異名。❹神水神火　本來神為火，氣為水，水火表示神與氣的相互作用。但在煉丹中無論是水也好火也好，都要通過真意的作用來調和，這樣當意識運用在煉丹中起到調和水的作用時，稱為神水；當意識的運用在煉丹中起到火的作用時，稱為神火。❺二八　舊制一斤為十六兩，二八即是兩個半斤，表示陰陽平衡。❻真一之精　指真水真火作用下所發生的先天元氣，與真一之氣同義。在先天，精氣神渾然不分的那個統一狀態，有時稱為真一之精，有時稱為真一之氣，有時稱為真一之神，這與後天的精氣神分開來講時是不同的。

【語譯】諸位學生要體會我的一片苦口婆心，趕快修煉成功，也好代為師廣行教化，而且也趁著現在大道廣為弘揚的時機，正好可以積功累德建功立業。要不然的話，錯過了這一次的傳道弘法的法會機緣，再要想有像今天這樣好的積功德的機會就難了。你們一定要立志成仙，而且要成大覺金仙，若是成人仙地仙，那個志向就還是屬於小志向；度人方面要做到普度世人，如果只是度一個兩個人修成神仙證成聖果，仍屬微不足道。要有這樣的大志向大願力，才算是大豪傑，才有大力量和大智慧。否則，即使位登上仙之列，也只能算庸庸碌碌之輩，不值得稱道。可是在一開始修煉的時候，我就把這個重點教給你們了，你們雖然口裡說得不錯，然而要在你們心裡追問個究竟，則還是恍惚飄渺，沒有一個鐵石心腸，做不到確切不移。一定要如上面所說立大志願，這樣自修，這樣度世，才能算得上是一個大丈夫，才沒有辜負天地父母君王師尊所給予我們的重託。

現在看來，你們修行的功夫程度雖然各不相同，但重要的是你們都各有所得，相信你們對我所說的大志願，已經能夠身體力行，一肩挑起這個重任毫不推辭了。我們可以看看當年純陽祖師呂洞賓初遇他的師父正陽祖師鍾離權時的事跡，當時正陽祖師要教他煉製金銀的黃白之術，而呂祖即不忍心連累五百年後的人到時因為所煉製的金銀不是純金純銀而上當受騙。後來玉液還丹修煉成就了，又發大誓願要普度世人，然後自己才飛升入仙界，由此可見呂祖的志願是何等的廣大了！真是千古以來志願最卓著的代表。你們如果樹立這樣大的志願，也就不用擔心修不到天仙的地位了。趁著現在大舉講道說法的時機，你們趕緊用功修持，則不難成道立德了。而且各位學生能修到今天這個地步，對於世間的名利恩愛等塵垢諒必已能看得破，打得穿，但還要加強用功努力上進，拋棄種種塵緣的拖累，能做到對塵緣無牽無掛自然就沒有影響修煉的障道因緣，就能夠一心一意專心致志地向道，如此就很容易修成功。

至於具體修煉的方面，說到底無非就是坎離水火。學道的人要想得到神水神火，首先必須要清靜心地淨化意念。這清淨兩個字，即是求得神水的方法。等修到意誠心正，一點私心雜念都沒有，這種狀態下自然能夠神遊於太虛之境，氣貫通於寂靜莊嚴的宇宙，我們就在這個時候開始將神光返照於身心虛無的境界中，這就是求得神火的方法。在神水的作用下所生的元精即是真水，在神火的作用下所顯現的元神即是真火，真水真火兩者相配合，火候恰到好處不寒不燥，真陰真陽初交所生的真陽之氣，又稱為龍虎上弦之氣就發生了。丹書上通常所說的「陰陽平衡，卯酉二八沐浴」，即是指這個時候。但是開始下功夫的時候，把心神清靜下來，一塵不染，這就是煉丹中的水，在這個清淨的境界中以真意在其中作主持，這就是煉丹中的火。這個過程中神氣兩者必須和諧統一不相妨礙，這樣水中就有神火生起了。至於以神光下照丹田，這是屬於火的作用，但也要在觀照時保持不急不緩的平靜心態，這樣就是火中有水。如此用火也好用水也好，都是從沒有思慮雜念的狀態中發出的作用，且保持在一種恬淡虛靜的意境中，只感覺到一股溫和滋潤氤氳活潑的真氣存於其間，這就是在真水真火的作用下鍛煉出了真一之精。這也就是丹書中所謂的「片晌虎龍頻鬥罷，奪得金精一點生」，這個過程只不過是一瞬間的事而已。

然而得到這個真一之氣雖然還算容易，但要保持它、涵養它則實屬難事。若不運行子進陽火午退陰符、卯酉沐浴的轉河車功法，不採用逆施造化的煉丹功夫讓它往上走，則這個真一之氣還只是像磚窯廠邊上的泥塑的磚瓦，還沒有經過烈火的鍛煉，一旦遇到大雨來了，這些泥塑的磚瓦仍將化為泥土。所以必須迅速採取這一點真陽之氣，讓它上升到泥丸上丹田，與泥丸的陰精相配合，然後容易往外飛馳的識神不往外飛了，容易向下走散的真一之氣不向下走失了，神氣交媾合一，合成神氣的結晶體，如同外丹煉出來的一塊紫金霜，這樣就不怕歷遭磨難曲折的考驗，而且愈經磨煉就愈堅固。

所以古人把從外面鍛煉得來的腎水中的真一之氣也即坎中真鉛比喻稱它為虎，因為虎的天性喜好傷人，難以馴伏，必須得到真汞來與真鉛相互交融合一，這樣才能使真氣不往下墮落，精血不向外散失。而泥丸之中的心中真神也即離中真汞則喻稱為龍，因為龍有奔走放逸的問題，不能很好地使它降伏，所以必須得到坎中真鉛來制伏它，如此則神沒有妄想雜念，精氣不向外發洩。這就是為什麼丹道中用龍虎這個術語的原因。至於又稱為鉛，是因為鉛易下沉而不能上升起來，這就用來比喻人身中的真氣，自從成年破體以後，日夜動淫生欲，精氣耗散，不能完固色身，必須得到元神這個汞火往下入於鉛水，然後鉛水得到火的鍛煉而化為一氣上升，所以不再往下走漏。你們近來已經領會到上乘妙道，應該知道丹經中的各種名詞術語，無非是一種比喻象徵的手法，其要旨不外乎是水火兩樣東西。煉到水中有火，火中有水，水火不分，化成先天一氣，即是金丹了。其中的關鍵要點是，得丹不難，只須一會兒的功夫，只是要溫養此丹以成仙成聖才是難事，你們大家必須勉力而為，盡心盡力去做。

【研　析】一個人的志願體現了他整個人生的大方向大目標，對他的人生的行為起著規範的作用。一般人沒有接觸到大道的修持原理與方法，他的整個生活目標局限在有限的自我欲望的滿足上面，他甚至無法想像還有超越世俗欲望的成仙成佛的可能性。能認識到世俗生活的虛幻，認識到自我永遠無法得到滿足，想要尋找永恆與超越的人生境界，這就向著修持大道的方向接近了。但一個人即使有向道之心，如果沒有真正的師父在傳道授法，接觸不到具體修持的原理與方法，則他也無法真正地走上修道的路。有機會聽聞到正法，有師父在指導你修煉，這時修道能否有成就全取決於你自己的發心和自己的努力了。樹立大志願是關鍵，大願引導一個人自覺地以最大的努力去實踐、去完成自己的理想，他會克服修煉道路上的各種困難，把全部的身心都投入到修道的事業中去。如果沒有大志願、大決心，視修道為可有可無的事，把修道只當成人生諸種事業之中的一種，甚至還不是最重要的一種，這樣的態度怎麼能修成大道呢？恐怕稍遇挫折就灰心喪氣了。所以所有的師父在傳道的時候，都會設法引導門徒拋下塵世的牽掛，全心全意地投入到修道之中，這樣才能先立其大者，取法乎上，修道一定會有所成。

丹道中講的水火是指腎中的精水與心中的神火兩者，在平常人的腎水容易下流而發洩，心火容易上炎而思慮紛紜，使心腎不交，水火不交。煉丹就是逆著常規的方向使腎水上升心火下降而水火既濟，這樣使精氣不向下流失，而心神不向外馳散。水火相交也就是身中真陰真陽相交，由此生出真一之氣，真一之氣為煉丹之大藥，得藥後開始行採藥、溫養、沐浴等功夫，轉化一身之陰，煉成不老之丹。但是，水火是從修煉的對象上來講的，從能修的主體上來講，水火的修煉其實都是神的不同的運用方式，水本身並不會能動地去作修持，雖然水對火會形成反作用，但這種作用是機械的、被動的而不是有意識的。所以在本章中黃先生用「神水神火」來說明水火的作用，這就是把水火兩者上提到能修的主體作用上來說，以清淨其神為水，以真意主持為火，這就是說在清淨其神的狀態下就有煉丹中水的變化與作用，在真意的主持與觀照下就有煉丹中火的變化與作用，但水火相交而生真一之氣的過程則還是真實的水與火、神與氣的相互作用，並不是清淨之神與真意之間這種神與神的相互作用。此點恐讀者搞混，特作如上疏解。本章最後講到丹道中的名詞術語如龍虎、鉛汞之類，其實都是水火坎離的異名，都是借用具體的事物的特徵來比喻陰陽神氣的性質。因此水火交媾也稱為龍虎交媾、取坎填離、抽鉛添汞等，總名為陰陽交媾。

太極開基章第三十

修煉一事，則無他妙，只是一個太極。若於虛極靜篤之際，實實有一段太和氣象，完完全全在我方寸，即得真一之氣，可煉天元神丹❶。何況玉液小果❷之修，焉有求之而不得、取之而不在耶？況此虛極靜篤，渾無物事存於胸臆之間，即吾人未生時此個真元心體在於虛空中是也。然此虛無一氣，實統天地人物而同歸。《中庸》云：「盡性而參天地。」孔子云：「修己以安百姓。」其道豈有他哉？不過此虛無中一點真氣為之感而遂通焉耳。人於虛無之氣果認得清楚、踏得實在，天下何事不可為，何人何物不可與哉？修道人於此一著要認得端倪，不許他雜，方算至清之水源，可以煉成仙丹者。雖然，即得此個真氣，還是渾淪完具，未曾剖開，猶不足取長生之藥，證長生之果，故道家又有性命雙修之說。到得虛無之極，忽然一驚而醒，一覺而動，太極開基矣，天地始判矣，而人物之生遂於此無窮矣。此時一覺而動，即太極動而生陽，陽氣輕清，上浮為天，如人之有性也。及至動極又靜，靜而生陰，陰氣重濁，下沉為地，如人之有命也。此天地一陰一陽，即人身一性一命。然但曰陰陽動靜，而無交合之道，則天地之生機不能暢遂，人身之生理斷難完成。天地必須一陰一陽相為往來，陰中含陽，陽中抱陰，方能成億萬年不敝之天地。人身亦必一性一命相為流通，以性攝命，以命歸性，方能成億萬年不死之人身。何也？天地一陰一陽交，而生機自暢，人身一性一命合，而生氣彌長。未有天地陰陽不交，而能生育無疆者，亦未有人身性命不合，而能長生不老者。總之，生等既明性命交會始產本來真種。真種者何？即虛無中一點元氣，亦即太和一氣。爾等如有不明，不妨求之冥漠無朕間，有一番中和趣味，有一點恬淡意思，身心爽健，臟腑安和，即真一之氣所在矣。夫人未有身時，得虛空此個真氣，而後投之父母胎中，借天地之靈陽，假父母之精血，而後無形生形，無質生質，十月落地下來，雖與父母分離，而天地一元真氣初未嘗與身離也。爾學道人須知，此個真一之氣，是天地人物之至寶，有之則生，無之則死。必於此真一之氣發動，不許他洩，務運子午河車，將來配合我後天虛無之性❸，合為一體，返還身中，而後長生可得。再加神火內煉，真息外行，內外交修，而神仙可證矣。尤要知此個元氣，無精粗表裡，無在而無不在，處處提防，外不遣言語應酬而洩氣，內不令夢遺交媾而漏精，如此無內無外，無大無小，無一處不施其工，始得聚積而成一洞神仙。不然，未有能成者也。不怕一，只怕積。信然信然。

【章旨】本章講煉丹全在太極的妙用，太極也即是虛無一氣。太極動而生陽靜而生陰，分出天地生出萬物，這個過程也類似於從太極中分出性命形成後天生命的過程。修煉即是通過性命交而回復太極之體，現出虛無元氣，再聚而成丹。

【注釋】❶天元神丹　在外丹中原有所謂的人元、地元、天元三種神丹之說，內丹借用外丹術語也有三元丹法之分。在內丹學中，人元丹法只能延年益壽，地元丹法可以長生不老，只有天元丹法可以神形俱妙，自由於天地之間。天元，可以理解為虛無道體，天元神丹即是虛無合道的神仙境界。❷玉液小果　玉液還丹的小成果。玉液，指煉精化氣或經過坎離交媾後口中所生甘甜的津液，將此津液吞入腹中可增進人體的陰陽平衡，促進身體健康。❸後天虛無之性　虛無之性本是先天的虛無一氣，當它落入後天人身時則在人身上體現為後天的虛無之性。它相對於後天人身還是屬於先天，但相對於生命未形成時的先天又成為後天。所以在內丹學中有多重先天後天的劃分，具有相對性。

【語譯】修煉一事，其實沒有別的奧妙，說到底只是一個太極而已。如果在修煉中進入虛極靜篤狀態的時候，實實在在體會到有一種太和氣象，這種與虛無之道和諧統一的境界完完全全體現在我們的方寸之心中，這就是進入到太極狀態，也即是得以和真一之氣相貫通，以真一之氣為基礎，可以修煉最上層的天元神丹。更何況玉液還丹這種較低成果的修煉，又怎麼會有求不得、取不到的呢？況且這個虛極靜篤，心胸之中渾無一點分別掛礙的意識狀態，就是我們後天生命尚未形成時那個存在於虛空中的真元心體的顯現。但這個虛無一氣，並不局限於在人身之中顯現，它其實是天地人物統一的本源。正如《中庸》所說：「充分發揮人的本性就可以參贊天地之化育。」孔子也說過：「修養自己的心性可以使天下的百姓得到安寧。」這其中的道理難道還有什麼別的奧妙嗎？不過就是這個虛無中的一點真氣在其中起到感而遂通的妙用罷了。人要是對這個虛無之氣果真認得清楚，且能實實在在地把握到，則天下又有什麼事不可作為，又有什麼人什麼物不能與他們和諧相處呢？修道的人對於虛無一氣這個煉丹的根本源頭要把它的微妙之處都認得清楚，不允許有一點後天識神雜念與濁氣的混雜，才算得上是煉丹的最清的水源，才是可以從中煉成仙丹的丹藥。

雖然說這個虛無元氣是煉丹之本，但是即使得到這個真氣，也還只是渾淪未分原始的抽象的統一狀態，沒有經過與人體生命相結合的具體化現實化過程，還不足以從中採取長生之藥，證得長生之果。這個先天一氣與後天生命相作用相貫通的具體化現實化的過程，就是後天之命與先天之性相統一的過程，所以道家又有性命雙修之說。當虛無的無極狀態到達極點的時候，就從無極而太極，再從太極中忽然一驚而醒，一覺而動，這就是從太極狀態中開始分出陰陽，形成了天地的分立，然後人與萬物都從中生出來而起無窮無盡的變化。此時的一覺而動，就是太極動而生陽，陽氣輕清，上浮為天，這就如同一個人的「性」的形成。等到動極而靜，由靜而生陰，陰氣重濁，下沉為地，這就如同一個人的「命」的形成。這個天地的一陰一陽，就相當於人身的一性一命。然而如果只說陰陽動靜，而沒有陰陽動靜的相交融合之道，則天地的生機不能暢通無阻地實現出來，人身的生養之理也肯定難以完成。天地之間必須有一陰一陽相互發生作用，循環往來，陰中含陽，陽中抱陰，這樣才能形成億萬年不敗壞的天地。同理，人身也必須一性一命相互流通，以性來統攝命，以命來歸於性，這樣才能成億萬年不死的人身。為什麼呢？天地一陰一陽相交，然後萬物的生機自然暢通，人身的一性一命相交融合，然後人的生氣才能悠長。不可能在天地陰陽不交的情況下，還能使萬物生育無疆，也不可能在人身性命不相交合一的情況下，還能使人長生不老。

總之，你們就是要懂得只有通過性與命的交融才能顯現本來就存在的先天真種子。這個真種子是什麼呢？也就是虛無中的一點元氣，又稱為太和一氣。你們如果對這個虛無元氣還有不明瞭的地方，不妨這樣去體會它：當你進入杳冥寂靜廣漠無際的狀態，此時有一番中正和諧的趣味，有一點清淨恬淡的意境，身心清爽健康，四肢臟腑平靜祥和，這種狀況其實就是真一之氣在其中起作用了。實際上在人還沒有這個肉身時，就是得到虛空中的這個真氣，然後投奔到父母胎中，憑藉天地所賦的靈陽之氣，假助於父精母血，而後才從無形中生出形體，從無質中生出材質，經十月懷胎落地生下來，此時雖然與父母分離開了，但這個天地一元真氣最初並沒有與人身分離過。你們這些學道的人必須知道，這個真一之氣，乃是天地人物的至寶，有它則生，無它則死。務必要在這個真一之氣發動的時候，不要讓它發洩掉，一定要運行子午河車的周天功法，把它收攝上來與我們的後天虛無之性相配合，神氣合為一體，再返還於人身之中，然後長生就可實現了。再從裡面加以神火鍛煉，以真息在外面運化，這樣內外交修，神仙就可以修成了。

尤其要知道這個元氣，沒有精粗之分，沒有表裡之別，它一無所在而又無所不在。因此必須處處提防，隨時用功，從外在表現上說不能因為說話應酬而使真氣洩漏，從內在表現上來說不要因為夢遺性生活等而漏精，這樣無論是內還是外，無論是大還是小，沒有一個地方不下功夫，才可以使得真氣聚積而修煉成某一洞的神仙。要不然的話，真氣處處發散掉，沒有一個能成功的。所以說「不怕一，只怕積」，修煉不是一次猛下功夫就可成功的，靠的是長期的積累，這個道理不容置疑啊！

【研析】道教內丹學所說的「虛無一氣」不僅對丹道的修煉有特別重要的意義，而且在與其他宗教傳統的修煉方法的比較方面也有著特殊的地位。一般來說，每一種宗教傳統都有其代表最高存在的本體概念，這個最高存在是終極的實體，是萬事萬物所以可能的依據，但它又不與萬事萬物中的任何事物等同；它普遍於萬事萬物之中而又超越於萬事萬物之上。它是宗教信仰崇拜的對象，又是宗教實踐的歸宿。這個最高的存在是無限者、永恆者、絕對者，在它之上找不到更高的實體，在它之後找不到更本質的依據。道教以「道」來表示這個最高的存在，一切修煉的目標都是為了最終與道相統一，回歸道體的無限之中。道作為最高存在是無法以有限的語言加以表述的，在道之中當然有無限的可能。從修煉的更加直觀具象的角度，道在內丹學的修煉中被形容為虛無一氣、真一之氣或先天一氣等，這個虛無一氣的「氣」當然不是與「神」相對待的「氣」，不是「精氣神」當中的「氣」，而是表示一種無形象、超時空的本源性的存在，勉強可說為一種「宇宙統一場」。這個虛無一氣本是無處不在無時不在的，那麼修行與不修行之間又有何不同呢？在不修行的人中虛無一氣對他而言沒有顯現作用，他只是生活在他自己的後天有形的世界中，他遺忘了自己的本性的存在，雖然他本來是無限的、與道相通的，但他把自己看成是有限的存在，並為此而生煩惱與痛苦。而對修行的人而言，他首先最重要的就是在虛靜狀態中覺知到真一之氣的存在，也就是讓真一之氣在他身上發生現實的作用。丹道的獨特之處在於，這個虛無一氣既是本體性的存在，又可以轉變成具體的存在，它還是煉丹之藥，可以凝聚成丹。在這個意義上，虛無一氣並不是純粹的先天虛無的道，它還是轉化後天精氣神、促進生命的身心和諧天人合一的能量源泉。內丹學把先天和後天、性與命兩者緊密地結合起來，既要從後天的生命狀態的調整中現出先天之境，又要以先天的虛無一氣來昇華融化後天生命，最終使後天融合於先天，身心返還於虛無。在這個先天後天綜合的修煉過程中，先天一氣因為掛搭在後天的精氣神上來說，因而又有了較具象化的描述，似乎又成了可有可無、可多可少的存在，此點在丹道文獻中也沒有加以詳細的分梳，有時給人以混亂之感。實際上，虛無一氣本身是一種無限的存在，是不增不減的、不生不滅的，但對人而言它的顯現、它的作用是有生有滅、有增有減的，這個生滅增減是因著後天精氣神的生滅增減而有的，所以才有所謂的保護真一之氣不使之洩漏的說法。以虛無一氣為煉丹之根本，這突出了丹道注意身體的昇華、注重精氣的修煉的特色，而不是像有的宗教那樣完全排斥身體的修煉，直接覺悟無限的本性。但是如果過分地強調以虛無一氣來昇華後天精氣神，也可能會有執著於後天色身修煉的偏差。因為最後的超越必定是從有限進入無限，後天有限的身體及有限的自我都是要徹底超越的。關於虛無一氣的修煉與主體之能的覺悟兩者的關係，請參看本卷「陽火陰符章第二十二」的研析部分，此處不再加以闡述。

卷三

單傳直指章第一

自古師尊傳道，鮮有如吾今日之單傳直指，必抉至十分透徹，不留一線餘蘊者。是豈前聖之不能傳哉？亦由時勢之各異耳。迄今人心陷溺，世道澆漓，大道之微存者幾希，世教之壞，危於累卵。其沉溺於記誦詞章❶者無論矣，即有篤志聖學，身體力行，直至三五年之久不得真樂，甚有童年講學，皓首茫然而不知其底蘊、嘗其旨趣者。雖由習染既深，錮蔽日久，後天氣質之性、物欲之情竟視為固然，而要皆由於教養之大壞，不得其真際有以致之也。或曰，四書五經之解，諸子百家之注，邇來汗牛充棟，較前代為過焉，烏得謂教之無術？府廳州縣之學校，黨庠術序❷之師承，當時遍滿天下，較古昔猶多焉，何謂養之無所？嗚呼，是不知道之所以然，雖讀盡五車，無益也；不明教之所從來，雖講席萬座，何裨焉？故言愈多而道愈晦，師愈繁而教愈紛矣。夫以其無承道之人，影響之談，依稀之論，非徒無益，而又害之。俗云：「要知前途三叉路，到此須問過來人。」知不真者，雖多言而何益？行不至者，縱明示而皆非。以故世衰道微，上下皆馳於名利之場，鮮有知仁義之德是吾人真樂地者。嗟乎，道之不行，由於道之不明，亦因道之不明，愈見道之不行。吾師目擊心傷，不忍大道廢弛以至於此極也，所以此次所傳，必如老吏斷獄，不窮究到底而不已。諸子幸遇其際，其前緣前根已結之有夙矣。雖然，不聞吾教誨、得吾提撕，縱諸子夙根未壞，靈性尚存，三五十年亦不能洞徹本原，返還性天也。倘若功未積，德未累，即日夜講論直至終身之久，亦無豁然貫通了道成真之一候。故吾師傳道，必以立功立德為首務，否則，魔障難消，修持多阻，不知者反以吾道為非真。吾師此山設教，其得吾真傳者僅有數人，人才之難如此！孟子曰：「得天下英才而教育之，三樂也。」[3]吾深信其語矣。如爾數人，個個皆有根緣，人人皆重德行，所以其言易入。若非諸子數人，吾教終成畫餅。某生心力俱疲，已得三昧真火，但候功圓行滿，爐火純青，方能跳出迷津，直超彼岸。某生再加猛烹急煉，亦必丹成有象，其樂無窮，回視聲色貨利與夫恩愛之鄉，皆孽網情羅，了無足係其心者，此為得道之真驗。若夫大丹無形，大道無象，或有或無，人不可得而見，即己亦不可得而知。唯有塵世尊榮之事，室家之好，平日所最係戀者，於此有得，重於此，自然輕於彼，樂於此，自然惡於彼，有不期斬除而自然不介意者，此真融融泄泄、大道有得之真驗也。吾今叮嚀告戒，欲求超脫紅塵，誕登彼岸，得孔顏之真樂，為天地之完人，其必先行布施，廣行陰騭，上格蒼穹，而後冤累全消，庶無阻撓。故曰：「凡俗欲求天上寶，隨時須舍世間財。」又曰：「若使凡夫能知得，天上神仙似水流。」甚矣哉！道雖大公無私，然亦不許匪人得入也。此豈天之有私耶？若不如此，善惡何以分明，報應何以昭彰也？某生見已及此，但未至於熟耳。若到純熟，其樂不可名言，始知古人殺身成仁，舍生取義，人所視為畏途者，彼皆視為樂境也，又何況其小者外者耶？學人必到此地，方能淡得紅塵。諸子捫心自問，然歟？否耶？

【章　旨】本章強調黃元吉此次傳道乃是千古難得的大道真傳，把最究竟、最根本的奧祕都無保留地講出來了，與社會上一般的講學是完全不同的。並勉勵幾個親近的弟子進一步用功，以立德立功為首務，修成無象大丹，自然超越紅塵。

【注　釋】❶記誦詞章　背誦古人的詩文，熱衷於文學。文學的興趣屬於外圍的興趣，它只是使生命得一娛樂的形式，而與生命的大道沒有必然的聯繫。❷黨庠術序　指各級各類的學校、團體。黨，學術團體。庠，學校。術，學術機構。序，鄉校。❸得天下英才而教育之二句　《孟子・盡心上》：「君子有三樂，而王天下不與存焉。父母俱存，兄弟無故，一樂也。仰不愧於天，俯不怍於人，二樂也。得天下英才而教育之，三樂也。」

【語　譯】自古以來的師父在他們傳道的時候，很少有人像我今天這樣如同一脈單傳一般直指大道與人心的根本，而且一定要分辨得十分透徹，全盤托出不留一點餘蘊。這難道是以前的聖人沒有能力這樣傳道嗎？只不過是因為各人所處的時代形勢不同而有不同的傳道方式罷了。

現在這個時代人心陷溺於物欲之中，世道混亂不堪，生命的真理大道還稍微保留下來的已經很稀少了，而世間的文化教育變質敗壞，已經到了比一堆容易摔碎的雞蛋還要危險的地步了。那些沉溺於背誦記憶古人的文句從事於詞章之學的人就不必談了，就是那些專心於聖賢之學而且身體力行的人，也一直學了三年五年之久仍然得不到聖賢境界的真樂處。甚至有些人從童年起就開始學習研究聖賢之學，到了晚年白髮蒼蒼時還是茫然而不知聖學的底蘊，沒有體會過聖賢境界的旨趣。這雖然一方面是由於後天的染汙習氣已經太深，真性良知被覆蓋遮蔽的時間太久，以至於把後天氣質之性、物欲之情竟然當成是人性所固有的，但更重要的都是由於社會的教養環境已大大破壞，使人們得不到大道的真理與正傳，才造成了這種可悲的局面。

有人也許會說，我們這個時代對四書五經的闡釋，對諸子百家的注疏，其著作至今已經汗牛充棟了，比前代還要多，怎麼可以說教育上沒有方法失敗了呢？府廳州縣、黨庠術序各級各類的學校、團體，其師生相承，當時遍滿天下，比古時候還要多，又怎麼能說沒有地方可以接受教養呢？可悲可嘆的是，像這樣不知道什麼是大道的真諦，即使讀盡了五車之書，也沒有什麼好處；不明白教化所得以產生的根源即聖人的境界，即使有千萬人在講學論道，又有何益呢？所以言論著述越多而道反而越晦暗不明了，講道的老師越繁雜則教導也越紛亂。因為沒有能真正傳承大道的人，那種道聽塗說的影響之談，似是而非的依稀之論，不但是沒有什麼益處，反而對人有害。俗話說：「要知前途三叉路，到此須問過來人。」若是沒有親證聖人的境界，則其所知不真，這樣的人即使言論著述很多又有何益呢？在實踐上沒有到家的人，即使明示大道，也都是有問題的。正由於這個緣故，導致了世風敗壞大道衰微，上上下下都奔馳於名利之場，很少有人能覺悟到仁義的道德境界才是我們的真正的安樂之地。可嘆啊！大道不能推行，是由於大道沒有普及講明；而正因為大道沒有講明，又進一步導致了大道不能廣泛推行。為師看到這種情況深感痛心，不忍心大道被廢棄到這種田地，所以這次傳道授法，一定要像老練的辦案人員斷案那樣，不把問題窮究到底徹底弄明白決不罷休。

你們這些人有幸趕上這個機會能參與法會，也是前世種下的深厚善根與宿緣。雖然有這個宿緣善根，如果沒有聽聞到我的教誨，得到我的點撥提攜，即使大家的往世宿根沒有失掉，那分靈性仍然存在，但可能經過三五十年都不能徹底洞達本源，返還先天的本來面目。假使沒有積功累德，即使日夜研究討論直至一輩子那樣久，也沒有豁然貫通了道成真的時候。所以為師傳道，必以立功立德為第一要務，否則魔障不易消除，修持多有阻礙，致使不明真相的人還以為我們所傳的大道為不真。

為師在這裡傳道設教，真正得到我的真傳的人只有少數幾個人，可見要得到真正的人才就是這樣的難啊！孟子曾說過：「得到天下的英才而教育他，是人生的第三大樂事。」我現在對他的話算是有深刻的體會了。如你們這幾個人，個個都有慧根宿緣，人人都看重道德品行，所以我說的話容易聽得進去。如果沒有你們這幾個人，我的教化工作最後也只成了畫餅充飢而已。某某學生用功很緊，心力均已疲倦了，目前已得到由深入的定境所生的三昧真火，但還要等到功德善行圓滿，爐火純青，才能跳出迷津，直接到達超越性的彼岸。另一個學生某某再進一步加強猛烹急煉，也一定會有煉丹成功的跡象，那時其樂無窮，再回過頭來看世間的聲色貨利以及恩愛之鄉，都只不過是一些冤孽情債的羅網，一點也不能再使他有所掛懷了，這種境界就是得道的人的一種真效驗。至於修道到了大丹無形、大道無象的境界，或有或無，別人是無法看得見的，就是自己也不得而知。唯有從他的精神境界上可以觀察得到，對塵世間所認為的尊貴榮耀的事，家庭妻室的美好，這些平日裡所最眷戀而放不下的，於修道有得的人，因為看重修道這一方面，自然就會看輕塵世那一方面，在修道中得到了超然的快樂，自然就對世間的享樂不感興趣了，對世間種種恩愛塵情有一種不需要自己主觀上期望去斬除而能夠自然而然地不再介意的效果，這才真是修煉到身心融融能量充滿而大道有得的真效驗啊。

我現在對你們再三叮嚀告誡，想要達到超脫紅塵，勝利地到達得道的彼岸，得到像孔子顏回那種聖人的真快樂，成為天地間的完人，就一定要先廣行布施，廣積陰德，這樣感動上蒼，然後冤家宿債才能全部消除，修煉才會沒有阻撓。所以古人說：「凡俗欲求天上寶，隨時須舍世間財。」又說：「若使凡夫能知得，天上神仙似水流。」這意思是說，要得到天上的珠寶，就須捨棄世間的錢財，如果凡夫都能知道煉丹修道的祕訣，那天上的神仙就要多得像江河的水流了。這是很重要的啊！道雖說是大公無私的，但也不允許無德的匪人得以進入。這難道是上天有私心嗎？如果不是這樣，善惡又怎麼區分開來，因果報應又如何得以表現呢？這就是顯示積德行善的重要性。某某學生在思想上已經認識到這個道理了，只是在行動上還沒有完全熟練罷了，若到了完全成熟的境地，那種快樂真是不可用語言來表達的，才知道古人殺身成仁，捨生取義等種種仁義之舉，在一般人都視為可怕畏懼的行為，而得道的人都看作是樂事一件，這些人連生命都可以置之度外，更何況那些更小的事，身外的事，又怎麼會放不下呢？學道的人一定要到這種境地，才能真正把紅塵看淡了。你們大家捫心自問，是否是這個道理呢？

【研　析】一般地，每一個真正的師父在傳道的時候，都會強調自己的獨特性，強調機會難得，這樣才能引起弟子們的高度重視。雖然黃元吉的講道的確不同凡響，深入淺出，剖析精微，但也並不是說自古以來別的師父傳道就有所不及，實際上是各有獨到之處，而且都是針對不同的時代機緣所作的不同的示現。

在本章中，黃元吉批評了當時文化學術界的時代風氣，要麼是流於詞章之學，文章只是載道的工具，如果沒有道的精神，那麼沉迷於文章之學則只是一種捨本逐末的個人愛好而已；要麼是雖有志於聖學，但不得大道真諦，也只是在表面上讀讀聖人的書做點聖人的學問而已。雖然社會上流行的各類學術著作汗牛充棟，大大小小的學校書院也不少，但缺少有真修實證的師父，不能明白大道的精髓，不能體會聖人的真境界，則眾多的著作與講論也只會增添迷惑而已。這說明大道之學是一種有關生命境界的實踐的學問，而不僅僅是一種外在的客觀知識，它不能當成一種外在的附加在生命之上的東西被傳遞，而是要從主體生命的實踐上去體證顯現。要掌握這種生命的學問，不僅是理性上、知識上的了解，更要求具備內在的相應的素質。離開了證道的師父和學道的弟子，僅僅是外在的知識性的討論是沒有用的。

需要說明的是，黃元吉把丹道之學與儒家聖人之學相提並論，都視為大道的真傳，因此在《樂育堂語錄》中常常引證孔孟聖人之言。廣義的聖人當然是不分儒家道家的，可以把聖人當成一種理想人格、最高境界的代名詞；但一般地，聖人多指儒家的理想人格，而道教則用神仙來代表其最高的生命境界。在本書中，聖人、真人、神仙都不加嚴格的區分，同是體道證真的理想境界。

《論語》中曾記載，孔子自己「飯疏食飲水，曲肱而枕之，樂亦在其中矣！」，並稱讚他的學生顏回說：「賢哉！回也。一簞食，一瓢飲，在陋巷。人不堪其憂，回也不改其樂。」顏回在貧困簡陋的生活中依然不改其樂，深得孔子的讚賞。後來宋明理學家提出了「孔顏樂處」的命題，用以追問聖人境界到底所樂何事？當然不是因為貧困本身有何可樂，而是在聖人的超越境界中，已經擺脫了世俗事物的得失比較，他們的快樂並不來自於任何有限的事物或感官的刺激，而是在他們體道的境界中，超越了世俗的榮辱得失，而在無限的道中自在快樂。這種快樂不需要任何條件，不依賴於任何對象，它就是道本身的快樂。黃元吉接著理學家的這個話頭，強調真正得道的人由於體會到道的快樂，自然就能超越人世間的恩愛名利；而要修成大道，又要從積德行善開始做起。並不是人人都能輕易地修道得道的，這需要功行的積累，需要有善根宿緣，黃元吉認為自己雖大力弘道，但真正能得到他的真傳的也就是幾個人而已，所以深切體會到孟子所說的「得天下英才而教育之」的快樂以及修道人才之難得。

虛實兼賅章第二

天地之要，別無妙義，總不過一虛盡之。如能於虛處把得定，立得穩，自然日充月盛，學緝熙於光明，夫豈但六通[1]具足已哉！雖然，以言其體，則本虛也，因有生而後，氣拘物蔽，如一空屋本自闊然開朗，只為陰渣塵垢間之，則開朗者不開朗矣。以言其用，則又至靈，只緣習染塵垢，猶金之陷於泥沙，則光明者不光明矣。所以吾道教人，不外虛實兩字。即如水底金生[2]，有蓬勃氤氳之狀，此實也。而上升下降，聽之自然，出以無心，則實也而虛之矣。又如靈陽一氣原無聲臭可言，此虛也，而彼此感召，自歸爐鼎，煉成胎嬰，則虛也而實之矣。如此虛中實，實中虛，才是成仙證聖之本。無奈今之人知養虛靜，而即著於虛靜一邊；只知踏實，而又著於踏實一邊。此為泛泛之虛，非真真之虛；為死死之實，非確確之實。何也？道本無名相也，無方所也，必要以無方無所而又似有方所行之，方合虛實兼賅之妙。彼執無著有，雖所墮不同，要皆同此一病，非大道之微妙。諸子以吾師今日所示為本，庶幾越坐越妙，愈久愈融，不似前此之打坐不久而神氣即倦矣。設或稍生怠弛心、厭煩心，不須向他處去求，只自問心之虛與不虛，氣之實與不實。如或太虛，虛而無著，勢必心神飛越，遊思雜念因無著落而起矣。抑或踏實，實而不空，又如肩挑背負、手持而足行者，終日終夜，永無息肩駐足，安得不困苦無聊、倦怠不堪乎？總要知虛也而我無意於虛，實也而我若忘其實。

如此行持，即孟子云：「若禹之行水也，行其所無事也。」唯其無心於事，自然無事於心，則神不勞擾，氣不累贅，打成一片，自然神融氣暢，心曠神怡。如此久行，未有不得其旨趣而不能耐坐者。總在諸子心領神會，不許一念之非據我靈府、亂我心性，得矣。諸子近造吾道，已得三昧之真，只為用火採藥多著於實一邊，因之不見趣味，故坐久而生厭倦。唯其道不合於虛無，即不似我本來物事，無怪乎氣血不流通，坐久而身體俱痛，難以終一周也。煉丹之道，先要踏踏實實，從守中做起，然後引得本來色相出來。苟不踏實，何以凌空？故三丰云：「凝神調息於丹田之中。蓋心止於臍下曰凝神，息歸於元海曰調息，守其清淨自然曰勿忘，順其清淨自然曰勿助。」❸如此久久，心神暢遂，氣息悠揚，不假一毫人力作為，自然神無生滅，息無出入，俱是安閒自在。斯時也，始將不神之神、無息之息，隨其自運，聽其往來，一若我與神氣融洽為一，又若我與神息兩不相關，此當放下又放下，而後陽生有象矣。到得陽生，我即收歸爐內，顛倒逆用，返還造化，以成無上極品金仙。是故用力者，概不是道；不用力，亦不能自成。須用力於前，順行於後，所謂「盡人事以聽天命」❹者，是其旨矣。諸子近來工夫，當用力處，倒還知得；至於不當用力的，一味聽之自然，這就大錯，知否？昨日聞生言神靜氣調之會而有心神攪動、不肯皈依之狀，此非神之動也，乃氣機未到自然，不免在心中衝突。此無他法，唯有坐鎮主人，一靈獨照，管攝他，不許他妄走，調和他，不使他不安，久之氣一靜，神自恬，安有心神出入之患哉？又言天心為主，元神為用者何？天心即寂然不動之中而有一個主腦，元神即感而遂通之後並不知所從來。此皆自然而然，一靈炯炯，萬象咸空，雖日用百端，而天心元神究不因之有加損也。生能識得這個消息，始知煉我虛無之陽，以為我成仙證聖之本。噫，此個天心元神，修行人鮮有能識其真者。須知無時不在，但將萬緣放下，而我之主宰自若。即私欲滿腔之日，而我之主宰亦自若，不過因物欲而偶蔽耳。在初學之士，未得神清氣爽，雖有天心元神，尚未十分透徹。我今示爾。唯於寂然不動中，而有一個主宰，不令外來之物紛紛攪擾，即煉我之天心也。及至感而遂通，亦要有個主宰，勿令我之靈陽被物牽引而去，即煉我之元神也。焉有不日積月累，而成一極品之神仙哉！總之，學者下手之初，須如血戰一般，一棒一條痕，一棍一點血，用十分氣力，然後有得。否則，因循怠玩，一暴十寒，未有能成者也。吾師此日所言，句句是切近工夫。但要耐煩辛苦，自家猛勇精進一番，然後澄之又澄，靜而又靜，不覺恍惚杳冥，真陽發生，而人如癡如醉矣。

蘊蓄久之，自有真人出現。豈若旁門小術徒固陰精以成幻相之神者哉！

【章　旨】本章講煉丹之道是虛中有實、實中有虛的虛實兼賅之道，前一部分是講虛實之間的辯證統一原理，後一部分講這一原理在具體煉丹過程中的體現及運用。

【注　釋】❶六通　得道聖者所具有的神通，有六種：即天眼通、天耳通、他心通、宿命通、神足通、漏盡通，又稱六神通。❷水底金生　腎水中真陽之氣發生。金，真陽之氣。❸三丰云等句　這段話基本上是張三丰的原話，但黃元吉只是在講課中隨手引用，並不是引經據典著書立說，所以與原文難免會有所出入。張三丰《道言淺近說》：「心止於臍下曰凝神，氣歸於臍下曰調息。神息相依，守其清淨自然曰勿忘，順其清淨自然曰勿助。」❹盡人事以聽天命　原意是盡一個人的能力去完成人事上的工作，但最後能不能實現目標則不是一個人的主觀願望所能決定的，只要自己盡力而為，結果則交由上天來決定。此處是指在煉丹過程中先要用力下功夫，到一定的時候則放下用力而純任自然，這個從有為到無為的過程。

【語　譯】天地萬物的根本奧祕，別無妙義，總歸不過一個「虛」就可以窮盡它。如果能在那個虛的境界中把得定，立得穩，與虛境相作用、相統一，自然會日充月盛，安寧祥和的境界一天天地積累增長，終至於大光明之境，又何止限於六通具足的神通境界呢！不過雖然說只是一個虛，但這個虛有體有用。從虛的本體一方面來看，則我們生命在其本源處原本就是一個虛，只是因為有了後天生命以後，受到後天氣質的束縛和物欲的遮蔽，而顯得好像不虛了，就如一間空屋原本是空闊開朗的，只因為種種陰渣之氣塵垢之物充塞其間，致使原本開朗的空間不再開朗了。從虛的作用一方面來看，則這個虛又是最靈妙的，只是由於沾染了後天的習氣塵垢，才使它的靈妙作用不能顯現，就好像金子混雜於泥沙之中，使金子原有的光明不再顯現出光明了。

正由於這個道理，所以我們丹道教人修煉，也不外是虛與實這兩個字。就拿水底金生陽氣發動這個現象來說，此時有一種蓬蓬勃勃氤氤氳氳的氣機狀態，這是屬於實的一面。而在真氣上升下降的過程中，聽其自然，出於無心，不加干擾之念，則屬於在實中以虛處之，是實中之虛。再比如靈陽一氣原本是沒有聲色感覺可言的，這是屬於虛的一面，而在煉丹過程中彼此感召，使靈陽一氣自然歸於爐鼎，而煉成胎嬰，則屬於在虛中以實感之，是虛中之實。像這樣虛中有實，實中有虛，虛而實之，實而虛之，才是成仙證聖之本。無奈現在一般修道的人要麼是知道要養虛靜，然後就執著在虛靜一邊，要麼是只知踏實，而又執著於踏實一邊。這樣的虛只是泛泛而談的虛，不是真真確確的虛；這樣的實只是死死執著的實，不是真真確確的實。為什麼呢？道原本是無名無象，也沒有大小方所的，但這個虛無之道要在人身上體現出來，就不能僅僅執著於虛的一邊，一定要以無方無所而又好似有方所這樣的方法去修道，這樣虛中有實，實中有虛，才合虛實兼賅之妙。那些執著於虛無的也好，執著於實有的也好，雖然所執著的一邊不同，但其根本都是同一個割裂虛實的毛病，這不符合大道的虛實相兼的微妙。

諸位弟子以我今天所講的虛實兼賅的道理作為修行的根本原則，這樣才能在靜坐的時候越坐越妙，時間越久就越覺得身心融融，不再像以前那樣打坐不久神氣就疲倦無力了。假使在靜坐時可能會稍微生起倦怠散亂的心或厭煩心，此時不需要向別的地方去尋求解決問題的辦法，只需要問一問自己，心是虛還是不虛，氣是實還是不實。如果太過於虛，以至於虛而無著落，勢必造成心神散亂飛馳，這樣遊思雜念就因虛無著落而生起來了。又或者偏於踏實的一面，實而不空，這又像是肩挑重擔背負重物，手裡拿著東西而用腳行走的人，整天整夜，永遠沒有把擔子放下而停下來歇歇腳的時候，這樣怎麼能不困苦無聊、倦怠不堪呢？總歸是要知道在虛中而我無意於虛，虛而不執於虛；在實中而我好像忘掉了這個實，實而不執於實。能如此行持用功，就是孟子所說的：「如大禹治水，只是順其自然，在行事中又好像沒有做什麼事一樣。」只要能無心於事，自然就無事於心，如此則能使神不受打擾不感到勞累，使氣不昏滯所以不成為心的累贅，這樣神氣打成一片，自然神融氣暢，心曠神怡。如此久久地修行下去，就沒有因得不到修道的旨趣而不能耐煩久坐的。總歸在你們要心領神會，不允許有一個錯誤的念頭占據我們的心靈世界、擾亂我們的心性，這樣就可以得其真義了。

你們幾位近來修煉我所傳的丹道所達至的程度，已經得到了虛靜境界的三昧真火，只是因為在用火採藥時多著於實一邊，過於用意而不能做到虛無自然，因而不能體會到修道的趣味，所以坐久了就易生厭倦。正因為修道不合於虛無，因而這種狀態就不能與我們先天本來面目相近，也就難怪會氣血不流通，坐久了則身體到處都酸痛，難以堅持坐完一次修行的完整程序。

煉丹之道，先要踏踏實實地用功，從守中開始做起，然後才能引出先天本來面目。如果不經過踏踏實實的用功，又怎麼能無端地進入虛空之境？所以張三丰祖師在講到下手功夫時說：「凝神調息於丹田之中。心專注於臍下丹田稱為凝神，息息歸根於臍下元海稱為調息，保持清淨自然的狀態是勿忘，順其清淨自然則是勿助。」這樣久久地做功夫，逐漸地心神寧靜舒暢，氣息平靜悠揚，不需要借助一絲一毫的人力作為，自然達到神無生滅，息無出入的地步，全部的身心都是安閒自在的氣象。只有到這個時候，才不需要用力，只是將不神之神的元神、無息之息的真息，完全隨著它們自己運作，聽任神息的自由往來，一方面好像我與神氣完全融洽為一，又好像我與神息的運化兩不相關，此時應當放下又放下，然後就會真陽發生而顯現出跡象了。等到陽生之後，我即收歸爐鼎之內，讓真陽之氣顛倒逆用，升上泥丸，返還造化，轉化一身陰滓，以煉成無上的最高品級的大覺金仙。所以說凡是用力的修煉，都一概還沒有入道；而不用力，道也不能自動達成。必須在前面用力做功夫，在後面不再用力而順其自然，所謂的「盡人事以聽天命」，就體現了這個宗旨。你們近來做功夫，應當用力的地方，倒還能知道；至於不當用力的地方，就一味聽之自然失去主宰，這就大錯了，要在無為之中觀照不失，知道嗎？

昨日聽某生說他在神靜氣調之時有一種心神攪動、不肯安於當下的情況出現，這並不是心神在擾動，實際上是氣機還沒有調和到自然，因而不免在心中造成衝突。這種情況沒有別的辦法，唯有保持元神作主，一靈獨照，用真意管攝它，不許它亂走亂動；調和它，不使它擾動不安，時間一久等氣一靜下來，心神就自然恢復寧靜安然，怎麼還會有心神出入的問題呢？

我們又說在煉丹中要以天心為主，元神為用，這又是什麼道理呢？天心就是在寂然不動之中而有一個起著主導功能的意識中心，元神即是在感而遂通之後並不知它從哪裡來的這種自然的感通作用。這個起主導功能的天心和起感通作用的元神都是自然而然的，只是一個虛靈明覺在炯炯地起作用，而宇宙萬象咸歸於空寂，雖然在日常生活中行為百端，但這個天心元神終究不會因此而有增加或減損。如果你們能識得這個天心元神的消息，才能懂得如何修煉我們的虛無之陽，以作為我們成仙證聖的根本。令人感嘆啊，這個天心元神，修行人中很少有人能領悟到它的真面目。須知天心元神無時不在，只要將萬緣放下，那麼我們生命的這個主宰自然如如地存在。即便是私欲滿腔的時候，我們生命的這個主宰也還是自然如如地存在，只不過因為物欲之私而暫時把它遮蔽了而已。在初學的人那裡，沒有修到神清氣爽，雖有天心元神，但還不能十分透徹地顯現。我現在指示你們，只要在寂然不動中，保持有一個主宰，不讓種種外來之物不斷地干擾影響我們的心，這就是煉我們的天心。等到與物相觸感而遂通，這時也要有個主宰，不讓我們的靈陽之氣被外物牽引而失去，這就是煉我們的元神。這樣靜也有主宰，動也有主宰，又怎麼不會日積月累，而修成一個最高品極的神仙呢！

總之，學道者在下手用功之初，必須如同兩軍血戰一般，一棒一條痕，一棍一點血，用盡十分的氣力，然後才可能有所進展。否則，因循守舊，懈怠遊戲，一曝十寒，這樣修煉不可能會有修成功的。我今天所說的，句句都是切近的功夫。只要能耐煩辛苦，自己勇猛精進一番，然後把心地打掃得澄之又澄，靜而又靜，不覺進入恍惚杳冥之境，而使真陽發生，整個人如痴如醉了。在這個狀態下涵養蘊蓄的時間久了，自然會有真人出現。怎麼能像那些旁門小術一樣，只知道固守陰精而修成後天幻相之神呢！

【研　析】內丹學中虛與實的關係，其實也包含了先天與後天、性與命、神與氣等對待的關係。內丹學的一個根本特色就在於內丹學要統一虛與實、先天與後天、性與命兩者，不孤立地強調其中的某一個方面，所以內丹學的核心理論就是虛實兼賅、性命雙修、神形俱妙。虛本身不是一種消極的一無所有的虛，虛只是形容道體的廣大深遠，無形無礙，但虛之中有真實的能量、無盡的妙用，虛中蘊實。虛和實不是截然對立的兩種不同的存在，虛是一切具體事物所以生成的根源，虛中蘊含有萬象生成的無限可能性；實也不是一成不變的固定之物，實之中體現著虛的無限性，虛實相通，實可返虛。從丹道修煉來說，進入虛無之境是溝通道體回復先天的根本，但在虛中自有無限的功能與妙用，虛中含有真一之氣，它是煉丹之大藥，也是轉化人體後天精氣神的根本能量。因而真正進入虛空之境，一定會發生人體身心狀態的轉變，一定會有實實在在的氣脈的感受，同時後天精氣神的適當的狀態也是進入先天虛體的條件與契機。修後天之實以接通先天之虛，以先天之虛改造後天之實，最後虛實相通，後天先天打成一片，而返還道體修成神仙。因此在丹道的修煉中，虛與實要時時配合得當，不能偏於一邊。當身體氣機發動，有實實在在的體驗，這時不能著於實而生雜念，仍需保持正念，無心而照，聽其自然，這就是實而虛之。而虛無一氣無形無象，無可把捉，這是虛的一面，但從它的作用上感應上又可真切地感受到它的存在，這是虛而實之。下手用功之初，由於習氣的作用，人們很難真正進入虛靜的功能態，這時為了打破慣性，就必須下死功夫，用勉強有為的方法與自己的習氣作鬥爭，以期慢慢進入心平氣和的虛靜狀態。一開始不用力，則純是妄想作主，元神不現，這樣修煉一萬年也不會有長進。但到了一定的時候，已經進入了虛靜的狀態，這時就要放下努力，純任自然，如果還是執著於有為，又會破壞先天的無為境界。總之，神是虛的，氣是實的；境界是虛的，功能是實的；有為是實的，無為是虛的。而煉丹則要神氣合一，真空妙有，有無合一，虛實兼賅。反之，虛就是頑空，實就是死有，都不合大道之妙諦。

本章後面所講的天心元神的問題，與以前所講的元神真意的關係類似，這裡的天心正相當於前面所說的元神，這裡的元神則相當於前面所說的真意，只是在不同的語境下所作的不同的表達，不可執於名相。

內火外火章第三

論陽生不一，有外動之陽生，前已示過。若內動之陽生，還未親切言之。夫內動陽生，實由靜定久久自然而生者。有由偶爾入定，當下即生者，此神入氣中，融洽為一之象也。我於此再為蘊蓄，內中天然神火，任其靜而動，動而靜，盤旋於丹鼎中。再用外之符火，聽其上下往來、行住起止，所謂「周旋十二節，節盡更須親」是。到得內火一旺，外火自迴環於一身之中，鴻鴻濛濛，無有底止，此即氣周神外之候。我於斯時，唯有坐鎮主人，凝定中宮，務使內想不出，外想不入而已。諸子近時已做到此處，吾師看來，還未十分如法。當退符時，一味無思無慮，似乎到佳景，不覺又他去焉。蓋因未曾老煉，不妨再數周天之息以招回之，久之至於化境，不須搬運推遷，而吾身蓬蓬勃勃，上為薰蒸之氣，下為坎水之精❶，周流一身上下，往來無有窮期者。此息不期調而自調，精不期煉而自煉，所謂「真橐籥」❷，又謂「長吹無孔笛，時鼓沒弦琴」者是。此非吾獨撰也，呂仙云「溫養兩般，內神火而外符火。保全十月，去有為而就無為」是。此時雖云無為，亦要知無為之中，有個真正主人為我主宰，才不落空。又還要迴光返照，數息而若無數者，方能保固真陽，生長胎嬰。柳真人云：「一息去，一息來，息息相依莫徘徊。」由此觀之，內之神火須當安閒自得，調停中立，外之符火是為溫養之火，唯加一番謹慎，著十分了照，聽其息息歸根，息息入定，化為自然之神符，毫不假一分人力，得矣。吾觀諸子，上榻之初，也知數息招攝此個元氣，到得返還之後，多有遽行下榻，所以一下榻，身中自然元氣又不在了。又有將到佳景，還未十分穩當，忽然此心煩躁，不能久耐，所以未下榻時元氣已經打散。此中工用，須要靜之又靜，耐之又耐，坐到天花亂墜，周身血氣自然踴躍，我身渾如太虛，直若無有身形者然，又若此身在氣機包裹中，如春蠶作繭❸一般。我於此唯有一靈炯炯，獨照當中，內外渾忘，有無不立，才是真詮。諸子積誠已久，結念已深，吾故將此溫養神火符火一齊傳出。從今日起，須於未坐之先一切料理清楚。即有忽來之事，實屬緊要者，不妨下榻相應；如非急務，不必通知。無論有效無效，務要用一點神光微照，為我主張。行住坐臥，皆是如此；視聽言動，無不如是。推之事物紛投，困苦迭至，亦無有不從容中道者。只怕人心不死，道心難生，又復悠悠忽忽，今日如斯，明日如斯，故終年竟歲而了無進益也。若能遵守吾言，未見有不成者。

【章旨】陽生有內動和外動兩種情形，而溫養之火則有內神火和外符火，本章主要講明內神火與外符火的具體表現及其運用。

【注釋】❶坎水之精　作為坎宮真水的元精。坎水，腎宮中的元精真氣。精，此處不是後天濁精而是指元精。❷真橐籥　煉丹中真正的風箱。橐籥，風箱，在內丹中指呼吸作用。❸春蠶作繭　形容身在氣中的狀況。春蠶，比作人身。繭，比作氣團。

【語譯】若論煉丹中的陽生，並不是只有一種表現。有屬於外動的陽生，前面已經講過。而對屬於內動的陽生，還沒有真真切切地談過。表現為內動的陽生，實際上是由長時間的靜定後自然而然地發生的。有一種情況是經由偶爾入定，當下即有陽生的現象，這是神入氣中，神氣兩者融洽為一的體現。我們在這個狀態下再進一步的涵養蘊蓄，保持裡面的天然神火，聽任它自己由靜而動，由動而靜，盤旋於丹鼎之中。再配合運用外呼吸的符火，聽任外火上下往來、行住起止，也就是丹書中所謂的「周旋十二節，節盡更須親」。等到內火一旺，外火自然迴旋往返於一身之中，鴻鴻濛濛，沒有止境的樣子，這就是氣周神外的體現。我們在這個時候，唯有讓元神這個主人公在其中作主持，凝神靜定於中宮，務必使內想不出，外想不入而已。有幾位學生近段時間修煉功夫已做到這個程度，但在為師看來，還不算十分符合正確的理法。當做退符功夫時，只是一味地無思無慮，似乎要到佳景進入好狀態了，可是不覺又被轉入別的境界中去了。原因在於功夫火候還沒有達到老練的程度，不妨再用數息運轉周天的方法把真氣招回來，時間久了到達化境，就不需要再用搬運導引上下升降之法了，而此時我們全身都是蓬蓬勃勃的真氣，上面化為薰蒸之氣，下面化為坎水之精，周流一身上下，往來運行好像沒有窮盡的樣子。這種情況下息沒有人為地去調而自然地調和了，精也不用有意地去煉而自然地煉好了，這也就是所謂「真橐籥」，又叫做「長吹無孔笛，時鼓沒弦琴」，是一派天然和諧的境界。

這個內火外火並不是我一個人杜撰出來的，這也是呂洞賓仙師所說的：「溫養有兩種火候作用，一是內神火，二是外符火。經過十個月的涵養保護，然後去掉有為的功夫而純用無為法。」此時雖說是無為，但也要知道在無為之中，並不是昏沉無意識的，而是要有個真正主人作為我們的主宰，這樣無為才不落入頑空。另外還要回光返照，數息而又好像是沒有數一樣，這樣方能保固真陽，使胎嬰得以生長。柳華陽真人說：「一息去，一息來，息息相依莫徘徊。」由此看來，內裡面的神火必做到安閒自得，功夫調停要不偏不倚恰到好處；在外的真息符火是作為溫養的火，只有加一番謹慎，用十分的真意了照，聽其息息歸根，息息入定，使真息符火化為自然無為的神符，絲毫不借助一分人為的用力，這樣就得到內神火外符火的真諦了。

我觀察諸位弟子的修煉情形，在上榻開始打坐的時候，也知道用數息的方法來招攝這個元氣，但是一旦初步返還先天境界而元氣顯現之後，就多有很快就下座停止用功的，所以一下座又回到後天，身中自然地元氣又不在了。也有的人快要坐到好境界了，不過還沒有十分穩當，這時忽然此心煩躁不安，靜坐時不能長久忍耐，所以在還沒有下座時元氣就已經被打散了。這其中的用功，必須要靜之又靜，耐之又耐，一直坐到天花亂墜，起大變化，全身的血氣自然飽滿踴躍，我們的身體也渾如太虛一般，簡直好像是沒有身形的存在一樣，又好像此身在氣機的包裹之中，置身於這個大氣團中就如同春蠶作繭一般。我們在這個狀態中唯有保持一點靈明覺知，清清楚楚炯炯有神，只有這個靈明之光獨照當中，而沒有一點分別念，內外渾忘，有無不立，才是此時用功的真諦。

你們諸位誠心誠意的用功已積累很久了，向道修道的念頭也已形成很深的心結了，因為你們有這個基礎，所以我才將這個溫養的內神火外符火兩種火一齊傳授出來。從今天開始，必須在還沒有上座之前把有關的事務一切料理清楚，以便上座後一心用功。在打坐時即使有突然發生的事要處理，如果確實屬於很要緊的事，就不妨下座進行相應的處理；如果不是緊急事務，就不必通知，繼續用功。靜坐時無論有效無效，務必要用一點神光微微返照，用真意作為我們的主宰。無論行住坐臥，都是如此；不管視聽言動，無不如是。把這個功夫擴展到生活的每一個方面，即使要處理應對的事物千頭萬緒，遭遇的困苦磨難一個接一個，也沒有不能從容應對不離中道的。只怕人欲之心不死，而道心難生，又再悠悠忽忽地混日子，今日是這樣，明日還是這樣，因而過了一年又一年而沒有一點進展。你們若按照我所說的話踏實去做，就沒有不能修成的。

【研　析】陽生有廣義的，有狹義的。狹義的陽生是指在煉功過程中所發生或說所接通的能量現象：真陽之氣的發生；廣義的陽生則如本書首卷所說，是在生活的任何時刻都可能發生的某種進入先天的心理或生理狀態。陽生必有其表現，有表現為外在的可見的生理特徵，也有表現為內在的無形的神氣變化。陽生即是進入先天的契機，即是採藥煉丹、溫養沐浴的契機。本章所講的內火外火，都是陽生時的意識運用火候，只不過內火是純粹的真意的作用，而外火是以意識配合外呼吸而作的周天運轉的符火。內火是無為，外火是有為，內火外火要配合恰當，該用有為符火時不用火或該停火無為時不停火，都是煉丹之患。有為不是妄想，而要順乎自然；無為不是昏沉，而要主人常在。尤其要注意的是，不要一有點感覺，一有點元氣發生的體驗，就很快下座，使功夫中斷，坐失良機。或者雖未下座而心已不耐煩，這樣也會使元氣打散。只有耐心久坐，才能使元氣充盈，身入太虛。但如何才能久坐而不生厭煩之心？僅僅靠勉強恐怕也不是辦法，因為勉強本身就是一種紛亂、矛盾的心。要使這個心能徹底地靜下來，這就不僅是打坐的事了，必須在整個生活中善調此心，養成時時、事事觀照的習慣，使元神作主而轉化習氣，這樣經受訓練的心才能無牽無掛，生活中每一個片刻都是清醒的、充分的，沒有留下業力，這樣才有可能在靜坐中真正地安然久坐。

一驚而醒章第四

夫玄關一竅，正陽生活子時。呂祖云：「萬有無一臭，地下聽雷聲。」❶古仙云：「忽然夜半一聲雷，萬戶千門次第開。」❷雷乎雷乎，神哉神哉！從此二說觀之，難道玄竅之開、真陽之動，色身中豈無真實憑信，而漫以雷聲喻之乎？張祖又云：「雷聲隱隱震虛空，電光灼處尋真種。」❸古來仙師個個俱以雷鳴比之者，何哉？吾今直為指出，即爾生入定之時，忽然神與氣交，直到真空地位，不覺睡著，鼻息齁齁，一驚而醒。此即是天地之根，人物之祖。吾身投胎奪舍，其來也，即此倏忽杳冥、忽焉驚醒之一念也。爾生果於入定時憑空一覺，即是我本來真面，急忙以真意護持，切勿稍縱，如人乘千里驥絕塵而奔，暫一經眼便認識，不可延遲，遲則無及矣。故曰：「以前不是，以後不是。露處只在一息，一息之後不復見焉。」爾等務要於靜定時，偶有鼻息齁齁，急忙起立，將此清空一氣收攝將來。如此坐一次，必有一次長益。果然不爽其時，不差其度，不待百日，基可得而築矣。此等要訣，古人但說玄關，未有如吾師實實向人身中指出者。是知丹訣關乎功德心性，不易語也。子貢有云：「夫子之言性與天道，不可得而聞也。」❹生等自此以後，第一要先將念頭凡息治得死，所謂「死得過，信才生得起來」。又聞爾生云，光明和尚言：「要如落氣時節去修煉。」得矣。此時耳無聞，目無見，萬緣放下，一絲不染，從此躍出，非大道而何！故曰：「從無知無覺時，尋有知有覺處。」斯言洵不虛矣。苟未能息氣死心於平時，安得生氣大開、如此充滿世界乎？若夫年老之人卦氣已盡，精神日枯，不從此妙覺修去，何以四大牢固，能久歲月？然但知此竅為主，而不知流行一身，進火退符，調和一身血氣，又安得長久不斃耶？古故云：「老年人氣血已枯，竹若不敲，安能大覺？琴若不和，安得長神？」故解敲竹❺者，即寂然不動，感而遂通。喚龜❻者，即禮下於人，必有所得。至鼓琴❼一喻，以真陽一到，自鼓蕩其陰霾，和合其氣血也。生等須從此百尺高竿再進一步，道不遠矣。

【章　旨】本章解釋玄關竅開、陽生活子時到的景象，古人多以雷聲為喻，而實為真空之中的一驚而醒，現出先天本來面目。此為煉丹之要訣，但年老之人仍需補後天之氣血，以返先天。

【注　釋】❶萬有無一臭二句　在萬物寂靜無聲的時候，一陽初生，在腹中聽見雷聲轟鳴。地，卦象為坤，代表腹中丹田。雷，卦象為震，代表一陽初動，同時也形容陽生之動。此句可能是黃元吉引用的大意，在呂祖〈百字碑〉中談到「雷」：「氣回丹自結，壺中配坎離。陰陽生反復，普化一聲雷。」❷忽然夜半一聲雷二句　忽然在夜半子時一聲驚雷，真陽發生，人體中的萬戶千門一個個被次第打開。此句見《性命圭旨》：「忽然夜半一聲雷，萬戶千門次第開。若識無中含有象，許君親見伏羲來。」❸雷聲隱隱震虛空二句　在虛空中隱隱地聽到雷聲震動，就在那電光閃爍的一剎那尋出煉丹的真種子。見張三丰《玄要篇》：「未煉還丹先煉性，未修大藥且修心。心修自然丹信至，性浦自然藥材生。藥材生，緊加功，雷聲隱隱震虛空。電光灼處尋真種，風信來時覓本宗。」❹夫子之言性與天道二句　孔夫子談論性命與天道的話，我們沒有機會聽到。這句話在《論語》本身，可有各種可能的意義，但不必與丹道的意義相同，黃元吉只是借用其字面上的意思。在孔子，性與天道乃是默契之事，「天何言哉，而四時行焉，百物生焉」，天道本身是無言的，但可以從天道的作用中去體會。孔子重現實的人事，重在從人道的實踐中去現實地、存在地指點性與天道，而不是從理論上去演繹一套形上學的解釋系統。又，孔子也不是全不言性與天道，只是「中人以下，不可以語上也」，對一般根器的人，對還沒有到達一定程度的學生，性與天道是無法與他談的，所以他說得少。❺敲竹　喻靜極陽生。敲，輕扣的動作，喻深入研求。竹，其內為空，喻虛心入靜。敲竹則有回響，喻靜極而動，靜中陽生。❻喚龜　喻神光下照，採煉元精。喚，喻採煉。龜，喻元精。❼鼓琴　喻調理身心。鼓琴奏樂，必須中正和平，諸音調諧，才有優美的樂章。調理身心，亦是如此。

【語　譯】其實我們常說的玄關一竅，其顯現的時候也正是陽生之際那個活子時。呂洞賓祖師說過：「萬有無一臭，地下聽雷聲。」另一位古仙也說過：「忽然夜半一聲雷，萬戶千門次第開。」他們一再地用雷聲來比喻玄竅打開真陽發生之景，真是神乎其神！從以上三種說法來看，難道玄竅打開、真陽發動的時候，在我們的色身中又怎麼能沒有真實的憑據信號，而只能以漫無邊際的雷聲來比喻嗎？張三丰祖師也說：「雷聲隱隱震虛空，電光灼處尋真種。」古來的神仙師父一個個都以雷鳴來比喻玄關竅開，又是什麼原因呢？我今天直接為你們指出來，就是你們在入定的時候，忽然神與氣交，一直達到真空妙有的地步，這時不覺杳冥恍惚，如入無夢之睡眠，鼻中呼吸鼾聲如雷，一驚而醒，故形容這個狀態為一聲雷。這寂靜之中的一驚而醒，此時的靈明一念即是天地之根，人物之祖，是我們先天的本來面目。我們生命形成時當初投胎奪舍，最初來投胎的，就是這個恍惚杳冥狀態下忽然驚醒時的靈明一念。

你們諸位果真能在入定時從真空境界中忽然一覺，這一覺即是我們的本來真面，應急忙以勿忘勿助的真意加以護持，千萬不要有一點的放縱懈怠，這就如同一個人騎著千里馬絕塵飛奔，要一眼看見便認出來，一點不可延遲，一延遲則稍縱即逝，趕不上了。所以說：「以前不是，以後不是。玄關顯現之處只在一息之間，一息之後就不能再見到了。」你們務必要在靜定之時，偶爾有鼻息的鼾聲時，要急忙起立，將這個清空一氣收攝起來。能這樣坐一次，就必有一次長益。要是真然不錯過那個時機，那個程度把握得恰到好處，那麼不用等到一百天，煉丹的根基就可以由此得以鞏固了。像這樣的煉丹要訣，古人只是說玄關，並沒有像我這樣老老實實地從人身體中的具體跡象來指出的。由此也可了知丹訣是關係到學道人的功德心性的，不容易說明白。正如孔子的弟子子貢所說的：「夫子之言性與天道，不可得而聞也。」

你們從此以後，第一步要先將喋喋不休的念頭和平常粗重的呼吸給斷除了，也就是所謂的「要能夠死過一遍，真信才會生得起來」。也曾經聽到你們說，光明和尚有言：「要如生命快要斷氣的時候那樣去修煉。」這句話也是深得煉丹的真諦。將死的時候耳朵不再聽聲音，眼睛不再看東西，真是萬緣放下，一絲不染，從這種寂靜境界中一躍而出的醒覺心，不是大道又是什麼！所以丹經中說：「從無知無覺時，尋有知有覺處。」這句話果然不虛啊。如果不能做到在平時凡息斷除妄心死盡，又怎麼能達到真陽之氣蓬勃發生，好像充滿整個世界呢？

若是年老之人，生機逐漸消失，如同卦中陽氣將盡的卦象，精神一天天地枯萎，如果不從這個先天妙覺出發去修，怎麼能使四大牢固，使身體長壽久經歲月？不過如果只知道以這個玄竅為主，而不知道以真陽之氣流行一身，作進火退符的周天運轉功夫，調和一身血氣，又怎麼能使生命長久不死呢？古人所以才這樣說：

「老年人氣血已枯，竹若不敲，不從靜定中識得真性，如何能大覺悟？琴若不和，不以真氣調整一身氣血，怎麼能增長精神？」所以我們解釋「敲竹」，即是寂然不動，感而遂通，以見玄竅、本來面目。「喚龜」，即凝神返照產元精，如同禮下於人，必有所得。至於「鼓琴」這個比喻，就是在真陽一發生時，這個真陽自然鼓蕩一身的陰霾之氣，調和一身的氣血，如同鼓琴時的調弦一樣。各位學生必須從現在這個百尺高竿上再進一步，大道就不遠了。

【研 析】本書前面幾卷中對「玄關一竅」和「陽生」都分別作了解釋，但只有到本章才第一次明確地把兩者聯繫起來。玄關一竅是從後天進入先天的臨界狀態，是先天一氣開始顯現的契機；陽生是指先天一氣開始發生，開始顯現作用。顯然，玄關一竅和陽生都是從不同的角度來表示煉丹中先天一氣的發生狀態，就其作用的機制、機關而言是玄關一竅，就其真陽發生本身而言稱為陽生。故說玄關一竅即是陽生活子時，這就是說玄關一竅初開時，也即是陽生這一活子時。

陽生必有其徵候，在身心狀態上有其體現，而前人多不明言，形容為驚雷之聲。這個雷聲，其實有多方面的隱喻。因為雷在卦象為震，震為全陰之坤卦其最下一爻由陰變陽而成，代表一陽初動之時；又雷聲轟鳴，一聲驚雷，又可形容真陽之氣突然發生時的人體內景，那種能量躍遷的現象。本章中黃元吉對這個雷聲的解釋，似乎有點太過於拘泥於表面現象，他把這個雷聲指實為定靜之中到真空之境時似乎酣睡而有鼻息打鼾的聲音，在這個狀態中一驚而醒，而現出先天本來面目。這可以作為雷聲喻陽生的一種解釋，但如果認為玄竅打開，陽生之時就一定要經過入睡打鼾這樣的過程，可能就偏執了。聯繫《樂育堂語錄》的前後表述，這也不符合黃元吉的一貫主張。其實，這個入睡打鼾也只是個比喻，並非真的入睡。真的入睡就進入無意識的狀態，這並不是定靜中的杳冥狀態。這個杳冥狀態，因為高度入定，意識活動近於全部停止，神氣完全相融為一，感覺與入睡很相似，但還是有那麼一點點覺知在。這個鼾聲也就是表示從這個似乎入睡的杳冥狀態中突然一驚而醒的那種震動感，此時後天識神全部不現，只有那先天的靈明意識，這就是本來面目、先天元神的顯現。

這個過程只在一瞬間，因為一覺之後，識神又要復活了，念頭又要起來了，如果沒有在那一瞬間把這個本來面目認清楚，很快地又滑過去了。所以，一定要在那個一驚而醒的剎那，對此先天境界認清楚並加以保護。這個先天境界，既是本來面目，也是先天一氣，兩者是合一的。先天境界顯現，也就是玄關竅開，也就是陽生活子時。保護先天境界，也就是收攝清空一氣，也就是採藥築基。要顯現這個先天境界，唯有將後天識神、思慮雜念打掃得乾乾淨淨，入於大定真空之境，由此定境中一驚而醒，現出先天本來面目。對於年老之人，雖然也是以這個先天境界為本，但還要注重有為的功夫，以調整色身，所謂敲竹、喚龜、鼓琴，都是身心調整的方便。

火藥二物章第五

古云：「聖人傳火不傳藥，傳藥不傳火。」火候之說，不過內外呼吸之息盡之，然直指呼吸為火又不是。呼吸，風也，火則神也。以風扇火而成藥❶，即以息運神而成丹❷。故古云：「藥不得火不化，火不得風不融。」於此可見火藥矣。

又曰：「藥即是火，火即是藥。」蓋火藥之名，無有定論。當其神氣合一，坎離相交，而大藥生其間，氤氳騰兀，謂之為藥，然火即在藥中也。及乾坤交會，龍虎金木混合為一❸，收斂黃庭，無聲無臭，但以一點真意持守，是即以火溫養，故煉時謂之為火，火中自有藥在也。然只是一個動靜而已。動而有形，喻之為藥；

靜而無象，擬之為火。此殆無可名而名，無可狀而狀者。爾等須知火藥二物，是先天一元真氣，即《中庸》云「天命之謂性」是。性在此，命亦在此，大道亦無不在此。學者須以心心相印，庶幾有得焉。吾又言外藥內藥者何？必內藥有形，外藥可得而採。內藥，吾身之元氣也。外藥，即太虛中之元氣也，此殆不增不減，隨在自如。但非內照內養有功，必不能招回外來之藥。故《大集經》云：「佛成正覺於欲色二界天中。」[4]即是以元神寂照於中下二田，內之元陽發耀，外之元氣自蓬蓬勃勃包裹一身，渾不知天地人我。此殆內外合一，盜得天地靈陽歸還於我形身之內，久之則煉形而化氣，所謂神仙無別法，只是此氣充滿一身內外焉耳。生等既知真藥，猶要得真火以煅煉之，「以神馭氣氣歸神，不必他術自長生。」倘於此有離，神不守舍，即火藥失其配偶而旋傾。此以元神採元氣，即如夫婦子母之不可離，離則藥不就，丹不成矣。夫元神，虛也，元氣亦虛也，以虛合虛，即是以虛合道，形神俱妙，與道合真。只怕人心不死，道心不生，凡息不停，胎息不動，則不能與天為一，難以採天地之靈氣矣。若火候之說，更有說焉。火即神也，候即息也。要以元神運元息，即綿綿不斷，固蒂深根者也。要之，此個火候必要天然神息，如赤子處於母腹，隨母呼吸以為呼吸，自家毫無主焉，斯火真藥真，而丹未有不成者也。生等於此思之，大道不難求矣。

【章　旨】本章講述煉丹中的藥物與火候。內外呼吸是風，神為火，風火的搭配與運用是火候。精氣為材料，在適當的火候作用下神氣合一而生的真陽之氣為藥。藥中有火，火中有藥，火與藥不可分。

【注　釋】❶以風扇火而成藥　以呼吸之風配合神之火，就可煉成大藥。風火是從能煉的作用上講，藥物是從所煉的對象上講，原始的煉丹材料是後天精氣神，比作礦物；在風火的作用下形成的真陽之氣，是煉丹的藥物，它是進一步成丹的材料。❷以息運神而成丹　以胎息之風配合元神之火，就可將丹藥進一步煉成大丹。❸龍虎金木混合為一　神氣陰陽混合為一。龍虎、鉛汞、金木、水火等，都是陰陽的代稱。❹佛成正覺於欲色二界天中　佛在三界中的欲界、色界二界成正覺。此非佛經原文，而是黃元吉的概括。在《大方等廣集經》中每卷的開頭都提到：「爾時世尊故在欲色二界中間大寶坊中。」這是指明佛說此經的所在。佛學的三界有其特定的意義，與內丹學完全是不同的系統。但講道時有時隨手借用，純是為我所用。內丹學認為人身是一個小宇宙，故人體也有三界，內丹學往往把三界放到人身中，與上、中、下三丹田，與精、氣、神等相類比，也不能說全無道理。

【語　譯】古人說：「聖人傳了火候就不傳藥物，傳了藥物就不傳火候。」對於火候的說法，不過是內外兩種呼吸的調息方法就可以概括其內涵了，但是直接把呼吸稱為火則又不對。呼吸，在煉丹中屬於「風」，「火」則是指「神」。以呼吸之風配合神意之火而使煉丹中的礦物（凡精凡氣）煉成丹藥（真陽之氣），進一步講也即是以真息配合元神而煉藥成丹。所以古人又說：「丹藥如果沒有得到火的鍛煉就不能變化昇華，而火如果沒有得到風的配合就不能起到融化的作用。」從這裡就可以理解什麼是火和藥了。

又有一種說法：「藥即是火，火即是藥。」因為說火說藥，只是一個概念罷了，要看你從什麼角度去說，這並沒有定論。當修煉到神氣合一，坎離相交，而作為大藥的真陽之氣從這中間生出來，氤氳氤氳，活潑充滿，這就稱之為藥，但此時火也就在藥中。當大藥發生後進一步修到乾坤交會，神氣陰陽先天後天混合為一，將大藥收斂於黃庭中，無聲無臭，只是以一點真意持守，這就是以火溫養，所以從修煉用功的角度上說則稱之為火，但這個火中自有藥在其中。說火說藥，只不過是一個動靜而已。那個動而有形的真氣發動狀態，比喻它為藥物；那個靜而無象的溫養狀態，就類比為火。這實際上是對那個無法以名稱表示的狀態勉強加以命名，是對那個無法形容的境界勉強加以形容。

你們必須要知道火和藥這兩樣東西，就是先天一元真氣，也就是《中庸》所說的：「天道所命於人的就是人的性」。這個先天一元真氣，性在這裡，命也在這裡，大道也無不在這裡。學道者必須要和它心心相印，修道才算有所收穫。

我又說過藥有外藥有內藥，這又是什麼意思呢？一定要內藥形成了，外藥才能得以採取。內藥，即是我們身內的元氣。外藥，即是太虛中的元氣，這個元氣是屬於不增不減的，它隨時隨地都自然地存在著。但如果不通過內在的返照涵養功夫，就一定不能招回外來元氣作為丹藥。所以《大集經》說：「佛成正覺於欲色二界天中。」這就是指以元神寂照於中丹田和下丹田，使身內的元陽之氣發生並充滿，這樣外面虛空中的元氣自然蓬蓬勃勃包裹一身，進入渾然不知道天地人我的萬物一體狀態。這個境界是內外合一的狀態，盜得天地間的靈陽之氣歸還於我們的有形色身之內，時間久了就能煉形而化氣，這就是人們常說的，修煉神仙沒有別的方法，只是讓這個靈陽之氣充滿一身內外而已。

你們現在已經知道什麼是真藥了，但還要得到真火來鍛煉真藥，正如丹書所說的：「以神馭氣氣歸神，不必他術自長生。」倘若神與氣之間產生了分離，心神外馳而神不守舍，這就使火與藥兩者失去了各自的配偶因而丹藥很快就會外洩漏失了。這種以元神採元氣的原理，就如同夫婦之間母子之間不可分離一般，神氣一旦相離則藥不能成就，而丹也不能煉成了。要知道元神是虛的，元氣也是虛的，以元神合元氣，即是以虛合虛，這也即是以虛合道，形神俱妙，與道合真。只怕人心不死，道心不生，凡息不停，胎息不動，如此則不能與天為一，也就難以採天地靈陽之氣了。

至於火候的說法，還要作一個補充的說明。火即是神，候即是息，火候也即是神與息的配合作用。要以元神配合元息，此即是綿綿不斷，固蒂深根的方法。要而言之，這個火候一定要用天然神息，如同赤子處於母腹中，隨著母體的呼吸而作為自己的呼吸，自己毫無主動的作為。這種天然神火配合天然神息而成的火候，才算得上是火真藥真，如此則丹沒有煉不成的。你們對這一點深入研究下去，大道也就不難求了。

【研　析】煉丹是對精氣神的不斷昇華融合，而能起到煉丹的功用的無非是呼吸之風與神意之火這兩者，風與火的搭配以及恰到好處的調節運用，就是火候。呼吸有外呼吸與內呼吸，神有識神有元神，這其中的運用方式也就有種種的不同。在不同的階段，針對不同的人，這個火候的把握是微妙的，師父也不能一概而論。所謂的「傳火不傳藥，傳藥不傳火」並不見得是師父故意保留祕密，而是因為火候存乎心悟，且因時因地而不同，故只能當機指點，而不能形成教條。煉丹的原材料及其產物，稱為藥物，對藥物加以煉化的就是火候。沒有火的加工，爐子裡的原材料就無法煉化成丹藥，而沒有風的助力，這個火就起不到足夠的融煉的作用。

但是，人體內的煉丹畢竟不同於外丹的燒煉，這些火候藥物的比喻並不能像外丹那樣作簡單化絕對化的理解。因為能煉的火候與所煉的藥物，在內丹中其實質歸結起來都是神氣兩者，進一步說不過是真一之氣而已。煉丹要使神氣合一，以產大藥，這個大藥裡就包含著火；而在溫養階段的真意之火中，也就包含了藥在其中。因為分開看，則有神有氣，有火有藥，等到神氣合一時，則火與藥也就相融為一了。所以說「火即是藥，藥即是火」。

火與藥，最後都統一到先天一元真氣上來。得到這個先天的真一之氣，火在其中，藥在其中，道也就在其中。因為這個先天真一之氣，是我們性命的根源，是神氣的統一體，它即是煉丹之大藥，同時進入這個先天的狀態也是最徹底的火候，是轉化一身之陰的根本。不過，要得到這個先天真一之氣，必須先調整轉化後天，以後天身內的元氣，感召外面虛空的元氣，內外合一，使這個真一之氣充滿一身，並轉化後天之形氣。身中元氣，稱為內藥，虛空中的元氣稱為外藥。在開始階段，有內外之分，有火與藥之別，但煉丹的目的是進入內外合一、神氣相融的先天本體境界，在此時則沒有內藥外藥之分，沒有火候與藥物之別，就是那個整體的合道境界本身，元神是虛，元氣是虛，虛虛相通為一，與道合真。

審慎行持章第六

古云：「魚躍鳶飛，無處不是化境；水流花放，隨時都見天機。」人能於自家心上打掃乾乾淨淨，一年四季雖有風雲晴雨之不同，而其中之景況無在而非生機勃勃，有何憂樂之可云哉？獨惜人不知道美景現前，而昧焉不覺，只是一腔私欲，身家縈懷，衣食鑽心，無惑乎天人不相應也。諸子當此春日在即，久雨初晴，亦有一番新氣象否？要知此個氣象，即是生生不已之機，一陽來復之狀。悟此，即知人之陽生活子如是如是，不增不減❶也。但下手之初，務要先將雜念雜塵一切掃除，庶有混沌之象，所謂無為者是也。忽焉神氣相摶，所謂「玄關火發，杳冥沖醒」，即無為中生出真消息來，始為有藥可採。吾見諸子大半上榻時，不知入混沌境以求陽氣發生，所以空採空煉，不見長益者，此也。故曰「採藥於無」❷，恍惚之中，陽氣生焉是也。到得陽氣初生，即吾身少陽之氣，當以少陰之火配之。此時採取，務須輕輕微微，藥方不走，知否？從此一呼一吸，一往一來，久久醞釀。此醞釀時，即是混沌時。夫以天下萬物之生，非陰以蔭之，雨以潤之，則不能抽芽綻葉，何況丹道？故必於一陽之後，又配一陰。到得陰蔭既久，自得真陽直上，我因其動而升之凝於泥丸，又當混沌一刻，使神氣交融，化為一點靈液。到得靈液一降，歸於中黃正位，我於是以自然火溫之養之，待氣機再動，再行法工。諸子工已至此，自有真正神息發見，而口鼻之息絕無動機，此大藥將生時也。故曰「結丹於無」，杳冥之內，靈丹成焉。丹既成矣，「養胎於無」，溫溫液液，自然胎嬰長成。若非以元氣養元神，元神安得充壯？既不充壯，凡遇一切憂鬱逆境，皆能動之，蓋以神不壯而懦弱故也。孟子養浩然之氣，至大至剛，塞乎天地，又有何事之可擾哉？不然，聖人亦猶人耳，何以遇患難不堪之境，以及遺大投艱，無不處之泰然、無入不得？夫豈有異於人耶？只是將元氣化成元神，當此之時，氣即神，神即氣，混合無分，所以能如此也。所患學人有求速之心，反加躁暴之氣，又患陽既生矣，不知是清清淨淨一個物事，反生一心，加一意，因之夾雜後天，即使送歸鼎爐，封固溫養，亦不成胎。古人謂「藥老不成丹」，即夾後天陰識故也；「藥嫩無可取」，即是陽氣未見兀兀騰騰氤氤氳氳之象，急以意採之。如是行火，反耗散元靈不少。學者須於此審慎行持，庶不為無益之勞焉。

【章　旨】本章接著上一章繼續講火候藥物，上一章偏重於從總體上講藥物火候的關係，這一章具體地講煉丹過程中的火候大小、藥物老嫩。

【注　釋】❶人之陽生活子二句　這是說陽生活子時的情形與上文所說的一年四季的變化一樣，只要心上不染塵埃，則四季不管風雲晴雨，處處皆是天機、化境，真陽之氣是不增不減的。但因為人們一腔私欲而不能天人相應，不能時時體會到這個天機，只有在春光明媚之時，偶爾能體會到一點新氣象。先天元氣也是如此，無處無時而不在，是不增不減的，但人不能與之相應，故需要在靜定中才能顯現而有陽生之景、活子時之現。❷採藥於無　採藥於虛無寂靜之境。無，是指杳冥虛寂的境界，是境界之「無」而不是一無所有的存在之「無」。

【語　譯】古人有云：「魚兒在水面跳躍，鳥兒在天空飛翔，沒有一個地方不是自在天然的化境；溪水靜靜地流淌，花兒燦爛地開放，隨時隨處都可以見到萬物生生不息的天機。」人如果能把自家的心地打掃得乾乾淨淨，則一年四季雖然有風雲晴雨等不同的氣候變化，但其中的景象境況卻無時無地不是生機勃勃的，又有什麼憂樂可言呢？只可惜人們不能覺知到美景就在我們的面前，心思昏暗不明，渾然不覺，心中只是一腔的私欲，為自己的身家性命而操心縈懷，為衣食生計而苦心經營，這就難怪他們會疑惑為什麼會天人不相應了。你們在這個春天就要來臨的時候，久雨初晴的日子裡，是否也有一番新氣象呢？要知道這個煥然一新的氣象，即是生生不已的天機顯露，是一陽來復的情狀。能了悟這一點，就可以體會到一個人活子時的陽生也是這個道理，真陽之氣本是如是如是，不增不減，但人們惑於私欲而不能時時體現，故需在靜心之中等待一陽初生的活子時，由此而見天機。

但是在剛開始下手用功的時候，務必要先將種種私心雜念塵勞牽掛一切掃除乾淨，這樣才會出現無分別的混沌之象，也就是所謂的無為狀態。在這個無為狀態中忽然神氣相融合一，出現所謂的「玄關之中真火顯現，杳冥之中一靈醒覺」的情形，這就是從無為狀態中生出來了真消息，到這個時候才稱得上真陽初現有藥可採。我見你們大半在上榻靜坐之時，不懂得先進入混沌境地以求陽氣發生，你們之所以會在陽氣未生時空採空煉，因而功夫不見長益，就是因為這個緣故。所以丹家說「採藥於無」，即是指在恍惚杳冥之中，陽氣發生而言的。修到了陽氣初生，這時的陽氣也就是我們身中的少陽之氣，應當以少陰之火與之相配。這個時候的採取功夫，務必要輕輕微微，初生的真陽之藥才不至於走失了，知道嗎？從此一呼一吸，一往一來，久久地涵養醞釀。這個涵養醞釀的階段，也即是混沌蘊蓄的階段。正如我們所看到的，天下萬物的生長，若沒有陰涼之地來遮蔭它們，沒有雨露給予它們以滋潤，則它們不能抽芽綻葉得以生長，更何況是丹道修煉呢？所以必須在一陽初生之後，又相應地配上一陰的火候。等到一陰之火蔭育時間一久，自然使得真陽直上，我就順應它的向上發動而使它上升凝聚於泥丸宮中，此時又應當保持混沌一段時間，使神氣交融，化為一點靈液。等到靈液一下降，歸於中丹田這個中黃正位，我於是以自然之火溫之養之，一直等到氣機再動，就再進行下一輪周天運行的功夫。

大家功夫如果已做到這一步，自然就會有真正的天然神息顯現出來，而外面口鼻的粗重呼吸絕沒有一點發動之機，這個時候就是大藥將要發生的時候。所以丹家說「結丹於無」，即是指在混沌杳冥的境界中，靈丹成就。靈丹既已形成了，就進一步「養胎於無」，在混沌杳冥之中溫溫液液，自然使胎嬰養育長成。如果不是以元氣滋養元神，元神如何得以充實壯大？若元神不能充實壯大，則凡是遇到一切憂鬱不得志的逆境，都能使元神受到擾動，原因在於這個元神不夠強壯而顯得懦弱。如果像孟子那樣，能養浩然之氣，達到至大至剛，塞乎天地的境界，又有什麼事能打擾呢？要不然的話，則聖人也是人，為什麼聖人在遭遇患難不堪的處境，以及在放棄自己的大利益、投身於艱難困苦之中時，都能做到處之泰然，不管做什麼事都無不自得呢？難道聖人還有什麼不同於普通人的地方嗎？這個區別只是在於聖人將元氣化成了元神，在這樣的境界中，元氣即元神，元神即元氣，兩者混合無分，這時元神就有大力量，所以能有如此不同凡俗的表現。

我所擔心的是學道的人如果有了追求速成這樣的心理，則反而會增加一種急躁粗暴之氣，另外一種擔心是在一陽初生以後，不知道這應該是以清清淨淨之心去面對的一個現象，相反卻由此產生了一個心思，加上了一個意念，由於起了意念這就夾雜了後天識神，即使將真陽之氣送歸鼎爐，封固溫養，也不能成就仙胎。

古人所說的：「藥老不成丹」，就是因為夾雜了後天陰神凡識的緣故；又說「藥嫩無可取」，這是指在陽氣還沒有顯現兀兀騰騰氤氤氳氳的跡象，就急忙以意採之。像這樣火候把握得不當，不但不能成丹，反而耗散了不少元靈。學道者必須在這等重要的關頭審慎行持，才不至於做徒勞無益的事。

【研析】天地萬物本身都是自然的存在，它們都各安其位，如其本來，都處在原始的和諧之中，都是道的體現，與道相融為一。道無處不在，真一之氣無處不在，故萬物之中天機無處不在。一年四季有晴有雨，有風和日麗，有烏雲翻滾，種種氣候雖有不同變化，但都是自然而然，其中的天機並無不同，就氣候變化的自身而言，這其中並沒有人為的選擇與分別，也就沒有喜怒哀樂的情感意義。有憂有樂是人的感應，是後天人為的分別心。人如果執著於自己的私欲與自我，心中充滿了塵世的牽掛，就會把自己的情緒投射到外面的氣候變化中去，而有了不同的情感反應。當春天來臨，春風吹拂，久雨初晴，人們會因為這美景的出現而感受到一番新氣象。但如果心無分別，心無增減，則時時與道相應，與天機相應，無論是風雲晴雨，因為此心所感受到的天機不變，所以並不受外在自然氣候的變化而影響。修道中的陽生活子時的出現也是這個道理，本來真一之氣無時無處而不在，但人因為雜念塵埃的遮蔽而不能與真一之氣相感通，故須在靜定之中，掃除念慮，而於混沌無為之中使真陽顯現，而有所謂的陽生活子時。

於混沌無為之中求陽氣發生，這是「採藥於無」。陽生之初為少陽之氣，採取的火候相應地應用少陰之火，少陰之火即是輕輕微微的醞釀之火，讓初生之陽氣得以積蓄增強。陽氣壯旺之後自然沖舉升上泥丸，在泥丸中溫養片刻，化為靈液下降於中丹田。以後產大藥乃至成丹，都不離混沌虛無之境，所以說「結丹於無」。元氣充盈之後，元氣與元神相融，將元氣化成元神，這樣的元神才有力量，與元氣合一的元神即是陽神，內丹學認為一般人的元神因為沒有經過這個元氣化為元神的修煉過程，故不能發生大作用，經不住外面順逆境界的打擾；而聖人之所以能經受種種艱難困苦的考驗，不為外境所動，事事處之泰然，入一切境界而怡然自得，正是因為元氣與元神融合為一，所以有至大至剛、塞乎天地之氣勢，有大功能大作用。採藥的火候既不能太老，太老則夾雜後天識神意念；又不能太嫩，太嫩則在陽氣未充滿時急以意採之，此兩者皆有傷元氣，故學道者於此當審慎行持。

元性本末章第七

天地間景物宜人之處，其實不在景物，在人心之得與不得耳。故同一美景，君子見之以為樂，小人見之以為憂。蓋以君子之心虛而靈，無時不與天地合撰，是以相觀而益得。小人之心私而暗，無時不與造化相違，是以對境而生悲。總在人心之自取耳！爾等學道有日，亦能隨時隨地而有自得之樂否也？果能於晴雨晦明皆無所礙，即可以處富貴貧賤患難之境而無入不得焉。此雖小小事端，然即小可以觀大。生等第一要先有本領，然後不為世路崎嶇所困。古聖人所以因羑里而作《周易》❶，厄陳蔡而操弦歌❷，即是胸懷浩蕩，在己先有樂地，是以無在不樂其所樂也。爾等於此界地，切勿謂聖人可能而我不能也。某生行工多年，氣機雖然條暢，而不見築固基址者，只因下手之初未見本來真面，是以妄採妄煉，夾有渣滓在內，故不能直上菩提，大開福果也。吾念汝平素好道心誠，今與汝抉之。否則，爾年邁矣，兼又錯走路頭，欲其返本還原，歸根復命，難矣。大凡打坐，必先將萬緣放下，一絲不掛，即是此身亦置之於無何有之鄉，我亦不覺其有象。如此一念操持，即一念歸真，到得渾渾淪淪、無人無我、何地何天之候，即性也。性即仁也。我若有覺，即是真正見性也。由此真性發為元神，即真心也。明心見性，有何難哉！蓋煉而曰丹，丹即先天元性，然必以真意為之主宰，而後才為我有。夫曰真意，即真心也。有此真性，方為有本；得此真心，方為有用。否皆盲修瞎煉，後來有成，亦不足為仙人重也。到得見性之後，一靈炯炯，萬象咸空，於是以吾身蓬蓬勃勃氤氤氳氳先天至精元氣運行於一身內外，上下往來，即是以元神煉大藥也。如此採取，如此烹煉，方不是後天神氣，亦不至枉勞心力。大約真性一見，真氣一動，認真修煉，不過一年半載之久，丹基可固，成一長生不老之人仙。總要下手之初認真性命二字，何為仙，何為凡，庶幾採取先天，烹煉一過，自成一先天大道。若雜用後天，猶種良苗而和亂草，烏有好結果哉！雖然，性之為物，如此易見，何以成道之人如此其少哉？亦以見性在一時，而煉性則在終身。唯能以先天元性為本，時刻操持，自然日積月累，而有緝熙光明之候。如初時見性，不過混沌中一覺，不能八面玲瓏。必養之久久，吾身元氣與太虛元氣無間，方有此境。又曰：「人身渾與天地一氣，除卻有我之私，皆是天也，天豈遠乎哉！」欲到此地位，須心空無物，性空似水，至於忘物忘人忘我，才有此太和一氣。學者欲與太虛同體，必使內想不出，外想不入，即出入息一齊化為光明，渾覺自家只有一點靈光而已。所謂「元始現一寶珠於空中」，又謂「一顆明珠永不離」，又謂「煉成一粒牟尼寶珠」，其喻名不一，而要不過一靈顯象，常應常靜已耳。苟非採得先天一點水中之金起來，將神火慢慢煅煉，逼之上升下降，收回五明宮❸內，烏能結成如此之寶珠哉？此即見性見到極處也，先天元性亦將成法身之時也。吾師今日所云，實實指出元性本末始終形象。生等由此了悟，不拘於吾師之言，亦不離吾師之訓，各人在身心上認取出來，方為真得。

【章　旨】本章主要分兩個部分，第一部分接著上一章講體道聖人不受環境的變化而影響其樂道之心，環境本身無美醜，美醜是在人心。第二部分講先天元性的「本末始終」，從見性講到養性煉性、採藥煉丹的整個過程，指出「見性在一時，而煉性則在終身」。

【注　釋】❶囚羑里而作周易　《史記‧太史公自序》中說：「西伯（周文王沒有稱王時的爵位）囚羑里，演《周易》。」相傳周文王在被殷紂王囚禁在羑里的期間，推演六十四卦，發憤著作卦辭。周文王被認為是古代的大聖人。❷厄陳蔡而操弦歌　《史記‧太史公自序》中說：「孔子厄陳蔡，作《春秋》。」孔子曾在陳國和蔡國遭遇困厄，但因為孔子心存大道，不為所動，依舊保持愉悅的心境。❸五明宮　出自呂祖〈敲爻歌〉：「仙童仙女彩雲迎，五明宮內傳真誥。」五明，原為佛學名詞，指五種學藝，為古印度的學術分類法。即：(1)聲明，語言、文典之學。(2)工巧明，工藝、技術、算曆之學。(3)醫方明，醫學、藥學、咒法之學。(4)因明，邏輯學、論理學。(5)內明，專心思索五乘因果妙理之學，或表明各宗自家宗旨之學。至於

「五明宮」所指的「五明」，其意義不確定，在〈敲爻歌〉中五明宮是指外在的天宮，「五明」有五彩光明之義；本章此處的五明宮是指身內的中黃宮，「五明」有五行五臟之氣光明會聚之義。

【語譯】天地間那些風景宜人使人賞心悅目的地方，其實其宜人之處還不在於景物自身，而是在於人心是否能感受得到還是感受不到。所以同一處美景，君子見到它以為是一大樂事，而小人見到它反而以為是憂愁悲苦之事。這原因就在於君子之心是虛靜而靈妙的，無時無刻不與天地萬物和諧相應，因此在觀賞美景時心與境兩者相互作用乃使此心更加怡然自得。小人之心則充滿自私陰暗的心理，無時無刻不與天地造化之道相違背，因此才對著美景妙境反而生出了悲傷。因此這樂與悲的感受並不在於外在的景物，而總是取決於人心自己的取捨選擇！

你們各位學道也有一段時間了，現在是否也能隨時隨地都有一種體道自得之樂呢？若真能不論是天晴還是下雨，也不論是暗無天日還是陽光燦爛，無論什麼天氣都能無所掛礙，能做到這一點也就可以面對各種人生的處境，富貴也好，貧賤也好，患難之境也好，都可以無入而不自得。這雖然只是小小的事例，但從這些小事上也可以看出大的方面。你們第一要先有見道體道的本領，內在有自己的中心，然後才能不為世間生活道路的艱難崎嶇所困擾。古代的大聖人周文王之所以能在被囚禁於羑里時還創作《周易》，孔子在陳蔡二地遭遇困厄時依然操弦而歌不改其樂，就是因為聖人胸懷浩蕩，心中自有其廣闊天地，自己裡面已經先有了安身立命的樂地，所以能夠在任何地方都樂其所樂，體道自得。你們在這個問題的認識上，千萬不要說只有聖人可以做到而我不能做到。

某學生修行用功已有多年，氣機雖然順暢，可是卻沒有看到你煉丹獲得築固的基礎，這是何故呢？只因為你在下手用功之初沒有見到本來真面目，所以妄採妄煉，不是在先天境界上用功，而是夾雜有後天的渣滓在內，所以才不能直上菩提頓悟大道，不能大開福果成就神仙之位。我念你平素好道心誠，今天才與你把其中的關鍵奧妙指點清楚。否則，你年紀大了，加上又走上了錯路，要想達到返本還源，歸根復命，那就難上加難了。

大凡打坐，必須先將萬緣放下，心中一絲不掛，就連這個肉身也要把它放置於無何有之鄉，完全超越這個有形的色身，並不覺得自己有這個有象的身體。能夠這樣做到一念之間保持這個忘心忘身的境界，也就在一念之間回歸先天的真性，念念用功下去，到得渾渾淪淪、無人無我、不知何地何天的狀態，這即是回歸我們的先天真性。這個真性也就是儒家所說的仁。在此狀態主體意識如果有了自覺，那麼這個對真性的自覺即是真正的見性。由這個真性的狀態發生作用成為元神，這就是真心。明心見性，又有什麼困難呢！我們為什麼把修道用功稱為煉丹呢？這是因為這個丹即是先天元性，但必須以真意作為它的主宰，而後這個先天元性才為我所有，也就是說先天元性要經過有意識的自覺修煉，才能成為我們生命主體能作主的、起作用的境界，所以說要煉丹。我們說的真意，也即是真心。有了這個真性，修煉才算有了根本；得到這個真心，修煉才算有了妙用。若無此真性真心，都屬於盲修瞎煉，即使後來修煉有所成就，這種成就也不值得仙人所看重。

等到達成了見性的境界以後，只有一個意識的靈明光明遍照，宇宙萬象咸歸於空寂，於是大藥發生，元氣充滿一身，在這個狀態中以身中蓬蓬勃勃氤氤氳氳的先天至精元氣運行於一身內外，使其上下往來，這即是以元神煉大藥。在這種狀態下的採取和烹煉，才不是後天神氣，也不至於白費精神氣力。一般說來只要真性一見，真氣一動，再認真修煉，不過一年半載的時間，煉丹的基礎就可以牢固地建立，可修成一個長生不老的人仙。重點是總要在下手用功之初把性命二字認得真切，明確什麼才是仙，什麼屬於凡，這樣才會採取先天元氣，烹煉一番，自然可以成就一個先天大道。如果夾雜採用後天神氣，就如同種植優良品質的禾苗但卻摻雜亂草於其中，這怎麼會有好結果呢！

雖然按照上面所說的，真性作為人的先天狀態，是如此容易見到，那麼為什麼成道的人又是如此少呢？這也是因為見性可在一時達到，但要讓這個見性的狀態得以保持而打成一片，這個煉性的過程則要終身行之。只要能以先天元性為本，時刻涵養操持，自然日積月累，而有大放光明的時候。就像剛開始見性的時候，不過是在混沌無為的狀態中返觀一覺，這只是暫時地顯現真性的自覺，還不能做到八面玲瓏，在生活中保任不失。一定要久久地涵養這個見性的境界，使我們身內的元氣與太虛中的元氣相融無間，才會有這種八面玲瓏的妙用境界。

古人又說過：「人身渾然與天地一氣貫通，能除卻執著自我的私心雜念，則此身心都是與天道合一的。天道又豈是離我們很遠嗎！」要想證到這個同天的境界，必須心空無物，性空似水，達到忘物忘人忘我的地步，才會有這種天人相通的太和一氣。學道者想要與太虛同體，一定要使內想不出，外想不入，就連出息入息也一齊化為光明，渾然只覺得自家只有一點靈光而已。丹書上所謂的「元始現一寶珠於空中」，又說「一顆明珠永不離」，又說「煉成一粒牟尼寶珠」，這個狀態有種種不同的比喻的名稱，而其要旨不過是先天真性的一點靈明顯現出來，雖常應緣接物而此真性仍常清靜而已。如果不是採得先天一點真陽之氣起來，以元神之火加以慢慢鍛煉，逼著它上升下降，收回五氣歸元的中黃宮內，又怎麼能結成這樣的寶珠呢？這就是見性見到了極點，而本具的先天元性也即將修成果位上的法身的那個時候。

為師今天所講的，實實在在地指出了先天元性的本末始終的不同形象。你們從我這些話中去自己了悟，既不要局限於我所說的，也不能背離我的教導，各人在自家身心上把這個元性認取出來，才算是真正體悟到了。

【研　析】世界是我們眼中的世界，我們生活在自己的自我與頭腦所投射的世界中。事物本身的存在是一回事，此事物對我們生活的意義又是一回事，兩者是不同的。相對於不同的主體意識，風景所呈現的意義也就不同。修道不是去改變那個意識的對象，而是提升意識自身的品質，然後同樣的風景、同樣的對象對於我們就有了不同的意義。悟了道的人放棄了自我，他們生活在道的圓滿中，整個世界都是道的體現，因此無論面對什麼境遇，不管是順逆貴賤，都可不隨外在的變化而影響其體道為一的心。反之，一個充滿私心雜念的人，總是心事重重，患得患失，即使面對美麗的風景，也可能會對景生悲。美麗的風景其實還要靠優雅的心境才能體會，最美的風景還是在人的心中！不必勞形遠求，不必刻意尋覓，何處不是花園，何時沒有春光呢？悟道的人活在此時此地，此時正好，三世流通不盡；此地最宜，十方廣大無邊。人的頭腦總是朝向遠方，總是夢想將來，匆匆趕路，忙忙追逐，就這樣錯過了現在，錯過了生活。人總是這樣生活於夢想之中，離開了真實。悟道的智慧就是：無論我在那裡，那裡就是我的天國、我的家！家園在道路上，旅途就是目的地；也許還有缺憾，還不夠完美，但就在此時、在此地，一切大圓滿！如果你分別，進行比較和選擇，就不可能有完美；完美只有在你處於無分別境界才有可能，無分別就是大圓滿！無分別並非如草木般的無知，無分別是最高的覺悟，它意謂著一種整體的眼光：部分怎麼能選擇整體？一旦你超越了局部的視野，則一切都是它，在整體裡無得無失，不增不減。你從有限裡解放出來而進入無限，你達成了超越！

修道首先要「立其大者」，一開始就要走在正確的道路上，否則如果一開始因地上就不真，那麼果地上也就不可能得到正果。這個修道的根本就在於要認識先天本來面目，然後才能以元神採元氣，證成先天大道。否則，在識神裡打轉，採後天渣滓之氣，只能是盲修瞎煉。人源自於道的先天真性，是人人本具的性體，它具有先天超越性的依據，不管修不修，這個真性隨時隨地都在。但是這個真性本身在人那裡只是作為一個潛在的超越性依據而存在，它還不是現實地體現在人身上，它還不能現實地起作用。性無修則不顯，修無性則不成，性修不二，先天後天合一，子母相會，才是「見性」。性因後天的識神妄動而遮蔽，故須在一念不生、萬緣放下時，在無人無我虛無混沌的狀態下才能呈現那個源初的真性。於此狀態下意識一返觀，頓時見到了這個真性的本來面目，這就是見性。見性是一能動的意識自覺狀態，它還是沒有各種具體的意念分別，還是空寂無我的狀態，但是它是有意識的，它不同於源初的混沌的真性自身。這個自覺，並不是另有一個主體去覺這個真性，其實就是真性自己覺悟了它自己。就是說，真性自己醒過來了。醒過來的真性它就有意識的作用，這個能夠起作用的真性就不是純粹的性體一邊的事，而是由性體起用而成為心體，這個心體就是元神，其意識作用就是真心。心體與性體本體上是一，但隨先後天而有作用上的不同。真性為先天之本，真心為後天之用。見到這個先天真性，是為見性；明瞭這個真心之用，是為明心。明心見性，就是煉丹之根本。「煉」，就是這個「見」和「明」的過程，而「丹」就是先天元性。

真性一直就在，那麼就隨時都有見性的可能。只要在寂靜杳冥之中返觀一覺，就可當下見性。但見性不等於成道，見性是一時覺悟則一時見性，一時不覺，則一時不見性，而成道是時時刻刻都在見性中，完全超越了有限的自我而與道為一。故見性為一時之事，而保任這個見性的境界並進而採大藥這個煉性的過程，則是終身修持之事。見性為正確修道之起點，而成道則為修煉之目的地。見性之後，由於先前的習氣和業力還在，妄想雜念時時還會回來，重新遮蔽了自心的靈明，故須時時涵養操持，使見性的境界得以相續不斷。已經見性的人已經知道了道在何處，他只需要不跟著雜念走而提起覺性，就能回歸真性。這樣日積月累，在真性的狀態中自然與虛無元氣合一，以元神採元氣，以身內之元氣合太虛之元氣，元神、元氣都統一於虛體、道體之中，而成就陽神、法身。

真清藥物章第八

人生在世，有許多歲月？若不急早修煉，返還固有之天，一入冥途，又不知落於何道。為鬼為蜮為禽為獸，這就可悲。仔細思量，何如修德明道之為愈也！雖然，修煉固人生美事，獨奈紅塵滾滾，迷失本來性天，不得真師指示，又安能知道行道而不失其正也哉？故世有多年學道，到頭了無一得者。又有終身勤苦，到後竟入旁門者。更有自修自證，不假師傳，盲修瞎煉，反有傷於性命者。甚有親師訪友，不惜財力，自喜自得，終久受人欺誑者。茲幸諸子一入門時即不落於異端邪教，亦是莫大宏福。遇而不煉，煉而不勤，就辜負夙世良緣，以後恐難再遇也。某生行工多年，河車運轉已非朝夕，何以不見基成者？良由下手之初不得真清藥物，是以夾雜欲妄，一任日積月累，不啻窯頭之瓦，夾有渣滓在內，終勞而無成也。今為生示，日夜行工，須要先定一時，滅卻知識之神，泯乎思慮之念，身坐如山，心靜於水。如此澄淨一番，果然身心安泰，氣息和平，於是將雙目微閉，凝其心神，調其氣息，任其自自然然，一往一來，一開一闔，呼而出，不令之粗，吸而入，不使之躁，久久自無出無入，安然自在，任於中宮，此即凡息停也。凡息一停，胎息自見。如此慢慢涵養，自然真氣沖沖，上達心府，此展竅❶也。蓋以真氣有力，直上沖乎絳宮，庶幾一身毛竅亦有自開之時。所謂「一竅相通，竅竅光明」是，又謂「一根既返本，六根成解脫」是。學者行工到此，始可自虛危穴起，往後而達尾閭，直上泥丸之宮。若但氣機微動，或僅沖心府，不見七竅大開，又不見一身毛眼皆開，此非真展竅時，切不可驟運河車。況無水行火，必燒灼一身。務要有此景況，方得內真外應，外感內靈，吾身之氣與太虛元氣合為一體，所謂真藥者，此也，又謂人盜天地之氣以成丹者，此也。諸子果有真藥發生，流通一身內外，則多年凝滯陰氣自化為汗，從毛眼而出，一切濁垢之汙銷融淨盡，吾身氣質變化，自漸近聖賢矣。吾再示生。前工行久，前路已熟，一時不能丟脫，不妨將我元神收羅於玄玄一竅❷之中，宛然無知無覺，似一個愚癡人一般，其實心死而神不死也。此即古人築基已成，只因和沙拌土，起手夾有渣滓，到後還玉液丹，不能堅固耐久，所以又將從前工夫一概拋卻，獨歸渾穆之天，以淘汰乎滓質之私。此亦一法，爾生請自裁之。吾觀斯世學人，有但知煉精者，有徒然伏氣者，亦有徒事煉神者。一節之修，不無可取，而要其保血肉之身、出陰識之神，總非大道也。更有口言虛無大道，萬緣放下，一塵不染，殊不知放下仍然提起，不染依然大染❸。不但無為等教多有如此，即從事吾門弟子亦坐此弊。唯爾等有見於此，故吾師喜與生訣。大凡修道，必以虛靈之元神養虛無之元氣。此個元氣，非精非氣非神，然亦即精即氣即神，是合精氣神而為一者也。夫人要修大道、成金身，非得此真虛元氣不能也。然知之猶難，何況把持乎？總之，修煉大丹，非偶然事，不是歷有根器，萬不能遇。如今切勿自足，還要多積陰功。陰功豈在外哉？只將吾大道，遇有緣有德之人，廣為開化，大功即在此矣。

【章旨】本章旨在說明修道機緣難得，正師難遇，就是有幸得遇正法，也往往因為沒有領悟到修道的真清藥物，用功不勤或用功不當而煉丹難成。必須深入靜定之境，泯卻後天念慮之神及凡息，使先天元氣這個真藥發生並開關展竅，轉化一身後天之陰。這個先天元氣，不是後天的精、氣、神，但同時也與精氣神不能分開，是融精氣神而為一的。

【注　釋】❶展竅　開關展竅，是丹道術語，各家解釋不一。此處展竅指真氣充滿以後打通身體內的關竅。❷玄玄一竅　虛無的玄關一竅，指後天返先天的無為混沌之境。❸放下仍然提起二句　放下、不染都只是一個名詞，是用來指示那個清靜無為的狀態的，如果不能從實際體驗上達於這個狀態，而只是在意念上要求自己放下萬緣不染塵埃，這個意念的本身又成為一種提起，一種汙染。真的放下沒有放下的念頭，真的不染沒有不染的執著。

【語　譯】人生在世，又有多少歲月呢？如果不抓緊時間及早從事修煉，從後天有礙的身心狀態返本還源，回復我們本來就有的先天圓滿境界，那麼一旦面對死亡進入幽冥的世界，下一次轉世時又不知淪落於六道中的哪一道了。要是成為魔鬼或禽獸，這就非常可悲了。我們對此生死輪迴之苦仔細思量，這種可悲的境地又怎麼能比得上通過修德明道從中得以解脫出來呢！雖然如此，修煉固然是人生的美事，只是無奈紅塵滾滾，已經使人迷失了本來的真性，如果沒有得到真正得道的師父的指導開示，一般人又如何能理解大道、修行大道，而不走上偏離正道的路子呢？所以世上有些人多年學道，可到頭來卻一無所得。又有一些人一輩子勤勞刻苦地用功求道，到後來竟入於旁門左道。更可悲的是有一些人只知道自修自證，不通過明師的傳授，自己盲修瞎煉，最後不但未能得道反而對於自己的性命有所傷害。甚至有人到處求師訪友，不惜耗費財力，以為得到真訣而自喜自得，可最後終究受人欺騙蒙蔽。所幸你們一入門時即得遇正法，不至於流落到異端邪教之中，這也是莫大的宏福。如果你們在遇到正法的機緣下還不修煉，或者雖然修煉但卻不精進用功，那就辜負了你們夙世的善根良緣，錯過這個機會以後恐怕就難以再有這樣的機遇了。

某學生修行用功已經多年，行河車運轉的功法也已經不是一朝一夕了，那為什麼還不見修道的築基工作已經完成呢？這都是由於在下手用功之初沒有得到真正清淨的先天大藥，因此夾雜了後天的欲望妄想，這樣用功下去，任你日積月累，也不過像窯頭未經鍛煉的泥瓦一樣經不住風雨，因為夾雜有渣滓在裡面，再怎麼用功也終究是勞而無成。我今天為你們指示正確的用功方法，不管是白天夜裡在修煉功法的時候，必須要先靜定一段時間，消除一切知識分別等識神的作用，停止一切思慮牽掛的念頭，身體端坐猶如山嶽一般堅實穩固，心念清靜勝過澄清的水面。如此身心澄明清淨一番，果然可以做到身心安泰，氣息和平，於是將雙目微閉，凝定自己的心神，調和自己的氣息，任呼吸自自然然，一往一來，一開一合，呼而出氣，不讓它粗重，吸而入氣，不使它躁急，時間一久自然就感覺不到氣息的出入，無聲無息安然自在，出入息自然而然地斷了而凝住於中宮，這就是凡息停了的現象。凡息一停，胎息自然顯現。在胎息的狀態下慢慢涵養，自然地使真氣充滿而有沖騰的力量，這股真氣上達心府，這就是在真氣的作用下把心竅打開了。因為真氣飽滿有力，才能直往上沖到達絳宮心府，心竅打開以後，才有可能全身的毛孔關竅也有自己打開的時候。這就是所謂的「一竅相通，竅竅光明」，也是丹書上所說的「一根既返本，六根成解脫」。學者修煉到這一步，才可運行河車，引真氣從虛危穴開始，往後到達尾閭，沿督脈直上泥丸宮。如果只是氣機微動，或者真氣僅是沖上心府，而不見五官七竅大開，又不見一身毛孔眼全部打開，這種情形還不是真正的開關展竅之時，切不可驟然運行河車。況且真氣不足的情況下運行河車就如同無水行火，必然會燒灼一身。務必要有真展竅的景象，真氣充足關竅大開，才能得以通過內在真氣充滿而與外面的太虛元氣相感應，又因為外面的感應進一步使身內元氣更加靈動活潑，我們身內的元氣與太虛元氣合為一體，所謂煉丹的真藥，就是指這個內外合一的元氣，丹道又講人通過盜取天地的元氣以修煉成丹，其所謂的天地之氣也是指這個真藥。你們各位若是果真有這個真藥發生，流通一身內外，則多年所凝結滯留的陰氣在這個真氣的作用下自然化為汗液，從一身毛孔眼流散出去，這樣一切的濁垢汙氣都被消除融化而徹底清淨，我們身心的氣質得以變化昇華，自然漸漸地接近聖賢的境界了。

我再給某學生指點一個方法。你前面的功法行持的時間已久，以前的路子已經熟練了，雖然前面的用功方法夾雜了後天應該放下重來，但恐怕短時間內不能把前面的用功放開丟脫，這時不妨將我們的元神收攝到虛無的玄玄一竅之中，宛然無知無覺，好似一個愚痴人一般，其實是分別之心死去而元神並沒有死。這種情況就是過去有些修行人在築基功夫已完成之後，只因為前面的用功不純粹，和沙拌土，起手時就夾雜有後天的渣滓，到後面進一步煉玉液還丹時，所煉之丹不能堅固耐久，所以又將從前的功夫一概拋卻，只是回歸於混沌靜穆的道體，在這種廣大的虛空境界中把以前的充滿渣滓私心的不良氣質淘汰乾淨。這也算是一個補救之法，是否採用這個方法某學生請你自己考慮自己作決定。

我觀察我們這個時代學道修行的人，有只知煉精的，有徒然從事伏氣的，也有只從事煉神的。就精、氣、神某一個方面的修煉而言，他們不無可取之處，但因為他們割裂了精氣神的整體，所以他們修行的效果只不過是保養後天的血肉之身或者能出陰神識神，總歸不是先天大道。更有甚者有些人口口聲聲地說要修虛無大道，萬緣放下，一塵不染，殊不知他們說要放下這個放下本身仍然是一種提起，說要不染這個不染之心依然屬於一種大染。不但無為教等教派中多有這樣的人，就是師事於我的門下弟子也有這個弊病。只是你們對此已經有所認識，故為師才樂意給予你們修道的訣竅。大凡修道，必須以虛靈的元神養虛無的元氣。這個元氣，非精非氣非神，不是精氣神分開說的單一的精、氣、神，但是也不離精氣神而是即精即氣即神，是合精氣神而為一的和諧統一狀態。一個人要修成大道、修成金剛不壞之身，一定要得到這個真正虛無的元氣，否則是不可能的。然而認知到這個元氣已經是很難了，更何況要能把持住呢？

總之，修煉大丹，不是一件偶然的事，若不是向來就有根器的人，是萬萬不能得遇的。你們如今切不可自滿自足，還要多積陰功。這個陰功難道一定要靠外面去找嗎？只要將我所傳的大道，遇到有緣有德的人，廣為開示化導，吸引更多的人修煉正道，大功德也就在其中了。

【研　析】世界上大多數的人，都還只是順著生命的業力習氣，作為一個自然的生命過完他的人生。他們生生死死，而不知道生從何處來，死往何處去，這生死輪迴之苦，他們也沒有有意識地覺知到，更談不上如何去尋求解脫。甚至大部分人根本不認為人死之後還有生命繼續存在，這種斷滅論者自然不用擔心他生來世墮於何道，但這種生命觀把生命視為純粹偶然性的物質存在，在這種短暫的生命存在中也就不可能尋找到永恆的生命意義。要走上修道之旅，就必須突破一個人日常生活的小圈子，而接受到靈性的、修道方面的不同於日常生活的新的信息。這種新的信息打破了他生活的慣性，而開始尋求生命的更高的意義。一個人可能通過哲學、宗教等文獻資料而接受靈修思想的啟蒙，但要真正實踐修道則必須接受到一個成道師父的指引。那些不修道的人不用談，就是想要修道的人，若不遇真師，也有種種困難。或入於旁門左道，或盲修瞎煉，或上當受騙等等。黃元吉在講道中經常會提醒弟子要珍惜機緣，在得到大道真傳的時候要精勤用功，不負良緣。

修煉之所以不得正果，原因在於一開始就沒有走對路，沒有建立正確的修道基礎。上一章是從見性的角度，談修道要以見性煉性為本；這一章則從真清藥物的角度，講修道一開始就要找到真正的大藥。這兩者是相輔相成的，而且是統一不可分的。從能修的覺性一面講是先天元神，從所修的真清藥物來講是先天元氣，而以元神採元氣，神氣統一體即是大丹。上一章偏重於從性功上講煉神，這一章偏重於從命功上講煉氣。必入於先天元神之寂靜無為狀態，才能得先天元氣之大藥，故兩者又是密不可分的。本章著重講了真氣發生的修煉過程，以及如何利用真氣開關展竅，在什麼時機運行河車，然後使一身內外元氣相應，滌除一身之汙濁陰氣。先天元氣就是成丹之超越性的材料，它不是後天經驗層面的精氣神，但同時又是後天精氣神昇華合一的產物，單純地從事精、氣、神的某一方面的修煉，只能達到養身延年或出陰神的效果，只有以虛靈的元神養虛無的元氣，才能成就超越與永恆的神仙。

真正丹本章第九

今觀諸子靜養，多有天心來復❶，然不見成功者，何也？夫以本原雖徹，而溫養未久，以故理欲迭乘❷，不能到清淨自如之境也。今為生告，務要於洞見本原後，常常提撕喚醒。如瑞岩和尚常自呼曰：「主人翁惺惺否？」又自答曰：「惺惺。」似此整頓精力，竭蹶從事❸，夫焉有不終身如一日者哉？近時吾不責面壁溫養煉去睡魔之苦工，然饑時食飯，困時打眠，亦要常常提撕，一昏即睡，一醒即持，不可令其熟睡，長眠不醒。似此一舉一動，念茲不忘，一靜一默，持之不失，即道果有成熟期矣。吾曾云：「顏子得一善，則拳拳服膺，又是何等精神？」得一善者，即洞徹本來人也；拳拳服膺者，即於洞見本原後，時時提撕喚醒，不許稍有昏沉，而令本來人為其所迷也。諸子於此有會心，時時無間，刻刻不違，自然心與理融，理與心洽，猶子母之依依而不忍離也。《書》所謂「念茲在茲，釋茲在茲」，即是藥熟丹成之候，始有此光景也。周公坐以待旦，夜以繼日，其即此意也歟？然下手之初，尤要認定清真藥物。精非交感之精，乃是華池❹中一團神水。《大洞經》云：「華池神水融，湧泉灌而潤，周流無有窮。」是到底生於何所？動於何時？此非漫然從事也。學人打坐之初，屏除幻妄，收拾精神，輕輕微微坐一晌，忽焉神入杳冥之地，猛然一覺而醒，此時我即觀陰蹺一脈動否？如其有動，我當收回空中，即無有動，亦當收回空中，即精生時也。吾觀諸子氣機不同，姿稟各異，有動者，亦有不動者，要皆始念清明，玄關火發❺，杳冥沖醒，即無動亦精生也。精生即陽生，此為真實把據。氣非呼吸之氣，乃凡息停，真息動，充周一身內外，有剛健中正純粹以精之狀，主宰乎先後天之呼吸，周流乎身內外之陰陽，殆可知而不可象者也。然究竟動於何時？運於何地？坎離一交，凡息一停，此氣即與天地相通，此即氣生之候，由湧泉而上，自十指而起，漸漸周流一身，一如天地氣機運行不息。苟有一處暫停，即為死物，為病機，非活活潑潑圓通不滯者也。神非思慮之神，乃由混沌後無知無覺時，忽焉而有知覺，即真神也。我於是主之，不令遊思妄想參雜其中，只一心無兩心，只一念無兩念，即元神用事，識神退聽也。要之，神也氣也，皆乾坤陰陽之所與我者也。乾，陽也，陽賦吾性，性寄於心，而發為神，神則無所不照而無物不知者也。坤，陰也，陰畀吾命，命畀於身，而發為氣，氣則無時不運而無地不充者也。此性命之原，即亦神氣之所由立也。然猶非吾人煉丹之本領，修道之真宰也。夫以此個性命神氣，猶是玄關一動，太極開基，判而為陰陽，寄之人身則為性命、為神氣，猶是一而二者也。若要真正丹本，必於太極未動之前，鴻鴻濛濛一段太和之氣，非性亦非命，即性亦即命，有非言思擬議所能窮者。爾生今已洞徹源頭，吾不再勞脣舌。

【章　旨】本章首先談到體驗到先天本來面目以後要常常「提撕喚醒」，也就是見性之後時時保任的功夫；繼而談到初下手時要認清煉丹的真清藥物，精、氣、神的先後天之分別，而性命陰陽未分時的太極狀態，即性即命的太和一氣才是真正丹本。

【注　釋】❶天心來復　回復到我們的先天本性之中，與「見性」同義。天心，即天地生物之心，是無心之心，也即是我們的先天本性。❷理欲迭乘　理和欲輪番地起主導作用，有時是理乘欲，有時是欲乘理。理，指本心本性。欲，指人後天的習氣、私欲。❸竭蹶從事　百折不回、竭盡全力地從事（涵養主人的工作）。蹶，摔倒，比喻失敗或挫折。❹華池　華池的意義有實有虛，就實指而言，則為三丹田中的下丹田。《邱祖祕傳大丹直指》云：「泥丸謂之上丹田，其穴在兩眉正中入內三寸之地，方圓一寸二分，虛間一穴，乃藏神之所。心下三寸六分，名曰土釜，黃庭宮也，乃中丹田，方圓一寸二分，亦虛間一穴，乃藏氣之所，煉丹之鼎。直下與臍門相對過處，約有三寸六分，故曰『天上三十六，地下三十六。』自天至地八萬四千里，自心至腎八寸四分，天心三寸六分，地腎三寸六分，中丹田一寸二分，非八寸四分而何。臍之後，腎之前，名曰偃月爐，又曰氣海。稍下一寸三分，名曰華池，又曰下丹田，方圓一寸二分，亦是虛間之穴，乃藏精之所、採藥之處。此處有兩竅，向上一竅通內腎，直下一竅通尾閭，中間乃無中生有之竅，強名曰玄關，直一之氣產生之時，玄關自開。」從虛義來說，華池泛指藏精之所，不必定指某處，而可為虛無之境。❺玄關火發　從虛無寂靜的玄關中生發出元神之火的作用。

【語　譯】如今觀察諸位弟子在靜心涵養的時候，多有天心來復本性現前的時刻，然而卻不見你們修道成功，這又是為什麼呢？這是由於你們雖然已經徹底地見到了本原真性，但是溫養真性的時間還不長，因此現在還處於真性之理與人心私欲交替占上風的境地，還不能做到清淨自如的境界。我今天要告誡你們，務必要在洞見本原真性之後，常常提起警覺，時時把自己從業習中喚醒而回歸於真性之中，就如同瑞岩和尚所做的那樣，他常常對自己大聲地說：「主人翁是否清醒？」然後又自己回答說：「清醒。」能像這樣整頓精神集中精力，竭盡全力地從事涵養功夫，又怎麼會有做不到終身如一日的呢？最近這段時間我不要求你們做面壁溫養長坐不睡以煉去睡魔的苦功夫，但在日常生活中，飢餓時吃飯也好，困倦時合眼睡眠也好，也都要常常提醒自己，一昏昏沉沉想睡覺就睡一會兒，但一醒來就要做操持涵養的功夫，不可使自己熟睡過了頭，長眠不醒。像這樣在一舉一動之間，念念不忘地記得提起警覺心，在一靜一默間，保持真性覺照不失，那麼修道的正果就有成熟的一天。

我曾經說過：「孔子的得意學生顏回得一善，每認識到一個好的境界，就拳拳服膺，踏踏實實、認認真真地去保持去實踐這個境界，這又是何等的精神？」所謂的「得一善」，就是指認識到真性，洞徹了本來人；「拳拳服膺」，就是就在洞見本原真性以後，時時提撕喚醒，不允許自己稍有昏沉，而使真性本來面目因為一時昏沉而迷失了。你們對於這一點能有深刻領會，默會於心，涵養時時無間，刻刻不違真性，自然可以做到起心動念都與真性之理相融合一，而真性也可發為妙用而與起心動念不相違背，心與性之間如同子母依依相戀而不忍分離。《尚書》所說的「念茲在茲，釋茲在茲」，提起是它，放下也是它，念念不離這個，這就是藥熟丹成的表現，才會有這種念念相續統一的光景。相傳周公能坐以待旦，整夜靜坐直到天明，這樣夜以繼日地不間斷地坐下去，可能也就是已經煉到了藥熟丹成的境界了吧？

不過在下手煉功的初級階段，尤其要準確地認定什麼是先天清淨的真藥物。精氣神是三品大藥，但作為真藥物的精氣神都是指先天的元精、元氣和元神。從精來說，精不是後天的交感之精，乃是華池中的一團神水。正如《大洞經》中所說：「華池之中神水充滿融通，如泉湧一樣灌溉滋潤全身，周流一身無有窮盡。」那麼這個華池神水到底從什麼地方生發出來的呢？在什麼時候有發動的跡象？這不是茫無頭緒隨隨便便就可以對付過去的。求學的人在打坐之初，屏除虛幻妄想，收拾精神，輕輕微微自然放鬆地坐上一會兒，忽然間心神進入到恍惚杳冥的狀態，從這個杳冥狀態中猛然一覺而醒，此時我們即看一下陰蹺一脈有沒有發動？如果此處有發動，我們應當將這個動象收回於空無之境中，即使沒有發動的跡象，也應當在此狀態下將身心的反應收回於空無之境中，因為這個杳冥中一覺的時候，也即是精生的時候。據我觀察你們諸位的氣機不同，資質稟賦各異，有的有發動，也有的人沒有發動，要點在於都是本性顯現，開始進入清明之境，玄關中元神之火生發出來，從杳冥靜寂之中一覺而醒，有這種情形即使沒有出現動象也是屬於精生的時候。精生就是陽生，這才是真實的把柄憑據。從氣來說，氣不是呼吸之氣，乃是在凡息停止時，真息發動，氣機周遍充滿一身內外，有一種剛健中正純粹精微的情狀，這個周遍之氣能主宰先後天的呼吸，周流於一身內外的陰陽之中，實際上這個氣是可以感知得到但卻不可能描摹出它的形象的。然而這個氣究竟在什麼時候發動？又是在什麼地方運化的？當人身的坎離一交，凡息一停，這個氣即與天地相通，這就是氣生的時候，氣生以後由湧泉穴開始向上，從雙手十指而起，漸漸地周流一身，就如同天地間的氣機一樣運行不息。如果有一個地方氣機暫停，不能通過，這個地方就是死物，說明有病不通，不是活活潑潑圓通不滯的健康之體。從神來說，神不是後天分別的思慮之神，乃是由混沌杳冥境界之後在無知無覺之時，忽然而有知覺，這個無念而有的靈明知覺，即是真神。我們在這個時候要順勢把握住這個狀態，不讓散亂的思慮雜念胡思亂想參雜於其中，就只是一個心而沒有第二個心，只是當下一念而沒有第二個念頭，這就是屬於元神在起作用，而後天分別的識神已經退隱而不現行了。

要而言之，神也好氣也好，都是由乾坤這一對陰陽所賦予我們的，乾坤是宇宙的陰陽，而體現到我們生命中的陰陽就是神與氣。乾，屬於宇宙本體的陽，這個陽賦予我們的就是人的性，這個性寄居於心，以心為載體，它發出意識的作用就成為神，神的作用是屬於無所不照而無物不知的。坤，屬於宇宙本體的陰，這個陰賦予我們的就是人的命，命寄託於身，以身為載體，它形成的作用就成為氣，氣的功能則是無時不在運化而且沒有一個地方不是由氣所充滿的。這個乾坤陰陽乃是性命的根源，也就是神氣之所以能成立的根源。但這個乾坤仍然不是我們煉丹的最根本的基礎，也不是我們修道的真正主宰。因為我們所講的這個性命也好神氣也好，還是屬於在玄關一動時，太極開始從原本的一體狀態而產生分化，由這個分化而成為陰陽兩極，這個陰陽兩極體現到人身上則成為性命、成為神氣，這個性命、神氣還是屬於從原本的一體中而分出的二極。若是要講真正的煉丹之本，不能從二極中求，一定要在太極還沒有分化之前，那鴻鴻濛濛混沌未分時的一段太和之氣上著手，這個太和之氣才屬於性命未分時的煉丹之本，它既不是性也不是命，但也是性也是命，性與命都蘊含在其中，那種境界是無法以言語思考、描繪議論所能表達清楚的。你們現在已經完全洞達了這個煉丹的源頭，我也就不再對此多勞唇舌了。

【研 析】本性是我們本來就有的存在狀態，只是由於我們的意識向外尋求，執著於各種意識的對象，起種種思慮分別，生種種顛倒妄想，才使我們迷外逐妄，而不能意識到自己內在本有的寶藏。修道就是從這種執迷中醒來，意識的目光不再追逐各種對象之物，而是返觀內照，從而使意識回歸自身，讓意識之光自己照亮自己，讓本有的純粹意識、先天的主體性即本性顯現，這一本性的自覺，就是見性，就是天心來復，就是洞見本原。既然本性是我們的最本質的存在，是我們原本就有的真性，所以它就時時都有顯現的可能，一醒覺它就在那裡。這不需要到別處去尋找，也不需要製造一種條件而重新創造這個狀態，就只需要有意識地喚醒這個沉睡的真心而已。然而即使在某個時刻修道者已經洞見這個本原，但這並不意味著修道就已經成功了，這還只是一個開始而已。因為長期以來人的自我已經培養起來了，頭腦的分別執著已經成為根深蒂固的慣性了，雖然已經見性了，但這個慣性並沒有隨之消失，人只是對這個本性有了短暫的一瞥，但很快地人又恢復了沉睡不醒，自我和頭腦又開始起作用。於是在有些時候，已經見性的人會從睡夢中醒來，與本性之理相應；有些時候，本性又被遮蔽，而人欲戰勝了天理，人又回到了執迷不悟的狀態。若是不能達到自然地、不費力地保持本性現前，達到清淨自如的境地，那麼修道就還沒有成就。見性之後，就是要常常提起自己的覺性，不被妄想分別之念所迷，經常地保持主人公一直在作主，一舉一動、行住坐臥，都要記得自己的真性，不攀緣外境，不為意識的對象所轉，而活在當下的覺醒之中。這樣念念不離，時時無間，自然就會有修道成就的時候。

本性即是太極，即是本原，即是太和之氣，即是煉丹之本。這是徹上徹下的最上一乘丹法。但是初步下手用功的人，還到不了這個地步，還要從具體的有為法開始修煉，這就要清楚精氣神三品大藥。後天的交感之精、呼吸之氣以及思慮之神，都不是煉丹所指的精氣神，但是後天精氣神的調節也是鍛煉先天精氣神的基礎。作為三品大藥的精是元精，是在虛無靜寂之中一覺而醒時所生的精微無形的「華池神水」，氣是周流一身、與天地相通的剛健純正的能量流，神是沒有思慮雜念時純粹的意識知覺。精化氣，氣化神，神氣合一而還虛，才到本體境界。故煉丹之本，不在於分別的精氣神，不在於性命陰陽，而在於性命陰陽未分時的太極統一狀態。在道生萬物的順向演化中，是由無極而太極，太極而生乾坤之陰陽，在人則為性命之陰陽；在煉丹的逆向演化中，則是精氣神返為神氣性命，性命返歸於太極，而太極未動之前的先天本性、太和之氣，乃為煉丹成道之根本依據。先天本性中的「性」不是「性」與「命」分立時的「性」，而是非性非命即性即命的本原之性；太和之氣中的「氣」也不是「神」與「氣」分立時的「氣」，而是非神非氣即神即氣的先天元氣。此先天本性與先天元氣，最終是一，只是從不同的角度而給予的方便命名，皆是不可言說不可思議的「道」。

道即太極章第十

吾師丹還金液，脫卻輪迴之苦，爾等還在半途，趕緊修煉，直證無上菩提，庶幾法象常在，永不為鬼神驅遣，墮入三途六道。不然，難矣。莫說爾等後學未至大還，即如唐宋以來諸仙，多有僅還玉液，未了金丹，到得福緣一盡，業果即臨。看來人不證金仙，猶是凡人一般，不過惡業少，不入牛腸馬腹而受諸苦中之苦耳。諸子趁茲法會宏開，教筵大展，天上高真不以小過相繩，亦不以資格相拘，只要有志入道，無不遂其願望之心。獨惜遇而不煉，即不免苦惱之場矣。生等正好一力承道，不作古今第二人想，立如此大志，即仙真亦喜助而不厭焉。想法會未開之年，求道之士欲得真師傳授，非由千里萬里之遙、勞心勞力之苦，萬不能感格上真下而拔度。生等如今不出門庭，不勞心力，即得吾師傳玄，何便如之，何樂如之！較吾當初得師授訣十分便易，如此而不修，吾恐仙緣一散，難再遇矣，諸子勉之。今日再抉修煉之要。夫道，即太極也。心，猶陰陽也❶。精神魂魄意，猶五行也。此道懸於太空，未落人身，無極太極之理，陰陽五行之精，渾渾淪淪，浩浩蕩蕩，團聚一區，有何五行，有何陰陽，究有何太極哉？總之一空而已，一真空而已。當一感而動，一觸而起，又至奇至妙至靈至神，而化生萬物於不盡，極奇盡變以無窮也。迨至落於人身，已成血肉之軀，氣質之變，物欲之染，五行非其真，二氣非其故，即太極亦錮蔽而不見矣。修道豈有他哉？不過教人去其本無之汙，以還固有之良已耳。初下手時，先要認真自家太極，太極，即本來人也。認定此物，以我一點智能燭之，即達摩所謂「淨知妙圓，體自空寂」是。是於無知無覺時，忽焉有知覺，即淨知也，妙圓也，即本來人也。故曰：「此一覺也，亦無他物，以虛覺虛而已。」吾人於混沌時，有此一覺，急忙攝提真念，用吾真意。此意雖主發作，然只一心無二，猶是本來之意，去道不遠。以此交媾水火，會合金木，久久烹養，後天心肝脾肺腎所藏之精神魂魄意打並一團，渾是先天真陰真陽，所謂返於太璞，還於太初，仍是當初未生時渾然一團元氣是也。如此則近道矣。人身還有緊要之處，如山根玄膺❷二竅，皆是通精氣往來要道。人能存想山根，則真氣自然上下，復歸黃庭舊處。人能觀照玄膺，則真津自然攝提而上。爾等每行一次，此二穴不可忽也。古云：「玄膺氣管受精符。」❸又曰：「玄膺一竅生死岸。」❹又古云：「山根是人初生命蒂。」吾人開督閉任，通氣往來，即是此竅。苟能存神於茲，自可長生不老，卻病延年。

【章　旨】在講道之始，一般講一些勸勉、激勵弟子惜緣、發心、用苦功的話，本章也是如此。後面才進入主題，講修道的主旨在回復太極之真，即先天本來人，而山根玄膺二個穴竅，則是精氣往來的要道，是下手用功的方便。

【注　釋】❶心猶陰陽也　心有人心有道心，有妄心有真心，此即心之陰陽。❷山根玄膺　山根，指山根穴，古人認為人在受生之初，先生此鼻，所以說鼻祖山根，山根在鼻之上兩眉中間，此處與祖竅相通。玄膺，指玄膺穴，在喉結之下的凹陷處，與後脊的大柱穴相對。又，《青華祕文》謂：「舌下為玄膺，目中有銀海」，丹書中對玄膺也有不同的說法。❸玄膺氣管受精符　《圓嶠內篇》所載《太上黃庭外景經》祕本有「玄膺氣管受精符，急固子精以自持」之句，但此句不見於通行本。❹玄膺一竅生死岸　《性命圭旨》：「夫玄膺一竅，乃是津液之海，生化之源，灌溉一身，皆本於此。故太上云：舌下玄膺生死岸，子若遇之升天漢。」

【語　譯】為師已經修煉成就金液大還丹，脫離了生死輪迴之苦，你們這些人修道還只是在半路上，要趕緊修煉，直證最上一乘大道，這樣才能使先天法象即合道的陽神永恆存在，也就永遠不再被鬼神所支配，不再墮入三途六道的生死輪迴之中。要不然的話，想要徹底脫離生死之苦就很難了。不要說你們這些後學沒有修到金液大還丹的成就，就是唐宋以來的那些號稱已修道成仙的人，其中也多有僅僅煉成了玉液還丹，而沒有完成金液大還丹的人，這些人等到他們的福緣一盡，業緣所導致的果報就會降臨。看來一個人若沒有修證到金仙的果位，就還等於是凡人一般，只不過惡業少一點，不會投胎到牛腸馬腹之中而受那些苦中之苦罷了。你們要趁現在傳道弘法的法會普遍地展開廣傳有緣的時機，好好修煉，那天上的神仙高真不因為有一點小過失就限制你們，也不會拿資格地位來約束你們，只要是真有志於入道求法的人，無不滿足他們的願心與希望。只可惜那些有緣得遇正法但是卻不修煉的人，這些人就無法從人生的苦惱之場中解脫出來了。你們這些人有這麼好的條件，正好全力繼承大道，發願成就最高的境界，不作古今第二人想，能立這樣的弘願大志，那麼就是神仙真人也都樂意幫助你們而毫不厭倦了。你們想想在傳道的法會未開的年代，那些求道的人要想得到真師的傳授，那就非得要經過千里萬里的遙遠奔波，四處訪道求師，經歷勞心勞力的辛苦，否則是萬萬不能感動天上的仙真下來超拔救度的。你們如今不用遠出家門，不用勞心費力，就可以得到師父為你們傳授丹道玄要，這是何等的便利，又是何等的樂事啊！比起我當初尋得師父傳授丹訣，已是十分方便容易的事了，有這樣好的機會還不修持，我恐怕等這次修仙的機緣一過去，以後就很難再有這樣的機會了，你們要以此自勉，趕快加緊用功。

今天我再給你們分辨和揭示一下修煉的根本要旨。我們說道就是太極，而道心人心，就好比是從太極中分出的陰陽。精、神、魂、魄、意，好比是五行。這個太極之道在它虛懸於太空之中，還沒有落入人身時，無極太極的先天理體，與陰陽五行的先天之精，是渾然一體的，渾渾淪淪，浩浩蕩蕩，團聚在一起，哪裡有什麼五行之別，又哪裡有什麼陰陽之分，一切分別都沒有形成，究竟又有什麼太極可言呢？總之就是一個空，但這個空中又蘊含有一切的可能性，所以是一個真空而已。當這個太極一感而動，一觸而起，則這個真空又具有至奇至妙至靈至神的功能，從中化生出無窮無盡的萬物，具有無窮無盡的極奇妙的變化作用。等到先天之道降落於後天的人身之中，已成為血肉之軀，這中間氣質的變化，物欲的汙染，已使五行不是其先天之真，陰陽二氣不是其本來面目，就是太極也因為遮蔽而不再顯現了。修道難道還有其他的原理與方法嗎？不過就是教人去除其先天本來沒有的後天汙染，以恢復生命固有的至善本性而已。

初下手用功時，先要把自己生命的太極狀態認清楚，這個太極狀態，也就是我們的本來人。將這個本來人真正地認清楚，然後用我們的一點智慧之光把它照亮，這就是達摩祖師所謂的「淨知妙圓，體自空寂」。在無知無覺的混沌狀態中，忽然間有了意識知覺，這個覺知即是淨知，即是妙圓，即是本來人。雖有覺知，但並無思慮分別，體性仍是空寂的，所以說：「這混沌中的一覺，也並沒有所覺的其他的對象物，能覺即是所覺，只是以虛覺虛而已。」我們在混沌杳冥之時，有此一覺，就急忙收攝心神提起真念，用我們的無分別的真意作主。這個真意雖然是一種意識的主導作用，但只是一心無二，並沒有雜念，仍是屬於先天本來之意，離純粹的先天之道不遠。用這個真意交媾水火，會合金木神氣，久久烹煉溫養，由後天心、肝、脾、肺、腎所藏的精、神、魂、魄、意融成一團，渾是先天真陰真陽的境界，即是所謂返還於最源始、最渾樸的先天狀態，仍然是當初陰陽五行未生時的渾然一團元氣。能如此則近於道了。

除了認識這個本來人最重要外，人身中也還有別的緊要之處，比如山根、玄膺兩處穴竅，都是疏通氣脈、精氣往來的重要的通道。人如果能夠存想山根，則真氣自然上下通暢，而復歸於黃庭這個真氣生發的老地方。人如果能夠觀照玄膺，則真津自然地攝提而上化為玉液吞入腹中。你們每行功一次，這兩處要穴不可忽視。古人說：「玄膺氣管受精符」，又說：「玄膺一竅生死岸」，另外古人也說過：「山根是人初生命蒂。」這些都是表示山根、玄膺的重要性。我們打通或關閉督脈任脈，使真氣循環往來，即是這二竅的作用。若是能存神於這兩個地方，自然可以長生不老，卻病延年。

【研　析】黃元吉在講道的時候，經常先講一些勸導弟子發心立志、惜緣真修之類的話，講生死輪迴之苦，講金液還丹之妙，講大道難聞真師難遇，等等。這都是為了鼓勵弟子抓緊時間實修，超越塵世的煩惱牽掛，一心修道。

本章講道即太極，修道要認清自家太極，這與前面所講的見性之理相類似。太極是客觀地說，是本體——宇宙論的語言，無極而太極，太極而陰陽五行，這是宇宙萬物的順向演化。就人體生命而言，則對應於從先天到後天的生命演化過程，太極落實到人身就是所謂的自家太極，也就是人的先天之性，又稱本來面目、本來人等。陰陽則對應於後天人心狀態，有正念有雜念，有對待有分別。陰陽進一步分化則為五行，對應心肝脾肺腎所藏精神魂魄意，可視為意識之不同狀態、不同表現。煉丹是逆向演化，是返本還源，是由五行而陰陽而太極，而太極乃為煉丹之本，是後天返先天的源頭，故認清自家太極為修煉首務。認清自家太極也就是前面講的見性，還是要在無知無覺時，後天的分別與染汙暫時去掉了，此時忽然一覺，而顯現了先天固有的真性，即是太極，即是本來人。此一覺雖有意識而無分別，故稱「淨知」。雖有此覺而並無具體的意識對象，能覺是真性，所覺也是真性，而真性無二，實只是真性自己覺悟了自己。這個真性乃無相之虛，故只是以虛覺虛而已。有此一覺，真性顯現，此時要以真意主持，真意已經是一種主動的意識作用，但只是微微地用心專一，以護持此靈明之境，不摻雜其他念頭。在此狀態中，陰陽五行渾然一體，又回復先天一團元氣。

以認清太極為修煉之本，這是上乘丹法，從本體起修。但對於一般人也應有初修時的方便，這即是從後天精氣神起修的漸修法、有為法。在漸修法中，有兩個重要的穴竅，即是山根與玄膺。黃元吉認為存想觀照這兩個要穴，有助於氣脈通暢神氣交融。

周天工法章第十一

吾見生等河車之路已通，此時不用河車流通一身，灌溉丹田，勢必精盈氣滿，有傾倒之患。故《易》曰：「日中則昃，月盈則食。」❶天地尚且如斯，而況於人乎！古人傳周天工法，莫如丹經所云：「問吾子在何時？不過藥生時節。」❷此藥之生，杳無氣息可尋，忽焉坎離一交，「偃月爐中玉蕊生❸」之候也。此為真藥發生，我於此尋得太初元始之氣為首，以元年元月元日元時[4]發火行工，方是天開黃道大吉良辰。如此之藥，方不夾後天滓質。生於此審慎其機，不過老，不過嫩，方不為藥生而不採，仍化為後天有形之物也。至云午退陰符，又是何狀？古云：「問吾午在何時？不過藥朝金闕。」顧何以知其朝金闕上泥丸哉？其必於進火之時，輕輕微微用起後天呼吸，將元氣催促上於昆侖頂上。此時雖不見銀浪滔天、金晶灌頂、百脈悚然、九宮透徹之大效，然而藥氣上引，周身踴躍，氣機運轉迴旋，無有一毛一竅之不到者，恍覺身如壁立、意若澄淵。此真陽盛之時，正陰符起手之時，所謂陽極生陰，斯其旨矣。生等行工至此，須退而向下，不可仍用催迫之力。若再行火，勢必將元氣逐散於外，而不能收回五明宮中以為丹本，是空運也，有何益哉？又云：「問吾卯在何時，紅孩火雲洞列。若無救苦觀音，大藥必然迸裂。」所以卯門宜沐浴也。夫以氣機之運，充周一身，要非先天真火，都是後天相火為之。若意思太重，氣息太緊，猶如夏日秋陽，人不能耐，所以有紅孩相火之喻也。斯時即當退火停符，一心了照，不東思西想足矣。故曰：「若無救苦觀音，大藥必然迸裂。」夫以觀音喻者，以大士大慈大悲，一片仁慈和藹，常以楊枝遍洒淨瓶甘露，以救人間煩惱。此時亦當以仁慈和藹之心出之，了無煩熱為患矣。又云：「問吾酉在何時，即是任同督合。斯時若沒黃裳，藥物如何元吉？」酉沐浴者，即以氣息退於絳宮。此時後之督脈與前之任脈兩相會合，聚於一區。何以知其絳宮？絳宮之地，神氣凝聚，勢欲充滿；甘津滴滴，一路有聲；此時三寶會於絳宮，而炎炎火勢又似如焚。我惟以沖和之意保之守之，而氣息之上下亦聽其自然，即退陽火停陰符也。停之片刻，然後收回斗府，溫之養之，太和元氣在是矣。學人行工至此，將藥氣收歸爐中，覺照不息，久之靈光晃發，照於滄溟北海中央戊己之界，如日月之長懸，此我之元神化為玄珠者也，故曰「水底玄珠」，又曰「土內黃芽」。要皆自家本來元神化為真意，到此收斂時，真意仍化為元神，以返還於先天一元之理氣，渾然無疵，粹然至善也。生等每坐一次，亦覺有此元神也，閑閑雅雅，氣機動而他不動，氣機靜而他無靜，此正本來人現象也。見此即為見性，知此即為明心。且有此一覺之悟，即大覺金仙之基在乎此矣。生等已了徹此物，實有此物，慎之慎之，毋自負焉。

【章　旨】本章通過講解古人〈火候歌〉，講述了子進陽火、午退陰符、卯酉沐浴的周天功法。

【注　釋】❶日中則昃二句　日至中午就要偏斜，月至盈滿就要虧缺。《周易．豐》之〈彖〉曰：「豐，大也。明以動，故豐。王假之，尚大也。勿憂，宜日中，宜照天下也。日中則昃，月盈則食，天地盈虛，與時消息，而況於人乎？況於鬼神乎？」

❷問吾子在何時二句　此是古人所傳〈火候歌〉中的二句，在本章中黃元吉對〈火候歌〉進行了解釋。李涵虛《圓嶠內篇》中的〈無根樹詞注解〉中載：「昔陶存存先生闡明《參同契》行火秘訣，而錄其師〈火候歌〉於注中，余深佩服，今亦附書於此，以為印證。歌云：『憶我仙翁道法，總是吾家那著。原無子午抽添，豈有兔雞刑德。問吾子在何時，答曰藥生時節。問吾午在何時，不過藥朝金闕。卯時的在何時，紅孩火雲洞列。若無救苦觀音，大藥必然迸裂。此即沐浴時辰，過此黃河舟楫。再問何為酉門，即是任同督合。此時若沒黃裳，藥物如何元吉。過此即為戌庫，請向庫中消息。此是一貫心傳，至道不煩他覓。』夫藥臨卯門，必用觀音之靜者，觀音之靜，管攝嚴密，不使紅孩逞勢，則甘露發生；至於酉門，則以黃裳裹之，不使元珠傾瀉，則白液乃凝，此沐浴之妙用也。黃庭者，中央也。谷神者，虛靈也。守中央而養虛靈，則法身呈象，一個男子，宛如女子懷胎，笑煞人亦愛煞人也。」❸偃月爐中玉蕊生　偃月爐，臍後腎前正中處，名曰偃月爐，又曰氣海。玉蕊，初生時的元氣。《悟真篇》：「偃月爐中玉蕊生，朱砂鼎內水銀平。只因火力調和後，種得黃芽漸長成。」❹元年元月元日元時　生命初生時的年月時辰，這裡指真藥初生之時。

【語　譯】我見你們幾位運轉河車的任督二脈已經暢通了，此時不用河車功法將真氣流通一身，灌溉上中下丹田，勢必造成下丹田中精盈氣滿，而有精氣洩漏流失的過失。所以《周易》中說：「太陽升至正中馬上就要偏斜了，月亮盈滿之後很快就要由圓而缺。」天地間日月運行尚且是這樣地盈虧消長，更何況是人呢！

古人所傳運轉河車的周天功法，沒有比〈火候歌〉所講的更好的了。對於子進陽火，〈火候歌〉是這樣說的：「要問我這個子進陽火是在什麼時候？不過就是指真藥發生的時節。」這個真藥發生的情形，一點也沒有氣息可尋，只是忽然間坎離一交，從「偃月爐中生出了玉蕊」的那個時候。這就是真藥發生，我們在此時要以尋得太初元始之氣為首務，以真藥所生的元年元月元日元時開始發火行功，這樣在最合適的時刻，用最恰當的方法採取，才像是天開黃道一樣的大吉良辰。這樣所採之藥，才不夾雜後天的渣滓氣質。你們在此時要仔細慎重地把握住採藥的時機，使藥既不過老，又不過嫩，才不至於真藥已生而不及時採取，使它仍舊化為後天有形的渣滓之物。

至於說到午退陰符，又是什麼狀況呢？古人的〈火候歌〉中說：「要問我煉丹時午退陰符是在什麼時候？

不過就是在大藥上升到泥丸這個金闕的時候。」那麼怎麼才知道真藥之氣已經上朝金闕升上泥丸了呢？那麼就一定要在進火的時候，輕輕微微運用起後天呼吸，將大藥元氣沿督脈往上引導催促到頭部泥丸這個崑崙頂上。此時雖然沒有顯現像銀浪滔天、金晶灌頂、百脈酥解、九宮透徹等這一類的大成效，然而當大藥元氣上引頭部泥丸時，周身能量踴躍，氣機運轉迴旋，沒有一個毛孔一個穴竅不能到達，恍然覺得身如石壁一樣堅實挺立，意識狀態好像澄清深澈的水面。這種狀態的出現就是真陽充盛的時候，也正是開始退陰符的午時，所謂陽極生陰，就是這個道理。你們修行功夫到了這一步，必須引導元氣沿任脈退而向下，不可繼續運用向上的催迫之力。若再進陽火，勢必將元氣驅逐發散到外面，而不能將它收回到五明宮中以為煉丹之本，這種做法就是空運河車，有什麼益處呢？

〈火候歌〉中又接著說：「要問我煉丹對應的卯時在什麼時候，就是在像《西遊記》中紅孩兒在火雲洞列陣的時候。此時如果沒有救苦觀音的出現，大藥必然會迸裂。」為防止火旺燒丹的情形，所以到了卯門就應該停火沐浴。這是因為在氣機運行的過程中，要讓元氣充周一身，這時的意識運用實際上並不是先天真火，都是後天有相之火在起作用。如果引導的意念太強，氣息太緊，猶如夏天的烈日初秋的驕陽一樣，使人不能忍受，所以用紅孩兒這種有相之火來比喻。這時就應當退火停符，一心了照，不用具體的意念導引，只是靜靜地觀照就行了。所以說：「若無救苦觀音，大藥必然迸裂。」之所以用觀音菩薩來作比喻，是因為觀音大士大慈大悲，一片仁慈和藹之心，常以楊枝遍灑淨瓶中的甘露水，以解救人間的煩惱。沐浴時也是這樣，應當以仁慈和藹之心溫養，這樣才沒有一點煩躁熱火為害其中。

〈火候歌〉又接著說：「要問我西沐浴是在何時，就是在任脈同督脈相交會合的時候。這時如果沒有真意這個黃裳以包裹團聚之，藥物如何能夠保持平安順利？」西沐浴，就是在真氣運行的氣機已經從泥丸下降到絳宮的時候。此時後面的督脈與前面的任脈兩相會合，團聚在一塊。怎麼才知道氣機已經退到絳宮而開始西沐浴呢？只要絳宮這個地方，神氣凝聚，有一種充滿之勢；舌下甘津滴滴嚥下，一路咕咕有聲；此時精氣神三寶會聚於絳宮，有一種炎炎火勢使周身暖熱難耐，這就說明氣機已退至絳宮，應開始西沐浴了。此時我們只要用寧靜平和之意涵養保持它，而氣息的上下往來也聽其自然，這就是退陽火停陰符的沐浴溫養。這樣停火沐浴一會兒，然後將藥物收回斗府下丹田，繼續溫之養之，太和元氣就在其中了。

學道的人修煉功夫到這一步，將真藥元氣收歸於丹爐中，保持覺照不間斷，時間久了靈光煥發，遍照於丹田人體之中央，人身是一小天地，此處又比喻作滄溟北海等，這個靈光如同日月長懸於天際，這就是我們的元神化成了大放光明的玄珠了，所以丹經中說「水底玄珠」，又曰「土內黃芽」。這裡的關鍵在於原是自家本來元神化為真意而觀照，到這一步真意收斂時，真意仍舊化為元神，元神與元氣合一，以返還於先天神氣不分、理氣一元的狀態，渾然一體而沒有一點瑕疵，是先天純粹至善的境界。你們每坐一次，也會體會到有這個元神存在，有一種鎮靜優雅之感，氣機在動而這個元神不動，氣機靜下來而這個元神無所謂靜下來，這正是本來人顯現出來了。見到這個本來人即為見性，知道這個不動不靜的元神即為明心。而且有了這一覺之中對真性的頓悟，那麼修成大覺金仙的根本基礎也就在此了。你們已經徹悟了這個東西，實實在在地體驗到這個境界，但是仍要慎之又慎，不要有自負自滿之心。

【研　析】關於子進陽火、午退陰符、卯酉沐浴等小周天運轉河車的功法原理，前面已經講過了。本章重點在借用古人的〈火候歌〉具體地指示進火退符沐浴溫養的功夫特徵，提醒其中的注意事項。真藥不生而轉河車，因無真實的氣機，所轉只是空轉，屬於妄想在轉，世間有教人速通周天的氣功功法，實屬不通之論。藥生而不及時採取，則有精氣盈滿而外洩之患。藥太老或太嫩，都會導致元氣化為後天有形之物而錯過時機，所以火候至關重要。進火至一定的程度，若不及時沐浴，則有陽火過盛的危險。陽盛之後若不及時退符，則將使元氣耗散於外而不能收歸丹爐中。退符至一定程度，若不及時停止退符而沐浴溫養，則元氣與元神不能相交合一。總之，其中的火候運用很微妙，若無真師指點，不可盲修瞎煉。古人說：「性可自悟，命要師傳。」心性的修養與覺悟，時時可行，時時可悟，因為人人都有先天的本來性體，妄念不起時返觀一覺，本來真性即可顯現。性功的修煉當然也不容易，因為人很難超越自己的物欲私心、雜念妄想，要讓見性的境界相續成片，更是談何容易！但性功從理論上說是有自悟的可能性的，而且也無法通過師父直接被給予，那個境界終歸是靠自己悟得的，師父只能指點。命功修煉則關係到更具體的經驗訣竅，若無過來人的傳授，很難自己掌握。

半邊學問章第十二

人生斯世，除卻修道而外，一任享不盡榮華顯耀，皆是虛假文章，空頭事業。惟有修成大覺，可以快樂千萬年，比人間之聲勢，為大為小，孰得孰失，不啻天淵之判也。然亦千年而一遇者也。諸子幸逢良會，趕緊修成，豈不勝人世富貴萬萬倍哉！而或者難之，以為此個事業，雖遇良緣，幸有前根，要非三五年可得，世有修之終身而毫無所得者，更有造之夙劫而未能有成者，夫豈似人世富貴可旋操而旋得耶？詎知有志者事竟成，苦心人天不負，只怕人無志耳、不盡心竭力耳，焉有修道而道不為我得哉？其不能遽得者，良由見之而不行，行之而不力，因循怠玩，甘自暴棄焉耳。苟能一力前修，如饑者之欲食，渴者之求飲，專心致志，壹氣凝神，夫焉有不成哉？古云：「辛苦兩三載，快樂幾千年。」昔賢之言如此其便，夫豈誑語以欺人耶？又孔子曰：「我欲仁，斯仁至矣。」以我自有之而自修之，不似權勢功名操之在天，而我不能為之主持。斯言誠道盡學人之本始，可不勉乎？茲見諸子身心有得，趁此嘗其滋味，再加猛烹急煉之工，而出以淡泊和平之意，不待三年五載，即此一年之中，自有大效昭然。雖前世今生無冤怨，然總在多積陰功，以消孽債，庶一舉而成，不受魔纏禍侵矣。且於此工夫有進，尤宜禮斗禳星，請諸仙眾聖同作證盟，代為消魔斷障，庶幾一直造成。此自古修真人第一要務。諸子勿求速效。須知急成者非大器，躁進者無大功。不如養神養氣，極其剛健中正，純粹以精，然後行返還七日天機，不患其不成也。且神之養極其純，氣之養極其粹，於此不還玉液之丹似乎無用，要知此時養得十分純粹以後，還金液之丹更為便易，不需九載十年之苦，便可飛升大羅。生等思之，然歟否耶？無奈而今學人只道守中一則是歷代聖人心法，始而守有形之中，繼也守無形之中，即可成仙作聖。豈知守中得藥只算半邊學問❶，縱云陽生，只算孤陽，而無陰汞以配之，猶不能結仙胎。夫以其有男而無女，無由交合以生仙也。尤要明採取之法，藥微不升，藥老氣散，此中須得一苗新藥之生，採之取之，以之運行河車不難矣。此無他法，但觀自三十至初一初二，皆是晦暗之候，毫無光華，此即無藥藥微之象也。迨至初三，月出庚方❷，一彎新月現於天表，僅有一線之明，藥之新嫩亦是如此。故曰：「有人問我修玄事，遙指天邊月一痕。」是可見一陽之動，其勢雖微，其幾大有可觀，須仔細探討可也。總之，藥生不難，必要元神駕馭其間，諸子須知真神發為真意以為主持，自可由微而之著，不至為後天知識之神打攪而散矣。此為要訣。何也？神清則氣清，神濁則氣濁，一定理耳。至於抽添之法，即抽坎中之陽，添離中之陰。陽即鉛，鉛即氣也。陰即汞，汞即液❸也。雖氣上為雲，雲下為雨，雨化為氣而成雲上升，雲化為雨而下降，即氣生液，液生氣，液氣相生，凝聚一堂，以神火煅煉，即成刀圭妙藥。但行工之始，一陽初動，昔人比「地雷振動山頭雨」，即教人如雷之忽響，突然而覺，即玄關竅開時也。故曰「靜中陽動金離礦，地下雷鳴火逼金」是，是即天人合發。何謂天人合發？從無知無覺時，是純乎天不雜以人；忽焉有知有覺處，是純乎人亦不離乎天，故曰天人合發。如此天人合一，始是真陽，可以為丹母者。諸子亦曾採得否耶？

【章　旨】此章首辯煉丹事業與人世富貴兩者的得失難易，然後指出守中得藥只是半邊學問，後面的採取火候還大有講究，須識得藥物之老嫩，而以元神所發真意為之主持最為關鍵。

【注　釋】❶守中得藥只算半邊學問　通過守中而使真藥發生，這還只是煉丹學問中的一半，還有採藥煉丹的另一半學問。

不過，這裡所說的守中，其意義偏於具體功法的一面，只是得藥的一個方法。但中派所講的「中」還有本體意義上的「中」，即是先天之道，它不局限於陽氣一邊，而是統一陰陽神氣的混沌本元狀態，在這個意義上守中不是半邊學問，而是最上一乘丹法。❷月出庚方 一彎新月從西方升起，比喻真陽初生之象。庚，十天干之一，以方位而言代表西方。❸汞即液 汞即心中之靈液。一般地，鉛汞對稱，廣義的鉛汞指神氣，具體地說是鉛指腎中之真氣，汞指心中之靈液。因為鉛汞是從藥物的角度來命名的，所以是所修之對象，而能修者則是神火。故靈液是將神暫時地客體化對象化，而轉為所修之藥而言的，與能修之神火不是一個意義。

【語　譯】人活在這個世上，除了修道以外，不管你有多少享不盡的榮華富貴、顯耀聲名，這些都是轉瞬即逝的虛假文章，空頭事業。只有修成大覺金仙，才可以快樂千萬年，這和人世間的聲名權勢相比，何為大何為小，哪個得哪個失，就像一個在天上一個在地下，有天淵之別。但修道的機緣也是千年才一遇的，機會極為難得。在座的諸位有幸趕上了這樣難得一遇的好機會，若能趕緊修成大道，豈不比那人世間的榮華富貴要勝出萬萬倍嗎！而有些迷惑不解的人提出疑問來反駁，他們以為這個修道的事業，就算幸遇良緣，又有幸具備前世修道的宿根，這樣也不是三年五年就可修成得道的，世上有的人修了一輩子而毫無所得，甚至有的人修了多生多世仍未能有所成就，又哪裡比得上追求人世富貴，可以立即追求馬上就有收穫呢？有這種疑問的人，他們哪裡知道有志者事竟成，苦心人天不負，只怕人不能立下堅定的志向，不能盡心竭力罷了，怎麼會有立志修道而道不為我得的呢？那些不能修道有得的人，完全是由於他們認識到了但卻不去實行，或雖實行了但卻不盡力，因循守舊，懈怠玩忽，甘願自暴自棄所造成的。要是能一心一意全力往前修，就如同饑餓的人想要飲食，口渴的人想要飲水那樣，專心致志，全神貫注，這樣又怎麼會有修不成的人呢？古人說得好：「辛苦兩三載，快樂幾千年。」古代的聖賢之言把修道說得這樣容易，難道他們是說妄語來騙人的嗎？另外孔子說：「我一發出了想要行仁之心，仁就已經到了。」這是因為仁德是我本來就固有的本性，求仁修道不過是自己顯現自己的本性，這是操之在我的，不像追求外在的權勢功名那樣，能否成功並不取決於自己的個人奮鬥而是操之在天，取決於整體環境而我們自己不能作主。孔子這句話，確實一語道盡了學道人的根本出發點，我們能不自勉麼？

如今看見各位修煉上身心都有收穫，趁著現在已經體驗到修道的滋味後，要一鼓作氣，進一步加上猛烹急煉的功夫，同時以淡泊和平的真意護持，用不著三年五載，就在這一年之中，也自然會有明顯的大成效。雖然你們前世今生不見得有冤家仇怨，但是總還是要多積陰功，以消除孽債，這樣才有希望一舉成功，不至於遭受魔怪的糾纏禍害的侵擾。而且在功夫有進展的時候，尤其應該禮拜主宰人禍福的斗襪星，並請天上諸仙眾聖一同作證盟誓，請他們代為消除魔障，這樣才能順利地修下去一直到修成為止。這是自古以來修真人的第一要務。

你們修煉時不要追求速效。必須要知道快速修成的不是大器，急躁冒進的不能成就大功。與其追求速成，不如致力於養神養氣，把神與氣養得極其剛健中正，去除後天渣滓保留純粹的先天精華，然後在此基礎上行「返還七日」的天機以採大藥，這樣就不用擔心煉丹不能成功了。而且養神養得極其純淨，養氣養得極其精粹，這種狀態下並沒有煉玉液還丹，看起來似乎沒什麼用，但是要知道此時神氣養得十分純粹以後，以後煉金液大還丹就更為方便容易了，不需苦煉個九年十年的，便可成就金仙直接飛升大羅天。你們想想，是否是這個道理呢？

無奈的是現今學道修行的人只知道說守中的方法是歷代聖人的心法，他們認為開始是守身體上的有形之中，進一步是守本體無形之中，這樣便可成仙作聖。豈知通過守中而得到藥產陽生的效果只能算做半邊學問，即使說陽生了，這個陽也只能算是孤陽，如果沒有陰汞和它相配，依舊不能結仙胎。因為這種情形屬於有男而無女，無法通過陰陽交合以生出仙胎。尤其要懂得陽生後的採取之法，藥氣太微弱則真陽不能上升，無法採取；藥氣太老了則真氣發散，也錯過時機。在這個採藥的過程中，必須尋得那個一苗新藥發生的時機，既不老又不嫩，然後採之取之，這樣以真氣運行河車周天功法就不難了。這沒有別的辦法，只需要觀察自然界的月亮盈虧之象就可領會其中的火候。我們看自三十到初一初二，都是一片黑暗，一點月光都沒有，這種月象就代表沒有得藥或藥氣太微的情形。等到初三的時候，月亮從西方出來，一彎新月出現於天際，僅有一線的光明，丹藥的新嫩狀態也是這個樣子。所以說：「有人問我修玄煉丹的事，我就遙指天邊那一彎新月。」由此可見一陽初動的時候，它的勢力雖然處於微弱的階段，但其中蘊含的變化可能性卻大有可觀，必須仔細探討才行。

總之，煉到真陽之藥發生的程度並不難，但真藥發生後一定要以元神在其中調控，你們必須知道如何由真神所發出的真意來作為主持，這樣自然可以使藥氣由微小而發展壯大，不至於因為後天知識分別的識神使藥氣被打攪而散失了。這是煉丹的要訣。這是為什麼呢？神清則氣清，神濁則氣濁，這是一個確定不移的法則，所以一定要以真意作主。至於煉丹中所說的抽添之法，就是抽坎宮中的真陽，填離宮中的真陰。真陽就是鉛，鉛就是真氣。真陰就是汞，汞就是靈液。水氣上升變為天上的雲，雲下降又成為雨水，雨水蒸發化為水氣，水氣變成雲又上升到天空中，雲又化為雨而下降，這種循環相生也就是煉丹過程中人體的氣生液，液生氣，液氣相生的情形，兩者凝聚在一起，加以神火鍛煉，就可煉成刀圭妙藥。

但剛開始行採藥功法時，此時一陽初動，前人比作「雷聲振動山頭雨降」，這就是教人好像一聲驚雷忽然響起一樣，突然一覺，這就是玄關竅開之時。所以古人說：「在極靜之時一陽初動，真氣初生如同金從礦石中分離，突然一覺如同地下雷鳴，真火鍛煉出了真金」，這就是天人合發。什麼是天人合發呢？天代表先天道體，人代表後天身心，在無知無覺的時候，是純粹的先天境界而不摻雜以後天的人為；從無知無覺中忽然有知有覺，這個知覺是純屬於人的，但也不離開先天本體，這是由天而人，由人而天，天人相交，所以說天人合發。能如此天人合一，所生真氣才是真陽，是可以為煉丹之母的大藥。你們是否也曾經探索體驗到這個真陽呢？

【研　析】師父在傳道的時候，總是要千方百計地鼓勵學人全身心地投入修道，打消其種種世俗的顧慮牽掛。有的人也許會覺得修道的事業虛無縹緲，不能保證修道一定能成功，不如世間的榮華富貴，可以得到眼前看得見的利益，這樣就會動搖道心。黃元吉對此進行了分辨，他首先指出，修道的利益和世俗利益相比，世俗的榮華富貴是短暫的，有形肉體消失以後也就沒有意義了，修道的利益是長遠的乃至是永恆的快樂逍遙。其次，修道之所以沒有收穫，是因為沒有真正地用心實踐，沒有專心致志、盡心竭力。再次，修道是發揮我們自身固有的潛能，當下覺醒，當下就有收穫，修道不需要外在的條件，只需要把握自己，喚醒自己內在的真性，這是操之在我的。相反，追求外在的功名富貴則是依賴於一定的環境條件，不是光靠自身的努力就一定能成功的，兩者相比，還是修道更容易。我想指出的是，如果修道過分注重於某種功利性的結果，這本身就是一種自我的欲望，是修道的障礙。有求則心有掛礙，即使追求超出世俗的某種功利，其本身也還是一種功利境界，不能進入虛靜無我的功能態。正因為執著於結果，所以才會害怕修道不成，才會執著於眼前的世俗利益。其實，修道是從有所求的功利境界中跳出來，修道並不需要一個未來的保障，修道就是從自我的欲望中超越出來，回歸那個原本的無求無得的先天狀態。這個狀態隨時返觀則隨時可證，在你內在的本性中，一切都是已經圓滿的，所以真正意義上的修道不可能不成功，因為修道的本身就是收穫、就是成功！一念回光見性，就一念成仙成道，何需等待未來的成功？當然，修道雖然說是不待外求，但是因為業障的存在阻礙了本性的顯現，所以消除業障仍是必要的。黃元吉多次指出修道的人要積陰德，要敬神明，要得到天上仙真的護佑加持，這樣才能消除修道路上的阻礙而得以順利地修成大道。

由李道純開創的內丹學中派，以「中」概括三教心法，其所謂的「中」已經不是局限在有形之中上，而是以「中」字指代最高的虛無本體。就氣脈一層面上的「中」而言，則包括中黃、中脈，有中黃直透之說，不走任督二脈的路線。黃元吉的丹法有時也被歸入中派，但明顯地黃元吉並不特別強調「中」，相反本章還批評只知守中的丹法是「半邊學問」。一方面，如果把「中」作為本體意義上的性體、道體，則黃元吉所講的明心見性的丹法應可以歸入中派；但如果從具體的命功來講，黃元吉很少講到中黃直透、徑直通中脈的功法，反而經常講到河車周天的功法，並且認為守中僅是得藥的功法，並不包括採藥的火候。所以，黃元吉的丹法是否屬於中派，一是取決於對中派丹法的理解，二是取決於對「中」的理解。若是把中派丹法視為「守中」的丹法，而對「中」作有限的理解，那麼黃元吉的丹法便不是中派的丹法。但是，如果中派之「中」是廣義的，守中也就是最上一乘虛無大道，那麼黃元吉的丹法在其旨趣上也是以此為歸的。當然，黃元吉的丹道思想是很豐富的，綜合了各家丹法思想的精華，是內丹學的集大成者，不可簡單地歸入某派丹法。雖然《樂育堂語錄》中經常引證中派經典，但同時也引用了包括儒佛二家經典在內的許多經典，而且黃元吉本人也沒有聲稱過他是屬於中派丹法的傳承。

河車一法章第十三

生等行工已久，損幾多煩惱憂慮疾痛疴癢。即此些些小報，思之亦是人間上品仙也。何況由此而修，更有上無以上，玄之又玄，為萬古之仙，享清閒之福也哉！生等思之，孰大孰小？自當從其大者而為大人，不墮於小人之群可矣。第此事關乎天命，非無緣無德無福無根之人可以消受得。以故丹道不輕傳，惟結得有仙緣，種得有道根者，方能遇而能知，知而能行也。否則，即幸逢法會，得聞正宗，其中魔纏禍侵，斷乎不免。就是有德有根之士，上天亦必多方省試，以觀其心性堅貞否。至外侮之來，都是我前生今世所造，應償者償之而已，毫無怨天尤人之意。若某生家人不受調度，亦爾孽緣夙締❶，「莫非命也，順受其正」❷，孟子之言可玩矣。他如修煉還要無磨自勵，越磨越堅，縱有不測之事來前，順而受之，自然無事。吾示河車一法，其中還有未仔細處。夫天人冥合，一陽初動，藥之初生，有如此狀；身心恬靜，專氣致柔，丹之初凝，亦為此狀：俱離不得以柔以和以默以靜。何也？陽須陰配，若是用剛用動，是男配男也，焉有變化？且心神不歸渾璞，一於清清朗朗光明洞達，神即散遊於外，不與氣交，此所以必用柔也。太上云：「挫銳解紛，和光同塵。」可默會矣。雖然，真陽始生之初，只宜輕輕微微採取提升，古云：「二分新嫩之水，以二分火配之。」到得升而至於腰脊，斯時氣機蓬勃，略有沖突之狀，又不妨意思著緊。總之，河車一路象天地一年造化。從冬至群陰凝閉，一陽初動起火，試思此時之陽為何如哉？到得三陽開泰，又是何狀？至於六陽已到，天氣大暑，又是如何？從此陽盛之時，忽生一陰，漸漸秋涼，至於隆冬嚴寒。進退歸爐，俱要觀天道以執天行，庶合法度。否則，河車一法，丹經俱言大有危險，不順天道行工，勢必多凶少吉。生等於此思之，河車無難事矣。至若真陽不見大動，不妨久久靜養，十二時中無有間斷，自然氣滿藥生，不須三兩月為也。要之，道一而已，一即虛而已。《清淨經》云：「內觀其心，心無其心，外觀其身，身無其身。」❸學人打坐守中，總要將我血肉之身心看得空空洞洞，惟有凝神於虛，合氣於漠已耳。夫虛也漠也，即神氣混而為一，返還於先天渾淪一氣時也，即此是真藥，即此是靈丹，別無他物以為藥為丹也。故曰人必外其身而身存，虛其心而心在。學人只要心無染著，混混沌沌，自然與道合真。此即採取也，亦即烹煉也。所謂「不採之採勝於採，不煉之煉勝於煉」❹者，此也。果能如此一空，萬緣自放，全體自存，此身自淨，此心自靈。夫以其虛而無物，即天地萬物無不在我運量之中。天人合一之道，惟此一虛。生等未行河車，不妨出之以虛，不著色，不著空，得矣。

【章　旨】本章主要有三層意思，一是丹道不輕傳，需要有仙緣道根的人才能消受；二是以一年四季的天象變化來進一步提示河車功法的火候老嫩；三是真陽不見大動時，以靜養為要，總以身心虛無合道為根本，採藥煉丹自在其中。

【注　釋】❶孽緣夙締　往世所建立的孽緣。締，訂立。❷莫非命也二句　《孟子・盡心上》：「莫非命也，順受其正。是故知命者，不立乎巖牆之下。」意思是說，雖然人生有命，吉凶禍福都是天命，但是只有那些不為人的意志所轉移、不是人為所造成的結果才是真正的命，所以君子之道在於修養自身，盡量把握好自己，做好自己所應該做的，然後順從天命的安排，這就是順受其正。所以真正懂得命的人，是不會立在危牆之下的，如果是因為自己的原因造成的嚴重後果，是不能歸於命的。❸內觀其心四句　觀本身無所謂內外，內外是因為所觀的對象有內外而帶出來的。向內返觀自己的心，找不到任何實體，無心可得；向外觀照自己的身體，這個身體在觀中也沒有身體的掛礙。身心內外同歸於虛無空寂。❹不採之採勝於採二句　這是高級的無為法，在無為合道之境中，採取烹煉自在其中。但方法是針對不同的狀態而言的，並無絕對的好壞。在初級階段，有為法的採煉也是有必要的，否則黃先生為何又在別處多次講到具體的採煉的火候功夫呢？

【語　譯】諸位學生修行用功已經很久了，這減少了多少煩惱憂慮、疾病痛苦。就拿這一點點修道的微小功效來說，我們想想能夠無病無惱這也算得上是人間的上品仙了。更何況在這個基礎上進一步修行下去，更有上無以上，無以復加，玄之又玄，極玄極妙的神仙境界，可修煉成為萬古長存的神仙，永享無窮的清閒之福呢！你們想一想，修道與世俗追求之間哪一個大哪一個小？顯然我們自然應當從事其中的修道大事業而成為超出世俗的大人，不墮落到追求世俗欲望的小人之列，這樣才行。只不過修道這件事關係到一個人的天命，不是那種與道無緣、沒有福德慧根的人可以消受得起的。正因為這個原因煉丹成仙之道不輕易外傳，只有那些在往世中已結得有仙緣，種得有道根的人，才能在得到丹道的傳授時能夠領會其中的道理，並且才能在有了丹道的真知以後能夠去實踐。否則，如果沒有仙緣道根，就是有幸欣逢法會，得以聽聞到正宗的丹法，在他求道的中間各種魔難的糾纏以及災禍的侵襲，肯定是難免的。就算是有福德有道根的人，上天也一定會多方考驗測試，以觀察他的心性是否堅貞不移。至於我們在外面所遭受到的侮辱，都是我們前生今世的業力所導致的，這只是償還我們所應該償還的業債而已，應該一點也沒有怨天尤人的意思。比如說某學生他的家人不受調教，這也是你的宿世所種下的孽緣，「一切無非是天命，我們要在盡力而為的基礎上順著天命而承受正當的命運安排」，孟子的這句話值得我們深思體會。至於其他的方面，都可以推而廣之。比如說修煉還要在沒有磨難考驗時自勉自勵，而在有磨難考驗時則越經磨難越加堅貞，縱然遇到有意外不測的事，也能順應天命而坦然受之，這樣自然就不受打擾，如同無事一般。

我前面所講的轉河車的功法，其中還有講得不夠仔細的地方。說到天人冥合，一陽初動，大藥初生時，是那麼一種狀態；而身心恬靜，專氣致柔，大丹初凝時，也是那麼一種狀態：兩者都離不開以一種柔和默靜的心靈狀態去調節。其原因何在？這是因為陽必須以陰相配，陽生之時若不是用代表陰的柔和寧靜而是用代表陽的剛強躁動去配合，就成了以陽配陽的男配男，這樣怎麼會有變化？而且如果心神不歸於原始渾沌無分別的狀態，專一在一種清清朗朗光明洞達的境界，則心神即紛散馳遊於外，而使神不能與氣相交，神氣不交則藥不生而丹不結，這就是為什麼在採藥煉丹時要用柔和寧靜之心。太上老君的《道德經》說：「挫其銳，解其紛，和其光，同其塵。」意思是說要去除鋒芒，解除紛爭，隱藏光輝，同於塵世，由老子的話我們就可以默會柔和靜默的重要性了。雖然說陽生了以後要採取，不能再是完全的柔和靜默了，但在真陽開始發生的初期，只適宜用輕輕微微的採取功夫提升真陽，古人云：「二分新嫩之水，以二分火配之。」這裡的二分新嫩之水即指初生真陽，二分火即指輕輕微微的採取火候。到得真陽上升而至於腰脊部位，這時氣機蓬勃壯大，略有上下沖突的狀況出現，這時又不妨加強一點採取的意思。總之，河車一路的周天運行，其火候陰陽的變化可以類比於天地一年的季節變化。我們可以觀察一年四季的天象氣候的變化，從中領悟煉丹火候的陰陽變化。從冬至時的群陰凝閉這個寒冬時期，到一陽初動開始起火變暖，氣溫提升，試想想這時候的陽生是一種什麼情形呢？到得三陽開泰陰陽平衡之時，春暖花開，這個時候的陽生又是什麼情形呢？至於六爻全變成陽爻的純陽卦象已到，盛夏天氣暑熱難耐，這時的陽生情形又是如何呢？從這個陽盛之時，陽到極點而忽生一陰，漸漸到了秋涼天氣，逐漸至於隆冬嚴寒季節，而完成一年四季的氣候陰陽的循環。我們煉丹時進火退符歸爐溫養種種火候，全部都要觀察天道四季運行的規律，以便煉丹時能按照天道運行的規律掌握火候採藥煉丹，這樣才能符合煉丹的原理法則。否則，轉河車這個功法，丹經中都說其中大有危險，若不順從天道法則做功夫，勢必凶多吉少。你們從這個角度去研究領會，轉河車就不是什麼難事了。

如果真陽之氣沒有出現大動時，這種情形下就不妨久久地靜養，一天二十四小時都不間斷，這樣靜養下去自然真氣充滿大藥發生，用不著兩三個月的功夫就可達到這個效果。要而言之，道就是「一」，這個「一」就是「虛」而已。正如《清淨經》所說：「內觀其心，心無其心，外觀其身，身無其身。」學道的人在打坐時意守各種意念情緒都未發生時的中和狀態，總歸是要將我們的後天血肉之身妄想之心看得空空洞洞，唯有將神凝聚於虛無之中，將氣合於廣漠的虛空中。這個虛無廣漠的境界，其實就是神與氣混而為一，而返還於先天渾淪一氣的時候，這個神氣合一的渾淪一氣即是真藥，即是靈丹，別無他物可以作為真藥靈丹了。所以說人必須放下對身體的執著，然後身體才得以長存；放下心理的牽掛負擔心無雜念，然後真心才能常在。學道的人只要心無染著，沒有分別而入於混混沌沌之境，這樣自然與道合真。能進入混沌虛無之境，這本身就是採取，也就是烹煉。丹書上所謂的「不採之採勝於採，不煉之煉勝於煉」，就是這個意思。果真能這樣完全地空掉身心，萬緣自可放下，大道全體自然就存在，我們的身體自然就被淨化昇華，我們的心神自然就靈明不昧。正因為處於虛而無物的空靈之中，這個空靈是無限的，就是天地萬物也無不在我們的運化範圍之內。天人合一之道，就只是這一個虛。你們還沒有行河車功法，不妨就進入這個虛空之境，既不執著於有形之物，也不執著於無形之空，就可領悟到虛境的精髓了。

【研 析】修煉要達於宗教性的超越境界，就會涉及到生命的深層的奧祕。大多數的宗教傳統都承認人的生命並不是從這一生才開始的，我們的肉體只是我們生命顯現的一個物質媒介。這樣修煉也就並不是始於這一生，而是多生多世的尋求與努力的結果。一個修煉的人這一生的修煉與他宿世修煉的程度密切相關，他實際上是接著上一世繼續往上修煉。所以說能不能走上修道之路、修道能不能得到成果都與前世的道緣慧根有關。黃元吉認為，丹道之所以不輕傳，就是因為對於沒有修道宿根仙緣的人，他們無法接受仙道的傳授，聽了法也無法領會，領會了也不會去深入地實踐。如果沒有福德，就容易遭遇到魔擾，而影響修道的進展。所以，只有有福德有慧根的人，才能消受得起丹道。黃元吉在這裡是應機說法，是為了讓他的弟子們珍惜他們所獲得的學道機緣。但這樣的一種說法，似乎把一般的人排除於修道隊伍之外，對此需要略加辨析。其實，不管前世如何，這一生的修道都是重要的。因為第一，我們一般人並不知道自己的前世，也就不能知道自己有沒有福德道根；第二，前世的東西已經成為過去，我們無法改變，但重要的是我們現在正在創造自己的未來，而所謂的仙緣道根也是靠我們現在去創造出來的。任何時候都是新的起點，如果我們現在不去創造機緣，那就永遠不會有修道的進展。所以，對於已經入道修煉的人，可以強調福德宿根的難得，以生起珍重之心；但對於還沒有開始修煉的人，則應強調人人可行的大道，隨時隨地都可以作為修行的起點。

煉丹始終功夫，就主體能修一面說，則始終不離元神作主，真意主持；就所修之境而言，則始終不離虛靜合道之境。只有在虛靜合道之境中，神氣才能合一，返還於先天混沌虛無之境，在這個狀態中，有限的後天身心被超越了，而混然與無限的道體、虛無一氣合一，此時真藥在其中，靈丹在其中，不採而採，不煉而煉，混混沌沌，與道合真。一切神通變化，一切煉丹妙用，統統不離這個虛無合道之境。但如何才能入於此虛無之境？還是要回到元神作主上來，就是要不執著於後天有形的身心狀態，而讓無分別、無造作的元神顯現，讓無思無慮的真意作主。你有分別了，你就執著於小我，就離開了無限的道體；當你沒有分別心，一切頭腦的妄想都停止的時候，自然就進入了無限的空，也就進入了虛無的道。

本來現形章第十四

吾師屢言生身受氣之初，諸子還未了悟，吾今再詳言之。人未生以前，此氣渾於於穆，同夫太虛，一自念頭起處，不知不覺，此氣即落於父精母血之間。然而此時只有精血一團，無有形骸肢體，我又在何處哉？此時一點元陽真氣充滿於精血之中，由是日培月養，漸充漸長，遂如雞卵之形，於是有個腔子，我之元氣即附於腔子之內。由是下生兩腎，上生一心，心腎相去八寸四分許，而元氣滾滾漉漉處於其中。又久之生督脈於後、任脈於前，而五官百節始漸次而成矣。要皆元氣伏於腔子裡，而後才成一身之形，內有知覺之靈、神明之變也。後之人欲修金丹以成金仙，又豈可離此腔子而外有所圖哉？故曰「心要在腔子裡，念不出總持門」是。吾道教人，必以心光目光了照丹田，是千真萬聖返本還原、復命歸根、滴滴歸源之正宗也。諸子已知道本來人，我今特示本來人所居之地。調養久久，丹田中覺有一團氤氳沖和活潑之機在內，即本來人現形也。太上曰「恍恍惚惚，其中有物」❶，物即氣，氣即陽也。「杳杳冥冥，其中有精」❷，精即精明不昧，惺惺不亂也。不是凡精，不是清精，殆所謂「心精獨運」者是。「其精甚真，其中有信」❸，信非旁門云陽生活子與外腎舉動之時有個信音至，蓋謂此精是純粹以精之精，我心必有一段至誠無妄之心，確信得生死事小，性命事大，任他萬事紛來，我皆有個安厝，而本來人毫不為之動色，此即返還無極之真也。諸子從今以後，務要於一念之萌，果是天良發現，自有一番真趣，我必收養於中，藏之深深，即《易》云「洗心退藏於密」是。若瞥地回光，忽覺丹田中上下往來，周流不息，有活潑不滯、流行自如之機，我亦保之養之，務令此氣日充月盛。故曰：「仙人道士非有神，積精累氣以成真。」此即積精累氣之細密工也。至於保身體、養心性，要不過由此而致之。生恐事物之累有礙修持，要知今生事物皆是前生孽緣，不必掛心，聽之自然可也。生只管行工如常，時以精氣流行為主，虛無不著為用，則在在處處都是我本來人現象矣。生亦知之乎？尚其爭著祖鞭焉可。

【章旨】本章首先解釋了人的生命最初形成時「生身受氣」的過程，由此說明煉丹要返還先天也離不開從這個有形的色身腔子下手。先天本來人在前面已多次講過，但偏於講本來人作為先天無限主體的本性一面，本章則從本來人的後天表現上進一步闡述本來人在精、氣、神上的具體體現形式。

【注　釋】❶恍恍惚惚二句　《道德經》原文作「恍兮惚兮，其中有物」，老子體驗到道是恍恍惚惚難以形容、描摹的存在，雖不能準確地說明道是一種什麼樣的存在，但是可以在體道的境界中感覺到其中確有一種東西存在，這個「其中有物」主要是說明道的存在中有某種真實的存在物，黃元吉將這個存在物解釋為「氣」，大致不差，但需要注意的是老子為什麼不說「其中有氣」？這個「物」與「氣」還是有區別的。氣是廣義的，又是多層面的，在本源的意義上，道就是虛無一氣；而在後天，氣則有陰有陽。這裡所說的「其中有物」是在一種直觀的意義上說在道中有一種真實的存在物，而不是確指到底是一種什麼物，雖這個物在終極上與「氣」相關，但也不可直接就說一定是「氣」。黃元吉是在自己講道的主題上，在自己的語境中來解釋老子的話，這一點要注意。❷杳杳冥冥二句　《道德經》中的原文是「杳兮冥兮，其中有精」，這是說在道中有一種精微的存在，老子從不同的方面來描寫這個無法描寫的道，前面說道中有一種真實的存在物，此處則進一步說這個存在物是一種精微的存在，可以說是一種無形的能量的存在形式，它不是粗糙的物質存在形式。黃元吉的解釋仍然是在他的語境中的解釋，他把「精」解釋為「心精」，即一種精明不昧的心靈狀態。❸其精甚真二句　在老子的語境中，這是說道之中這個精微的存在是非常真實、真切的，是確確實實可以感受到的，這個精微的存在是有憑信的，是含有信息的。與前面「其中有物」、「其中有精」聯繫起來，我們可以說，老子所感知到的道是一種渾然的存在，它本身是無法以有限的語言去說明的無限存在；但從主體感知的角度，我們可以感知到這個無限的存在中具有「物」、「精」、「信」三個面向，用今天的話來說就是具有物質、能量和信息的統一體。而黃元吉是從修煉中的主體境界上解釋「信」為「至誠無妄」的「信心」，雖很有創意，但已不符合老子的原意。因為老子是在描寫道的存在，而不是在講修道的主體的境界，雖然這個道的存在本身是通過修道的主體所呈現、所感知的。

【語　譯】師父多次講過人的生命形成時最初生身受氣成胎的過程，對此你們還沒有完全了悟，我今天再次詳細地講解一下。人在沒有出生以前，這個先天一氣渾然與廣大無邊的道體合一，同於太虛，一旦忽然起了念頭，從這個念頭發出的地方，不知不覺地，這個先天虛無元氣即下落到父精母血之間。然而此時還只有精血一團，並沒有形成四肢百骸的身體，那麼這個先天真我又在什麼地方呢？這個時候一點元陽真氣充滿於精血之中，由此在母胎中一天天地培養，逐漸地充實成長，於是形成像雞蛋似的形體，並進一步形成一個肉體腔子，我的先天元氣也就附著在這個有形腔子之內。由此在下面生出兩腎，上面生出一心，心腎之間相距八寸四分左右，而先天元氣就靈動活潑地處於其中。然後又經過一段時間在人體後面生出督脈、在前面生出任脈，進而身體的五官百節才開始漸漸地依次長成。這整個的成胎過程很複雜，最關鍵的要點是這個肉身的形成都是因為有先天元氣潛伏在這個腔子裡，然後才長成這整個的有形的肉體，在這個肉體之內有能知能覺的靈明意識、有神明變化。形體長成以後，這個人想要修煉金丹之道以煉成金仙，又怎麼能離開這個肉體腔子而脫離肉身去另有所圖呢？所以古人說「心要在腔子裡，念不出總持門」，就是這個道理。

我們丹道教人修煉，一定要以心光目光了照丹田，這是千真萬聖返本還源、復命歸根、滴滴歸源的正宗。你們已知道先天本來人，我今天再特別指示這個先天本來人所居的地方。本來人是無形無象的，但它在後天的人體中也會有相應的表現。在虛靜狀態下調神養氣時間一久，丹田中覺得有一團氤氤氳氳、沖和活潑的氣機在裡面顯現，這就是本來人表現出某種有形的跡象。太上老君的《道德經》說「恍恍惚惚，其中有物」，這個物就是氣，氣也就是真陽。「杳杳冥冥，其中有精」，這個精即是精明不昧，意識很警覺但又沒有雜念。這個精既不是後天凡精，也不是先天元精，而是所謂的「心精獨運」所說的「心精」，即先天純一狀態。「其精甚真，其中有信」，這個信不是旁門左道所說的在陽生活子時和外腎舉動之時有個特殊的音信來到，而是說這個精乃是純之又純精之又精的精，因而我們必須有一種至誠無妄的心與之相應，確信生死事小，認識人的先天性命事大，任他萬事紛至沓來，我都有個安頓，而我們的先天本來人毫不為之所動，這樣就是返還到先天無極的本真狀態。

你們從今以後，務必要在一念剛剛萌生之際，如果完全是屬於先天良知的顯現，則自然會有一番真趣，此時我們一定要收回一念而在一念未生的中和狀態中涵養，潛藏於深深的寂靜之中，這也即是《易經》所說的：「將心打掃得乾乾淨淨，退藏到萬物未生時的奧祕之地」。如果忽然間一念迴光返照，忽然覺得丹田中真氣上下往來，周流不息，有一種活潑不滯、天然流行的氣機，我們也應保之養之，務必讓這個氣機日充月盛發展壯大。所以《黃庭經》說：「仙人道士並不是別有神明，只不過是通過積精累氣才得以修煉成真。」這就是說修道要靠點點滴滴、仔細周密的積精累氣的功夫。至於保養身體、涵養心性，其核心也不過就是由此種積精累氣的功夫所達成的。你們擔心生活中的事事物物成為一種負擔，會妨礙修持，但你們要知道今生所遭遇的事事物物都是前生孽緣所致，不是你們所能左右得了的，你們不必掛在心上，只要一切聽其自然就可以了。你們只管以修行做功夫作為生活中的持之以恆的功課，時時以精氣流行作為修道的主要體現，而以虛無不著的心境作為妙用，則隨時隨地都是我們先天本來人的顯現。你們對這些道理也應該已經體會到了吧？只要爭相以祖師之言來鞭策自己就可以了。

【研析】內丹學對生命誕生形成原理的解釋，有一個顯著的特點，那就是人的生命除了父精母血之外，有一個最重要的先天來源：虛無一氣。如我們前面所已講過的，這個虛無一氣並不是神氣對待時的「氣」，而是神氣未分時的源初的統一體，是我們先天生命的根源。在我們通常的生命科學中，對生命的認識還只能局限於可以為我們的科學觀察所探測到的有限領域，一般地我們以為只要男女交配，精卵相遇，具備必要的生理條件，就可以形成胎兒。常規科學並不能涵括對先天生命的認識，也不承認宗教對生命的解釋。但對內丹學來說，人修道成仙之所以可能，完全是建立在人的先天生命的來源上面。如果一切都是後天有形的物質組合，那麼在這個經驗現象的層面，不可能有永恆的生命；而通過後天物質的修煉也無法造成超出生滅範圍以外的永恆存在。內丹學認為，人的生命有一個先天永恆的基礎，生命的誕生是先天虛無一氣落入後天形體生命的演化過程，這個後天的肉體僅僅是先天生命的一個媒介物。內丹學的修煉正是要從這個後天的肉身中尋出先天的虛無一氣，重新回到與道合一的永恆狀態，這就是返本還源的逆向修煉過程。只有建立於永恆的虛無一氣上，修煉達成永恆超越的生命才成為可能。在佛教，人的生命的誕生也是父精、母血與阿賴耶識三者的和合，阿賴耶識作為輪迴的主體，通過佛教的轉迷為悟、轉識成智的修行過程，阿賴耶識這個輪迴的主體轉成解脫的主體：法身。宗教解脫追求的是永恆與超越，因而一個圓滿的宗教理論，就必然不能局限於有限的現實生命，修道並不是僅僅為了現實生命的幸福，而是要尋找到生命的永恆的源頭。這個虛無一氣落入人體中，就是我們的先天生命主體，也就是本來人、真性、主人公等。我們正是要從後天的有形生命中尋出這個先天本來人。但是，先天與後天又是統一的，兩者密切相關。所以，一方面只有後天的精氣神充足旺盛時，才能有效地顯現這個先天的本來人；同時當先天境界顯現的時候，在後天的身心上、在精氣神諸方面也會有相應的表現。與前面論述本來人不同的是，本章著重講了本來人顯現時的後天表現，並強調積精累氣的修行乃是先天本來人顯現的重要條件。

當前了照章第十五

古云：「虛之極，無之極，忽然洞見本原，而仍以虛無養之。」不起一念，不參一見，渾若無知愚人，打不知痛，罵不知恨，才算有道高人。所以古云：「學到如愚才是賢。」但非若世之愚人，靈機滯塞，全無活潑圓通氣象。吾之所謂愚者，只是一個空洞了靈，一任本來性天，非似凡夫左思右想，朝營暮求，事事都在身家上打算。不知維天有命，毫不能主，到頭來枉費精神，空勞心力。與其後悔，不如急早行仁。雖然，仁又何以行？孔子曰：「我欲仁，斯仁至矣。」何便如之！而要其下手時，尤必於平日認得本來人清楚，養得本來人浩大，方為得力。雖動靜有二，而其渾灝流轉，天理流行，卻未嘗有或異，所以素位而行，無入不得也。諸子果能隨時了照，收拾神光，一歸混沌之天，全空人我之見，才算無極之體。及其一感而動，無物不了了目前，盡在我包涵之內，才見無極而太極之用。雖然，全體大用諸子未必即能，但當於天理來復時瞥見空洞了靈，切不可以為樂。蓋樂屬陽，憂屬陰，陰陽對待，迭運循環。行工到此，須一切放下，八識❶渾忘，才完得一個太極之理。運至於鼎，結之為丹，才是神仙真本領。苟於此有分別心，愛憎相，不惟於道添一魔障，且即僥倖煉成，亦要另起爐灶，做還虛一著工法❷。若能如吾所教，一得之時毫不動念，天然自然，與太虛同體，不須他日打坐，又費許多精力也。知否？又人於靜時則歡喜，鬧時則煩惱。豈知當鬧之際，人聲沸騰，事物縈擾，此氣已為之動。與其以此猛力去惡鬧，不如以此大力去習定。古云：「人遇鬧時，正好著力回頭。」當前了照，驀然一覺，撞開個中消息，勝於竹椅蒲團上打坐百千萬億次❸。生能確見確信否？試從今夜始，凡遇他人喧嚷，關我不關我之事，我總總益磨益堅，如金鋼百煉不為之稍變其色。此中得力，較靜處綿綿延延為多也。吾再示諸子。修煉至此，不似當日身心毫無把柄者。大凡行動應酬，常常用一覺心，覺得我自有千萬年不壞之身，以外一切事物皆是幻具，何足為我重輕？不但外物，即此身亦是傀儡場中木具，我在則能言能行，我去則頹然靡矣，又何足為我恃耶？惟有本來元氣，生死與俱，動靜不離，極之造次顛沛亦無絲毫增減，我惟常常持守，拳拳服膺，一空塵垢，自能洒然融然，脫殼而去，做一個逍遙大丈夫。此不過數年之工，其成也，亙古今而不變，超天地以獨存。較之百年光景，數載榮華，孰大孰小，諸子自能辨之。嗚呼！法會不常，道筵難再，吾振鐸此山已經十餘年，幸諸子已得個中三昧，諒再教一年，大有可觀。萬勿辜負韶光可也。

【章　旨】本章說明修道的人要表現得像個愚人一般，對世俗得失毫不掛懷，只是保持自己的天真本性。不管是動是靜，都能隨時覺照，一切放下而入於先天無極狀態。尤其要注意，在入得先天性體中時，不可生起分別心。在鬧中能時時返照自覺，更遠勝於靜時的打坐。

【注　釋】❶八識　一、眼識，眼以色為緣而生眼識，眼識依根而生，眼根因識而能見，這個能見色的功能，是名眼識。二、耳識，耳以聲為緣而生耳識，耳識依根而生，耳根因識而能聽，這個能聽聲的功能，是名耳識。三、鼻識，鼻以香為緣而生鼻識，鼻識依根而生，鼻根因識而能嗅，這個能嗅香的功能，是名鼻識。四、舌識，舌以味為緣而生舌識，舌識依根而生，舌根因識而能嘗，這個能嘗味的功能，是名舌識。五、身識，身以觸為緣而生身識，身識依根而生，身根因識而能感覺，這個能感覺的功能，是名身識。六、意識，意以法為緣而生意識，意識依根而生，意根因識而能分別。這個能分別前五根所緣色等五塵境界的功能，是名意識。七、末那識，此識本無定體，即第八識之染分，緣第八識見分而執為我。為第六識之主，執轉第六識所緣善惡之境而為染淨，皆由此識。八、阿賴耶識，無法不含，無事不攝，染淨同源，生滅和合。如摩尼珠，體本清淨。又如明鏡，能含萬像。若以染分言之，無明依之而起，結業由之而生，具足煩惱塵勞，變現根身世界，即前七種識境，皆是第八識所變現。若以淨體言之，即本覺心源，離念清淨，在聖不增，在凡不減。❷苟於此有分別心等句　若起分別心，即煉己不純，夾雜後天，即使通過一時的功夫勉強煉成內丹，因為不是純粹先天境界，仍需重新從煉己養性開始，做還虛的功夫，以去除後天渣滓，恢復本來性天。❸當前了照等句　蒲團打坐只是在特定的時間裡收心入定，即使千百萬次，也僅是一種功夫，不是道。真正的道不是在特定的時間裡才有，必須時時都有，一直都在。因此在鬧中的一覺，本性現前，這樣更容易在生活中時時覺照，而與道相應，所以說勝於打坐千百萬次。但這個觀點不能絕對化，它只是在某個特定的意義上來說的。這並不意味著蒲團上的打坐不重要或沒有意義。要知道如果沒有蒲團打坐的功夫積累，如果在靜中、定中都不能有本性的自覺，則在鬧中自覺便是空話，更不可能。修行必須將坐上靜修與坐下觀照結合起來，兩者不可偏廢，缺一不可。

【語　譯】古人云：「虛到了極點，無到了極點，在這個虛無之境中忽然洞見自己的先天本來面目，見性後仍然以虛無之境來涵養它。」不起一個念頭，不摻雜一個意見，渾然像個無知的愚人，打不知痛，罵不知恨，這樣才算是有道高人。所以古人又說：「學到大智若愚才是賢。」但這個愚並不是真如世上的愚人一樣，靈機滯塞，沒有一點聰明才智，全無活潑圓通的氣象。我這裡所說的「愚」，是指在見性的境界中，就只是一個空洞無物的靈明了知，完全聽任我們的本來面目、本性的天空自然顯現。這種修道之愚沒有後天分別心，不像一般未修道的凡夫那樣左思右想，日日夜夜只知道為私利計算謀劃，事事都在身家上打算。他們不知道得失有命，富貴在天，這些外在的名利是我們絲毫不能作主的，到頭來是枉費精神，空勞心力。與其到時候後悔，還不如抓緊時間及早踐行仁道。

道理雖然如此，但這個仁又是怎麼個踐行法？孔子說：「我想要行仁，仁就到了。」就是說這一念行仁之心，當下便是仁心仁體，這是何等的直捷簡便！要做到這一點，關鍵還是在下手用功時，尤其必須要在平日裡認得本來人清楚，並且把這個本來人涵養得浩大，這樣才能在行仁時得力。雖然在我們的實際生活中有動有靜而分成兩種不同的存在方式，但在先天本來的境界上，那個真一之氣的渾然浩大、氣機流轉，那個不雜塵念而純是天理流行的本性狀態，卻並不因為形體有動有靜而有所差別，正因為內在的本性不受打擾，所以能夠素位而行，無入不得，在任何生活條件下都能從容自得。

各位要是真能做到在生活中隨時了照，收斂起神光不向外發散，而統統回歸到混沌的虛空境界，完全地空掉人我之見，這樣才算是回歸到先天無極這個本體。等到一受外來的感應而從本體境界中發生作用，沒有一物不了了分明呈現於目前，全部都在我的性體包涵之內，這樣才見到從無極到太極的妙用。雖然體用一源，但是這個先天性體的全體大用你們現在未必就能證到，只是應當注意在回歸到這個先天境界時突然體驗到空明無物而又了了靈知的真性，這時切不可因此而生起一種自以為美妙快樂的分別心。因為感覺到快樂屬於陽，感覺到憂愁屬於陰，有陽就有陰，有陰就有陽，陰陽對待，交替循環。這就是說如果你自以為樂，很快地這個樂就會轉變成憂，這種陰陽對待之境就脫離了先天本體狀態。所以修行功夫到這一步，必須一切放下，八識渾忘，才能完全地復歸到先天太極的境界。將這個先天一氣運轉到爐鼎中，凝結成為丹，這才是修煉成為神仙的真本領所在。如果在進入先天太極狀態時有了後天的分別心，有了愛憎取捨之相，這不僅對於修道增添了一個魔障，而且即使僥倖煉成了，也還要另起爐灶，化掉後天的塵渣，重新做還虛這一步的功夫。如果能按照我所教的方法去修，一旦證得先天境界時毫不動念，這樣完全地天然自然，與太虛同體，不需要以後打坐時，又重新花費許多精力另外做還虛的功夫。你們懂了嗎？

另外修行人往往在靜的時候易生起歡喜之心，而在熱鬧場合時則易生起煩惱之心。豈知正當熱鬧之際，此時人聲沸騰，事物縈擾，這時神氣已經被擾動。與其在這股猛烈的趨勢下去厭惡這個吵鬧的環境，還不如借用這股大力量去修習定力。古人說得好：「人在遭遇熱鬧之境時，正好可以著力用功迴光返照。」在這個熱鬧之際當前了照，驀然一覺，跳出有形之累，撞開先天本來面目的真消息，這種鬧中返觀自覺的力量，勝於平常在竹椅蒲團上打坐百千萬億次。你們能對於這一點確見確信嗎？你們試著從今夜開始，凡是遇到他人吵鬧喧嚷，與我有關的事也好，與我無關的事也好，我總歸是要在這個環境中磨煉自己，培養鬧中覺照的力量，這樣益磨益堅，如同百煉所成的金鋼一樣，不被外在的環境有一點點的打擾。在這樣的熱鬧環境中修煉得力，比在靜處綿綿延延的修煉所得效果要更好。

我再給你們指示一下用功的訣竅。你們修煉到現在這個地步，已經不像當初修煉時那樣，因為沒有體驗過先天真性，對自己的身心毫無把柄。而現在已經體驗過本來面目，大凡日常生活中的行動應酬，要常常用一個覺照之心，覺得我自有千萬年不壞的先天法身，本性以外的一切事物都是幻化的短暫存在，又怎麼值得我去為之患得患失呢？不但是身外之物，就是我們這個後天肉身也是傀儡場中的木具，我的真性在時則能說話能行動，真性離去則頹然變成死物了，所以又哪裡值得我去把它作為永久的依靠呢？唯有先天真性、本來元氣，不管是生是死都與我們在一起，與我們動靜不離。徹底地說，即使在造次顛沛等動蕩不安的人生際遇中，也沒有絲毫增減，我只要常常持守這個本來真性，完完全全地臣服、融入這個先天境界，空掉後天煩惱妄想的塵垢，這樣自然能夠灑脫自在與道融通，脫離肉體尸殼升仙而去，做一個自在逍遙的大丈夫。這不過是數年的功夫而已，而一旦修道成就，則達成永恒與超越的神仙境界，經歷古今而不變，超出天地之外而獨立存在。這和人世間短短的百年光景，幾年的榮華富貴相比，何為大何為小，各位自然能夠分辨清楚。

我很感嘆啊！傳道的法會不會長久，這樣的講道機緣也很難再有，我駐留此地傳道說法已經十多年了，所幸大家已經深得修道的真諦，有了切實的體驗，估計再教一年，一定會大有可觀。你們千萬不要辜負大好的時光，要抓緊時間修道才行。

【研析】第一，修道到一定的境界，表現有點像愚人，這是從某些外在特徵上來說的，但兩者在本質是截然不同的。修道進入先天境界，超越了後天的自我與分別心，因而沒有患得患失的計較，在這一點上的表現是與愚人相類似的：愚人是混沌無知的，他也沒有明確的自我，他也沒有強烈的分別心。然而這兩者確又有著根本的區別，愚人的沒有自我是不及於自我，是在自我還沒有得以充分建立起來以前的前自我狀態，而修道有素的人，他沒有自我是超越自我的狀態，是在自我已經充分建立以後對自我的超越。愚人沒有分別心，是因為他沒有分別的能力，他沒有充分的理智與判斷能力，而修道的人沒有分別，是因為看到了更高的境界、更徹底的真相，他因為有了更高的價值認同而不再認同於較低層次的欲望與需求。所以，修道的人絕不是要真的修成一個愚人的狀態，愚人是不及於正常人的狀態，而修道是要達到超越正常人的更高的狀態。

第二，修道到某種程度，尤其是本性顯現以後，修道的人會有一種自然呈現的喜悅，這種喜悅並不是建立於任何特定的對象上面，它是一種沒有緣由的、不依賴於條件的沒有分別的快樂。我們不是要排除這種修道的快樂，修道的快樂被稱為法喜，它是一種自然的結果，並不是人為去追求的一種欲望。如果我們不是在這種喜悅生起的時候仍然保持先天無分別的境界，而是對這種喜悅生起了一種執著與認同，加入了後天的分別意識，那麼這個喜悅就不再是純粹的法喜自身，而成為一種有限的樂的感受。人們一旦執著於這個快樂，很快地悲傷就是它的影子，有樂受就有苦受，苦樂是相生不離的。從先天的無分別狀態退回到陰陽對立的有分別的狀態，這就使修道者從虛無合道的境界中掉下來而成為後天的有限意識狀態。

第三，一般修道的人，在靜中打坐也許可以進入到較高級的狀態，因此他很享受那個清靜無為的境界，一旦從靜中出來而進入到熱鬧的場合，他就會感到不自在，因為他的天國掉落了，他被這個熱鬧紛雜的世界所打擾，他於是生起了對抗與排斥的心理，他生起了煩惱。這樣子修道，人就變成了一種分裂：他越是在靜中享受那個美妙的境界，他就越是在鬧中感受到痛苦，他的生活變成了兩種境界的鬥爭。這樣他在靜中所涵養的一點境界，所積累的一點能量，一旦進入到動中，就經不起考驗，很快就耗損乾淨了。修道要真正獲得進展，有所成就，就一定要達成動靜一如，打成一片，坐上修行是為了坐下做人，靜中打坐正是要實現動中的觀照。如果能在熱鬧場合，在紛繁的生活中返觀一覺，記得自己的真性，不隨外緣而轉，不被外緣所打擾，那麼這樣訓練出來的功夫才是真功夫，所謂「火中生蓮終不壞」，能在鬧中培養出真實的覺察力，這種境界要比在靜坐中所獲得的一點寧靜要更加有力、更加徹底，所以說在鬧中「驀然一覺，撞開個中消息，勝於竹椅蒲團上打坐百千萬億次」。但要注意，這不是要否認靜坐的重要性，如果一個人平時在打坐時都不能很好地保持真性的自覺，他又如何能在生活中保持覺醒？生活中的修行固然重要，但是如果沒有坐上修行的基礎，生活中的修行只是口頭禪罷了。

第四，修道所最後追尋的，是那個永恆的生命存在，也就是我們先天的本性。對內丹學來說，肉體的長生不老已經不是修煉的目標，相反執著於這個有限的色身，我們就不能融入無限的先天本性。人生的種種欲望煩惱，大多是依身起念，為了滿足這個身體的需要。要進入先天境界，就要心無掛礙，心無增減，不執著包括身體在內的一切有限事物。內丹學把身體看成是我們先天本性的一個媒介物，「此身亦是傀儡場中木具」，那個先天本性才是生命的真正的主人。但是，應該注意的是內丹學最重要的理論特色是主張「性命雙修」，如果完全否定後天的身體修煉而只是修煉先天本來面目，就已經不是內丹學的性命雙修之路了。這裡需要作一個澄清，必須指出在超越境界中破除對後天肉體的執著，並不等於不要後天身體方面的修煉，這是兩個不同層面的意義。對內丹學來說，先天後天是對立而又統一的，後天精氣神等的修煉正是進入先天道體的基礎，而先天合道的境界又是轉化後天的根本途徑。在進入見性和保任先天境界的意義上，任何有限的客體都不能執著，但正是在這個先天合道境界中才能有效地完成產藥結丹等修煉過程。內丹學對身體方面的修煉是很重視的，但是這個身體本身是有多重層次的，精、氣、神其實就是這個身體的更內在、更精微的層面。內丹學雖不追求可見肉體的永恆存在，但是這個身體的因素卻被轉化為「精」並最終轉化為「氣」而與「神」合一。所以，內丹學並不是簡單地否定身體，而是在更高的層面上昇華和超越身體。

勿求速效章第十六

修養之道，不外一陽。而陽之始生，生乎陰之已極，猶今日陰霾四塞，不見化日光天，必須慢慢吹噓，久久薰陶，忽然凡陰不勝真陽，恍如夜半子初海中雲霧漫漫，一為旭日曈曈照破層陰，現出真陽面目，不覺有色有聲，如荼如火，大現光華矣。然此個真陽大現，非今日之一靜即可得此奇觀，必於日久之際，幾經培養，幾經掩閉，韜光晦跡，藏蓄久久，然後漸而積之，乃有此光輝發越之狀。

夫至陽赫赫在乎至陰肅肅，生機在息機之中，生氣在息氣之內，此天地人物不易之道也。切勿於靜裡修持不見乾元面目，遽爾下榻。須知天地之道，萬物之情，不養則不胎，不積則不成。日夜息氣養神，雖無一點動機、一團生氣，然而其機則自此而萌，其端則自此而肇。靜養之時，即是陽生之時，不過始初修煉，不大現相耳。生等邇時氣機有動有不動兩般，須知動者固不可自畫，不動者亦不可自棄。蓋道之為物，失之在終身，而求之期一旦，其可得乎？即云有動，此猶初基，不可以為神妙之極。抑知道無底蘊，進一境更有一境以相招。果能工無止境，學不中弛，久之而精者出矣❶，又久之而神妙生焉。所謂「彌久彌芳」者，此也。大凡行工到無味之時，而滋味必從此出。蓋天之為天，非陰極則陽不生。夫以物窮則反，道窮則變，天地之理，不窮則不變，不久則不化也。詩曰：「山窮水盡疑無路，柳暗花明又一村。」又曰：「人做工夫，做到四方皆黑、無路可入處，方有入。」總之，大疑則大悟，小疑則小悟，無疑亦無悟也。吾師環顧及門行工已久，才當陰極生陽之初，層陰為真陽激動，忽然陰陽交爭❷，兩不相下，此中大有不暢，遂謂我無根器，不能入道，一日而思退者有之。更有一下手即尋效驗，因之而遇魔簸弄者有之。要皆願力不大，修持不堅，見道不明，信道不篤之過耳。

生等耐得辛苦，所以有此奇觀也。至於神氣有一分交合，自有一分混沌❸，有十分交合，自有十分混沌，此殆息凡氣生真氣、死凡心生道心之端倪也。有此混沌景象，始驗我神氣之交，而太極之真還焉。果到神氣大交，自然渾渾淪淪，外不知有人天，內不知有神氣，宛如雲霧中騰空而起，無有渣滓間隔，迨與天地人物渾化而為一氣也。「化」即「致中和，天地位，萬物育焉」者矣。爾等行工，要到此個境界，才算現出乾元真面目，充滿於上天下地，而無有盡藏也。從此再加溫養，再行煅煉，務使一身之陰盡化為氣，一身之氣盡化為神，即是百千萬億法身❹，而無有底止也。生等雖未至此，然而法身已蓄，將來自有此壯觀，總要積久而後成耳，切勿求速效焉。

【章旨】本章說明真陽之生，是一個靜養的過程，陰極而生陽。有一點功效，不可生滿足之心而停功；暫時沒有明顯的成效，也不可生退轉之心。修道是一個無止境的過程，需要不斷的功夫積累，逐漸至於化境，不可求速效。

【注釋】❶久之而精者出矣　無止境地修下去，時間一久那種精微的境界就會出現了。精，此處不是具體指「精氣神」中的「精」，而是精的本來的意義，指精微、精妙的意思。❷陰陽交爭　此處的陰陽不是同一個層面的陰陽對待關係，這裡的「陽」是指「先天真陽」，「陰」是指後天陰氣，陰陽交爭即是說先天真陽與後天陰氣發生相互作用，先天轉化後天，而後天也會影響先天。❸神氣有一分交合二句　神氣分裂時，神易發散而生妄想。氣易外洩而走失。當神氣能相互交合統一時，神不外馳，氣不下洩，神氣交融而使身心統一，入於混沌無分別的狀態。這種混沌狀態隨著神氣交融的深淺程度而相應地有不同的程度，所以說神氣有一分交合，自有一分混沌，有十分交合，自有十分混沌。❹百千萬億法身　法身的觀念來自於佛教，佛教有三身之說：法身、報身和化身，法身是體，報身是相，化身是用，按佛學的理論，法身是一，只有化身才能說千百萬億。故此處的「百千萬億法身」嚴格地說應為「百千萬億化身」。

【語　譯】修養之道，不外乎一個先天真陽。而這個真陽開始發生，則是在靜陰達到極點的時候，一陽初生。這種情形就好像今天的天氣到處都是陰沉沉的，暗無天日，必須經過一段時間慢慢吹噓，久久薰陶，忽然之間凡陰的力量比不上真陽，這時恍若夜半子初時大海之中本來雲霧漫漫，忽然之間一輪紅日升起，照破層層陰雲，現出了真陽面目，不知不覺間就有聲有色，如火如荼，陽光越來越強，而大現光華了。然而像這樣子真陽大現的情況，不是今天一靜下來就可以得到這種光華大現的奇觀的，必須在長時間的修煉基礎上，經過多少次的深入寂靜之境培養鍛煉，多少次的反復閉關磨練，並且韜光養晦，久久地默默涵養積蓄，然後通過逐漸的功夫積累，才有這種真陽大現、大放光明的情形。

我們知道，陽盛至極，赫赫光明，這種至陽境界卻是從最沉靜的至陰中生出來的，萬物的生機就在息機之中，生氣就在息氣之內，這種陰陽對立轉化的法則乃是天地人物永恆不變的存在之道。切莫在靜定修持的過程中因為一時見不到先天本來面目，就輕易地下座停止用功。要知道宇宙間的普遍規律，萬物變化發展的情勢，都是不經過養育則不能形成胚胎，不經過積累壯大則不能長成。在修道過程中日夜不停地息氣養神，雖然看起來沒有一點真氣發動的氣機，感受不到一團活潑充滿的生氣，然而在不知不覺間真陽之機卻從這裡面萌發，陽生的端倪也從此開始形成。因此可以說在靜養的時候，實際上即是陽生的時候，只不過在開始修煉的初步階段，這個陽生還沒有充分顯現出跡象而已。

你們在修煉時氣機有動有不動這兩種情形，但必須懂得氣機動時固然不可畫地為牢自滿自限，而在氣機沒有發動時也不可自暴自棄。原因就在於道這個東西，我們離開道失掉道是在一生中逐漸發生的，那麼我們要恢復道的先天本來面目卻想在一天之內就能求得，這樣能做得到嗎？就算氣機有發動，這也僅僅是修道的初步基礎，不可把它當作是最神最妙的終極境界。豈不知修道的境界沒有止境，它是一個無底的深淵，每上升到一個境界就更有一個新的境界在前面吸引你。若真能無止境地用功下去，持之以恆而不中途廢學，久而久之則精妙的境界就顯現出來了，再久而久之則神妙的境界發生了。如人們所說的，陳年老酒時間存放得越久就越是充滿芳香，修道也正是這種情況。大凡修行做功夫到了淡而無味的時候，那麼修道的滋味一定會從這個無滋味中生出來。因為天道能夠如此運行，就在於陰不到極點則陽不會發生。我們可以看到物極必反，道窮則變，天地萬物普遍的法則就是：不到窮盡極限則事物不生變化，不經過長久的量變過程就沒有質變的發生。前人有詩說：「山窮水盡疑無路，柳暗花明又一村。」，又有這樣一種說法：「人做工夫，做到四方皆黑、無路可入處，方有入處。」總之，正如禪家所說的，大疑則大悟，小疑則小悟，無疑就無悟。

為師檢視各位及門弟子的用功程度，發現一些學生雖然用功已久，也才剛剛到陰極生陽的初步階段，此時身中重重陰氣被真陽所激發而動，忽然間陰陽相互鬥爭，兩者不相上下，在這個過程中大有不暢快的感覺，於是就說自己沒有修道的根器，不能入道，由此而產生想要退縮不再修道之心，這是一種情況。另外更有一些人一下手用功就想要尋求效驗，急於求成，因此而遭遇魔障愚弄，為一些光影幻覺而搞得神經兮兮的，這種情況也有。這些情況的出現主要都是由於修道的願力不大，修持之路不堅定，對道的認識不清楚，對道的信心不真切所產生的過失。你們這幾位與他們不同，能耐得辛苦，所以才有目前這種真陽大發的奇觀。

至於說到神氣有一分交融合一，就自會有一分的混沌狀態，有十分的交融合一，自會有十分的混沌狀態，這個混沌可以看作是凡氣停息真氣生出、凡心死去道心發生的端倪。有了這個混沌景象，才可以證驗我們的神氣已經交融，而回復到先天太極的真面目。果真到神氣大交的地步，自然渾渾淪淪，外不知有人天，內不知有神氣，宛如從雲霧中騰空而起，沒有一點渣滓間隔，可以說與天地人物渾化而成為虛無一氣了。這個渾化之境即是《中庸》所說的「達到至中至和之境，天地各安其位，萬物和諧生長」的境界。你們修行用功，要達到這個境界，才能算是現出了乾元真面目，充滿於上天下地，無窮無盡而沒有一點隱藏了。從此以後再加溫養，再進一步鍛煉，務必使一身之陰渣汙垢全部昇華轉化為氣，一身之氣全部化為神，這就是法身的妙用而形成百千萬億化身，而有無窮無盡的變化。你們雖然還沒有到這一步，然而法身已得到養育，將來自會有這種壯觀局面，總歸是要積蓄時間久了然後才會有大成，千萬不要急求速效啊。

【研　析】修道是屬於頓悟還是漸修？有一派觀點認為修道只能是頓悟，因為進入那個得道的境界只能是頓悟式的，你或者沒有進入，或者完全進入，而部分的進入是不可能的。部分的進入就是沒有進入，因為那個自我還在，你還沒有與道為一。得道的境界也不能通過漸進式的疊加或積累而達成，因為無論如何積累或疊加，部分加上部分還是屬於部分，有限的部分通過疊加或積累並不能變成無限整體的道。另一派觀點認為，修道是一個漸進的過程，任何事物都不能憑空產生，它是一個從量變到質變的積累過程，你只能一步步地逐漸轉化自己，才有可能成道。實際上這兩種觀點都是成立的，只要能明白我們是在何種意義下來說頓悟或漸修的，我們就能懂得這兩種說法之間的統一。就像我們燒開水，水只有在沸點的時候才會開始蒸發，這是屬於頓悟的部分，要麼水是開的，要麼水就還沒有開。但是，這個水溫上升到沸點的過程卻是漸進式的，它不能一下子就升到一百度。整壺水要完全蒸發掉，這也是一個漸進的過程。在修道的整個進程中，漸修和頓悟都是必須經歷的過程。我們看到在內丹學的體系中，漸修與頓悟也是統一的。見性或進入先天境界，是屬於頓悟式的，而見性之前的準備階段以及保任這個見性的境界，以先天轉化後天而形成氣機的變化，這個過程是屬於漸修式的。本章是從漸修的角度來談修道的進展。

道之本身是無生無滅、無得無失的，它是無限的存在。那麼我們修道是修什麼呢？我們又是在什麼意義上失掉了這個道的呢？我們生活在道中，就像魚兒生活在水中，道並沒有離開過我們，只是我們自己的後天意識分別與執著人為地把自己與道分離開來，因此修道並不是道本身有什麼改變，而是我們的主體意識狀態發生改變。我們把那個讓我們與道分離開來的障礙去掉，讓道對我們顯現並產生作用，這就是修道。既然道一直就在，那麼道也就隨時可顯現，當我們沒有了後天分別，本性頓然一覺，那個無限的合道的狀態就可出現。但是，後天的執著與分別已經有一個長時間的積累過程，我們要去除這個後天的執著與分別心也不是一時就能完成的，這個以先天轉化後天的修行過程是一個積累的過程。本章所強調的漸修積累、不求速效，正是從轉化後天習氣業力的角度上來說的。長期以來所形成的慣性力量，使我們無法顯現先天的真陽，無法一下子就把身心都融化到道裡面去。必須在虛靜中涵養積蓄，在靜到極點時，陰極陽生。而且陽生之後，真陽與後天陰滓相互作用，有一個轉化後天的過程，中間還會有不舒服的感受，但最無滋味的時候也正是好景出現的契機，此時切不可中斷。其實我們一靜下來，就已經與先天真陽相溝通了，只是由於力量不夠，不能形成明顯的效驗。若能持之以恆，用功不輟，就會逐漸顯現真陽大發的景象，功效的產生是一個從量變到質變的無窮無盡的過程。總之，這個先天境界轉化昇華後天習氣的過程是無止境的，中間有一點真氣發動也不要自滿自足，暫時沒有什麼氣機變化也不要洩氣停功，要一直修下去，直到神氣大交，整個身心融化合於虛無大道，後天完全融入於先天，生出千百萬億化身，妙用無窮。

養心養氣章第十七

吾教生緝熙❶之法。熙者何？光明也。人心之明，發於眼目，心光與目光相射，而緝續不已，自然胸懷浩蕩，無一物一事擾我心頭，據我靈府。久久涵養，一片靈光普照，不啻❷日月之在天，無微而不昭著焉。只怕一念之明，復因一念之肆，而明者不常明矣。猶養目然，必外慎風寒，內養神氣，不使一芥塵埃介於其間，而目自然長明，一見山河人物，無不周知。苟平日未曾善養，則目暗神昏，雖有好歹妍媸❸昭然在即，亦不能辨。人之養心，又何異是？夫心非血肉團子之謂也，其中最虛最靈者為心。昔孟子言養心在於寡欲，而獨〈牛山〉與〈動心〉章❹，一由平日以存夜氣，一由集義以生浩氣，亦何重夫氣而略於心哉？蓋以心乃氣之靈，氣為心之輔，人能氣不動，則神自寧，神一寧，則心自泰，所以不曰養心，而曰養氣，良以此也。是養氣不誠養心之要訣歟？倘不於氣養之深深，而徒於心求之切切，無惑乎終日言養心，而不得其心之寧者多矣。請觀之魚，心猶魚也，氣猶水也，魚得水則安，心得氣則養，一定理也。諸子從學有年，亦知養氣之道乎？吾言收攝黃庭，溫養煅煉，即養氣之工也。爾生亦曾知之否耶？再示坎離交而生藥❺之後，尤要知乾坤交而結丹❻。乾者性也，坤者命也，即金木合并也。如第運行水火，只有藥生，不見丹結，其必由坎離交後，坤交乎乾，四象攢簇一團，方見造化之妙。且水火一交，真陽始產，我於此盜其氣機，引而升之天皇宮內，凝息片時，務要奮迅精神，掃除雜念，一意不紛，一念不起。如此溫養一番，自然龍虎爭鬥，撼動乾坤，霎時間那泥丸陰精化為甘露神水，寒泉滴滴，落我絳宮，有一片清涼恬淡之致。久久群陰剝盡，一靈獨存，喉中堪吸涕，鼻內好栽蔥，其境不一而足。皆由神火溫養，性地回光，一腔陰私消歸無有，所以神神相通，氣氣相貫，不但通一身之毛竅，且達天地古今過去未來之事。噫！神也仙乎？妙哉妙哉！其真玄哉！要不過由一念之明，一氣之養，以至於如此者。吾師今與道破，爾等若遇此景之生，切莫著驚。驚則神馳氣散，又辜負金花發現矣。

【章　旨】本章講養心之道，首先是以目光與心光的相關與類比，說明如何涵養人心之光明；其次以養心與養氣的關係，說明養氣對於養心的重要性；最後講到由坎離交而乾坤交的結丹景象，都是由養氣養心所導致的結果。

【注　釋】❶緝熙　捕捉、培養光明。緝，緝拿，此處指涵養積蓄。熙，光明。《詩經・周頌・敬之》：「日就月將，學有緝熙于光明。」❷不啻　不只；不僅。❸妍媸　美醜。妍，相貌美。媸，與妍相對，指貌醜。❹牛山與動心章　按：這兩章的章名不是《孟子》書中的原名，是黃元吉根據相關章節的內容而自己取的章名。〈牛山〉指《孟子》中的〈告子章〉，此章中講到「牛山」和「存夜氣」：「牛山之木嘗美矣。以其郊於大國也，斧斤伐之，可以為美乎？是其日夜之所息，雨露之所潤，非無萌蘖之生焉，牛羊又從而牧之，是以若彼濯濯也。人見其濯濯也，以為未嘗有材焉，此豈山之性也哉？雖存乎人者，豈無仁義之心哉？其所以放其良心者，亦猶斧斤之於木也。旦旦而伐之，可以為美乎？其日夜之所息，平旦之氣，其好惡與人相近也者幾希，則其旦晝之所為，有梏亡之矣。梏之反復，則其夜氣不足以存。夜氣不足以存，則其違禽獸不遠矣。」〈動心〉指《孟子》中的〈公孫丑章〉，此章中講到「不動心」、「集義」和「養浩然之氣」等內容。❺坎離交而生藥　經過取坎填離陰陽交媾，坎轉為坤，離轉為乾，從後天現出先天，生出先天一陽真氣，這就是坎離交而生藥。坎離交相當於身心陰陽相交合一。❻乾坤交而結丹　先天真陽生出以後，以先天化後天，先後天合一，性命合一，這就是乾坤交而結丹。乾坤交相當於天人相交合一，身心還歸於先天道體。

【語　譯】我教導你們「緝熙」的方法。什麼是「熙」呢？熙就是光明。我們人心的光明，從一雙眼睛裡發出來，如果心光與目光兩者能夠合為一處相互激射，這樣目光不向外發散而與心光合一，實際上也就是心光自己反轉過來而照亮自身，這樣不斷地涵養心的光明，自然就可以做到胸懷浩蕩，因為心光不向外發射而是返觀自身，就沒有一物一事能夠停留在我們的心頭、盤據在我們的靈府來打擾我們。這樣久久地涵養，直到一片靈光普照，其光明景象勝過日月高懸於天際，無微不至而光明普照。只怕一念之間有這個光明，又因為一念放縱，而使那個本來光明的心不能常常保持它的光明了。涵養心的光明就好像養護眼睛一樣，我們養護雙目必須既小心防範來自外面的風寒侵襲，又要內養神氣，不使一粒塵埃擋在中間，這樣雙目自然能夠長久保持明亮，一見山河人物種種景象，無不看得清清楚楚。要是平日裡沒有經過很好地養護，則二目暗淡無光精神昏昏沉沉，雖有好壞美醜種種景物明明白白顯現在眼前，也不能分辨清楚。我們養心，又與此有什麼不同呢？

我們說養心，這個心不是指身體裡面那個血肉團子的人體器官，而是人的生命中那個最虛最靈的意識功能才是心。以前孟子說到養心之道在於寡欲，而唯獨在〈牛山〉與〈動心〉兩章中，一章講由平旦清晨時那個清爽靈明的狀態中存養夜氣，一章講通過道德行為培養人的浩然正氣，孟子這麼重視養氣而不談養心，這又是什麼原因呢？這是因為心是氣的靈明作用，而氣是心的輔助物，人如果能夠做到氣不亂動，則神自然能夠安寧，神一安寧，則心自然平和，所以孟子在上面所說的兩章中不是直接講養心，而講養氣，正是這個道理。這不也正說明養氣實在是養心的要訣嗎？假使不在養氣上有深厚的修養，而只是對於養心作一種迫切的追求，這也就難怪一些人整天裡講要養心，而其心不得安寧的卻大有人在。請讓我們觀察一下魚的生活情形，對於理解心與氣的關係會有啟發。我們的心好比是魚，氣好比是水，魚得到水就能平安無事，心得到氣就能順利地得以調養，這是一個確切不移的規律。你們跟從我學道已有多年了，是否也知道養氣之道呢？我講的以真意將氣收攝於黃庭，溫養鍛煉，就是養氣的功夫。你們是否也曾領悟到這一點呢？

另外我再講一點，就是在坎離交媾而生藥之後，尤其要懂得如何進一步通過乾坤交媾而結丹。乾，就是性；坤，就是命，乾坤交也即是丹經中所說的「金木合併」，也就是性命合一。如果只知道運行水火，則只有藥生之象，而得不到結丹的成果，這種情況下必須經過坎離交而生藥後，後天坎離轉為先天乾坤，進一步乾坤相交，使金木水火四象攢簇一團，才能顯現出金丹造化之妙。具體地說，水火一交，真陽開始發生，我們在此基礎上盜用真氣發生的動勢氣機，以真意引導它上升到頭頂泥丸宮內，凝神定息一會兒，此時務必要奮力打起精神，掃除雜念，保持先天真意一絲不亂，後天雜念一念不起。如此溫養一番，自然龍虎爭鬥，真神真氣相互作用，性命合一，撼動整個生命的根本，霎時間那泥丸中的陰精化為甘露神水，如寒泉中流出的滴滴泉水，降落到我們的中丹田絳宮，有一股清涼恬淡的意趣。如此久久溫養鍛煉，身上的群陰被逐漸地剝除淨盡，只剩純陽之神一靈獨存，這種境界中喉管中神水源源不斷足以從中吸出真液之水，鼻內呼吸全無好似可以在其中栽蔥，其中的功景不一而足。這都是經由神火溫養，在本性的境界返照回光，而使一腔陰私統統消歸無有，徹底回歸到先天虛無之體，所以能夠一人之神與萬物之神相通，一人之氣與萬物之氣相貫，不但貫通全身的毛孔關竅，而且通達天地古今、過去未來之事。啊！這種境界是神，還是仙？奇妙啊真奇妙！真是玄妙神奇啊！但無論如何玄妙，都屬於大道固有的功能，根本上不過是由涵養先天靈明一念，一點一點地培養先天一氣，通過持續的養心養氣而達到這樣的神妙不測的境地。為師今天與你們道破其中的奧祕，你們要是遇上這種奇妙的景象發生了，千萬不要因此驚惶失措。一驚慌則神馳氣散，又辜負了這個金丹形成的良機。

【研　析】俗語說：「眼睛是心靈的窗戶。」我們整個身體中，只有眼睛是最有靈光的，一個人的精神狀態和心靈境界都透過眼睛體現出來。平常我們的眼睛都是向外看，跟著外面的五顏六色種種外在景象轉，而我們的意識也就隨之向外追尋，神光向外發散。如果能目光往內轉，向著意識的源頭的方向返觀，這樣就改變了整個意識的方向，意識不再向外追逐客體，而是自己覺察意識主體自身，這也就是意識的返觀自覺。如此久久涵養，就能心光大發，一片光明。人要涵養這個心之光明本性，就要如養護眼珠一樣善養此心，不讓一點塵埃沾染了我們本性的光明。而要養心，則必須善於養氣，因為心氣無二，心動則氣動，氣動則心動。正如《孟子》雖講的是盡心養性以知天的心性修養，但卻非常重視養氣的學問，在孟子那裡，養心與養氣是統一的。保養恢復我們性善的本來面目，也就可存養清靈的夜氣；通過集義的道德行為的培養，也就可養浩然之氣。反過來，氣養好了，就能有充足的精神力量達到「不動心」、「求放心」的養心的效果。由坎離交而產藥，由乾坤交而結丹，整個煉丹的過程也都不外乎養心與養氣的功夫。

女子丹法章第十八

淑端守節孤苦，願修大道，真乃不凡之女流，吾甚憐之，且深贊之。要之，學道無他，只是一個洗心滌慮，虛其心以為基，虛則靈，靈則真心見焉，元性生焉。此即明心見性之一端也。總要知得明心見性不是大難之事。人能一念返還丹田之中，用意了照，始初動念即心矣。明則明此，別無明也。未動念之前，一片空明，虛虛渾渾，了無物事，此即性也。見者見此，別無見也。果能明心見性如此，此即於群陰凝閉之時，忽然一陽初動，驀地回光，即古人謂冬至陽生，夜半活子時至之一候也。我於是迴光返照於乳房，是為水源至清，可以煉神仙上藥。始之以卻病延年，終之以成聖作真，要無非此一候為之基也。然吾說此法極高，猶恐婦女難會，再示淺淺之學。下手之時，身要正正當當坐定，必要安安閒閒靜鎮，務要自勸自勉，想天下事無一件是我之真實受用。不但兒女夫妻轉眼成空，究竟如旅宿之客，終夜而別，各自東西，爾為爾，我為我，兩下分張；即血肉之軀，一旦眼光落面，氣息無存，此身已成糞土，所存者只此心性耳。平日修煉得好，一片清機，了了靈靈，絕無昏沉，即升天堂矣❶。及至轉世投生，我心如此其明，性如此其靈，又誰肯墮入牛馬之群？此可見心性養得好者，千萬世俱有受用也。且明明白白，誰肯就貧賤苦惱之家而投胎？必擇其好者而生之。此理也，亦情也。若未曾修煉之人，一旦身死，心中懵懵懂懂，其猶瞎子亂鑽，不擇坡坎險阻，其投生也，如有冤債牽纏，不入三途六道，即墮貧苦之家，此勢所必然也。賢貞等有心斯道，邇來閱歷險阻艱難，塵情諒已知是幻化，不肯容心再戀。吾師勸爾等，人間富貴恩愛，縱多亦不過五六十年，終要分離，又何如道修於身，享受億萬年而不滅❷也。趁此看破紅塵，打開孽網，用力一步跳出。日夜惟有觀照乳房之中，出入之息一上一下，任其天然自在。其呼而出也，上不至沖動頭目，其吸而入也，下不至沖於水府，一聽緩緩而行，悠揚自得，或百或千，任其所之，不可記憶。惟是凝神於乳房，調息於乳房，順其一出一入之常，得矣。久久從事於此，自然陽氣發生，一身健旺非常，較平時金玉財帛、夫妻兒女之樂為大矣！此雖微陽偶動，仍收歸爐內，不可下榻談家常、做外事，庶日積月累，大有成效。

【章　旨】本章針對少數女性弟子，講解了初級女子丹法的特點在於觀照乳房，而更高級的丹法則無男女之分，同歸明心見性之學。又針對一般女性特別關注死後歸宿的問題，闡明只要這一生修得好，自然死後也會有好的歸宿。

【注　釋】❶平日修煉得好等句　天堂地獄並不是只有在死後才出現，如果死後有地獄和天堂，那也只不過是活著的時候生存狀態的繼續罷了。當你平日修煉得好，一片清明，了了靈靈，絕無昏沉，這個狀態就是升入天堂的狀態。❷享受億萬年而不滅　這是教化的方便之說，因為世人貪著享樂，所以就先以欲鉤牽，以億萬年的享樂來吸引世人修道。其實，只要還心存欲望，本身就是一種束縛。修道的境界是從一切欲望中超越出來，從時間的分別相中超越出來，那個境界沒有苦樂的對立，沒有時間的長短，那是永恆的超越境界。

【語　譯】淑端能夠持守貞節不怕孤苦，發願修行大道，真是一個不凡的女性，我很同情她，而且深深地讚嘆她。從根本上講，學道無他，只是要把心打掃乾淨，去除後天分別的思慮心，使心虛無寂靜，以虛無之心作為煉丹修道的基礎，心能虛靜則靈明不昧，靈明不昧則真心顯現，本元真性由此而生，這就是明心見性的一個方面。總歸要懂得明心見性並不是特別困難的事情。人能一念返觀還歸於丹田之中，用真意了照，最初所動的一念即是真心的作用。所謂的明心就是明瞭這個真心，此外別無所明。這一念未發之前，一片空明，虛無寂靜，渾渾然然，其中沒有任何的意識對象，這個純粹的無分別的意識狀態即是我們的本性。所謂的見就見到這個本性，此外別無所見。果真能這樣明心見性，這就是在後天群陰凝閉之時，忽然先天一陽初動，這剎那間一念回光，即是古人所說的冬至到了陰極陽生，陽生也即是夜半活子時到了，上面所說的一念回光本性顯現就是陽生的一種表現。女性煉丹者此時即迴光返照於乳房，這種情況下不雜後天雜念，屬於水源至清，可以煉出神仙上品大藥。開始時用它來卻病延年，最終用它來成為聖人仙真，煉丹始終最重要的無非就是以這一陽初動的時候作為採藥結丹的基礎。

不過我上面說的這個方法是極高級的上層丹法，恐怕一般的婦女難以領會，我再講一些淺顯易懂的功理功法。下手用功之時，身體要正正當當平穩放鬆地坐定，一定要使自己保持安安靜靜、輕輕鬆鬆、鎮定優雅的狀態，如果心不能放下，務必要自勸自勉地調整自己的心態，想想天下之事都是過眼煙雲，沒有一件是我的生命能夠長久地真實受用的。不但兒女夫妻之間轉眼成空，究竟而言家人就如同住在旅店的客人，睡了一夜第二天就分別了，各奔東西，你是你，我是我，兩個人分開各走各的路；就是我們的血肉之軀，一旦兩眼一閉，一口氣上不來，這個身體也就成了糞土，所能保存下來的只有這個心性而已。平日修煉得好，一片清明清爽的感覺，了了常知，靈明不昧，絕對沒有一絲昏沉，這個狀態就說明你在活著時已經升入天堂了。等到轉世投生的時候，因你修行得好，心能這樣明明了了，性能這樣靈明不昧，能有這樣清醒的覺知，那麼誰還願意墮入到牛馬之類的畜生道中？由此可見平時心性修養得好的人，不僅當下有受用，而且這個意識的品質能帶入到下一生，千萬世都有受用。況且生死之際能夠明明白白，誰還肯到貧賤苦惱的家裡去投胎呢？一定會選擇家境好的人家去出生。這是客觀的道理，也是實情。若是生前沒有修煉過的人，一旦這個身體死了，心裡面懵懵懂懂，不知怎麼回事，就像瞎子一樣亂奔亂鑽，無法分清楚道路的坎坷險阻，那麼這種人在投生時，就如同有冤家債主的牽纏一樣，不是墮入三途六道，就是投胎到貧苦之家，這是勢所必然的。

賢貞等幾位女弟子有心修煉丹道，近來又經歷人生的艱難險阻，對於塵情世態諒必已經知道這些都是如幻如化，不肯讓自己的心再去迷戀它們。師父奉勸你們，人間的富貴恩愛，縱然再多也不會超過五六十年的光陰，終歸要與它們分離的，又怎麼比得上修道的人，有道在身，能夠享受億萬年而不會消滅。趁著現在這個機會看破紅塵，打開孽網，用大力氣一步跳出這個塵網。日夜之間別無他念，就只是觀照乳房之中，出息入息一上一下，任其天然自在。呼氣而出時，往上不至於沖動頭目，吸氣而入時，往下不至於沖動到丹田水府，完全聽任呼吸緩緩而行，悠揚自得，或一百次或一千次，就由它去，不可分心去記憶呼吸的次數。只是凝神於乳房，調息於乳房，順著呼吸一出一入的自然本性，就可以了。久久地這樣修煉下去，自然能夠陽氣發生，全身異常的健康，精力異常的旺盛，這種狀態的享受與平時金銀財寶、綾羅綢緞、夫妻兒女等世俗快樂相比，可算是最大的享受了！這雖然還只是微弱的陽氣偶爾發動，但仍然要將它收歸到丹爐之內溫養，不可在此時下座停功去與人談家常、做修道以外的事，如此才能日積月累，而大有成效。

【研析】男女丹法，因其後天生理結構不同，所以下手的功法上有不同的方便。男子下手煉精，凝神調息於下丹田；女子下手煉經，凝神調息於雙乳間。但到高級階段，後天形體的差異便不再重要，因為先天的本體境界已經超越於男女陰陽的界限。所以，明心見性對於男女並無差別。如果煉最上一乘丹法，直接從煉神還虛入手，以明心見性為起點，念起即覺，歸於空明無相之先天性體；念念無住，即用即休，此即真心之用。此即無分男女的上品丹法。然此法太高，普通人不容易契入。因一般人身家兒女萬般俗事放不下，想不開，此心不淨不虛，有太多的牽掛與負擔。所以黃元吉應機說法，又講一些針對性的通俗教法。世間的一切都是無常，萬般帶不走，榮華富貴不過是過眼煙雲，就是我們這個肉身也只是我們暫時的居所。只有心性修養的成果可以永遠地伴隨我們，如果能在此生修行得好，也就可以在生死之際有較大的自主權，可以選擇更好的來生。修道有成，就可以享受億萬年。像這樣的說法，本身是不夠徹底的，都是一時的方便說教。世人太執著於福報享樂，於是說法時就順其根性，而以更大的享樂來吸引他們。究竟而言，修道不是要追求更大的享樂，修道不是為了要滿足更大的欲望，修道是要徹底從欲望中解脫出來；修道也不是為了在輪迴的世界中有一個好的投胎機會，修道是徹底從輪迴的時間相中抽身而出，是從一切的兩極陰陽對立中超越，是回歸於虛無永恆的大道。

太極根源章第十九

大道非他，不過一太極而已。天地之間，化化生生，極奇盡變，不可測度。夫豈後天尸氣為之哉？殆先天一元之氣而已。如今道侶，只煉後天之氣，養後天之神，縱然做到極好，亦不過色身健旺焉耳，而一點至靈至妙之神絕無有也，以故生則壽高百歲，死與草木同腐，雖有強弱之不同，及其歸根入墓，仍與凡夫之生死無異。所以生而死，死又生，輪迴輾轉，不免六道沉淪、三途陷溺之苦。蓋以道只一物，藥止一味，不得太極根源、大藥種子，雖日夜修煉，猶是有形氣之姿，而欲其通玄達妙，出日步月，不可得矣。夫天地間至神至妙、至精至粹而變化無方、隱顯莫測者，莫如太空元氣，即無極也。此氣渾渾淪淪，實無物象，又曰「虛生太極」是。然古今來神聖賢豪，及一切飛潛動植胎卵濕化❶之靈而異者，無不各得此元氣而來。然第曰太極，猶是虛無之端，不可以神變化。迨至氣機一動，分陰分陽，迭用柔剛，而太極之功始著。夫太極，理也；陰陽，氣也❷。理氣合一，而天地人物生矣。理氣合一，而聖賢仙佛之丹成矣。爾等修煉，必先凝神於虛，合氣於漠，此心此身渾無一物。忽然一覺而動，以我之元神化為真意主宰乎二氣之迴旋，而後二氣之實仍不外太極之虛，所謂真陰真陽結為一黍之珠、微妙圓通、深不可識之神丹也。雖有水火之交，乾坤之運，此往彼來，旋轉不息，歸爐封固，烹煉無遺，總是一個虛而無朕之意處之，始足盜天地之元氣，不似生形生質者實有其種類也。此為無上上乘之妙道。吾觀諸生有云年老氣衰，鉛汞欠少，又豈知先天元氣無虛無實，不比後天物事有消有長。我今直抉其微。夫人只怕煉心養性之無功耳。果能明心見性實有諸己，則神一凝而氣自壯，神一清而精自盈。蓋志者，氣之帥也；神者，精之祖也。神聚則氣聚，氣聚則精聚，神清則氣清，氣清則精清。爾學人果能萬緣放下，一空所有，則神清矣。果能凝神於虛，回光玄竅，則神聚矣。斯時也，不必求口中津生，香甜味美。然此屬枝葉小效，有之亦不足貴。即丹書有云：「只見黃河水滔滔逆流。」亦不過言氣動精生，虛擬其狀有如此者。若云實實有之，亦是後天有形有色有味之精，非先天至精，不足重也。總之，神凝氣聚，其身內身外自有油然而上升，滃然而下降，充周上下，盤旋內外，實有「肫肫其仁，淵淵其淵，浩浩其天」境界，又實有「剛健中正、純粹以精」氣象。生等行工已久，或有此神妙之機，只是未曾醞釀，不見久於其道而大化流行不息耳。生等切勿疑年老藥少，日養虛無之神而不見滿口津液、暢於四肢可也。

【章旨】本章明修煉大道是修先天太極，而不是修後天形氣。先天元氣無虛無實，是永恆遍在的，從修先天大道上來說，老年人只要能溝通先天元氣，就能神凝氣聚，即使沒有後天形氣方面的明顯反應，也不影響修道。

【注　釋】❶飛潛動植胎卵濕化　這是指種種不同形態的生命及其出生的方式。飛，能夠在空中飛行的動物。潛，潛伏於地下、水中的生物。動，動物。植，植物。胎，胎生的。卵，卵生的。濕，濕生的。化，化生的。❷夫太極四句　前面說太空元氣即是無極，故太極也是元氣。說太極是理，陰陽是氣，則是說太極是陰陽未分時的理體，此中只有渾然的元氣，而陰陽則是太極已分時對待的後天之氣，「陰陽是氣」中的「氣」顯然不是指「先天元氣」。

【語　譯】大道不是別的，不過就是一個太極而已。天地之間，萬事萬物的形成、發展與演化，充分顯示了無限的神奇與無盡的變化，無法用我們有限的理智去加以測度。這種無窮無盡的變化難道僅僅是後天有限的形體之氣所造成的嗎？實際上這些都不過是先天一元之氣在起作用罷了。如今一些修行的同道們，只知道修煉後天之氣，涵養後天之神，這樣修煉縱然做到極好，也不過能促使色身健康精力旺盛罷了，而那一點至靈至妙的先天元神絕對不能修煉出來。因為這個原因這些人在活著的時候雖然可享有百歲的高壽，而死了以後則這個再健康的身體也與草木一樣同歸腐朽，在活著的時候與一般人相比色身雖有強弱的不同，等到死後此身回歸大地葬入墳墓，則仍和不修道的凡夫的生死沒有兩樣。所以與凡夫一樣由生而死，死後又投生，這樣輪迴下去輾轉無窮，仍不免遭受在六道中升降沉淪、墮落到三惡道等生死之苦。這是因為道只是一個東西，大藥也只有一味，如果不能得到太極這個煉丹的根源，得不到先天大藥的種子，雖經日夜修煉，也還是局限在後天有形氣的範圍內，這樣修煉想要通達宇宙萬化根源的玄妙之境，達到在宇宙日月間縱橫自在的境界，是不可能實現的。

我們要知道，天地間至神至妙、至精至粹而又變化無方、隱顯莫測的，沒有什麼能超過太空元氣了，這個太空元氣也即是無極狀態。這個太空元氣渾渾淪淪，實在沒有一點物象可尋，所以我們把這個從無極到太極的過程又說成是「虛生太極」，從太極中進一步演化出陰陽二氣、萬事萬物。然而古往今來所有的神仙聖賢、普通凡夫，以及一切天上飛的、地下潛伏的動物植物，胎生卵生濕生化生等種種不同形態的、具有靈異品質的生物，無不是各自得到這個太空元氣而生出來的。太極是從無極到陰陽二氣的中間狀態，但只說到太極這一層，仍然是在虛無的這一邊，還不可以產生神妙不測的變化作用。要等到太極中氣機一動，分出陰和陽，形成柔與剛的交替變化與作用，然後太極的變化功能才開始顯現。這個太極，是先天混沌的理體；陰陽，則是從太極所分出來的陰陽二氣。在先天理體與後天陰陽二氣的共同作用下，就形成了天地人物。能從後天陰陽的作用中返還先天的理體，聖賢仙佛的大丹就可煉成了。你們在修煉的時候，必須先做到凝神於虛無之中，合氣於廣漠的虛空，使我們這個後天的身心渾然好像不存在一樣。在這個虛無之境中，忽然一覺而動，這先天的一覺就是我們的元神，以我們的元神化為真意的作用，主宰陰陽二氣的迴旋往來，然後在先天真意的主持下使陰陽二氣在實質上仍不外是太極之虛，這就是所謂的真陰真陽兩者結合成為一個黍米大小的寶珠，也就是結成微妙圓通、深不可識的神丹。雖然在煉丹的過程中有陰陽水火的相交，乾坤性命的運化，氣機的你來我往，旋轉不息，以及採藥歸爐封固溫養等，種種烹煉過程一個都不少，但不管具體的修煉功夫如何，總是一個虛靈無跡的先天真意在其中作主，這樣才足以盜取天地間的虛無元氣，而不像那些有形有質的後天形氣那樣有實實在在的具體種類。建立在先天元氣的基礎上的修煉，才是最上一乘的妙道。

我注意到你們有些人說自己年老氣衰，作為煉丹藥材的鉛汞欠缺，這種認識是片面的，你們哪裡知道先天元氣是無虛無實的，既不會減少也不會增加，因而不隨年齡大小而有不同，它不像後天的事物那樣有消有長。我今天直接與你們揭開其中的微妙精義。其實對修煉的人來說，只怕你煉心養性沒有做到一定的功夫，不用擔心自己年老色衰。要是真能明心見性，在自己的身心中真實地體驗到明心見性的境界，則神自然凝聚不散，神一凝聚不散則氣自然隨之壯旺，神一清淨下來則精自然盈滿。這裡面的道理就是，人的意志、意識狀態是氣的主導因素，而神則是產生精的源頭。在精、氣、神三者的關係中，存在著相互作用相互影響。一方面神作用於氣，氣作用於精，神聚則氣聚，氣聚則精聚，神清則氣清，氣清則精清。另一方面，精又影響氣，氣又對神有反作用。精滿則氣滿，氣足則神足。你們學道的人果真能萬緣放下，空掉所有的一切，則神自然清淨了。果真能凝神於虛無之中，迴光返照於玄竅之中，則神自然凝聚了。在這個狀態下，不必追求口中生津，香甜味美，這樣一種有相的感覺。這種有形的變化屬於枝葉一般的小成效，即使有這種現象也不值得太看重它。即使像丹書上說的：「只見口中生津，如黃河水滔滔逆流」，也不過是講氣動精生的現象，用虛擬的手法描述這種狀況而有如此的說法。如果說這種狀態實實在在地體驗到了，也還是屬於後天有形有色有味的精，不是先天至精，不值得過於看重。總之，能做到神凝氣聚，則其身內身外自然會有氣機生發，這股氣機油然而上升，融然而下降，充滿遍布於一身上下，盤旋一身內外，實有《中庸》所說「肫肫其仁，淵淵其淵，浩浩其天」的境界，又實有「剛健中正、純粹以精」的氣象。你們修行下功夫已經很久了，可能已有這種神妙之機，只是還未曾充分積聚醞釀，不能長久地處於那個狀態而使融歸太極的大化境界能夠相續不斷，流行不息。你們切莫懷疑自己，以為自己年紀老了精氣不足，雖然天天涵養虛無之神，卻沒有產生滿口津液、暢於四肢的效驗。要知道這些都不過是後天有形的變化，不是煉丹的本源。要抓住先天元氣這個關鍵，這樣才行。

【研析】內丹學與一般的養生方術有一個重大的區別，那就是一般養生方術是修煉後天的精氣神，以健身延年為目標，而內丹學的修煉是以先天元氣為基礎，追求的是永恆與超越。凡是後天經驗層面的事物，都是有生有滅的有限之物，以後天神氣作為煉丹的材料，不可能煉出永恆無限的生命境界。先天元氣則是本體層面的無限存在，只有以先天元氣為煉丹之本，才能實現內丹學所要求的超越性的生命境界。故凡只是在後天神氣上下功夫的修煉，不管修得如何好，等到肉體生命一結束，就依然與沒有修煉的普通人一樣，不能解脫生死輪迴。修道其實就是從後天返先天，回歸於永恆無限的大道，才能超越後天有限的生命境界。當然，先天元氣本身是無所謂修與不修的，它既是無限的存在，本身就是不生不滅、不增不減的。修與不修在於人的主體境界，即人能否與先天元氣相溝通、相統一，從後天的執著分別的狀態回歸無分別的先天境界。這也即是說，要以先天元神所發之真意作為煉丹的主宰，才能與道相通、與道為一。先天元氣即是太極狀態，從太極分出陰陽，由陰陽二氣的無限組合，形成萬事萬物的無限變化。修煉是從後天真陰真陽的交媾合一中回歸太極之體，在這個回歸的過程中也會有後天精氣神的變化與昇華，但只有以虛無元神為主導，才能與先天元氣相互作用、相互統一。一方面，後天精氣神的修煉也是必要的，因為只有後天精氣神充足了，才能更好地與先天狀態相感應。所以一般地說，年輕人精氣旺盛，煉丹更易產生成效。但另一方面，從究竟而言，因為煉丹並不是局限在後天精氣神的範圍內，而是最後以先天元氣為本，所以也不執著於後天精氣神的狀態，能不能有明顯的有形精氣的反應，對於最後的解脫並無直接的關係。著眼於先天的虛無一氣，則修煉不受年齡及後天色身狀態的限制，既然先天元氣隨時隨地都是永恆的存在，那麼無論什麼樣的後天身體狀態，都可能直接地與先天元氣相溝通相統一。若能與先天元氣相通，則可以先天化後天，反過來對後天的精氣神也有調節、昇華的作用。而能否與先天元氣相通，則取決於能否明心見性，能否進入純粹的無分別的元神意識狀態。神清則氣清，氣清則精清；神聚則氣聚，氣聚則精聚。只要神能真正入於先天境界，就會對氣與精有相應的調整功能。精、氣、神三者的相互作用，可以有順逆兩個方向，一是由後天返先天的方向，精全則氣全，氣全則神全，這是漸修的丹法；一是以先天化後天的方向，神全則氣全，氣全則精全，這是頓修的丹法。年老的人，後天精氣不足，故需要以先天化後天，凝神靜養，在先天虛無境界中積聚精氣。但不宜過於關注後天色身精氣方面的變化，只以凝神於虛無為根本，慢慢涵養，自有神妙之機。

止念之法章第二十

古人有二乘工法❶，其法維何？即佛子云：「臥輪有伎倆，能斷百思想。」此即入定工夫在止念也。上乘工法，又古佛云：「慧能無伎倆，不斷百思想。」此即豁然貫通、無有無無之境界也❷。然此等地步，夫豈易幾及哉？必由下乘工夫勉強支持，久久資深居安，自有左右逢源之候。吾再示止念之工。夫人思慮營營，自墮母胎而後，已為氣質之性拘蔽，不能如太初之全無事事。及知識甫開，嗜好一起，而此心此神憧憧往來，朋從爾思，已不能一刻之停止矣。於此而欲使有思無思，有念無念，非百倍其工不能。且徒止之，未必即能至於無思無慮，而況念起一心，止念又一心，不惟無以止息其心，且縱此心而紛馳者多矣。此又將何以處之？惟有以神入於丹田，納氣會於規中，此即水火交而為一。到得水火既濟，兩不相刑，則神之飛揚者不飛揚，氣之動蕩者不動蕩，即是止念之正法眼藏也。至有事應酬，我惟即事應事，因物而施，稱量為予，務令神氣之相交者仍然無異於其初，斷不使外邊客氣奪吾身之主氣。其工不過此些些微微以一點神光覺照之，不使氣離神、神離氣，即止念矣。不然，一念起而隨止之，一念滅而隨滅之，起滅無常，將有止之不勝止者。似此之不止，更甚於克制私欲之功多矣❸。何也？蓋神氣一交，渾然在抱，即得本來真面。真面現前，即正念現前，那一切邪私雜妄自不能干，任他千奇百怪、遺大投艱，我惟守我本來，還他外至，斯又何惡於事物之煩哉？然而紛至沓來，未必全不理他，不過如我前所云：惟因物付物，以人治人，斯得應而不應、不應而應之旨也。生果能止念，則心神自寧，慧光日生，切莫存一自得之念。只覺我之所修了無一得，縱有寸長，都是幾經閱歷，許多辛苦得來，一旦失卻，前功盡廢。故曰：「學如不及，猶恐失之。」有此一念，自然常操常存，不識不知而順帝之則矣。否則，忽焉而得，得即欣喜；忽焉而失，失即憂慮。此個欣喜憂慮之念，即打散我之神氣也。知否？此為生近時切要。照此行持，即古佛所謂「不斷百思想，菩提作麼長」之謂也。如未到此境，不妨用刻苦工夫，始至無思無慮之境。

【章　旨】本章引述《六祖壇經》中關於「能斷百思想」與「不斷百思想」的公案，指出這兩種說法屬於止念功夫的不同層次，進而說明丹道中的止念方法不是直接的以念止念，而是通過神氣合一而自然止念，現出本來面目。能達到止念的地步，要防止自得之心，不生憂喜之念。

【注　釋】❶二乘工法　指下乘、中乘的功法。漢傳佛學把「聲聞乘」、「緣覺乘」稱為「二乘」，聲聞乘屬於小乘，緣覺乘屬於中乘。二乘之上是「菩薩乘」，菩薩乘屬於大乘。❷即佛子云等句　這是引用《六祖壇經》中的一段公案，據《六祖壇經》記載：「有僧舉臥輪禪師偈曰：『臥輪有伎倆，能斷百思想。對境心不起，菩提日日長。』師聞之，曰：『此偈未明心地。若依而行之，是加系縛。』因示一偈曰：『慧能沒伎倆，不斷百思想。對境心數起，菩提作麼長。』」文中的「佛子」即指臥輪禪師，「古佛」即指六祖慧能大師，黃元吉對這個公案結合丹道理論提出了自己的解釋，認為「能斷百思想」是下乘入定止念的功夫，「不斷百思想」是上乘功法豁然貫通、左右逢源的境界，兩者必須結合起來，從勉強有為的功夫而及於自然無為的境界。❸似此之不止二句　這二句話是承接上文所說的「止念之正法眼藏」而來，像前面所說的那樣，不是直接用以念止念的方法而是用神氣合一的方法去止念，比那種強行克制私欲的功夫效果要好得多。不止，「止」即對應於前面「一念起而隨之，一念滅而隨滅之」的止念方法，「不止」即對應於以神氣合一而自然止念的正確方法。

【語　譯】古人修道的功夫有下、中、上三乘。有一種是屬於下、中二乘的功法，這個功法是怎樣的呢？就是

《六祖壇經》中某個佛弟子所說的：「臥輪有修行的伎倆，能夠斷除所有各種各樣的思想念頭。」這種功法也就是通過止念而達到入定的功夫。另一種是屬於上乘功法，也就是《六祖壇經》中慧能古佛所說的：「慧能沒有什麼伎倆，不用斷除各種各樣的思想念頭。」這是屬於豁然貫通，超出有念無念的圓融無礙的境界。然而這個圓融無礙的地步，又豈是那麼容易就可以達到的嗎？必須經過下乘功夫的勉強維持，久久之後功夫深入達到安然處之的地步，自會有左右逢源、無需用力的功候。

我再給你們傳授止念的功法。人一天到晚想這想那思慮不斷，自從從母胎中出生以後，已經被後天氣質之性所束縛遮蔽，不能再像生命最初時那樣天真，心中什麼事也沒有。等到接觸外物產生了分別，後天知識一開，私欲嗜好一起，然後我們的心神就開始像《易經》中所說的「憧憧往來，朋從爾思」，心神游移不定，左思右想，沒有幾個朋友能符合你的想法，這種私心雜念已經一刻也不能停止下來了。在這種情況下要想讓紛繁的思慮停下來變得無思無慮，從有念變成無念，若不是下百倍的功夫是做不到的。而且光是去停止這種思慮和念頭，未必就能達到無思無慮的境界，更何況起了念頭是一個心念，去停止這個念頭本身又是一個心念，這樣以念止念，不但沒有辦法停止這種紛亂的心態，而且反而會使心更放縱而越發思慮紛馳，這種情況並不少見。既然如此，我們又將如何解決這個問題呢？只有凝神返照入於丹田，把氣收納起來會聚於規中，這就是水火相交而神氣相融為一。等達到了水火既濟，神氣兩者達到平衡中和狀態，不再相互牽制而影響對方的和諧，這樣神本來是容易向外飛揚的，現在因為與氣交融而不再飛揚了，氣本來是動蕩不安的，現在因為與神相交而不再動蕩不安了，這樣念頭自然平息下來，這就是止念入定的「正法眼藏」，是最有效、最得當的止念方法。

當然，止念的功夫不僅僅體現在靜坐的時候，也要在生活中時時把握自己。至於有事應酬的時候如何用功，這時候我只要在事情來了就根據事情本身的特點當下處理，順著事物的因緣而採取適當的辦法，依據事情的大小輕重酌情處置。務必使我們已經獲得的神氣相交的狀態不受其影響，仍然與事情沒有來時的狀態沒有什麼不同，斷不可使外邊的客氣奪走了我們身內的主氣，也就是說心能作主，不為外物所擾。這其中的用功方法，不過是輕輕微微地以一點神光覺照於丹田之中，不讓氣離開神、神離開氣，那麼自然就可以止念了。要不然的話，起了一個念頭隨即去停止這個念頭，一個念頭消失了隨即停止念頭的努力也消失了，這樣跟著念頭的起滅而起心動念，念頭起滅無常，沒有一個恆常的覺知中心，用這種以念止念的方法，將有止不勝止的情況，雜念永遠停不下來。像前面所說的不去以念止念，而是神氣相交合一，這種方法要遠比直接去克制私欲的功法更有成效。為什麼呢？因為神氣一交，神氣合一，渾然在抱，這樣就回復到神氣未分時的本來真面。先天真面目一現前，也就是正念現前，有了先天真意作主的正念，那一切的邪思妄想私心雜念自然不能再干擾我們，一切的雜念妄想任他千奇百怪，甚至是留下很麻煩的問題，但我們只是持守住自己的先天本來面目，讓所有的外來的干擾雜念，回到它們所從來的地方，而不讓它們進入我們的內心，能夠做到這樣，那麼又哪裡用得著去厭惡外面事物來煩我們呢？然而當妄想雜念紛至沓來的時候，也未必要完全不理它們，不過是如我前面所說的：只要自己不動心不受打擾，順著事物本來的樣子妥當地處理它，根據各人具體的情況解決各人的問題，所謂的「因物付物，以人治人」，這樣就可達到「應而不應、不應而應」的妙旨，雖在應對事物而此心好像沒有在應對一樣，心雖然沒有被應對外物所打擾，但外物也自然地應對好了。

你們果真能達到止念的境界，則心神自然安寧，智慧之光一天天地增長，但此時千萬不要存有一個洋洋自得、驕傲自滿的念頭。只覺得我自己的修行了無一得，沒有達成什麼，縱然有一點點的長進，也都是經過多少的辛苦艱難而得來的，因而倍加珍惜，唯恐生起一點後天分別心而破壞已經得到的這一點成果，一旦再失掉了，就前功盡廢。所以古人說：「學如不及，猶恐失之。」就是說學到了一點東西，也如同還沒有學到一樣，依然擔心這學到的一點東西再失掉了。有這樣一種態度，自然能夠常操常存，任其自然地成長進步，而不加以後天的分別比較，順應天道自然的法則。否則，忽然間修行有所得，一有所得即生欣喜之心；忽然間這個境界又失掉了，失掉了即生憂慮之心。這種或欣喜或憂慮的意念，就打散了我們神氣相交合一的狀態。你們對此是否明白了？這一點是你們幾位近一段時間修行要特別注意的地方。照我上面所說的方法去行持，就是慧能古佛所說的：「不用斷除各種各樣的思想念頭，菩提也無所謂增長不增長」，因為在這種大徹大悟的境界中，念頭本來就是空的，不用去斷；菩提是本來就有的，也不用去人為地增長。如果還沒有達到這種自然而然、豁然貫通的境地，就不妨還用刻苦的功夫，一方面調神調氣，一方面事上磨煉，才能逐漸到達無思無慮的境界。

【研　析】第一，在黃元吉看來，臥輪禪師的偈：「臥輪有伎倆，能斷百思想。對境心不起，菩提日日長」，與慧能大師的偈：「慧能沒伎倆，不斷百思想。對境心數起，菩提作麼長」，兩者的關係不是截然對立的，而是相輔相成的。前者是二乘漸修的功法，後者是頓悟的上乘功法，漸修是頓悟的基礎，頓悟是經過漸修後的豁然貫通。黃元吉的這個觀點，符合內丹學從有為到無為，從勉強到自然的丹法特色。從禪本身來看，在《六祖壇經》中，臥輪禪師的偈明顯是被否認的，它不符合禪的見地。因為禪本身就是頓悟的上乘法，禪強調的是頓悟本心，見性成佛，而不是一套漸修的功夫。禪悟的境界是定慧不二，心性皆如，一切法當體解脫，不用除念，因為只要覺悟本性，念頭本身就是性空無住的，只要於念上無執，即於念而離念，這就是真的無念。在覺悟本性的境界中，萬法本自具足，本自圓滿，無得無失，不增不減，所以也不存在「菩提日日長」的問題。這也即是說，在禪的語境中，臥輪禪師的偈是錯誤的。但是，如果我們不從禪的悟境來看，而平實地從一般的修行過程來看，則臥輪禪師的見解雖然不究竟，但也在某種程度上有它的意義。如果能有「伎倆」斷除「百思想」，讓心徹底地定下來，這也是一種很好的功夫。人不能永遠停止在這種斷除思想的狀態，但作為一個暫時的休息處，讓妄想先停下來，這也有助於我們返觀自己的本性。

第二，真正的問題並不在於「能斷百思想」，因為「能斷百思想」即能入定，入定雖不究竟，還要由定生慧，還要能夠起用，但你不能說入定本身有何錯誤。真正的問題是在於：我們如何才能真正的斷除百思想，即止念入定？是不是起了一個念頭就去斷一個念頭？這樣斷念頭本身又是一個新的念頭，這種情形就像是賊喊捉賊，夢中說夢，念頭與斷念頭之間不停地鬥爭，而永遠沒有了期。你越是想止念定下來，你就越是思慮紛紛，因為那個斷念頭的努力反而加強了念頭的活力。所以能斷百思想雖然不錯，但這個斷思想的方法卻不是直接去以念除念，而是不斷而斷。

第三，不斷而斷，即是圓觀圓斷的方法。這在禪，用的是頓悟之法，你只要明見自己的本性，這個本性本來就是無來無去，不生不滅的，念頭來來去去，自生自滅，而你本性的天空不受打擾。你不用去除念，只是一直保持本性的覺知，讓自己不是被念頭帶著走，而是保持對念頭的觀照。這個觀照本身不是去除念，它不是一種努力，而只是一種被動的警覺。在這個觀照之下，不用除念而念自除。對丹道來說，也不是直接去除念，而是凝神返觀丹田之中，神氣交媾合一，這樣氣不亂動，神不外馳，自然入於混沌無念之境。這個方法，與禪的方法可以說是相得益彰，相輔相成。禪是從般若大智慧入，觀念頭之本空；丹道是從神氣、性命的相關機制中，達到一種身心和諧統一的狀態，在這種狀態下讓念頭自然不起。一個是偏重於心理影響生理，一個是偏重於生理影響心理，但最後都是以本性作主，而不隨念轉。

第四，修行不是在真空中修，總要面對人和事。所以，修行要到高境界，必須能在為人處事、待人接物中保任靜心的狀態，不被生活中的人事物所打擾。辦法就是在生活中仍然保持修行的狀態，事來則應，事去隨空，雖然實際上要處理各種人和事，但只是就事而論事，該怎麼辦就怎麼辦，在心理上並沒有受影響受打擾，雖動念而不動心，仍然保持對自己本性的覺悟，外面的事來來去去，而我的心一無牽掛。

第五，修道如果方法正確，持之以恆，那麼就必然會有成效。那麼，當修道有所成效的時候，我們就很容易產生有所得之心，因有所得而生欣喜。但一有了得失心，人就從先天無分別的狀態墮回到後天有分別的狀態，你辛苦修煉得來的成果很可能就因此而喪失。一旦境界下降，回到修煉前的狀態，於是又容易生起煩惱心憂慮心。這樣或喜或憂，不知不覺地就將神氣打散，而破壞了修道的成果。這是修道的人要特別注意的地方。要知道修道本是要回到先天的道體之中，應該是無得無失的，有得失之心本身就意味著你還處於後天的分別心之中，怎麼能與道相通為一呢？

杳冥無朕章第二十一

太上曰：「杳杳冥冥，其中有精。」即此陰氣凝閉之時，萬物焦枯已極，了無聲臭可聞，亦無形色可見。於此浩渺無垠、微茫莫辨之中，正是精生之候。知否？既明杳冥無朕之中，真精由此而毓❶，若起一明覺，則滅一分杳冥❷，而真精不能完全，無以為生養之地矣。又知否？及杳冥已久，正如今日層陰沍結❸，陽氣於此而胚胎。久久調養，宛若無知無識，同夫蚩蚩之氓❹。忽焉一覺而動，則恍惚生焉，變化見焉，而後真一元陽即於此見其端倪矣。此正太上云：「恍恍惚惚，其中有物。」物即一陽之氣，天地人物發生之祖氣也，所謂「天地之心」即此而可見矣。諸子務要於一陽未動之前，杳杳冥冥，渾不知有天地人我，始是藏蓄之深，學美內含。迨至一驚而覺，真陽始現象焉。此個陽非易得也，必於陰氣凝閉之極，我惟虛極靜篤，一無所知所覺，而後真陽始得發生。故人之生，生於此陽，即天地萬物之生，亦無不生於此陽。試觀地有形也，月有魄也，猶人之有身一般。地不得天之元陽，月不得日之陽光，則地與月是冷冷淡淡塊然一死物耳。惟地承天之氣，月得日之光，地能生育萬物，月能照臨萬物。人之採陽，又何異是？顧何以採而得之哉？蓋人一身盡是昏沉魄氣，惟有雙眸之光始露一點真陽。此陽即真性真命，無極太極之蒂也。我能迴光返照，一無所知所覺所思所慮，純純乎就範於規矩之中，即採回陽以為生生之本矣。迨至水府之地忽有一點蓬勃氤氳之氣機，自不識不知無思無慮而來，我將何以養之？不必他求，前以杳冥而得之，仍以杳冥而守之，以還我不識不知、無思無慮之天而已。吾想人一回光，即有生氣凝蓄丹田，可以長存不壞，猶物之逢陽則生也，又何況藏蓄之久，真陽發生，焉有不為長生之真人哉！但恐學者作輟相仍，斯不免有生死耳。果能常常持守，即不築基，亦可我命由我不由天也。

【章　旨】本章講述在杳冥中得陽、採陽和守陽的道理。

【注　釋】❶毓　生育；養育。❷若起一明覺二句　若對此杳冥之境起了一個意念，覺得我已經進入杳冥之境，有一分這個意念，就會破壞一分杳冥。明覺，這裡不是指本性的靈明覺性，不是指真意的覺照，而是指對杳冥之境起了分別心、認同心。❸沍結　凝結。沍，閉塞。❹蚩蚩之氓　傻傻的遊民。蚩，無知；傻。氓，無業遊民。

【語　譯】太上老君說：「杳杳冥冥，其中有精。」「杳杳冥冥」即好比現在這個陰氣凝閉的嚴冬季節，萬物焦枯已到了極點，聽不到一點音聲，看不見一點形色。「其中有精」即是指在這種浩渺無垠、微茫莫辨的杳冥之中，正是精生的時候。你們知道嗎？既然已經知道在杳冥無朕之中，真精由此而得以養育生發，如果在這個杳冥之境中起了一個我已在杳冥之境中的知覺，那麼多一分這種分別念就減了一分杳冥，從而使真精不能完全得到養育，真精不飽滿完全，也就不能作為神氣得以生養的基礎了。你們對此又是否知道呢？等到在杳冥狀態中涵養已久，正如今天經過了層層陰氣的凝閉凍結，陽氣在此時開始萌發長出胚胎。再久久調養，保持這個杳冥之境，就如同無知無識的傻瓜一樣。忽然間一覺而動，於是有一種恍惚的靈機生發，出現了某種微妙的變化，然後真一元陽即在此時表現出生發的端倪了。這種情況正如老子說的：「恍恍惚惚，其中有物。」這個「其中有物」的「物」就是一陽之氣，是天地人物得以發生的原始祖氣，所謂的「天地之心」也就從這裡面可以體會到。

諸位學子務必要在一陽未動之前，進入杳杳冥冥的狀態，渾然不知還有天地人我的差別，與萬物為一體，這樣子才算是含藏蘊蓄得很深，在這個狀態中含有至真至美的先天真陽。從這個狀態中涵養，等到一驚而覺，真陽才開始顯現出跡象。這個真陽是不易得到的，一定要在陰氣凝閉到極點時，我只是虛無到極點，寧靜到極點，一無所知，一無所覺，然後真陽才得以發生。這個真陽是天地萬物生化的根源，所以說人生命的形成誕生，是從這個真陽中生出來的，整個天地萬物的生成，也無不是從這個真陽中生出來的。我們可以試著實際地觀察一下天地萬物生於真陽的情形。比如大地是有形的，月亮是有體魄的，這就如同人有身體一般。大地如果沒有得到天上的元陽，月球如果沒有得到太陽的光照，那麼地球與月亮只不過是冷冷淡淡、沒有生命光華的一塊死物罷了。只有當大地承受到天上的元陽之氣，月亮得到太陽的光明，大地才能生育萬物，月亮才能照臨萬物。我們人採陽煉丹，這其中的原理與上面所說的又有什麼不同呢？那麼又靠什麼方法才能採取到這個真陽呢？原來我們人的一身盡是些昏沉的陰滓之氣，只有兩眼中的神光才顯露出一點真陽。這一點真陽就是我們真性真命的體現，也是修煉無極太極的一點根蒂。我們如能目光內視迴光返照，一無所知，一無所覺，無思無慮，純粹徹底地安住於先天大道之中，這樣就可以採回真陽並以此為生生不息的根本。

靜中涵養，到一定的時候丹田水府之地忽然有一點蓬勃氤氳的氣機出現，這是從不識不知無思無慮的虛靜杳冥狀態中發生得來的，氣機出現以後我們又將如何涵養這個氣機呢？其實這不必要再尋找別的方法，前面是通過杳冥虛靜的狀態而得到這個真陽生發的氣機的，現在仍然用杳冥虛靜的狀態來保持它，以返還我們不識不知、無思無慮的先天本來面目而已。我想人一迴光返照，把意識的目光收回來而返觀丹田之中，就會有生氣凝聚積蓄於丹田，這股生氣就可以使我們的身體長存不壞，如同萬物逢陽則生的情形，更何況經過長久的含藏積蓄，真陽得以發生，有此真陽怎麼能不成為長生不老的真人呢！只恐怕學道的人時作時輟，時斷時續，不能積聚真陽，這樣就不免還有生死之患了。若果真能常常持守，不間斷地涵養真陽，即使不經過築基的階段，也可自主地操控自己的生命，做到如前人所說的：「我命由我不由天」。

【研析】人在後天狀態，由於各種物欲私心的膨脹，社會上種種人和事的牽纏，我們的心念一刻都沒有停止過思慮分別，一天到晚我們都在想這想那，腦海裡充滿了無窮無盡的雜念妄想。修道就是要從這種虛妄分別的狀態中解脫出來，達到寧靜專一的杳冥狀態，在杳冥狀態中才能產陽、採陽和養陽，使先天真陽得以生發、積聚。杳冥表示先天和後天相溝通、相作用和相統一的狀態，在這種狀態中，因為溝通了先天，後天的分別作用減少甚至已經沒有了；又因為連接著後天，先天的本性所起的觀照作用也不是那麼明朗。這表示杳冥狀態是具有丹道修煉特色的一種功能狀態，它既不是純粹的先天意識，也不是後天的分別意識，而是在神氣相互作用相互統一的基礎上，所產生的一種混沌、融合的身心合一狀態。正是在這個杳冥的狀態，虛極靜極，於是得以和先天元氣相應，而真陽開始顯現作用。當然，杳冥之境並不能包含全部煉丹過程的意識狀態，從產藥到採藥，進火退符，沐浴溫養，歸爐結丹，這中間還是有不同的火候功夫的，但進入杳冥狀態始終是重要的基礎性的煉丹功夫。

仙凡所分章第二十二

今日偶聞生等高談闊論，大有會心之處。所論人生根本，是無極而太極，一點鴻濛初判之始氣，誠不爽矣。然亦知仙凡所分，只爭此須臾。且由此而操存之，涵養之，運起坎離水火，以待氣機之萌動，然後子進陽火，午退陰符，攢五簇四，會三歸一，收歸爐內，仍還太極之真。夫太極，理也，生生之本也；陰陽，氣也，生生之具也。離太極則無生生之本，離陰陽則無生生之具，又將何以成法身於百千萬億也哉？吾教所以有玄關一竅，佛祖所以有「有情來下種」❶之論也。若無情則無種，無種則無生矣。第此種發生，稍不及防，即落後天塵垢，不堪為藥。吾故教生等於無知無覺之際，忽然而有知覺，此震雷發動，復見天地之心，是其旨矣。但須平日具得有明鏡慧劍，乃能不失機緘。否則，一覺之後，又覺及他事，不可用矣。故曰太極本無二，只因霎時變幻，即成後天物事。所以後之修士，同一修煉，同一採取，而有幻丹真丹❷之分者，蓋由此一息偶動之能乘機與不能乘機之故也。果能乘玄關一竅不失其機——須知先天元氣必要先天陰陽水火調養，始能同類相親，古人喻「抱雞當用卵，補鍋必需金」是矣——由是以我元神引之開關，上泥丸，我頭目之昏暈者，被此神火一照，盡化為神水，入於絳宮，一片清涼，此即《易》所謂「山澤通氣」也。然此氣此液，實為長生大藥，可以養毓凡體，生成法身。學人果得此真氣靈液，多年頑殘宿疾，皆可從此而普消。只怕一杯之水，難救車薪之火耳。可知玄關一動，其間才有本來人、仙家種。除此一點動機，就是虛室生白亦是幻境。他如二候❸陽生，四候採取，一概都是陰陽水火，只可言生物之具，不可言生物之本也。試觀天地陰陽不運，則萬物不生，人身坎離不交，則四肢難暢。人欲疾病不染，壽命長延，惟有以先天真陰真陽循環迭運，自享遐齡。至於身內有身，子生孫兮孫又子，百千萬億法身，都從此出。所謂二候溫養，即天地涵濡陰陽二氣之常也；四候運行河車，即四時行而日晅雨潤之謂也。至於橐籥之吹噓，即風以散之也；精神之振整，即雷以震之也。順其自然而運，不可不為，亦不可有為，即兌以悅之，而後生機勃發也；進之退之，送歸土釜，即艮以止之，而後生息蕃衍也。若非乾之主宰，坤之收藏，維植於中，含蓄於內，其有成者亦鮮矣。吾常云：只要認得本來人，陰陽水火日夜運行不息，不必築基，亦可長生。故歷代名儒只以養虛無之性為第一大事，至於築基，概置在後，而且不道，良以心性未純，築基反多魔障，知否？此聖賢所以重煉己也。

【章　旨】本章主要講太極與陰陽在煉丹中的關係及不同的意義。太極是先天之本，也即是本來人、先天元氣等，這是煉成超越之丹的根本基礎，是「仙家種」；陰陽則是生生變化的氣機，要回復太極，則離不開陰陽的運化，須從真陰真陽的交媾中才能同類相親，現出先天太極。玄關一動之時，要乘機識得本來人、仙家種，而周天運行、採取火候等則不離陰陽之用。

【注　釋】❶有情來下種　這是禪宗五祖弘忍傳六祖慧能的傳法偈中的一句，五祖的傳法偈為：「有情來下種，因地果還生；無情既無種，無性亦無生。」❷幻丹真丹　幻丹即以後天識神造作而成的丹，似有實無，如同幻覺，故稱幻丹；真丹是先天一氣凝結而成，不假造作，真實不虛，故稱真丹。❸二候　真陽之生，有一個逐漸壯大的過程，以卦象來講，一卦有六爻，坤卦為純陰之象，六爻皆陰，從下而上，初爻由陰轉陽，即是一陽初生而成復卦，又稱一陽來復。依此類推，二爻轉陽稱為二陽生，在煉丹中對應的火候稱為二候。下文中的「四候」，以此類推。又，煉丹的火候，一時辰分成六候，所以「二候」也可指六候中的前二候，「四候」也可指六候中的後四候。

【語　譯】今天偶然聽到你們幾位學生的高談闊論，看來你們對於丹道修煉的奧祕已經大有會心之處。你們所談到的，人的生命形成的根本是從無極到太極時，形成的那一點鴻濛初判的始氣，這誠然不錯。但也要知道成仙成凡所不同的，也就是對於這個先天原始之氣能否體認把握而有些微的差別而已。成仙之道，不過是能夠體認到先天始氣，而且進一步由此而加以操存涵養，運用坎離水火相交合一的方法，等待氣機萌動，然後子進陽火，午退陰符，攢五行簇四象，會精氣神而歸於一，再收歸丹爐之內，仍舊返還於先天太極的真面目。

太極，是形而上的理，是萬事萬物之所以能夠生生不息、變化發展的根本原理；陰陽，是形而下的氣，是萬事萬物之所以能夠生生不息、變化發展的具體材料。離開了太極則萬物就沒有生生不息的根本，離開了陰陽則萬物沒有生生不息的資具，所以若沒有太極與陰陽的相互配合，又將何以成就法身及百千萬億的化身？這就是為什麼我們丹道之教有玄關一竅的說法，而佛教祖師所以有「有情來下種」的論述。佛祖這裡所說的「情」，就是指先天本性之情，也就是我們說的太極，成仙成佛的真種子。如果沒有這個情就沒有真種子，沒有真種子也就沒有天地萬物的形成與發展。只是這個真種子發生時，稍微來不及提防，沒有及時抓住機會，就會落入後天思慮分別的塵垢之中，那麼這個真種子就夾雜了後天渣滓，不能再作為煉丹的大藥了。因此我教你們要準確地把握在無知無覺之際，忽然而有知覺的時候，要在這個時候明悟真性，這就是一陽初生之時，在卦象來講，即是屬於震卦的雷聲發動，也是屬於復卦的一陽來復而顯現天地之心，這個道理也就是要把握好真種子發生的時機。但這要靠平日生活中具有一種如明鏡般的觀照之心和照破煩惱的慧劍，平時訓練有素，覺知常在，才能在真種子顯現之時不失時機。否則，平時沒有基礎，在真性一覺之後，又隨即思考別的事情去了，這樣一走神即墮入後天，就不可用作大藥了。所以說太極本身並沒有什麼不同，只是因為一瞬間心態變幻莫測，一起雜念這個先天太極就成了後天之物了。

所以後來的修道之士，雖然是同一修煉，同一採取，可是結果卻有或成幻丹或成真丹的區別，這就是由於在忽然一覺真心顯現的時候，有的人能乘機而採取真種子，有的人卻墮入後天分別之中而不能抓住這個機會。果真能在玄關一竅打開、先天元氣顯現之時不錯失這個機會——但必須知道要使玄關竅開而顯現先天元氣，則必須要先天真陰真陽交媾，水火調養，才能同類相親，以先天陰陽感得先天元氣顯現，這也即是古人所比喻的：「抱雞當用卵，補鍋必需金」的道理——由此真陽發生之後，以我們的元神所發之真意引導它開關通竅，升上泥丸，我們頭目之中本來屬於昏昧不清的氣質，被這個先天神火一照，就全化為甘露神水，降落而入於絳宮中丹田，感覺一片清涼，這也就是《易經》所說的「山澤通氣」。但是這個先天元氣、甘露神水，可不是自然界的氣和液所能相比的，實為長生的大藥，初步可以養育後天凡體，究竟而言則可以生成仙胎法身。學道的人果真能得到這個真氣靈液，則多年的頑殘宿疾，什麼治不好的陳年舊病，都可以從此全部消除。只怕這個真氣靈液不能得到涵養壯大，那麼就好像只有一杯子的水，這就難以解救由一整車柴薪所生起的大火了。

由此可知，只有在玄關一動時，這個過程中才有本來人、仙家種顯現的契機。除了玄關一動時是先天本來人顯現的契機外，其他的煉功中出現的景象，就算是整個房間一片光明也只是一種幻境而已。其他的如二候時的陽生，四候時的採取，一概都是屬於陰陽水火調配的範疇，只可以談得上是生物之具，而不可以說是生物之本。試觀天地之間如果陰陽不能運化，那麼萬物就不能生長發育，同理我們人身中如果坎離不能相交，則身體四肢難以貫通舒暢。人要想疾病不染身，壽命長存，只有以先天真陰真陽循環交替地運化相交，這樣自然可以得享遐齡，長生延年。至於身內有身，子生孫而孫又生子，這種百千萬億化身的神通妙用，也都是從真陰真陽的運化中生出來的。在周天功法中的火候運用，實際上也就是陰陽二氣的調節，我們可以拿自然界的陰陽變化來作比喻。比如我們所說的「二候溫養」，就相當於天地之間萬物滋生以前有一個涵濡陰陽二氣的常規性階段；而四候時的運行河車，就相當於大自然中一年四季有陽光照耀、有雨露滋潤這樣的週期性變化。至於煉丹時風箱的吹噓，呼吸的進出，就相當於大自然的風用來散熱調節氣溫；精神的振作調整，忽然一覺而醒，這就相當於自然界的雷聲震動。在煉丹過程中順其自然而運化，既不可完全不作為，也不可過於有為，這就體現了《易經》中所說的「兌」卦的意義，兌以悅之，這樣才能生機勃發；進火退符，送歸土釜溫養，這就體現了《易經》中的「艮」卦的意義，艮以止之，而後得以休養積蓄繁衍生息。但整個煉丹過程，不只是陰陽之氣的調整。先天真陽即是元神真意，它在煉丹中起到主導維持的作用，先天真陰即是元氣，它在煉丹中起到在裡面含藏積蓄的作用，如果沒有代表先天真陽的乾卦在其中起到主宰的作用，沒有代表先天真陰的坤卦在其中起到收藏的作用，離開了元神元氣，也就是說離開了太極的主宰與調和，光是在陰陽二氣上下功夫，那麼煉丹能有成就的就少之又少了。

我常常與你們說，只要認得本來人，以先天真意作主宰，讓陰陽水火日夜運行不息，這樣不必經過築基的階段，也可以達到長生的功效。所以說歷代以來的那些名儒大賢，他們並不煉丹，只是以養虛無之性為第一大事，至於築基之類，一概置於腦後，而且提都不提，這是有道理的。因為如果心性沒有修養純淨，煉築基功夫反而多有魔障產生，你們是否知道這個道理呢？這也就是為什麼聖賢特別注重煉己的修養功夫的緣故。

【研　析】人的生命是性與命、神與氣、先天與後天的統一體，而從其宇宙論的根源來說也就是太極與陰陽相互作用的統一體。太極是無形無象的無限本源，它是內丹修煉之所以可能成仙的超越性的依據；陰陽則是萬事萬物無窮變化生生不息的具體的材料，也是一切後天經驗之物得以形成、變化和發展的物質基礎。人從道中而生，人本身即被賦予了成仙的先天的依據，但後天的生命中人的無限本性被遮蔽而沒有呈現，只有那陰陽的氣性的生命在活動、在表現。成仙成凡，就在於能不能呈現出先天太極本來面目，能不能在體認到這個本來面目以後進一步操存涵養之，使它完全地實現。如果不能體認這個先天太極，那麼一切的修煉功夫都只是後天的陰陽之氣上的功夫，無論煉得怎麼好，甚至有神通變化，也都只是一種養生的功夫，不是仙家證道的功夫，因為它沒有先天超越性的基礎。但是，要充分地體現這個先天本來人，就要在玄關竅開忽然一覺時，親切地體認到自己的真性，而且要時時涵養保任這個境界。一般人生活中已經習慣於妄想分別，即使偶爾見到了自己的本來面目，也很快地又生起了雜念，錯過了良機。煉丹雖以先天太極為根本，為成仙之真種子，但是在內丹學性命雙修的體系中，太極和陰陽又是緊密配合的，一方面太極真種子要通過真陰真陽的交媾合一中呈現出來，另一方面太極呈現之後，也還要通過周天功法作進火退符、採取溫養等功夫，以先天化後天，實現先天後天的統一，性與命的統一。離開了陰陽的運化，就沒有神通變化的妙用，就偏於空理的一邊，就是修性不修命。在佛學中，常人執著於假名法為實有，而不知一切緣起法皆是性空，所以第一步要從假入空，破除對本空的假名法的執著。但是，除病不除法，除掉的只是人對假名法的執著，而這個緣起法的本身還是要保留的，所以菩薩從空出假，利用緣起法而生起度生的妙用。眾生的假名法是生死之假、執著之假，而菩薩的假名法是空後之假、無執之假。內丹學中太極與陰陽的關係，可以類比於佛學中空與假名法的關係。沒有悟得太極時的陰陽，是後天凡夫的陰陽，而在太極主導下的陰陽，是先天妙用的陰陽。神仙不能只是沉於空寂而不能起用，故煉丹雖以太極為本，而不離陰陽之用。

性命動靜章第二十三

吾師前已抉出動處煉性、靜處煉命的旨，其實性命二字，一而二，二而一者。分言之，混沌中有杳杳冥冥之物為性，人能惟精惟一，允執厥中，即養性也；見生生化化之門為命，人能流戊就己❶，寶精裕氣，即立命也。要之，性命二者，不過由太極之動靜分而出焉者也。夫太極無動靜，而性命之動靜即太極之動靜。太極渾淪磅礴，無思無為，無聲無臭，而究之思為聲臭無一不本乎太極。故曰太極雖無一物，實為天下萬事萬物之根柢也。人能寂而能惺，惺而仍寂，太極在其中矣。太極在中，即生氣在中，大藥大丹亦在其中。故曰：「有物渾成，先天地生。」若無此物，則無生焉。煉丹者，即煉此太極也。成仙作聖，亦無非此物也。此物在人，即「父母生前一點靈」是。修之於身，豈有他妙，只是混混沌沌中無知無動時，忽焉而有知有動，即有無相入，天人合發，玄牝之門，生死之竅。要不過自無而生有，自死而之生，自陰而及陽。乾坤之合撰，日月之合朔，人物之重生，基於此矣。但此陽生，最不易得。太上曰：「天地相合，以降甘露。」必於天地合德，日月合璧，晦盡朔初之際，為時無多，俄頃之間，倏忽之久，非平日煉得有慧劍明鏡者，不能調和水火，亨出陰陽；且非明鏡在胸，不能認得；亦非雄劍在手，不能摘取，直頃刻間事耳。雖然，此頃刻最難得，昔人謂百年三萬六千日，惟此一日，一日惟此一時，一時惟此一息，一息之間，其妙不過一陰一陽之動靜而已。動時固非，靜時亦非，惟在靜極動初，陰純陽始。此際渾渾淪淪，不識不知，氤氤氳氳，如癡如醉，寂然不動，感而遂通天下之故之際。此正坎離交媾，水火適成一氣，乾坤合體，陰陽仍還太初，純是太和在抱，天然自然於虛無窟子之中。倘不及防，即動後天念慮，迥非太極完成之物，不可以為丹。吾竊願爾修士神而明之可也。修行人務須心明如鏡，氣行如泉，如堆金積玉人家，隨其所欲，可以信手而得，然後一陽初動，始能了了明明，可以探囊而取。此時玄關初現，月露庚方，我即運一點真汞以迎之，此二候求藥也，又即前行短之謂也。迨至運汞求鉛，鉛汞混合，收回丹釜，溫養一番。果然氣滿藥靈，天機勃發，自然而然，周身踴躍，外則身如壁立，千仞山高，內則心似寒潭，一輪月淨。即當運行河車，工行四正❷，由微而著，自少而多，天下事莫不如此。此四候有神工，後行長之謂也。然必煉己為先，苟煉己無功，焉能築基？己者何？即本來真性真命是也。惟於靜處煉命，動處煉性，集義生氣，積氣成義，始有陽生之一候。邇時如某生事繁，莫不謂有損靜功，豈知古人煉鉛於塵世，大隱居市廛之道乎？夫道何以修？不過掃除塵垢，獨露真機。生近時意馬心猿拴鎖不住，只為不知榮華美麗，眾人之所慕所爭者，無非勞人草草，世界花花，縱得如願而償，無非一場春夢，轉眼成空。況皆耗精損神，得意之端，即失意之端，快心之處，即築心之處，何如常樂我靜可成千萬年不朽之身。生席豐履厚，素處平安，須知熱鬧場中不是安身立命之處，必修真養性才是我一生安樂窩。倘凡心未除，塵情未斷，一旦置之天上，其美盛之景勝於人間多矣，其不墮落者亦幾希。且此時不能擺脫，以後過關服食，自身內外作祟現怪，諒難看破。又況天魔地魔人魔前來試道，不知此是幻境，往往認為實事，從此打散，半途而廢者多也。故非經一番磨煉，不能長一番見識，非受十分洗滌，不能增十分智慧也。此即諸神磨爾處，正是成爾處。故曰：「十年火候都經過，忽爾天門頂中破。真人出現大神通，從此群仙來相賀。」如此一得永得，一證永證，亦不墮落也。吾願生隨時隨處，不論事之大小順逆，總以慧照長懸，寶刀不釋，斯無處不是學道，即無處不是靜工矣。又況隨時隨處猛奮體認，忽然動中撞破真消息出來，方知道在人倫日用事為之際，上下昭著，實如水流花放，魚躍鳶飛，無在不是天機，不必專打坐也。夫道之不成者，總由煉己無功。生若不於塵市中煉，猶蓮不於汙泥內栽，焉得中通外直、獨現清清如玉者乎？世之修士，不知煉己於塵俗，靜時固能定，一遇事故，不免神馳氣散，貪嗔癡愛紛紛而起，故每當築基之候，行一時半刻之工，幾至爐殘鼎敗，汞走鉛飛，不惟功不能成，性命因之傾喪。如此修士，妄作招凶，古今不勝屈指也。惟能煉之又煉，自然火性不生，水情不濫，以之升降進退，久久自輕如霞舉，和似風調，而丹不難成矣。

【章　旨】太極為煉丹之本，由太極之動靜而分出性命，性命統一於太極。要體認太極，仍須從性命上下功夫，動處煉性，靜處煉命。只有平時煉己功純，才能於陰極陽生、無而生有之時體認到先天太極，並進而行周天功法而採取結丹。

【注　釋】❶流戊就己　丹道術語，即抽鉛添汞、取坎填離。戊，坎中戊土。己，離中己土。❷工行四正　行子、午、卯、酉四正時的功法。四正，指子、午、卯、酉四時，為周天功法中四種主要的火候，子進陽火，午退陰符，卯酉沐浴。

【語　譯】為師在前面的講道中已經剖析出了動處煉性、靜處煉命的確切意義，其實說到性命二字，它們是一而二，二而一的關係。分開來講，則性與命有所不同。在混沌虛無的狀態中有個杳杳冥冥、恍恍惚惚的東西就是性，人如果能夠做到保持純粹專一的精神狀態，不偏不倚持守中道，這就是養性的功夫；在混沌虛無中顯現出生生化化的門戶就是命，人如果能夠取坎填離，愛惜保養精氣使精氣充足，就是立命的功夫。要而言之，性與命這兩者的分別，不過從太極之中一動一靜而分出來的兩個方面，其根源都是太極。從太極本身我們看不到它的動靜，動靜在太極之中只是一種潛在的趨勢，太極的動靜要透過性命的動靜才能體現出來。在太極那裡，一切都是渾渾淪淪無邊無際，沒有思慮沒有造作，沒有形色可見音聲可聞，然而追究起來所有的思慮作為、形色音氣聲沒有一個不是來源於太極的，太極中蘊含有宇宙萬象的無限可能性。所以說太極之中表面上看雖無一物，而實際上太極是天下萬事萬物所得以產生的根源。

我們煉丹也就是要找回我們的先天太極狀態，人如果能夠在寂靜中保持清明的意識，在清明的意識中仍然不離寂靜的狀態，那麼太極就在其中了。太極在其中，也即是生育萬物的元氣在其中，我們煉丹的大藥大丹也就在其中。所以老子說：「有一物渾然天成，先於天地萬物而出現。」這個「物」不是任何具體的事物，而是指太極這個存在物。若沒有太極這個存在物，就沒有萬物的生成。我們所說的煉丹，就是煉這個太極。能夠成仙作聖，也無非是從這個太極中修煉而成的。這個太極落在後天人身上，就是父母未生我們以前的一點靈明。要從人身上去修這個先天之靈，並無其他的玄妙，只是在混混沌沌中無知無動時，忽然間而有知有動，這時就是先天太極、本來面目顯現的契機，這個時候也就是有無相入，天人合發，是先天後天的臨界狀態，這個狀態也就是我們常說的玄牝之門，生死之竅。其要旨不過是從虛無寂靜之境中而生發真陽這個妙有，後天識神死而元神生，從陰極而生陽。天與地相互配合化育萬物，日與月相互配合放射光明，人與物相互依存重現生機，這些也都是建立在這個有無相入、玄牝之門的基礎上。

但這個真陽發生的現象，是最不容易得到的。太上老君說：「天與地相互作用陰陽相合，才能降下甘露。」一定要在我們人體內形成類似於「天地合德，日月合璧」的交合景象，寧靜到極點，如同陰曆月末時沒有一點月光，這時才能陰極生陽，這個真陽顯現的時間很短，也就在俄頃之間，剎那間的一會兒，所以很難把握住這個契機。若不是平日裡修煉有素，握有真氣這把慧劍和真心這臺明鏡的人，就不能調和水火，烹煉出真陰真陽，也就不能通過真陰真陽的交合現出先天太極；而且若非真心朗然如明鏡在胸，即使太極顯現也不能認得出來；要不是真氣充滿如雄劍在手，即使太極真陽發生也不能摘取，為我所用，而這整個陽生、體認和摘取的過程只是一頃刻間的事。雖然時間短，但這一頃刻是最難得到的，過去人們說一百年的三萬六千日當中，也就只有這一日，這一日之中也就只有這一時，這一時之中也只有這一息，就在這一息之間，先天真陽才能發生，而其中的奧妙不過是一陰一陽、一動一靜之間而已。動的時候固然不是先天太極，靜的時候也不是，只有在靜極生動之初，陰極生陽的開始，這個中間臨界狀態才是太極顯現的契機。這個時候也就是渾渾淪淪，不識不知，氤氤氳氳，如癡如醉，寂然不動，感而遂通的時候。此時也正是通過坎離交媾，身心水火恰好融成一氣，乾坤合體，天人合一，後天陰陽仍舊返還於陰陽未分時的太極狀態，純粹是一團太和之氣充滿於身心之中，天然自然地蘊蓄在身心的虛無玄竅之中。這時假使稍微有一點不提防，就容易動起後天的雜念思慮，於是這個先天太極就遭到了破壞，完全不是那個純粹完整的太極了，不可以再用它來煉成大丹。我在心裡暗暗地祝願你們這些修道之士，對這個微妙難言的境界能夠一點就透心領神會。

修行人務必要做到真心朗照猶如明鏡，不為外物所轉，真氣運行猶如泉水，清澈而暢通。神與氣都修到充足自如，這就像家裡堆滿了金銀財寶、珍珠美玉的富貴人家，隨便他想要什麼，都可以信手而得。神氣充實到這個程度，然後一陽初動時，才能神清氣爽，了了分明，可以順手摘取，如探囊取物一般。這時玄關初現，如一彎新月從西南方升起，我們就稍微發送一點真意去迎接它，這個過程相對於一陽初生就稱為二候求藥，也即是丹經中所說的「前行短」。等到我們運送真意之汞去與真陽之鉛相會，真鉛真汞兩相混合，然後收回丹田土釜之中，溫養一番，使之滋養壯大。到一定的時候果然真氣充滿大藥顯靈，就會天機勃發，自然而然地周身踴躍，從外形上來看就表現為身如壁立，如萬丈高山一般充實挺立，而內心則如月照寒潭，清澈朗然。有這個景象就應當運行河車功法，行子午卯酉四正時的火候，漸漸使真陽之氣由微小而顯著，從少量而逐漸增多，這種陰陽週期性的轉變情形是一種普遍的法則，天下事莫不如此。子進陽火，午退陰符，卯酉沐浴，這四種火候有奇妙的調節方法，這個過程也就是丹書中所說的「後行長」。

但是要行陽生採藥之功，一定要先以煉己為基礎，如果煉己沒有一定的功夫基礎，又怎麼能完成築基呢？煉己所說的己是指什麼呢？就是指本來的真性真命。只有在一人獨處的靜時養氣煉命，在待人接物的動處磨煉心性，通過道德善行的培養來積聚正氣，而浩然正氣的積累反過來又有助於培養道德仁義的行為，這樣不斷地積累，才會有陽生的一候。舉例來說，那個時候某某學生俗事繁雜，大家沒有人不說這種情況下有損於靜養靜修的功夫，你們又哪裡知道古人所說的「煉大藥於塵世之中，真正的大隱就居住在市廛之中」的道理呢？修道是怎麼個修法？不過就是掃除心地上的塵垢，顯露出先天的真機。某某學生近一段時間心猿意馬拴鎖不住，還被世上的種種聲色所迷，只因為還沒有悟到一般人所嚮往所渴求的榮華美色，無非是勞人心志的枯草敗葉，不過就如同世界上的各色的花朵，好景不長，縱使如願以償地得到了，也無非是一場春夢，轉眼成空。何況這些榮華美景都耗精傷神，一個人感到得意的時候，也即是失意的開始；使人感到心情快樂的地方，也就是使人生起執著使心受到限制的地方，又怎麼比得上永恆的真我可以永遠享受清靜法樂，可以成就千萬年不朽的生命。某某學生物質生活條件優厚，吃得好穿得好，一向生活在平平安安的環境下，你必須懂得世俗熱鬧場中不是我們安身立命的地方，一定得修真養性才是我們一生真正的安樂窩。倘若你們凡心未除，塵情未斷，一旦把你們置身於天界之上，那天上美妙盛大的景象要遠勝於人間美景，在這種情景之下能夠經得住誘惑而不墮落的人就少而又少了。而且此時不能擺脫凡心塵情，到以後過關服食的時候，自身內的習氣和外面的魔障都會出來作祟現怪，那時諒必難以看破。又何況當天魔地魔人魔等前來考驗你的道行，而你不知道這只是幻境，往往認為是實事，從此打散了元氣，這樣半途而廢的人太多了。所以不經一番磨練，不能長一番見識，不經受十分的心靈洗滌，就不能增長十分的智慧。這就是說天上諸神給你磨練考驗的地方，也正是促使你成長的地方。所以古人有這樣的詩句：「十年火候都經過，忽爾天門頂中破。真人出現大神通，從此群仙來相賀。」像這樣才能一得永得，一證永證，也不會再墮落了。

我希望你們隨時隨處，不論事大事小順境逆境，總要在心中保持智慧的觀照，如寶劍長懸，寶刀不釋，這樣就無處不是學道之時，也就無處不是入靜用功的時候了。又何況能隨時隨處勇猛精進奮力體認，忽然在處事應物的動中撞破玄機現出先天真消息，才知大道原在人倫日用為人處事之際上顯現，上下昭著，明明白白，實在是如同水流花放，魚躍鳶飛，一派天然和諧的氣象，無時無處不是天機，不必只有在打坐時才有道。要說修道之所以不能成功，總是由於在煉己上沒有下功夫。你們如果不在市廛塵勞中修煉，那就好像是蓮花不栽在汙泥之內，這樣怎麼能得到中通外直、出汙泥而不染獨現清清如玉的蓮花呢？世上的修行人，如果不知道在塵俗中煉己修心，那麼在靜時固然能夠定下來，但一遇到生活中出了點事故，就不免神馳氣散，貪瞋癡愛種種煩惱紛紛而起，所以這些人每當到了築基之候，開始行一時半刻的採藥煉丹的功夫，由於在這個關鍵時刻修心不純，妄想紛飛，幾乎要造成爐殘鼎敗，汞走鉛飛的不良後果，不只是丹功不能煉成，而且使性命因此而傾喪，還不如常人不煉功的狀態。這樣自己盲修瞎煉而招來兇險的修煉之士，古往今來數不勝數。只有那些能夠在塵俗中煉之又煉歷經考驗的人，自然可以心平氣和，火性不生，水情不濫，水火既濟，真陽出現，以此真陽之氣升降進退，轉化一身之陰，久久自然一身輕靈如同彩霞升舉，氣血和暢好似風調雨順，如此則大丹不難煉成了。

【研　析】所謂的「動處煉性，靜處煉命」，並不是說動處只是煉性，靜處只是煉命，其實性與命是不能分開的。煉性時，命在其中，煉命時，性在其中。修道之極境，是性命合一，動靜合一，無分性命動靜，時時處處皆是道。所以講「動處煉性，靜處煉命」是有其特定的意義的。動處，也就是在平常生活中為人處事、待人接物的時候，這時如何用功呢？你當然不能在這個時候打坐入定，閉上眼睛一切不管，那樣你就無法面對生活中的事務了。故此時唯有一面正常地處理人和事，從外表看起來與常人沒有什麼兩樣；一面慧觀常存，隨時觀照，保持元神作主，不隨外境而轉，不生妄想。雜念來了，能隨時覺知，歷一切境，而心無動搖。這個修煉的過程不是以靜定為主，而是以心性修養，意識觀照為主，相對來說主要是培養在面對各種具體的生存環境、與不同的人和事打交道時的觀照能力，能夠在一切時一切處常保清醒，不為境轉，所以把它叫做「動處煉性」。但這個動處煉性的過程也與平時的命功修煉有關，而且煉性煉得好自然也就影響修命。靜處，就是指無事獨處時，一個人可以完全靜下來專心修道，這時可以放下萬緣，一念不生，深入大定之中，與虛無道體相融為一。這時是定下來專門做功夫的時候，身體氣脈的轉變、能量的昇華等整個生命的改造工程都靠靜定境界來完成，所以把它叫做「靜中煉命」。但是，煉命靠什麼來煉？誰在煉命？修煉的主體意識、能動意識仍然是根本，任何時候離不開明心見性，離不開真性作主，真意為用，所以煉命本身也還是要通過陰陽交媾、水火相濟來實現，離不開心性的觀照作用，而且明心見性，體認太極虛無一氣，這才是煉命的基礎，這本身就是煉性的過程。因此，說「動處煉性，靜處煉命」是分開說的性與命，是相對地說；而性與命是一而二、二而一的，從根本上說性與命又是不能分開的，它們統一於太極。太極是性命之源，但在太極中，一切都是隱態的、潛在的可能，它是混沌的統一。太極即是混沌的統一，它本身無所謂動與靜，但是它蘊含中有動與靜的可能。太極的動靜不可見，可見的則是太極分化出陰陽與性命以後陰陽性命的動靜，性命的動靜就是太極的動靜的體現，故我們說從太極的動靜而分出性命。太極既分之後，太極即在萬物之中，也在人身之中。

但是人在後天中為物欲我執所拘，人的有意識生活不能及於太極，不能體認到太極，所以才有所謂修道，修道就是修這個太極，體認這個太極，讓太極能有意識地顯現並起作用。這樣修煉的問題就變成：一、如何體認太極？二、如何涵養保持這個先天太極的狀態？黃元吉認為，必須在大靜大定中忽然一覺，從後天契入先天，這時玄關竅開，真陽發生，就在這一瞬間要把握住先天顯現的時機，頓悟自己的本來面目。由此進一步滋養壯大真陽之氣，行周天火候，採藥煉丹。原則上是如此，實際上這裡面則大有文章。這又回到前面說的「動處煉性，靜處煉命」，因為要想在坐上出現真陽發生之景，要想在真陽發生之一瞬間能準確地捕捉到自己的先天太極本來面目，要想在後面的採大藥行周天火候時不出現問題，這些「靜處煉命」都離不開平時的「動處煉性」。黃元吉強調，煉己是煉丹的基礎，心性修養的境界是保證煉丹不出偏差的前提。而要提高心性修養的境界，就不能只是在平安無事的生活中修，而要在世間的大風大浪中修，在各種磨難考驗中修，經歷過人世的風風雨雨，經歷過榮華美色的考驗，這樣才能如汙泥中的蓮花，出汙泥而不染，開出清淨的花朵。要把坐上的修煉與坐下的生活統一起來，經歷過生活的百味而能一切放下，有了一顆不動的金剛心，這樣修道煉丹才能無往而不成。

返本還原章第二十四

天地間一氣蟠旋，發生萬物而已。然一氣之中，有理斯有氣，有氣斯有形，由此形形色色，千變萬化，而莫可紀極也。夫理，即太極也。氣，即陰陽也。形，即五行也。理為人之元性，氣為人之心神，形為人之官骸。官骸一具，則有耳目口鼻之質，即有視聽言動聲音笑貌之為。況往來酬酢，日用百端，從此紛紛起矣。

情欲由是而熾，偽妄自此而生，竟把本來一個圓明物事坐困而不自主。詎知物不累人，人自累物。何也？本來元性，自破鴻濛之後，識神出而用事，不知返觀內照，收斂於無何有之鄉，於是心為情遷，情為物役，不知返本還原，天理滅矣。不然，性也心也情也欲也，昔人所不能無者也，何以聖人借情欲以煉心性而成為聖，凡人以心性逐欲情而至於凡，豈賦畀❶之或殊哉？亦由不知返還之故耳。夫返還亦非難事也，佛云「回頭是岸」，儒曰「克念作聖」，只在一念之間焉。所謂「放下屠刀，立地成佛」者，何其便而易耶！孔子曰：「苟志於仁矣，無惡也。」又曰：「我欲仁，斯仁至矣。」足見一念放肆，即是喪厥❷天真；一念了覺，即是無上菩提。而要不過「洗心退藏於密」而已矣。然洗藏❸之法，不要看難了，猶萬丈樓船，一篙撥轉，即可誕登彼岸。孟子曰：「大人者，不失其赤子之心者也。」夫赤子之心何心乎？當其渾淪未破，一團太極在抱，雖有耳目口鼻，究不流於聲音笑貌之偽、視聽言動之非。至於知覺運用，喜怒哀樂，皆任其天然自然。時而笑也笑之，時而啼也啼之，前無所思，後無所憶，當前亦任天而動，率性以行。如洪鐘之懸，扣之則鳴，不扣則已。一真湛寂，萬象成空。真所謂天真爛漫，如如自如，了了自了者矣。此即聖人之心印也。人能完得赤子之心，雖一時不能遽臻❹無上正等正覺，然始而昏，繼而明，久則大放毫光，與虛空同體，與日月同用。若此者，非由神氣混合而來耶？《心印經》云：「存無守有，回風混合❺。」足見人之不能混合者，多由於明覺心生。古人教人修性煉命，必要混混沌沌，如雞抱卵，隱隱伏藏，若有若無，不識不知，方能採得天地氤和元氣合為一體，始能生出雞雛，依然如母一般❻。由此觀之，人欲修煉，必要死卻明明白白之人心，而後渾淪無跡之道心自然在抱。斯時也，欲不必遏而自遏，理不必存而自存。何也？殆太極未分、鴻濛未判之元氣，有如是耳。生等不知此氣，吾試切近言之。即如日光了照，萬物當陽之時，天朗氣清，此間不見其長，但覺其消。惟於向晦之際，渾渾然煙霧迷離，了不知其所之，此即陰蔭也，日夜之息也，雨露之潤也，所以有向榮之機焉。倘發散而不收斂，則天地亦有時窮。惟能陽以揚之，彰其生生不息之常；陰以蔭之，蓄其化化無窮之氣，然後一開一闔，一收一放，而成此萬古不已之天。人身一小天地，還不是如此一般？至若生等已經衰老，從前發揚太過，滲漏良多，到今猶要日夜退藏，方可延年卻病。不然，如春花之發，不久奄奄欲息矣。吾道所以教人下手先死人心，故曰「由有而無」。此個有者，即後天知覺雜妄之靈也，必死此知覺之心，然後渾然瑩然一真在抱，可得先天無極太極之真。復又教人尋道心，故曰「由無生有」。此殆玄關一竅開時，及時採取，不可稍停片晌，始是至清水源，真正藥物火候。由此蘊蓄久久，即孟子所謂「集義生氣」❼也。從此操持涵養，即孟子所謂「直養無害」也。自是而後日夜無間，焉有不由平旦一點微陽積而至於剛大，以充塞乎天地之間哉？無如今之學人多求速效、期近功，或行工一二月不見長進，以為此非真道，即不耐煩去做，否則以為天上至寶不輕傳於人間，自恨無緣，不得真師拔苦，因此廢弛者不可勝數。又誰知百日築基之語，三年乳哺之法，皆為神老氣旺、氣暢神融者言之，且為私欲淨盡、天理流行者言之。今捫心自問，神氣圓滿未也？欲淨理還未也？未到此境，其何以築基哉？吾說玄關一竅隨時隨處都有，只在一點靈機捷發，猶如捉霧拿雲，憑空而取，不失其候，即顏子「知幾其神」之意也，即吾道「活子陽生，時至神知」之語也。倘先時而知，是未來心；後時而知，是過去心；眼前有一毫思量擬議，即為現在心。著此三心，即為道之障也。三心無著，一塵不染，不謂之神，又誰謂乎？此為真清藥物，自然生清淨法身也。而要不過如天地一年造化，離奇萬狀，無非自冬至一陽之生充之。天地之道尚且由漸，何況乎人塵垢汙染已深，一時難於洗滌，可不由漸而入、自微而著乎？古來大覺金仙莫非由玄關一竅下手，其後百千萬億法身亦由氣機微動，隨採隨煉，積累而成。但此微陽初動，在人多有漠不關心，任其喪失，不知一星之火可以焚山，一涓之水可以成渠。總在人看穿此道，處處提防，在在保護，日積月累，未有不成無上菩提者。此殆天地間第一難事，惟人自造，天亦不拘乎人也。

【章　旨】本章講成聖成凡，只在能否返本還源，復還本具之天理、道心。此返還在一念之間，一念覺悟即可回復本來，回復本來也就是要完得赤子之心。但一念之覺，還要用功涵養，神氣混合，而這個去除後天汙染完全返還先天之性的過程是漸進的，不可指望速成。

【注　釋】❶賦畀　賦予。畀，給。❷喪厥　喪失了他的。厥，他的。❸洗藏　即「洗心退藏於密」的簡寫。❹遽臻　急速地達成。遽，匆忙。❺存無守有二句　存思虛無之神，滋養實有之氣，讓神與氣回歸一處相互混合。無，指神。有，指氣。❻始能生出雞雛二句　才能把雞卵育成小雞，使小雞依然如母雞一樣。這是比喻從先天元氣中孕育出仙胎，而這個仙胎依然是與先天元氣一樣，是返本還源的狀態。❼集義生氣　這是把煉丹中的溫養積聚的過程，比擬為孟子的集義生氣的過程。其實，說兩者的過程有相似之處則可，而其具體的含義是不同的。集義生氣是從道德意識入手，是通過道德行為的培養而使心能有主宰，是通過修心而養氣的過程，這與煉丹中的神氣混合而靜修的過程是不同的。

【語　譯】天地之間雖然氣象萬千，但無非是一氣的演化作用，由一氣的分化組合而生出萬物而已。一氣是總說，但在一氣之中，有理才有氣，有氣才有形，有了理、氣、形三者，由此而有形形色色的事物，有千變萬化的功能，無窮無盡沒有極限。理，就是太極；氣，就是陰陽；形，就是五行。從人的生命來說，理是人的元性，氣為人的心神，形為人的五官百骸。五官百骸一形成，就有耳、目、口、鼻等感官，也就有了視、聽、言、動等聲音笑貌種種行為。何況往來應酬，日常生活中千頭萬緒的事情，從此紛紛都起來了。情欲由此而逐漸地熾盛，虛妄從此而生，竟把本來是圓通無礙靈明不滯的本性之物坐困其中而不能自主自覺，而任由後天的妄想習氣作主了。豈知外物本身並不會拖累人，而是人自己被外物所拖累。為什麼呢？我們生命的本來之性，自從離開了原始混沌的先天境界之後，思慮分別的識神開始出來用事，於是追逐外境，再也不知道返觀內照，把心收斂到超越一切外在對象的無何有之鄉，於是心神為情欲所驅使，情欲為外在的聲色之物所奴役，不知返本還源，回復到先天本性，於是本性天理就泯滅不現了。如果不是這樣，那麼性也好心也好，情也罷欲也罷，這些也都是前人所不能沒有的，那為什麼聖人能透過情欲以鍛煉心性而成為聖人，而凡人卻以心性追逐欲情而成為凡人，這難道是聖人凡人的先天秉賦有什麼不同嗎？其實也就是因為凡人不知道從後天情欲返還於先天本性的緣故罷了。

其實返本還源也不是什麼難事，就如佛祖說的「回頭是岸」，儒家聖人說的「克念作聖」，只是在一念之間能否覺悟而已。正是所謂的「放下屠刀，立地成佛」，這是何等的方便簡易！孔子說：「如果立志於仁，那麼就不會有惡行了」，又說：「我欲仁，這一念欲仁之心就是仁了。」這些都足以表明：一念放縱，即是喪失了天真本性；一念自覺，即是無上菩提。而一念之覺，其關鍵不過是把心清掃乾淨，退藏到先天的虛無之體而已。但是這個「洗心退藏於密」的方法，不要把它看得太難了，就猶如萬丈高的樓船，只要一篙撥轉，就可以登臨到對岸。返還也是如此，只要一念之轉，就能到達覺悟的彼岸。

孟子說過：「所謂的大人，就是不失掉他的赤子之心的人。」那麼這個「赤子之心」是一種什麼樣的心呢？我們看一個初生的嬰兒，他的天真渾淪之境還未被打破，心中一團太極在抱，雖然也有耳目口鼻的存在，但心中沒有妄想，聲音笑貌、視聽言動皆出於自然，終究不流落到裝模作樣的虛假表現之中，也不會落於是非計較之中。至於生活中的知覺運用，喜怒哀樂，都聽其天然，任其自然。時而自然而然地需要笑那麼就笑，時而自然而然地要哭那麼就哭，哭也好，笑也好，在他有這種種表現之前不用思考，表現過後也不會去回憶，當前也只是聽任先天真意而動，順著自然的本性而發出行為。這種行為就如同懸掛著的洪鐘，扣擊它就會發出鐘鳴聲，沒有外來的扣擊它就不發出響聲。只有一個天然的真實本性湛然空寂，萬千物象統統化成空無，對他毫無影響，這種赤子之心的狀態真是所謂的天真爛漫，一切行為如其本來那樣自然而然，一切行為的結束出於本身自然的了結。這種赤子之心就是聖人以心印心、心心相應的本心本性啊。人如果能夠完全地恢復這種赤子之心，雖然一時還不能快速地成就無上大道，但是由此慢慢涵養，開始智慧還處於昏暗之中，繼而則逐漸由暗而明，久久則大放光明，與虛空同為一體，與日月同其作用。像這樣的境界，雖說是由赤子之心所涵養得來，究其實還不是經由神與氣的混合而修來的嗎？正如《心印經》所說的：「存虛無之神養實有之氣，讓神與氣回風混合。」這足以表明人之所以不能神氣混合，多是由於後天的分別意識太強。所以古人教人修性煉命，要求一定要混混沌沌，消除後天分別意識，如母雞抱卵孵小雞一樣，心神隱隱伏藏，若有若無，不識不知，才能採得天地間的溫和元氣與自身的元氣合為一體，這樣才能生出小雞來，使小雞依然如母雞一般模樣。由此看來，人若想修煉大道，必須先要死卻這個明明白白善於分別的後天人心，然後那個渾渾淪淪無形無跡的道心自然得以呈現。當道心顯現出來，這個時候人欲不必勉強地去遏制而自然地得以遏制，天理不必另外去保存而自然得以保存。這是為什麼呢？因為道心顯現時也就是進入了太極狀態，也就是呈現出陰陽未分、鴻濛未判時的先天元氣狀態，這個元氣就有這樣的功效。

你們對這個元氣還不了解，我且試著用貼近生活的淺顯易懂的語言來講解它。太極狀態的元氣本身不可見，它是通過陰陽二氣的交替作用來表現的，我們要在這陰極而陽、陽極而陰的中間狀態下體會把握這個元氣的存在。這就好像在陽光普照，萬物沐浴在陽光下的時候，天朗氣清，在這中間見不到陽氣繼續增長，只能感覺到它在逐漸消退。只是在陽光減弱而向晦陰方向轉化之際，有一種渾渾然煙霧迷離的情形出現，完全不知道它要到哪裡去，這就在元氣的作用下而體現出陰氣的蔭護作用，也就是從白天到夜晚的休息交替，從而有雨露的滋潤，所以才會有萬物欣欣向榮的生機。倘若只是一味的陽氣發散而不收斂，則天地也會有時耗竭窮盡。只有能夠一方面陽氣生發以張揚其活力，彰顯萬物生生不息的普遍法則；同時陰氣滋長以蔭護其生機，積蓄萬物化化無窮的能量氣機，然後一陰一陽，一開一合，一收一放，才能成就萬古永不停息的天地宇宙。人身是一個小天地，還不是和這個大宇宙一樣？至於像你們幾位學生已經衰老，根據陰陽消長的規律，你們從前神氣發揚太過，滲漏太多，到今天尤其要日夜收斂退藏以積蓄神氣，方可卻病延年。要不然的話，就如同春天裡開的花，開完不久就要奄奄一息而凋謝了。

這也就是為什麼我們丹道教人下手用功的方法是先死卻人心，所以說要「由有而無」。這個「有」，就是指我們的後天識神所發出來的種種知覺雜念與妄想，由有而無，就是說一定要死卻這個後天知覺之心，然後我們渾沌自然晶瑩純潔的一點真心顯現出來，可以回復到先天無極太極那個本真的狀態。我們丹道接下來又教人要尋得道心，所以又說要「由無生有」。這裡所說的「無」就是指道心，「有」就是指玄關一竅打開時，所發生的先天真陽，這時要及時採取，不可稍停片刻。道心顯現而沒有後天雜念，這時真陽發生才是最清淨的水源，由此而採取的才是真正的藥物，這才掌握了煉丹的火候。這樣久久地涵養蘊蓄，就是孟子所謂的「集義生氣」。將此真陽之氣操持涵養，就是孟子所謂的「直養無害」。從此以後日夜不間斷地涵養下去，又怎麼不會從清晨時的一點微陽逐漸積累而至於至大至剛，而充塞於天地之間呢？無可奈何的是現今學道的人多求速效，指望短時間內就修煉成功，有的人修行用功了一二個月不見長進，就以為這不是真道，於是就不耐煩再做下去，或者以為大道真諦是天上至寶，不會輕易傳於人間，自恨自己無緣，得不到真師救度拔苦，因此而功夫廢弛的人不可勝數。又有誰知道丹書上一般所講的「百日築基」、「三年乳哺」等說法，都是針對那些元神已老真氣旺盛，周身氣血暢通神氣交融的人而言的，而且是針對那些私欲已經完全去除乾淨因而完全是天理流行的人而言的。如今捫心自問，自己的神氣圓滿了沒有？私欲除盡天理復還了沒有？沒有到這個地步，又怎麼談得上築基呢？

以我的眼光來看，玄關一竅隨時隨處都是有的，關鍵只在於我們的一點靈機能否迅捷而發，這種情形就如同捉霧拿雲一般，憑空而取，不失其機。這也就是顏回所說的：「能知道事物變化一動一靜之間那微妙的消息契機，這就是神的作用」，也就是我們丹道所說的：「活子時一陽發生，那個時候到了只有我們的元神能感知到」。如果玄關竅開的活子時還沒有到就預先知道了，這是一種未來心；如果活子時已經到了然後才知道，這已經是過去心；眼前這一刻有一絲一毫的思考分析和判斷，這就是現在心。只要執著於未來心、過去心和現在心這三種心，就是進入先天大道的障礙。若能不落入這三種心的執著，做到一塵不染，那麼這時候不說是先天真神的狀態，又說它是什麼呢？這時所把握到的陽生才是真清藥物，自然可以生出清淨法身。

這個清淨法身的形成，其關鍵不過如同天地一年的造化，雖然離奇萬狀，無非是從冬至一陽生開始再逐步的積累發展。天地萬物運行變化的法則尚且是由漸漸積累而成變化，何況我們人的後天塵垢汙染已經很深厚了，一時之間難以洗滌乾淨，又怎麼可能不經過漸修而進入修道之門，從微小的成效而一步步地積累成顯著的成效呢？自古以來的大覺金仙沒有不從玄關一竅下手用功的，到最後修成百千萬億化身也是從氣機微動開始，隨採隨煉，一步步地積累而成的。但這個微陽初動的現象，在修行人中多有對此漠不關心，而任由它喪失的，他們不知道星星之火可以燎原，涓涓之水可以匯成渠河。關鍵總在於修道人要看穿修煉的成果皆是積累而成的，對於任何一點微陽初動的情形，都應處處提防，隨時保護，這樣日積月累，沒有不修成無上菩提大道的。但人習慣於向外發散，因此要讓他們處處積聚涵養也是天地間的第一難事，不過能不能把握自己也完全是由人自己造成，上天也不會限制你的自由。

【研　析】第一，理、氣、太極等是宋明理學特別注重的概念，諸大儒對此有各種不同的解釋，就理氣的關係而言，就有理先氣後、理在氣中、理氣一元等種種分辨，而理本身既有萬物具體存在之理的意義，又有統萬物存在之形上之理的意義。黃元吉在講道過程中隨手引用儒釋兩家的說法來闡釋丹道，認為三教合一，同一真理。其實，這只能看成是黃元吉對三家學說所作的一種會通，而並不能代表三家的論述完全是同一義理。在本章中，理是指形上之理，相當於內丹學的「虛」，故說理即太極。而「有理斯有氣」是指從太極到陰陽的演化，因為氣指陰陽之氣，而不是本體之氣。若就一具體事物而言，則此事物本身有理有氣，理為其形式，氣為其質料，此時不可說理與氣有先後。若就本體自身言，從理一邊言之，是先天虛無之神，從氣一邊言之，是先天虛無之氣，此時理氣合一，亦不可言「有理斯有氣」。說理為太極，即是從理一邊說太極，然太極本身無分理與氣，或者說它既是理也是氣，是先天元神之理與先天元氣之氣。從太極到陰陽，從陰陽到五行，這是指內丹學中由先天到後天的演化，是道生萬物的過程。人的生命的形成過程，與宇宙的演化過程是統一的，先天之理為人之元性，陰陽之氣對應於人體則為後天心神。人的生命形成之後，後天感官起作用，接觸外界，追逐外境，情欲日盛，於是整個意識是向外發散的，本性被妄念的浮雲所遮蔽而不能顯現，完全聽任後天識神作主。修道並不是說一定不能接觸外物，一定不能有情有欲，關鍵是我們能不能找到自己真正的主人，以我們的本性作主。這就需要逆觀，意識不再順著外物的方向而追逐對象之物，而是由流溯源，返觀心性之本元，如此則不為外物所累，不為情欲所擾。這就是丹道所說的「返還」、「返本還源」，是由後天返先天的逆向修煉工程。

第二，這個返本還源的修道過程，從一方面說，並非難事；從另一方面說，則並非易事。本章對這兩個方面都作了說明。從並非難事的一方面來說，因為我們的先天本性是我們的本來面目，那是本來就一直存在的狀態，只要一念返照，一念自覺，當下即可回復本來，證得我們的先天本性。但問題在於我們的後天習氣深重，追逐外境已經習慣了，要使此心返觀自覺又談何容易！而要使這個一念自覺而見到的本性狀態能長久相續，打成一片，並以先天轉化後天，徹底轉變我們的後天氣質之性，成就無上的大覺悟大光明，則更非一朝一夕之事，必須經過長期的艱苦修道才行。這就是不易的一方面，所以後面又講不可求速效，而重在積累。玄關一竅隨時都有顯現的可能，但這一契機稍縱即逝，而我們的心不是想過去，就是期待未來，而現在這一刻本身即有無窮的雜念與妄想，在這種胡思亂想的狀態下我們無法體認自己的本有的真性。說修道之易，是從我們的先天可能性上說；說修道之難，是從我們的後天汙染已深上說。說頓悟即得，是從一念覺悟而見性上說；說漸修而成，是從後天習氣汙染的消除上說。

第三，將我們的本心本性形容為「赤子之心」，這是一種象徵、隱喻的方法，這並不意味著修道是回復到嬰兒般的無知無識的狀態，不是混淆了前理性狀態的混沌與超理性狀態的醒覺。赤子之心與覺悟之心有很多相似之處，本章有生動的描述。比如赤子之心是自然的，無選擇的，是沒有前思後想而當下反應的，這些表現與「聖人心印」是相同的。但是這兩者之間仍有本質的不同：赤子之心是不自覺的自然狀態，而聖人心印是一種自覺的自然狀態。如果不能分清這一點，就會使人誤以為道家道教所追求的就是一種原始的混沌狀態。實際上，當我們人已經成長了以後，再回到赤子之心的狀態，這就已經不再是原始的混沌狀態，而是一種超越狀態下的混沌，故由此我們可以連帶地說赤子之心即是聖人心印，即是我們的本性，這也就是說我們所返回去的赤子之心，而不是原始的赤子之心，才是我們的本性的狀態。因為我們已經離開了赤子之心，所以當我們強調赤子之心時，我們所能修成的赤子之心必是超越狀態的赤子之心，而不可能再是原始的赤子之心。由此而簡單地說為：赤子之心即是聖人心印，人能完得赤子之心，即是回復到先天本性。

卷四

了性了命章第一

修煉之事，以陰功德行為本，以操持涵養為要。至若龍虎鉛汞配合之說，殆末務而已。有等愚人不明此個工夫，動謂我修我性，我煉我命，又何俟外修功德以濟人利物為哉？若皆不知「盡性以至於命」之道也。昔孔子告顏子，為仁之端必從視聽言動下手❶，吾道不離這個，又豈外是乎？蓋以制於外者，即所以養乎中也，故目常視善則肝魂安，耳常聽善則腎精固，口常言善則心神寧，鼻常嗅善則肺魄泰，手作善事，足行善地，則脾土常安，而身體亦健❷。惟外之六門不入非禮之事，則內之五臟自有天然元氣。由是再用內養之工蘊蓄五臟元氣，則肝氣化而魂朝元，肺氣化而魄朝元，脾土凝而意朝元，心火旺而神朝元，腎水壯而精朝元。所謂三花聚鼎、五氣朝元而凝成一個法身者，此也。若以多私多詐之人，與之真訣，莫說他修不成，即使得成，亦必傾丹倒鼎，為害不小。所以下手之初，必先外積功，內積德，內外交養，始能潔白精瑩，可以煉而為丹，故初步工夫名為築基❸也。是猶作千仞之臺，先從平地起基，必基址堅固，而後重樓畫閣不患其傾圮焉。論吾門弟子不少，從今看來，還是素行好善之人才有進步。設當年未曾積德，與積德而不真者，皆不能深入吾道也。諸子作工已久，受磨不退，心性何等潔白，精氣何等壯旺，所以得聞吾訣，行之無礙也。吾今特傳真陽一訣。夫煉丹之學，固須養後天之神氣以固色身，尤必養先天之心性以成法身。然色身法身雖有精粗表裡不同，而要不可相離也。無色身，則法身何依？無法身，則色身徒具。凡修行人必先保固後天神氣，然後先天心性可得而修。吾教雖曰煉精化氣，其實氣即心之靈❹也；雖曰煉氣化神，其實神即性之虛❺也。惟能長我精氣，則心靈始見；保我元神，則性真自存。學者到神定氣壯之候，則元氣浩浩，元神躍躍，而吾之本來心性自然洞徹其真諦，由此返還金液之丹不難矣。故築基為了性之事，還丹為了命之工。蓋謂將性以立命，即以虛無之性煉成實有之命，生出百千萬億化身，皆此性之凝結而成，無他道也。諸子明得此理，庶知修煉之道無非成就一個性字而已，且還吾先天一氣而已。知得此氣未有之先，渾然空中，無可分別，既落人身之內，變為陰陽二氣，以生五行幻化之身。我於是將陰陽五行仍凝成一氣，即丹矣。養之久而煉之深，十年之後，必成一個至靈至聖仙子，要無非此元氣結成也，元氣即性也。惟能以一元之神，運一元之氣，道庶幾矣。

【章　旨】本章明積功累行、心性修養是煉丹築基的功夫，只有從眼耳鼻口等感官入手，不入非禮之事，而行善積德，才能五臟之氣得養，五氣朝元。築基就是了性之功，進一步的還丹則是了命之功。還丹要後天與先天相結合，色身與法身並重。

【注　釋】❶為仁之端句　顏回曾經向孔子請教為仁之道，孔子說克己復禮為仁，顏回又問具體的下手方法是什麼，孔子告訴他從視、聽、言、動下手，遵循禮的規範。《論語・顏淵》：「顏淵問仁。子曰：『克己復禮為仁。一日克己復禮，天下歸仁焉。為仁由己，而由人乎哉？』顏淵曰：『請問其目。』子曰：『非禮勿視，非禮勿聽，非禮勿言，非禮勿動。』顏淵曰：『回雖不敏，請事斯語矣！』」❷目常視善則肝魂安等句　肝藏魂，肝發竅於目，故目不妄視而常視善，則能使肝魂安寧。腎藏精，腎發竅於耳，若耳聞淫聲則使腎精動蕩而外洩，故耳常聞善聲則腎精得以保全。心藏神而發竅於口，肺藏魄而發竅於鼻，脾藏意而發竅於四肢，口、鼻、四肢皆能行善而使神、魄、意得以安養，都是同一個道理。五臟分別對應於魂、魄、精、神、意，這是中國古醫學、內丹學等所持的一種功能性、象徵性的理論模型，它將人的精神意識分成五個功能性的部分，而分別與人的五臟相聯繫。其中的「神」是具體的特指的「神」，而不同於廣義上的「神氣」的「神」。另外，五臟又分別與五氣、五行相對應，肝屬木，腎屬水，心屬火，肺屬金，脾屬土。❸初步工夫名為築基　這裡的築基是廣義的築基，包括內外功德的積累和心性的修養，包括明心見性的性功在內，為後面的採藥煉丹的基礎，所以後文說築基為了性之事，還丹為了命之功。狹義的築基則指煉精化氣前的積精累氣的功夫，是在命功意義上的築基。這個層次上的築基本身也是為煉性創造條件。❹氣即心之靈　一般常說「心為氣之靈」，意即心是氣的靈明作用，氣是心的能量載體。此處說「氣即心之靈」，意思是說心氣是統一的，氣之狀態程度如何即反映了心之靈妙程度如何，煉氣即是煉心。❺神即性之虛　一般應說為「性即神之虛」，即神之虛靈無念狀態即人之本性。而此處說「神即性之虛」，意思是說神與性是統一的，神本身的狀態如何即反映了進入虛無之性的程度如何，煉神即是煉性。

【語　譯】修煉這事，是以行善積德的陰功德行作為修煉的根本，以心性的操持神氣的涵養為修煉的要旨。至於如龍虎、鉛汞相互配合等煉丹之說，其實只是修煉的細枝末節而已。有這樣一種愚人不明白這個做功夫的道理，動不動就說我修我自己的性，我煉我自己的命，又何必要等到在外面修功積德以濟人利物以後才能修煉呢？這等人都不懂得《易經》所說的「盡性以至於命」的修煉之道。以前孔子教導他的學生顏回，告訴他最初開始實踐為仁之道必須從視、聽、言、動等基本的日常行為下手用功，我們丹道也不能離開這個基本的原理，又豈能在視、聽、言、動之外而別有用功之處嗎？這個道理就是我們如果能對外在的所見所聞、所言所行方面加以規範檢點，這也就是一種涵養內在心性的方法。所以眼睛常常看和善的景物則肝魂安寧，耳朵常常聽和雅的聲音則腎精堅固，口中常常說慈善的語言則心神寧靜，鼻子常常嗅良善的味道則肺魂和泰，手常用來作善事，腳常常行走在善地上，則脾土之意常常安祥，這樣身體也就會健康。只有當我們外在六處感官之門不進入到不合乎禮節的事物中，那麼體內的五臟自然會有天然元氣。在此基礎上再用內養的功夫蘊蓄積聚五臟中的元氣，則肝木的元氣融化而使肝所藏的魂歸於本元，肺金的元氣融化而肺所藏的魄歸於本元，脾土的元氣凝聚而脾所藏的意歸於本元，心火的元氣旺盛而心所藏的神歸於本元，腎水的元氣壯大而腎所藏的精歸於本元。丹書中所謂的「三花聚鼎」、「五氣朝元」，由此而凝成一個法身，也就是這個道理。

假使對一個多有自私奸詐的人，傳授給他煉丹的真訣，不要說他修不成，即使他勉強得以修成，也必然會使得來的煉丹成果傾倒，使爐鼎倒塌，對他著實為害不小。所以下手用功之初，必須先從外面行善做好事以積累陰功，在內在的心性修養上積累德行，這樣內外配合起來一起修養，才能使一身的精氣神潔白精瑩，可以由此煉而為丹，所以把煉丹之前的初步功夫稱為築基。這就如同建造萬丈高樓，先要從平地上打好基礎，一定要基址堅固，然後建成的重重高樓大廈才不用擔心它會倒塌。要說我門下的弟子也有不少了，從現在看來，還是那些平時一慣好善積德的人修起來才有進步。我們想想當年那些未曾積德，或者是雖也積德但不算真正地積德的人，都只能淺嘗輒止，不能深入到我所傳授的丹道的精微之中。你們這幾位作功夫已有很長時間了，經受磨難也不退卻，心性是何等純潔乾淨，精氣是何等壯旺，所以有機會聽聞到我所傳授的丹訣，且能依訣修行而沒有障礙。

我今天特地給你們傳授關於真陽的丹訣。煉丹之學，固然必須要涵養後天的神氣以鞏固保全我們的色身，但尤其必須要涵養先天的心性以成就我們的法身。不過色身與法身雖然有一精一粗、一表一裡這樣的不同，但重要的是兩者是密切相關、不可相離的。沒有色身，則法身就失去了賴以表現的依據；沒有法身，則色身失去了主宰，徒具形體而沒有意義。凡修行人必須先要保全鞏固後天神氣，然後先天心性才能在此基礎上得以修成。我們丹道的教學中雖然說煉精化氣，其實這並不只是煉氣，這個氣的質量即代表了心的靈明品質；雖然說煉氣化神，其實這並不只是煉神，這個神的狀態即體現了先天本性的虛明。只有能夠增長我們的精氣，則心的靈明才能顯現出來；只有能夠保養我們的元神，則先天本性的真面目自然得以保存。學道者修到後天神定氣壯的這種程度，就會出現元氣浩浩廣大，元神躍躍清明的先天景象，而我們的本來面目先天心性也自然能夠洞徹其真諦，這樣要返還金液之丹就不難了。

所以說築基階段的功夫是完成「了性」的任務，還丹階段是實現「了命」的功夫。這兩個階段結合起來，就是說在了性的基礎上以性來立命，也就是說以虛無之性來煉成實有之命，生出百千萬億化身，這都是從這個虛無之性中凝結而成的，別無其他的方法。諸位明白了這個道理，才會懂得修煉之道無非是成就一個「性」字而已，並且也就是返還我們的先天一氣而已。要知道這個先天一氣在沒有落入到後天人身之前，是渾然存在於虛空之中，無可分別；在落入人身之內以後，就變為陰陽二氣，由陰陽生五行，形成肉體這個幻化之身。修煉則要與這個過程相反，我於是將陰陽五行之氣仍舊凝結成先天一氣，這就是丹了。對先天一氣久久地涵養深深地煉化，十年之後，必能煉成一個至靈至聖的仙子，而這個成仙的核心關鍵無非是由此元氣凝結而成，這個元氣也就是我們的先天本性或元神，元氣與元神是統一的，元氣為能量載體，元神為其靈明主宰。只有能以一元之神運一元之氣，大道就可以煉成了。

【研　析】老子說：「五色令人目盲，五音令人耳聾。」眼耳鼻舌等人的感官是人與外界相接觸的門戶，外面的信息通過感官傳進來，裡面的信息通過感官發出去。因此一個人的心態狀況必然可以通過他的言行舉止表現出來，而他的所見所聞等所接觸到外界的信息也必然會對他的內心產生影響，所以修心養性就要從一個人的視、聽、言、動入手，通過調節感官所接觸的外在對象，來調節內心，來促進相應的五臟之氣的調和。不過，這講的是初步的入門的功夫，究竟而言心才是根本，一切所見所聞等外在感官的對象，之所以會影響我們，還是因為我們在接觸到這些信息時產生了相應的心理活動，起了執著與分別心。如果我們的心真能自主，不隨外境而轉，不為外境所動，則一切外境都是平等而無分別的。到底什麼是目所應視的「善色」？什麼是耳所應聞的「善聲」？這種善與不善的區分也是相對的，如果我們過於執著於這些分別，本身也是一種新的執著。《金剛經》云：「不應住色生心，不應住聲香味觸法生心，應無所住而生其心。」不管是不是善色、善聲等，都應無住，一有住就有限制、有掛礙，我們的心就不能全然地自由。

我們積德行善，也是通過外在的行為來調整自己的內心，去除自己的貪瞋痴等不良習氣。但真正的善行沒有善行相，它只是一種自發的行為，而並沒有覺得自己是在行善，如果以為自己在行善，如果只是為了積功德才去行善，這本身也還是一種功利行為，不是大善。真正的善行是無相的，這樣才能與本心本性相應。總之，我們的心最難把握，也最容易欺騙自己，所以應該在不同的階段善於採取最相應的方法來調整自己，總以明心見性為本。只有不執著於一切的對象之物而回歸於我們的本來面目，才能超越後天的自我執著，與先天虛無大道相應。而心性修養的高境界，才是煉丹的基礎，才是廣義的築基功夫。

依據先天和後天兩者的辯證統一關係，整個修道的工程實際上同時存在兩個方向：一是「煉命而至於性」，相當於傳統內丹學所說的「先命後性」；二是「盡性而至於命」，相當於傳統內丹學上所說的「先性後命」。先命後性，就是通過後天精氣神的修養，而「長我精氣，則心靈始見；保我元神，則性真自存」。由後天之陰陽交媾與平衡而現出先天真陽，由此而明心見性。先性後命，就是在明心見性的基礎上，通過進入先天本性的境界，來涵養元氣，因為「元氣即性」，本性與先天元氣是統一的，養性即是養氣。由先天一氣的涵養積累而成為煉丹之大藥，以先天元氣來轉化後天一身陰滓之物，這是所謂的「築基為了性之事，還丹為了命之工」，明心見性是煉丹了命的基礎。性命先後因輕重緩急而有不同的說法，從緩急一面說，以煉命為急，故是先命後性；從輕重一面說，以煉性為重，故是先性後命。實際是在內丹學中，性命是統一的整體，煉性與煉命乃是整個修煉工程中環環相扣、不可或缺的重要組成部分。

先天之精章第二

吾示玄關一竅，是修道人之根本，學者之先務也。不比中下二乘說竅，有形可指，有名可立。爾等須從混沌又混沌，方有丹藥底本，神仙根基。起初打坐，必浩浩蕩蕩，了了靈靈，遊心於廣漠之鄉，運息於虛空之所。然亦不可專在外也，須似內非內，似外非外❶，庶吾心之氣與天地靈陽之氣通矣。到得神凝息調，忽然恍恍惚惚入於混沌之際，若無著落者然。此即虛極靜篤時也，亦即是安身立命處也。於此忽然一覺，現出我未生以前一點真面目來，完完全全一個太極本體，天地人物與我同根共蒂者。我於此一覺而醒，即以先天一點元陽主宰其間，運起呼吸之神息，招攝歸來，不許一絲半點滲漏。頃刻間氣機蓬蓬勃勃，直覺天地內外一氣流通貫注，到此性地初圓，謂之性陽生。然在後天而論，則為性光見；以先天大道而言，此為精陽❷生。古云「大道冥冥，太極流精，心包元化，氣運洪鈞❸」，此之謂也。有此精生，我惟順其呼吸之常，息其神志之思，收回即放下，放下又收回，即採取先天之精也。於是以此精降入水府之中，以元神勾起，乾宮落下一點元氣回來，即是以精煉而為氣也。若竅初開，即下水府去煉，則為藥嫩不可採。若到蓬勃之氣充周已久，氣機又散，則為藥老不可採。學者多於此少體認，往往空燒空運也。從此精入氣中，火降水裡，再運天然神息，自陰蹺而攝入中宮，與離中之精配合，自然水火既濟，神氣紐結一團。此須知「常守藥爐看火候，但安神息任天然」❹，切不可再向陰蹺問津可也。此為要緊之囑。當其神氣初交，但覺氤氳之氣自湧泉穴一路直上，久久溫養，便覺渾身上下氣欲沖天，此正當運河車時也。我於是以意引導，凝而不散，猶如筒車之中有個定心木，於此安穩，不偏不倚，而車自旋轉不息矣。然人身之氣原是周流不息，又何俟人引導為哉？不知有生後，此竅已蔽塞不通，若不了照而管束之，猶恐遊思雜念參入其中，陽氣當升者不升，陰氣宜降者不降，升降不定，陰陽失常，則天地不交，而萬物不生，適成晦蒙否塞之天也。迨至運之上頂，為歸之極處，即為陰之初生。降至黃庭，歸爐封固，杳無蹤跡，恍如我前此未動未煉之時一般。是為一周。於此又再養之，若有動時又煉，靜而養，動而煉，如此循環不已，基址可築矣。

【章　旨】此章明在先天混沌境界中採得真陽之精，由此而煉精化氣，運轉周天。

【注　釋】❶似內非內二句　心量廣大，一切似在心內，但此心通法界，故非在內；人身有界，而此混沌虛空之境界超出有形之外，故似在外，但此境也不離此身不遺此身，故非在外。此為天人合一之境，既不限於人的身心之內，也不離於身心之外。❷精陽　先天真陽，從先天心性一面說為性陽，從其先天能量之精而言，為精陽。❸大道冥冥四句　大道混沌杳冥而不可見，從無極而太極，太極而陰陽，由此而生育萬物，而太極之精即寓於萬物之中。人心與太極相通，包舉太極根元而運化，元氣運行化育於廣大的宇宙萬物之中。《唱道真言》：「一呼一吸，通乎氣機。一動一靜，同乎造化。回陰陽於一壺之內，羅日月於半黍之中。大道冥冥，太極流精。心包元化，氣運鴻鈞。上朝蒼昊，下掃幽陰。回風混合，百日功靈。」❹常守藥爐看火候二句　《悟真篇》原文：「漫守藥爐看火候，但安神息任天然。群陰剝盡丹成熟，跳出樊籠壽萬年。」

【語　譯】我所指示的玄關一竅，是修道人修行用功的根本所在，也是學道的人首先要搞清楚的問題。這不像中下二乘那樣，所說的玄關一竅有具體形狀、具體部位可以指出來，有確定的名稱、定義可以建立起來。你們必須從混沌而又混沌、混沌到極點的境界中去把握到玄關一竅，方有煉丹大藥的本源，方有修成神仙的根基。

開始打坐的時候，一定要讓心胸氣度浩浩蕩蕩，讓心神意識了了常知靈明不昧，遊心於廣大無垠的境界，運息於無邊無際的虛空之中。但也不可把心專門寄託在外面的虛空中，必須似內非內，似外非外，身心與虛空合一，這樣才能使我們心中之氣與天地靈陽之氣相通。等到已經達成神凝息調的功夫程度，忽然之間恍恍惚惚進入到混沌杳冥的狀態，好像身心一下子沒有了著落一樣。這即是虛極靜篤的時候，這個境界也即是我們安身立命之處。在這個狀態忽然一覺，顯現出我們未生以前的一點真面目，這個真面目沒有一點後天的雜染，完完全全是一個太極本體的狀態，是天地人物與我們同根共蒂的本源之境。我們在這個狀態中一覺而醒，即以先天一點元陽在其中起主導的作用，運起先天呼吸的神息與之相配合，把先天一點元陽招攝歸來，不允許有一絲半點的滲漏。頃刻之間氣機發展壯大，蓬蓬勃勃，簡直就覺得天地內外都由一氣流通貫注，到這個程度我們的本性初步得以圓滿地呈現，因此把它稱為「性陽生」。但從後天的眼光來看，則是屬於先天本性之光顯現；而從先天大道的眼光來看，這是屬於能量之精的發生，稱為「精陽生」。《唱道真言》中說「大道冥冥，太極流精，心包元化，氣運洪鈞」，正是表達了這個現象。

有了這個先天元精的發生以後，我們此時只要順著呼吸固有的和諧韻律，停息後天識神意志的分別思慮，先天元精一收回採取的意念就放下，意念放下後先天元精一生又把它收回，這就是採取先天之精的方法。於是把這個先天元精下降入於丹田水府之中，再以元神把它勾起，然後從頭頂乾宮落下一點元氣回來，這就是把元精煉化而成為元氣了。如果玄關竅初開，沒有經過採取積聚先天元精的過程就下降到丹田水府去煉精，則屬於藥氣太嫩而不可採煉。學道的人大多對於這一點少有體認，往往空燒空運。如果等到蓬勃之氣充周一身時間已久，那麼氣機又散了，這種情況屬於藥氣太老而不可採煉。元精化為元氣，從此元精化入元氣之中，元神之火下降到丹田水府裡，再運起天然自然的神息，將元氣自陰蹺而攝入中宮，與離宮中的心精相配合，自然水火既濟，神氣紐結成一團。此時必須知道如《悟真篇》所說的那樣：「常守藥爐看火候，但安神息任天然」，即是神氣相守，順其自然，切不可再向陰蹺處採取提攝就可以了。這是我要交代給你們的最要緊的地方。

當神氣初交的時候，只覺得氤氳之氣從下面的湧泉穴起一路直上，再經久久溫養，便覺得渾身上下真氣瀰滿，直往頭頂上沖，這時就正是運轉河車的時候。我於是以真意加以引導，使這股真氣凝而不散，這個真意的作用就如同是抽水的筒車之中有個連接擋板的定心木，有了這個定心木整個滾軸於是就安穩了，不偏不倚，而水車自然可以旋轉不息了。然而人身中的氣原本就是循環周流運轉不息的，又何必要靠人為地用意去引導其運行呢？問題在於這是只知其一不知其二，不知道在有了後天的生命之後，人的思慮欲望等不良習氣早已破壞了先天的氣血運行軌道，身上的穴竅氣脈已經蔽塞不通，若不用真意了照而對真氣運行加以管束導引，就恐怕各種遊思雜念參入其中，使陽氣應當上升的不能上升，陰氣適宜下降的不能下降，這樣升降不定，陰陽失常，則天地不能相交，而萬物不能生長，正好成了蒙卦否卦所代表的晦暗閉塞的天象。等到元氣已經運轉到頭頂上泥丸宮，這是元氣上升到極點，隨即將要下降，這就是陽極而生陰，即是陰之初生的情形。下降至黃庭中丹田，此時元氣歸爐，封固溫養，又回復到混沌杳冥之境，氣機杳無蹤跡，這時又恍如我們前面真陽未動未煉的時候一般。這個過程就是一個河車運轉的週期。在此基礎上又再涵養蘊蓄，如果真陽再有發動時又再採煉，氣機靜時即涵養，氣機動時即採煉，就這樣循環不已，煉丹的基礎就可建立起來了。

【研　析】有形之竅，都屬於後天色身上的事，而玄關一竅，則為後天返先天的狀態，不離色身而通於法身。故欲現玄關一竅，必須入於混沌，混沌就是先天與後天合一的狀態，心不執於後天有形之物而繫心於廣大的虛空。雖遊心於虛空但又不離於身心，故非外；雖不離於身心而又不局限於身心，故非內。此是天人相通之境，似內非內，似外非外，這樣才能心內之元氣與天地之元氣相通為一。於此混沌之中忽然一覺，這個空無的覺知性即是我們的先天本來面目，回到這個先天本來面目，既是本性顯現，也是真陽發生之時，也是先天元精生發之時。由此煉精化氣，運轉河車，即是以性而立命，以先天而化後天的功夫。本來，最上一乘先天大道，可不必用後天有為之功，以見性合道為徹上徹下的功夫，直接煉神還虛。但由於後天染汙已深，全身氣脈不通，各種雜念妄想不易消除，故須以有為功夫而作對治，以真意引導管束，而有周天河車之法。靜時涵養，動時採煉，煉之又煉，循環不已，這樣才能完成築基，可以身心一體，神氣雙全，而返還於先天太極之體。

玄關多端章第三

夫玄關一竅，是先天混元一氣之玄關，了無聲臭可捫，色相可見，此為最上上乘煉虛一著天機，從古仙子鮮有下手之時即得悟入此際者。若論玄關，不止一端❶，如煉精化氣之時，則有精生之玄關，煉氣化神之時，則有氣動之玄關。此等處亦不可不明。何謂精生之玄關？如下手打坐，即便凝神調息，到得恍惚之間，神已凝之，息已調了，斯時一點真精即藏於陰蹺一穴之處。我從混沌一覺，急忙攝取陰蹺之氣❷歸於中黃正位，與離中久積陰精煆煉為一。斯亦有藥嫩藥老之說。何謂嫩？如未混沌，斯為無藥。若已混沌，未能使神氣融和，混化為一，即便去陰蹺採取，斯為藥嫩，不堪入煉。若混沌一覺，我不能辨認清白、即時提攝，待至一覺之後又復覺及他事，一動之後又復動而外馳，斯為藥老，更不可用。若氣陽生，藥物之老嫩又在何時？蓋從此精生，攝之而歸，與我離宮靈液兩相配合，斯時神入氣中，氣周神外，其始神與氣猶有時合時分之狀，不能合為一區——神即離宮之神火，氣即坎中之神水——迨至神與氣融成一片，宛轉於丹田中，悠揚活潑，吾身靈氣與天地外來之陽氣不覺合而為一，此即氣陽生，玄牝現象，所謂「天地相合，以降甘露」，露即外來靈陽之氣是。此時須從混沌中一覺，方是水源至清，不染纖塵，於此採取，斯為二分火煉二分新嫩之水，正是藥苗新生，又謂「離噴玉蕊，坎吐金英」，是二家交媾而成丹。否則，未能大靜，無以為大定也。若未到玄牝大交而採，是為藥嫩。既已大交，猶不急採，則新生之靈氣已散，是為藥老不堪用。吾再示一捷法：能混沌固佳，如不能混沌，只要自家綿綿密密，寂照同歸，恍惚之而有象，杳冥之而有知，不起一明覺心，兩兩會萃，和暢不分，又復見吾身之氣與外來之氣，氤氤氳氳，蓬蓬勃勃，周身踴躍，蘇軟快樂。此正當其時也，急運河車，大丹在指顧間矣。

【章　旨】本章說明玄關有多端，並具體講解了精生之玄關和氣動之玄關。

【注　釋】❶若論玄關二句　玄關即是指陽生的契機、機關，是一種臨界狀態，陽生有種種情況，故玄關也有種種不同。身心之間的相互作用，天人之間的相互作用，皆有玄關。有後天之玄關，有先天之玄關，有精生之玄關，有氣生之玄關，故玄關多端，身心的變化處處有玄關。玄關一竅，則是專指契入先天之玄關，是後天返先天的臨界狀態。❷陰蹺之氣　精、氣、神屬於不同層級的系列，但又可以相互轉化，因此它們是相通的，只是精粗有別。所以「氣」本身就有多重層次，有精一層次的氣，簡稱精氣，有神一層次的氣，即是神氣，有虛一層次的氣，即是先天虛無之氣。本處「陰蹺之氣」實際上是指陰蹺穴中的精氣。

【語　譯】我們說的玄關一竅，是指接通先天混元一氣時的玄關，這個玄關了無一點聲音香臭可以聞到，也沒有色相可見，它不能作為一個有形有象的對象為我們所感知到，這個玄關是最上上乘煉虛合道的天機，自古以來學道修仙的人很少有一開始下手用功時就能夠領悟體驗到這個境界的。除了這個最上上乘的玄關一竅外，若論一般意義上的玄關，則不止一端，比如在煉精化氣的時候，則有精生時的玄關，煉氣化神的時候，則有氣動時的玄關。對於這幾種意義上的玄關，我們在修道過程中也不可不明。

什麼叫做精生時的玄關？比如下手打坐，即開始做凝神調息的功夫，煉到一定的程度，在恍惚之間，神已凝定不散，息已調和了，這時一點真精即藏於陰蹺穴附近那個地方。真精一動，我從混沌中一覺，這就是精生時的玄關，此時急忙以真意攝取陰蹺穴中的精氣使它歸於中黃正位，與離宮中久積的陰精鍛煉為一，這就屬於精生時玄關一動即採煉藥物。這個藥物隨採取的火候不同，也有藥嫩藥老的說法。什麼是藥嫩的情形？

如果沒有入於混沌之境，這種狀態下就屬於無藥可採。如果已入於混沌，但還未能使神氣融和，混化為一，身心還未融通條暢，真精也沒有自然顯發，這時就去陰蹺穴採取真精，這種情況就屬於藥嫩，還沒有到足夠的火候，不堪作為真藥而採煉。如果在混沌之中忽然一覺，真精發生，而我此時不能辨認清楚，不能即時提攝採煉，等到這一覺之後又重新覺及他事，玄關一動之後又再動而外馳散失，這種情況就屬於藥老，因真精已失，就更不可用為藥物了。

至於煉氣化神時，氣動陽生之時，就是氣動之玄關，這時藥物的老嫩又分別表現在什麼時候呢？我們還是從上面所說的煉精化氣說起。精生以後，把它攝取回歸於中宮，與我離宮中的靈液兩相配合，此時神入氣中，氣周神外，開始時神與氣還有時合時分的狀況，不能完全地合為一團——這裡說的神即是離宮的神火，氣即是坎中的神水——等到神與氣融成一片，宛轉於丹田中，悠揚活潑，自身靈氣與天地外來的陽氣不覺合而為一，這就是氣動陽生，也就是氣動時的玄關顯現出來了，這種情形正是所謂的「天地相合，以降甘露」，甘露就是指外來的靈陽之氣。此時須從混沌中一覺，這個先天之覺才是水源至清，不染纖塵，這時採取，才正好是二分火煉二分新嫩之水，玄關初動也正是藥苗新生，這種狀況又稱為「離噴玉蕊，坎吐金英」，離中神火與坎中神水二家交媾而成丹。否則，未能大靜，也就無法入於大定。不入大定也就不能使神氣相融而玄牝現象，若未到玄關大現而採煉，這時還沒有到氣動陽生之時，這就屬於藥嫩的情況。等到玄關已經大開，陽生之後還不趕緊採取，則新生的靈陽之氣又已散失了，這就屬於藥老不堪用的情況。

藥物的老嫩似乎不好把握，我再給你們指示一個更簡捷的方法：若能入於混沌狀態固然是好事，如果一時不能入於混沌狀態，只要自家能綿綿密密地觀照，雖觀照而能保持寂靜，在寂靜中觀照，恍惚之中而有氣機之象，杳冥之時而有意識之知，對此不另起一個分別心，而是讓神氣兩兩相會成一團，和暢不分，另外又體驗到自身之氣與外來之氣相通為一，氤氳氤氳，蓬蓬勃勃，周身踴躍，有一種蘇軟快樂的感受。這也正是陽生採取的時候，可以立即運轉河車，行周天火候，大丹在彈指間可以煉成了。

【研析】煉丹過程中，有不同層次的陰陽交媾，也就有不同層次的陽生藥產之時，也就有種種不同層次的玄關現象。陰陽交媾，總歸不離混沌之境，混沌之境才有性命、神氣的交融，才有天人之感應相通，有神氣之交融、天人之相通才有陽生藥產之景象出現。採藥煉丹，本身又是更高層面上的神氣相互作用、相互合一。採取之神應是先天元神，所採取的藥物應是玄關初動時不老不嫩的藥物。藥嫩指藥氣不足，尚未到陽生之時；藥老指陽生已過，而藥氣已散。

一竅之妙章第四

古云：「一孔玄關竅，乾坤共合成。中藏神氣穴，內有坎離精。」❶夫人未生以前，此個元真之氣原自懸於太虛，鋪天蓋地，究竟莫可端倪。迨父精母血兩神相搏，此個鼎爐一立，其中一個竅隧容受天地元真一氣，此即竅中竅，又謂竅中妙是。是正佛謂「涅槃妙心」，道謂「玄牝之門」，「天地之根」，儒謂「成性存存，道義之門」。❷要之，只此一竅之妙而已。及有生後，為塵緣所染，為習俗所移，此竅已窒，此妙又不知歸於何處。縱有時竅開，出於不容已，發於不自知，明明現出一輪新月，恰是如來真面，而無如塵根俗氣逐日增長，一霎時又不知消歸何有。所謂小人不能無仁心，只旋生旋滅，無有一眼窺定、一手捏定而不失其機者。吾今道破，總要知神氣混合丹田中，有融融洩洩、清淨無為之妙，即是竅中發現真實色相❸，可以超生死、脫輪迴、成仙登聖之種子。然而一陽初動，其機甚微，其氣尚嫩，杳無端倪可以捉摸得，爾等又將何以用工哉？必先煉去己私，使此心遊太虛，氣貫於穆，空洞無邊，才算妙手。蓋以此竅本虛，以虛合虛，是為同類易相親。若於此身竅隧死死執著，不惟此中神妙不現，而竅隧早為之錮蔽而不通。生等欲竅中生機活潑，元神靈動，又離不得先將神氣二者會萃一家，所謂「先立匡廓」，又謂「立槖籥」是。夫匡廓者何？即神氣交，又即爐鼎立是也。爐鼎一立，然後再以陰陽神火慢慢烹煎，忽焉神融氣暢，入於恍惚杳冥。此即竅中生氣入之時也，又即世人所謂健忘是也。不是空空神氣之交，而有一點清淨神丹在內。古云：「心者，萬事之樞紐，必須忘之而後覓之。」忘者，忘其妄心也。覓者，覓其真心也。真心之見，必從忘後而乃見。生等能於此辨白得清，又何患真藥之不生，而靈胎之不結也哉？此的的真傳，從古仙真少有道出這個妙諦。吾念生學道心苦，故將此玄機指出，以後方有把握。至於真陽一動，大有氣機可憑。漫說天地人物不知誰何，就是我五官百骸，到此氤氳蓬勃運行於一身內外，恍如雲霧中行、清虛中坐，所謂忘忘是。然忘忘又不能盡其狀也，不知此氣此神從何而有，於何而生，但覺天地之大、日月之明，皆不足擬其分量，我自有一重天地，兩輪日月，不與凡人同此天地日月也。此是杳杳冥冥真景，亦即自家玄竅生氣特地現出其狀。生等打坐，若得這個竅開，又見這個妙相，即是真陽大現，可以運行河車。未到此景，猶恐鼎無真種，妄行水火，反將陰氣追逐陽氣，而日見陽消陰長。到得後來全是一派陰邪之私用事，或知未來事，或見虛室光。不知者以為得丹成聖，又誰知人身不陰即陽，非陽即陰，陰氣滋長，還不是烹煉陽氣一般？到得陽逐日退，陰逐日進，還不是與陽神生發一樣，俱由積累而成。何也？夫人未經修煉，陰陽兩相和平，又自兩兩分開，猶之主賓皆弱，俱不能鬥；及日積月累，陰氣亦成其門戶，還不是大有氣機、令人不可測度者？吾今將此陰氣累積成一個陰鬼❹說出，使知陰陽之分只一間耳，下手不可不慎也。然此語千古聖真未有道及，吾今不惜洩漏之咎，特為指出。生等務要隱口藏舌，庶乎尊師重道矣。

【章　旨】本章論述玄關一竅的妙用，契悟玄竅的下手方法及不同程度下陽生採藥的火候，並談到妄行水火而積陰成為陰鬼的偏差。

【注　釋】❶一孔玄關竅四句　玄關竅不是身中有形之竅，乃無形無象、不可見不可指的虛無一竅，是乾坤陰陽二氣相合于虛空而成者。此竅中凝結神氣於其內，所以說內中藏有神氣穴。神為陽中之陰，象離；氣為陰中之陽，象坎，故身中之神氣，即坎離之精。張伯端《金丹四百字》：「藥物生玄竅，火候發陽爐。龍虎交會罷，金鼎產玄珠。此竅非凡竅，乾坤共合成。名為神氣穴，內有坎離精。」❷成性存存二句　天所賦予人而成為人之性，不斷地保存這一天賦之性，就是進入道義的門戶。

《周易・繫辭傳》：「《易》其至矣乎！夫《易》，聖人所以崇德而廣業也。知崇禮卑，崇效天，卑法地。天地設位而《易》行乎其中矣！成性存存，道義之門。」❸真實色相　玄竅無相可尋，但可以從神氣混合所出現的融融洩洩、清淨無為的感受中，捕捉到玄竅發生的真實景象，稱之為真實色相，實現上不是指有形之象，而是說有一種真實的憑據、表現。❹陰氣累積成一個陰鬼　丹道所重在煉成陽神，此種語境中陰陽是對立的、相反的兩種力量或境界，陽代表先天、清淨、正向的能量，陰代表後天、染汙、負向的能量，既然煉陽可積聚成陽神之仙，那麼它的反面就是積陰而成為陰鬼。

【語譯】古人說：「玄關一竅，是由乾坤陰陽一起合成的。玄關竅是棲藏元神元氣的穴竅，裡面有代表真陰真陽的坎離之精。」以人來說，未生以前，這個元真之氣原本是自懸在無邊無際的太空之中，它的存在形式是鋪天蓋地、彌綸一切的，究竟來說沒有任何可供人辨識的形跡可言。等到父親的精與母親的卵兩種帶有生命信息的物質交媾成為一團時，這個新生命的「鼎爐」一立，其中就形成一個無形的穴竅，容納承受天地元真一氣。人身本身是一個竅，容受元真之氣的玄竅又是一個竅，因此這個玄關一竅就叫做竅中竅，因其玄妙作用而又被稱為竅中妙。這個元真之氣也正是佛家所謂的「涅槃妙心」，道家所謂的「玄牝之門」、「天地之根」，儒家所謂的「成性存存，道義之門」。總而言之儒道佛三家所說，關鍵都在這代表元真一氣的玄關一竅的妙用而已。但等到人有了後天的生命以後，便被世間事務塵緣所汙染，被種種紛亂的世俗習氣所轉移，這個先天之竅便已滯塞不通了，先天元真之氣的妙用也不知道到哪裡去了。縱使有時這個玄竅偶爾也會打開，但這種玄關竅開的現象，出自於無法控制把握的情形，發自於人的不自覺、不自知的無意識狀態，這時明明現出了一輪新月，正是先天本來真面目出現，而無奈塵根俗氣逐日增長積累太厚，遮蔽了自己的真性，本來面目現前也不能體認到，一剎那間這個先天境界又不知道消失到什麼地方去了。這正如前人所說的，最庸俗的小人也不能沒有仁心，不過這種仁心一生起隨即又消失，沒有人能一眼就看準，不失時機，一下子就牢牢把握住它。那麼仁心生起又如何把握呢？我今天給你們道破其中的訣竅。總要知道，將神與氣混合在丹田中，當進入融融洩洩、清淨無為那種美妙之境時，也就是玄竅顯現的真實狀況與憑據，能把握住玄關一竅，就是可以超脫生死輪迴而能成仙證聖的真種子。

然而，當這先天真元之氣初動的時候，它的氣機很微弱，真氣也很稚嫩，幾乎沒有一點端倪可以使人捉摸得到，在這種情況下你們將從何處下手去用功呢？必須先修煉除去自己的私心雜念，使我們的心遊於太虛之中，使氣融貫於廣漠虛無的太空，讓身心處於空洞無邊的境界，這才算得上修道用功的妙手。為什麼呢？因為這個玄竅本是虛的，以身心處於虛無之境，就是以虛合虛，這就容易使玄竅顯現，這種情形就屬於同類易相親的現象。如果從身上找出一個有形的竅穴來死死地守著，不但說這個玄關竅不會顯現，而且會因我們的執著，又使這個竅穴早就滯塞不通了。你們要想使玄關竅中生機活潑，元神靈動，又離不開先將神氣二者會聚成一團，這就是所謂的「先立匡廓」，又叫做「立橐籥」。這個「匡廓」是指什麼呢？就是指神氣交合，也就是建立煉丹的「爐鼎」。爐鼎一立，然後再配合呼吸的作用以陰陽神火慢慢烹煉，忽然間神融氣揚，進入到恍惚杳冥的境界，這就是玄竅中生出先天之氣的時候了。這種恍惚杳冥狀態，也就是世人所說的健忘。它是主動自覺達到的一種忘，不是無意識的病態的忘，不是沒有真實憑據的那種空空的神氣之交，而是有由先天真氣所凝結而成的一點清淨神丹在內。古人說：「我們的心，是萬事萬物意義生發的樞紐，必須先忘掉它然後才能尋覓到它。」這個忘心是指忘掉後天的妄心，這個覓心是指覓得先天的真心。真心的顯現，必須從忘掉妄心後才能顯現出來。你們能在這一點上辨別體認得清楚，又何必擔心真藥不能生發、靈胎不能凝結呢？這是的的確確的真傳，自古以來的仙真們很少有說出這個妙諦的。我念你們學道用心良苦，所以才將這些奧妙玄機給你們指出來，使你們在以後的修煉中才有把握。

至於到了真陽一動之時，從氣機上就大有憑據可以看出來。當真陽一動的氣機出現時，莫說身外的天地人物的分別不存在了，就是自己的五官百骸，也因為氤氳蓬勃的氣機運行於一身內外，毫無阻礙，使自己好像置身於一團雲霧之中，渾然如在虛空中坐，感覺不到肉體的存在。前人形容這個狀態，稱之為「忘忘」，就是連忘也忘了。但是說「忘忘」也還是不能完全形容此時的狀態，不知道此氣此神從哪裡來的，又憑什麼而生。只覺得天地不足以形容它的浩大，日月不足以比喻它的光明，此時在我們生命之中自有一重天地、兩輪日月，然而這種天地、日月是煉功中內在的境界感受，不是與普通沒有修煉的人一起所共有的。這就是杳杳冥冥的真實景象，也就是自家玄竅所生的真陽之氣所特地顯現出來的這種狀態。你們打坐，若得到了這個玄關竅開的消息，又體驗到如上所說的奇妙景象，那就是真陽大現了，可以進行河車運轉的周天採取功法。

如果還沒有達到這種情況，就表明身心這個爐鼎中還未產生煉丹的真種子。這時若盲目地運行水火，空採空煉，反而是以身中陰氣去驅趕陽氣，因而使得陰氣日長而陽氣日消。時間久了，到後來身中就全是一腔邪私陰氣用事。造成的結果就是，有的會出現預知未來的功能，有的能在暗室中看見光明，不明其理還以為是得丹成聖的效驗，又哪裡知道這只是自身陰氣積累所造成的，人身中就是陰陽二氣，而修煉的過程，不是煉陽而消陰，就是煉陰而消陽，陰氣的滋長的情形，還不是跟烹煉陽氣的原理一樣？等到陽氣一天天地消退，陰氣一天天地增長，這種情況還不是與煉陽時陽神生發的原理一樣，都是由逐漸積累而成。為什麼有這種情況出現呢？這是因為一個沒有經過修煉的人，他身中的陰陽兩者互相平衡，和平共處，同時陰陽兩者又是相對獨立各自分開的，就如同主人與賓客兩者都是弱者，誰也鬥不過誰；但修煉中誤煉陰氣的人就不一樣了，陰氣日積月累的增長下去，陰氣也就自成門戶，到一定的時候還不是和陽氣積累一樣也大有氣機，有令人不可測度的勢力。我今天將這種陰氣經過修煉累積成一個陰鬼的偏差說出來，以便使大家知道，煉陰煉陽的分別只在一線之間，下手煉功時不可不警惕。然而這些話自古以來的仙真們沒有說出來過，我今天不惜背上洩露天機的罪過，特地為大家說明。希望你們只是各自知道就行了，務必要隱口藏舌，不要再對外人洩露，這也算是尊師重道了。

【研　析】道書中對玄關一竅的說明，總是雲裡霧裡，不肯直指。本章中從生命的形成講到容受先天一氣的一個玄竅，這個即是玄關一竅，也即是先天一氣落入後天生命以後，先天一氣在人身中的體現，也可說是後天人身中的先天一氣的所在，進一步擴展來說也就是人的先天本來面目。所謂的玄關竅開，實即是先天本來面目顯現，也就是從後天進入先天的門戶打開了。先天本來面目是無形無象的，所以這個玄關一竅也就不可能是一個有形的具體的人體所在，它也是虛的。人的先天本性雖為後天習氣所遮蔽，但它既然是人的本性，它就總有顯現的時候，只不過未經修煉的人，因為他只習慣於生活在後天的妄想之中，他無法在本性顯現的時候能夠體認它、把握它。要使玄關竅開，只有以虛合虛，以身心之虛無而相應於先天之虛無。這就要通過神氣相交，真陰真陽交媾合一，從後天返先天，現出太極之體。而要入虛無之境，則必須忘後天妄心而入先天真心。玄關一竅、本來面目，從心的一面講，是真心，是元神；從氣的一面講，是真元之氣、先天一氣。兩者是二而一、一而二的事。故玄關竅開，從心的一面講是先天本性呈現，從氣的一面講即是陽生之活子時，即是採藥煉丹之火候關鍵。真陽一動，渾不知天地人物，身心都融化於太虛，大有氣機，可感可知，此即運行河車之時。黃元吉在本章特地指出，如果火候不到，妄行水火，可能會適得其反，本來是要煉陰成陽而成為陽神之仙，但反而成為陰長陽消而積聚成陰鬼。人體中陰陽兩種力量，在常人身上是平衡的，修煉人以先天之陽消除轉化後天之陰，而成為先天純陽之仙。可是若方法不對，則反而增長人身後天之陰而使先天之陽減弱，其極端後果則是成為純陰之陰鬼，這在原理上是講得通的。不過，我們須注意，在這個意義上講的陰和陽，不是哲理上陰陽對稱的普遍意義上的陰和陽。在同一層次上的陰陽，總是相對而有的，一方離不開另一方，否則孤陰寡陽，不成變化。因而，煉丹所成的陽神與陰鬼，這不是指同一層次的哲理上的陰陽，而是帶有價值規範意義的不同境界的陰與陽。這時陽代表先天，代表清淨的元神用事，代表正向的生命力；陰代表後天，代表染汙的識神用事，代表負向的生命力。

本來面目章第五

修丹別無他妙，第一要認得自家本來面目。此個本來面目，亦豈有他？猶如皓月當空，團團欒欒，不偏不倚，九州萬國無一不在照臨之中，此即先天真面目，即心即性❶，即性即佛，無二致也。學者於靜定之時，忽然覺得我心光光明明，不沾不脫，無量無邊，而實一無所有，此即明心見性，實實得先天面目也。但初見此景，不免自驚自喜，生一後天凡心，而先天渾淪之元神卻又因此凡心打散。知否？示生一法：大凡打坐習靜，若有個渾然與天地同體之意在我懷抱，不妨再定再靜，縱有念起，我總總一個不理他，那知覺心、驚訝心、喜幸心一概自無。再者爾生於靜久時，忽入大乘，雖見真性本體，要不過瞥爾回光，還要多多調習，久久溫養，使此心此性實實入我定中，還我家故物，無所喜，亦無所驚。如此久煉，始能返本還原，歸根復命。生等已見性源，亦不容易，已苦十餘年矣。從此靜之又靜，定而又定，實實此身渾如懶惰之人，坐在榻上，不愛起居，不思飲食之象，自然日新月盛，大藥自生。更還要把我氣息養得無出無入，自自然然，不似前此費力，即入大覺之班。所慮者，恐生等各為身家謀衣食，不免與紅塵俱滾。吾不早來拔度，恐生等溺而不起，把從前一片苦心竟自拋棄，良可惜也。今照樣修持，矢志彌堅，還要不得三兩年，只須幾月都可有得。知否？如此即是得道❷，即是成真。不是得道有個得處，成真有個成法。萬望生等走千里程，只差一里，切勿不見其家又返轉去。況已明明窺見家園近在咫尺，吾所以早來指點，免生退避。過了此關，才算有道，否則猶是凡夫也。

【章　旨】本章再講明心見性的境界，以及現出本來面目之後的保任涵養功夫。

【注　釋】❶即心即性　性是先天本性，人人本具的真面目，是屬於超越層的；心是人的能動的意識心，是經驗層的，它既可能成為後天的虛妄分別心，也可能返觀而與先天本性合一成為真心。當人證悟自己的本來面目，此時的心是真心，這個真心也即是本性的作用，故說即心即性。這即是後天返先天，子母相會，即存有即活動，性不只是超越的性而成為能動的心，心不只是後天的經驗心而相應於本性成為真心的妙用。❷如此即是得道　即心即性，即性即道，回到先天本性的境界就是得道，並不是另有所得。一念覺悟，一念得道，念念覺悟，念念是道，究竟的得道必須是體道的境界完全打成一片，與道合一。

【語　譯】修煉內丹沒有別的玄妙，最重要的是要認得自己的先天本來面目。這個本來面目也不是別的什麼，就如同皓月當空，月光團團圓圓，不偏不倚，而普天之下、九州萬國無一不在它的光輝照耀之下，這個圓明朗照的覺性就是先天的真面目，即心即性，即性即佛，都是一體，無二無別。學功者在靜定的狀態中，忽然覺得自己的心一片光光明明，不沾不脫，無量無邊，而實際上又一無所有，這個狀態就是明心見性的境界，實實在在地現出了先天本來面目。但初次體驗到這種境界，常不免會自驚自喜，這樣就生起了一個後天凡心，而先天渾淪的元神卻又因這個凡心的擾亂而被打散。對於這一點，你們是否知道呢？

我再給你們傳授一個方法：大凡打坐練習入靜，若身心中有一種渾然與天地同體的感受，此時不要起念，不妨繼續靜定下去。縱然偶爾生起某種念頭，我們總是不理會它，不跟著它走，那些個知覺心、驚訝心、喜幸心等種種分別心，自然一概都沒有了。另外，你們在靜定中很久時，忽然進入大乘覺悟的境界，這雖然已見到了真性本體，但這個見性的境界說到底只不過是一下子迴光返照而暫時地呈現，還不能一直保持這個狀態，還要多多地調整練習，久久溫養，使這個先天的心性能夠穩定地、實實在在地進入我們的靜定之中，要知道這也只是回復我們原本就有的先天本來面目，不要因此而喜，也不要因此而受驚。如此久煉下去，方能返本還源，歸根復命。

你們這些弟子，都已見到先天真面目了，這也很不容易，已辛苦修行了十幾年了。在這個基礎上還要繼續深入下去，在靜定上下功夫，靜了還要靜，定了還要定，將自己視若一個世上最懶惰的人，好像坐在床上連起身活動和吃飯的事都懶得做的樣子。這樣自然會日新月異，大藥自然會產生。心氣不二，除了深入大靜大定以外，更進一步還要將自己的口鼻呼吸調養到無出無入，進入到天然自然的胎息狀態，而且達到胎息是自然而然的，不像以前未入大靜大定時那般費力，到這個地步等於已經跨入了仙聖們的行列。我所擔心的就是，恐怕你們各有家室，因為要替身家謀衣食、為生計操勞，不免與紅塵世界一起墮落下滾。我要不早點來救度你們，恐怕你們這些人沉溺在凡俗中不能自拔，把這十幾年來的一片苦心竟自拋棄了，那就太可惜了。若你們能不退轉而照目前這個樣子修持下去，堅定不移，那就還用不著二三年的時間，只須幾個月就會有明顯的成效。知道麼？能這樣修下去，證得本來面目，這就是得道，就是成真。得道不是從外面有個得處，成真不是離開本來面目別有個成法。萬望你們就像走千里路程，眼看只差一里就到達了，千萬不要因為還看不到目的地，就返轉頭來走回去。況且，為師心中有數，已明明看見你們成功就在不遠了，所以才及早來為你們指點，免得你們因暫時看不到得道的成果而生退轉之心。因為只有過了此關，才算有道之人，否則仍然是個凡大俗子。

【研　析】我們後天的意識總是對於某種對象的意識，即意識的目光總是投向某一個客體，這個作為意識對象的客體在不停地變換，而我們的意識也在不停地思量分別。不僅是外在的客體是意識的對象，就是我們自身的身體、感官、情緒也都可以是我們意識的對象，同時我們的心靈的倉庫裡本身就蘊藏著無數的印象，這些印象也作為思想、觀念等意識對象出現在我們的意識裡。意識在無數的對象中迷失了自身，我們的意識已經習慣於分別對象而遺忘了自身，我們沒有對意識本身的自覺。如果一切的意識對象都沒有呈現，而意識自身作為意識的對象，意識自己覺悟它自己，這時就呈現出意識的源初的狀態，也即是沒有任何對象化的純粹意識，這個純粹的意識就是我們的本來面目。只要是對象化的意識，就不是意識的本來面目，本來面目就是無對象化的意識自身。當本來面目呈現時，因為它沒有任何具體的意識對象，它也就不被任何對象所限制，所以它就是無限的意識，意識之光遍照宇宙！勉強形容為皓月當空，月光無分別地照臨九州萬國。從意識對象上說，本來面目一無所有，它沒有任何具體的對象去加以特別的關注；從其意識自身的無限性來說，本來面目無量無邊。修道的核心就是回歸我們的這個本來面目，這個本來面目才是真正的我們自己。但我們已經習慣於認同自我，而自我只不過是由某些固定的意識對象所集合而成的對於自己的觀念，這個自我本來是不存在的，它只是我們的一種執著。我們認同於有限的自我，而忘記了無限的真我。靜定之中，返觀一覺，這時意識不再向外追逐對象而回轉來觀看自身，這樣就可能體驗到本來面目、真性本體。但這一剎那間的體驗還不能長久的保持，意識的執著的慣性使我們很快地又開始向外追逐，生起種種分別心，或者由於對本來面目還不熟悉，一下子進入這個狀態還容易生起歡喜心或驚恐心等。所以，能不能見到自己的真性是修行的重要關口，見性標誌著你已經從重重習氣的包圍中突破出來，打開了心靈的窗戶而看見了廣闊的天空，這樣你就打開了眼界，不再與從前一樣局限在自我的小天地了。而見到真性以後仍然要繼續深入靜定之中，慢慢調節自己的心性，起了念頭不跟著走，隨時回歸真性本來面目。這個過程，就是徹底打破業力的房子，而變成那個天空本身。你不是透過窗子看見天空，你就是那個天空，這就是得道。得道並不是得到某個東西，得道只是回歸你本來的自己，你本來就在道中，只要去除執著的障礙，你就是道。

主靜立極章第六

吾觀諸子未明主靜立極[1]之道，所以吾前云「內伏天罡，外推斗柄[2]」，伏得天罡於內，又不能推斗柄於外；推得斗柄於外，又不能伏天罡於內，斯時忙了又忙，慌了又慌，一心兩用，全無主宰。煉丹之道，豈如是耶？若此者，皆主極之未立，猶天下無帝王以坐鎮，文武紛紛大亂矣。夫天罡即主極也，斗柄即文武卿佐，聽令於帝王者也。孟子曰：「一正君而國定矣。」孔子曰：「譬如北辰居其所，而眾星拱之。」即此可知主靜以立人極之道也。由此推之，天地之位，萬物之育，上下與天地同流，豈有他哉？無非主極立而氣機流通，自與天地萬物潛孚矣，實致中致和[3]而已，並未嘗於中和之外逐物而流也。孔子曰：「天何言哉？四時行焉，百物生焉。」夫天亦不過端其主極，而四時行、萬物生，一聽造化之自動焉耳。夫人主極一立，則陰陽造化自動自靜，即天地萬物之氣機與之俱動俱靜，況人原與天地萬物息息相流通者乎？朱子曰：「吾之心正，則天地之心正。吾之氣順，則萬物之氣順。」不待移一步，轉一念，而自有己立立人、己達達人之神化者歟！自夫人氣質之拘，物欲之蔽，其與天地萬物不相通者久矣。所以一身之中尚為胡越[4]，何況以外之天地萬物哉！古云：「天人一理，物我同源。」在人以為虛擬之詞，而不知實有其事也。吾今再為抉之。大凡打坐之初，須先養神。神與太虛原同一體，但不可死死執著，務先遊神於虛，方能養得純，神自來歸命。夫既神凝於虛矣，又須慢慢收回虛無竅子中，調之養之。到得神已歸命，然後驗其果一無所思到虛極靜篤否耶？如能虛極靜篤，一無所有，此即端本澄源之學，而主極立矣。主極一立，以神下入水府，即是以神入氣穴，又是以性攝情，以龍嫁虎，種種喻名，不一而足，無非以我一點至靈至聖至清至虛之元神，下與水府之鉛配合，猶之以火入水鄉，少時火蒸水沸，而真陽生矣。夫下田屬陰，又屬水，陰與水，皆寒性也。中田絳宮屬陽，又屬火，火與陽，皆熱性也。故人一身，上半為天為陽，下半為地為陰，非有神火烹煎，則水寒金冷，必沉溺不起，而人之昏者愈昏，昧者長昧矣。吾言以神入氣，即交媾水火之道。水火一交，那其中氤氳之氣蓬蓬勃勃發生起來，即水中金生，又云鉛中銀出，又云陰中陽產，總皆喻人之命蒂，實為長生不死之根本也。斯時也，神已定，息已調，身心爽快，蘇綿快樂，飄飄然如凌九霄之上，遊廣漠之鄉，有不知其底止者。此即神與太虛同體，氣與天地萬物相通，實有不知其所以然也。此主極立矣，斷無有伏得天罡，而斗柄不推遷，推得斗柄，而天罡不內伏者。諸子須知主極未立之前，不妨慢慢凝神以交氣。氣神若已和合，於是杳冥恍惚鄉裡，變化生鉛。果然鉛生，時至而事起，機動而神隨，輕輕舉，默默運，一團太和之氣上下往來，易於順水之行舟。斯足徵神氣會萃，化三元為一元，合五氣為一氣，而主極以立，仙道可修。諸子亦曾會悟否耶？吾師云「後天之先天」何也？後天者，凡神凡氣凡精凡血也。此是血肉團子，以之修煉金丹，毫無所用。下手之時，凝神於虛，合氣於漠。此虛此漠，方是後天之先天。吾直直告汝，打坐時，雖不離有形之丹田與眼光心光、口鼻呼吸之息，然必要活活潑潑，始得還玉液之丹。何以云玉液？以人身涕唾津精氣血液七般物事，算是養幻身不可少者，然在一身之中，有形有質有聲有色，純是一股陰氣，所謂臭皮囊者，此也。惟從色身上修煉那一點虛而無、靈而秀者，始得後天中先天。切不可死死執著丹田，凝目而睹，用心而照。惟虛虛的似有似無、不急不緩行將去，斯得真正之藥矣。太上云「谷神不死，是謂玄牝」數句，已將玄關妙竅道盡。何謂谷神不死？谷即虛也，神即靈也，不死即不昧也，言人欲煉成大道，必認取虛靈不昧者為丹本。然而無形無象，不可捉摸，故曰：「要得谷神長不死，須憑玄牝立根基。」夫谷神何以必依玄牝哉？以虛靈不昧之真宰，必於玄牝之有形者形之，其實是無極也。若使玄牝不立，則胎息未形，本來生生不息之機從何而有？惟此凡息一停，胎息自見，一開一闔之中，此間玄妙機關，人之靈明知覺從此而起，人之心思知慮性情魂魄，無不由此而生，至於成真作聖，皆從此一動一靜立其基。蓋靜則無形，動則有象，靜不是天地之根，動亦非人物之本，惟此一出一入間，實為玄牝之門。雖然有形，卻是因後天陰陽之形，形出先天一點真氣來。此個真氣，雖是後天之先天，以元氣較來，還是後天物事。以此元氣非真有也，還是一無極而已。然而開天地、生人物，莫不由此一個竅隧發端。此殆天下之至虛生天下之至實，天下之至無生天下之至有者也。總之，渾淪罔象倒也不難，惟一覺之後立地護持、毫無別念，斯為難也。知之否？

【章　旨】本章明主靜立極之道，只有入靜寂之中覓得先天主人公，氣機流動、周天運行才有主宰。而下手功夫，應從後天中的先天入手，玄關竅也就在先後天的臨界狀態中顯現。

【注　釋】❶主靜立極　這是引用北宋理學家周敦頤在《太極圖說》中的說法：「惟人也，得其秀而最靈，形即生矣，神發知矣，五性感動而善惡分，萬事出矣。聖人定之以中正仁義而主靜（自注：無欲故靜），立人極焉。」周子的原意，主靜是無欲的修養，立人極是指樹立為人成聖的道德原則，而本章中的立極，則是指確立先天的主宰，回歸本體的境界。黃元吉常常借用儒家理學的話語來表達丹道的思想，其實具體的含義已經與原意有相當大的距離。❷內伏天罡二句　內有主宰，外運火符。天罡，北斗星，喻主宰。斗柄，眾星推移，喻氣機流動。另見卷一第二十章注❺。❸致中致和　達到中與和的境界。《中庸》：「喜怒哀樂之未發，謂之中；發而皆中節，謂之和。中也者，天下之大本也；和也者，天下之達道也。致中和，天地位焉，萬物育焉。」❹一身之中尚為胡越　一身之中已經天南地北，相互隔膜不通。胡，古代指北方和西方的少數民族，此處泛指北方。越，周朝國名，其地在今之江浙一帶，此處泛指南方。

【語　譯】我看你們還未真正明白主靜立極的大道真理，所以才會對我以前講過「內伏天罡，外推斗柄」不能正確的加以領會運用，常常造成這樣的局面：能在內伏得天罡，又不能在外推移斗柄；或者是能於外推移斗柄，又不能於內伏得天罡。這樣用功時忙了又忙，慌了又慌，一心兩用，沒有一點主宰。煉丹之道難道能夠這樣去做嗎？像這個樣子，都是屬於不明主靜立極之道，主宰沒有建立起來，就像一個國家沒有皇帝坐鎮，那文武大臣豈不紛紛大亂嗎！在丹道修煉中，天罡就是作主宰的太極即元神，斗柄就是指氣機這些輔佐主宰的文武大臣，文武大臣是要聽從帝王指揮的。

孟子說：「一旦君主自己中正了，那麼國家就會安定太平。」孔子說：「就像北極星座，它穩穩當當地居於其位，眾星就圍繞著它而有規律地運轉。」從孔孟的這兩句話就可以知道，如何由主靜無欲而樹立成聖成仁的中心準則。由此可以推論到，大到宇宙間天地各安其位，次到地球上萬物的生長發育，萬事萬物與天地一起和諧共存，這些難道有別的奧祕嗎？無非有一個起主宰作用的太極之理確立以後，然後有了和諧的氣機流通，這樣自然可以與天地萬物相融相通。這個主宰作用，其特性實在也就是致中致和而已，除了起中和的作用之外並沒有追隨著萬物的變化而隨之流動。孔子說：「天有什麼言語表示呢？天並沒有什麼主觀的作為，而四季自然輪轉，萬物自然滋生。」天也不過是確立起主導的原則，而任四時運行，萬物生長，完全聽任造化的自動運行。人只要能在靜定中將太極這個身心的主宰立起來，那麼身心中的陰陽造化也會自動自靜，就是天地萬物的氣機，也會隨著身中的陰陽動靜而同步地動靜，更何況人與天地萬物原本就是息息相通的呀！朱子說：「只要我們的心正了，那麼天地之心也就正了；我們的氣順了，那麼萬物的氣也就順了。」我們心能正，氣能順，不需要移動一步，不需要轉動一個念頭，就自然可以起到自正而正人、自達而達人的神妙作用。但是就一般現象而言，人生在後天狀態下，被不良的氣質所束縛，被物欲之心所蒙蔽，元神元氣的通道都被阻塞，與天地萬物不能融通的情況已經很久了。所以說，一身之中就已經是天南地北，相隔不通，何況與身心外的天地萬物呢，那就更談不上相通了。古人說：「自然與人是一個道理，萬物和我們人是同一個來源。」在有些人來講，定會以為這是不著邊際的虛擬之詞，而不知道這卻是實實在在的事。我今天再給你們仔細分辨這個道理。

一般來講，打坐之初需要先養神。我們的神原本是與太虛同體的，只是後天的識神分別才使神與太虛分離，這時才需要養神。但養神時又不可死死執著於養，以為有個實在的可以把握的神可以養，務必先遊神於虛空之境，養神於無相，方能養得純正，這樣純正的神自然會與氣相融，融歸於生命之中。已經做到了凝神於虛後，又須慢慢將神收回到人身中的虛無一竅中，靜靜地加以調養。等到虛無之神完全融歸於我們的生命之中後，這時可以檢驗一下是不是我們果真處於一無所思而達到了最虛最靜的狀態。如果確實到了最虛最靜的狀態，一點後天雜念也沒有，這就是端正根本、澄清本源的學問，也就是說，生命的主極已經確立起來。這個主極確立之後，我們以心神往下照注於下丹田水府之中，這就是神入氣穴，又叫做以性攝情、以龍嫁虎等等，對此有種種比喻的名詞術語，不一而足，這種種說法不外是以我們那一點至靈、至聖、至清、至虛的元神，下到丹田水府與精氣配合，這好比以火添加到水中去，以神火來燒煉精水，用不了多久，由於神火的煉蒸作用，精水便沸騰起來，於是真陽之氣便發生了。下丹田因居下位，是藏精之所，故屬陰，又屬水。陰與水其性質都屬寒。中丹田絳宮是心神所居之所，屬陽，又屬火。陽與火其性質都屬熱。所以人的一身上下分屬陰和陽，上半部為天為陽，下半部為地為陰。沒有上半部屬陽的神火對下半部屬陰的腎水進行燒煉烹煎，必然水寒金冷，只會向下沉澱而不會向上蒸騰。這樣對人而言，以前昏沉的狀態以後還會更昏沉，以前氣脈不通的狀況也就一直保持下去。我所講的以神入氣，就是使陰陽水火互相交媾的方法。水火一交，精化為氣，那氤氳之氣蓬蓬勃勃發生起來，就稱為水中生出了金，又稱為鉛中煉出了銀，又稱作陰中生出了陽，種種名稱都是比喻這個人的生命之蒂，實在是長生不死的根本。在這個時候，神已完全安定，息已完全調順，身心無比爽快，周身蘇綿快樂，飄飄然如騰空在九霄雲外，暢遊在無邊無際的虛空之境，有一種無窮無盡沒有盡頭的感覺。這個狀態就是神與太虛同體，氣與天地萬物相通，實有不知其所以然的味道。有了這種主極確立的狀態，就絕對不會出現我們開頭所說的那種情形：要麼天罡內伏，而斗柄不能推移運轉；要麼光有斗柄推移運轉，而天罡不能內伏。你們也要知道：在主極未立以前，不妨慢慢凝神以交合於氣。氣與神若已和合，周身就處於混混沌沌的杳冥恍惚境界。在這個狀態下，自然會生變化，而使真陽之氣發生。真陽之氣果真確實發生的時候，火候到了自然就可以行採取之功，氣機發動而心神自然相隨而動。在氣機運行過程中，以神運氣，輕輕舉，默默運，一團太和之氣就自然可以上下往來，比順水行舟還要容易。到了這一步，就足以證實神氣已經融會，能化精氣神三元為一元，合金木水火土五行之氣為一氣，這樣也就是主極的確立，從此仙道的修煉可以成功了。你們對此是否都能完全領悟了呢？

為師常對你們說到「後天之先天」，這指的是什麼呢？「後天」，我們指的是識神、呼吸之氣、有形之精、有形之血，這一類屬於有形的血肉團子，有生有滅。以這些東西修煉金丹是毫無用處的。在下手用功時，將神凝於虛空境界，將氣混合到廣漠無垠之地，這種虛空與廣漠的境界才是後天之先天。我直截了當告訴你們，打坐的時候，雖不能離開有形的丹田，也不能脫離眼光、心光和口鼻呼吸的調整運用，然而這些後天之物不能執著，必須天然自然，運用得活活潑潑，這才能返還玉液之丹。為什麼稱為「玉液」呢？這是因為，我們人身有涕、唾、津、精、氣、血、液等七種物質，這些物質也算是滋養調節我們後天有形肉體所不可少的，然而在一身之中，這些屬於有形有質有聲有色的東西，純是一股後天陰氣，是我們所說的臭皮囊。惟有從後天色身上，修煉出那一點虛而無、靈而秀的真陽之氣，才能獲得後天中的先天，它不同於後天有形之物，而稱為玉液。雖然要獲得玉液之丹，最先要從意守丹田、神入氣穴做起，但切不可將意念死死執著於丹田，不可過分地將目光死死盯住，用心專注地下照丹田。只需要虛虛的似有似無，不急不緩地用功下去，這樣才能得到真正的大藥。

老子所說的「谷神不死，是謂玄牝」這幾句話，已將玄關一竅的微妙一語道盡了。什麼叫「谷神不死」？「谷」就是山谷空虛之象，「神」就是靈明之神，「不死」就是清醒覺知而不落於昏昧。這就是講，人想煉成大道，必要認取虛靈不昧的先天元神作為煉丹之本。然而這個先天丹本，無形無象，不可捉摸。所以丹經中說：「要得谷神長不死，須憑玄牝立根基。」那麼，「谷神」為什麼必須依「玄牝」作為根基呢？這是因為，虛靈不昧的元神這個生命的真主宰，本身是無形無象的，要認識它必須借助「玄牝」打開後的真陽發生這種有形可感的真實存在現象作為它有形的表現方式，它自身其實是無極，是無形不可見的，只有通過玄關的顯現才使它間接地為我們所認識。如果玄關之竅不開，則胎息不能形成，不借助元氣的作用則元神本具的生生不息之機，又從什麼地方得以表現呢？所以，只有在凡息一停，胎息自然出現，這一開一合的轉化之中，這中間所顯現的玄妙機關，才是玄牝之門，天地之根。從此生發出人的靈明知覺，人的後天心思知慮，性情魂魄，也無不是由此而生。乃至於仙家成真作聖，也都是從此一動一靜的運化中立其根基。因為靜是無形的，而動才是有象的，事物的生成變化必須動靜結合，單純的靜不是天地之根，單純的動也不是人物之本，只有這一出一入間，才是玄牝之門。雖然玄竅打開、真陽發生的現象，是人可以感知的有形現象，但這種有形卻是因從後天陰陽的有形結合中，所表現出來的先天一點真氣。這個真氣雖然是後天中的先天，但它與先天元氣相比較，還是屬於後天的事物。因為先天元氣並非真有一種有形之氣存在，其實還是一個無極而已。然而天地的開闢、人與萬物的生成，莫不是由這個從無極而生太極的玄竅開始的。這種情形就屬於從至虛的無極中，生出了最真實的真陽之氣；從最虛無的境界中生出了最玄妙的有。總而言之，在修煉中，達到渾渾淪淪杳冥恍惚的境界，倒也不是很難的。只有在杳冥之中玄關竅開，由此一覺而現出先天元神、本來面目之後，立即將這種境界加以保持，不再發出任何別的念頭，這是最難最難的事。大家知道麼？

【研　析】第一，在丹道修煉中，性與命、神與氣、陰與陽都是一個統一的整體，不能割裂成兩個對立的方面，而最重要的是要找到統一兩者的主宰，找到先天的主人、太極或本來面目等，這些不同的名詞都是指生命的先天的主宰。因為不管是修性也好修命也好，修神也好修氣也好，都是要靠元神、真意來作主，不管修什麼方面，不管所修的內容為何，那個能修的主體才是最關鍵的。如果沒有這個能修的主體作為中心、主宰，則修煉就會支離破碎，就會手忙腳亂。注意到心神的控制，就不能注意到氣機的運行；注意到氣機的運行，就不能注意到心神的控制，「內伏天罡」與「外推斗柄」兩者總不能有效地統一起來。這就像一個國家，也有一個最高的統治者，如果沒有君主坐鎮，文武大臣就會各自為政，就會導致紛亂。所以，煉丹也要找到這個根本的主宰，本章稱之為「主靜立極」，即是在靜中找到先天之主宰，這個主宰又稱為「主極」。在前面的章節中所講的「元神為主」、「明心見性」等，都是同一層次上的道理，只不過用不同的話來說，從不同的方面來說。

第二，如何確立這個主極？還是要通過後天回歸先天，從調神調氣上下手。從後天思慮之神，回歸先天虛無之神，於虛極靜篤之中，一無所有之中，先天元神、本來面目才能得以顯現，主極才能確立。主極確立之後，以神入氣穴，水火交媾，而生真陽之氣，陽生藥產，時至神知，自然可以行周天火候，採藥結丹。所以，主極未立以前，要凝神調氣，神氣交合，而入於杳冥恍惚之中，由此而忽然一覺，本來面目顯現。主極確立以後，也還是神氣相交，水火交媾，由此產藥結丹。關鍵是主極之確立，整個修煉才有統帥，修道才有基礎。

第三，純粹的先天無形無象，不可捉摸，它本身不可能被作為一個意識的對象、感覺的對象而被意識、被感知，它就是那個能意識、能感覺的源頭。可以被知被感的是我們的後天有形之物，從後天有形之物開始起修，從凡精凡氣凡神等開始調整，在虛無廣漠之中煉出虛無靈秀的真陽之氣，這就是後天中的先天。它既不同於後天有形之物，又不同於純粹先天的元氣。後天有形之物只是修煉的一個起點，完全不可用作煉丹的材料；而純粹的先天元氣其實不是氣，就是作為本源的無極。無極不可被感知，但它可能通過後天之先天作為中介而作一有形的體現。這個作為後天之先天的真陽之氣，介於有無之間，介於先天後天之間。它在人身上發生時的穴竅，即是玄關；玄關竅開，真陽發生，此即先天後天轉換的樞紐，是天地之根，人物之本。向上一步，即是先天元神，無形的丹本；向下一步，即是天地人物，有形的萬象。

慧光慧劍章第七

夫人之心，原是虛虛活活，洞照靡遺，只因生身而後，百憂感其心，萬事勞其形，有動於中，必搖其精，精不足則氣不足，神亦因之不靈也。古人所以喻人身之精如油，氣如火，神之靈者，即其燈光之四射不可捉摸也。吾故教爾等煉心之學，先以寶精裕氣為始。況此心一虛，此神即靈，此精一足，此氣自旺，不待他日功圓丹熟，而有過照之慧光❶；即在目前，亦覺私欲之縈擾、恩愛之牽纏，亦能照破一切。所患人心營營逐逐，才見一念光明，不片刻間，卻又滾入人欲甲裡。今為生計，總要平日猛撐鬚眉，高立志氣，將身中寶鏡高懸❷，慧劍時掛❸，自然清明在躬，氣志如神。斯時也，天理人欲自然分辨清楚。且天理自天理，振作得起，不許人欲之相干；人欲自人欲，洗刷得淨，不令天理之偶違。要之，其效見於一時半刻，其功必待三年九載，而其得力，全在養我慧光，鑄我慧劍。雖然，慧光無可見，古人說「在天為日月，在人即兩目」，可以昭然共揭者。諸子須於平時收攝眼中神光，返照於丹田氣海之中，久之虛無窟子內自然慧光發現，不啻明鏡高懸，物來畢照矣。慧劍亦無由知，古人說「在天為風雷，在人為神氣」，只因神不凝、氣不聚，是以鋒芒不利，明知此非善行，有傷精氣，然不能一刀兩斷，立地劈除，明知故犯。環顧吾門，大抵如斯，可嘆也夫！可悲也夫！今再疾聲大呼曰：戒色欲以固精，寡言語以養氣，節飲食，薄滋味；閑思雜慮，不關吾人身心性命之微者，皆當卻之勿前，防之惟恐不力。如此後天精氣易生，而先天精氣自有依傍焉。到得先天精氣圓足，自然身形日固，而慧劍成矣。近觀諸子日間打坐，不見精明強固者，皆由平日凝神斂息用工之時少，間斷之時多也。如能行住坐臥，神無昏倦，息無出入，將從前氣質之性、物欲之私，一掃而空，久之自見一靈炯炯，洞照當空，一任他聲色貨利與夫窮通得失、禍福死生，皆不能盤踞心地，亂吾天君❹，而今我心之明者不明，健者不健。此非必多年然後可成功也，只要一心內照，不許外緣塵累一絲擾我靈府，即頃刻間亦見心靈手敏之效。爾等須知心之不靈，由於神之不清，淘汰性情必具剛果之氣為之；氣之不壯，由於息之不斂，保固真精必具十分火候。如此刻刻返觀，在在內照，日月因之而轉旋，乾坤是以能顛倒❺。至若外緣外侮，到眼便知，閑思閑慮，入耳即明，不怕他火焰薰蒸，勢不可遏，自能一滅永滅，有不可思議之效焉。

【章　旨】本章講解修道過程中如何一心內照，養元神之慧光；保精裕氣，鑄元氣之慧劍。慧光常照，慧劍時掛，才能去人欲之私，復天理之全，不隨境轉而自作主宰。

【注　釋】❶過照之慧光　異常靈明的慧光。慧光，指元神的覺照之光。❷寶鏡高懸　指慧光朗照，如明鏡高懸，無物不照。

❸慧劍時掛　先天精氣充足，猶如慧劍常掛腰間，可斬斷妄想。慧劍，指先天精氣充足而起的作用。❹天君　心為一身之主宰，謂之天君。《荀子・天論》：「耳目鼻口形能各有接而不相能也，夫是之謂天官。心居中虛，以治五官，夫是之謂天君。」

❺乾坤是以能顛倒　俗語說「顛倒乾坤」，是貶義詞，指違背客觀事實或客觀規律。而在內丹學中，則是在逆返成仙的意義上

講乾坤交媾而成丹，顛倒是指與常人的乾坤不交相反，實際上是把常人已經顛倒的情況再顛倒回來，回到先天乾坤相交合一的狀態。

【語　譯】要說人的心，原本就是虛靈不昧、活潑不滯的，如陽光普照一切。只因為有了後天人身以後，百千煩惱擾亂他的心靈，萬千瑣事勞累他的身體，身心之中有了擾動，就必然動搖損耗他的精。精不足氣也就不足，氣不足則神不足，神也因此而不再虛靈無滯了。這也就是為什麼古人把人身中的精比喻為燈中的油，把氣比作燈所燃燒的火，而靈明的神就如同捉摸不到但又光芒四射的燈光了。精足則氣足，氣足則神旺，所以我教你們煉心的學問，首先要從保精裕氣開始做起。更何況只要將心一虛靜下來，神就自然靈明，神不妄動則精自然充足，精一充足，氣也就旺盛。氣旺盛了，神就更加靈明。這些聯繫都是必然的，不需要等到日後功夫圓滿大丹成熟而有異常明亮的慧光時才能體現出來，就是在目前當下的生活中也可以體現，覺得生活中私欲的縈擾，恩愛的牽纏等等，因為氣足神靈的原因，你也能及時將這一切的煩惱看破。所擔心的就是人的後天凡心不停地鑽營追逐物欲，剛剛顯現出先天元神的一點光明來，不需要片刻的功夫又捲入滔滔不絕的私欲雜念的洪流中，這一念光明也就轉瞬即逝。

今天替你們考慮，解決這個問題的方法在於：總要在平日拿出男子漢大丈夫的氣概，樹立高遠的志向，慧心朗照如明鏡高懸在身中，精氣充實如同一把慧劍時時掛在腰間，自然清明在躬，氣志高揚如同神明。到這時，天理人欲自然都能分辨得清楚。而且天理就是天理，能夠提持得住，能保持天理的境界而不許以私心雜念去干預它。人的後天私欲就只是後天私欲，要能洗刷得乾淨，不使先天合道的境界有一刻遭到它的破壞。但要注意一個要點，純粹天理流行的境界，它的效果在一時半刻就能體現出來，然而要讓這個純粹天理流行的境界完全達成，那往往卻要花上三年九載的修煉功夫。而這個功夫能否得力，全在於養育自己的慧光，鑄造自己的慧劍。

雖然我們說慧光，但慧光本身是無相的，是不能被看見的，不過可以從它的作用上去把握，古人說：「從天象上說慧光體現為日月的光明，從人身上說慧光體現為兩眼的目光。」從古人的這兩句話中就可以清楚地顯示出來。人的慧光集中表現在目光上，你們必須在平時收攝眼中的神光，將其返照於丹田氣海中，久而久之，虛無的身心狀態中，自然就會有慧光發現，這個慧光的作用，又何止於像明鏡高懸，無論什麼東西來到面前都可以清楚的照見。同時，慧劍也不是有形有象的劍器，我們也不能直接地知道它，也要從它的表現上來把握。古人說：「在天象上慧劍表現為風雷，在人身上慧劍表現為神氣。」但是，只因為人的神不能專一，氣不能凝聚，所以導致慧劍的鋒芒不銳利。正因為慧劍不利，人就沒有足夠的力量來規範自己的行為，明明知道某種行為是不善的，有傷精氣，然而他不能下決心一刀兩斷，即刻斬除，而是明知故犯。環顧我們道門中人，大抵都是如此。真是可悲可嘆啊！有鑑於此，我今天必須再大聲疾呼：戒掉色欲才能固精，寡言少語才能養氣，要節制飲食，淡薄滋味；閒思雜慮，這些與我們的身心性命的微妙奧義無關的，都要一律去掉，不要追逐它們，不但不能沾染它們，就是防止它們還唯恐不力呢！如果能做到這些，後天的精氣就容易滋生，後天精氣充足了，先天的精氣自然也就有了依託。等到先天精氣圓滿具足了，我們的肉體就會日益健康堅實，慧劍也就可以煉成了。

近來我看你們白天打坐的情形，看不到慧光精明慧劍強固的良好狀態，這都是由於平時凝神斂息所下的功夫時間少，而間斷的時間多，因而精氣不能積累。若能做到不論行住坐臥，神氣清明而不昏倦，使呼吸輕微到不出不入，將以前那些帶有偏激、自私的氣質和私心雜念等一掃而空，久而久之，自然會有本性的光華，靈光煥發，空明朗照。有了這種本性的觀照，那麼一任那些身外名利聲色，窮富得失，禍福死生等，一概不能滯留在我們的心地之中，擾亂我們的心靈，因而也就不會造成使我們本來是靈明的心不能靈明，使我們本來是健康的身體現在不能健康這樣的後果。這種境界並不是一定要經過多年的修煉才能達到，其實只要能一心內照，不讓一絲一毫的外緣塵累擾亂我們的心靈世界，那麼就在這頃刻間，也會體驗到心靈手敏的成效。你們要知道，心不靈的原因，在於神不清。要保持清明的神，就要淘汰後天偏激自私的性情，而這必須要具備剛毅果決的氣作為基礎才行；氣不壯的原因，則由於精不足，精不足則是由於呼吸不能收斂，要保固真精則必須具備十分的呼吸火候。能如此時刻返觀，處處內照，日月所代表的陰陽就會因之而旋轉交媾，乾坤所代表的性命就會因之而顛倒合一。至於說身外的事物，外來的刺激，一見便知，不會隨之而動心；身外的閒言碎語，入耳即明，不會受其打擾。身外紅塵世界再喧鬧繁雜、光怪陸離，勢不可遏，也自然能夠一滅永滅，只要平時養我慧光、鑄我慧劍的功夫做好了，就會有不可思議的效驗。

【研 析】第一，人的先天本心原是虛靈不昧的，圓照一切而不為萬法所滯，這個本心的觀照作用，即是慧光。但因人的後天狀態中，識神用事，追逐塵勞萬象，而生種種煩惱妄想，身心操勞，而損精耗氣，神也因此不靈明了。精如油，氣如火，神如光，油不足則火不亮，火不亮則光不明，故精不足則氣不足，氣不足則神不靈，這是精氣神相互影響的一個方向。但反過來，心能虛明不滯，則神全，神全則氣足，氣足則精足，這是精氣神相互作用的另一個方向。故欲養慧光，須從寶精裕氣下手，而欲寶精裕氣，須從心不逐欲、不胡思亂想做起。

第二，當人的後天汙染很重，後天精氣不足，先天精氣也不能起作用。沒有先天精氣的作用，人就沒有力量來克制自己的欲望，規範自己的行為，明知是有傷精氣的不好的行為，也無法自控而明知故犯。所以，這個先天精氣的力量喻為慧劍，它能斬斷妄想之流，割斷煩惱之絲。慧光即元神之觀照作用，慧劍即元氣的充實的力量，兩者相輔相成。故修道即是要養我慧光，鑄我慧劍，若能慧光朗照，慧劍高懸，則神清氣爽，「清明在躬，氣志如神」。如此，則天理流行，不為人欲所擾。人欲即使出現，也能以智慧觀照而不受其影響，這樣自然可以轉化人欲。所以說「天理自天理，人欲自人欲」。

第三，慧光如何養？慧光不可見，而體現於二目之神光，故下手時宜從神光返照丹田著手，久之則慧光發現，本性現前。故終極地說，養慧光在明心見性，在保持本性的觀照。慧劍如何鑄？慧劍無形，而從神氣上表現，故要從固精養氣上下手，戒色欲，寡言語，節飲食，薄滋味，閒思雜慮，一律去除，如此後天精氣得養，而先天精氣亦可由此而生，而慧劍可成。

第四，修道之所以不能做到慧光大發，慧劍銳利，是因為功夫斷斷續續，不能相續成片，因而精氣不能積聚，元神不能一直作主，有一點功夫境界，很快又消失了。要知道，此心一虛，一心內照，萬慮俱除，一念不生，當下即能養慧光、鑄慧劍，這個效果是立即的，當下即有神氣相融、心靈手敏的效果，眼前物欲塵勞，都能看破放下。但是效果是一時就可有的，不必多年修煉然後才能成功，而要徹底煉成，則必須經過三年九載乃至更長時間的修煉。為什麼呢？一時之覺悟，即有一時之效，但若僅僅是一時，那麼其效果也僅僅是一時。真正的成道必須是時時如此覺悟，而效果變成永恆的成就。而人的後天習氣無窮，妄想堅固，這個慣性的力量時時將你拉回到常規的軌道上來，使你離開先天合道的境界。要做到慧光長明，慧劍時掛，則必須經過艱苦的、長期的用功過程。從隨時可覺悟、隨時有效果的一面說，這可以增強修道人的信心，知道修行功夫操之在我，不必等待長久，即時即可有收穫；從徹底覺悟之不易、轉化習氣之艱難一面說，這可以去除修行人的驕慢心，知道功無止境，不要一有點收穫即沾沾自喜，以為證道成仙，自欺欺人。

天人相通章第八

學者凝神靜養，務令天地陰霾之氣抑之自我、化之自我，則位天地，育萬物，補天地之偏，培造化之缺，亦非難事也。獨奈何人將天地看得甚大，以為造化之權自天主之，人莫如何，卻不思古聖先賢常稱天地人為三才，人固賴天以生，天猶賴人以立。若無其人調和造化、燮理陰陽，則天地又何賴乎人哉？故曰：「人者，天地之心也。」苟無至人出世以參造化之權，贊天地之化，則天地亦成混沌之天地，而不能生育於無窮也。此匹夫之微亦具有此參贊，非高遠離奇為聖者獨能任之也。何也？凡人之心一正，則天地之心亦正，凡人之氣一順，則天地之氣亦順。天地與人，其感孚處雖至微至妙，而其為用卻在一動一靜一語一默之間。夫以天人本一氣相通，此動彼動，此靜彼靜，此安則彼安，此危則彼危，原在一呼一吸之微，非深遠莫致者也。只患不肯寡欲清心，以自明其清明廣大之天耳。如能一念不苟，則一念即位天地矣；一息不妄，則一息即奠天地矣。造到自然境界，則我即天，天即我，不但如此，更能包羅乎天地，作育乎天地，我不受天地鼓鑄，天地反受我裁成焉。聖人知我其天❶，豈在蒼蒼之表、漠漠之外耶？殆一內省間而即通其微矣。他如修煉之道，還有上品丹法，以神入於虛無中，不著色，不著空，空色兩忘，久之渾然融化，連虛無二字亦用不著，此即莊子所謂「上神乘光」❷者是也。佛家牟尼文佛即用此真空妙有之法以成佛，後人鮮能知者。禪和合子❸有「如來修性不修命」之說，不知此個光中，即包羅神氣在內，太極而無極，無相為相，無聲為聲者也，且是神氣發生之根本。故煉此一光，無不完具，夫豈若後天之神之氣尚分陰陽者哉？此理後人難明，無怪其落於修性一偏也。至若山精水怪，亦能走霧飛空，而究之心性未完，多流於機械一邊，終不免於天誅。

此等又何修乎？莊生所謂「下神乘精」❹者是。是以不淨不潔之神，凝於後天精竅之中，久久煉成，亦能入定，亦能出神，總是一個汙濁鬼耳，即云長生，亦只守尸鬼耳，斷無靈通變化，且無仁義道德，雖有奇技異能，只是一精伶鬼而已。諸子取法乎上可也。

【章旨】本章主要講兩層意思：一是講天人相通之理，人可參贊天地之化育；二是講上品丹法，渾化虛無，上神乘光，是不分開地講神氣、性命而包神氣與性命的先天無相丹法，亦是佛家最高的心法。

【注釋】❶聖人知我其天　聖人所說的「知道我的，只有天了」。聖人，指孔子。《論語・憲問》：「不怨天，不尤人；下學而上達。知我者其天乎！」❷上神乘光　上等的神以光為媒介、為寄託。《莊子・天地》：「上神乘光，與形滅亡，此謂照曠。致命盡情，天地樂而萬事銷亡，萬物復情，此之謂混冥。」❸禪和合子　應為「禪和子」之誤。指一般參禪的人。❹下神乘精　此不見於《莊子》原文，此處用以和「上神乘光」相對照，下等的神以精為媒介、為寄託。

【語譯】學功者凝神靜養，務必要使天地自然之中的陰霾之氣，通過自己的修煉來抑制它，轉化它，這樣就可以使天地各安其位，保持其和諧秩序，生養化育萬物，由此糾正天地自然的偏激，彌補自然造化的缺憾，這也並非是一件難事。最無可奈何的就是，人們常將我們所處的天地看得太偉大，而將人看得很渺小，以為掌握萬物造化的權力都是由天主宰的，人是沒有什麼主動權的。他們卻不去想想，古代的聖哲們常將天、地、人並稱為三才，人固然依賴天才能形成生命，但天也還要依賴人才能體現其造化的功能。如果沒有人去參與調和造化的作用，調整陰陽的平衡，那麼天地又有什麼需要依賴人的地方呢？人又怎麼能與天地並稱為三才呢？所以說：「人作為萬物之靈，就是宇宙自然的心靈。」如果沒有至善至真的人類誕生出來，參與掌握萬物造化的權力，協助調節天地變化的功能，那麼天地也只能成為一個混沌的天地，而不能發揮無窮無盡的生育萬物的功能。就是一個普通卑微的人，也同樣都代表了天地之心，而具有參贊天地化育的功能，並非是只有那些高遠離奇、成聖成賢的大人物才能擔任參贊化育的角色。為什麼這樣說呢？不管我們任何人，只要大家的心一正，那麼天地之心也就隨之而正；只要大家的氣一順，那麼天地之氣也就隨之而順。天地與人的互相感應之處，雖然是極其微妙的，其深奧的本質不易為我們所把握，但是它的作用卻在一動一靜、一語一默之間隨時表現出來。這是因為天與人本是一氣相通的，所以此動彼就動，此靜彼就靜，此安則彼安，此危則彼危。天人之間的聯繫是緊密的，它在很不起眼的一呼一吸上就能表現出來，並不是一定要表現為深遠莫測的情形。只怕人們不肯通過寡欲清心，以使自己呈現出清明廣大的心靈世界，自然就可以使天地隨之清明廣大了。天人息息相關，息息相通，如果能做到一念不放縱，那這清明的一念間就使天地各安其位了；一息之間不妄動，那這一息之間也就是奠定了天地造化的基礎。將這一念一息的修持加以涵養，修行達到天然自然的境界，那就可以說，我就是天，天就是我。不但如此，更能夠包羅貫通天地，參贊化育天地，使我們不再受天地的支配擺布，而天地反過來卻要接受我的調整控制。孔子說：「知我者其天乎？」這個天難道是指那個外在的蒼蒼茫茫的廣漠的天空嗎？當然不是。其實就是指一念內省之間天人相通，那個微言大義就通達了。

從這個天人相通的原理上再引申說開去，比如說修煉之道，還有一種上品丹法，那就是以神入於虛無之中，既不著於色相，也不落入空寂，空色兩忘，久而久之，身心與虛無之道渾然融化為一體，連「虛無」的概念也用不上了，這就是莊子所說的「上神乘光」的境界。佛家的釋迦牟尼文佛，就是以這「真空妙有」之法而修成佛的，後人能知道這個道理的人很少了。禪宗的一些禪油子有「如來修性不修命」之說，他實在不知這個色空兩忘的「上乘神光」並不是修性不修命。因為這個光中也包含著神氣在內，是性命未分、陰陽相合的太極乃至於太極之上的無極境界，是以無相為相，以無聲為聲的本源，而且是神氣發生的根本。所以說煉這個光就等於是煉太極無極，就沒有什麼東西不包括在其中了，這怎麼能像後天的神氣那種還要分陰分陽的情形呢？這個奧妙道理後人難以明白，無怪乎他們就落於修性一邊的偏差了。至於說山精水怪也有些走霧飛空的神通變化，而推究它們的修煉之道，它們的心性並沒有得到充分的發展，它們修行的功夫多是機械的積累，而不是有意識的、自覺的成就，這種機械的修煉成果最終還是免不了遭受自然的誅滅。那麼這些山精水怪又是煉什麼呢？就是莊子所謂「下神乘精」的情形。這種修煉法是以帶有私心妄念因而不純淨的心神，凝聚於後天藏精的穴竅中。久久修煉成功以後也能入定，也能出陰神。但由於這種陰神帶有私心妄念，只能算是汙濁鬼。即使煉成長生之果，也只算是個守屍鬼，斷不會有上乘得道者的靈通變化，而且沒有仁義道德的修養，雖然有些奇技異能，只是一個精靈鬼而已。大家還是取法乎上，選取上品丹法修煉就可以了。

【研析】人來自於宇宙，來自於同一個源頭，每個人都是一個宇宙的縮影，都與宇宙全息相關、相通為一，所以說人是一個小宇宙。同時，人又是一個有意識的存在，他不是被動地與天地宇宙全息相通，他還以他的不同的意識狀態而影響、改變著宇宙的狀態，他參與到宇宙的生化之中，而成為宇宙的心靈。從這個意義上說，每一個人都自成一個天地，自成一個宇宙，因為對每一個人而言，都隨著他的意識狀態的不同而呈現出不同的世界，每個人的世界是他所感受、所意識到的世界。而人的小世界的不同，又在不同的程度上影響到這個整體的大宇宙。人與宇宙的相通是一個存在的原理、一個存在的事實，這不是某一個特殊的人才有的，這是普遍而為一切人都共同具有的。每一個人都不是孤立的存在，他不僅要為自己負責，他還要為宇宙負責。每一個人都在參與著宇宙的創造，都在創造自己的世界。人與宇宙的這個創造性的關聯，就表現在一動一靜之間，一言一行之間，一呼一吸之間，也就是說人每時每刻都在創造著自己與宇宙的關係。從這裡就體現出修行的重大意義，這表現在一個人能不能發展出他固有的清明廣大的內在世界，以此同化於清明廣大的宇宙，化除宇宙的陰滓之氣。如果不能從自己的內在世界發生改變，而任由私心雜念、陰滓氣質充斥身心之中，則人不僅不能自作主宰，而且將拖累宇宙的生化，增長宇宙的陰私之氣。因而，人之成聖成仙的修道過程，就不僅是一個體生命中的事件，就不僅是對個體生命才有意義，而實際上是一個宇宙性的事件，對整個宇宙都有淨化的意義。當然，正如人與宇宙相通的程度不同一樣，人影響宇宙的程度也不一樣，這個影響不是絕對的，隨心所欲的，影響的大小與範圍是有限制的。說人的一言一行、一呼一吸都對宇宙有影響，這是從原則上說的。因為整個宇宙是一個相關的整體，其中的任何一部分發生了變化，整個宇宙也就發生了相應的變化。每個人都可以被視為一個中心點，向宇宙發出了影響力的「漣漪」。一個人與宇宙相應、合一的程度越高，他對宇宙的影響與控制力也就越高，當得道的人與道融為一體，他就具有了道的力量，成為他自己和宇宙的主宰。

以上是一般地論天人相通之理，具體落實到修煉上來講，人不同的修煉境界也就是在不同程度上的天人相通。天人本是相通的，但這個相通的品質、程度是不同的，雖是全息相通，但信息的顯化層次是不同的。人的後天形體和後天自我的執著，都將人與宇宙相隔開來。所以，從修煉上來講，就有精的相通，有氣的相通，有神的相通。最上品的丹法也就是最徹底、最高明的相通，這是以神化入虛無而與道體相通，它不是與具體的萬物中的某一類物相通，它是與萬物創生的源頭相通，從而也就是與宇宙萬物相通。這種上品丹法，也就是直接地煉神還虛，與道合一。這不是分開地修性修命，分陰分陽，這是從太極乃至於無極上著手用功，從本體上用功，這種方法就包含了性與命、神與氣在內，你不能說這只是修性而不修命。修性修命，這是佛道之爭的一個核心問題。一般地說，佛家認為丹道是修命的，而佛家是修性的，修命不能解脫，修性才能解脫生死輪迴。而丹家認為佛家是只修性而不修命，只能出陰神，只有丹家是性命雙修的，才能出陽神。但是在黃元吉看來，這兩種看法都沒有搞懂佛家修行的真諦。黃先生認為，釋迦文佛修煉的正相當於上品丹法，是「上神乘光」，是真空妙有，空色兩忘，即相當於太極無極的層次，包含性命與神氣兩者在內，不是屬於偏修性而不修命的。晚期丹道思想家一般都會通佛道，認為佛道都是性命雙修的，而不再指責佛家為修性不修命。真正修道走上偏差的，是那些「山精鬼怪」之類，沒有嚴格的心性修養，只是機械地在「精」層面去與宇宙相通，是「下神乘精」的路子，這種修煉方式即使也能有某些神通變化，終非正果。

勉強用工章第九

今年百穀色色生新，莫不謂今歲大有秋[1]也。詎知至美之中，有不美者存焉。夫豈天之不以全福與人乎？蓋以天地之道，陽極則陰生，陰極則陽生，陰陽相勝之理原是如此，不然，盛極難為繼也。惟君子有見理之明，知幾之慧，故於隆盛之際，而有持盈保泰之妙策焉。若無識愚夫，不知陰陽勝負之常，往往於盛極之時，恃其豪富，不知謙抑為懷，更以驕傲存心。若此者，幾見有不敗者乎？處家之道如此，即治國之道亦莫不然。推之保身良策，亦當以此為準。吾見生雖然年邁，而精神尚覺強幹，若不趁此機會勤勤修養，在在保持，吾恐陽盛之下而秋陰繼其後矣。大禹所以惜寸陰者，只為身命之不常也。生等須當慎之。某生粗聞妙訣，未能實嘗道味，尚須勉強用工，方能到自然境界。否則，半上落下，終不得見本來真面也。況今年華雖老，而日用事為半點不理，衣服飲食取之宮中裕如，且身安體泰，兒孫林立，室家胥慶，在在皆安樂之地，時時一豐稔之秋，正好行吾樂意，向大道中鑽研。況生善根夙具，並非無德之人不能消受得神仙福慧，焉有修之不前而為群魔阻擾者耶？趁今閒暇無事，外無憂慮，內無疾疢，於此不學，又待何時？日月逝矣，歲不我與。嗚呼老矣，是誰之咎？吾想生好道之心本於至誠，何以日日行工不見大進？此由間斷之時多也。猶之煮物，始而入鼎，必以猛火烹煎，烹煎一晌，然後以文火溫養。如此烹調，方得有真味出來。若起初有間斷，勢必半生半熟，了無滋味也。至武火之說，非教之用氣力切齒牙以為工也，要不過振頓精神，一日十二時中，常常提撕喚醒，了照於虛無窟子間耳。最可惜者，日間有空閒氣力，空閒精神，不用之於保精煉氣，而用之於觀閒書，談閒話，作閒事，用閒思者，就將有用之精神置之無益之事物。嗚呼哀哉，誠可惜也！

就說生年華已老，神氣就衰，不能聞道於壯年，而得明道於暮歲，縱有十分精力，恐不能成大覺金仙，這就錯想。須知有志者事竟成，苦心人天不負，古往今來壯年得道者能有幾人？歷觀古仙，無一個不是晚年聞道，到百餘歲始證金仙[2]。生怕無志上進耳，果然有志，天神豈肯舍爾哉？以生之功德有加，心性不迷，久為神天見愛。就說此生不成，今日已曾下種，到來世因緣自然不絕。吾願生從今以後，立定課程，務以不理閒事、不讀閒書為志，惟以凝神於虛、合氣於漠為常，一日行住坐臥，常常照管，不許一息放縱，一念遊移。如此半月之久，自然見效。

若到氣機微動，即速備河車❸。何也？始而採取微陽，久則精盈氣壯而真陽發生，大有形象可驗。到此地位，何樂如之？論人之未生也，在太虛中原是與天同體。及至生時，幼沖之年，猶是天真爛漫，浩浩乎與天之氣機流行不息，渾然潛通。因知識一開，渾渾淪淪之體因之鑿破而不完全，於是乎浩蕩靡涯之量，轉而為抑鬱無聊之心，昏昏罔罔，即一身之內尚不能把持，又何況以外之事其來也無端、其應也靡常，有不為其所餒者耶？故朱子云：「內則無二無適，此心寂然不動，以為酬酢萬變之本；外則整齊嚴肅，嚴威儼恪，終日如對神明，以保護其天君。」迨至用力久，自然惺惺了了，精明不昧，坐照無遺，又何憂事物之紛擾哉？夫心如鐘然，空則叩之而即應，實則叩之而不靈。人能將此心懸於太空之表，不橫生意見，純是天理用事，得矣。

【章　旨】本章是專為老年弟子所說，勉勵老年人在精神尚好時持盈保泰，珍惜時光，把所有的空閒時間都用來修道，不間斷地用功，同樣可成大道。

【注　釋】❶今歲大有秋　即今年秋天大有收成。秋，指秋收。❷歷觀古仙三句　這是針對老年弟子所作的應機說法，以增加老年人的修道信心。實際上，得道的年齡有大有小，不可一概而論。❸若到氣機微動二句　這也是針對老年人修道而說的，因老年人氣機微弱，不易出現氣機大動情形，只好隨動隨採，以漸積漸累。這與年輕人的用功火候有所不同。

【語　譯】現在百色莊稼長勢喜人，生機盎然，沒有人不說今秋必定大有收成。但誰又知道，就在最美好的年景中卻潛伏著不美好的趨勢。這難道是上天不能給人以完全的福祉嗎？其實也不是上天有意如此，而是由於天道自然的客觀法則原是如此，陽極而生陰，陰極而生陽，陰陽相生相剋。要不然的話，一個事物發展到極盛時還不轉向而繼續發展下去，那麼這樣就打破了陰陽的平衡，事物就無法繼續生存下去了。惟有體道的君子有洞悉宇宙陰陽之理的明白見識，有了知陰陽轉化趨勢的大智慧，所以他們常常能夠在身心達到最佳最盛狀態的時候，能夠預見到事物發展的趨勢而採取相應的措施，而有持盈保泰的妙策良方。要是無知的愚人，不知道陰陽勝負強弱的轉化規律，往往在他人生事業最鼎盛的時候，仗恃他的財富和權勢，不知道採取謙虛和收斂的姿態，反而心存驕傲蠻橫。像這樣的人，你看他們有幾個不從極盛時期開始敗壞下去呢？處理人生、處理家道如此，就是治理國家的道理也無不如此。由此推論到保身養生的良策，也同樣應當以此為準則。我看某弟子雖然年紀很大，但其精神還覺得強健，這說明你正處於旺盛期，如果不趁這個身體還強健的機會勤力修養，時時注意保持，我擔心你會盛極而衰，這就像盛夏季節一過，衰涼的秋冬就會到來。往昔的大禹之所以珍惜每一寸光陰，就是認識到肉體生命是無常的，隨時都可能變壞，對此你們大家也都應當慎重對待。

某學生只是粗略地聽聞到修道的妙訣，未能夠真實地體驗到修道的滋味，還需要通過有意識的努力勉強用功，才能逐步達到無為自然的境界。否則，不上不下，半途而廢，那就始終也見不到自己的先天真面目。況且你現在雖然年紀已經老了，但日常生活的事情半點也不用你操心，吃的穿的取之宮中足足有餘，而且身安體泰，兒孫滿堂，家庭和睦，處處都是安樂之地，時時都像是秋天豐收的季節，如此優越的生活條件下，正好可以去做自己想做的事，把心思用於修道，向大道中鑽研。況且你夙具善根，並非是無德的人而不能消受修煉神仙這樣的福慧，又怎麼會在修煉中遭受種種魔障阻撓而停滯不前呢？趁著你現在閒暇無事，在外沒有任何憂慮，在內自己的身體又沒有什麼毛病，這樣好的條件不學道，還要等到什麼時候呢？歲月匆匆流逝，時不我待。轉眼老死將至，修道未成，這又是誰的過錯呢？還不是自己不珍惜光陰而錯過時機嗎？

我想你的向道之心是建立於至誠的基礎上的，那為什麼天天用功卻不見有大的長進呢？這都是由於用功未能相續成片，間斷的時間太多的緣故！就像我們煮食物，開始下鍋必須要用猛火烹煎，烹煎一段時間，然後才用文火慢慢溫養。這樣烹調出來的食物，才能有真味出來。如果開始燒火有間斷，時燃時滅，勢必會將食物煮得半生半熟，一點滋味也沒有。煉功也是如此，一開始必須用武火，當然這個武火的說法，也不是教你用大力氣咬牙切齒地去用功，關鍵不過是要你振奮精神，一天二十四小時要時時提醒自己喚起煉功的警覺心，凝神返觀內照於虛無的身心境界之中。最可惜的就是，白天有空閒的時間和精力，卻不用來保精煉氣，只是用來看一些無聊的閒書，和別人說一些無意義的閒話，作無用的閒事，閒想無益的心事等等，這就將有用的精神浪費在無益的事物上面。可悲可嘆啊，這實在太可惜了！

就說你這種情況，如果覺得自己年紀已經大了，神氣也日漸衰微，未能在青壯年的時候有機會學道，而是到了晚年才得以明瞭金丹之道，縱然從現在起下十分的功夫，恐怕也不能修成上品神仙，這就是錯誤的想法。要知道有志者事竟成，只要肯下苦功夫，上天不會辜負你的，試想一下古往今來壯年得道的能有幾人？歷觀古代成仙的人，沒有一個不是晚年才得聞大道，到了百餘歲才修成為上品金仙的。只怕你無志上進，果真有志成道，天上的神仙又怎麼願意放下你不管呢？根據你不斷地積功累德，又不迷失自己的心性來看，你有這樣好的基礎，早已經贏得了天道和神仙的喜愛了，他們也都會扶助你的。就說假使這輩子修不成，但你今天已經播下了修道成仙的種子，到了來世這種因緣自然不會斷絕，所以也會有助於來世早成道果。我希望你從今以後，確立修煉的課程，扎扎實實地用功，務必要以不理閒事、不讀閒書為志向，唯以凝神於虛，合氣於漠作為貫穿日常生活的基本功夫。每天行住坐臥，都把心思放在修道上面來，不許有一息的放縱、一念的游移。照這樣做下去，只要半個月的時間自然就會見效。若到真陽之氣微有發動的時候，就要及時做河車運轉的功夫。為什麼呢？因為只要有一點真陽產生就進行採取，長久下去自然精滿氣壯而使真陽發生大動，到此時就大有身心上的有形變化可供驗證的。到了這個程度，身心自有無限喜樂，是人生的任何其他的歡樂都無法與之相比的。

要論起人還未出生的時候，先天生命在太虛之中原本是與天同體的。等到出生之初的嬰幼兒階段，仍然是天真爛漫，還保持著先天純潔的本性，身心中的浩浩的真陽之氣與天道自然的氣機，是渾然貫通而流行不息的。逐漸長大成人以後，因後天知識之門打開了，有了後天分別心，使渾渾淪淪的狀態因此被鑿破而不再是完全的先天一體。於是，先天那種浩蕩無涯的廣闊心胸，就轉變為憂鬱無聊的心理，稀裡糊塗，昏昏沉沉。這樣的狀態就連自己一身之內都不能有效地把持作主，又何況是自身以外的那些事情，它們出現時是無端地突然來臨的，而要應對它們也沒有什麼固定不變的辦法，對於這樣更難把握的外在事物，又怎麼能做到不為其所打擾呢？所以朱子說：「要在內在保持統一中和的狀態，使此心寂然不動，以此種心態作為應對千變萬化的人事的基礎。從此心的外在表現來說則要保持整齊嚴肅、嚴威嚴格那種莊嚴肅穆的儀態，終日如同面對神明一樣有一種敬畏之心，以保護我們的心靈不失去主宰。」等你這樣下功夫，時間久了，自然清明了知，靈明不昧，能夠覺照一切而無遺，有這樣的境界又哪裡還用擔心各種事物來擾亂你的心呢？其實人的心就像懸鐘一樣，只有內部虛空，叩擊它才能發生應和的鐘聲；如果內部是實心的，則叩擊它就沒有回響了。人能夠將這顆心懸於虛無廣漠的境界，不橫生雜念妄想種種私人意見，純粹是天理在起作用，修心養性的真諦就可以得到了。

【研析】事物的發展到了極盛之時，也就是開始走向衰敗的時候，這是陰陽轉化的必然之理。將這個原理用在身心的修養上，就提醒我們，當自己身心狀態處於旺盛之時，要注意它的後面很可能就是衰弱的階段，此時我們不要繼續往外發散，而要趕緊收斂，持盈保泰。在你精力太旺盛的時期，就要抓緊修道，不要等到身體敗壞時再想修道就來不及了。尤其是老年人，身體無常變化，隨時都有可能精氣耗竭一病不起，那時再談修煉就已經遲了，必須趁著身體還健康的時候抓緊時間全力用功。或許老年人會有顧慮，認為自己已經錯過修道的最佳年齡，今生成道恐怕是無望的了。本章黃元吉鼓勵老年修道的弟子，老年人有老年人的長處，經歷過人世的坎坷，更能看破世間的聲色名利，而且可能有較好的生活條件，不用為衣食操心，可以一心修道。歷史上許多修道有成的仙真，也都是晚年才得聞大道，在老年修道成仙的。只可惜許多老年朋友，把大量的時間精力用於讀閒書、聊閒天、說閒話、做閒事上面去了，這樣浪費光陰，轉眼就老死將至，修道不成，又能怪誰呢？這種無所用心的人當然就不消說了，但另外有些人也天天用功，然而卻沒有什麼長進，又是何故呢？原因就在於時斷時續，一天之內用功的時間就那麼一會兒，而中斷的時間更長，這樣就如同燒開水，燒燒停停，就永遠燒不開。對於修煉來說，一開始不能放任自己，美其名曰我自然無為，實際上根本未達此境，必須勉強用功，用所謂的「武火」。就是一天二十四小時時時處處提醒自己用功，凝神返觀虛無玄竅之中，久久積累，自有成效。從微陽初動開始採取，隨動隨採，逐漸積累而有真陽大動之時，自然會有明顯的身心變化，其樂自不勝言。關鍵是無事時養未發之中，此心寂然不動而歸於本體；有事時則發而皆中節，明覺不昧，不隨物轉，自然得應物不迷之妙用。心中常空，空則一塵不染，而妙應無窮。

認取正覺章第十

學者欲返本還原，必從後天性命下手。後天氣質之累，物欲之私，務須消除淨盡，而後真性真命見焉。真性真命者何？夫心神之融融洩洩、絕無抑鬱者，真性也。氣機之活活潑潑、絕無阻滯者，真命也。總不外神氣二者而已。元神元氣是他，凡神凡氣亦是他，只易其名，不殊其體❶。古佛云：「在凡夫地，識強智劣❷，故名識性。在聖賢地，智強識劣，故名正覺。」爾等須認取正覺，莫認取識神，下手才不錯。又聞古人云：「心本無知，由識故知。性本無生，由識故生。」有生即有滅，有知即有迷，生滅知迷，乃人身輪迴種子，皆後天識神所為，非元神也。元神則真空不空，妙有不有，所以與天地而長存。苟不知元神湛寂，萬古長明，卻疑空空無著，乃認取方寸中昭昭靈靈一物，以為元神在是，強制之使不動，束縛之使不靈，是猶以賊攻賊，愈見分投錯出，直等狂猿劣馬而難馴。若此者，皆由採煉後天之識性故也。景岑云：「學道之人不悟真，只因當初認識神。」一念之差，淪於禽獸，可不慎歟？朱子云：「人欲淨盡，天理流行。」神無一息之不舒暢，氣無一息之不流通，此等玄妙天機，諸子諒能辨之。然莫切於孔子云「樂在其中」、「樂以忘憂」，子思子云「素位而行」、「無入不得」。而要不過任天而動，率性以行，即適其性，合於天。倘有知覺計較、作為矯揉，即非性非天，乃人為之偽，雖終日談玄說法，一息不忘坐工，究與未學者等。且作偽亂真，只見心勞而日瘁，猶不如不學者之尚存一線天真也。吾故教諸子先須認得本來面目，是個空洞無際、浩渺無垠、樂不可擬之一物。無如諸子本源未能澄清，不甚大現象焉。苟能一空所有，片念不存，打坐時不須一炷香久，自能瞥地回光，超然物外，自家身心亦覺渾化。但爾等營謀家計，日夜俱為貨財田產握算持籌[3]，是以入見道德而悅之，出見紛華而亦悅之，拖泥帶水，不肯撒手成空，故學道有年，不見大進，只為天理人欲兩相間隔故也。吾生要求天上神仙，須舍人間貨財。

蓋不吝財者，才不貪財，不貪財，才算真真道器。夫人之心，除此財字，別無健羨之端。苟能打破這個銅牆，跳過這個迷障，自然心冷於冰❹，氣行如泉，性空於鏡，神靜於淵，而謂大道不在茲乎？況凡人之所好，至人之所惡，為心性累，為道德障，古人喻之為病病。人果能去其病病，則天真見矣。又況修身在人，成道在天。若能輕財利，作功德，天神自喜而佑之。故曰「錢可通神」，非神果好財也，以其人有載道之資，可以超凡入聖，因輕財而愈鍾愛之，故有通之說焉。諸子亦曾看破否耶？

【章　旨】本章辨別識性與正覺、識神與元神，修道不可妄認識神、識性，而須認清元神、正覺。欲認取正覺，則須從後天性命下手，去除人欲之私，復得天理之全。

【注　釋】❶只易其名二句　只是叫不同的名字，而實體是同一個。比如水與冰，名雖不同，實質上都是水，只是狀態不同。❷識強智劣　分別識強，無分別智弱。識，指後天分別心，在佛學中指八識。智，指先天真心，在佛學中指般若智，是本性無分別的直覺之智。❸握算持籌　手握算盤與籌碼，指為生計、利潤等算賬籌劃。❹心冷於冰　心比冰還冷，指心清淨，不為物欲所動。

【語　譯】學道者欲返還到宇宙生命的本體、源頭，就必須要從後天性命的修煉入手。對於後天氣質的偏私所帶來的拖累，以及追逐物質欲望的私心雜念，務必要消除乾淨，然後先天的真性真命才能顯現出來。真性真命是什麼呢？我們的心神融和飽滿、通暢不滯，沒有絲毫壓抑與憂鬱，這就是真性；我們身內之氣活潑旺盛、悠揚流暢，沒有任何阻滯與不通，這就是真命。說來說去，總不外是「神」、「氣」兩者罷了。元神、元氣是它，凡神、凡氣也是它，只是用不同的名稱來表述，其實它的本體並沒有不同。古佛有這樣的說法：「在凡夫的狀態，分別、認知的意識很強而無分別的出於本性的直覺智慧很弱，所以這樣的意識狀態是以分別心為主的就稱作識性；在聖賢地位，無分別的出於本性的直覺智慧很強而分別、認知的意識很弱，這樣的意識狀態是以無分別智為主的就稱為正覺。」識性就是識神的分別，正覺就是元神的直覺。你們都應當認取正覺，而不要認取識神，這樣下手煉功才不會走錯路。

我又聽古人說過這樣的話：「真心本來是無所分別的，由於識神的作用才有了認知、分別的功能；本性本來是無生無滅的，是一種永恆的存在，由於有了識神的生滅變化，才使本性也好像顯現出相應的生滅變化。」凡有生者就會有滅，有了認知分別就一定會有迷惑，這個有生有滅有知有迷的意識作用，就是使人身不斷地輪迴的種子，這些輪迴種子都是後天識神所造成的，並不是元神所具有的。元神則是一種真空而不頑空、妙有而不假有的存在，所以它能與天地宇宙一同永恆地存在。如果我們不知元神的性質是湛然寂靜而又萬古長明的，卻懷疑這樣的元神是空空如也不可捉摸，而想要抓住個什麼東西，於是認取方寸中有個昭昭靈靈的意識心，以為元神就是這個，強制自己的心讓它不動，束縛它使它不靈明，這就好比是以賊捉賊，越搞心越亂，越煉錯越多，使自己的心簡直如同狂猿劣馬一樣難以馴服。像這樣用功，都是沒有認準先天元神，而只是在後天識性識神上下採煉的功夫，因而以識心制識心。這正如修煉家景岑所說的：「學道之人不悟真，只因當初認識神。」要知道一念之差，錯認識神，就將陷入生死輪迴之中，可能會淪為禽獸。對此能不警惕和謹慎麼！

儒學大師朱熹說：「後天人欲消除得乾乾淨淨，純粹是天理流行的境界。」這種狀態是神沒有一時一刻不舒暢，氣沒有一時一刻不暢通，這等玄妙天機，大家都應該能夠辨別出來。然而對此境界最貼切的描述莫過於孔子所說「樂在其中」、「樂以忘憂」等，以及子思子所說「素位而行」、「無入不得」等，意思是能夠體道而天理流行，自然樂在其中，忘掉煩憂；不管身居何位，都是心安理得的，無論處於什麼境地，都自由自在的。這裡的關鍵無非是順應天理自發地行動，依其先天的本性直覺地表現，也就是順應本性，合於先天。

假使還有意念的思慮辨別活動和矯揉造作的主觀行為，那就不是本性不是先天，而是後天人為造作的虛假行為。這樣去煉功夫，你就是成天在談玄說法，時時刻刻都在打坐用功，其結果終究與沒學道的人沒什麼不同。並且因為後天虛假行為過多，損傷了先天神氣，只會產生由於心力消耗而日漸憔悴的後果，甚至還不如不學道的人，還能保存一點點先天的本真。鑑於妄用識神的危險後果，我所以要你們大家先要認得本來面目，要知道本來面目是個空洞無際、浩渺無邊，其樂無法形容的一種狀態。無奈你們的先天本源還沒有能徹底澄清，這種無邊無際、其樂無窮的境界還不怎麼能表現出來。如果能把心地的塵埃打掃得乾乾淨淨，一絲念頭也沒有，這樣打坐時用不了一炷香的時間，自然能夠神凝氣聚，頓然返觀一覺，超然物外，自家的身心也覺得渾化歸空了。但你們這些人為家庭生計謀慮得太多，日夜都在為發家致富在生意名利上盤算不已。於是就造成這樣的情形：在裡面學道很高興，出門見到外面花花世界也很高興，就這樣三心二意，拖泥帶水，不能徹底放下，撒手成空。所以你們學道多年，功夫不能有很大的長進，這正是由於時而天理時而人欲，天理不能相續而被人欲所間隔的緣故。

我的學生們要想求得天上神仙的護佑，必須捨棄人間的錢財貨利。因為不吝財的人才不貪財，不貪財的人才算是真正的修道之器。我們研究人的心理，除了這個財字，其他的就沒有特別使人羨慕的了。如果能打破這個銅錢構築的城防，跳過這個使人迷執的障礙，自然人的心就比冰還要冷而無所動心了，氣的流行會像清泉一樣清澈地流淌，性的空明會勝過鏡子的明徹，神的虛靜會比深淵還要空曠浩蕩，還能說這種狀態不是大道的體現麼？況且凡人所偏愛放不下的，正是至德之人所厭惡和捨棄的，因為它們是人心性的負擔，是道德的障礙，古人形容為「病病」，就是毛病中的毛病。人能夠去掉這個嚴重的毛病，天真自然就會顯現。又何況，修道的行為取決於個人，而能不能成道則是由上天所掌握的。如果能夠看輕財利，多作功德，已經成為上界的天神自然會高興而護佑修行的人。所以說「錢可以通神」，但並不是天上的神仙真的貪愛錢財，而是因為法、財、侶、地是修道的四個要素，人有了財也就有了修道的資糧，可以超凡入聖。有了錢財，又能捨棄錢財，廣積功德，這種輕財的行為使天神更加鍾愛這個人，所以才有「錢可通神」的說法。你們大家是否也曾將這個道理悟明白了呢？

【研　析】本性是本自空寂、本自明覺的，它一直就在，不增不滅，本無動搖。所以本性決不是強行去「製造」的境界，決不是以某種方法去「維持」住的狀態，無論你修不修覺不覺，它自身本無生滅增減。它不需要你去創造、去維持，它只是需要被發現、被認出、被記住！雖然雜念妄想如浮雲可將其遮蔽，但是並不是要通過念頭的控制維持住一個無念的靈知意識狀態，不是勉強維持一個不動的心，以為就是元神。問題不在於控制心念，而只是要不認同於心念，而去記得自己本有的元神。隨時有妄想，隨時要回歸自性，但這不是控制妄想而維持一個不動念的狀態。如果對本來面目認不清楚，而是在後天識神上用功，以念除念，這樣就像賊喊捉賊、夢中說夢，這樣修行就成了一場無休無止的鬥爭。

心念就像烏雲，它來來去去，遮蓋了本性的天空；但天空並不因為烏雲的遮蓋就消失了，它只是暫時被遮蔽而沒有顯現出來。所以，要認清這個本性的天空，還是要從後天的性命入手，還是要進入虛靜的狀態，去掉後天的分別意念的烏雲，這樣才能顯現本性的天空。但是要注意的就是，不要把這個後天的下手功夫，當成了先天元神而作為修行的目標。後天識神的意念生滅無常，製造了無窮無盡的幻象，如果光在這個識神上下功夫，就永遠不能超出經驗的幻象，而達到上一層超越面的正覺。識神的生滅變化和由此而製造的無數印象，就是生死輪迴的種子。所以修行要認清正覺，識得自己的先天本來面目，這樣修道才能走在正確的道路上。

識神作主而元神不顯，這就是凡夫地；元神作主而識神為元神所用，這就是聖賢地。同樣是意識的作用，就看你能不能由本性作主。識神的作用本身也是元神的妙用，離開了識神，元神就只是處於超越的狀態而不能有經驗的分別功能，就只有體而沒有用。因為本性本身是沒有生滅的，沒有知性分別的作用，它只是一種純粹的先天直覺，一種圓明的觀照，它不能具體地分別事物。只有依靠識神的幫助，元神才能起用，才能產生後天的經驗的分別。所以說「心本無知，由識故知。性本無生，由識故生」。但是有了識神的作用以後，本來是僕人而起幫助作用的識神成了主人，而元神退位，不再顯現，人就進入後天的執著欲望分別的世界了。這時就需要從後天返先天，先讓識神安定下來，「一空所有，片念不存」，這樣在寧靜中才能由用顯體，返觀一照，頓時超然物外，才能重新讓元神顯現並作主人。

所以，這個讓識神安靜的功夫只是一個暫時的方便，目的並不是在修識神，而是在顯元神。有了元神作主以後，就能進一步由體起用，再自由地運用識神為其服務。純粹由元神作主，就是天理流行的境界；純粹由識神作主，就是執著人欲的境界。所謂的天理，就是先天的定然的法則，它自己就會如此，「素位而行」，「無入不得」，不管身居何位，都是心安理得的，無論處於什麼境地，都自由自在的，沒有一絲一毫的人為的執著，一切天然自然，完全是從本性出發，這就是天理流行的境界，就會呈現出無限空明與喜樂的狀態，真空妙有，浩然無際，與道合真。

動中修煉章第十一

學人起初打坐，心神不爽，氣機不暢，猶如天地初開，鴻濛肇判，萬物無形，百為鮮象。惟有一意凝注，將我神氣聚會於玄玄一竅之中，亦猶天地之主宰立焉。於此一呼而出，一如天地之氣輕清者上升，一吸而入，一如天地之氣重濁者下降，我惟委志虛無，主極立矣。至於陰陽升降，我只順其上下自然運度，迨真積力久，自蓬蓬勃勃有不可遏之機。然此陽盛之際，又須知持盈保泰、歸根返本之道。否則，盛陽之下，必有隆陰，欲成純陽之體，難矣。故邵子云：「美酒飲教微醉後，好花看到半開時。」此非知道者孰能明之？吾觀生等每於氣機壯旺，心神開朗，尚多縱火揚煙，不知返還本始，是以發洩太甚，則生機斷滅。故太上云：「持而盈之，不如其已。」此言真可法矣。至守候之道，古云：「真人潛深淵，浮游守規中。」❶如此觀照此竅，恪守規中，不霎時間，真陽自從空而出，此身如壁立，意若寒灰，斯時氣機氤氳蓬勃，即陽生活子，可行河車之時。前之煉精，為二候採牟尼，此之陽生，為四候運河車，此亦各有其景，不可差也。再示靜坐修持之事，人所共知，而動中修煉，人多或昧。如孟子養浩然氣，是從集義而生，但集義之道所賅甚廣，非特靜中有義，動中亦有義。如孟子乍見孺子入井發惻隱心，此非義乎？推之敬老尊賢，濟人利物，與夫排難解紛等等，非謂義耶？他如見人有善則欣羡之，見人有惡則愧恥之，無非義也。至云惻隱之心為仁，羞惡之心為義，辭讓恭敬之心為禮，是非好惡之心為智也，此四端❷之發，其機甚微，世人忽略者多，即爾等亦往往錯過。雖有知之，亦止明得慈愛之良是爾天真，當其微動，猶少知納入丹田者。今為生道破，自此以往，舉凡日用云為，一切喜怒哀樂之生，皆我真機發動，我須收之養之，迴光返照足矣。要之，四端發動之初，出於無思無為者為真，有思有為者為偽。爾等一日之內，如此四端萌動，不知凡幾。

若能乘得此機，採而取之，餌而服之，正所謂遍地黃金，滿堂金玉，無在非煉丹之所，無時非藥生之候也。故曰：「大道在人類求之，同類中取之。」所以古人修道大隱市廛，不棲巖谷，以道在人倫日用，不在深山窮谷也。果能隨時知覺，隨時採取，則紅塵中隨在皆道機發見，亦隨在皆修煉工夫，特患人不返而求之耳。

【章　旨】本章講解靜坐修持和動中修煉的要點，靜坐修持要注意確立主宰，凝神虛無，持盈保泰；動中修煉則要時時處處集義生氣，收攝採取，迴光返照。

【注　釋】❶真人潛深淵二句　凝神入虛無寂靜之境，氣息出入不忘不助，持守規中虛無一竅。真人，指元神。浮游，指氣息出入任其自然，不忘不助。《周易參同契》：「耳目口三寶，閉塞勿發通。真人潛深淵，浮游守規中。」❷四端　孟子認為人的本性是善的，仁、義、禮、智是內在於人的本性之中的，而仁、義、禮、智四者可以分別從惻隱之心、羞惡之心、辭讓之心和是非之心等四種人心的基本表現中看出其最初的端倪來，這個惻隱之心、羞惡之心、辭讓之心和是非之心就被稱為四端。由此四端加以擴充，就能充分地實現一個人的仁義禮智等本性固有的良善品質。《孟子・公孫丑上》：「惻隱之心，仁之端也；羞惡之心，義之端也；辭讓之心，禮之端也；是非之心，智之端也。人之有是四端也，猶其有四體也。有是四端而自謂不能者，自賊者也；謂其君不能者，賊其君者也。凡有四端於我者，知皆擴而充之矣，若火之始然、泉之始達。苟能充之，足以保四海；苟不充之，不足以事父母。」

【語　譯】學道的人剛開始學打坐煉功，覺得心神不爽快，氣機不暢通，這個情況好比天地初開，鴻濛混沌的狀態剛開始發生分化，萬物的生成尚處於孕育階段而沒有成形，大千世界種種作為還沒有顯現出來。這種情況下我們不要急於追求什麼，只需消除雜念，一心一意全神貫注，將自己的神氣會聚於虛無玄竅之中，這樣做就好比天地之間確立了萬物變化的主宰。在這種狀態下，任自己的呼吸極其自然，一呼而出，類似天地之氣屬於輕清的部分上升；一吸而入，類似天地之氣屬於重濁的部分下降。我只管保持著自己虛無的心態，在虛無中靈明覺知，這樣就是有了主宰。至於說在這種狀態下發生了氣機陰陽升降的現象，我們也只能順其上下升降而自然地運行調度。到真陽之氣積累雄厚，力量強大了，它自然就有不可遏制的蓬勃氣勢。但是當真陽之氣旺盛強大的時候，又必須要懂得如何持盈保泰、歸根返本的方法。否則，陽氣旺盛得過了頭，就會轉變為陰，想修煉成純陽之體，那就很難了。所以道學家邵雍有這樣的詩句：「美酒只可飲到微微有些醉意就行了，好花也只能看到它半開時就夠了。」這是比喻煉功中要把握氣機運化的陰陽平衡，如果過頭，就會走向反面。這種微妙的道理要不是悟了道的人哪裡能明白呢？

我看你們煉功，每每到了氣機壯旺、心神開朗的階段，往往不知收斂，還多有放縱發洩的，好比是縱火揚煙，不知致虛入靜，返還本始，這樣就造成發洩太過，導致生機斷滅。所以老子在《道德經》中說：「不斷地發展壯大而達到旺盛盈滿，不如及早地收斂停止。」這句話真可以作為我們效法的準則。至於講到靜養等待真陽之氣發生的方法，則如古人所說：「真人潛深淵，浮游守規中。」意思是指，將元神真意處於虛無寂靜之境安伏不動，氣息出入順其自然不忘不助，持守規中虛無一竅。這樣觀照虛無的玄關一竅，用不了多久，先天真陽自然會從虛空中生出。這時身體就如石壁那樣沉穩堅實，心意就如寒灰那樣靜寂不動，這個時候氣機氤氳蓬勃，就是真陽發生的活子時到了，也就是可以行周天河車功夫的時候。前一階段的煉精，是屬於二候採牟尼；現在所說的陽生，屬於四候運河車。煉精養氣的階段和周天運轉採氣的階段，各有其不同的功景，不能混淆。

我再給你們講講修道的要點。一般說來，通過靜坐來修持這件事，幾乎是人人都知道的；而在生活的動中修煉一事，人們大多是不清楚的。例如孟子講養浩然之氣，是通過「集義」即培養道德行為的方法生出來的，但「集義」的方法，所概括的範圍是很廣泛的，不是只有靜中才有「義」，而是動中也有「義」。如孟子所說的忽然發現有小孩落入井中，即刻生出惻隱之心，這難道不是「義」麼？推而論之，尊老愛幼，崇賢舉能，濟人利物，以及一切為人排憂解難的事等等，難道不都是「義」嗎？其他的又如，見人行善就羨慕欽佩，見人行惡則感到可恥，替他羞愧，這也都是「義」。至於將道德的原理加以分解就表現為不同的側面，如說惻隱之心屬於「仁之端」，羞惡之心屬於「義之端」，辭讓恭敬之心屬於「禮之端」，是非好惡之心屬於「智之端」。這四端的發生，其契機常常是極微妙的，世人大多忽略了它，就是你們這些人也往往當面錯過。即使有懂得這四端之發的，也不過只從一般意義上懂得慈愛善良之心是人的先天本真，而當這本真之心微微發動時，卻很少有人知道應將它採取納入丹田之內涵養。

我今天將這個訣竅給你們道破。從今以後，凡於日常的言行舉止中，一切喜怒哀樂的情感發生，都屬於我們先天真機的發動。我們必須將它們收攝起來，加以涵養，以覺知之心回光返照，回到寂然不動的源頭，這樣就行了。總而言之，這四端最初發生的時候，如果是出於無思無為，沒有經過人為的思慮計較的就屬於先天之真；如果經過了思慮計較的過程，這就是屬於後天人為之假。大家在一天之中，像這樣四端之心萌動的情況，也不知有多少次了。如果能在每一次四端發動的時候，就趁機採取一次，收入丹田滋養，那就是所謂的遍地黃金，滿堂金玉，生活中處處都是煉丹的場所，時時刻刻都是藥生採取的火候。所以前人說：「大道要在人類的社會生活中去尋求，向同類中去採取。」講的也就是這個道理。所以古人修道，真正的隱修不是隱在深山老林，而是隱在繁華的鬧市中，他們並不到渺無人煙的巖谷修煉。因為大道體現在現實的日常生活中，而並不一定要在深山窮谷裡才有道。如果我們真能在生活中隨時知覺，隨時採取，那麼紅塵之中隨時隨地都有大道之機的顯現，也隨時隨地都可做修煉的功夫。只恐怕人們對於隨時隨處顯現的真機，不能返觀覺照而採取罷了。

【研　析】初學靜坐，身心都未調伏，往往感覺索然無味。此時最需耐心，凝神調息，融身心於虛無之境。久之，自然真陽生發。然陽盛之際，又要知持盈保泰之方，及時返觀採取，以免陽盛而發洩掉。此章重點在於揭示，一般人雖知靜坐修煉的重要，但往往不知日常生活中的動中修煉的極端重要性。一個人在靜坐中修行的時間總是有限的，如果一天二十四小時只是在靜坐時才修行，而其餘的時間都是在發散，這樣怎麼可能修到高境界呢？所以，真修行人必須每時每刻，隨時隨地都要能懂得修行才對。本章以孟子所講的「集義」養浩然之氣為例，說明動中修煉的要旨。集義就是一切思想行為都以「義」為主導，這樣一切思想行為都合乎天理，合乎本性之中善的道德規範，就沒有了邪思妄想，自然可以正心養氣。仁、義、禮、智本都內在於人的本性之中，時時處處都會呈現出來。如惻隱之心就是仁的體現，稱為仁之端；羞惡之心就是義的體現，稱為義之端；辭讓恭敬之心就是禮的體現，稱為禮之端；是非好惡之心就是智的體現，稱為智之端。這四端雖然在生活中隨時隨地都會有呈現，但還是很微妙的，一般人往往不能把握住。其實一切的喜怒哀樂種種情感，自然而然地發出來，都是我們先天真機呈現的契機，只是我們習而不察，很快就流入後天分別意識之中，落入識神控制的範圍。所以若能隨時隨地都保持警覺，於四端七情生發之際，乘機返觀心源，回歸先天本性，這就是在生活中隨時採藥煉丹。如此則無處不是煉丹之所，無時不是藥生之候，即可修道於市塵之中，不必隱居於深山老林中修道了。

自修其德章第十二

今日乾旱流行，禾苗欲枯，似乎天下人民盡無生路。不知極凶之中有極吉者在，大禍之日有大祥者存。生等識得此理，只管自修其身，那一切吉凶禍福報應之來，一聽之於天，免卻多少閑思雜慮、憂愁煩惱！蓋天欲與之，其誰敢廢？天欲死之，其誰敢生？此殆天所主宰，凡人不得而參之也。惟盡人事以聽天❶，此是人所能為者。否則干造化之權❷，不安自家之分，勢必人心愈亂，而天心益不能安，更速其劫難之來矣。此天人一貫之道，生等諒能了然，吾亦不暇深論。但願生等從此自修其德，以與天地流通無間，自與天心相合，雖當荒歲，另有厚澤深仁之加也。他如修煉之道，所貴綿綿密密，不二不息，以底於神化之域，不貴躁切為之。孟子云：「進之銳者，退則速矣。」又況迫切之心即屬凡火，不惟無益，且有焚身之患。所謂不疾不徐，勿忘勿助，斯為天然真火。天地生萬物，聖人養萬民，皆不離此溫溫神火，何況修煉乎哉！總貴常常了照，不失其機可耳。吾見生等用工，每多或作或輟之行，所以將欲造其堂而又出其戶，將欲底於室而又退於堂❸，不見一直向前，毫無退縮者，職是故耳。古云：「藏神於心，藏氣於身。」常常不釋，即命復而歸根，長生不死之丹得矣。顧何以能令神氣藏於身心，時時不失如此哉？法在從玄竅開時，太極一動，陰陽分張，時可進而即進，勢當止而即止。何也？玄竅初開，只見離宮元性，所以謂之「性陽生」❹。然此是神之偶動，非氣之真動，只可以神火慢慢溫養，聽其一上一下之氣機往來內運，蘊藏於中黃正位，此為守中一法，水火濟、坎離交之候，又謂前行短、二候採牟尼是。到得神火下照，那水見火自然化為一氣，氤氤氳氳，兀兀騰騰，此方是水底金生，古人云「陽生活子時」是，又曰「命陽生」❺。果有此氣機之動，不必蓬蓬勃勃充塞一身內外，即粗見氣機，果從神火下入水鄉，是為坎離交而產藥，亦是微陽初動，亦要勤勤採取，運動河車，棲神泥丸。所謂補腦還精，長生之道在是矣。人欲長生，除此守中河車二法行持不輟，別無積精累氣之法焉。雖然守中之火只有溫溫鉛鼎，惟河車逆運則有子午卯酉、或文或武之別。誠能常常溫養，今我元神常棲於心，元氣常潛於身，雖欲死之，其將何以死之？以神氣交媾，常常不失也。爾諸子務要於行住坐臥，無論有事無事，有想無想，與夫茶裡飯時，在在收神於心，斂氣於身，久則神氣渾化，前不知有古，後不知有今，上不知有天，下不知有地，內不知有己，外不知有人。如此者，非神仙而何？近觀生等工夫到此，將有異狀顯露，吾今道破。凡有異彩奇香，或見於目，或聞於鼻，或來於耳，總不要理他。抑或心花偶發，能知過去未來一切吉凶禍福，總要收攝元神，坐鎮中庭。雖偶而發露，天然一念現前，不待思索而能預知休咎，亦是識神用事，切不可生一喜心，喜心一生，即不入於魔道，亦恐自恃聰明，反為外事紛馳，而修煉從此止步矣。不知景象現前，多是自家宿根習氣被識神牽引而動，我總置之不論，庶我無心而景自滅矣。此為近時要緊之務。切不可羨慕景象，自墮魔道，妄論休咎。此皆自家氣習所致，非元神元氣，不可信為道焉。

【章　旨】本章首講修道重在自修其德，盡人事而聽天命，才能與天地相通，與天心相合。其次講到修道之功在綿綿密密，用天然真火久久溫養，而不在以躁切之心求速成之效。性陽生則守中溫養，命陽生則河車採取，行住坐臥功夫不斷，如此才能積精累氣。功夫到一定程度或可顯現種種神異之象，但不可執著，總不要理他，以免識神用事，墮入魔道。

【注　釋】❶盡人事以聽天　盡自己的努力做好人所能做的事，而最後的結果聽從整體的安排。這裡的「天」，是指宇宙整體的力量，有「造物主」的意味，但不一定是指人格神、上帝。人生活於整體宇宙之中，並不能完全把握自己的命運，但也不是完全宿命而沒有自主權。所以，人需要盡最大努力做好人事，而對於宇宙整體的安排，比如大的自然災害，則只能聽之順之。❷干造化之權　人逾越了自己的權限，去干預整體宇宙造化的權限。這是指不能從整體上去支配宇宙的運化，但道家也講「我命由我不由天」，這是在一己性命的修持上，在特定的範圍內調整人與宇宙的關係，這種調整也是在遵循宇宙法則的基礎上去返還人的真性命，而不是去隨心所欲地支配整體自然界的運化。❸將欲造其堂而又出其戶二句　快要到達廳堂時又從門戶中出來了，將要進入內室時又從廳堂中退回來。古人的居室，是先從大門進入廳堂，由廳堂進一步才能登入內室，所以從戶入堂，再登堂入室，象徵著一步步深入堂奧的過程。❹性陽生　本性顯現時，也是一種陽生，稱為性陽生。❺命陽生　通過陰陽水火的交媾，真陽之氣發生，稱為命陽生。

【語　譯】今年乾旱流行，莊稼都快枯萎了。這樣嚴重的災情，使天下老百姓似乎已經沒有活路了。卻不知天道陰陽循環，大凶之中有大吉，大難之中孕育著大福。大家能認識到這個道理，就能不為天災所動，只管自修其身，將一切吉凶福禍報應的產生，完全聽任於天道整體的安排，這樣就可以免卻多少的胡思亂想，減少多少不必要的煩惱憂愁。原因就在於，天道要賜予你的，那誰又敢剝奪呢？天道要你死，誰又敢讓你活呢？這些是屬於天道所主宰的，我們凡人是無法參與改變的。我們能做到的只能是盡力做好人事，而把結果交給天道來決定，聽任天道的安排，這是我們人所能做到的。否則，妄圖以人力去干預天道整體造化的權限，而不安分守己，勢必搞得人心越來越亂，那麼天道的主宰作用相應地也不能安寧，這樣就會加速人的自身災難的降臨。這個天人相應、天人一體的道理，我想大家都是明白的，所以我也就不再深入地去探討它。但願你們大家從此自覺地去修養自己的功德，以便與天地自然一氣流通沒有間隔，自然能夠以人心上合天心，這樣的話雖然正值災荒的歲月，天道必然會另有隆厚的恩澤、廣大的仁德賜予你們。

盡人事而聽天命的原則，也適用於其他領域。比如講到修煉之道，所貴的也是自己綿綿密密地用功，一心不二，不間斷的修持，以期達到神化莫測的境地，而不能急於求成，急躁冒進。孟子說：「前進得過快的，必然倒退得也快。」又何況迫切想要成功的心理，本身就屬於凡火，也就是說屬於後天識神的造作，這種凡火，不但沒有益處，而且可能有焚身的禍患。所謂不快不慢，勿忘勿助，這才是天然真火。天地生育萬物，聖人養育萬民，都離不開這種溫溫的天然神火，更何況修煉呢！要如何把握這個天然神火呢？總貴在常常保持元神的覺照，時時採取不失其機就行了。我看你們煉功，常常是時做時停，所以造成的情況就是，眼看要進入大堂裡，可馬上又退出了門外；眼看要走進內室了，可馬上又退回到大堂裡。總不見有人能一直向前深入，毫不退縮，就是由於上面所說的緣故，不能綿密用功。

古人說：「把神藏之於心不外馳，把氣藏之於身不外洩。」能將神氣常常收藏於身心之內，不讓它們走失，這就是回復到先天生命而回歸本源，長生不死的丹藥也就得到了。那麼要怎樣才能令神氣收藏於身心，達到上面所說的時時不失呢？這個方法就是，從玄關竅開的那一時刻起，太極一動，陰陽分化運行，根據具體情況當進行升降採取時則採取，當休息溫養時則休息溫養。為什麼要這樣呢？因為玄關竅初開時，只是離宮的元性初步顯現出來，坎宮中的真陽之氣還沒有生發，這種情況稱之為「性陽生」。然而這種情況只是元神偶爾發動，並不是陽氣真的發動了。這時我們只能以天然神火慢慢溫養，聽任由自然呼吸引起的氣機一上一下，往來運行，而將元神真意坐鎮於不內不外、不上不下的中黃正位。這就是「守中」的一種功法，在丹法上屬於「水火既濟」、「坎離相交」的功能態，又稱為「前行短」、「二候採牟尼」等。守中得法，周身有酥綿美快之感，這時用神火下照，腎精之水遇到心神之火，自然就化為一氣，其狀態氤氳活潑，沖沖騰騰，這才是丹法上說的「水底金生」，也即是古人說的「陽生活子時」，又稱為「命陽生」。前階段「性陽生」是先天本性開始顯現，此階段「命陽生」是性命結合而產真藥。如果出現了「命陽生」的氣機之動，就不必等到它蓬蓬勃勃，非要充塞一身內外才行採取，只要初步有個苗頭，確實是由於神火交於腎水，這就屬於「坎離相交」而產藥，那麼這就是微陽初動，這種情況也要勤於採取，進行河車運轉，而讓神再棲息於腦部泥丸宮。這個過程就是所謂的還精補腦，長生之道也就在此了。

人想要長生不死，除了以「守中」和「轉河車」這兩種方法堅持不斷地修持外，那就再也沒有其他積精累氣的妙法了。雖說這兩種方法都離不開天然神火，但「守中」所用的火只是似守非守、勿忘勿助的溫養之火，只有到「河車逆運」的時候，才有子、午、卯、酉的講究，才有或文火或武火的分別。我們如果能做到常常溫養，使我們的元神歸藏於心，使我們的元氣存養於身，就算你想死，又怎麼會死得了呢！這是因為你的神氣交媾合一，而能一直保持不流失，神氣不失又怎麼會死呢？由此可知，你們務必要在日常生活的行住坐臥之中，不管有事還是無事，有雜念妄想還是沒有雜念妄想，不管飲茶也好，吃飯也好，時時處處做到收神於心，斂氣於身。這樣下去時間一久，則神氣渾化歸一，達到一種混沌杳冥之境，在這種狀態中前不知有古，後不知有今，上不知有天，下不知有地，內不知有己，外不知有人。達到這樣的境界，不是神仙又是什麼呢！

近來我看你們的功夫到了這個地步，可能將會有一些神奇的境界出現，我今天提前給你們道破其中的奧妙。凡有奇異的色彩、奇異的香味等，或現於目前，或聞於鼻端，或來於耳邊，不管什麼情況，總不要理它。甚至有可能會偶爾爆發出心靈的第六感，能知過去未來一切吉凶禍福，也總要收攝元神，以元神在其中作主，不為這些神異所惑。因為雖然這種心靈境界偶爾發露，天然一念現前，不需要人為的思索而能夠預知吉凶休咎，這也仍然屬於識神用事，切不可因此而生一歡喜心。要知道喜心一生，即使不入於魔道，也恐怕會自恃聰明，以為自己能預知，因而反為這些心外之事擾亂了心智，心念紛馳，使修煉從此止步不前了。殊不知這種種景象現前，大多是自家的多生多劫的宿根習氣被識神牽引而發生作用，並不是真正的元神的妙用。對於這種情況，我們總歸是要不理它，置之不論，這樣我對景無心而景自然會消失。這一點是近段時間你們修持的要害所在。切不可羨慕這些奇異景象，以至於自墮魔道，妄論吉凶。要知道這些都是自家習氣所造成的，不是元神元氣，不可把這些奇異現象相信為大道的功能。

【研　析】第一，作為個體的生命，只是整個宇宙整體的一個部分，只是宇宙大海裡的一個波浪，波浪怎麼能控制整個海洋？任何一個生命都無法干預、控制整個大宇宙的運行。對於整體宇宙的命運，個人是無能為力的，只能是聽任天道的安排。那麼人的修行又有什麼意義呢？人的波浪本來是與整個大海相融為一的，人雖然不能改變整個海洋，但人可以超越自我的執著而回歸於海洋，融化到整個海洋中去，這就是與道合一。當你與道合一，你就擁有了道的能量與智慧，道以你走向它的方式向你走來。人無法改變宇宙，但人可以改變他自己。人自己的世界改變了，那麼整個世界對於他的意義也就改變了。所以，修道不是要去改變整個世界，而是改變生命的自身，調整生命的意識狀態，從而使生命能重新回歸到源頭中去，實現與大道的相融合一。這就是盡人事而聽天命，你必須為自己負責，盡力做好你所能做的事，而對於最後的結果，對於整體宇宙的運行，你完全不去控制，你接受整體的安排。

第二，常言說得好，「欲速則不達」，急於求成，想通過短期的努力就取得修道的成功，這種心理本身就是一種識神的妄想作用，是凡火。修道應該勤於耕耘，而不計結果：將結果交給天道整體。只有長期地默默用功，不急不躁，勿忘勿助，用這種溫溫的天然神火，時時處處常常覺照，這樣才是正確的用功之道。我們常常看到某些修煉的人，懷著強烈的功利目標，一開始非常精進，但過不了多久他們就會懈怠下來，最終一事無成。

第三，本章講到性陽生和命陽生，其實也就是性功溫養和命功採取的關係。性功溫養就是守中致虛，真意了照，而不需要河車採取；只有在神氣交媾到一定程度時，真陽之氣發生，陽生活子時出現，才需要用河車採取之法。靜則溫養，動而採取，無為養性，有為煉命，這是丹道的整體修煉工程的兩個重要的步驟。

第四，修道時到了一定的境界，可能會出現神通、神異的現象，一般人往往於此沾沾自喜，而追逐這些幻象，這是非常危險的。要知道修道的目標是元神元氣的先天境界，而這些神通幻象都不過是潛意識的習氣種子在靜定中發生作用，與識神相配合而產生某些神通功能。如果不能對景忘情，就容易執幻為真，流連於外在的功夫境界，而忘卻了先天本性的觀照，元神不能作主。所以，修道始終要記得自己的最終目標與方向，要求先天大道，不要迷於神通小術。

造端夫婦章第十三

子思子曰：「造端乎夫婦[1]。」究竟是何夫婦？豈若後之儒者云：「閨門之內，肅若朝廷。交而知有禮焉，接而知有道焉。以此一節之能擴而充之，足以化家國天下而無難。」如此言道，亦小視乎道，而不能充滿流行至於如此之鋪天匝地。以其有形有跡有作有為，尚可限量也，烏足以言道之大哉！此個夫婦，蓋在人身中一乾一坤而已，一坎一離而已。總之是一個水火，是一個神氣，又是一個性命。性命合一，即還太極。由是太極一動一靜，一陰一陽，無在不與天隨。以之修己，而己無不修；以之治世，而世無不治。要皆神氣歸真，返還我生初一團太和之氣，常常在抱。若但以有形有象人世之夫婦言之，縱使舉案齊眉，相敬如賓，亦恐不能化家理國、易俗移風，至於無處無時而不與人合、與天一焉！聖人恐洩天機，不肯一口說出，必待其人積功累行，存心養性，果然心地無虧，倫常克盡，然後抉破天機，始不至妄傳大道。生等行工至此，諒亦實實明得造端夫婦之語，非外面夫婦，乃人身中夫婦也。誠能下手興工，常常念及造端夫婦一語，始而以神入氣，即是以凡父配凡母。凡父凡母一交，則真鉛生，即真陽出矣。此中所生陽鉛，是從坎中生出，陽即為靈父。迨氣機壯旺，沖突有力，從虛危穴起火，而上至泥丸，我於是凝神泥丸，溫養陰精，即以靈父配聖母，以陽鉛配陰汞，以陽氣制陰精，此為靈父聖母交而產藥。藥非他，即久積泥丸之陰精，為神火一煅，則化為甘露神水，此為靈液。自靈液下降，而心中靈性靈知即從此生矣，所謂氣化液也。再引入丹田，乾坤復合，以神火溫烹一番，靈液又化真氣，久久運轉河車，千淘萬汰，千燒萬煉。靈液所化之氣，即是先天乾元一氣。從此一動，即為外藥❷生。由坤爐而起火，升乾首以為鼎，降坤腹以為爐。爐起火，鼎烹藥。自此一動一靜，不失其時，則如頑金久經煅煉，愈煉愈淨，所謂百煉金剛化為繞指柔矣。如此採外藥以結內丹，久之外丹❸成，內丹亦就焉。總之，外丹貴乎用剛，然後木載金行❹，火逼水上❺。不如是，則金之沉者不升，水之寒者不沸。內丹貴乎用柔，不柔則丹不結，而元神亦難以坐照自如。此乾剛坤柔，即子思云「造端夫婦」之道。人果從一陰一陽下手，不著於清淨無為，亦不執乎名象有作，不過百日之久，可以築基矣。

【章　旨】本章以內丹學觀點解釋《中庸》所講的「造端乎夫婦」，將夫婦解釋為水火、神氣、性命，總之為陰陽之道，而不是局限於夫婦人倫之道。由此出發，講解了丹道中的陰陽交媾以成丹的方法與原理。

【注　釋】❶造端乎夫婦　從夫婦之道開始發端。《中庸》：「君子之道，造端乎夫婦，及其至也，察乎天地。」《中庸》一般認為是子思所作，所以說「子思子曰」。❷外藥　指人身外之元氣。這是內丹學中的概念，與外丹燒煉中的具體的丹藥不同。❸外丹　指採煉外藥元氣而成的丹，這也是內丹學中的「外丹」，不是真正的爐火所煉成的外丹。❹木載金行　以先天之性負載著乾元之氣向上運行。木，代表先天之性。金，代表乾元之氣。❺火逼水上　以真意之火逼著真氣之水上行。

【語　譯】子思子說：「君子修養之道是從夫婦開始發端的。」那麼究竟這個「夫婦」指的是什麼意義上的「夫婦」呢？難道能像後世的儒家學者所解釋的那樣：「男女相處的閨門之內，應該像朝廷議事那麼嚴肅莊重。男女性生活必須知道有禮有節，要懂得遵循一定的規範。以夫婦和合這一方面的禮節規範推廣開來，就足以很好地持家治國而無困難。」像這樣談夫婦之道，未免是太小看了道，因而不能做到使此道充滿流行達到鋪天匝地、彌綸一切的地步。因為這樣的解釋局限於有形有跡、有作有為的具體現象，還處於有限量的層次，怎麼能充分表達出道的無邊廣大呢？

實際上這個「夫婦」，就是指人身中的一乾一坤、一坎一離這先天後天兩個陰陽而已。總之不外是一個水火，一個神氣，或一個性命而已。性命合一，就返還為陰陽平衡統一時的太極態。由此太極態的一動一靜，一陰一陽的和諧作用，無時無刻不與先天之道相隨相應。以這個陰陽平衡而歸於太極的原理修煉自己的身心，身心就沒有修不好的；以這個原理治理天下，天下也沒有治理不好的。這裡的關鍵就在於神氣歸於先天之真，返還我們生身之初的那一團太和之氣，使之常常在我們身心狀態上體現出來。如果僅僅以有形有象的人世生活中的夫婦來解釋，那麼縱使夫妻關係做到了舉案齊眉，相敬如賓，也恐怕並不能由此而淨化家庭、治理國家，移風易俗，達到無時無處不與人和諧相處、與天合一的境界。

古人為什麼要以「夫婦」來比喻大道而不直接說出其中的奧祕呢？這是由於古代聖賢怕洩露天機，不願直接說出來。一定要等到求道的人積功累德，存心養性到某種程度，果真能做到心地無虧，一切言行舉止都能充分地盡到倫常之道，然後才將這天機指明道破，這樣才不至於妄傳天道。

你們修行用功到現在這種程度，料想也都能實實在在地明白「造端夫婦」這個說法，不是指外面世間的尋常夫婦，而是指人身中的夫婦，即上文所說的水火、神氣與性命。若能在開始下手用功時，常常能記得「造端乎夫婦」這句話，在開始階段是以神入氣，從夫婦之道上來說，這就是以凡父配凡母，凡父凡母即指後天的神氣。凡父凡母一交，後天腎精化為真氣，這就是真鉛發生，也即是真陽生出來了。這個狀態下所生的真陽真鉛，是從坎宮中產生出來的，這個真陽即是靈父。等到真陽之氣氣機壯旺，衝突有力，從會陰穴開始起火，運轉周天，由督脈上升到泥丸，我們於是凝神於泥丸，溫養離宮中的陰精，這陰精就是真陰，稱之為聖母。真陽與真陰相會溫養，就稱作靈父配聖母，又稱為以陽鉛配陰汞，以陽氣制陰精，這個過程就叫做靈父聖母相交而產藥。這個藥並不是別的，而是久積於泥丸的陰精，被神火一鍛煉所化成的甘露神水，這個甘露神水稱為靈液。自靈液開始下降，心中的靈性靈知也就從此生出來了。靈父聖母相交而產靈液的過程，就是所謂的氣化液。

靈液生出之後，接下來再引入丹田，乾坤在這裡復合，以天然神火溫養烹煉一番，靈液又化為真氣，就完成一個周天循環，往下再進行下一輪的河車運轉。這樣久久地運轉河車，千淘萬汰，千燒萬煉，到最後靈液所化之氣，就是純粹的先天乾元一氣。從此純陽之氣一發動，那就是虛無元氣發生，即稱為外藥生。外藥生出以後，由下丹田這個坤爐中發動起火，用天然神火加以燒煉，外藥便升至上丹田即乾鼎中烹煉為內藥，內藥下降到坤爐中，又完成了更高一層的周天循環。在這個燒煉過程中，從坤爐發火燒煉外藥，在乾鼎烹煉內藥，如此一動一靜，周而復始地燒煉，不失其時，這就像堅硬的金礦，久經鍛煉，愈煉愈純淨，也即人們所說的「金鋼經過千錘百煉，就會化為最純最柔的金子了」。用這種方法採外藥以結內丹，久而久之，外丹煉成，而內丹也自然成就了。

總之，採煉外藥貴在用動用剛的方法，然後才可能木載金行，火逼水上，使外藥上升。不採取這種辦法，那麼乾元之氣這個金就會沉在下面，不會升上乾鼎結而為內丹，也就像寒冷的水，不能沸騰上升。而烹煉內丹則貴在用靜用柔的方法，不靜不柔丹就不會凝結，而且元神也就不能保持在其中作主，難以自如地起到烹煉內丹的作用。以上所說的乾剛坤柔，也就是子思子所說的「造端夫婦」之道。修煉的人果真能從一陰一陽下手，既不執著於完全的清靜無為，也不偏執於有形有象的有作有為，這樣動靜結合，剛柔相濟，用不了一百天的時間，築基功夫就可以完成了。

【研　析】《中庸》所說的「造端乎夫婦」，其原意是指儒家君子在修養自己、追求理想的道德人格的過程中，要從五倫中的「夫婦」這一倫開始做起，在夫婦關係中蘊含著天地萬物的普遍性法則，因而對夫婦關係奧祕的體察達到極點時，可以由之洞悉天地宇宙的奧祕。因此，「造端乎夫婦」中的「夫婦」原來就是指世間人倫中的「夫婦」，只是在夫婦關係中也即蘊含了陰陽和合的法則、藝術與奧祕，陰陽法則是從夫婦中引申一層而說的。黃元吉在本章中引用《中庸》的說法，但卻以丹道理論加以自己的詮釋，認為夫婦不是指具體的有形有相的世間夫婦，而是指人身中的陰陽，如神氣、性命等，這可以說是由夫婦引申出來的深一層的說法，不能說沒有道理，但並不符合原文的意思。這裡就提醒我們要注意《樂育堂語錄》一個基本的表述風格或者說思想方法，即黃元吉整體上是主張三教融合，三教歸一的，他並不去嚴格區分三教的說法有什麼差異，而是隨意地引用三教的典籍來說明自己的修道思想，而其基本的立足點是在丹道上，引用儒、釋兩家的經典，只是隨手拿來引證，並不去深究其原本的意義，目標還是在闡釋丹道理論本身，而且其引文也往往是述其大意，不一定是經典的原文。這是我們在閱讀《樂育堂語錄》時應該注意的。理解了這一點，我們就可以不必去深究黃元吉的解釋是否符合原文的本來意義，而只需去關注他借用儒家經典的話頭所引申出來的丹道理論本身。

本章的重點在於闡明人身中的陰陽交媾之理，從後天的神氣交媾，到先天的性命合一，中間一層一層的河車運轉，以及其中的動靜剛柔火候的運用。

完吾本性章第十四

大道原無奇異，只是完吾本性而已。夫本性豈有物哉？要不過一自然之天❶而已。顧何以知者多，而得者少耶？蓋人自有生以來，始為血氣之私所錮，繼為情欲之累所迷，而求其本性之克見者尤難。雖然，亦無難也，在人能念念知非，事事求是，此心湛然瑩然，絕無一物介於其間，佛家謂「無善無惡中，獨見空空洞洞、了了靈靈之真主宰」，即道矣。此又有何難哉！《書》謂「罔念作狂，克念作聖」是。是不過一敬之間，而性即還其真，道即返其本。生等諒能識得，吾不再贅。第思真性之生，只在俄頃，但於發動之際，渾渾淪淪，無渣滓，無念慮，認得為聖人仙佛之真者少。縱或認得，而當此初萌之際，猶衣服為油汙已久，苟非十分磨洗，不能一朝遽去。顏子得一善，所以有拳拳服膺之工也。生等業已明得一念回觀，一念即道，念念返本，念念皆真。第一要有堅固耐久之心，方能到清清潔潔、獨見真詮地位。雖然，一念了照，易易事也。吾觀今世修士，於此一念發端之初，本是性地完純，圓融具足，而或疑未必是道，乃加一意，添一見，參雜其中，而性真於此反昧矣。生等既能識此一念之動為我成仙作聖的物事，就是太上三清❷神妙無窮，又豈有他術哉？亦不過由此一念之偶萌，日積月累而成耳。但其始也，天性之自動，氣機之偶萌，亦覺微微有跡，不大現相耳，吾教所以名為小藥生，又曰一陽初動。及至採取過關，服食溫養之後，雖有丹田火熱，兩腎湯煎，目有金光，口有異味，耳有鷲鳴，腦有氣生，六種效驗，然亦無形之形附於後天有形之尸氣而昭著，實非有浩然之氣至剛至大在於目前而充塞於兩大之間❸者也。此亦虛擬其狀似有如此之盛，要皆我神覺之，我神知之，非外人所得而窺也。吾教謂之真陽大動，又曰大藥發生。以其實有可擬，故曰真陽；以其氣機之大，不似以前之微動，故曰大藥。生等識此，始不錯動凡火，錯走路頭，為後天尸穢之氣所害焉。要之，採取先天以補後天，究竟有何採，有何補哉？不過一陽之動，不妄走作，不外滲漏，久之一氣薰蒸。薰蒸之氣，藥也是他，火也是他。於此外而內之，下而上之，逆而收之，即採取也。於此收回鼎爐中，即返補也。火即是藥，藥即是火，火與藥是二而一者。人知得太和一氣，無半點閒思雜慮，只見空洞了明，大而無外，小而無內，微有氣機之似有非有，似無非無，即道也。有此一氣薰蒸，即藥也。收斂此神此氣，不許參雜一知半解，即補矣。

自古神仙亦由此而修，實為修士所不可忽者。他如呼吸之息，為煉藥修丹之要務。若無此內呼吸，則水底真金豈能由下而上，自外而內？全憑此神息逼逐而催促之，以上至於泥丸。及神氣交媾，下注黃庭，溫養成丹，亦無非神息為之用，所以古人謂神息為外火也。學道人雖得天然真火，尤必憑外火抽添文武，增減運用，而後藥生有自，丹成可期。若無外爐火候調分文武[4]，則雖天然真火虛靈洞徹，則亦僅能了性，不能立命。此內外二火，一性一命之火也。且人有內火，而無外火，則性無以戀命，命亦無以戀性，是謂孤陰不生，獨陽不長。呂祖云：「信死清淨裡，孤陽難上升。」是知內火內丹，全憑外丹外火所煉而成者，神息所以為修士之要道。生等已知內火外火之道，然吾觀其於外火之逆用，尚未十分了明。夫以凡呼吸與真呼吸，二者一體一用也。無先天之神息，則凡息無主，無後天之凡息，則真息無自而生。但逆施造化，顛倒內修，而金丹自逆還於內，此為緊要語。

【章旨】本章首先指出修煉大道不過是圓滿地證得我們的先天本性而已，從初識本性到徹底證悟本性，有一個由淺入深的過程，需要長久的耐心用功。見到本性之後，就有一個採先天以補後天的過程，在先天本性的境界中，真陽生發，行河車功法外而內之，下而上之，逆而收之，即採取；收歸爐中，收斂神氣，不雜妄念而溫養之，即是補後天。在採補的過程中又要善用內火外火，外火即神息之文武火候，內火即元神天然真火。內火外火即一性一命之火，兩者結合才能成丹。

【注　釋】❶自然之天　自然而然的先天境界。自然，這裡不是指自然界之「自然」，自然之天不是指自然界的天體天象。❷太上三清　太上老君、三清仙境。三清，神仙所居的最高仙境，又稱三清境、三清天，指清微天玉清境、禹餘天上清境和大赤天太清境。❸浩然之氣至剛至大在於目前而充塞於兩大之間　見卷一「性命雙修章第二十五」注釋❻。❹調分文武　調節外火，分為文火、武火兩種火候。

【語　譯】大道原本是沒有什麼奇異的，只不過是充分地圓滿地返還我們的先天本性而已。這個本性當中難道還能有某種具體的有形有象的事物嗎？說到底不過是一個自然的先天境界而已。道理這麼簡單，那麼是什麼原因使得知道它的人很多，而實際得道的人很少呢？這原因就在於，自從人生下來後，開始是因為後天血氣所成的身體而形成必要的自私，逐漸禁錮了人的無私的本性；隨著人的成長，又漸漸因為更多的物欲情欲的拖累，使先天本性更加迷失，從而使人顯現先天本性愈加困難。雖然如此，從另外一個角度來說它又不是難事，關鍵在於一個人能不能念念覺知自己的妄想，事事都能按照其本來的樣子去面對，使物各付物，而此心保持湛然純淨，清清楚楚，絕不讓一點雜念放在心間，能做到像佛家所說的「在無善無惡中，獨見空空洞洞、了了靈靈的真主宰」，這就是先天之道了。那麼這又有何難呢？這也就如《尚書》中所說：「一念放縱迷失本性，就成為狂迷之人；一念自持本性作主，就可以成賢成聖。」這道理不過在於，一念誠敬之間，那麼心性就還原到先天本真的狀態，道也返歸到它的本源。這些道理我想你們都能認識理解，我也就不用再多說了。

考慮到真性顯現的時候，只是在短短的一瞬間，而在真性發動的時候，就在這個渾渾淪淪，既無一點渣滓，又無一絲念慮的境界中，能夠認得它知道這就是成為聖人仙佛的真種子的人就很少了。即使能把握住這一瞬間的契機而能夠認得真性，可是在這個先天本真初步萌發的時候，就好像衣服上長期以來沾染了很厚的油汙，如果不經過十分洗滌的功夫，是不能在短時間內就洗乾淨的。先天真性也是如此，由於長期的後天習氣的染汙，即使一時呈現出來，也不能把這些染汙一時去掉。昔日顏子得到一個為善之方，就會認認真真的下功夫去實踐，就是這個道理。你們現在已經明白，一念回頭返觀，一念就是道，念念回歸本來，念念都是真性。這樣一念一念地做功夫，最重要的是要有堅固耐久之心，方能達到清清潔潔，只有生命本真存在的地位。雖然說徹底的真性顯現不是一時所能做到的，但是一念返觀覺照，在一念之間顯現真性卻是很容易的事。我看當今之世煉功的人，在這個一念之間真性開始呈現的時候，這本來就是先天本性的充分體現，是圓融具足的真性，但他對此不敢加以認定，反而懷疑這未必真是道，於是就在這純粹先天境界上面加了一意，添了一見，如此後天念慮摻雜於其中，而純真的本性反而由於後天識性的摻雜又蒙昧不現了。

你們既能認識這一念之動或覺或迷為我們成仙作聖的根本所在，那就應當知道，就是太上老君、三清仙境這樣神妙無窮的境界，難道又還有別的方法可以達到嗎？也不過是由這一念之間先天真性的最初萌生，再加以日積月累的修煉而成就的罷了。只不過先天本性最初自然地呈現，其相應的氣機也只是微微有點發動的跡象，沒有明顯的表現罷了。正由於此我們在丹道修煉的理論上將其稱為小藥產生，又稱為一陽初動。等到氣機旺盛經過採取過關、服食溫養以後，雖有丹田火熱、兩腎湯煎、目有金光、口有異味、耳有鷲鳴、腦有氣生等大藥發生時的六種效驗，然而這種種效驗，也還是無形的先天作用於有形的後天肉體氣血而導致的明顯的體驗感受。這就是說純粹的先天浩然之氣是無法直接感受到的，只有通過先天作用於後天才能有明顯的感受反應。並不是真能看到有一個至剛至大的浩然之氣呈現在眼前，充塞於天地之間。這些都不過是一種虛擬的手法，以說明浩然之氣有如此盛大。至於它真實的存在狀態，只能憑我們的意識去覺察和感知到，並不是有一個可以擺出來的東西能讓外人看得見，摸得著。出現以上所說的種種效驗，丹道術語就稱它為真陽大動，又稱為大藥發生。因為它真實存在，給人以明顯的覺受，故稱為真陽；因為它氣機強大，不像以前只是微微萌動，故稱為大藥。大家要弄清楚這個大藥發生的契機，才不會錯動後天凡火，走錯了道路，被後天肉體汙穢之氣所損害。

這就牽涉到一個關鍵性的問題：我們常說採取先天以補後天，究竟應該怎樣採、怎樣補呢？歸結起來不外乎先天真陽一動，不要動妄念使它失掉了，也不要讓它向外發散滲漏了，這樣時間一久，身中就充滿了這個真陽之氣，全身都在這一氣的薰蒸作用下。這薰蒸全身的真陽之氣，說藥是它，說火也是它。對這個薰蒸之氣，從外到內，由下而上，用逆返的方法來收攝它，這就是採取；採取以後收回上下丹田的鼎爐中溫養，這就叫滋補。這個先天真陽之氣以其純陽光明稱為火，以其滋補身心稱為藥，火就是藥，藥就是火，火與藥是二而一的。學道的人能知得太和一氣，沒有半點閒思雜慮介於其間，只見空洞了明，大而無外，小而無內，微微有一點氣機相應，似有非有，似無非無，這個狀態就是道。有這個太和一氣的薰蒸，這就是藥。收斂我們的神與氣，不許摻雜一絲一毫的後天知解，這就是補。自古以來的神仙家們，也都是這樣子修煉的，這實在是修道之士所不能忽視的核心奧祕。

其他方面比如說呼吸調配而形成的天然神息，也是煉藥修丹的重要關鍵。如果沒有這個內呼吸的輔助作用，那麼腎水所煉化的真氣，怎麼能由下而上，由外而內而行河車呢？在周天運轉的採取過程中，全憑這個神息催逼著真氣，使之逆而後升到達泥丸。等到神氣在泥丸交媾，下降注入中丹田黃庭宮內溫養成丹，也無非要借用神息的作用，所以古人稱神息為外火。學道人雖然得到元神真性這個天然真火，但還必須依靠外火進行相應的火候調節，或抽或添，或文或武，或增或減，這樣恰當地運用呼吸火候，而後才會有藥生的時節，才會有煉丹成功的一天。如果沒有神息這個外爐火候來調節文武之火，那麼，儘管元神的天然真火虛靈洞徹，也僅僅能了性，而不能立命。這內外兩種火，就是一性一命之火。況且你就是具備了元神內火，而如果無呼吸外火來配合，那麼性就無法戀命，命也無法去戀性，這種情形稱為孤陰不生，獨陽不長。呂祖說：「那些相信修道煉丹只要清靜無為的人就會成為死水一潭，只有內火而沒有外火就是孤陽，這樣用功真陽之氣難以上升。」由此可知，內火內丹全憑外火外丹的鍛煉才能成功，丹田的胎呼吸這種天然神息的修持是學道人很重要的修煉之道。

你們已經知道了內火、外火的道理，然而我發現你們對外火的逆用之法，尚未十分清楚。口鼻呼吸為凡呼吸，丹田胎息為真呼吸，這二者的關係實際上一個是體一個是用。沒有先天胎息之體，那口鼻呼吸這個後天凡息就沒有主宰；沒有後天口鼻呼吸這個凡息的作用，那先天胎息就沒有發生的途徑。但我們的修煉是要從後天返歸先天，逆施造化，顛倒內修，從後天口鼻呼吸進行調節，回到先天胎息的根本上去，金丹自然逆還於內，回歸先天本性。這是丹道修煉中最緊要的幾句話！

【研　析】大道修煉，就是要完全回復到我們的先天本性中去，也就是要重新返回生命的先天源頭而與道合一。這個先天本性並不是任何具體的對象之物，而是那個純粹、天然、自然的存在狀態，也就是我們的本來面目。既然是我們的本來面目，它就一直都是我們生命的真正的主人，一直就存在，只是由於後天的有形之累、情欲之隔，使我們不能體認到本性的存在。從一方面說，要回復本性甚難，因為後天的習氣遮蔽太深，無法一時除盡，使我們不容易認得自己的本性，即使認得，也不容易保持住，就像衣服太髒了，須經十分的磨洗才行。認識到回復本性不易，可以使我們去掉自大我慢心，不要未證言證，得少為足。從另一方面說，體悟本性也不難，要知道本性是我們本來就有的存在狀態，一念返觀，無思慮妄想，只見空明了照的主宰，此即是真性，不要再加懷疑，一起懷疑就加入了後天知解，反而使本真又蒙昧不明了。一念覺悟，一念即是道，由此則悟道見性乃是隨時可能之事。由此可打消我們的自卑心理，增強修道的信心。

修道的過程就是從一念之間的真性偶爾呈現、氣機微動開始，日積月累，由微動到大動，由小藥到大藥，而漸修成道。當先天境界初現之時，其勢尚微，稱為一陽初動，屬於小藥生。隨著先天境界的相續積累，逐漸到真陽大動、大藥發生的火候，那時有丹田火熾，兩腎湯煎，目有金光，口有異味，耳有鷲鳴，腦有氣生等六種效驗。但要注意的是，這些效驗本身還不是先天一氣，而是先天浩然之氣與後天氣血色身相互作用所引起的可感可知的色身反應。其實真正的先天浩然之氣並不是一個具體的可以被感知的對象化之物，它是那個無形的超越的存在，也即是這個先天元氣與先天元神是統一的，只能為我們的元神所體會到，不能為外人所見。孟子所說的至剛至大的浩然之氣在於目前充塞於天地之間，也僅是一種象徵性的比擬之詞。先天與後天相互作用的過程，也就是採取先天以補後天的過程。以先天真氣薰蒸一身，作河車運轉，從外到內，由下而上，逆而收之，這就是採取；收歸丹爐，溫養沐浴，不摻雜後天見解，這就是補。採取先天補後天的過程，也就是性命合一、性命雙修的過程。

在這個性命雙修的過程中，既要有先天元神這個天然真火的作用，也要有先天神息這個內呼吸的配合，前者稱為內火，後者稱為外火。內火需要外火的配合，才能形成抽添、文武、增減等不同的火候，才能有效地採藥煉丹。內火也就是性火，外火就是命火，內火外火相結合，也就是性與命相結合，使性命相戀相交而合一。如果光有內火，那只能了性，不能由性而命，以先天化後天。這個內火外火的理論，乃是內丹學的特質所在，它體現了內丹學性命雙修、神氣合一的修煉宗旨，而不是純粹的精神意識的鍛煉，精神意識的鍛煉與色身氣脈的鍛煉是密切融合在一起的。

覺照之心章第十五

夫人之所以前知後曉、靈明不昧者，無非此一個覺照之心而已。佛曰「長明燈[1]」，道曰「玄關竅[2]」，儒曰「虛靈府[3]」，要皆無思無慮、無善無惡之中，一個了照之神焉。下手時不尋出虛無無際物事出來，則無性，無性則無丹本。不從虛無中養出一個靈明妙覺洞徹內外之神出來，則無主宰。無主宰，雖日夜勤行，終日昏昏悶悶，到頭而無用也。諸子務先把萬緣放下，直將知覺之妄、物欲之私，慢慢的起風運火，煅化於無何有之鄉。自家內照，果然一無染著，一無束縛，空空蕩蕩，了不知其起止，此為本性見矣。本性一見，又要有個覺心，照而不照，不照而照，此即主宰常存。昔人謂主人翁是也。有此主宰，煉丹可成；無之，猶一家無主，焉能興得起家來？此個主翁，實為煉丹之主帥。至於本性，是煉丹之丹頭。但起初即欲本性發見，渾淪無際，浩淼無垠，萬不能得。只要一個泰然無事，心地清涼，有點趣味就是。若欲清清朗朗，浩浩淵淵，大無外，小無內，則必火候到時，方有此鴻鴻濛濛無可端倪之一候。惟於塵緣不稍沾滯，推得開，放得下，即是性見，煉丹有本矣。下手之初，此心未必即能降伏、洞照如神。只要此心不走作，不昏迷，能為我家主宰，不為外物所奪而去，即是此心常在，為我煉丹之主矣。諸子此時尚在陰陽之交，還須立起志氣，扶持真陽，抑制群陰，久之陽欲進而不能遽進，陰欲退而不肯遽退，所以有如癡如醉之狀。蓋以陽雖能主，而陰猶未卸駕也。吾故教諸子不要除思慮、屏氣息太為著緊，緊則又動後天陰氣，必不能耐久焉。總之，神仙之神妙無方、變化莫測，還不是此一點虛寂之性、靈應之神為之作主耳！諸子於無事之時，不要求渾淪磅礴，只此一念虛靜，莫管二念，即是性在。古人收回又放下，放下又收回，即性之見者多矣。久久用工，自然本性常圓，無在而無不在焉。只要此心常常了照，稍有閒思雜慮，我能隨時覺照，即惺惺常存矣。自古神仙，亦無非此一點覺照之心造成，切勿輕視此覺照也。

吾念生等誠心向道，今將道原說明，下手用工，以免心性之昧，庶可言丹。

【章　旨】本章講解本性為丹頭、丹本，而覺照之心為煉丹之主宰、主帥。

【注　釋】❶長明燈　原指燃於佛像前，晝夜長明不熄之燈，又作續明燈、無盡燈、常夜燈、長命燈、常明燈。此處指恆常不滅的覺性。❷玄關竅　玄關竅在丹道文獻中也有不同的解釋，此處用於表示先天覺照之心。❸虛靈府　此不見於儒家典籍，不知黃元吉此說何據。儒家一般稱天心、本心等。

【語　譯】人之所以能記得過去、能預知未來，具有靈明不昧的意識，無非就是人有這個覺照之心而已。對於這個覺照之心，佛家稱為「長明燈」，道家稱為「玄關竅」，儒家稱為「虛靈府」。這個覺照之心，不管用什麼名稱來稱呼它，其實質無非就是在無思無慮，無善無惡的意識狀態下，那個能夠觀照的靈明之神。我們下手煉功時，如果不先尋出那個虛無無極的先天元神出來，那就沒有見到先天本性，沒有見到先天本性則無煉丹的基礎。然而，這個虛無的本性有體有用，如果不能從這個虛無之體中養育出一個靈明妙覺、洞徹內外的真意妙用之神出來，煉丹則無主宰。沒有主宰，你就是日夜勤苦煉功，也只是終日昏頭昏腦，到頭來終歸無用。

大家在修煉時首先要把心頭牽掛的所有的事一概放下，將那種種後天妄想、私心雜念，慢慢地運用調神調息的方法起風運火，將它們鍛煉化除到空無一物的境界中。自己觀察自己的心，如果真達到了心無牽掛，沒有任何束縛，一片空空蕩蕩，無始無終，此心完全沒有任何限制，這就是本性呈現出來了。本性一呈現出來，又要有個明覺之心，但卻是雖有覺照而又沒有特別的覺照什麼，雖沒有特別地覺照什麼而那個覺照是存在的，這種狀態就是主宰常存。古人稱這個能主宰的覺照之心為「主人翁」。有了這個主宰，煉丹就能成就；沒有這個主宰，就像一個家庭沒有當家的，怎麼會興得起家呢？所以這個主人翁，實在是煉丹的主帥。至於說那個本性，那是煉丹的基礎，稱為丹頭。

修道的進展有一個過程，如果一開始煉功就想呈現出本性，進入渾淪無際浩瀚無垠的境界，那是萬萬不可能得到的。開始時只要能做到泰然無事，心地清涼，有那麼一點的安祥自得的趣味就行了。若想達到清清朗朗、浩浩蕩蕩、其大無外、其小無內的境界，那就必須等火候純熟到一定的程度，才可能有這種鴻濛無際、無形無跡、不可端倪的功態。也只有對一切塵緣世事沒有一點牽掛沾滯，推得開，放得下，才能見到本性，煉丹才有資本。剛開始煉功的時候，我們的這顆浮躁的心未必就能降伏得了，未必能顯現出像元神那樣的清明的洞察與覺照。但是，只要我們的心不落入妄想，不陷入昏迷，而能夠被我們自己主宰，不因為外物外境的干擾就失掉這個主宰，就可說明我們的覺照之心常在，可以成為我們煉丹的主宰。

你們現在尚處於陰陽之交的階段，還須樹立起志氣以扶持真陽，抑制群陰，到一定的時候陽欲再升進而不能立即就升進，陰欲消退而不肯馬上消退，所以會有如痴如醉的狀態。這是因為此時陽雖然能占據主導地位，但陰的反抗力量並沒有完全消失。正因為有這種情況，我才教導你們，在消除思慮雜念、屏住氣息做調息功夫的時候，不要太過於迫切地用力。因為一迫切地用力，就動了後天識神，從而就動了後天陰氣，這樣子用功一定不能耐久。

總而言之，神仙之所以能神妙無方，變化莫測，還不是要靠這一點虛寂之性、靈應之神在其中主宰。大家在無事的時候，也不要求一定要達到那種渾淪磅礴果位上的境界，一開始只要一念虛靜，再沒有別的第二念，這也就算是本性呈現了。古人修行常常將此心收回到虛靜的狀態然後又放下，放下後如果又起了雜念又再收回，這樣也就使本性呈現的機會越來越多了。用這種辦法久久用功，自然使本性常常圓明，空無所在而又無所不在。只要我們這顆心常常保持觀照，稍有一點閒思雜慮就能隨時覺照化解，即是真意常在，惺惺不昧。自古以來的神仙，也無非是由這一點覺照之心擴展修煉而成的，千萬不要看輕、忽視了這個覺照之心。我體諒你們這些弟子都是誠心向道，所以今天將修道的根本原理向你們說明，以免大家在下手煉功時心性的根源不明，這樣才能談得上煉丹成仙。

【研　析】不管是什麼修煉方法，其核心都是一種觀照。所謂的修道，與平常不修道的人的區別究竟何在呢？

關鍵就是意識狀態的不同。修道是一種觀照的狀態，也就是說意識不是隨著外在的對象而失掉了自己的主體性，而是能保持對外物的觀照，不隨著不同的意識對象而轉。而不修道的人，他的意識是不清明的，不能作主，完全隨著意識的對象走，意識順著對象而迷失，意識根本沒有意識到它自身。意識能觀照，這時的意識狀態就是觀照之心。本性是意識的源初基態，是沒有經過任何後天意識對象汙染的先天意識本體，這個本性是一切修煉的基礎，是煉丹的丹頭。能夠呈現出本性，就進入了先天的意識狀態。在這個先天的意識狀態中，自然具有一種靈明的覺性，這是本性的妙用，就是真心真意，這是煉丹的主宰。煉丹無非煉精氣神，而不管煉什麼，都要靠這個主宰的觀照作用。當然，一開始本性只是偶然地呈現，還不能打成一片，表現出徹底浩大淵深的氣象。只要一念空明，心無牽掛，不隨外物而迷失，這就是本性顯現。當雜念生起，觀照作用又暫失，此時又要提取覺性，放下妄想，再回到本性中來。這個過程就是陰陽交爭的過程，也就是修道的過程。一開始不能急於求成，想馬上完全去掉後天之陰而回復先天之陽，一著急本身就是後天識神的作用。所以要耐心作觀照的功夫，隨時有雜念思慮，隨時要能起觀照之心，這是修道的根本功夫，一切神仙美妙境界，神通妙能，也都是這個觀照之心積累的結果。

世何足戀章第十六

吾師此山設教十有餘年，至今門前桃李枝枝競秀，真不枉吾一番辛苦。顧其間弟子不一，有了悟大道根源、跳出紅塵、高登清靈之府者，吾師所以去而復來，往返不厭也。從此深造有得，無在不洋洋洒洒，悠然自樂，以比抑鬱窮愁為何如哉！任爾金堆北斗，名高東國，總無有片刻之清閒，是人世又何足戀哉！況終朝終夜營營不已，刺刺不休，其能久享榮華、長保壽考，斯亦可矣，無如光陰似箭，日月如梭，一轉瞬間，黑頭者已白頭，青年者成暮年，倏忽韶華，不能久待，一旦無常來到，撒手成空，豈不枉費精神，空勞氣力乎哉！縱說創業垂統，上承宗祧，下裕兒孫，萬載明禋所在❶，不得不為之謀，然亦有個順水行舟，任其去來，我惟搖櫓把舵足矣，何苦經營萬狀，直將滿副精力施之於家室兒女、田產屋宇、金銀貨物之間，而不肯稍歇？設一朝西去，了無一物，豈不可惜？古云：「黑漆棺中，財產難容些子。黃泉路上，妻兒又屬誰人？」可不畏歟？甚有生前作孽，造下罪惡彌天，才興家而立業，那知死後魂銷森羅殿上，刑受地獄牢中。兒孫在世，固享不盡之榮華，那先人幽囚於泥犁苦惱之地，而誰為之設法超度耶？苦由我受，福自彼享，和盤打算，值不值得？更有兒孫不才，不思前人掙家，費下千辛萬苦，為後裔作萬年之計，彼反謂昔之人無聞知，今時格不同上古，於是好賭玩煙，群誇脫白❷，貪花濫酒，尚想焚黃❸。堂上稍為告戒，反厭瑣絮難堪，不相覿面者。甚有平日恩寵過隆，一旦而加以辱罵，膽敢與父母為仇，挺身對敵者。俗云「膝下兒孫盡成仇」，洵非虛語。由此思之，你為兒孫計，兒孫業已如此，又值不值得？他如刻薄成家，理無久享❹，俗云：「老子錢串子，兒子化錢爐。」

一任堆金如山，置產萬頃，及到兒孫之手，一概消磨，豈不枉為家計，空費神思耶？更有現眼現報，前人買地，賬猶未清，而後人即為賣出；前人修居，工猶未備，而轉眼已屬他家。《詩》曰：「宛其死矣，他人入室。」又曰：「維鵲有巢，維鳩居之。」死後不聞，斯亦已矣；當前若見，豈不傷而又傷？知此則知世上衣食百端，各人原有天命所在，不可苦苦持籌，自討煩惱。莫說謀之不得，就令所求如意，亦是命該如此，即不求而亦可得者。如此看來，何若作事循天理，百為順人情，安分守己之為得乎？況天定勝人，人定亦能勝天，與其為不義而獲罪於天，何若多行好事而上格於天耶？人能惟善為寶，人心與天心合，天其有不保佑命之耶？作善降祥，信不差矣。今日閒暇無事，再為生等謀之。大凡天下事為，到頭總是成空。惟有性命交修，才是我千萬年不朽之業。莫說紅塵富貴，難比清虛逍遙，就是目前所享、日用所需，盡都是重濁之物，何如天上玄霜絳雪，蟠桃美酒，種種皆是馨香。一清一濁，相去何遠？又況所需無幾，所享不多，又何苦死死不放，將我一片靈明直染得汙穢難堪，豈不辜負心力乎哉！無奈今之世昏而不明，迷而不悟，以至於牢不可破，如此其甚也。更有明知之而明犯之，又如此其多也。噫！良可慨矣！吾前示生等以養正氣去客氣之道，的是醫俗良方，回天妙劑。何也？人之不肯回頭者，一則昧於道德，一則柔其精力❺也。如生業已知道之為妙，非他物所能換得一絲半毫，尚且拖泥帶水，不能斬斷孽緣，直上凌霄，而況以外人哉？為今之計，總要一乃心志，養乃精神，任他荊榛滿道，不難一刀兩斷，理欲頻分。孟子養氣之說，所以層見迭出，而不憚其煩也。果能矢志彌堅，不怕他千磨萬難，自不難直造清虛之地焉。近來工夫正在天人交戰，理欲相爭，苟不努力一戰，終是鷸蚌相持，難以取勝。趁此機會，只須一七兩七之久，將天理養純，直把那客氣消除，凡情殞滅，如此則天德流通，無往而不自得焉。生平素有才有識，有膽有量，與其施之於無益之場，孰若用之於大道之地也！生其勉哉，吾深望焉。

【章　旨】本章說明世間榮華不值得迷戀，天下萬事終皆成空，唯有性命交修才是千萬年不朽的基業。

【注　釋】❶萬載明禋所在　事關千萬年的香火延續。禋，祭祀。❷群誇脫白　指誇誇其談，高談闊論。❸尚想焚黃　沉迷於虛幻妄想之中，自毀於腐敗色情之中。❹理無久享　無長久享用的道理。❺柔其精力　精力柔弱，力量不夠。

【語　譯】為師在此山設教傳道，已經有十多年了。至今門下弟子如滿園桃李枝枝競秀，真不枉我教導你們的一番辛苦。環顧你們這些弟子之中，雖說水平參差不齊，但確實有些人已能完全了悟大道根源，跳出紅塵世界，而能高登清靈之府，證得先天本性，所以為師才離開後重又回來，往返不厭。在這個基礎上，從此深造下去有所成就，無處不洋洋灑灑、悠然自樂，這和那種心情憂鬱窮困潦倒相比，又如何呢！

人生之中，任你金錢堆積如山伸到了天上，名聲很高全國聞名，而身心片刻也不得清閒，這樣的人生又有什麼值得貪戀的呢！又何況這樣日日夜夜投機鑽營，無休無止，若真能長久地享受榮華富貴，又能長壽，這樣也還算可以的了。無奈的是光陰似箭，日月如梭，轉眼間黑頭髮變成了白頭髮，青少年變成了老年，美好的時光一下子就倏忽地過去了，不能久等。一旦無常來到，死到臨頭，一切撒手成空，那鑽營奮鬥一生豈不是枉費精神、空勞氣力麼？縱使說要建功立業垂範久遠，往上承繼祖先的德業，往下利益兒孫後代，這種事關千萬年香火祭祀的大事業，雖然不得不為之謀劃，然而這中間也得有個方法，好比是順水推舟，任其去來，我只是搖櫓掌舵就行了，何苦要經營種種事業，將自己全副的精力都耗費在家室兒女、田產房屋、金銀貨物之中，而不肯稍微休息一下呢？假設有朝一日命歸西天，什麼也帶不去，這不是很可惜嗎？古人勸化世人說：「在黑漆漆的棺材裡，生前的財產是裝不進去一點點的。在通往陰曹地府的黃泉路上，妻子兒女又屬於誰人的呢？」這還不能使我們警覺深思麼？

甚至還有些人，生前作惡多端，造下滔天大罪，才興家立業，哪知一命歸天，死後靈魂在閻羅殿上的名冊上銷毀，被懲罰到地獄牢中受苦刑。他的兒孫在世，固然有享不盡的榮華，而那個創造這些榮華的先人被幽禁在地獄這個受苦的地方，又有誰想方設法為他超度呢？這樣受苦的是自己，享福的是別人，通盤考慮，這到底值不值得？更有那些不肖子孫，他們並不體會前輩父老興家立業的千辛萬苦，苦心為子孫後代作長久打算，他們反而說過去的人不了解現今的資訊，現在發達的情形與過去的落後完全不同，於是就好賭吸毒，聚眾娛樂，高談闊論，花天酒地，吃喝玩樂，沉迷於妄想，自毀於腐敗。如果他們的父母看不慣，稍微告誡幾句，他們反而會厭煩長輩嘮叨多事，使他們難堪，從此就不與父母打照面。甚至還有更過分的，平日裡父母過於溺愛嬌寵，一旦再對他們進行辱罵規勸，他們就膽敢與父母反目為仇，與父母為敵。俗語說的「膝下兒孫都成了仇人」，這並不是假話啊！由此想想，你為兒孫打算，兒孫落到這般對你，又值不值得？再比如有些人是通過刻薄吝嗇而成就的家業，這樣的家業就沒有長久享用的道理，正如俗話所說的：「老子是錢串子，兒子是化錢爐。」任你掙的錢堆積如山，置的田產再大，等到兒孫手裡，馬上給你揮霍一空，你辛苦置家豈不是枉作打算，空費神思嗎？有時不用等到兒孫手上，更有一些現眼現報的事情：老一輩置買田地，賬還沒付清，兒孫們就把田地給賣掉了；老一輩蓋房，還未完工，轉眼間所蓋的房子就屬於別家的了。《詩經》上說：「宛其死矣，他人入室。」這是說，等到你死去了，他人就進入到你的房子了。還說：「維鵲有巢，維鳩居之。」這是說，喜鵲辛苦地造好窩，卻讓斑鳩給享用了。這些事，如果死了什麼也聽不到，那也就算了；而如果人還活著，就見到這些敗家的事，豈不是傷心又傷心？

知道上面所說的這些，就知道人世上的衣食等種種生活條件，各人都有自己的天命所在，不可在天命之外苦苦地操持籌劃，而自討煩惱。莫說有些事並不是你謀劃就能得到的，就算你所求的如願得到了，也是天命中原該如此，即使你不去謀求也自然能夠得到。如此看來，有什麼操持謀劃比得上做一切事都遵循天理，不管做什麼都順著人之常情，這樣安分守己能得到更多呢？況且，天道的靜定可以勝過人為，人能靜定下來也可以勝過天道，與其為一己私欲行不義之事而受到天道自然的懲罰，何如多行好事善事而感動上天呢？人能做到一心只以行善為貴，人心與天心相合，上天又怎麼不會保佑你賦予你吉祥的天命呢？人行善事，上天就會降臨吉祥，這是毫無疑問的。

今天正好閒暇無事，我再替你們謀劃一下人生的大方向。大凡天下的一切事業，到頭來總是一場空。惟有性命雙修成就大道，才是人生千萬年不朽的大業。莫說紅塵世界的榮華富貴，難以比得上神仙清虛境界那樣逍遙自在，就是人們日常所享用的、所需要的種種物質，也全都是一些後天有形的重濁之物，如何比得上天上神仙所享用的，玄霜絳雪，蟠桃美酒，種種都是馨香之物。這一清一濁，其差別有多大啊！何況我們人生所需要的生活必需品並沒有多少，所能享用的物質也不多，又何苦死死執著不放地去謀求，以致將我們先天的一點靈明之性沾染得汙穢難堪，這樣豈不辜負了我們所費的心力嗎？無奈當今世人，昏而不明、迷而不悟，以至於深陷世網牢不可破，到了如此嚴重的地步。更有人明知是陷阱而還要明犯之，這樣的人又有如此之多。哎，這些現象真讓人感嘆啊！

我在前面所給你們講的如何養浩然正氣消除身中後天陰氣的方法，的確是對治世俗欲望的一劑良方，是扭轉人的不良習氣的良藥。為什麼呢？因為人之所以執著於塵欲而不肯回頭，不外是兩個原因：一種是缺乏道德良知，一種是雖知道德可貴，但沒有足夠的意志、力量。比如某學生雖然已經知道了大道的玄妙可貴，不是其他一般的事物能換得一絲半毫的，尚且仍然拖泥帶水，不能斬斷孽緣，直上修道的頂峰之境，更何況你們以外一般的人呢？為今之計，總要統一你的心志，涵養你的精神，這樣任他前進的路上布滿荊棘，也不難一刀兩斷，天理人欲能時時分得清楚。所以關於孟子養氣的學說，我是一而再再而三地提出來解說，而不厭其煩。要是真能專心致志，百折不撓，不怕他千磨萬難，自然不難一直深入，到達清虛無為的先天境界。你們近來功夫正處在天人交戰、理欲相爭的關鍵階段，如果不努力一戰而勝，那麼終將成為鷸蚌相持的局面，難以取勝了。趁現在這個機會，只須一個星期或兩個星期的時間，下功夫將天理養純，真將那後天客居的陰氣消除乾淨，將凡情消滅，如此則先天固有的真性流通無間，就無往而不自得了。某學生平素有才有識，有膽有量，與其把這分才智用在無益的世俗領域，不如把它用之於大道的修為上。你要多加自勉啊，我對你抱有很大的期望。

【研　析】一般來說，修道對於人生來說，是一件整體性的根本大事：這不僅僅是一個修道的技術的問題，它牽涉到一個人的整個人生觀、價值觀的轉換。如果你整個人生觀仍然是世俗的，貪戀塵世的享樂，一天到晚為兒女生計諸事操心謀劃，那麼修道只是一種兒戲而已。你用於修道的時間將會很少，而且你的心不在修道上，你無法進入那個寧靜的天地。所以，師父不僅要傳授修道的理論與方法，還要不斷地引導弟子，幫助弟子們樹立修道的人生觀、價值觀。這就需要闡明：世俗的人生何以是無價值或缺乏價值的，修道的人生何以是有價值和有徹底的價值的。世俗人生之無價值，是因其無常短暫，一切享受都是暫時的，而且往往是伴隨著苦報的。你辛辛苦苦一生所掙下的家業，轉眼間就可能盡毀於兒孫之手。而且人本身所能享用的東西極其有限，大部分的所擁有的財富、榮華等，都沒有用處。更徹底地說，要享用任何東西，首先必須要有那個能夠享用的主體存在，無論什麼東西最後必須為了生命本身服務。因而生命本身的境界才是根本。你所占有的東西並不能提升生命境界，生命本身必須是一個充滿能量、喜悅的純淨的存在。而修道正是提升生命主體自身，它不依賴於外在的事物，而是喚醒自己的先天本性，融入清虛的先天道體，成就永恆與超越的境界。因此修道所能成就的才是真正的價值，它的享受要超出世俗的享樂萬倍，而且是能夠永恆的真正的財富。這就是一個根本的顛倒：人們一生所追求的，都是外在於人的生命的物質財富、名利欲望，一生辛辛苦苦只是為他人作嫁衣，而那個能夠享受的人卻沒有得到提升，生命的真正的主人公失去了。修道就是要將這一顛倒的價值觀重新顛倒回來，確立生命主體本身才是一切意義得以可能的根本基礎，因而以性命的修煉、以回歸大道作為終極的人生追求。

說不如行章第十七

大凡修真程途，必要先明次序。初入門時，一片浪子野心，猶之劣馬狂猿，一時實難拴鎖。必欲強之就範，勢必收取邪火，不惟生機不暢，而且真氣為邪火燒灼，即不至病，而生氣為之打散者必多。古云「煉鉛於塵世」，必於人世上，有事則應事，無事則養心，久之看破紅塵，打開孽網，此心乃得恬淡，此神乃得圓明。若但趨塵逐浪，勢必愈染愈深，不至性命消亡不已。惟有處處提撕，在在喚醒，不辭苦，不厭煩，此神此氣方能打並為一。而今有等愚人，全不講內德外功，或因事情不遂，或為身家難言，即要拋卻人倫，入山修道[1]。如此之人，滿腔汙濁，一片邪火，其為害於身心也，詎小故哉！某生先年不棄吾師，一片虛心，訪問為師，已曾教爾多積陰功，少趨塵境，日間得閒，即打坐參玄。無如爾塵情太重，名利牽纏，兒女恩愛難割，每日營營逐逐，奔走塵途，不覺陷於名韁利鎖矣。豈知生死有命，富貴在天，而今其信然耶？論爾講經說法，吾亦在所不及。但知者不言，言者不知。生之言又如孔子得太上語：「子之言，可謂其人與骨皆已朽矣，獨其言猶在耳。」又古人云：「說得萬件，不如行得半點。」但生要成大道，此時生心所欲概屬空套，了無可用，不如就下而上，自淺而深。孟子曰：「道在邇而求諸遠，事在易而求諸難。」爾生急宜戒也。又況精神雖健，年華已邁，再不勤勤修煉，吾恐鉛汞日消，他日欲打坐收心，亦不能也。至於近時生所行工，惟有靜則煉命，動則養性，切勿速求深山。《悟真》云：「勸君修道莫入山，山中內外皆非鉛。」「此般至寶家家有，自是愚人識不全。」生其信焉否耶？論生慧悟，不是一劫修來，俱由前生修積，真是載道法器。又況吾門諸子，論見大道，鮮能及爾。無奈知得十丈，不如行得一寸，真實下手工夫有得於身心者少也。吾今為生道破，所講解會悟者，在他人是誠中形外❷，在生是一個大大魔頭，若不一齊塞斷，吾恐日習日深，自喜自悅，一腔心血竟為這個記憶魔頭喪盡矣。

吾師從不道人長短，品人高下，姑念為求大道，辛苦數年，到今只成一個口頭禪，與今之釋子棒喝機鋒❸何異？可惜一番精神誤用在記憶學問去了。且生具此慧悟，以之進道無阻，以之成道不難，不比他人之懵懂、東竄西走、不知大路者比。所以吾不舍爾，故以直言告戒。生又云，志在積功行仁，然亦知立功立德，亦不在尋人去立。俗云：「有緣遇著，無緣錯過。」聖人之道，中庸而已。中庸之道，順其自然而已。若必欲立功，到處去做，又是自家好事生事，非聖人之道也。古來許多仙子多有閉門不出以終其身，然或一言一行，即得超升天上，足見功不在多，在於一心。人能心心在道，上下與天地同流，生可知其故矣。今日所言，句句都是金針，生其體之。

【章　旨】本章主要是針對某個精通道理善於言談的弟子所做的有關「說不如行」的開示，指出說得再好，如沒有實際的功夫體驗，能說不能行，這種誇誇其談實際上是修道的魔障。

【注　釋】❶入山修道　指離開塵俗出家修道或隱修於深山。入山修道也是一種專門修道的方法，可以離開世事塵緣的糾纏一心修道；但對初學者而言，心性修養未純，如果只是因為偶然的刺激，一時衝動而入山修道，則心浮氣躁，塵情難了，反不如居塵俗之中鍛煉心性。❷誠中形外　語出《禮記．大學》「誠於中，形於外」，意思是內心有誠的修養，就會表現在外在的行為舉止上。❸棒喝機鋒　為禪家點撥學人的方便手段，以一棒一喝截斷學人的後天情識與分別，而頓時顯現本來面目。這裡是指缺乏實際體驗空有外在形式的口頭禪，只學會了棒喝機鋒的表面形式，而不能實際地令學人開悟見性。

【語　譯】大凡走上修道悟真的道路，必定要先明得修道的次序。剛入門的時候，還是一片浪子野心，就如同劣馬狂猿一樣，一時間難以拴鎖住。此時如果一定要強迫它就範，勢必收取後天妄想的邪火，這樣不但生機不暢通，而且真氣被這股邪火燒壞了，即使不至於生病，而先天真氣的生機很多都被打散了。古人說「煉鉛於塵世」，一定要在人世上磨煉自己，有事的時候就隨緣應對，無事的時候就涵養心性，經過長期的鍛煉修養之後，就能看破紅塵，打開孽網，從世事塵緣中解脫出來，此心於是才能入於恬淡之境，此神才能達於圓明自在。如果不在塵勞中修行，只是一味地追逐塵世的聲色欲望，那麼勢必會越陷越深，不能自拔，不到性命消亡是不會停止的。只有處處保持警覺，時時提醒自己，不辭勞苦，不生厭煩，我們的神與氣才能打成一片。可是現在世上有一種愚人，全不講內修品行外積功德，或者是因為遇到不順心的事情，或者是因為身家有難言的痛苦，因此就要拋棄家庭世事，想要入山修道。像這種人只是一時衝動，並沒有心性修養的牢固基礎，滿腔子都是汙濁之氣，身心中一片雜念邪火，這種情況對於身心的危害，可真不小啊！

某學生早些年不捨棄我這個師父，懷著一片虛心，訪問為師，那時我曾教導你要多積陰功，少去追逐塵境，日間有空，就打坐參悟丹道玄奧。無奈你對塵世的貪戀之情實在太重，被世間名利所牽纏，又難以割斷兒女恩愛，每天算計經營不已，奔走於塵世的道路上，不知不覺間就陷入了名韁利鎖了。可是苦心經營又有什麼結果呢？卻不知生死有命，富貴在天，如今對此是否完全相信了呢？

要論你講經說法的水平，就是我也恐怕有比不上你的地方。但是真正知道的人不會去多說，而誇誇其談的人往往是並不知道的人。你這種能說會道的情形，又等於是老子批評孔子所說的：「你的言論，可以說就像是整個人與骨頭都已經腐朽了，只剩下他的言語還回響在耳邊。」另外古人也說：「說得萬件，不如行得半點。」然而你卻想要成就大道，要知道你此時心中所欲求的統統屬於空架子，一點用處也沒有。要想成道，不如自下而上，自淺而深。孟子說：「道在近處，而人們卻到遠處去尋找；事在易處，而人們卻到難處去尋求。」孟子所說的這一點，正是你最需要加以防範的。又何況你現在精神雖然還算健旺，但年華已趨於老邁，再不勤奮修煉，我恐怕你的神氣一天天地消滅，等到以後想要打坐收心，也不能做到了。至於近段時間你所要做的功夫，只有按照靜則煉命，動則養性的方法進行，切莫要想馬上就斬斷塵緣入於深山。《悟真篇》說：「勸君修道莫入山，山中內外皆非鉛。」「此般至寶家家有，自是愚人識不全。」你對祖師所說的話能否信得過呢？

要說你的聰慧穎悟，那不是一劫修來的，都是前生修行積累得來的，真可以算得上是能承載大道的高才法器。又何況我門下弟子之中，要論對大道的見識理解，很少有人能比得上你的。無奈知得十丈，不如行得一寸，你在真實的下手功夫方面，能夠實實在在地在身心上有所成效的地方很少。我今天替你點破，你所講解體會的大道理，在他人是屬於誠於中而形於外，是從自家身心上體會得來的，而在你不過是一種頭腦的知解，實在是修道的大障礙、大魔頭。若不把這些理解的道理一齊塞斷，我恐怕你會日習日深，沾沾自喜，自鳴得意，一腔心血竟為這個純屬記憶習成的魔頭喪失殆盡了。為師從來不道人長短，品人高下，姑且念你為求大道，辛苦數年，到今天只成個口頭禪，與當今妄用棒喝機鋒而不真參實證的學佛人有什麼區別呢？可惜的是一番精神誤用到記憶學問裡去了。另外我也念及你具有這麼高深的慧悟知解，以此為基礎進一步修道就沒有阻礙了，要想修成大道也不難，不是那些懵懵懂懂、東竄西走，不知修道大路在何方的人可比的。考慮到這兩點，我不忍心放棄你不管，所以才以直言相告誡。

你又說，自己之所以講經說法，志在由此積功行仁，但是你也要知道立功立德，也不在到處找人去立。俗話說：「有緣遇著，無緣錯過。」聖人之道，就是中庸而已；中庸之道，不過是順其自然而已。如果說一定要立功，到處去做立功的事，這又成了自家好事生事了，不是聖人之道。古來許多仙子多有終身閉門不出的，然而間或一言一行的功德，即得以超升天上，足見功不在多，而在一心之間。人能心心都在道上，上下與天地同流，自然可以立功立德，這個道理你應該可以懂得它的原理所在了。我今天所講的，句句都是渡人的金針，你要好好體會。

【研　析】有兩種不同的教導，一種是修道必須捨棄紅塵世界，入於深山潛修；一種是你不能離開紅塵世界，必須在世俗社會中磨煉自己，才能煉出真功夫。前一種觀點認為，在世事塵緣中有太多的牽掛，你被陷在其中就無法跳出來，你沒有足夠的時間精力去修道，你在紅塵滾滾中身不由己，蹉跎一生。因此必須擺脫塵緣的牽掛，入山修道。第二種觀點認為，問題的關鍵不在於外在的環境，而在於你的內心。如果你強求自己擺脫紅塵，而你的心卻依然為紅塵世界所牽纏，那麼你入了深山也沒有用，你的心甚至更加混亂。只有在紅塵中加強觀照，經受生活的考驗，讓自己的心從塵勞中解脫出來，才能真正入於修道之境。實際上這兩種說法都各有其理，應該根據不同的學道者的情況，而應機設教。從根本上來說，只要心不動搖，在那裡都可以修道；而如果心有牽掛，在那裡都無法修道。不同的人、在不同的階段可以有不同的選擇。一般地說，入山修道重在修定修命，可以有更好的條件專心修定，入於大靜大定之境；而居塵修道則重在修慧修性，可以有更多的素材提供給我們消除習氣，鍛煉心性，遇一切境而心能作主，這樣可以開發大智慧。入山修道和居塵修道兩者是相輔相成、互相配合的，你有了專門修定的基礎，就更容易在生活中保持觀照的境界；你在生活中的觀照能夠保持，你的心性修養越高，你就越容易在入山修持中進入深定的境界。本章開始所講的修道次序，就是說一般人不能因為一時的衝動，受到外來的刺激，就想要入深山修道，而其實你的心根本就還沒有準備好，還是一腔躁氣邪火，這樣就容易出問題出偏差。

本章的中心內容是關於知解與實修、知與行兩者的關係問題。黃元吉的一位學生深通法理，有很高的悟性，而且講經說法頭頭是道，但是他的問題是缺乏實際的修煉體驗，並沒有在身心上實際地體證到他所理解的那些道理。這樣就成了空談，說得行不得，知解不但沒有幫助修道，反而成了魔障。修道是一種實際的體驗，而不是關於實際體驗的知識和記憶。知識與記憶只是人的頭腦中的一種知性認識，它並不能變成一種存在性的狀態。有些人不從事實際的修道體驗，而根據自己的知識與記憶，得到一些關於修道的概念性的理解，就以為自己已經把握了道，誤把概念理解當成是實際的體驗，這樣就錯過了修道的真理。黃元吉指出這個弟子的毛病所在，讓他捨棄這些知解，踏實地從基礎開始用功，也是一片老婆心切。當然，並不是說知解本身毫無意義，事實上這位弟子的悟解也不簡單，也是一種前生修道所帶來的宿慧，若用之得當，對於修道也是大有幫助的。因為有了正確的理解以後，就為實際上的修行指明了道路與方向。如果懵懵懂懂，分不清東南西北，這樣的人修道也很難上路。所以問題的關鍵並不是說有了知解一定不好，而是說僅僅沉醉於知解當中，不去進一步深入實踐，這個知解就成為了修道的障礙。

朝屯暮蒙章第十八

吾見生等陽生之時，進火之際，尚未明得易道朝屯暮蒙[1]真正法則。蓋《易》之屯卦，坎在上為藥，以坎中一陽生也；震在下為火，以震下一陽即所進之火也。爾等逢陽生時，不管他氣機往來何如，略以微微真意下注尾閭，那真元一氣，從前之順行者，不許他順，且意思向上，而順行之常道遂阻。順道既阻，無路可去，自然氣機往上而升，自後而上，勢必至於泥丸，此自然之理，有不待導之而後升、引之而後上者。暮取蒙之義何如？蒙，坎水在下，中有一陽，即藥在下也。艮山在上，上有一陽，陽即所退之符，符即陽氣升於泥丸，溫養片時，化成甘露神水，實皆陽之所化，非真屬陰也。以其行工至此，精化為氣，氣化為丹，宜行順道，不宜如前進火時運剛健之氣，故曰陰符。總之，藥朝上闕，泥丸氣滿藥靈，有一片清涼恬淡之象，即陽氣上升於頭目，宜退陰符之時也。此時不須引之降下，但以神主宰泥丸，意注於高上之天，自然循循降下重樓，入於絳宮，溫養片晌，導入丹田，與氣打成一片，和合一團。斯時不進不退，無出無入，靜候個中消息，再行周天。學者勿視為怪誕也。論陽生之始，氣機微嫩，要不若孟子所云「平旦之氣」為最切。繼而抽鉛添汞，漸採漸煉，愈結愈堅，又不若孟子所云「其為氣也，至大至剛，以直養而無害，則塞乎天地之間」為至論。古仙又云：「吾有一物，上柱天，下柱地。」非孟子所謂浩然之氣充塞兩間者乎？又曰：琴劍者何？蓋以至陽之氣，中含至陰，學者執著一個陽剛之氣則不能成丹。劍之取義，剛是也；而又加一琴字，取其剛中有柔、健而和順之義。然在下手之初，不得不知剛柔健順，方無差錯。若到水火調和，金木合併，則剛者不剛、柔者不柔，且至純熟之候，更不知有剛柔，惟順其氣機之流行，自然天然而已矣。生等只怕不久坐，不耐煩耳。如能耐久靜坐，不過一月兩月，大有神效。夫豈但凡息能止，真息能見者哉！必有至真之藥，不二之神，透露機關出來，令爾等上徹重霄，下臨無際，渾忘天地人我者焉。夫藥是一氣，丹是煉此一氣積累而就。只怕不肯積精累氣，所以終落沉淪，浪流生死，轉轉生生，循環往復，無有窮期耳。若發狠心，加之朝乾夕惕[2]，日就月將，始而了徹本源，知外物為幻物，久之不但外物為虛，即凡身亦假，我不以之介意，生死任他，了無瞻顧徘徊。古人視死如歸，置之刀鋸鼎鑊而不畏者，非不怕死也，只是見得理明，信得命定，守得真常之道而不失耳。不然，即一飲一食、一言一事，尚且爭之不已，何況生死，焉有舍之而不顧者哉？此蓋真者已得，而假者不戀也。吾願生將從前打散之神氣，而今攢聚一家，以火煅煉，久之自然妙合而凝，混成一氣，與天之虛空無二。如此即了卻塵緣生死，永不墮愛河欲海矣。總之，神氣打散，分而為二，即屬凡人，有生死苦樂禽獸草木不可測度之變化。若能複歸一氣，混成無間，久久煅煉成真，即金剛不壞之體。一任天地有壞，而我性無壞；日月有虧，而我命無虧也。諸子其亦知所從事耶？

【章　旨】本章講述丹法中「朝屯暮蒙」的火候法則，並解釋「琴劍」的含義，指出丹道修煉要有成效，關鍵是要下狠功夫，耐久靜坐，積精累氣，使神氣混合，融化於虛空。

【注　釋】❶朝屯暮蒙　丹道火候術語，用屯、蒙二卦闡明進火退符的火候，早上用屯卦的火候，夜晚用蒙卦的火候。屯、蒙為《易》六十四卦中的二卦，丹道以《易》的卦爻象周天運行的火候法則。朝，即早上，表示丹道周天運行的開端。屯，是事物初生、萌芽時的卦象。朝屯，表示陽氣初生萌發時力量微弱，不可妄動，要經過積蓄，象進火之候。暮，即黃昏，象徵陽氣升進由強轉弱，由明轉暗。蒙，表示蒙昧不明，與屯卦相反。暮蒙，表示陽氣升進的強盛期過去後，就應停火溫養，順其自然，象退符之候。❷朝乾夕惕　白天終日努力不懈，夜晚仍戒慎恐懼，嚴謹惕勵。《易》「乾」卦九三爻辭：「君子終日乾乾，夕惕若，厲無咎。」

【語　譯】我發現你們在真陽發生之時，開始進火之際，還沒有明白用《周易》卦象所象徵的「朝屯暮蒙」的真正火候法則。因為《周易》的「屯」卦，是坎、震二卦合成，坎在上，震在下。在內丹學中，坎在上象徵藥，這是用坎卦中間的一陽萌生來指腎精中生出真陽一氣。震在下象徵火，這是以震卦下面的一陽來表示進火的一點真意作用。所謂的「朝屯」是指，你們在陽氣發生時，不管它氣機怎樣地運行往來，只管以微微一點真意往下關注在尾閭穴上。這樣那從前順行向下的真元之氣就不讓它順行，再加上真意關注尾閭穴後，又有一個沿督脈向上提的意思，這也就將真元之氣順行的習慣性路線阻截了。順行之路既已被阻截，原路不通，氣機無路可去，自然就會沿後面督脈而上升，勢必到達泥丸。這是個自然的道理，只要順行之道被阻，就是不加以導引，它也自然能往上升。為什麼到了暮時又要採取「蒙」的火候呢？「蒙」在丹法中又是什麼意思呢？「蒙」卦，由坎、艮兩卦組成，坎在下，艮在上。坎水在下，內中有一陽，表示真氣之藥在下；艮山在上，上面有一陽，表示所退的陰符。符就是指陽氣升於泥丸後，在泥丸溫養片時，而後化為甘露神水。我們通常稱甘露神水為真陰，實際上都是真陽所化，並非真的屬於後天陰性物質。為什麼說是退陰符呢？就是說行功到了這一步，腎精化為真陽之氣，真陽之氣又經泥丸真神之火煉化為丹，這就應該走順道，不宜像進火逆升時那樣運剛健之氣，故而稱退陰符。總之是真陽之氣由督脈後升，腦部泥丸真氣充滿大藥顯靈，有一片清涼恬淡的氣象，就說明陽氣已經上升到達頭目，這就是宜退陰符的時機。此時不必用意引氣下降，只以神守在泥丸之中作主，心意如處高天之上，真氣自然就連綿不斷降下喉管，進入中丹田，溫養片刻，再引導入於下丹田，與丹田氣打成一片，和合一團，這就完成了一個周天循環。到了這一步，心神再處於虛極靜極的狀態，守著天然呼吸，不進不退，不出不入，靜靜等候再次的真陽發動，再行周天。這種火候運行都是生命的自然的法則，初學道的人不要把它視為怪誕之事。

要論陽氣開始發生的情形，那時氣機微弱細嫩，很難形容，說到關鍵處還是孟子所說的「平旦之氣」最親切。陽氣初生以後，接著便是抽鉛添汞，一步步地採煉，而神氣愈結合丹藥便愈堅實，這個過程又以孟子所說的「這種浩然之氣，至大至剛，一直涵養不要損害它，則逐漸可以充塞於天地之間」為最到位的論述。古仙又有這樣的說法：「我有一物，上柱天，下柱地。」這不是孟子所說的浩然之氣充塞於天地之間麼？這個浩然之氣有時又稱為琴劍，這又是什麼原因呢？這是因為至陽之氣，其中含有至陰在內，學道者如果執著一個陽剛之氣則不能成丹。之所以取劍這個名字，是取它的陽剛的含義；而又加一個琴字，則是取其剛中有柔、健而和順的意義。然而在下手用功的開始階段，不得不要知道什麼是剛什麼是柔什麼是健什麼是順，這樣才不會有差錯。若是到了水火調和、金木合併的階段，那麼剛柔就統一了，剛者不剛，柔者不柔了。而且到了功夫純熟的時候，就更不知有剛柔之分了，只是順著氣機的流行，完全是自然天然而已。

你們只怕不能久坐，不能耐煩罷了，如果能做到耐久靜坐，不過一月兩月，就會大有神效。這種神效豈只是後天凡息停止而能顯現先天真息而已，一定會有先天至真之大藥，不二之元神，透露機關出來，令你們往上升進到重重無盡的天外之天，往下降臨到無窮無盡的世界，在這種無垠浩大的境界中，渾然忘卻天地人我。其實這個藥就是先天一氣，丹就是煉這個先天一氣積累而成。怕只怕不肯積精累氣，所以終落沉淪，流浪生死，在不同的生命形態中輪迴轉生，循環往復，沒有窮盡的時候。若能發狠心，加上日夜勤奮用功，毫不懈怠，時時保持警惕，這樣一天天地成長，一月月地進步，開始是徹底了悟本源，知道身外之物都是虛幻，久之不但了知外物是虛幻的，就是我們的後天凡身也是虛假不實的，我不把它放在心上，生死都任它自然，一點也沒有前瞻後顧左右徘徊的雜念。古人有視死如歸，置身刀鋸油鍋之前而不畏懼的，並不是他們不怕死，只是因為他們對大道之理見得明白，堅定地相信天命，因此能夠持守真常之道而不失去，所以就不執著於後天這個虛假的肉身了。要不然的話，就是一飲一食，一言一事，尚且都會爭執不已，更何況生死大事，怎麼能捨之而不顧呢？所以這種視死如歸的情形，是屬於已經證得了先天真正的生命，而不再迷戀那個假的後天肉身。

我願你們將從前被打散的神氣，而今攢聚成一家，以元神真火加以鍛煉，時間久了自然神氣妙合而凝，融合成為先天一氣，與天上的虛空無二無別。能做到這一步，就可以了卻塵緣生死，永遠不再墮入到愛河欲海之中了。總之，神氣打散，分開成為對待的二個方面，即屬於凡人的情形，有生有死，有苦有樂，能變禽獸變草木，有種種不可測度的變化。若神氣混合復歸成一氣，兩者融合成為沒有間隔的整體，久久鍛煉成真，即是金剛不壞之體。任它天地有壞滅之時，而我的先天本性不會壞滅；任它日月有虧缺之時，而我的先天真生命沒有虧缺之時。你們現在是否知道你們從事的丹道修煉的事業，是一種什麼樣的事業嗎？

【研　析】《易》之卦象中，寓有陰陽、動靜、剛柔等變化之象，丹道常借用易象，來表示丹道的原理，藥物火候的變化。不同的丹家，所使用的法象術語往往並不全同，這使內丹學的概念系統比較複雜紛繁。但是，其總體上的精神，其核心的祕密則是一樣的，必須透過紛繁的象徵性術語體系，去把握那個源初的體驗本身。名詞術語都是「能指」，都是用來指示那個真相、那個事實的，而這個真相、事實的本身是「所指」，事實是根本，而對於這個事實的描述卻是因人而異的。我們必須從「能指」悟「所指」，透過各種看似相異的描述與詮釋，去直達那個基本的真相、源初的體驗。這就需要親身體證，實踐是檢驗真理的標準，你真正有了那個體驗，對於各種不同的描述就能了然於心。反之，如果毫無體驗，只是從概念本身去猜測、比對、思考，那麼無論你怎麼聰明，終歸是紙上談兵，毫無用處。丹家火候，總的來說不過是順逆進退、進火退符、沐浴溫養，其核心的精神是根據不同的能量狀態運用相應的呼吸意念的鍛煉方式，從而完成整體的人的身心功能狀態的進化。本章所講的「朝屯暮蒙」火候法則，只是用另一種易道的法象，來表示周天運轉時進火退符的法則。這在前面的講道中已經多次講過了。其次講到琴劍的概念，用於表示剛柔相濟，其實至陽中有至陰，也可以說超越了陰陽的對待，是本體層面的陰陽統一的狀態。講陰陽對立，講有剛有柔，都是在神氣相對、神氣有分別的時候來講的。到了本體性的階段，陰陽統一，也就不分剛柔了。所以，初級階段和最後的階段，其道理是不同的。本章最後講到煉丹關鍵是要有耐心，下狠功夫，長久地靜坐，積精累氣，從後天返先天，使神氣歸一，證得混合虛空的境界，超越生死輪迴。一般地說，丹道是重視後天身體的，因為整個修煉都要從後天身心上下手。但丹道與早期道教重視肉體成仙的教義又有所不同，丹道是從肉身出發而最後超越肉身，在果位是仍視後天肉身為假為幻，而以證得先天神氣合一的陽神為目標。所以，黃元吉認為那些視死如歸的人，是因為已經證到了先天真生命，而了知後天肉身生命為假，由這種透徹的見道功夫，才能超越生死，並不是他們真的不怕死，而是他們已經看到了真相。

清真之樂章第十九

古云：「道在眼前。」是知天地間無處不是道。道者何？即清空一氣，盤旋天地，充塞乾坤，無人不在造化之中，即無人不在大道之中。以故古云：「人身內外無不是道。」道之浩浩淵淵，真有不可以限量者。然在太空中流行不息，只為陰霾太重，將元氣錮蔽而不見，所以旱乾水溢等等乖戾作矣；而在人身中，亦時時昭著發現，貫滿內外，無如氣質之性萌動，人欲之私迭起，正氣不敵邪氣，所以聲色貨利一切人為之偽作矣。學道者必去其外誘之私，返乎本然之善，久久淘汰，才見清空一氣盤旋於身內身外之門。莫說酒色財氣之私不肯稍容在內，即自家尸魄之氣、神魂之靈，亦不許夾雜於中。夫以清濁不相投❶，邪正不並立也。凡人之所以不肯拋棄塵緣、牽纏恩愛、貪戀名利者，只為氣質之性橫梗胸中，是以清明廣大之天不現，不得不以苦為樂，認賊作子，終年竟月而不稍釋於懷也。是以凡人元氣只見日消，消至盡淨而死，故墮於地獄，發變昆蟲草木，受諸苦惱，以為閻王老子驅之使然，吾以為自投羅網。何也？曰喪天良，毫無生理，即無生氣，冥王縱欲生之，其如自趨於死何？惟聖人知得生生之理❷，適為我成仙成佛之本，享福享祿之根，獨煉一味元氣，日日薰陶，在在溫養，久則渣滓去而清光來，洞見本然至善之天，不肯稍罹塵埃以自汙其性天。生等近來所見所得，有此個景況否？若未得清真之樂，不得不隨波逐浪，從人世中暫時之福去想去求。猶之不得佳餚，即粗疏飲食亦覺可口；若已得其精華，則道味濃而世味淡，太和元氣自常常在抱矣。吾願生日月不違，動靜無間，切勿不自防閑，任一切塵緣騷擾，恩愛纏綿，修之百年亦是凡夫俗子，不免輪迴苦趣❸，這就可惜。如能存養本來，烹煉真氣，不出一月，亦有大效。效非他，即真樂也。人能得真樂，那假樂自容不得。孔子言道，只說個「樂」字。生等近來有得於心，已知外來物事盡是塵垢，再加維持之力，庶幾拋脫塵累，一掃而空，超凡入聖，即在於此。然非爾等尊師重道，立德立功，豈能遽至於斯？從今還要尊重吾道，方有大超脫之日。須知前有功行，方見性天；以後成丹，還要大開眼孔，濟人度世為心，始能成得大覺金仙。不然，區區一仙子，猶非為師設教之至意、囑望之深心也。尚其勉旃❹。

【章旨】本章論大道無處不在，只為氣質之性所遮蔽而不能顯現廣大清明之天；若能煉養元氣，去除後天氣質之性，則能恢復先天本具的本性，而有超出凡俗的清真之樂。有此真樂，則塵情世累一掃而空，可得真解脫。

【注釋】❶清濁不相投　清與濁此長彼消，不能同時並存。❷生生之理　指作為萬事萬物生生不已、永保生機的根本理則，亦即指先天大道。❸輪迴苦趣　在三惡道裡輪迴。苦趣，指六道裡的三惡道：地獄道、畜生道、餓鬼道。趣，趨向。❹勉旃　勉之焉。旃，助詞，之焉的合音。

【語譯】古人說：「道在眼前。」由此可知天地間無處不是道。這個道是什麼呢？就是清空一氣，盤旋於天地之間，充塞於宇宙之中，沒有人不是在這個宇宙造化之中，也就沒有人不在大道之中。因為這個原因，古人又說過：「人身內外無不是道。」道的浩浩廣大、淵深莫測，真有不可以限量的。然而大道雖然在太空中流行不息，只是因為陰霾太重了，將元氣禁錮遮蔽了而使清空一氣不能顯現出來，所以造成乾旱水災等等異常暴戾的自然現象發生；而從人身來講，大道也是時時呈現，貫注盈滿一身內外，無奈人的氣質之性萌動以後，人的私心雜念種種欲望不斷地膨脹增長，漸漸地正氣敵不過邪氣，所以造成種種縱情聲色、追名逐利的後天虛偽行為的產生。學道的人必須去除被外物所引誘而引起的物欲私心，返回到先天本然的至善之性，這樣經過長久的鍛煉淘汰之功，才能見到清空一氣盤旋於一身內外這種境界的門戶在哪裡。要真正讓先天元氣呈現出來，不要說酒色財氣這些私欲不肯留下一點點在心中，就是身心魂魄的後天知覺靈氣，也不許有一點夾雜在其中。這是因為先天之清與後天之濁兩者不能並存，邪氣與正氣之間不能兩立。

凡人之所以不肯拋棄俗事塵緣、牽纏恩愛、貪戀名利等，只是因為氣質之性橫梗胸中，而使先天清明廣大的性天不能顯現，由於體驗不到清明之樂，不得不把世間那本質上是苦的境界執著為快樂，如同認賊作子，終年竟月一點也不能放下這些恩愛塵緣、名利貪欲。正由於此一般未修煉的凡人他的元氣就只見一天天地消逝，元氣完全消光了人也就死了，死後墮入到地獄中，被發配變為昆蟲草木之類，經受各種苦惱，一般人還以為是閻王老子的驅使所造成的，我認為是自投羅網，怪不得閻王老子。為什麼這麼說呢？因為這種人每天都喪失自己的先天元氣，到最後先天元氣喪失乾淨，毫無生存的基礎，也就是一點生氣也沒有，就算閻王想要讓他活著，怎奈他自己奔向死亡呢？只有修道的聖人懂得人之所以能夠生機煥發的先天原理是先天元氣，這個先天元氣正是我們成仙成佛的根本，也是我們能夠享福享祿的基礎，因此不逐私欲而獨煉一味元氣，天天地薰陶，時時處處溫養它，時間一久則後天渣滓之氣被消除而先天清淨光明的境界顯現，洞見先天本然至善的本性的天空，而不肯沾染一點點的塵埃以汙染了這個先天本性。你們近來所認識到和所體驗到的，有沒有我上面所說的這樣一種景況呢？若沒有體驗到這種先天清明本真的快樂，就不得不隨波逐浪，從人世中的短暫偶然的幸福中去思量謀求。這就好像是得不到美味佳餚，那麼就是粗茶淡飯也覺得可口；若已經得到先天大道的精華，則道味濃而世味淡，太和元氣自然常常呈現於身心之中了。

我希望你們這些學生每一天每一月都不與先天大道相違背，不管是在動中還是在靜中都不間斷地涵養元氣，切莫不自加防範，任由一切塵緣騷擾，斷不了恩愛纏綿，這樣修一百年也還是凡夫俗子，免不了要在惡道中輪迴生死，這就可惜了。如果能夠存養本來的真性，烹煉先天真氣，不出一個月，也會有大成效。這個成效不是別的，就是指修道的真樂。人能夠得到這個真樂，那些塵俗的假樂自然就再也容不得了。孔子講道，就特別提出一個「樂」字，可見得到真樂的重要。你們近來修道頗有心得，已知外在的種種事物盡是塵垢，再加上保任維持的功夫，深入下去，這樣才能拋開、超脫塵累，將之一掃而空，超凡入聖，也就在於此了。然而要不是你們平時尊師重道，立德立功，又怎麼能一下子就到這個地步？從今以後，還要尊重我所傳授的大道，繼續用功，才會有大超脫的一天。你們要知道，正是因為在前面積功累德，才能見到本性的天空；以後要煉成大丹，還要將眼界打開，以濟人度世為自己的心願，這樣才能成就大覺金仙之位。要不然的話，只成區區一個仙子，這就還不是為師設教傳道的最大心願和對你們最大的期望。你們還要多加自勉啊！

【研　析】道是無限的宇宙統一場，道超越時間空間，無時無處不是道。從能量的角度說，道是清空一氣，這個「氣」不是「神」與「氣」對立時的「氣」，而是本源性的「先天一氣」或「先天元氣」，其實是神與氣的統一體，從氣的角度上說是清空一氣，從神的角度上說是先天本性。這個清空一氣，是超越性的永恆、普遍的存在，萬事萬物都在其中，人也不例外，人身內外也無處不充滿它。但人有了後天的身體以後，後天氣質之性開始萌動，逐漸由識神作主，起了私心妄想，種種恩愛牽纏、聲色貨利，後天凡氣日增，而使先天本性被遮蔽，先天元氣逐漸衰滅，後天煩惱的烏雲遮蔽了本性，再也不能呈現出本有的那個清明的天空。所以，凡人已經失去了先天清明本性的妙樂，於是更在世俗的短暫虛幻的快樂中求滿足，元氣逐漸衰滅以至於死亡。修道的聖人則與凡人的方向相反，他們知道先天元氣為生生之本，為成仙成佛的基礎，於是不去追逐後天的情欲，而是時時處處涵養元氣，消除氣質之性，復歸清明之天，回到先天本性的境界中。能進入先天本性的境界，就能體驗到超越的清真之樂。這種樂不依賴於任何外在的對象，它是自身就圓滿具足的，超越一切的對待，不需要任何外在的原因來引發它，這種樂就是超越性的真理的快樂，是大道之樂，大道之樂才是真樂。而世俗的快樂都是相對的快樂，它總是依賴於某個外在的對象，總是由於某種感官的刺激，它既然依賴於某個條件，那麼它就必然是短暫的、局限的，很快地它就會變成不滿足、不快樂，世俗之樂是假樂。所以，真正體驗了大道之樂的人，就能超越有限的塵世的快樂，不再執著於世俗的享樂，而能夠超脫塵累，斬斷恩愛牽纏。世俗的塵情少一分，大道就多一分，你越是體驗大道之樂，你就越能超越世俗的欲望；你越超越世俗的欲望，你就越能體驗大道之樂。

神仙大藥章第二十

天地是個空殼子，包羅一團元氣，生育萬物，亦只順其氣機之常，而渾渾淪淪，不識不知，所以億萬年而不朽也。人身包羅一段氤氳之氣，何以不如天地之長存哉？蓋以七情六欲日夜摧殘，先天元氣卻因後天凡氣為之遮蔽，耗散者不少，是以有生老病死苦也。惟天之氣運萬有不齊，非日月不為功。日月者，天地之功用也，故一往一來，寒暑迭嬗而成歲。人身氣機之行，作為萬類，參贊乾坤，非胎息不能立。是故天地者，人之郛郭❶也；日月者，人之胎息也。天地陰陽往來而成造化，無非日月運之於內。人能效法天地，以呼吸之神息運於其中，綿綿密密，寂寂惺惺，亦可悠久無疆，與天地而並峙也。《悟真》云：「安爐立鼎法乾坤，煅煉精華制魄魂。」❷又曰：「先把乾坤為鼎器，次摶烏兔藥來烹。」❸烏兔藥即離中之陰、坎中之陽是。真陰真陽合化為精華一氣，即藥也，即可制伏後天魂魄之靈，使之渾渾淪淪，還於太極。神仙大藥，即此一味。總之，有心性之藥，有命氣之藥。何謂性中藥生？即恍惚中物❹，而要不外從無生有。且孔子云「樂在其中」，夫人守中，如有一點樂意，即藥苗新嫩，正好採服。何謂身命之藥？即杳冥中精❺，此精之動，大有憑據：丹田有氤氳之象，活動之機，或一身上下流通，洋洋充滿，真有無孔不鑽，無竅不到，此即命中陽生。在初學人採取，又不必如此壯旺，只要身之不能伸者，至此而略有伸機，心之無可樂者，至此稍有悅意，即可採取。夫以天下物稚嫩者有生機，老壯者少生意，故丹家取嫩而不取老，老則氣散不堪用矣。果得新嫩藥氣，自然宿疾潛消。太上又云：「其精甚真，其中有信。」是知精生藥產，實有的真效驗。若云符信一至，浩浩如潮生，溶溶似冰泮，猶是粗一層景象。惟得真精真藥，此中虛而能靈，靈而實虛，直如天地莫知始終，日月無從斷續，其虛至於無極，其量至於難擬，所謂「與天地合德、日月並明」者，此也。生其勉哉。第息機主靜、寡欲安神，足以配天地而後可。

【章　旨】本章指出人應該效法天地日月的運行，而採取相應的爐鼎、藥物與火候，而藥物有心性之藥，有命氣之藥，各有相應的表現及採取的火候。

【注　釋】❶郛郭　這裡指天地是人的身體的延伸，是人身的外圍部分。郛，古代指城外面圍著的大城。郭，古代在城的外圍加築的一道城牆。❷安爐立鼎法乾坤二句　效法天地安爐於下立鼎於上，鍛煉藥物精華制伏容易妄動的魂魄。爐鼎，指煉丹的部位，在下的叫爐，在上的叫鼎，一般指下丹田，一般指上丹田，不過在不同的階段，爐鼎的位置會有變動。精華，指煉丹時的藥物，把元精與元神混合一處，就是合煉藥物。魄魂，魂代表神，魄代表精，神易上飛發散，精易下流洩漏，今以元神元精合為一處鍛煉，使精逆轉上行而不下洩，這便是魄被制伏了，神下照而不發散，這便是魂被制伏了。❸先把乾坤為鼎器二句　先把人身中的乾坤作為煉丹的鼎器，然後將烏兔所代表的藥物拿來烹煉。乾坤，指人身中的乾坤，乾指泥丸宮、上丹田，坤指下腹部、下丹田。鼎器，即煉丹的鼎爐。烏兔，烏為日的代號，指陽，代表離、汞，兔為月的代號，指陰，代表坎、鉛。烏兔即指坎中一陽、離中一陰，為煉丹之藥。❹恍惚中物　指《老子》中所說的：「恍恍惚惚，其中有物」，黃元吉認為這個恍惚中物即是性中藥生。❺杳冥中精　即是指《老子》中所說的：「杳杳冥冥，其中有精」，本章認為這個杳冥中精即是指命中陽生。

【語　譯】天地就好像是一個空殼子，裡面包羅著一團元氣，天地生育萬物，也只是順著萬物氣機變化的自然法則，任由萬物自生自化，而其自身只是渾渾淪淪，不識不知，沒有多餘的分別心，所以能夠經億萬年而不朽。其實人身也包羅著一段氤氳的元氣，那麼為什麼不能像天地那樣長存不滅呢？這是因為人身被七情六欲日夜摧殘，先天元氣卻因為後天凡氣而被遮蔽，因而被耗散的元氣不少，所以才有生老病死之苦。只不過天地間萬物的氣機運行各有不同，非得經過日月的調配不可，否則無法成就萬物的運行之功。日月，就是天地的功用，所以日月一往一來，才有寒暑的更替四季代謝而成為一年的週期。與此相應，人身中的氣機運行，起萬類作為，參贊天地之化育，這種種功能則非經過胎息的作用不能成立。由此我們說，天地就如同是人的外層的身體；日月，如同是人的胎息。天地能夠陰陽往來而成萬物的造化作用，無非是因為有日月在裡面運行。人能夠效法天地運行的法則，以呼吸中的天然神息在其中運化，綿綿密密不間斷，寂靜無念而又有警覺的意識，那麼人也能夠悠久無疆，與天地並存。《悟真篇》說：「安爐立鼎法乾坤，煅煉精華制魄魂。」又說：「先把乾坤為鼎器，次摶烏兔藥來烹。」烏兔藥即是指離中之真陰、坎中之真陽，真陰真陽融合化為精華一氣，就是煉丹之藥，有了真陰真陽合煉之藥，就可以制伏後天神、精的妄動，使精不下洩，神不外馳，兩者相融成為渾渾淪淪的統一，還歸於太極的本體狀態。能修煉成為神仙的大藥，就是這一味真陰真陽融合而成的大藥。

總之，講到這個煉丹藥物的問題，其實藥有兩種，有一種是心性之藥，有一種是命氣之藥。那麼，什麼情況是心性中的陽生藥產呢？就是老子所說的「恍恍惚惚，其中有物」的「物」，其要旨不外是從無中生有，在虛無之境中有一種東西顯現出來。而且孔子說「樂在其中」，當人守中入於虛寂之境，如有一點喜樂的意思生出來，即是性中藥生，藥苗新嫩之時，正好採取。那麼什麼叫做身中命氣的陽生藥產呢？就是老子所說的「杳杳冥冥，其中有精」的「精」，這個「精」發動了，是大有憑據的：覺得丹田中有氤氳之象，活動之機，或者覺得一身上下氣機流通，洋溢充滿，真有無孔不入，無竅不到的感覺，這就是命中陽生。當然，對於初學的人，採取時又不必等到如此壯旺，只要感到原來身體不能舒展而現在覺得略有舒展之機，原來覺得心一無所樂而現在覺得稍微有點喜悅之意，就可以採取。這是因為天下事物，都是在稚嫩的時候富有生機，而到了老壯時就少有生意，所以丹家採藥時取嫩而不取老，一老則氣機已散而不可用了。果然能得到新嫩的藥氣，自然可以使宿疾在不知不覺中消除。老子又說：「其精甚真，其中有信。」由此可知精生藥產，是實實在在地有真正的效驗的。如果說大藥發生的憑信已經到了，浩浩奔流如海潮升起，溶溶洩洩如冰雪融化，這還是粗一層的景象。只有得到真精真藥，這種境界虛無一物而又能靈妙莫測，靈妙莫測而實際上又虛無一物，簡直就如同天地一樣不知其始終，像日月一樣無從使之斷續，它的虛是虛到無極，它的量是達到無法比擬的地步，《易經》所說的「與天地合其德，與日月合其明」，就是指這個境界。你們知道了這個最高的境界，更要奮發自勉。必須在停息塵勞之機而主靜立極，少私寡欲，心神安寧，足與天地相配時，然後才可以說懂得了真藥發生的境界。

【研析】《老子》云：「天地所以能長且久者，以其不自生，故能長生。」天地無心而成化，任萬物之自生自化，而沒有任何主觀的意識作為，所以能經億萬年而不朽。人則不同，後天的七情六欲縈繞於心，一味向外追逐物欲，而使元氣耗散，先天本性不能顯現，因而有生老病死之苦。丹家認為，要使人的生命如天地一樣永存，就必須像效法天地運行的自然法則，去掉後天的思慮分別，回歸先天自然無為的本性。同時天地運化離不開日月的功用，人身中的胎息就如同人體內的日月，所以煉丹要運天然之神息，綿綿密密，同時保持心性的覺醒，長久下去，就可以悠久無疆，與天地並存。天地又對應於煉丹的爐鼎，日月又象徵著煉丹的藥物。煉丹時安爐立鼎，以離中真陰和坎中真陽合為一處煉成一味大藥精華。這個大藥又可以分為心性之藥和命氣之藥，也就是從性與命兩個方面來看大藥發生的景象，其實也就是前面講到的「性陽生」和「命陽生」的問題，藥產與陽生是同一個意思。心性之藥發生時，就是在虛靜之中有一種真實的體驗發生出來，感到有那麼一種喜悅的味道，這就表明無中生有，靜極樂生，是性陽生的一種表現。而命氣之藥的發生，則是從丹田中氤氳的氣機來講的，真陽之氣洋溢充滿，貫注於一身，這就是命中陽生了。陽生藥產，在不同的階段、隨著功夫的高低，有不同程度的表現，一開始當然不能要求要到那種強烈壯旺的感受才進行採取，只要有一點稚嫩的苗頭就行了。但同時要知道，最徹底的真藥發生的景象，那是與天地同流，虛極靈妙，無窮無盡，莫測始終的境界，了解這一點，就能克服自滿之心，不要有一點初步的體驗就自以為了不起，而是應更加自勉，不斷進步。

致中致和章第二十一

吾示生等，要得道妙，須混混沌沌，寂之又寂，始是父母未生以前一團太極之理。此個渾淪，即鴻濛未判之祖氣，天地將判之元氣。人身賦氣成形，感無極之真，二五之精，妙合而凝，乾道成男，坤道成女❶者，即此四大未分，五行未著，一個渾淪完全之元氣。人有此則生，無之則死。此為修道第一妙機，不可不講也。然渾淪之中，漫無主宰，又墮頑空，致成昏昧。修道人於五行混合為一氣之時，必以元神為之主宰，然後道氣常凝而金丹可煉。此豈遠乎哉！舉念即見，開眼便明，不拘隨時隨處，遇常遇變，皆有道氣存乎其間，只怕不肯靜定耳。當其未發也，不自迴光返照，保護無聲無臭之靈源；及其已發也，不肯壹氣凝神，操存不識不知之天德。以故未發時，則昏憒而如睡，一中湛寂安在乎❷？既發時，又精明而好動，一和中節不得也❸。是以任意氣之縱橫，隨私欲之紛擾，直將本來渾然之體遮蔽不見，消滅無存。嗚呼！生理已亡，生機安得？欲其不墮入牛腸馬腹、鳥獸草木之類，不可得矣！是知道在人身，無時不有，無在不然，只要一個元神常常了照，以保其固有之天，即修道，即煉丹矣。無如致中致和❹之道，多因事物之紛投而為之耗散焉。在不修煉者無論矣，往往有身入道門，云修云煉，多有靜處已見道源，常凝道味，及至事物紛來，心為所亂，道即不存者多矣。此殆只知靜中之道，而不知動處無非是道，是以靜存而動散。吾念生心誠求道，抉破動時天機，庶知頭頭是道，無處不是天花亂墜。故曰：「會心今古近，放眼地天寬。」只在人了悟斯道，始有得於日用百為之際。其初勉強支持，久則禽魚花鳥，無在不是化機焉。何者？古人云：「險而戎馬疆場，細而油鹽柴米，識得道時，無在不是道機。」即如遇親則孝，遇兄則恭，前無所思，後無所憶，如心而出，不知是孝是悌，亦不計利計功，此即天良勃發，突如其來。凡人不知保之養之，往往舉念即是，一轉念間又為遊思雜念打散矣。保養又非別有法也，凡事應得恰好，處得最當，我無喜也，亦無憂，無好也，亦無惡，即順天地之自然，極萬物之得所。生須任理而行，聽天安命可矣。

【章　旨】本章論述修道關鍵在於涵養先天元氣，而涵養須以元神為主導，未發時致中，已發時致和，動靜無間，隨在皆道。

【注　釋】❶無極之真等句　這幾句話都出自北宋理學家周敦頤的《太極圖說》。無極之真，即無極是萬物的真正本源。二五之精，二是指陰陽二氣，五是指五行之氣，二五之精指陰陽、五行是萬物變化的基本元素。妙合而凝，指無極之真和二五之精，經過巧妙的融合凝聚，形成萬物之靈的人。乾道成男坤道成女，指人的形成分別按照乾道和坤道的法則，而形成男女之別。❷一中湛寂安在乎　此章所講已發、未發、中、和等，皆是從《中庸》的語境中來說的。「一中湛寂」即是從《中庸》「喜怒哀樂之未發，謂之中」上來講的，在未發時只是一個湛寂不動的中體，常人未發時因昏睡無覺故，此中體不能保存，所以說「一中湛寂安在乎」。❸一和中節不得也　「一和中節」即從《中庸》「發而皆中節，謂之和」來說的，常人既發之後，由於後天識神精明好動，不能保持中節之和，所以說「一和中節不得也」。❹致中致和　《中庸》：「致中和，天地位焉，萬物育焉。」致中，是在靜中未發時涵養中體這個本源。致和，是在動中已發時發而中節，順物自然，應物無心，而觀照常存。致中致和，就包括了動中靜中的全部修養在內，也是本章的主題所在。

【語　譯】我告訴你們這些學生，要想體驗到大道的微妙境界，必須要混混沌沌，深入寂靜又寂靜的地步，才是父母未生我們以前的那一團太極理體。這個混沌無分別的狀態，就是鴻濛未判時的先天祖氣，也是天地將要判分時的元氣。人就是在被賦予了這個元氣以後才漸漸成長出這個有形的身體，感得先天無極的真元，結合陰陽二氣和五行之氣的精華，經過巧妙的融合凝結而乾道成男，坤道成女，形成後天有形的生命，那個最初被賦予的就是這個四大未分、五行未著時的渾渾淪淪完完全全的元氣。人有了這個元氣則可以生存，沒有了它就會死亡。這個先天元氣是修道的第一玄妙之機，實在是不可不講。

不過又要注意，如果在這個渾淪境界中漫無主宰，則又墮入到頑空之中，以至於造成昏沉無知的狀況。修道的人在進行五行之氣混合為一，重返先天元氣的時候，必須要以元神作為它的主宰，然後先天道氣才能常常凝結而金丹可以煉成了。道豈是在離開我們很遠的地方嗎？道就在我們身邊，一念覺悟道就呈現，如同打開眼睛就見到了光明，不受時間地點的約束，也不管是遇到平常的或是變化的情況，都有道氣存於其間，只怕你不肯靜定下來去體味罷了。

對於常人來說，當他們在意念情緒還沒有生發出來的時候，他們不知道把意識迴光返照，去保護那個無聲無臭的心靈本源；等到意念情緒已經發出來了，此時又不肯統一志氣凝聚心神，去操存涵養那個沒有思慮分別的先天德性。由此而造成這樣的結果，在喜怒哀樂未發時則昏昏沉沉如同人睡一般，那個湛然寂靜的未發之中又何在呢？等到喜怒哀樂既發之後，又因為後天識神精明好動，那個發而皆中節的和諧境界也不能實現。所以就任憑後天意氣縱橫亂動，放任私欲紛紛擾擾，直到將本來是渾然的先天本體遮蔽而不能顯現，而至於消滅無存。嗚呼！生存的先天依據已經失去了，又怎麼會有生機呢？想要這些人不墮入牛胎馬腹、鳥獸草木之類，也沒有辦法了。

由此可知，道在人身上，是無時不有，無處不一樣，只要有一個元神在其中常常保持觀照，以保存那個固有的先天本性的存在，這就是修道，就是煉丹了。無可奈何的是，致中致和之道，大多因為遇到紛繁的事物而為此耗散了，根本做不到未發時守中，已發時致和。在那些不修煉的人就不用說了，往往有些身入道門之中的人，又是修又是煉的，大多數在靜定時已體驗到大道本源，也常常能凝結道味，可是等到事物紛紛來臨，心就被擾亂了，道也就不見了，這樣的修道人多著呢。這種情況就是由於他們只懂得靜中修養之道，而不知動處也無非是道，所以靜中能保存道的境界，而動中就發散了，不能做到動靜如一。我考慮到你們是誠心求道，所以給你們抉破動中修行的天機，這樣才能使你們頭頭是道，無處不是天花亂墜的合道之境。

所以說：「會心今古近，放眼天地寬。」關鍵只在於人要了悟這個動靜一如的道理，才能在日常生活的種種作為中體道有得。剛開始時還算勉強維持住這個境界，時間一久功夫純熟，則禽魚花鳥，無處不是道的化現之機了。為什麼呢？古人說：「危險之地而至於戎馬疆場，細微之地而至於油鹽柴米，能識得道時，則無處不是大道顯現的時機。」就如一個人遇親則知孝順，遇兄則知恭敬，前無所思，後無所憶，完全是順應本心而發出來的，並不知是孝是悌，沒有這些概念，也沒有功利計較，這種情況即是人的先天良知勃發，是突如其來不假思索的。像這種天良顯露的時機，凡人往往不知道加以保養，往往一舉念即是了，但一轉念之間又被遊思雜念打散了。說要保養其實也沒有別的辦法，凡事應得恰好，處得最當，我在其中是無喜無憂，無好無惡，不加以後天人為的判斷分別，這就是順應天地的自然，讓萬物最大限度地各得其所。你們只須聽任天理而行，聽天安命就可以了。

【研析】先天元氣無處不在，無時不有，充滿宇宙，遍及萬物，此是一客觀的存有，亦是一超越的存有。此元氣體現於人身，便是人身之元氣。元氣本不可說有增有滅，有生有滅，只不過是從人身的體現上來說，便有一個人能否與先天元氣相統一、相作用的問題，就有一個先天元氣在人身上的顯現與作用的問題，因而方便地說，人身的元氣是有增減有生滅的。故元氣體現於人身，有一個主觀的境界的問題，最終也就是人的身心狀態的問題，在不同的境界、不同的狀態下，人便與先天元氣形成不同的相互關係。能否進入虛寂靜篤、渾渾沌沌的狀態，是人能否與先天元氣相溝通相統一的關鍵，而人的元神能否在其中作主又是人的生命系統能否有意識地使元氣與人體相互作用的主體功能。不入於虛無渾沌的狀態，就不能與先天元氣這一能量大海相統一，而沒有元神的主宰作用，元氣的作用就沒有主體的明覺而陷於昏沉狀態。總之，煉丹無非是元神與元氣的相互作用與相互統一，也是性與命兩者終極的和諧統一。從人的生存狀態來考慮，則無非是兩種，一種是未發狀態，是萬念未生時的靜寂狀態；一種是已發狀態，是起心動念、待人接物的動態。相應地，修道就是要在未發時返觀心性的本源而致中，在已發時保持元神作主而應物自然以致和，致中致和雖然是出於《中庸》的說法，但實際上統括了修道的兩個基本的方向，一是靜中涵養，一是動中觀照，這可以說是通於一切修煉法門的根本要旨所在。常人恰恰是相反，在未發之靜中，不能返照心源而是陷於昏沉無知的狀態，便不能致中；在已發之動時又不能凝神靜氣，順物自然而不動心，而是識神妄動，雜念紛馳，便不能致和。如此陷於後天執著分別之中，不能與先天元氣相統一，而使身中元氣耗散，歸於輪迴生死。修道就是時時處處以元神觀照，靜則致中煉命，動則致和養性，終致動靜一如、道不離身之境。若只是在靜中能與道相應，一到動中為人處事，則妄想紛馳不能作主，這樣動靜為二，道不能相續，便無法證得大道。

元精化生章第二十二

前示動處煉性一法，隨時隨處皆有天機勃發，總要在在發動，在在覺照，陡起精神去做一番，不要空過。如此日無虛度，心有餘閒，自然妙義環生，無往而非道，無往而非修矣。或者曰：天機之發，如孟子乍見入井，有惻隱之心[1]，一日能有幾何？必待此機萌動，而後採而煉之，是則空閒之時多，安得謂無間斷耶？不知孟子之舉特一端耳，其間庶事應酬，不論為大為小，為己為人，均有前無所思，後無所憶，如心而出，因物以施，此即古云「無心心即是道心」、「心到無時無處尋」是。學者能從凡百事為，與靜裡無事時，用迴光返照法，內不見有我，外不見有人，即玄關竅玄牝門立其基矣。三教聖人之道，別無他法，總之一個收心於虛無氣穴之中。即如以火煉藥，必要此時此情渾無一事，方是元神發動，與孟子乍見孺子入井怵惕惻隱之真心同一機軸，此所以心無其心，神即元神，始可為煉丹之統帥。當下一眼照定，一手捉定，即謂安爐立鼎。由是以元神發為真意，採取先天元氣以為結丹藥物，庶不似修性一邊之學也。然在初學之士，若不得先天元精以涵孕之，又安得元氣之生，以深根而固蒂？精如何養？必淡泊以明志，寧靜以致遠，一日十二時中，不動一躁性，不生一妄心，庶凡火不起，而凡精從此而有形，元精亦從此而有象矣。凡精者何？即口中之甘露也。元精即甘露中一點白泡，如珠如玉，精緻瑩潔者是。生等日夜之際，如有津液微生，即是微陽初動，總貴勤勤收斂，採而攝之於玄宮，不久自有氣機大動之時。但人不知，養之千日，敗之一朝者多矣。廣成子曰「毋搖爾精」❷，精即汞，汞即心中之靈液，元神之所依託者也。油乾燈息，汞竭人亡，此又不可不慎也。所望諸子於無知無覺時，或忽焉心地清涼，或時而甘津滿口，皆產元精之真驗也❸。能於此覺之即收，收之即煉，鼓橐籥之風，一上一下，聽其往來，即煉精，即前行短、二候採牟尼之法也。吾道最重者，在此一刻間，呼吸之息，不失其機，即玄關竅開、水源至清之時也。從此一生一採，毛竅疏通，迨有晶瑩如玉之狀，此即精化氣時也。急忙採取，運行河車，切勿失其機焉。靈液滋生，口有甘露，俱是後天有形之精，算不得真精。惟精明之精，庶幾近道。然精生有時，知真時者，便知真精。究竟精生之時，在人為何時哉？蓋精者，其靜而寂寂也，則為先天之元氣。及靜養久久，忽焉而有動機，此即鴻濛未判將判之時，元氣已有動機。元氣之動機，即靜為元氣，動化元精❹。此時之精，非交感之物事也，亦非有形之精，周身踴躍也。必從混混沌沌中，無知無覺時，忽焉而有知覺，是元精化生也，又謂真知靈知也。總之，元精無形，惟此萬念齊捐，一靈獨運，炯然朗抱，渾然而知，即為精生，即為水源至清。從此一念不紛，即以此個真意主宰，督精為丹頭，又以一呼一吸之胎息為火❺，以慢慢的之呼吸神火燒灼此個元精於丹田之中，久之火力到時，則變化生焉，神妙出焉。何也？精生無形，不過一個精明之真知，只一心無兩念，從此以神主宰，以息吹噓，不久那丹田中忽有一股氤氳之氣，蓬勃之機，從下元湧起，漸漸至於身體。始猶似有似無，不大有力，孟子謂「平旦之氣」是。久則油然心安，浩然氣暢，至大至剛，有充塞天地之狀，自亦不知此氣從何而始，從何而終，此即精化氣時也。是氣也，雖有形可知可見，然元精元氣分之則二，合之仍一，以其動言之則為精，以其靜言之則為氣。此氣之氤氳蓬勃者，皆後天有形之尸氣，元氣附之而形，非元氣實有形也❻。知得此個元氣，則元神亦在其中，又非謂元氣即元神也。在天地未有之前，只一元氣而已，及太極一判，而三元分矣。從此元氣發生，採之而返於鼎中，則元神自此而增長焉。何也？夫以神無氣，則無依也。生等自氣生時，惟運河車工法，那慧悟頻開、前知後曉自在個中矣。

【章　旨】煉丹是以元神採元氣，而保養元精、煉化元精則是基礎，本章進一步闡述了元精的表現及採煉的功法火候，對元精、元氣與元神三者的關係作了深入的揭示。

【注　釋】❶孟子乍見入井二句　《孟子・公孫丑上》：「今人乍見孺子將入於井，皆有怵惕惻隱之心。」人在見到小孩落入井中時，就在這一瞬間會自然地生起惻隱之心，並沒有任何功利性的動機，孟子認為這就是人的仁心表現的端倪，故說「惻隱之心，仁之端也」，由此論證人的仁、義、禮、智是內在於人的本性的，人的本性是善的。此處指這個惻隱之心就是先天真心的呈現。❷廣成子曰毋搖爾精　《莊子・在宥》中「黃帝問道於廣成子」的一段話：「吾語汝至道：至道之精，窈窈冥冥；至道之極，昏昏默默。無視無聽，抱神以靜，形將自正。必靜必清，無勞汝形，無搖汝精，乃可以長生。目無所見，耳無所聞，心無所知，汝神將守形，形乃長生。慎汝內，閉汝外，多知為敗。我為汝遂於大明之上矣，至彼至陽之原也；為汝入於窈冥之門矣，至彼至陰之原也。天地有官，陰陽有藏。慎守汝身，物將自壯。我守其一以處其和，故我修身千二百歲矣，吾形未常衰。」「毋搖爾精」即是「無搖汝精」。❸皆產元精之真驗也　這是說上文的「心地清涼」、「甘津滿口」是元精產生的真效驗，但並不是說它們本身就是元精。❹靜為元氣二句　元氣與元精的關係，有兩條路線，一是先天到後天的路線，此時靜為元氣，動為元精，先天元氣作用於後天人身就發生元精之動；一是從後天返先天，人身中元精生發之後，進一步經過煉丹採取，又化為元氣而與元神相結合，這是煉精化氣、煉氣化神的過程。❺又以一呼一吸之胎息為火　一般地，以呼吸為風，以元神為火，但是胎息常常是與元神相配合而講的，此時稱為天然神火、呼吸神火。❻非元氣實有形也　先天元氣無形，但作用於人體後使人體產生有形的氣機，此氣機雖非元氣本身，但是元氣作用的表現。元氣不可見，但可從氣機上得一消息。

【語　譯】前面講到動處煉性的方法，告訴你們道無處不在，隨時隨處都有天機勃發，關鍵在總要在天機隨時發動時能隨時覺照，提取精神去涵養採取做功夫，不要錯失良機空度時光。這樣每天都不虛度，心中常有空閒的時候，不被塵世事物所占據，自然就會不斷地領悟到修道的妙義，逐漸做到無往而非道，無往不是修，處處是道處處是修的境界。

有人對此有迷惑，他們認為，像孟子所說的突然見到小孩掉入到井裡面去時會油然而生起惻隱之心，這種情況一天能有幾回呢？如果一定要等到有這樣的天機發動然後去採煉，那麼就是空閒的時間多而採煉的時間少，又怎麼能說修道沒有間斷呢？之所以會有這個疑問，是因為他們沒有理解到孟子所說的只是專門舉一個例子而已，其實在日常生活中處事應酬之間，不論是大事小事，是為自己做事還是替別人打算，都隨時會有前無所思、後無所憶的真心發動的情形，這時完全是憑著真心自然地應對，順應事物的情況而採取相應的辦法，一點也沒有後天計較分別的心。這就是古人所說的「無心之心即是道心」、「心到無時無處尋」。學道的人能在生活中面對成百上千種事務時，以及在靜處無事的時候，用回光返照的方法，把意識的目光返回來看它自己，這時內不見有我，外不見有人，這個狀態就說明丹道所講的玄關竅、玄牝門已經確立了基礎了。三教聖人之道，別無他法，總之是一個把心收回來入於虛無氣穴之中的方法而已。就拿以元神之火煉藥來說，必須要此時心裡的狀況是渾無一事，毫無牽掛，這才是元神發動，與孟子所說的突然見小孩落於井中而起的怵惕惻隱的真心是同一個原理，這種情況就是心無其心，沒有了後天的思慮分別心，而此時的神即是元神了，元神作主，才能作為煉丹的統帥。要在這個當下一眼照定，一手捉定，體認元神，這即是安爐立鼎了。由此再以元神發為真意的作用，採取先天元氣作為結丹的大藥，才不至於變成只是修性的一邊之學，而成性命雙修的丹道之學。

然而對於初學的人，若沒有得到先天元精來涵養孕育它，又怎麼能得到元氣發生，以使生命的根元得以深厚鞏固呢？那麼元精如何涵養？一定要像諸葛亮在他的〈誡子書〉中所說的那樣，淡泊以明志，寧靜以致遠，一天十二個時辰內，不動一點躁動之氣，不生起一個妄想之心，這樣才能凡火不起，然後後天凡精從此有形，元精也從此有象了。我們說的凡精是指什麼呢？即是指口中的香甜的津液，又稱為甘露。而元精就是甘露中的一點白泡，那個如珠如玉、精緻瑩潔的就是。你們在日夜之間，如果覺得口中有津液微微生出，就是微陽初動，總貴勤勤地收斂，採取並攝歸到丹田玄宮之中，不久自有氣機大動之時。但是人往往不知此理，辛苦涵養了千日，卻一朝敗失的人多得很。廣成子所說的「無搖汝精」，這個「精」即是指汞，汞指心中的靈液，是元神所依託的那個生理基礎。如同油枯燈滅一樣，人的汞耗盡了也就將死亡，這又是我們不可不慎重對待的。

我所期望你們的，就是要在無知無覺時，或者忽然感到心地清涼，或者時而甘甜的津液滿口都是，要知道這都是元精產生的真效驗。能在這個時候一覺察到元精產生就開始收斂，一收斂起來就開始採煉，鼓起呼吸之風，一上一下，聽任它自行往來，這即是煉精了，也就是我們以前提到過的「前行短」、「二候採牟尼」的方法。我們丹道修煉最注重的，就是在這一刻間，呼吸的調整不錯失時機，因為這就是玄關竅開、水源至清的時刻。從此以後元精一生就行一採取的火候，等到一身的毛竅疏通，有一種晶瑩如玉的樣子，這就是精已化氣的時候了。此時要急忙採取，運行河車功法，切勿錯過這個時機。需要注意的是，靈液滋生，口有甘露，這都還是後天有形之精，算不得真精，只是真精產生的一個效驗。只有無形的先天精明之精，才可說與道相近了。

不過這個真精產生是有特定的時候的，知道這個真精產生的時機，便可知道真精了。那麼究竟這個真精產生時對人來說是在什麼時候呢？原來這個真精，當它在靜而寂寂時，則為先天元氣。等到靜養時間久了，忽然間這個先天元氣有發動之機，這就是鴻濛未判而將判之時，元氣已有動機了。元氣的動機，就體現為靜則為元氣，動則化為元精。這個時候的元精，不是那個交感之精，也不是有形之精，但能感到周身有一種踴躍之感。一定要從混混沌沌中，從無知無覺的時候，忽然而有知覺，這才是元精化生之時，這個元精又稱為真知靈知。

總之，元精無形，只有在這種萬念一齊放下，只剩下一個靈明覺知的意識存在，身心在一種明朗的意識光亮之中，雖渾然無念卻有靈知獨存，這就是元精發生的情形，也是水源至清的時候。從此一念不紛馳，即以這個無念而有覺的真意在其中作主宰，督促著這個元精作為丹頭，又以一呼一吸的胎息作為天然神火，以慢慢的呼吸神火燒煉這個元精於丹田之中，時間久了，火力到一定的火候時，則有變化發生，神妙也由此而出了。為什麼呢？元精發生是無形的，不過是一個精明的真知，此時只有一個真心而無第二個念頭。元精發生後從此以元神作主宰，以胎息吹噓，不久那丹田中忽有一股氤氳之氣，一種蓬勃的氣機，從下丹田開始湧起，漸漸至於全身。開始時還似有似無，不大有力，即是孟子所說的「平旦之氣」。時間久了則感到油然心安，浩然之氣暢通無阻，至大至剛，有充塞天地之狀，自己也不知這股浩然之氣是從哪裡開始，又是從哪裡結束的，這個時候就是精已化氣的時候。這股氣雖有形可感，可知可見，但並不是元氣本身。因為元精元氣分開來說是兩個，合起來說仍是一個，從它動的一方面來說是元精，從它靜的一方面來說是元氣。這股氤氳蓬勃的氣機，都是後天有形的物質性的氣，是元氣作用於人體附著在上面而形成的，並不是說元氣真是有形的。知道了這個元氣，則元神也就在其中了，但也不是說這個元氣就是元神。在天地未有之前，就只是一個元氣而已，等到太極判分，則精氣神三元分立了。從這個元氣發生後，採取它返還於爐鼎中，則元神也從此增長了。為什麼呢？因為元神沒有元氣，就失去了依持，而有了元氣以後，元神自然得以增長。你們在元氣發生以後，只要運用河車功法採取，進一步煉氣化神，那種慧悟頻開、前知後曉的神妙作用自然就在其中了。

【研　析】第一，孟子的修養系統，與丹道不必相同，雖可相通，但不是同一個路子。黃元吉喜歡引用孟子的話來論述丹道，也只是引孟子之言為我所用，不必盡合孟子的原意。北宋儒學復興以後，儒家內聖之學再度成為社會上的正統思想，儒學復興所依據的傳統經典就是四書，即《論語》、《孟子》、《大學》和《中庸》，北宋以後四書也成為官方科舉考試所規定的主要經典，因此在社會上具有重要的地位和普遍的影響。受此種風氣影響，明清以來的丹道思想家也都喜歡引用四書作為講道說法的重要經典依據，他們會通儒釋，貫通三教，形成一種三教合一的理論模式。一方面，儒釋道三家雖有不同，但確有相通的地方，在某種意義上會通三家是具有內在的理論統一性的。另一方面也要看到，有時過於強調三教合一，而沒有深入理會三教本身的內在的義理系統，因而往往流於表面，隨意引用三教典籍為己所用，而忽略它原本的意義。這是我們在讀《樂育堂語錄》這一類文本時要特別加以注意的。

第二，以元神採元氣，是丹道的特色，性命雙修，而非僅修元神一邊。一般來說，佛家修煉注重的是心性的覺悟，他們並不特別強調身體、命氣的方面，而是強調怎麼破除執著、去除煩惱，以明心見性為宗旨，而傳統的道教修煉方術則較偏重於身體的修煉，講究的是積精累氣，健身延年乃至長生不死。內丹學則既是傳統修煉方術的集大成，同時也是對傳統修煉方術進行了革新與昇華，特別補充了心性修養的方面，強調性命雙修。在《樂育堂語錄》中，性功與命功得到了很好的平衡，既有大量的明心見性方面的論述，也有煉精化氣乃至煉氣化神等具體丹法的講解，對於周天河車、藥物火候等有細緻的說明，特別強調了呼吸、胎息在其中的重要作用，這表明《樂育堂語錄》是成熟意義上的內丹學的代表，裡面所講的丹法非常系統，最鮮明的體現了內丹學性命雙修的特色。

第三，先天大道是一，本體是一，是不可分割的整體。只是有了後天的肉身以後，先天後天相互作用，而有了精氣神三元分立，但它們又是一而三、三而一的統一體。先天本體與後天精相互作用，以精為載體而體現其功用時，即是元精，元精本無形不可見，但是可從口中甘露的發生上窺其端倪；先天本體與後天氣相互作用，以氣為載體而顯現其功用，即是元氣，元氣的發生也不可見，但可從丹田中蓬勃的氣機中得其消息；先天本體與後天神相互作用，以神為載體顯現其功用，即是元神，元神也不可見，但可從後天分別心停息一念不生時，頓然顯現其明覺功能。本體不是有形之精，有形之氣，有念之神，然而其作用又可通過精、氣、神而顯現。修行就是從後天的精氣神的修煉上，顯現先天本體的功能，元精化元氣，元氣化元神，元神與先天本體合一，這就是返本還源，與道為一的神仙境界。

成仙首務章第二十三

吾教諸子以修身為本，而修身以凝神為要。夫既知收神光於兩目，則元神聚而此身有主，於是學孟子「持其志，毋暴其氣」❶，常常提撕喚醒，先將後天凡息持平，而先天胎息始克現象。蓋元氣，母氣也，胎息，子氣也。元氣與胎息雖二，而實一也。若無先天元氣，則後天之胎息無以生；無後天胎息，則先天之元氣無由寄。欲招先天元氣伏養於身中，必凝其神，調其息；迨至後天息平，先天胎息見，似有似無之內，先天元氣寓焉。久之凡息頓滅，先天胎息自在個中，一往一來，陰陽造化，充滿於一身內外，有不知其何自而起、何由而止者。人能於此直養無害，則跳出乾坤之外，包羅日月之中，較諸天地為尤大也。此豈別有法哉？要不外一神光之朗照，調後天呼吸，引起先天胎息，而元神元氣自寓個中，為我身不朽之主也。是知凡息一停，胎息自動，而生死由我矣。到得真息大動，而神仙果證矣。生等須知胎息之用，有勉然自然之分，為文為武之用，而其要緊者，惟在萬緣皆空，一塵不染，如如自在，朗朗常明，我惟以元神化為真意主宰之而運用之，毋令一念遊移不覺，一息昏怠不明，常惺惺天，活潑潑地，如太陽之往來無停，日夜不息，而其光之所照，無一處有遺，無一刻不在也。如此久久，胎息常住於金鼎之中，不從口鼻出入，亦無明暗起滅，一息如斯，萬古如斯，始而結成刀圭妙藥[2]，漸而凝成玄黃至寶[3]，終則大而化，化而神，為千古不壞之仙矣。要不外以神為胎之主，以氣為胎之輔，以息助胎之成，故胎息即成仙之首務也。人能凝神調息，注意規中，呼吸綿綿，不徐不疾，神與氣兩相抱合，凝於丹田之中，即爐鼎安立矣。及至胎息和平，神凝氣聚，即陰陽持平，二八平分，正宜採取元陽真氣，以收回玄宮。既知採藥，尤要明得煉丹，知得服食。採藥是陽生時幹，是二候採牟尼、前行短法。煉丹是陽壯時事，行子午卯酉四正之工。服食之時，是藥氣收歸爐內，慢慢溫養，如人家煮物一般。採烹二候，俱有工夫，惟服食之時，安享其成，坐而晏飲，不俟一點工夫為也。此殆所謂涵養太和之天，嬉遊光天之下，有不知其所以然者。生如悟此，修煉工夫盡於此，大道亦了於此矣。

【章　旨】本章講述胎息為成仙的首務，通過凝神調氣而達於胎息的狀態，胎息成才能有效地產藥、採藥、煉丹和服食。

【注　釋】❶持其志二句　把持守護人的意志不動搖，不讓自己的氣暴躁浮動。因心與氣二者密切相關，相互影響，故既要把持好人的意志，又要注重養氣之道使氣不亂動，但心為氣之主，心是更能動的因素，是矛盾的主要方面。《孟子·公孫丑上》：「夫志，氣之帥也；氣，體之充也。夫志至焉，氣次焉。故曰：持其志，無暴其氣。」❷刀圭妙藥　刀圭原是古代的度量單位，刀指古代錢幣，形狀如刀，圭是指微細的重量單位，在古代十粟為一圭，十圭為一銖，二十四銖為一兩，十六兩為一斤。當然，刀圭實際上並不是嚴格的度量單位，它最先用於外丹用刀取藥，僅滿其上之圭，說明取藥之少。在內丹中，刀圭引申為珍貴稀少之藥物，又稱刀圭妙藥，指真陰真陽會合而成之一點先天之氣。❸玄黃至寶　指丹藥經過烹煉進一步凝成高品質的內丹。玄，玄關，指泥丸宮。黃，黃房，指中丹田。又「玄黃」有種種意義，此處也可解釋為對「至寶大丹」的一種形容，有深遠奧祕的意味在內。

【語譯】我教導你們要以修身為本，而修身又以凝神為要。人的精神發竅於二目，既然已經知道如何從二目上收斂神光，那麼元神就得以會聚而我們的身體就有了主人了，於是就學習孟子所說的「把持我們的意志，不要使身中之氣暴躁不安」，常常警覺提醒自己，先將後天普通的呼吸調整到平靜悠長，慢慢地先天胎息才能顯現出來。說到胎息，它與先天元氣的關係就像母與子的關係：元氣是母氣，胎息是子氣。元氣與胎息雖然分開說是二，而實質是一。如果沒有先天元氣，那麼後天的胎息也就無從產生；如果沒有後天的胎息，則先天元氣在後天就沒有寄居的地方。若想要招攝先天元氣伏養於人身之中，就一定要凝其神，調其息；等到後天的呼吸平靜而近於停止的時候，先天胎息就開始顯現了，在這個似有似無的境界中，先天元氣也就寄居在其中了。時間久了，後天凡息就會突然完全停止了，而先天胎息開始自然地在其中運作，一往一來，包含著陰陽造化，充滿於一身內外，有一種不知它起於何處又止於何處的感覺。人能夠在這個狀態中一直涵養下去而不要損害它，則能跳出乾坤之外，包羅日月之中，那個境界與天地相比較還要更大。要達到這個地步，難道還有什麼別的方法嗎？其關鍵要旨無非就是通過神光的朗然觀照，調整後天的呼吸，由此而引起先天胎息，然後元神元氣自然就含蘊在其中，成為我們身體不朽的主宰。由此可知，凡息一停，胎息自然發動，這樣生死就操之在我了。等到證得真正的胎息大動，神仙之果也就可證得了。

你們必須要知道胎息的功用，有勉強的胎息與自然的胎息的區分，有起文火作用的胎息與有起武火作用的胎息。不管何種胎息，最重要的只是，在萬緣皆空，一塵不染，如如自在，朗朗常明的狀態下，我只以元神發而為真意主宰之運用之，不使有一念遊移不覺，不使有一息昏沉懈怠而不在明覺之中，常常保持在上的心神的清明警覺，保持在下的氣機的活潑流行，如同太陽一樣往來不停、日夜不息，而陽光所照無一處有遺漏，無一刻有停息。這樣的狀態久久地保持以後，胎息就能常住於丹田金鼎之中，不從口鼻出入，也沒有或明或暗的起滅變化，一息是這樣子，萬古也是這樣子，開始是結成刀圭妙藥，逐漸地凝成玄黃至寶，最終則大而化之，神化莫測，成為千古不壞的神仙了。總結起來，胎息的要旨不外是以神為胎息的主宰，以氣為胎息的輔助，以呼吸助胎息的成功，所以說胎息就是成仙的第一要務。

人如果能夠凝神調息，將意念注意到規中穴，後天呼吸綿綿深細，不快不慢，神與氣兩者相互抱合，凝結於丹田之中，這樣就算是煉丹的爐鼎已經安立好了。等到胎息和平，神凝氣聚，這即是人身中的陰陽平衡，半斤八兩，正適宜採取元陽真氣，以將真氣收回丹田玄宮之中。既要知道如何採藥，更要明得如何煉丹，還要懂得如何是服食。採藥是指陽生時要做的功夫，是所謂的「二候採牟尼」、「前行短」的方法。煉丹是指真陽已經壯旺時要做的功夫，是行子、午、卯、酉四正時的功法。服食之時，則是指將藥氣收歸於爐內，慢慢溫養，如人家煮物一般。採取、烹煉二種火候，都有功夫要作，只有在服食的時候，是安享已有的成果，是坐下來享受宴席的時候，不需要一點功夫。這大概就是所謂的涵養太和之天，在陽光下嬉戲遊玩，有不知其所以然的那種天真爛漫的感覺。你們如果悟到了這一點，修煉功夫就盡在於此，大道也可從此而通達無遺了。

【研 析】胎息既說為先天胎息，又說為後天胎息，這是因為相對於先天元氣，胎息為後天；相對於後天呼吸，胎息為先天。故胎息為後天之先天，先天之後天，乃是先天後天相聯繫的仲介。內丹修煉較之一般修煉方術更注重「先天」的「元精、元氣、元神」的修煉，而指一般方術為後天修煉法門，故不可達到超越成仙之目標。一般導引服氣之術易被理解成修「後天氣」，而胎息則由於其能進入高深的定靜之境，更易與先天境界相聯，是從後天返先天的一個重要的門徑。「胎息」之本義是指回到如胎兒在母體內的呼吸狀態，在這種狀態中身心達成統一和諧，進入先天無思無慮之境，所以這與內丹學的「返本還源」、「逆修成仙」的觀念有關。進入胎息狀態，是從凝神調息、心息相依開始，通過呼吸與精神的配合訓練，達到心息合一，漸至無心無息之高深定境，從修煉的境界上來講，這是修內丹的高層境界。胎息不僅是煉內氣的問題，還是一個進入高層定境的煉心的問題，這其中就蘊含著身心交媾、神氣合一的問題，包含著相應的精氣神的演化過程。所以胎息又與採藥、煉丹、服食等皆密切相關。又佛家之禪定，亦重「觀呼吸」之法門，心息相依為入定之要門，故胎息又易與佛家禪定相提並論，而胎息中的心氣關係，實亦為修內丹之要。

諸說詳解章第二十四

時將解館，群弟子出而請曰：「先生垂訓多年，弟子等已漸開茅塞，但而今學人每以丹經所言鉛汞戊己諸說，驚為奇異，爭競不已。先生何不纂集發明，以醒迷徒？」先生曰：「此當今高賢亦有詳解之者，吾為諸子述之。」

神者，心中之知覺也，以其靈明，故謂之神。而神有先後天之分。先天神，元神也，神即性也。蓋神為心中之知覺，而性即心中至善之理，其始渾於一元。有生之初，知覺從性分而出，如孩提知愛，稍長知敬，知即神，愛即性也。見神即以見性，神與性未嘗分也，此為先天之神，此即乾得於坤之中爻而為離，所謂地二生火之空陰也。蓋人之有心，於五行屬火，於八卦為離。火外明而內暗。外明者，以離有乾之二陽在外，陽故明也；內暗者，以離有坤之一陰在內，陰故暗也。然坤德至靜，靜則生慧，渾然在中之陰寂然不動，與上下二陽相安於靜。二陽明於外，一陰靜於內，則天理渾於其中，靈明裕於其外。外陽等於乾父，內陰同於坤母，陰陽皆太和之本體，是以為先天之元神。性原不在神外也，自蔽於私欲而神失其初矣，性亦為神所蔽矣。神之所發，常與性反，此為後天之神，蓋失其天而配於後焉者也。先天之神靜，後天之神動；先天之神完，後天之神虧；先天之神明，後天之神昏。先天之神，神與性合；後天之神，神與性離。道之修性，去其蔽性之私，絕其梏性之欲，寂之又寂，歸於至靜，洗其心於至清，滌其慮於至靜，所以有清淨因也。所謂修性者，即以養此先天之神而已。氣者，體之充也，人所受之以生者也。而氣亦有先後天之分。先天之氣，元氣也，氣即命也。命者何？天以五行陰陽之氣生人，人受此元氣以生，承天之命也。故守此天命而不舍，所謂天一生水之空陽也。蓋人之有腎，於五行為水，於八卦為坎。水外暗而內明。外暗者，以坎之上下二爻，坤之體也；內明者，以坎之中陽，乾之精也。坎居至陰之北，陰極而陽生，此天一之數從此而生。天有此一陽之復而氣回，地有此一陽之復而物生，人得此一陽之復而為人，是為先天之氣。先天者何？蓋此氣為太極之氣，先乎天地而有者也。未有天地，先有此氣；有此氣，然後有天地，故曰先天。人得氣於天地，實得此先乎天地之氣也。有此氣則生，無此氣則死。是氣也，即人之命也，人欲固命，不可不固此氣。而氣有後天者何？呼吸之氣是也。呼吸，元氣之門戶。有元氣而後開呼吸之竅，是之謂後天之氣，蓋以受天之氣而有於後焉者也。先天之氣，本也，後天之氣，末也；先天之氣，源也，後天之氣，流也；先天之氣，絲竹也，後天之氣，絲竹之音而已，絲竹壞而音杳矣；先天之氣，蘭桂也，後天之氣，特蘭桂之香而已，蘭桂凋而香息矣。人恐斷此呼吸之氣，不可不培養本源以固此太極之元氣。此神氣性命之辨也。大抵道之言性命神氣，與儒有異同。儒之言命，有主理言者，有主數言者，而道則專指為先天之氣。至言性之善，或與儒同，而道之修性，與儒之盡性又有異。儒之盡性有實工，道之修性為靜境❶。儒之言神，則聖而不可知之境也，而道則以養神為始基。儒之言氣，集義而生；道之言氣，養氣而生。儒者養成之氣，塞乎天地，功在一世；道者養成之氣，亦塞乎天地，功在一身。其論不同，其用各異，而要皆各有至當不易之理。蓋儒之道大，道之徑捷；儒之理醇，道之理空；儒之道及於人，道之功成於己❷。此不可以強同者也。是以養先天之神，謂之修性；養先天之氣，謂之修命。所謂性命雙修者，惟在神氣二者而已矣。而修煉之家又嘗以精與神氣配說，至叩其何者為精，則茫無以應。即諸書亦有言精者，然而情詞恍惚，並無確據。間有執交媾之精對者，至叩此精藏於何所，則又茫無以應。不知此特後天有形之精，非元精也。元精無形，即寓於神氣之中，貫乎耳目百體而無可指。夫精者，粗之對也。如日者陽之精，月者陰之精。先天之神為離中之空陰，則元神即陰之精也；先天之氣為坎中之空陽，則元氣即陽之精也。又如髓者骨之精也，脂者肉之精也，而尤有貫乎髓與脂之內者，髓與脂乃流而不息、潤而不枯，則所謂元精者，即元神元氣醞釀流行之精華也。臟腑配五行之氣，陰陽寓焉，濁氣為粗，清氣為精，所謂二五之精也，而坎離之神氣即寓於其內。五官百骸，皆元神元氣之所統，亦即元精之所貫，則但言神氣而不必言精也。即如交媾之精，則神與氣感化通體無形之精，徐而成形以出者也。故養神於寂，養氣於靜，精無由洩矣。倘神與氣交感而動，而獨責精以不走，能乎不能？則所謂精者，無可著力，惟加意於神氣而已矣。神氣何以養？神有知，氣無知，無知之氣必賴有知之神以養之。何也？心不靜則神不定，心不清則神不明，心不正則神不足。惟其不定，則甫為凝神於氣，神忽散而他往矣；惟其不明，則強為注神於氣，而神已昏然入夢矣；惟其不足，則勉為納神於氣，神終漠不相關矣，而究何益於氣？此後天之神，斷不可用也。故養氣先養神，養神必養心。孟子曰：「養心莫善於寡欲。」必將一切私欲掃除淨盡，如《大學》所謂「欲正其心，先誠其意」，務使心如明鏡，絕無塵埃，此「喜怒哀樂之未發謂之中」也，此即所謂先天之神。斯時之神，始可用之於氣矣。且用神於氣之時，凡視聽言動，不但非禮者勿云❸，以其有損於神氣也，所以其工在於靜坐。靜坐之工，必俟內念不萌，外感不接，此心如停雲止水，然後凝神而注於下田，合耳目與心皆交並於其間，如貓捕鼠，視於斯、聽於斯、結念於斯，此道家「顧諟天之明命」❹也。其所以然者何哉？蓋坎中之一陽為人身之太極，即邵子所謂天根也。人受此氣以生，自孩提以至成立，皆賴一陽以滋長。自男女交，而此氣遂損矣，旦旦伐之，而此氣愈損矣。伐之不已，久之而其氣漸微，久之而此水漸涸，坎宮日虛，水冷金寒，地道不能上行，天道不能下濟，上乾下坤，此否之象也，天地不交。火日炎於上而不能下，水日潤於下而不能上，水火不融，心腎不交，上離下坎，此未濟之象也。人身有此二卦之象，生機日危，百病皆作矣。道者知其然也，以先天之神凝而注於先天之氣，是天道下濟也。孟子曰：「志，氣之帥也。」將帥從天而下，卒徒必隨而俱下，是以乾照坤矣，是以火溫水矣，是即所謂「金灶初開火」也。灶因火而名金者，指坎中之一陽也，得於乾金者也。火初開者，初得乾陽離火之下照也。是以離之上下二陽暖坎之上下二陰，以離中之空陰養坎中之空陽，以中女而畜中男也。其所以然者，又何哉？蓋陽性主動，動則易洩，惟陰可以畜之。故男之性，見女則悅，得女則留，此小畜皆取以陰畜陽之義也。況前以乾坤一交，乾之中爻入於坤而為坎，坤之中爻入於乾而為離，是夫婦之情投意洽，陰陽互易也。今以離中坤入於乾之陰❺，下求坎中乾入於坤之陽❻，是再世重逢之真夫婦也，兩情交悅，可以蓄空陽而不使之洩。孤陰不生，獨陽不長。有此空陰以養此空陽，一動一靜互為其根，乃可以回既損之元氣，使潛滋暗長於極陰之地，以冀七日之來復❼也。此神能煉氣之祕機也，世傳性命諸書，從未有如此透發。即以神煉氣，亦多隱語，如龍虎汞鉛諸說是也。龍者，靈物也，變化莫測，喻離中空陰之神。以火生於木，木色青，故或云青龍；火色赤，又或云赤龍。虎者，猛物也，喻坎中空陽之氣。以此氣純陽，陽則易動，猶如虎之難防；此氣最剛，剛則性烈，猶如虎之難制。惟龍之下降，可以伏此虎也。汞者，水銀也，活潑靈動，無微不入，喻空陰之神。鉛者，黑錫也，其色黑，猶似坎中之水，其體重，猶似坎中之金，以喻空陽之氣。且鉛非汞不能化，亦猶氣非神不能化；而鉛又可以乾汞，氣又可以化神，故以為喻。老子所謂「知白守黑」，又所謂「抱一」者是也。白者，金之色；黑者，水之色。知坎有乾金之白，故守水之黑者，正以守黑中之白也。所守者氣也，守之者神也。又云戊己者，云彼我者。戊己屬土，以坎中有戊土，離中有己土。五行分配四時，分配臟腑，而惟土則旺於四時之季，統乎臟腑之全。故人之六脈皆取有胃氣則生，以萬物發生於土也。故河洛之數，一與六共宗，二與七同道，三與八為朋，四與九為友，皆以中隔五數，陰陽乃能相生，而又以五、十居中。蓋天地之數，皆不離乎土。惟人亦然，所以坎有陽土之戊，離有陰土之己也，以己合戊，亦指降神於氣也。彼者，指坎中之陽也；我者，謂離中之陰也。氣無知，神有知，以有知之神求無知之氣，以神為主，以氣為賓。主者，我也，賓者，彼也。凡此皆以神煉氣之隱語也，本無關於精義，而諸書皆以此拒人，好異者驚為奇談，甚至謬解而入於邪語，特破之以釋其疑。總之，因天地不交而否❽，欲由否而轉泰❾，不得不恭敬以禮下；因水火相隔而未濟❿，欲由未濟而求濟⓫，不得不降心以相從，此以神煉氣之由來。煉之久而水漸生，氣漸復，積而至於一陽萌動，所謂地逢雷⓬也，此即天根之發現也。然陽氣尚微，動而仍伏，正宜培養而不可恃；此《易》所謂「初九潛龍勿用」也。積而至於陽氣漸長，已有反骨之勢，顯然可睹，即《易》所謂「見龍在田」也。積而至於陽氣愈長，送信骨中，計程已得其半，然不安於下，又不能即上，更宜日夜培養，兢兢而不可忽，即《易》所謂「君子終日乾乾，夕惕若厲」也。積而至於陽氣彌長，進而愈上，且其下不時震動，此佳兆也，即《易》所謂「或躍在淵，無咎」也。積而至於陽氣已戰，不可遏抑，即《易》所謂「飛龍在天」也，莊子所謂「摶扶搖羊角而上者」[13]是也。積而至陽氣已極，月在天心，三五而盈，盈則聽其自虧，所謂乾遇巽[14]也，即邵子所謂月窟也。倘盈極而不虧，即《易》所謂「亢龍有悔」也。盈而有虧，即《易》所謂「見群龍無首，吉」也。至降而復升，升而復降，流行不息，天地交，萬物通，此人之泰也，天根月窟自此可以閑來往矣。此亦可謂九轉丹成也。九者，陽也，轉者，陽氣逆而輪轉也，指坎中之一陽上蟠下際，生息無窮，長生之大藥，亦可謂之小成也。此丹道之初工也。下學上達，入妙通神，皆從此始。然行之有自然之機，而不可一毫勉強。老子曰：「道生一，一生二，二生三，三生自然。」言此數之生，由一而二，二而三，此陰陽自然之機也。河洛之數，天一生水，地六成之。天陽也，地陰也，六數陰極，而陽則自然而生也。地二生火，天七成之，七數陽極，而陰則自然而生也。天三生木，地八成之，八數陰衰，而陽之三自然而長也。陽生陰成，陰陽生長之機，何一而非自然者？其陽之動也，靜之久而自動也；陽之轉也，氣之戰而自轉也；陽之靜也，動之極而自靜也。行乎其所不得不行，而不可或止，止乎其所不得不止，而不可或行，即孟子所謂「勿忘勿助長」

也。忘則失養之道，助則挫長之機矣。世言運氣則謬甚，氣可養也，而不可運。養當俟其自動，如氣自坎生，所謂「源頭活水來」，運而迫之使行，則氣從離出，無殊火牛入燕壘矣，是與揠苗之宋人何以異？知長不可助，而動靜亦聽其自然，則不至養人者害人矣。老子曰：「玄之又玄，眾妙之門。」妙難悉數，姑以益人之妙言之。其始也以神煉氣，至氣之逆而輪轉，則坎中之一陽時過而化離中之一陰，化之久，空陰得空陽之照，如月之得日光而明，則離變為乾，內外通明，所謂「至誠之道可以前知」[15]也。離中之二變為一，則誠矣。誠則心愈清，神愈明，所謂「誠精故明」者，此也，此所謂以神化氣也。但神煉氣，出於無心；氣化神，安於無意。煉必凝乎其神，如火之煉夫頑金也；化惟聽之於氣，如物之化於時雨也。至全體一氣相通，翻天倒地，反骨洗髓，陰陽團為一氣，五行並為一途也。鳶飛魚躍之機，常靜觀而自得；雷動風行之象，非外人所及知。行雲流水，別有天地，時見道之上下察也。此元之妙也。過此以往，日久功深，更有妙之又妙，此無關於人事，言之徒駭聽聞，功至自知，不可預言。

【章　旨】本章非常重要，可以說包含了黃元吉丹道思想的基本體系，對神氣、性命、坎離、龍虎、鉛汞等丹道術語作了精要的詳解，對修性修命、先天後天、以神入氣、藥物火候等丹道原理作了精要的總結。

【注釋】❶儒之盡性有實工二句　儒家講盡性，要在日用倫常之中體現天理，要在生活的實踐中實行道德的規範，所以說「有實工」；實際上道家的修性當然也有實際的功夫，只是道家修性是要進入一種靜寂無為的狀態而顯現先天的本性，從這個要實現的結果上看已經超越了實際生活上的應對功夫而歸於本體，故說道之修性為靜境。❷儒之道及於人二句　這個說法也需要有所澄清，因為儒之道也以修身為本，是由己及人，而道之功雖成於己，但亦要推及於人，而且在成己的過程中也要積功累德，這就已經是及於人了。故儒與道皆是成己及人之道，當然其所偏重或可說有不同，儒者更重於及人之道，道者更重成己之道。❸凡視聽言動二句　凡是看也好、聽也好、說也好、動也好，凡此種種作為皆須遵循道德的規範，合於中庸的原則。不但非禮者勿云，即不只是非禮勿言，還有非禮勿視、非禮勿聽和非禮勿動等。又，此處的「不但」也關聯著下文，亦即不但要做到非禮勿言等，還要進一步修煉靜功。❹顧諟天之明命　語出《尚書・太甲》「先王顧諟天之明命」，意為承當起上天所賦予的光輝使命。本句引用《尚書》之語，意即上文所示之法是屬於道家的完成先天明德的方法。❺離中坤入於乾之陰　離卦上下二爻為陽，中間一爻為陰，此即以坤卦中間的一陰爻入於乾卦之中爻而成於離卦，故離中一陰稱為「坤入於乾之陰」，代表真陰之神。❻坎中乾入於坤之陽　坎卦上下二爻為陰，中間一爻為陽，此即以乾卦中間的一陽爻入坤卦之中而成於坎卦，故坎中一陽稱為「乾入於坤之陽」，代表真陽之氣。❼七日之來復　指經七日而完成陰陽消長的一個週期，而一陽來復。此七日乃因為《周易》六十四卦每卦有六爻，一日變一爻，經七日而完成下一個一陽來復之週期。在理論上是如此計算，而實際煉功的陽生之週期則隨煉功的個體功夫差異而有不同，不可定指七日為一週期。❽天地不交而否　天在上，地在下，天地不相交，這是否卦之象，否卦由乾坤二卦疊加而成，上乾下坤，故為天地不交之象。❾由否而轉泰　由天地不交的否卦轉為天地相交的泰卦，泰卦由上坤下乾疊加而成，天在下，地在上，是天地相交之象。❿水火相隔而未濟　火在上水在下，水火相隔成未濟之象。未濟卦由坎離二卦疊加而成，上離下坎，即離火在上而坎水在下，故以未濟代表水火不交之象。⓫由未濟而求濟　從水火不交的未濟卦而求水火相交的既濟卦，既濟卦由上坎下離疊加而成，水在上而火在下，故是水火相交之象。⓬地逢雷　即復卦，上面為坤卦代表地，下面為震卦代表雷，故稱地逢雷，復卦最下一爻為陽，上面五爻皆為陰，是一陽初動的代表。⓭摶扶搖羊角而上者　《莊子》中所說的傳說中的鯤鵬，能夠乘風駕雲，扶搖而上九萬里。《莊子・逍遙遊》：「有鳥焉，其名為鵬，背若太山，翼若垂天之雲，摶扶搖羊角而上者九萬里，絕雲氣，負青天，然後圖南，且適南冥也。」⓮乾遇巽　與「地逢雷」相對，乾上巽下，即姤卦之象。姤卦與復卦相反，只有最下一爻為陰，餘五爻皆為陽，是一陰生的代表。本章指陽長至極後，自盈而虧，陽極生陰，由此而有一陰生之象，這樣始能周而復始，循環生息至於無窮。⓯至誠之道可以前知　實行了至誠之道，在通明的心境中，可以預先知道事物發展的跡象。出自《中庸》：「唯天下至誠為能化。至誠之道，可以前知。國家將興，必有禎祥；國家將亡，必有妖孽。」

【語譯】先生聚徒講學到此就要解散了，弟子們一起出來請示說：「先生對我們教導開示已有很多年了，我們這些弟子已經逐漸地茅塞頓開。但如今學道的人常常拿丹經中所說的鉛汞、戊己等等隱祕術語、種種異說，以為是神奇怪異之說，紛紛爭論不已，相互比較誰更高明。先生何不把這些丹道名詞彙集起來加以貫通的解釋，以使那些迷惑不解的人能夠醒悟？」先生說：「對於這丹道名詞術語，當今的高人賢士也有詳細加以解說的，我現在再為大家闡述一遍。」

我們先講「神」這一概念，神是指我們心中的知覺，因為這個知覺是靈明不昧的，所以稱之為神。但這個神有先天後天之分。先天神，就是元神，這個元神也就是我們的本性。這是因為神是心中的知覺，而本性是心中的至善之理，在最初神與性是渾為一體的，所以說元神即本性。有了後天的生命以後，知覺從本性中分開出來，比如說小孩子知道愛父母，年紀稍長就知道尊敬長輩，那麼這個知道的能力即是知覺，也就是神，而愛就是至善之理，就是性。見神就等於見性，這是神與性還沒有分開時的情形，這個神就是先天之神。先天之神從卦象上來說，就是乾卦得到坤卦的中爻而成為離卦，稱為地二生火，離中間的一陰爻就是先天真陰的代表。這是因為人有了心以後，這個心在五行上來說是屬於火，在八卦中屬於離卦。離卦所代表的火，是外明而內暗。外明，是因為離卦有乾卦的兩個陽爻在外面，因為是陽爻所以說外明；內暗，是因為離卦有坤卦的一個陰爻在內裡，因為是陰爻所以說內暗。然而坤所象徵的品德是至靜，能靜就能生慧，離卦中間的來自坤卦的陰爻寂然不動，與上下二陽爻相安於至靜的狀態。這樣，離卦中二陽爻明於外，一陰爻靜於內，如此則天理渾然蘊含於其中，而靈明表現於外。外陽等於是乾父，內陰等於是坤母，陰陽都是普遍和諧的本體，所以以離卦代表先天的元神。性原本不在神之外，只是因為神自己被後天私欲所遮蔽而失去最初的先天境界，這樣性也就被後天神所遮蔽了。神所發的作用，常常與至善之性相反，這就是後天之神了，也就是已經失去了先天的純淨狀態而配以後天的私欲的那個神了。先天之神是靜的，後天之神是動的；先天之神是完整的，後天之神是虧欠的；先天之神是清明不昧的，後天之神是昏沉不覺的。先天之神，神與性是合一的；後天之神，神與性是分離的。丹道講修性，就是要去除那些遮蔽本性的私心雜念，禁絕那些桎梏本性的欲望，寂之又寂，回歸到最清靜的狀態，在最清靜的狀態下洗盡心上的塵埃，在最清靜的狀態下滌除思慮雜念，這樣才能具備進入清淨本性的原因和條件。所謂修性，就是以這種清靜的狀態來滋養我們的先天之神而已。

丹道修煉所講的「氣」，就是充滿一身的那股氣，人正是因為秉受了這個氣才得以出生的。而這個氣也有先天後天之分。先天之氣，就是元氣，這個元氣就是命。命是什麼呢？上天以陰陽五行之氣形成人身，人是承受了這個元氣才得以生出來，這就是人所承受的天命，是先天之命，所以要守護這個先天之命而不捨離。命以坎卦來代表，即所謂的「天一生水」，坎卦由坤卦外面的兩個陰爻加上乾卦中間的一個陽爻組成，中間一陽爻即代表先天真陽。因為人有這個腎，在五行中屬於水，在八卦中屬於坎。坎水是外暗而內明。外暗，是指坎的上下二爻，是來自於坤體；內明，是指坎中間的一陽爻，是來自於乾卦的陽精。坎卦在方位上講是居於至陰的北方，陰極而陽生，這就代表著天一之數從此而生。天有這個一陽之復而元氣周轉回來，地有這個一陽之復而萬物萌生，人得到這個一陽之復而成為人，這就是先天之氣。為什麼說是先天呢？因為這個氣是屬於太極層面的氣，是先於天地而有的。沒有天地之前先有此氣，有了此氣才有天地，所以稱為先天。通常說我們人是從天地裡面得到這個先天之氣的，實際上是得到這個先於天地的氣，而不是有了天地以後所產生的後天之氣。人有了這個先天之氣就能生存，沒有了它就會死亡。這個先天之氣，就是人的先天之命，人想要鞏固自己的生命，就不可不鞏固這個先天之氣。而氣又有後天之氣，這個後天之氣又是什麼呢？就是指呼吸之氣。呼吸，是元氣出入的門戶。有了元氣然後才形成呼吸的器官，所以叫做後天之氣，因為是從天地那裡來的但屬於天地形成以後才有的。先天之氣是本，後天之氣是末；先天之氣是源，後天之氣是流；先天之氣是能發聲的絲竹，後天之氣只是絲竹發出的聲音而已，絲竹一壞則聲音杳無了；先天之氣是蘭桂之花，後天之氣不過是蘭桂所發出的香味而已，蘭桂一凋謝香味也就消失了。人害怕斷了這個後天呼吸之氣，那就不可不培養後天之氣的本源，以鞏固這個先天太極的元氣。

以上所講的，是對神氣性命的辨析。一般說來，丹道講的性命神氣，與儒家所講的有同有異。儒家所講的命，有的是從天理的角度上來說的，有的是從氣數的角度上來說的，而丹道所講的命則是專指先天之氣而言的。至於講到本性的至善，則可能與儒家所講相同，而道家所講的修性，又與儒家所講的盡性有差異。儒家講的盡性，是在生活的日用倫常中做實際的道德涵養的功夫，而丹道講的修性是在寧靜無為的境界中存養先天。儒家所講的神，則是聖人的那種不可知的神妙不測境界，而在丹道來講，則以養神為煉丹的初始築基的功夫。儒家所講的氣，是通過道德行為的培養集義而生；而丹道所講的氣，是通過靜養而生。儒者集義養成的氣，可以塞於天地，其功在一世；道者養成的氣，也可塞於天地，其功在於一身。儒與道的觀點各有不同，其作用也各異，但重要的是兩家都各有至當不易的道理。比較起來講，儒家之道廣大，丹道之徑迅捷；儒家之理醇厚，丹道之理空靜；儒者之道推及於人，丹道之功成就自己。這些都是不可以勉強求同的。

所以養先天之神，謂之修性；養先天之氣，謂之修命。所謂的性命雙修，只在修神修氣兩者而已。然而修煉家又常常以精和神氣兩者相配而說精氣神三寶，等你叩問他什麼是精的時候，則又茫然不知如何應答。一般的丹道諸書也都有講到精的，然而所說的話所表達的意義都是恍惚不定的，並沒有確切的依據。間或有人答以交媾之精的，但你叩問他這個交媾之精又藏在什麼地方，則又茫茫然不知如何應對。他們不知道交媾之精只不過是後天有形之精，並不是元精。元精無形，它就寓於神氣之中，貫注於耳目四肢百體而又不能夠指出它到底在什麼地方。我們說精，是與粗相對。比如說日是陽之精，月是陰之精，先天之神為離中間的那個陰爻所代表的真陰，則元神即是陰之精；先天之氣為坎卦中間一陽爻所代表的真陽，則元氣即是陽之精。再比如，髓是骨之精，脂是肉之精，而髓和脂本身還不是最精的，還有貫注於髓與脂之中的更精的成分，有了這種更精的成分，髓與脂才能流動而不至於停息，滋潤而不至於枯竭，由此看來所謂的元精，也就是元神元氣在人體中醞釀流行的精華。人體臟腑與五行之氣相配，陰陽二氣也就寓於其中，濁氣為粗，清氣為精，這就是所謂的二五之精，即陰陽五行之氣的精華，而坎中的真陽之氣與離中的真陰之神也就寓於其中了。人體中的五官百骸，都統括在元神元氣的作用範圍內，這就包含了貫注一身的元精在內，如此則只需要講神氣而不必要講精就夠了。就拿人體的交媾之精來說，那麼這也不過是通過神與氣的感化而形成通體無形的元精，元精再慢慢成形而成為有形的交媾之精。所以說能夠在寂靜中養神養氣，則精就自然無由而洩了。反過來說倘若神與氣不安靜而是交感而動，卻想單單要精不走洩，這樣子是能還是不能呢？如此看來，則所謂的精，本身是無可著力的，只有在神與氣上著意加功夫而已。

那麼，神氣要如何來養呢？在神與氣這兩者中，神是有知覺的，是能動的因素，氣是沒有知覺的，是被動的因素，因此沒有知覺的氣一定要靠有知覺的神來養它。為什麼呢？因為心不靜則神不定，心不清則神不明，心不正則神不足。正因為神不定，所以剛要凝神於氣時，神忽然就發散而想別的什麼去了；正因為神不明，所以強行把神集中到氣上來時，神就已經昏昏沉沉進入睡夢之中了；正因為神不足，所以勉力收納神於氣上時，神終歸是與氣漠不相關，如此養氣則對氣究竟有什麼好處呢？這種不定、不明、不足的神屬於後天之神，斷不可用於養氣。所以說養氣必養神，而養神必養心。孟子說：「養心沒有比寡欲更好的方法了。」一定要將一切私欲掃除淨盡，就像《大學》中所說的「欲正其心，先誠其意」，務必使心如明鏡，絕無一點塵埃，這種狀態就是《中庸》裡面所說的「喜怒哀樂之未發謂之中」，這也就是所謂的先天之神。這時候的神，才能把它用到養氣上。而且在用神養氣時，不管是視、聽、言、動，種種身口意的行為不但都要符合禮的規範，合於道德律則，因為不合禮的行為有損於神氣，而且進一步要知道修養的功夫在於靜坐。靜坐的功夫，一定要等到心裡面不再萌生雜念，對外面感應到的事物不再動心，此心如停雲止水的時候，然後凝神返照於下丹田，將耳目與心合在一起交會於其間，如貓捕鼠一般，視在此處，聽在此處，集中心念在此處，這就是道家的「顧諟天之明命」，即道家顧全、保養先天明命的方法。

那麼這麼做其道理何在呢？其原理是這樣的：坎中的一陽為人身的太極，也即是邵子所謂的「天根」。人稟受這個一陽元氣才得以出生，從小孩子一直到長大成人，都是有賴於這個一陽之氣的滋養才得以成長。自從男女交媾以後，這個先天元氣就開始損失了，天天縱欲無度，這個元氣就更受損了。縱欲不已，時間久了這個元氣就漸漸微弱，而坎宮中的腎水即漸漸乾涸，這樣坎宮日漸虛弱，腎水不足真氣微弱的狀態就是水冷金寒，元氣不能上行，元神不能下照，由此造成地道不能上行，天道不能下濟，這種情形就是上乾下坤，是屬於否卦之象，是天地不交之象。在這種情形下，心火每天在上面燃燒而不能下來，腎水每天在下面潤濕而不能上去，這樣水火不能相融，心腎不能相交，也就是上離下坎，是未濟的卦象。人身有否卦、未濟卦這兩個卦象，就會導致生機一天天地陷於危險的境地，而百病皆發作了。修道者知道了其中的原理，以先天之神凝成一團而下注於先天之氣，這就是天道下濟了。孟子說：「志，氣之帥也」，當元神下照時，就相當於將帥從天而下，徒卒士兵必然會隨之而一起下來，這就是以乾照坤了，也就是以火溫水了，這也即是丹書上所說的「金灶初開火」。灶是因為有火加熱才稱為灶的，那為什麼又稱為「金灶」呢？這個金是指坎中的一陽，是從乾金那裡得來的。而稱為「火初開」，則是因為初得乾陽離火下照坎宮金灶的緣故。這樣一來，就是以離中的上下二陽爻暖坎中的上下二陰爻，以離中間的空陰養坎中間的空陽，也就是以中女而畜留中男，正好相配。那麼這種坎離相交的原理又是什麼呢？這是因為陽性主動，動則容易發洩，只有陰可以保留畜藏它。所以男人的特徵是，見到女人就生起喜悅之心，得到女人就可以留下來，這就是為什麼小畜卦是取的以陰畜陽的意義。況且前面是因為乾坤一交，乾卦的中爻入於坤卦而成為坎卦，坤卦的中爻入於乾卦而成為離卦，這是屬於夫婦之間的情投意合，陰陽互易的情形。如今以離中坤入於乾的中間一陰爻，下求坎中乾入於坤的中間一陽爻，這就相當於是再世重逢的真夫婦，兩情相悅，可以蓄留坎中的空陽使它不下洩。孤陰不生，獨陽不長，有了離中的空陰以養此坎中的空陽，一動一靜互為其根，這樣才能夠回復已經損失的元氣，使元氣在極陰的靜寂境界中不知不覺地悄悄地生長，以期經過一個陰陽消長的週期，而發生一陽來復的陽生之景。以上所說的原理，是以神煉氣的祕密機要，世上流傳的講性命修煉的丹書，從來沒有像我今天這樣講得如此透徹顯發。

就是這個以神煉氣的問題，也多有各種隱語，比如龍虎、鉛汞之類的諸般說法，其實講的都是以神煉氣的問題。龍，是靈妙之物，變化莫測，所以用它來比喻離卦中間一陰爻所代表的真陰之神。因為離卦屬火，在五行來講是火生於木，而木色青，所以有時稱為青龍；火色赤，有時又稱為赤龍。虎，是勇猛之物，用來比喻坎卦中間一陽爻所代表的真陽之氣。因為此氣是純陽之氣，陽則易動，猶如老虎那樣難以防範；此氣最剛，剛則性情暴烈，猶如老虎那樣難以制伏。只有代表真陰之神的龍下降，才能降伏這個代表真陽之氣的虎。汞，即是水銀，其性質是活潑靈動，無微不入，用來比喻離卦中的空陰之神。鉛，即是黑錫，它的顏色是黑的，這一點猶如坎中之水，它的體形很重，這一點又猶如坎中之金，所以以鉛比喻坎卦中空陽之氣。而且鉛要不是得到汞就不能熔化，這一點又如同氣不經過神的作用就不能化一樣；另外鉛又可以使汞變乾，這又猶如氣可以化神一樣。正因為以上所說的種種相似之處，所以才以鉛汞來比喻神氣。老子所說的「知白守黑」，又有所謂的「抱一」之說，也是指以神煉氣的意思。白者，是金之色；黑者，是水之色。知白，就是知坎中有乾金之白，所以守黑就是守坎水之黑，也正是守黑中之白，即守坎中的真陽之氣。所守的是氣，而能守的是神，此即以神煉氣之說。丹書上又有說「戊己」的，還有說「彼我」的，也都指的是神與氣兩者。戊己在五行中屬土，因為坎中有戊土，離中有己土。五行分別配以四時，配以臟腑，而五行中只有土是在四季中都壯旺的，是統帥全部的臟腑的。所以人的六脈都是在取得胃氣的滋養下才能生存，這是因為萬物都發生於土，而胃氣在五行中屬於土。也正由於此，在河圖洛書的數字排列中，一與六共宗，二與七同道，三與八為朋，四與九為友，而都是以五在其中隔開，這樣陰陽才能相生，而且又以五、十居中。這是因為在數字中五屬於土，可見天地之數，也都離不開土。對於人來說也是如此，所以坎中有代表陽土的戊，離中有代表陰土的己，丹家說以己合戊，也是指以離宮之神下降了照坎宮之氣。至於說「彼我」，其中的「彼」指的是坎中之陽，其中的「我」指的是離中之陰。為什麼說彼我呢？因為氣無知覺，神有知覺，以有知覺的神下求於無知覺的氣，這是以神為主，以氣為賓。主，就是我；賓，就是彼。凡此種種異名，都是以神煉氣的隱語，本來只是不同的名詞而已，與實質的修煉精義沒有太大的關係，可是許多道書都用這種種名詞拒人於門外，那些喜歡新鮮的人對此則驚為奇談妙論，甚至有人對此加以錯誤的理解而入於邪妄的說法中，所以我今天特意抉破這些名詞的奧祕，以解除這些人的疑惑。

總而言之，丹道的原理用卦象來說明就是從否轉為泰，從未濟轉為既濟。因天地不交而成否卦，要想從否卦轉為泰卦，就不得不讓在上面的主人恭敬禮待在下的僕人；因水火相隔而成未濟卦，要想從未濟轉為既濟，就不得不讓心火下降以和腎水相會。這就是以神煉氣所遵循的原理所在。以神煉氣久了則腎水漸生，陽氣漸復，慢慢積累一直到一陽萌動，這就是地逢雷的復卦之象了，這也就是天根的顯現。但此時陽氣還微弱，雖已發動了但仍然是潛伏狀態，正適宜培養而不可依靠，這就是《易》中乾卦爻辭所說的「初九潛龍勿用」。慢慢積累到陽氣逐漸增長，已有往骨頭中滲透的趨勢，顯然可見，這就是《易》中乾卦九二爻的爻辭所說的「見龍在田」。再繼續積累陽氣進一步增長，已經把信息傳送到骨頭裡面去了，計算路程已經走到一半了，但這時既不能安於下面，又不能立即上升，更應該日夜培養，兢兢業業而不可疏忽大意，這就是《易》中乾卦九三爻的爻辭所說的「君子終日乾乾，夕惕若厲」。再繼續積累而至於陽氣更加增長，開始更加往上升進，而且在下面不時有震動之勢，這就是《易》乾卦中九四爻的爻辭所說的「或躍在淵，無咎」。再進一步積累至於陽氣已經充沛，有戰無不勝的氣勢，不可抑制，勢不可擋，這就是《易》乾卦的九五爻辭所說的「飛龍在天」，也是莊子所說的「摶扶搖羊角而上」那種氣勢。再積累而至於陽氣到達極點，就像十五的月亮，掛在天心，已經盈滿，盈滿了就自然會走向虧缺，由陽極而生陰，即是所謂的乾遇巽的姤卦，代表一陰萌生，也即是邵子所說的月窟。如果已經到了盈滿至極了還不虧缺，那就是《易》乾卦上九爻辭所謂的「亢龍有悔」了。能夠盈滿而虧，就是《易》乾卦用九的爻辭「見群龍無首，吉」了。至於真陽之氣降而復升，升而復降，流行不息，天地相交，萬物流通，這就是人的泰卦之象，這就如同邵子詩中所說的，天根月窟自此可以閒來往了。這也可以說是九轉丹成了。九，是表示陽，轉，是表示陽氣逆而上升循環周轉，即是指坎中的一陽真氣上升下降，生息無窮，這是長生的大藥，也可說是煉丹的小成功夫。這是丹道的初級功夫，但從初級到高級，下學上達，進入玄妙不測、通靈通神的高深境界，也都是從這裡起步的。不過又要注意，這整個周天運轉的過程，都有著自然的氣機變化，不可有一絲一毫的勉強。

老子說：「道生一，一生二，二生三，三生自然。」這是說天地萬物的生成從數字上來說，是由一而二，由二而三，這是天地陰陽自然之機。從河圖、洛書的數上來說也反映了這個陰陽變化的規律。在河圖洛書中，一、三、五、七、九代表天數與陽數，二、四、六、八、十代表地數與陰數，由一、二、三、四、五生出五行，而六、七、八、九、十則輔成之。比如說天一生水，地六成之，天是陽，地是陰，六這個數代表陰極，由陰極自然生陽，所以說地六成之。地二生火，天七成之，七這個數代表陽極，陽極自然陰生，所以說天七成之。天三生木，地八成之，八數是陰衰之象，所以代表陽的數三自然得以生長。不管是陽生還是陰成，這種陰陽消長之機，哪一個不是出於自然的規律呢？其中陽氣之發動，是靜久了而自然發動；陽氣之運轉，是氣機充滿後的作用而自然運轉；陽氣安靜下來，也是動極而自然靜下來。這種氣機的陰陽動靜的變化，是在不得不行的時候運行，這時你無法停止下來，是在不得不停止的時候停止下來，這時你無法再運行，這種情況就是孟子所說的「勿忘勿助長」。忘了觀照，就失掉了涵養之道，與不煉功者無異，人為地去助長，就會挫傷了氣機生長的契機。世人所說的「運氣」則是非常錯誤的說法，氣只能說養，而不能說運。養氣是等氣機自己發動，比如坎宮中真陽發生，是所謂的「源頭活水來」；運氣則是強迫它使氣機運行，則這種氣不是從坎中自然發生，而是從離中的後天識神中生出來的，這種情況無異於用火牛陣去攻擊燕子窩，這與揠苗助長的那個宋人又有什麼區別？知道了不可揠苗助長的道理，然後動靜也都聽其自然，如此則不至於造成本來可以養人的氣變成害人的氣了。

老子說：「玄之又玄，眾妙之門。」這個妙有很多種，難以全部列出來，姑且從丹道修煉的角度講講益人之妙。一開始是以神煉氣，到一定的時候陽氣生發積累逆而向上作周轉運行，則坎中的一陽上行到離宮中煉化離中的一陰，煉化久了，離中空陰得到坎中空陽的照射，就如同月亮得到太陽的光照而反射出光明，這樣代表真陰之神的離就再變為代表純陽之神的乾，這個純陽之神的境界中是內外通明的，這就是《中庸》所謂的：「至誠之道，可以前知。」外陽內陰的離變成純陽的乾，也就是離中陰陽之二變成了純陽之一，這樣就是誠的境界。能誠則心更加清淨，神更加圓明，這就是所謂的「誠精故明」了，這也就是所謂的以神化氣了。但以神煉氣，是出於無心之心；以氣化神，是安於無意之意。以神煉氣時一定要凝神，就如同以爐火鍛煉頑固不化的金礦石一樣；而氣化神的階段則只是以神聽憑於氣，如同萬物在及時雨中得以生化成長。到最後則全體身心一氣相通，翻天倒地，脫胎換骨，反骨洗髓，陰陽團為一氣，五行並為一途。鳶飛魚躍的天然機趣，常常在靜觀中而自然得以領會；那種雷動風行的氣象，不是那些不修道的局外人所能了知的。恰似行雲流水，別有一番天地，這是見道以後通天徹地的境界。這就是乾卦四德「元、亨、利、貞」中「元」的妙處。超過這個境界再往下發展，日久功深，則更有妙之又妙的境界，但這種地步已超越了常人所能理解的範圍，與普通人的生活不相關，講了也只會增加一般人的疑惑，以為是奇談怪論，所以就不再講了，你們功夫到了那個程度自然會知道，不可預先說破。

【研析】第一，性是先天至善之理，也是意識的本體狀態，沒有後天的造作分別，純是無為的本來狀態。神是指意識的靈明知覺而言，而分先天後天，先天之神即是元神，元神與性是合一的，它就是從靈明知覺的角度來看性，其本體是一個，故說元神即性。後天之神為識神，夾雜了私心物欲，已經離開了先天至善的狀態，故後天神與性已經不是合一的，而是分開的。但在後天神的狀態下，也寓有先天性在內。以離代表先天元神，以坎代表先天元氣，這個說法必須有所分疏。按理丹道是以乾坤兩卦代表先天神氣，以坎離二卦代表後天神氣，後天來自於先天，先天寓於後天之中，故離中間一陰與坎中間一陽分別代表先天神與先天氣，這是後天中的先天，故不可說坎離二卦本身即代表先天神氣。此處黃先生的解釋，則另有一種思路，他是從離卦中陰陽和諧的搭配關係上，來說明離卦代表先天神的。認為離卦外陽為乾父，內陰為坤母，動靜相因，陰陽和諧，故為先天元神的代表。坎卦代表先天氣，亦當作如是觀。

第二，本章在談到神氣性命等概念時，就此比較了儒與道的異同。儒與道的關係是一個複雜的課題，不是幾句話就能說明白的。黃先生在這裡也無意對儒與道關於神氣性命的觀點作詳細的比較，只是簡略地提出了一些基本的看法。黃先生在總體上是會通儒道的，他認為儒與道都各有至當不易之理，既有很多相通的地方，也有不同的特色和各自適用的範圍。這種心態是開放的、平和的，沒有明顯的宗派的偏執。實際上他在

《樂育堂語錄》中反復引用儒家的經典，來說明丹道的原理，說明在他心中儒道確是一家的。儒家更重在社會生活中，從倫常日用中去把握天道，實現天理，其重心在道德意識的挺立，道德生活的落實，而歸於聖人大化流行之境。丹道則更重從一己的身心關係上，透過靜定的修持，使生命的肉體與精神兩方面都從後天返歸先天，一步步地昇華轉化，而最終回歸於先天與道合一的本源狀態。這說明兩家修養的方向與重心確有所不同，但是在去除後天人欲，回歸先天性體與道體上則又是殊途同歸的。

第三，內丹學中精、氣、神被尊為「三寶」，煉精化氣、煉氣化神、煉神還虛是內丹學的基本理論模型和修煉功夫的基本程序。本章中黃先生對精以及精氣神三者的關係提出了非常重要的觀點，他的看法頗具特色。我們可以從「三」的角度來看丹道修煉，那麼丹道修煉就是「精、氣、神」的修煉；但「三」最後可歸結為「二」，這時就只需要講「神、氣」，丹道修煉就是神、氣或性、命的修煉；最終「二」可歸結為「一」，丹道修煉就是修煉陰陽合一的太極、修煉性命合一的本體。黃先生認為，元精本身並不是元神、元氣之外的另一個獨立的存在體，它其實就是元神、元氣在人體中運化而形成的最精微的能量物質，是後天交媾之精、後天有形的生命能量的根源，所以元精實際可歸結為元神與元氣的作用，在這個意義上可以「但言神氣而不必言精也」，「精、氣、神」之「三」可以歸結為「神、氣」之「二」。因而要養精關鍵還是要在養神養氣上下功夫。如果只是想要養精煉精，可是卻不能有效地養神養氣，神氣在交感而動，這樣想要養精則是不可能的，因為精的狀態最終是取決於神與氣的狀態的。反之，如果能「養神於寂，養氣於靜」，則精自然可以得到保養而不外洩。此點對於修煉者來說非常重要，有些不通丹道原理的修煉者，急於求成，片面追求有形之精不外洩卻不在養神養氣方面下功夫，棄本而逐末，這樣不但不能有益身心，反而會造成煉功的偏差。進一步講，在神與氣兩者的關係中，又只有神是有知覺的，只有神才具有能動性，氣雖然對神有反作用，但氣本身也無法自己修自己，修氣還是要通過修神來實現，所以最關鍵的還是養神。所以修煉家有時就會強調，一切修行都只不過是「修心」而已，雖然從「所修」的對象上來說可說為修精、修氣等，但從「能修」的主體功能上來說，無論修什麼，都是通過心的能動作用來實現的，故修心為一切修煉之核心，故說「萬法唯心」也。心迷一切皆迷，心悟一切皆悟，修神則能養氣，養氣則能養精。反過來說，精足則氣全，氣全則神全，精、氣、神三者相互作用相互影響，但最終神是主導、是主宰、是修煉能動的主體。

第四，丹道修煉可以歸結為神氣兩者的修煉，其基本的原理就是從常人神氣分離的順行路線轉到修道者神氣相交的逆行路線。常人是心火上炎，向上發散而演為後天識神，腎水下降，而向下發洩化為後天濁精，這樣神氣逐漸耗散，而漸至於死亡。修道的人就是要返轉這個方向，元神向下返照與元氣相會，這樣神不外散，氣不下洩，然後神氣交媾而產藥，陽生藥產之後再行周天火候，採藥煉丹。在本章中，黃先生從卦象的角度充分闡釋了這一丹道原理，非常精要。常人的神氣不交之象，可以《易》六十四卦中的否、未濟兩卦來代表。否卦乾上坤下，代表天地不交；未濟卦離上坎下，代表坎離不交。這就是表示常人神向上發散氣向下發洩的陰陽不交之象。丹道修煉的神氣相交的原理則可以泰、既濟兩卦來表示，泰卦乾下坤上，代表天地交；既濟卦坎上離下，代表坎離交。坎離交時，以離中真陰下求坎中真陽，這樣離得坎中之真陽而復歸於乾卦純陽之體，坎得離中之真陰而復歸於坤卦純陰之體，如是後天坎離復為先天乾坤，此即丹道修煉從後天返先天之道也。乾坤交、坎離交、水火濟、心腎交、神氣交，種種異名，皆指陰陽相交也，由陰陽交而復陰陽合一之太極本體，此為煉丹之基本原理。

第五，丹道修煉的原理都是相同的，但是在丹經丹書上對這個原理的表達方式卻又有種種不同，很多丹書用的是種種不同的隱語，使不明真象的讀者如墜五里霧中，分不清東南西北。作者的原意可能是擔心丹道的奧祕被一般無知、用心不良的人所濫用，以至於誤人誤己，所以故意用些隱語把丹訣潛伏於其中，使得到師傳的人能夠明白，而局外人則無從窺測。這樣把內丹學變成了一套祕傳的知識體系，不公開為普通人所知。但是現在丹書眾多，閱讀者眾，如果裡面的隱語不能得到正確的理解，則反而會有許多副作用。本章黃先生率先垂範，對丹道文獻中像龍虎、鉛汞、戊己、彼我等諸種說法給予了明確的詮釋，說明這些名詞術語都是以神煉氣的隱語，並說明了為什麼會用這樣的名詞來代表神與氣的作用。

邵子詩解章第二十五

先生述已，群弟子又起而請曰：「先生述此詳明剴切，足解疑團。而邵子又說『天根月窟』，究竟何所指乎？祈先生一併解釋。」先生曰：「邵子之詩，亦有人注之者，吾一併錄出。」

邵子月窟天根詩❶解

耳目聰明男子身，鴻鈞❷賦予不為貧。
因探月窟方知物，未躡天根豈識人。
乾遇巽時觀月窟，地逢雷處見天根。
天根月窟閒來往，三十六宮都是春。

天根者，天一生水之根也。得之一數生於水，蓋坎中之一陽也。此一陽乃先天之氣，於人為命，於天為太極；在天為發生萬物之根本，在人為百體資生之根本。其氣在人，其原出於天，是以謂之根，而推本於天也。月者，金水之精，人身之用，指坎水也。坎有水而無金，何以名月？不知坎中之一陽，得乾金之中爻，是以為中男。乾為金，此爻即金精也。金與水俱，是以謂之月。言窟者何？月虧而有窟也。人身之月窟安在？在乎泥丸。蓋坎中空陽發動，上貫頭頂如滿月然，頭為乾為金，夫水之精團聚於斯，所謂「月到天心」也。精氣之成，活活潑潑，如風之來於水面，此月之盈也。盈極則虧，而有窟矣。不言月滿而言月窟者，言虧以徵其盈之極也。況盈則必虧，虧則又有所往，天機原無一息之停，此所以狀月之盈而言窟也。天根何以躡之也？以意躡之也。一意注於天根，如足踏實地，卓然自立，是以謂之躡。躡乎此，乃識人之為人，其根在是。月窟何以探？以心探之也。一心照乎月窟，如手摩囊物，顯然可指，是以謂之探。探乎此，方知物之有是妙，其窟最明。乾遇巽者，天風姤也。蓋坎中之陽精，升而滿乎泥丸，陽極陰生，一陰伏五陽之下，是乾之遇巽也，是即月窟之驗於上田也。地逢雷者，地雷復也。蓋坎中之陽精，積而動乎丹田，陰極陽生，一陽配五陰之下，是地之逢雷也，是即天根之萌於下田也。往來者，陽動於下，升而上乎泥丸，是天根往乎月窟也；精滿於上，降而下乎丹田，是月窟來於天根也。來而復往，往而復來，輪轉不息，所謂「上下與天地同流」也，所謂「直養無害，則塞乎天地之間」也。謂之間者，有自然發動之機，有從容不迫之意，所謂「此日中流自在行[3]」，即孟子所謂「心勿忘勿助長」也。三十六宮者，腹之臟腑及包經絡，其數十有二，背之骨節，其數二十四，合之共三十六宮。都是春者，皆為陽和之氣布濩充周，生意盎然也。邵子之詩，意蓋如此。所以然者，得天地陰陽之氣以生，欲延生機，其運行當與天地等耳。天地之所以時行物生❹、萬古不敝者，亦以天根月窟妙於來往也。天地之月窟安在？上下皆乾，四月純陽之卦，至五月則陽極陰生，一陰伏五陽之下，是乾之遇巽也，是夏至即天地之月窟也。上下皆坤，十月純陰之卦，至冬月則陰極陽生，一陽配五陰之下，是地之逢雷也，是冬至即天地之天根也。自冬至一陽之復，而二陽臨，三陽泰，四陽大壯，五陽夬，六陽乾，陽極而陰復生，是天地之天根，七日往乎月窟也，往何間也。自夏至一陰之姤，而二陰遁，三陰否，四陰觀，五陰剝，六陰坤❺，陰極而陽復生，是天地之月窟，七日而來於天根，來何間也。此所謂「七日來復」、「見天地心」也。寒來暑往，暑往寒來，陰陽迭為消長，流而不息，而一歲三百有六旬，生機不已，亦猶人身之三十有六宮，得月窟天根之來往而生意不息也。且月窟天根，豈特歲有然哉，惟月亦然。月之初三，一陽生於下，是地逢雷也，是月之天根也。月之十六，一陰生於下，是乾遇巽也，是月之月窟也。一來一往而成一月之生機。豈特月有然哉，惟時亦然。巳時陽極，時之四月也，午時則一陰生矣，是午即時之月窟也。亥時陰極，時之十月也，子時則一陽生矣，是子即時之天根也，一來一往而成晝夜之生機焉。是則積時而月，積月而歲，皆賴此月窟天根之來往，故運行而不息。人欲長存乎天地，以歷歲月日時之久，不默法天地歲月日時陰陽消長之機，烏乎可？於斯二者而往來之，是之謂伐毛，是之謂反骨，是之謂洗髓，是之謂還丹。伐毛者，真陽之氣攻伐毛下之陰邪。反骨者，真陽逆行於骨中，自頂至踵，如水瀉地，無微不入，一氣貫注，通體之骨節皆靈，陰氣消除，通體之骨節皆健，故又謂之換骨。洗髓者，即空陽洗滌骨中之陰髓也。還丹者，還其既失之金丹也。丹以藥而得名，藥以治病。坎中之一陽，乃先天之祖氣，即人身之太極，此長生之大藥也，故謂之丹，以得於乾金，故謂之金丹。人得此氣而成形以生，則此丹為與生俱來之物。自男女交而此金失其初矣，梏之反復，而此氣愈覺其微矣。至此氣絕，而坎變為坤，則命氣絕矣，天根拔，而月窟空矣，後天呼吸之氣亦須臾而與之俱盡。知人之所以死，以無此氣，即知人之所以生，不可不培此氣。孔子曰：「未知生，焉知死？」是明言知其所以生，即知其所以死，是教以求死之理於生之理，斯知之矣。愚者不察，反疑聖人不明乎死生之理也，不大謬哉！人能以既失之丹，正心誠意以採之，養性立命以培之，使天根動而往乎月窟，月窟滿而來於天根，一動一靜，互為其根，則固有之元氣返之於身，如久客歸家，如故物重逢，是以謂之還。邵子之詩，復參以愚說，天人一貫之理可以窺其底蘊，丹道之初功已得其大半也。然不過以其人之道，治其人之身耳。彼秦皇漢武求丹於海外，是不能明乎聖賢之理，不能窺乎天地之機也。世之吞日精月華以求長生者，是欲速死於外感，其愚更可笑也。無論第吞其氣，即使納日月於腹中，試問能長生乎？有不頃刻立斃者乎？世之左道多矣，服粒餐霞辟穀諸說❻，俱無關於性命，不惟無益，而又害之矣。竊願忠孝之人，有志延年，以邵子之說為確；即有志成真，亦必以邵子之說為始。

先生述已，謂群弟子曰：「此二段文❼，最醒豁，最透徹，與吾言互相發明，諸子當書列於後。」

【章　旨】本章通過對邵雍關於「天根月窟」的詩句進行解釋，闡述了丹道中陰陽消長、循環周轉的煉丹法則。

【注　釋】❶邵子月窟天根詩　按：此詩邵雍《擊壤集》卷一六作〈觀物吟〉。❷鴻鈞　指天賦之性，如無價之寶，貴重無比。鴻，巨大。鈞，古代重量單位，三十斤為一鈞。按：此詩以下所用到的諸名詞術語，後文黃先生都有解釋，故不另注。

❸此日中流自在行　大船在江河中間毫不費力地自在地航行，表示一種自由自在的境界。朱熹詩〈觀書有感〉：「昨夜江邊春水生，艨艟巨艦一毛輕。向來枉費推移力，此日中流自在行。」❹時行物生　即四季運行，萬物生長。《論語》：「天何言哉？四時行焉，百物生焉，天何言哉？」❺一陽之復等句　復、臨、泰、大壯、夬、乾、姤、遯、否、觀、剝、坤等是《易》六十四卦中的十二消息卦，代表從一陽生逐漸陽長到純陽乾卦，再到陽極一陰生的姤卦，然後陰長逐漸至純陰的坤卦，由陰極生陽，再轉到一陽生的復卦，如是周而復始，完成一個陰陽消長的週期性循環。這種陰陽消長的週期性可以成為宇宙間萬事萬物的一個普遍的法則，一年、一月、一日都有這個陰陽消長的循環週期，丹家用之於表示修煉過程中陰陽變化的火候週期。❻服粒餐霞辟穀諸說　這是指丹道以外的種種養生修煉的方術，內丹學一般都批評內丹以外的方術，認為不是大道，不能成仙，而把內丹學與其他的修煉方術嚴格地區分開來。內丹學本身是從各種修煉方術中綜合提升而來，與一般的修煉方術確有本質的不同，但是，其他的方術也自有其存在的意義，有些對現代人的健身、養生還是很有價值的。❼此二段文　這是指本章和上一章兩章文字，因為這兩章在原文中沒有分段，就是兩大段文字而已。又因為這兩章不是黃元吉自己要講的道，而是應弟子們之請而分別講解丹道術語以及邵子之詩，所以後面說「與吾言互相發明」，就是說這兩章的內容與黃先生前面自己所講的可以互相發明。這兩章的內容很精煉，點出了丹道理論的精華，故又說「最醒豁，最透徹」。

【語　譯】黃先生將丹道的名詞隱語解釋完畢，眾弟子們又一起站起來請示說：「先生對這些丹道名詞術語的剖析親切詳明、準確貼切，足以化解大家的疑團。然而邵雍先生的詩中又說到『天根月窟』，這又到底指什麼呢？也請先生把這個『天根月窟』給我們一併解釋一下吧。」先生說：「邵子的詩，也有人曾經注解過，我現在把這首詩一併錄出，再給你們講解一遍。」

邵子關於月窟天根的詩原文如下：

耳目聰明男子身，鴻鈞賦予不為貧。
因探月窟方知物，未躡天根豈識人。
乾遇巽時觀月窟，地逢雷處見天根。
天根月窟閑來往，三十六宮都是春。

天根，就是河圖洛書所說的「天一生水」之根。這個天根是從「一」這個數中得來的，又是從「水」中生出來的，這就是指坎卦中間的一陽爻。這個坎中一陽代表的是先天之氣，對人來說就是人的命，對天來說就是指太極；對天來說是萬事萬物產生的根本，對人來說就是人的四肢百體得以生長發育的根本。這個在人之中的先天之氣，它的根源是出於本體之天，所以稱為根，而推究其本源則來自於天，因而稱為天根。月是指什麼呢？月代表金水之精，用在人身上就表示坎水。坎水只有水而沒有金，怎麼稱為月呢？卻不知坎中的一陽，是從乾金的中爻得來的，這個中爻就是中男，而乾卦代表了金，這個得之於乾卦的坎中一陽就代表了金精。由此看來，在坎卦中既有金又有水，所以坎水就稱為月。那麼講月窟，又是什麼意思呢？月窟就是指月由盈而轉虧所以就有窟。在人身中這個月窟在什麼地方呢？就在頭頂泥丸處。這是因為當下面的坎宮真陽發動，這股元氣上貫頭頂達到盈滿的狀態，就像滿月一樣，頭部在人體中代表乾代表金，坎水之精的元氣團聚於頭部泥丸時，就是所謂的「月到天心」。這股精氣的形成是活活潑潑的，如同微風吹拂在水面上，這就是月盈時的狀況。月盈之後則走向月虧，這個由盈到虧的過程，就形成了月窟。那為什麼不講月滿而講月窟呢？實際上講月虧就能體現出月盈至極的情況。況且盈滿必虧，虧則元氣又有所往，天機原無一時一刻停息下來，這就是為什麼用月窟來形容月盈的狀況。

邵子詩中說「須探月窟方知物，未躡天根豈識人」，那麼天根要怎麼躡呢？就是要以元神所發之真意去躡它。一心一意貫注於坎宮中元氣這個天根，如足踏實地一般，站得穩穩當當，所以稱為躡。能夠這樣躡天根，才能認識人之所以為人，其根就在這個地方。月窟又要如何去探呢？就是要以真心去探它。一心一意觀照頭頂泥丸這個月窟，如同用手摸著衣袋裡的東西，清清楚楚地可以指出在什麼地方，所以叫做探。能這樣探月窟，方知元氣之物有如此之妙，到了頭頂月窟時才表現得最明顯。邵子詩中又說「乾遇巽時觀月窟，地逢雷處見天根」，詩中的「乾遇巽」，乾代表天，巽代表風，上乾下巽就是天風姤卦，垢代表一陰生。這是因為坎水中的陽精元氣，上升而充滿於泥丸，陽極則陰生，由純陽的乾卦最下一爻轉為陰爻，一個陰爻伏於五個陽爻之下，就形成了姤卦，也就是乾遇巽了，這就是在泥丸上丹田處現出了月窟的證驗，所以說「乾遇巽時觀月窟」。詩中的「地逢雷」，地是代表坤卦，雷是代表震卦，上坤下震就是代表復卦，復卦表示一陽初生。這是指坎水中的陽精元氣，積累到一定的程度而從丹田開始發動，陰極而陽生，一個陽爻配在五個陰爻之下，這就是地逢雷的復卦，復就是代表天根元氣從下丹田萌發，所以說「地逢雷處見天根」。邵子詩中最後兩句說「天根月窟閒來往，三十六宮都是春」，這個「來往」指什麼呢？下面坎宮中真陽發動，從後面往上升到泥丸，這就是天根往於月窟；陽精在上面的泥丸宮中盈滿，從前面下降到丹田，就是月窟來於天根。這樣來而復往，往而復來，輪轉不息，就是孟子所謂的「上下與天地同流」，「直養無害，則塞乎天地之間」。而之所以稱為「閒來往」，這個「閒」字表示氣機上下來往有一種自然發動之天機，有一種從容不迫的意味，也就是朱子〈觀書有感〉詩中所說的「此日中流自在行」，也即是孟子所說的「心勿忘勿助長」。以上解釋了「天根月窟閒來往」，下面解釋「三十六宮都是春」。為什麼說三十六宮呢？這是因為腹中的臟腑以及包裹的經絡其總數為一十二，背部的骨節其總數是二十四，合起來稱為三十六宮。「都是春」就是說三十六宮都被純陽的祥和之氣充實布滿，而生機勃勃，春意盎然。邵子的詩，其大意就是我們上面所解釋的。

之所以要像上面邵子詩中所說的那樣躡天根、探月窟，讓元氣來往於天根月窟循環周轉，其原理是人得天地陰陽之氣而有生命，想要延長人的生機，那麼人體內的元氣運行就應效法天地運行的法則。天地之所以能四季運行，萬物化生，而萬古不壞，也是因為有天根月窟在中間巧妙地來往不息。那麼天地的月窟表現在什麼地方呢？我們從一年四季的運行上來說，上下都是乾卦，這就是代表四月的純陽之卦，到了五月則陽極生陰，一個陰爻伏於五個陽爻之下，就是乾遇巽的姤卦了，所以從節氣上來說夏至就是天地的「月窟」。上下都是坤卦，就是代表十月的純陰之卦，到冬至時就一陽來復，而陰極陽生，一個陽爻伏於五個陰爻之下，這就是地逢雷的復卦，所以說冬至即是天地的「天根」。從冬至一陽初生的復卦，到二陽臨卦，三陽泰卦，四陽大壯卦，五陽夬卦，六陽乾卦，由陽極而生陰，這就是從天地的天根經過七日的陰陽消長而往於月窟，這個天根往於月窟的過程是何等的自然閒適呢。從夏至一陰初生的姤卦，到二陰遯卦，三陰否卦，四陰觀卦，五陰剝卦，六陰坤卦，然後陰極而陽復生，這就是天地之月窟，經七日的陰陽消長的變化而來於天根，這個從月窟來於天根的過程又是何等的自然閒適呢！這種陰陽消長而循環往復的現象，就是《易》復卦〈彖辭〉所說的「七日來復」、「見天地之心」。天地的天根月窟的往來周轉，就這樣寒來暑往，暑往寒來，一年四季陰陽循環消長，流動不息，從而一年三百六十日，能夠保持生機不已，這種情況也就像人身有三十六宮，得人身的天根月窟循環來往而生機不息的情形。

而且這個月窟天根，又豈只是一年的週期中才有，就是每個月的週期也有。每月的初三，是屬於一陽生於下爻，即是地逢雷的復卦，這即是一月中的天根。每月的十六，是屬於一陰生於下爻，這即是乾遇巽的姤卦，也即是一月中的月窟。這樣在每一個月中，也有天根月窟一來一往循環周轉，從而造成一月的陰陽運化的生機。又豈只是每個月中有天根月窟，就是一天十二時辰中也有。巳時達到陽極，這就相當於是時辰中的四月，是純陽之卦，到午時則陽極陰生，即是一陰初生的姤卦，說明午時即是時辰中的月窟。到亥時屬於陰極，相當於時辰中的十月，是純陰之卦，到子時則陰極陽生，即是一陽初生的復卦，說明子時即是時辰中的天根，這樣天根月窟一來一往循環周轉，就形成一晝夜陰陽變化的生機。由此可知，從一天十二時辰積累到一月，從一月積累到一年，其中陰陽消長的週期性變化，都是依賴於這個月窟天根的一來一往，所以才能運行不息。

人想要生命長存於天地之間，經歷長久的歲月時日，那麼不默默地效法天地歲月時日中「天根月窟」來往這種陰陽消長之機，又怎麼能行呢？陰陽之氣循環消長，在天根月窟兩者之間往來不息，這就叫做「伐毛」，這就叫做「反骨」，這就叫做「洗髓」，這就叫做「還丹」。稱為「伐毛」，是指真陽之氣攻伐毛下面的虛邪之氣。稱為「反骨」，則是指真陽之氣逆行於骨中，從頭頂到腳下，如水瀉地一樣，無微不入，一氣貫注，使通體的骨節都靈活起來，這樣陰氣都被消除，通體的骨節都健康了，所以也稱為「換骨」。稱為「洗髓」，是指真陽之氣洗滌骨中的陰髓。稱為「還丹」，是指回復已經失去的先天祖氣，這個先天祖氣稱為金丹。丹是從丹藥這個意義上而得名的，藥是用來治病的。坎中的一陽，是先天祖氣，即是人身的太極，這就是長生的大藥，所以稱為丹，又因為坎中一陽是從乾金得來的，所以稱為金丹。人的生命是在得到這個先天元氣之後才逐漸與後天父精母血結合成為有形的人身，由此則可知這個金丹乃是與生俱來之物。自從人長大後情欲發生，男女交媾以後這個人身中先天金丹就失去了最初的狀態，再經過不斷地消耗破壞，人身中的這個先天元氣就越來越感覺到微弱了。等到這個先天元氣消耗光了，就是坎變為坤，這就代表人的生命之氣斷絕了，天根被拔了，而月窟也就空了，人的後天呼吸之氣也在剎那間與之同時斷絕了。知道人之所以會死是因為沒有了這個先天元氣的道理，也就知道要使人的生命長存，就不可不培養這個先天氣。孔子說：「未知生，焉知死？」這是明確地告訴我們知道人的生命何以能生存的道理，也就知道了人的生命何以會死亡的道理，這是教導我們要在尋求人的生存之理中尋求人的死亡之理，則死亡之理也就自然知道了。愚者不能明白這個道理，反而懷疑聖人不能明白死生之理，這不是完全錯誤的嗎？人能在先天之丹已經有所損失的時候，能夠通過正心誠意來採取它，通過養性立命來培養它，使天根發動而往於月窟，月窟盈滿而來於天根，這樣一動一靜，動靜陰陽互為其根，則固有的元氣能夠回返到身中，如同長期客居在外的旅人回到闊別的家鄉，如同故物重逢，所以稱為還丹。

通過邵子的丹詩，再加上我的解說，則天人一貫之理可以了解其深層的意蘊，而丹道的初步功夫也可懂得一大半了。然而說起其中的原理，不過是以其人之道，還治其人之身而已。這也就是說人的先天元氣是怎麼損失的，就通過適當的方式把它採取回來，而天根月窟的閒往來，就是其中的要旨所在。過去的秦始皇、漢武帝那些人想要到海外去尋求仙丹，是由於他們不能明白聖賢立言立說的道理何在，不能弄清楚天地萬物運行發生之機。另外世上那些想要通過吞服日精月華而求得長生的人，不但不能長生，反而是從外物的感通中求速死的途徑，他們的愚不可及就更可笑了。不要說吞服日月之氣，就是把日月納入於腹中，試問這樣能夠長生嗎？這樣做有不立即就危害到生命的嗎？世上的旁門左道太多了，服粒、餐霞、辟穀等種種說法，都是與性命大道無關的，不但沒有好處，反而會對生命有所損害。我真切的希望世上的忠孝好人，要是有志於健身延年，就要以邵子詩中所說修養的道理為準；就是有志於成道而不僅是延年卻病，也一定要以邵子詩中所說作為初步做功夫的依據。

黃先生將丹道名詞和邵子丹詩都解釋完了以後，對各位弟子說：「這兩段應你們所請而講解的有關丹道術語以及邵子丹詩的文章，對丹道原理與方法的論述是最醒目、最透徹的，與我前面的講道可以互相發明，你們應該把這兩段也附加在我的講道語錄的後面。」

【研 析】丹道講明心見性的功夫，雖然也是丹道修煉的核心所在，但還不是內丹學最有特色的地方，因為與佛家所講的心性修養之道，沒有明顯的、根本的不同。丹道最富有特色的地方，應該是丹道的性命雙修，把修性與修命貫通起來，神氣交媾合一，性命雙修合一，這是內丹學最為核心的機密所在。取坎填離，坎中一陽填離中空陰，真陰真陽交而現出太極，從後天離復還為先天純陽之乾，這是丹道還丹的根本義理所在。這個過程，就體現在陰陽消長的週期性變化之中，從原理上說就是本章所講的「天根月窟閒來往」的陰陽循環消長，從功夫上說就是陽生採藥、煉丹溫養的河車運轉的周天功法。本章以「天根」、「月窟」兩個概念為中心，解釋了邵子的丹詩，闡述了以十二消息卦為代表的陰陽循環消長乃是天地萬物的普遍法則，煉丹也就是要效法這一天地萬物的普遍法則，讓先天元氣積累並作循環運行，化除一身之陰，而恢復先天純陽的生命狀態，這也就是還丹的真諦所在。在這個丹道理論中，對生命的產生機制，對元氣漸耗而趨於死亡的人體的順向演化之理，對元氣漸增回復先天的內丹學逆向還丹之理，都有明確的解釋，由此形成了一套系統的逆向還丹成仙的理論模型，這是我們應該極為重視的。

重刊《樂育堂語錄》跋

右《樂育堂語錄》四卷，為黃元吉先生門人記錄。先生生於元代，《張三丰集》中敘述師承，先生姓名亦在其列❶。是書成於道咸年間❷，計時幾歷千載，而猶聚徒講學，殆所謂留形住世之儔歟？世衰道微，人心陷溺，非闡明性命之學，無以喚醒群迷。而古來談道之書，如《參同》、《悟真》，文字玄奧，解人難索。此外諸書，多借龍虎、鉛汞、坎離、水火等名詞，牽附比喻，讀者如入五里霧中，杳不知其所指。求其明白簡易、深入顯出、於行工次第確有程式可循者，不稍概見。是書樸實說理，暢發玄風，誠性學之梯航，命宗之津逮也。騰劍往年曾獲舊本，殘缺不完。戊午❸來省，得借觀於康千里處，恐希世之寶年久而散失也，爰商之同學諸子，精校分刊，廣為印刷，以公諸世。後之讀者潛心玩索，當不河漢余言。

民國八年己未七月中浣榮縣龍騰劍謹跋

【章旨】這是民國時期重新校印《樂育堂語錄》的龍騰劍先生的跋文，說明重印此書的因緣，指出此書的重要性，為「性學之梯航，命宗之津逮」。

【注　釋】❶張三丰集中敘述師承二句　按：查張三丰全集，並未見黃元吉之名，或為跋者之誤。❷道咸年間　即清道光、咸豐年間，時在西元一八二一年至一八六一年。❸戊午　戊午當指民國七年，即指一九一八年。後文己未當為民國八年，即一九一九年。

【語　譯】《樂育堂語錄》四卷，是黃元吉先生的門人所記錄的。黃先生生於元代，《張三丰集》中張三丰敘述他的師承關係時，黃先生的姓名也在其中。而《樂育堂語錄》這部書成於清道咸年間，距離元代算起來幾乎已經歷了千年，而還能夠聚徒講學，這大概就是所謂的仙家修道成功能夠長久地留形住世的一類吧？當今世界，世風衰敗，大道式微，人心陷溺，除了廣泛地闡明性命修煉的生命真理，就沒有辦法喚醒那些迷失了人生方向的社會大眾。可是古來談道的丹書，比如《周易參同契》、《悟真篇》等，裡面的文字充滿玄奧，想要找到一個真能透徹理解的人都很困難。除了這些難解的書以外，其他各種道書，又多借用龍虎、鉛汞、坎離、水火等名詞，牽強附會，重重比喻，使讀者如墜入五里霧中，茫然不知這些名詞到底指什麼。要想找一本明白簡易、深入淺出、對於修道的功夫次第確有程式可循的書，幾乎是難以找到的。《樂育堂語錄》這本書樸實誠懇地講說煉丹修道之理，以通俗易懂的語言透徹地展示丹道玄門的宗旨與內涵，實在可以說是修學性功的最高指導，也是修煉命功的最佳途徑，是幫助人們見性了命的舟船和階梯。騰劍往年也曾經獲得過《樂育堂語錄》的舊本，但殘缺不全。戊午年來到省城，得以從康千里處借閱到此書，擔心像《樂育堂語錄》這種稀世珍寶年久散失，於是和修道的同學及諸位同仁一起商量，共同對此書加以精心校勘整理後刊行，廣為印刷流通，以公諸於世。以後的讀者有機會讀到此書，加以潛心研究玩味，當可體會到我上面對《樂育堂語錄》的評價決不是虛言。

民國八年己未（一九一九年）七月中浣榮縣龍騰劍謹跋

【研析】說黃元吉先生為元代人，並無確切的證據。但跋者對《樂育堂語錄》的評價，認為此書「樸實說理，暢發玄風，誠性學之梯航，命宗之津逮」，確非虛語。在各種講丹道的經書之中，像《樂育堂語錄》這樣用通俗的語言，深入地明確地講解丹道修煉的理論與方法的書，確屬少見。一般來說，修道的經典，有的是學者們創作出來的，作者自己也未必有很高水平的實踐功夫；有的是用隱語詩詞來表達的，一般人實難理解。黃元吉的這部講道語錄，不同於作者親自寫出來的書，而是真實講道的記錄，而黃元吉先生本人又確有高深的丹道修煉的體驗與境界，所以講得深入淺出，入骨入髓，透徹地闡發了丹道修煉的奧祕，是我們今天學習研究丹道修煉原理與方法的最佳指導書。

新譯李賀詩集
新譯杜牧詩文集
新譯李商隱詩選
新譯范文正公選集
新譯蘇洵文選
新譯蘇軾文選
新譯蘇軾詞選
新譯蘇轍文選
新譯曾鞏文選
新譯王安石文選
新譯唐宋八大家文選
新譯柳永詞集
新譯李清照集
新譯辛棄疾詞選
新譯陸游詩文選
新譯歸有光文選
新譯唐順之詩文選
新譯徐渭詩文選
新譯薑齋文集
新譯顧亭林文集
新譯方苞文選
新譯鄭板橋集
新譯袁枚詩文選
新譯李慈銘詩文選
新譯聊齋誌異選
新譯閱微草堂筆記
新譯浮生六記
新譯弘一大師詩詞全編

教育類

新譯爾雅讀本
新譯顏氏家訓
新譯聰訓齋語
新譯曾文正公家書
新譯三字經
新譯百家姓
新譯幼學瓊林
新譯增廣賢文・千字文
新譯格言聯璧

歷史類

新譯史記
新譯漢書
新譯後漢書
新譯三國志
新譯資治通鑑
新譯史記——名篇精選
新譯尚書讀本
新譯周禮讀本
新譯逸周書
新譯左傳讀本
新譯公羊傳
新譯穀梁傳
新譯春秋穀梁傳
新譯戰國策
新譯國語讀本
新譯說苑讀本
新譯新序讀本
新譯吳越春秋
新譯西京雜記
新譯列女傳
新譯越絕書
新譯燕丹子
新譯東萊博議
新譯唐六典
新譯唐摭言

宗教類

新譯金剛經
新譯高僧傳
新譯碧巖集
新譯百喻經
新譯楞嚴經
新譯梵網經
新譯圓覺經
新譯法句經
新譯六祖壇經
新譯禪林寶訓
新譯維摩詰經
新譯經律異相
新譯阿彌陀經
新譯無量壽經
新譯妙法蓮華經
新譯景德傳燈錄
新譯大乘起信論
新譯釋禪波羅蜜
新譯八識規矩頌
新譯永嘉大師證道歌
新譯華嚴經入法界品
新譯地藏菩薩本願經
新譯悟真篇
新譯无能子
新譯坐忘論
新譯列仙傳
新譯抱朴子
新譯神仙傳
新譯性命圭旨
新譯老子想爾注
新譯周易參同契
新譯道門觀心經
新譯養性延命錄
新譯樂育堂語錄
新譯沖虛至德真經
新譯長春真人西遊記
新譯黃庭經・陰符經

地志類

新譯山海經
新譯水經注
新譯佛國記
新譯大唐西域記
新譯洛陽伽藍記
新譯徐霞客遊記
新譯東京夢華錄

政事類

新譯商君書
新譯鹽鐵論
新譯貞觀政要

軍事類

新譯孫子讀本
新譯司馬法
新譯尉繚子
新譯三略讀本
新譯六韜讀本
新譯吳子讀本
新譯李衛公問對

◎新譯黃庭經・陰符經

劉連朋、顧寶田／注譯

「白頭始悟頤生妙，盡在《黃庭》兩卷中」。《黃庭經》不僅奠定了道教上清經派的教理基礎，也是唐宋以來內丹說的主要理論來源之一。《陰符經》又稱《黃帝陰符經》，其思想內容主要是繼承和發揮先秦道家和陰陽五行學說，理論概括性強，文約義深，因此特別受到道教界的重視。本書將兩經合刊注譯解析，詮釋明白曉暢，期能對有心認識內丹理論或持道修煉的讀者有所助益。